石窟寺研究

STUDIES OF THE CAVE TEMPLES

中国古迹遗址保护协会石窟专业委员会 ◎ 龙门石窟研究院 编

第八辑　NO.8

科学出版社
北　京

图书在版编目（CIP）数据

石窟寺研究. 第8辑 / 中国古迹遗址保护协会石窟专业委员会，龙门石窟研究院编. —北京：科学出版社，2018.2

ISBN 978-7-03-057478-7

Ⅰ. ①石… Ⅱ. ①中…②龙… Ⅲ. ①石窟－中国－文集 Ⅳ. ①K879.204-53

中国版本图书馆CIP数据核字（2018）第107088号

责任编辑：赵　越 / 责任校对：张凤琴
责任印制：肖　兴 / 封面摄影：何小要

科学出版社 出版
北京东黄城根北街16号
邮政编码：100717
http: //www.sciencep.com

中国科学院印刷厂 印刷

科学出版社发行　各地新华书店经销

*

2018年2月第 一 版　开本：889×1194　1/16
2018年2月第一次印刷　印张：27 1/2　插页：6
字数：780 000

定价：208.00 元

（如有印装质量问题，我社负责调换）

《石窟寺研究》编辑委员会

石窟寺研究
STUDIES OF THE CAVE TEMPLES
第八辑　NO.8

目录

Papers in Celebration of the Anniversary Professor Su Bai's 95th Birthday

Studies of the Cave Temples

MAIN CONTENTS

因岩结构与邻岩构宇*
——中印石窟寺外观初探

李崇峰

内容摘要：佛教石窟寺既是对一般寺院（地面寺院）的模仿，也可视作同时期砖木结构或泥笆草庐之寺的石化形式，这在印度石窟群中表现得颇为显著。其中，木构或砖石垒砌的vihāra（僧坊）是石雕lēṇa（僧坊窟）的原型，即lēṇa模拟vihāra雕造；而chētiyaghara（塔庙窟），则为木构caityagṛha（塔庙）的石化形式。印度典型塔庙窟的外立面，如珀贾第12窟，系模仿木结构塔庙的正面雕镌和营造。早期塔庙窟皆无石质前壁，而以高大的木构门屏替代。栱形明窗与门道相连，栱顶呈尖状，栱腹雕出仿木椽头，栱两翼弯曲斜下，栱脚外张，完全模拟地面塔庙之外貌。

郦道元《水经注》记载武州山“凿石开山、因岩结构”。云冈第19、18、7、8等窟的崖面遗迹显示：窟外接建的木构檐饰或殿阁，山面向前，形如尖栱。石窟外貌作尖栱和木构与岩体相结合，应与印度早期石窟寺有关，如珀贾第12窟前壁即采用半石雕半木构之法营造。从第二期开始，云冈石窟出现仿木结构的石雕窟檐。如第9、10窟模拟汉式木结构殿阁，外立面形如一座“正面六间的木构建筑”。这种模拟木结构的石雕窟檐，应对武州山后续石窟的营造产生影响，开中土石窟寺外貌仿木结构石雕之先河。

龙门石窟东山擂鼓台区窟前遗址的考古发掘，表明中洞与南洞的策划与设计，可能基于高宗“邻岩构宇、别起梵居”之理念，外貌意在模仿唐代“国家大寺”规制。当时长安与洛阳大型佛寺受天竺祇洹寺影响，基本都采用多院落式布局，如长安大慈恩寺“仿给园”，“大唐西明寺以祇园精舍为规模”。道宣所记祇洹寺，正中佛院有“前佛殿”和“后佛说法大殿”之分；龙门擂鼓台区

作者：李崇峰，北京市，100871，北京大学考古文博学院。

* 关于中国古代佛教石窟寺的窟前建筑，杨泓曾有专文刊行。在杨先生大作启发下，本文以印度珀贾（Bhājā）、阿旃陀（Ajaṇṭā）石窟和中国克孜尔、云冈、龙门、响堂、栖霞等皇室或显贵营造的典型石窟寺为例对中印佛教石窟寺的外观试做初步探讨，不当之处，请方家指正。至于麦积山石窟与天龙山石窟的窟前建筑，前人多有论述，此不赘。参见a. 杨泓：《中国古代佛教石窟的窟前建筑》，《汉唐美术考古和佛教艺术》，北京：科学出版社，2000年，第328～344页。b. 傅熹年：《麦积山石窟中所反映出的北朝建筑》，《傅熹年建筑史论文集》，北京：文物出版社，1998年，第103～135页。c. 李裕群、李钢编著：《天龙山石窟》，北京：科学出版社，2003年，第10～13、41～46、71～74、95～98页。

此研究系国家社会科学基金重大项目《中印石窟寺研究》（项目号15ZDB058）的阶段性成果。初稿完成后，承蒙刘建军、钟晓青和李裕群先后提出很好的意见。谨此致谢。

窟前营造的木构殿阁疑作“前佛殿”之用，而岩石主室或为“后佛说法大殿”，同时建造了高水平的石砌踏道与“殿阶基”，致使佛教石窟寺的中国化登峰造极。敦煌等地唐五代以降流行的大型木结构窟前殿堂建筑，应是受到中原北方地区文化中心同类建筑影响出现的。

关键词： 地面寺院　石窟寺　石化　模仿

Evolution of General Appearance of the Buddhist Cave-temples

Li Chongfeng

Abstract: The Buddhist cave-temple of India is an imitation of a free-standing Buddhist temple or monastery constructed in timber, or a petrified version of the contemporary brick-and-timber or the wattle mud-and-thatch structures of Buddhism. A free-standing *vihāra* is a prototype of a rock-cut *lēṇa*, and a rock-hewn *chētiyaghara* is a petrified form of a frees-standing *caityagṛha*. The style of architecture employed in the rock-cut temple is a very significant and evocative character. It took the form of reproduction of the original structure, the general shape of such a wooden building as well as some details were exactly imitated in the natural rock. Façade of the great *chētiyaghara* at Bhājā, which was hewn out in the 2nd century B.C.E., is an accurate reproduction of the gable end of a timbered *caityagṛha* chiseled in the rock-face, though it has now become a great open archway, bringing the entire interior of the hall into view. The whole open space was originally filled in with an appropriate wooden construction, which completely screened the lower portion and affected to no little extent the appearance of the upper parts of the façade. The large *chaitya* arch here has a very wide span, with rafter-end decoration on the soffit and paws of the arch being of the projecting type. It is crowned at the top with a rising pointed pinnacle. The façade of wood was, in fact, ornamented in the same manner as the rock-cut oriels still existing on each side, with lattices and brackets in keeping with the remainder of the scheme. The earliest examples of the *chētiyagharas* make clear that the process was practically half-timbered, and this timber-and-rock conception is an architectural composition of considerable merit, ingenious in its construction, with present of artistic effect.

In terms of the Cave Temple Complex at Yungang, Cave 19, the largest of the Five Caves of Tanyao, was hewn out in the early Heping period (460 ~ 465 C.E.), with outside wall being cut deeper into the cliff than that of the fronts of Caves 19A and 19B. The uppermost part of the very outside wall contains two sloping incisions which extend to the outside walls of both Caves 19A and 19B, giving an impression of the outline of a gable-end. Just beneath the apex where the two sloping incisions meet, a rectangular hole is visible and this may once have been intended to support the end of a ridge-pole. These remains indicate a large wooden roof was once constructed above, adjoining the front of the cave. The accurate reproduction of the gable end of a wooden structure chiseled in the rock-face at Yungang is very similar to that of the Indian cave-temples, such as Lomas Rishi Cave and the great *chētiyaghara* at Bhājā, and the construction was also half-timbered. The appearance of Caves 18, 7 and 8 surely followed that of Cave 19. These early cave-temples show a definite influence from their land of origin. However, the exteriors of Caves 9, 10, and 12, which were hewn out between 484 ~ 494 C.E., are the petrified versions of a contemporary timbered Buddha-hall, which completely imitated the traditional Chinese architecture. Therefore, the cave temple complex at Yungang indicates the caves built at the very beginning technically followed that of the Indian prototype, with a gable-end appearance and half-timbered methods. Shortly after that the carving of the cave-temples were gradually Sinicized, because the gable facing front seems to be a work of foreign origin. All the cave-temples were hewn out from rocky cliffs according to their own designs and most of them were carried out totally in stone-work. The exterior of each cave-temple, which looks like a three-bayed temple hall (Cave 12) or even a six-bayed hall (Caves 9 and 10) in elevation, has preserved in stone faithful copies of a hip-roofed wooden architecture of their time. The mode and style of the cave temple complex at Yungang, which were half-timbered or hewn out on the basis of the cliff structure according to Li Daoyuan (466/472 ~ 527 C.E.), had influenced the cave-temples carved out in northern and central China thereafter.

After an excavation being carried out at the site of Leigutai area, Longmen, in 2008, the cave-temple at Leigutai was found to comprise a main cave, a timber-frame hall and a stairway. With regard to a large cave temple complex, Emperor Gaozong (649 ~ 683 C.E.) of Tang Dynasty instructed a timber frame hall to be constructed in front of the cave, closing to the rocky cliff, and the living quarters or habitable structures be built at a different locations. The great *saṃghārāma* of the Tang Empire, such as the Daciensi *saṃghārāma* and the Ximingsi *saṃghārāma* in Chang'an, had imitated the Jetavanārāma of Śrāvastī, Hinduka. The Buddha's courtyard in the Jetavanārāma of Śrāvastī, according to Daoxuan (596 ~ 667 C.E.), has a front Buddha-hall and a rear Buddha-hall in the premises. In this context, it can be inferred that the cave hewn out from the rocky cliff at Leigutai is probably used for the rear Buddha-hall, with the Buddha image set up on the central altar in the cave, while the timber-frame hall built on the stone platform in front of the cave might be used as the front Buddha-hall, and stairway connected with the platform is a typical set for a timber-frame hall of the large *saṃghārāma*. Such a new design and layout of the cave temple is possibly a result of the imitation of a free-standing Buddha-hall in the great *saṃghārāma* of the Tang Empire. This new type of the rock-cut temple, which had come to a climax of the Sinicization of the cave-temples, exercised a great influence on the large wooden structures built in front of the caves at Mogao, Dunhuang.

Key words: free-standing temple, cave-temple, petrified version, imitation

石窟寺既是对一般佛教寺院（地面寺院）的模仿（an imitation of buildings constructed

in timber）[①]，也可视作同时期砖木结构或泥笆草庐之寺的石化形式（petrified versions of the contemporary brick-and-timber or the humbler wattle mud-and-thatch structures）[②]。由于木构建筑或泥笆草芦易于朽毁，古代天竺（ancient Hinduka）的原始地面寺院早已不复存在。不过，一百多年来的考古调查与发掘，刊布了大量石窟寺的平面及外观信息，并揭露出土了许多地面寺院遗址。

一 天竺石窟寺：地面佛寺之石化

根据洞窟形制和使用性质的不同，古代天竺的佛教石窟大体可以分作僧人栖止禅修生活用窟和供养礼忏佛事用窟两种。前者以僧坊窟为主，附以方形窟和水池等（其中晚期开凿的僧坊窟也雕造龛像，兼有佛事用窟的性质）；后者主要指塔庙窟。作为宗教场所，后者应占主导地位，前者只是为后者服务的。一座塔庙窟与一座或若干座僧坊窟组成一处小型僧伽（saṃgha）或寺，许多僧伽或寺连在一起构成气势宏伟的大型石窟寺院（图 1）[③]。

现以僧坊和塔庙为例简述天竺石窟寺与地面寺院之关系。

僧坊窟，通称 vihāra（音译毗诃罗，意译僧坊），不过依据窟内的俗语（Prākṛta）题铭，这种洞窟原作 lēṇa，意为静室或僧房，为僧人隐居之处。典型僧坊窟平面多作方形、平顶，前壁正中辟门道。中央为方形大厅，大厅左、右、后三壁均向外凿出小室，小室门道与大厅相通。这种洞窟，系高度模仿地面砖、木结构的僧坊雕造[④]。

一世纪末、二世纪初，古代天竺流行一种二层或多层的自御型砖砌佛寺，主要由浮图（塔院）和僧坊（僧院）构成。僧坊平面方形，小室环置中央庭院四周，如呾叉始罗建造于二、三世纪的焦莲佛寺遗址（图 2-a）[⑤]。宽敞的庭院中央，有时会增建一座方形柱厅，如三、四世纪营造的龙树

---

① 参见 M. N. Deshpande. “The (Ajanta) Caves: Their Historical Perspective”, *Ajanta Murals* (Pages 14 ~ 21), ed. A. Ghosh, New Delhi: Archaeological Survey of India, 1967: 17 ~ 18.

② 参见 K. R. Srinivasan. “Rock-cut Monuments” , *Archaeological Remains, Monuments & Museums*, Part I (Pages 109 ~ 156), ed. A. Ghosh, New Delhi: Archaeological Survey of India, 1964: 110.

③ 印度佛教石窟寺，有些在石窟附近或周边也营造地面建筑，即采用地面建筑与岩石开窟相结合的形式。根据印度考古调查局 2000 ~ 2001 年在阿旃陀石窟区的考古发掘，阿旃陀第 4 ~ 17 窟所在对面山腰，即石窟群下方瓦哥拉河（Waghora）南岸山地上发掘出土了砖砌的建筑遗址。遗址中央为方形塔基，塔基左、右、后三面环置小室，整体布局作塔庙 - 僧坊混成式（stūpa-cum-caityagṛha）；中央佛塔为僧众礼忏供养之处，周匝小室系栖止禅修场所。根据遗址出土的陶器和一枚拜占庭狄奥多西斯（Theodosius，402 ~ 450 年）金币，发掘者推测这处地面建筑营造于四、五世纪之间。参见 *Indian Archaeology 2000-01——A Review*, New Delhi: Archaeological Survey of India, 2006: 93 ~ 97, Plate 73.

④ 参见 a. 李崇峰：《中印佛教石窟寺比较研究：以塔庙窟为中心》，北京：北京大学出版社，2003 年，第 5 页。b. 李崇峰：《印度石窟中国化的初步考察》，《佛教考古　从印度到中国》（559 ~ 584、585 ~ 609 页），上海：上海古籍出版社，2014 年，第 561 ~ 566、588 ~ 592 页。

⑤ 焦莲佛寺遗址中的有些装饰要晚到四、五世纪。参见 John Marshall. *Excavations at Taxila: The Stūpas and Monastery at Jauliāñ;* Memoirs of the Archaeological Survey of India, No. 7, Calcutta: Archaeological Survey of India, 1921: 38.

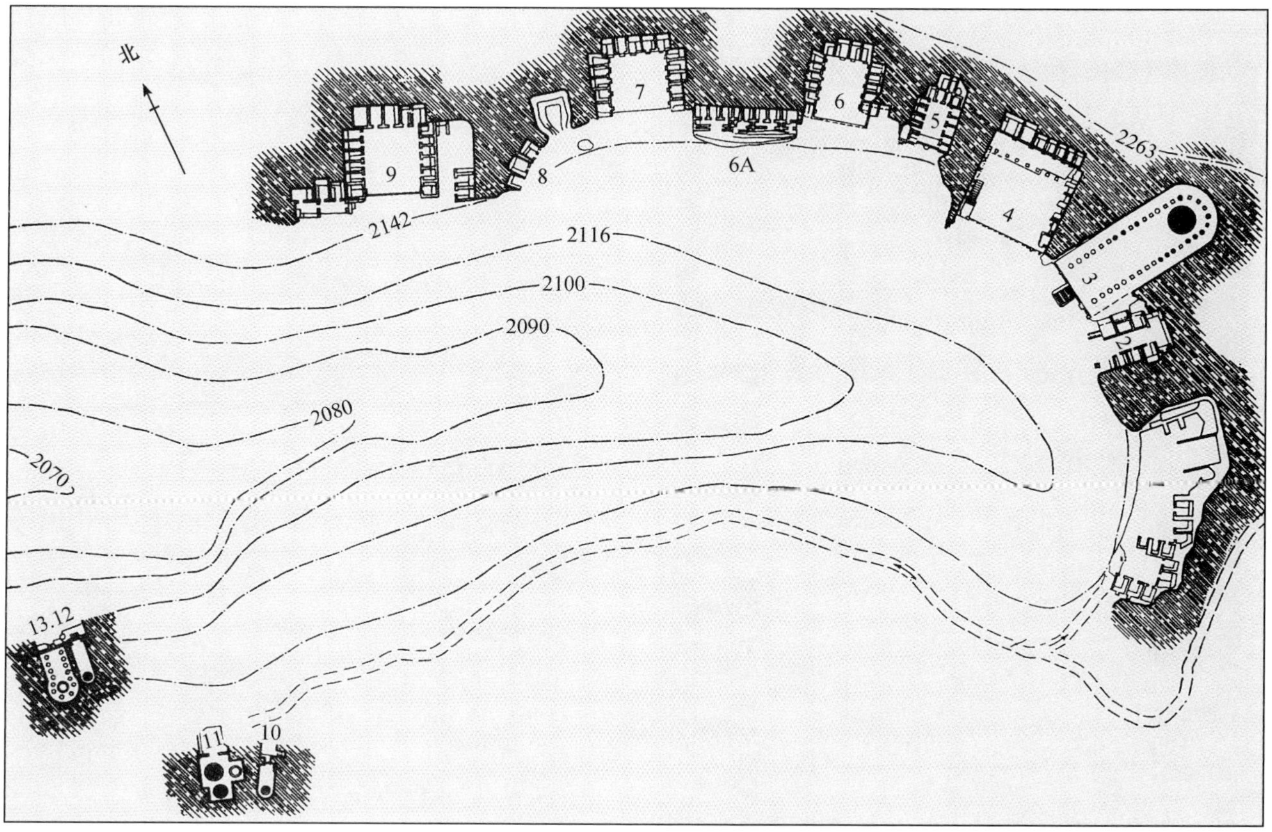

图 1 印度比德尔科拉石窟连续平面图
（采自 *Ancient India*, No. 15, Pl. XLVI）

山（Nāgārjunikondā）第 24 号遗址中的僧坊；方形柱厅与周匝小室之间为回形小道，小室后墙与寺院外墙共用（图 3-a）①；其中，面对门道的小室通常为佛殿（龛），其余为禅室。这种僧坊，为栖止与禅修僧人提供了隐逸之所，保护他们不受风吹、日晒和雨淋。至于僧坊的石化形式，纳西克第 3 窟可作代表（图 2-b），其方形大厅、周匝小室及前廊与焦莲寺址的僧坊设计非常相似；而阿旃陀第 16 窟的平面布局（图 3-b），尤其是中央方形柱厅，基本上是对龙树山第 24 号遗址中僧坊的模仿。因此，文献记载的木构或砖石垒砌的 vihāra（僧坊），确实是石雕 lēṇa（僧坊窟）的原型。换言之，天竺石窟中的 lēṇa 是地面佛寺中 vihāra 的石化形式。

塔庙窟，通称 caityagṛha 或 chaitygriha（音译支提，意译塔庙），不过依据窟内的俗语题刻，这种洞窟应作 chētiyaghara②，是天竺早期佛教石窟寺的供养和礼忏中心。印度现存最早的地面木结构塔庙遗址，发现于拉贾斯坦邦首府斋普尔东北 52 公里处拜拉特（Bairāt）③ 的铭文山（Bījak-kī-

① K. V. Soundararajan, ed. *Nagarjunakonda (1954-60);* Memoirs of the Archaeological Survey of India, No. 75, Vol. II (The Historical Period), New Delhi: Archaeological Survey of India, 2006: 66 ~ 73, 182 ~ 183.

② 窟内俗语铭文 chētiyaghara，由 chētiya（支提 / 塔）和 ghara（窟）两词构成。在中国，这种石窟被称作塔庙窟或中心柱窟，亦作支提窟、制底窟、塔洞、中心塔柱窟等，忠实地表达了原词含义。

③ 现在多数学者认为 Bairāt 是玄奘《大唐西域记》卷四所记述的波里夜呾罗国（Pāriyātra）。参见［唐］玄奘撰，季羡林等校注：《大唐西域记》，北京：中华书局，1985 年，第 376 ~ 377 页。

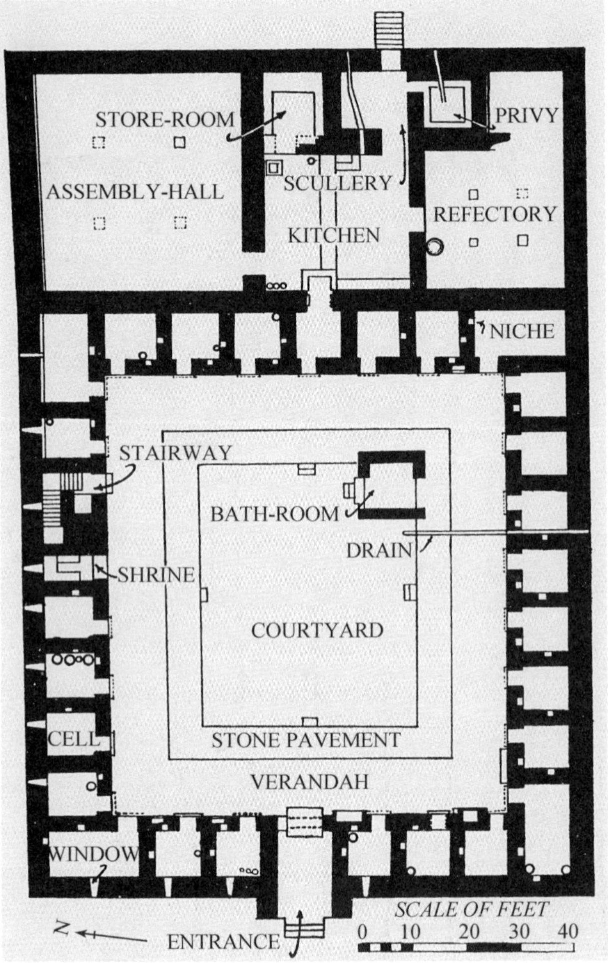

图 2-a　巴基斯坦呾叉始罗焦莲寺址中僧坊平面图
（采自 *Buddhist Monuments*, Fig. 10）

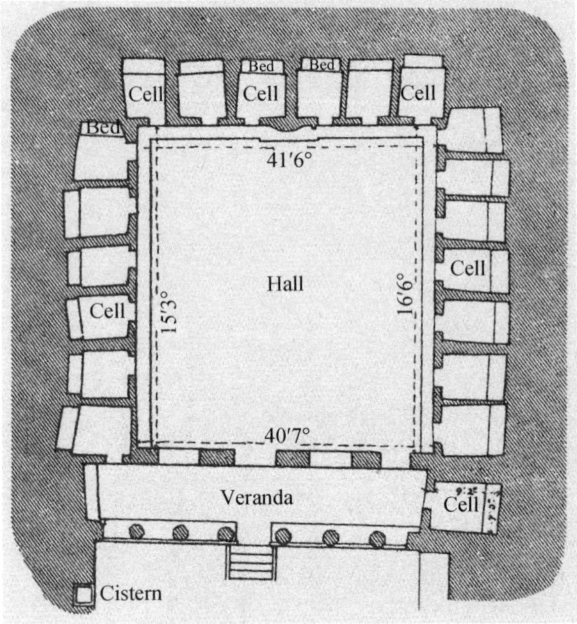

图 2-b　印度纳西克（Nāsik）第 3 窟平面图
（采自 J. Burgess 原图）

pahārī）。根据遗址的发掘地层，拜拉特的佛事活动前后延续了近四百年。遗址上层是一座砖筑长方形佛殿，下层为圆形塔庙，后者营造于阿育王时期（图 4-a）。塔庙直径 8.29 米，中央佛塔由 27 根八角木柱环绕；在环形列柱与外墙之间，是宽约 2.13 米的礼拜道。列柱[①]与外壁皆于东侧辟门（图 4-b）[②]。塔庙主室的屋顶不存，似为瓦作并冠以陶质尖饰；礼拜道之顶，则架于外墙与列柱顶部“圈枋”之上[③]。既然僧坊窟系模仿地面寺院中的僧坊雕造，那么塔庙窟也应为地面木构或砖石结构塔庙的石化形式，这点已被郡那尔地区杜尔伽莱纳（Tūljā-lēṇā）第 3 窟所证实（图 4-c）。第 3 窟平面圆形，中央雕造石塔，周绕 12 根八角素面石柱。石塔上方作穹隆顶，礼拜道顶部呈扇

① 塔庙窟内这种环状列柱，在性质上疑与露塔周围的栏楯相当。

② 经过发掘，圆形塔庙内壁由 27 根八角木柱做骨架，柱间砌砖，呈楔形结构。不过，柱间大砖似后来补砌，八角木柱原应独立环绕主体朝拜物——佛塔，柱间敞开。

③ D. R. Sahni. *Archaeological Remains and Excavations at Bairāt*, Jaipur State, 1937: 28 ~ 32, pl. vii a & b. 参见 Brown, *Indian Architecture: Buddhist and Hindu Periods,* 3rd Rev & Enl. ed. Bombay: Taraporevala Sons & Co, 1956: Pl. VI.

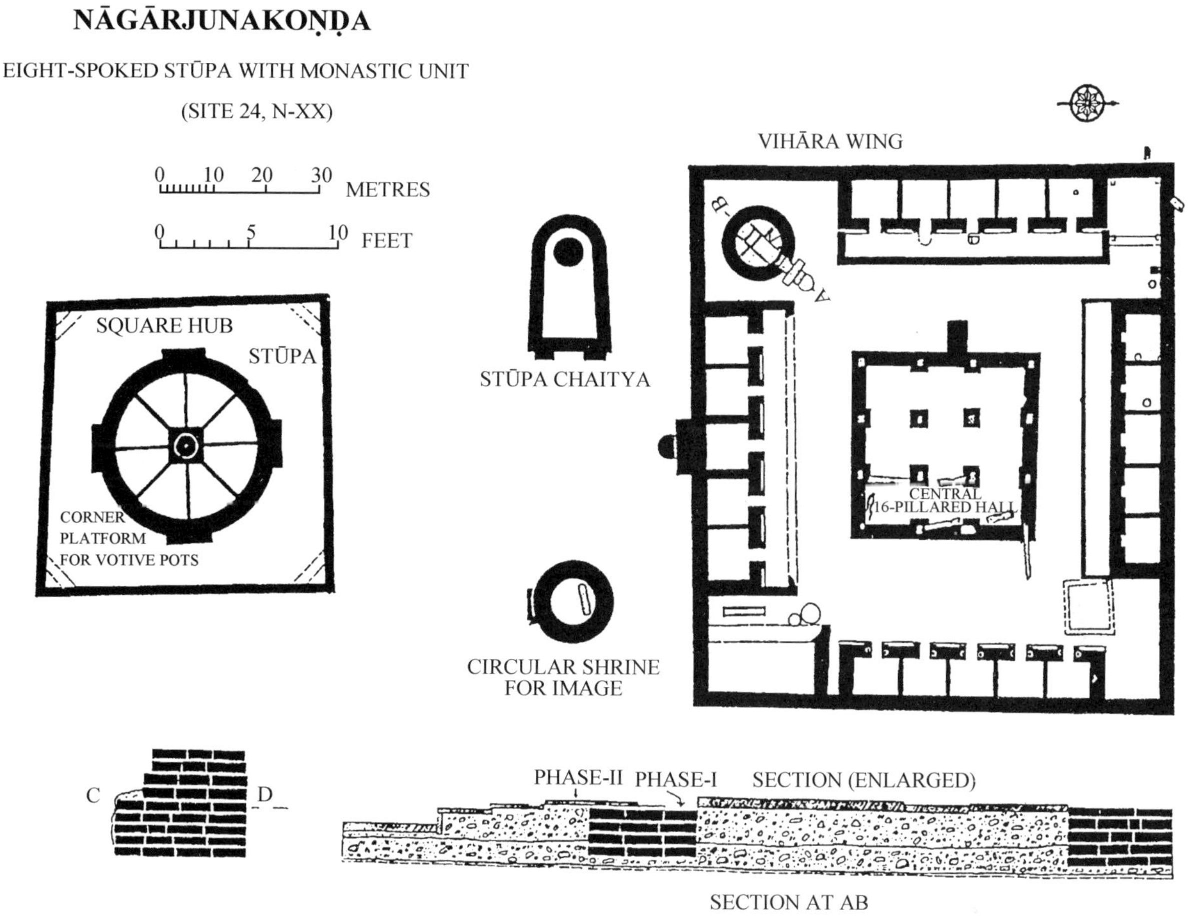

图 3-a 印度龙树山第 24 号遗址平面图

（采自 *Nagarjunakonda*（954-60）, Vol. II, Fig. 51）

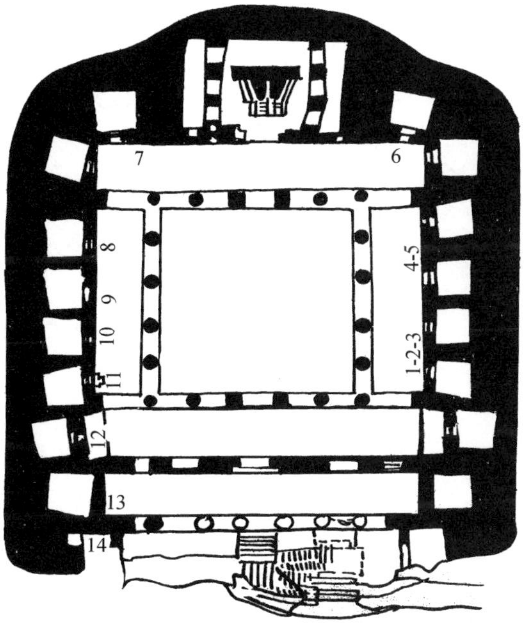

图 3-b 印度阿旃陀第 16 窟平面图

（采自 *Inscriptions of the Vākāṭakas: Corpus Inscriptionum Indicarum* V, Pl. I）

图 4-a　印度拜拉特圆形塔殿遗址

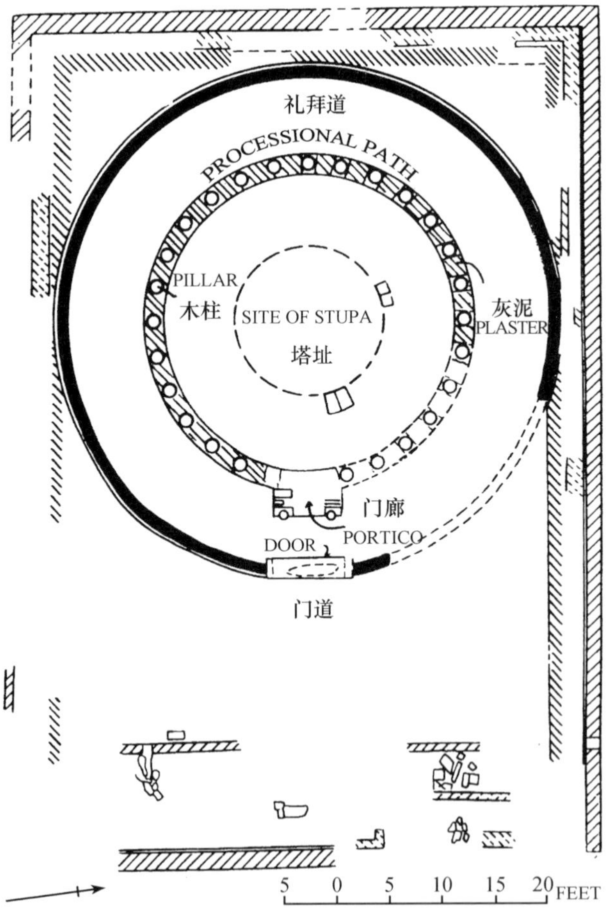

图 4-b　拜拉特圆形塔殿遗址平面图

（据 D. R. Sahni 原图绘制）

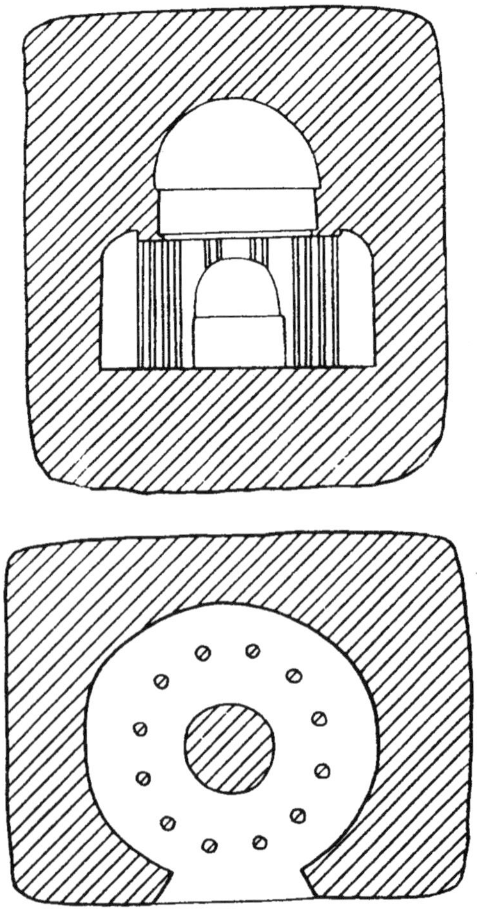

图 4-c　印度杜尔贾莱纳第 3 窟平面及横剖面图

（据 J.Burgess 原图绘制）

形，且较主室窟顶略低。此外，穹隆顶表面曾覆置纵横交错的木构梁椽，窟口亦安木质门框[①]。至于外观，地面寺院中的塔庙与石窟寺中的塔庙窟亦相似[②]。

基于石窟寺与地面佛寺之密切关系，尤其彼此在外貌结构、平面布局、内部设置、窟顶样式以及装饰纹样等方面的相似，有学者把石窟寺称为“石窟型寺院”（monastery of the guhā-type）[③]。一般寺院与石窟寺[④]皆以空间的建构为基本手段，具有特定的建筑意象，可总称佛寺或 saṃghārāma（僧伽蓝）[⑤]。

作为早期石窟寺的供养和礼忏中心，印度典型塔庙窟的平面为倒“U”字形，窟内通常由列柱分作一宽大主室、二狭窄侧廊和一半圆形后室；后室中央雕造一座独石塔，主室前部入口及其上方太阳栱系模仿木构塔庙的正面雕镌而成。依据平面、外立面、明窗、窟顶、列柱和石塔等，印度现存的塔庙窟在考古学上可以分作四期[⑥]。第一期塔庙窟应雕造于公元前二世纪后半，即公元前 150 ~ 前 100 年。塔庙窟原无石质前壁，而以高大的木构门屏替代，如珀贾第 12 窟和阿旃陀第 10 窟。由于自然或人为破坏，珀贾第 12 窟入口及正面已变成巨大的敞开栱门，致使窟内设置尽收眼底（图 5）。这种情形并非设计者原意，整个敞开空间当初由木结构建筑封闭。根据地栿槽及窟口榫眼，并参考两侧浮雕的装饰图案，我们可以推见珀贾第 12 窟的外立面原貌：石雕窟口（栱门）两侧各置一木柱，两立柱与木梁咬合，木构屏围下部辟门道；横梁上方悬挂的露台由四根楹柱承托，整体构成一宽敞、典雅的木结构柱廊。栱形大明窗与窟口相连，栱顶呈尖状，栱腹雕出仿木椽头，栱两翼弯曲下垂，栱脚外张。栱内木构大多残毁，栱翼表面原嵌木质饰物。这种木材与岩石结合之构思，即半石雕与半木构之理念，是建筑学上颇具价值的技术创新，既在营造上别出心裁，又不缺乏艺术美感[⑦]。整个塔庙窟的外立面造

---

① 参见前引书，《中印佛教石窟寺比较研究》，第 57 页。

② Brown. *Indian Architecture,* Plates Ⅲ, Ⅵ, Ⅷ, ⅩⅥ, ⅩⅫ.

③ 参见 Sukumar Dutt. *Buddhist Monks and Monasteries of India: Their History and their Contribution to Indian Culture*, London: George Allen & Unwin Ltd, 1962: 138 ~ 161, esp. 139.

④ 作为佛教石窟寺的发源地，印度石窟寺最早是英国人从学术上重新发现的，并从十九世纪中叶开始对其进行了系统的调查与研究。故而，英国及印度学者研究印度石窟寺时所用术语值得我们重视或延续使用。迄今，较重要的英文论著关于“石窟寺”一词的表述有：rock-cut temples (James Fergusson)、cave-temples 或 caves (James Burgess)、rock-hewn shrines and monasteries (John Marshall)、rock-cut architecture (Percy Brown)、guhā-monasteries 或 cave-monasteries (Sukumar Dutt)、rock-cut monasteries 或 rock temples (Vidya Dehejia)、rock-cut monastic architecture (S. Nagaraju) 等。参见 a. James Fergusson. “On the Rock-cut Temples of India,” *Journal of the Royal Asiatic Society of Great Britain and Ireland* VIII (1846): 30 ~ 92. b. James Fergusson and James Burgess. *The Cave Temples of India*, London: W. H. Allen & Co., 1880: 163 ~ 398. c. John Marshall et al. *The Bagh Caves in the Gwalior State*, London: The Indian Society, 1927: 3. d. Percy Brown, *Indian Architecture*, 24 ~ 38, 68 ~ 74. e. Dutt. *Buddhist Monks and Monasteries*, 138 ~ 139. f. Vidya Dehejia. *Early Buddhist Rock Temples: A Chronological Study*, London: Thames & Hudson, 1972: 9 ~ 10, 30, 114. g. S. Nagaraju. *Buddhist Architecture of Western India* (*C. 250 B.C.-C. A.D. 300*), Delhi: Agam Kala Publication, 1981: xiii-xiv, 3, 7, 11, 15.

⑤ 参见 Dutt. *Buddhist Monks and Monasteries*, 54, 201 ~ 203.

⑥ 参见前引书，《中印佛教石窟寺比较研究》，第 63 ~ 126 页。

⑦ 参见 Brown. *Indian Architecture*, 28, Pl. Ⅳ.

型，完全模拟地面木构塔庙的正立面设计①。实际上，这种栱形外貌应源自草庐或简朴小屋，在印度早期石刻中多有表现②。石窟中现存的最早实例，应是阿育王命人为邪命外道（Ājīvika）在伽耶雕造的洛马斯里希（Lomas Rishi）石窟。洛马斯里希石窟入口周围成组的雕刻可谓杰作（chef-d'ceuvre），崖面上所雕山面（gable end）应是地面木构建筑“山面向前”的精准再现（图 6-a）。当时开凿此窟的石匠亦步亦趋，几乎在每个细节上都刻意模仿木匠的所作所为。两根立柱粗大，高 3.96 米，下粗上细，顶部略内倾，柱头与两主椽或梁咬合，其余椽子平行安置。人字形曲面屋顶，由三重叠压板构成，覆于椽子之上，下端以短捆杆缠绕固定（图 6-b）。门道高 2.29 米，置于半圆拱内，上方由两半月形饰合成气窗。山墙（the gable）面，即山尖顶置尖形饰，其形状应源自赤陶原型③。又，安得拉邦的贡土巴利（Guntupalli）塔庙窟（图 6-c），外立面雕作支提栱或太阳栱（chaitya arch），平面亦作圆形，穹隆顶表面雕出纵横交错的弯梁与横椽，整体结构与杜尔伽莱纳第 3 窟接近④。

图 5 印度珀贾第 12 窟外貌

图 6-a 印度洛马斯里希石窟外貌

① 这种木构塔庙外貌最显著的特征是玫瑰花形明窗，即太阳栱。栱形大明窗由诸多构件嵌置而成，依据栱顶的弯曲状态把栱形木窗分作若干新月形开口。至于那些由浮雕栏楯连接的太阳盲栱和露台，更令人想起昔日富于画趣的宫殿外貌。参见 B. Rowland. *The Art and Architecture of India:Buddhist/Hindu/Jain*, rev. ed. New York: Penguin Books, 1977: 114 ~ 115.

② Brown. *Indian Architecture*, Plate Ⅷ.

③ 参见 Brown. *Indian Architecture*, 14; Plates Ⅳ, IX Fig.1, Ⅷ.

④ 有学者曾把贡土巴利塔庙窟看作是印度现存最早的塔庙窟。经与拜拉特木构塔庙对比，我们认为，在缺少可靠材料的前提下，很难把它的年代定得很早。参见 D. Mitra. *Buddhist Monuments,* Calcutta: Sahitya Samsad, 1971: 44.

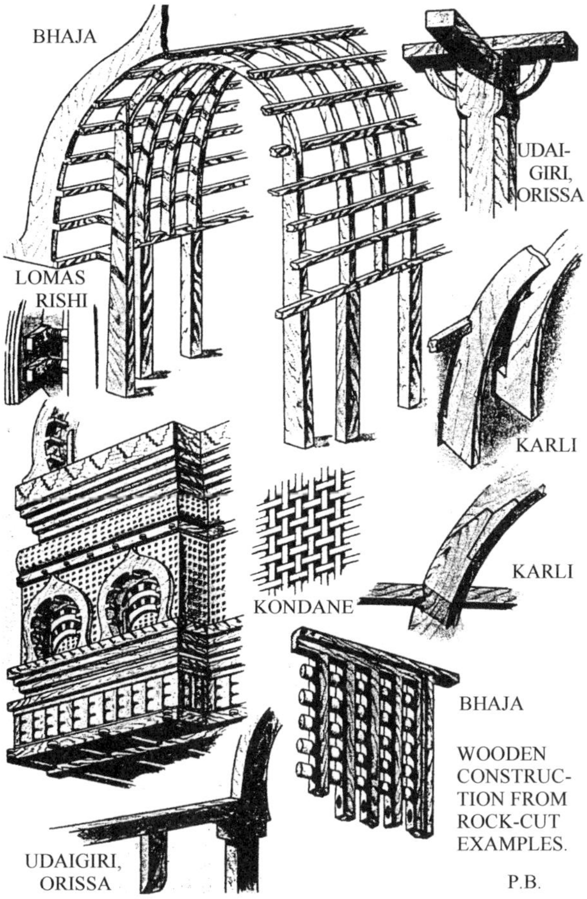

图 6-b　印度石窟中表现的木结构

（采自 *Indian Architecture: Buddhist and Hindu Periods*, Pl. IV）

图 6-c　印度贡土巴利塔庙窟外貌

第一期塔庙窟的主室及后室窟顶曾安置木质弯梁和椽子；侧廊顶部有的为木质梁、椽承托①，有的仿木雕造。窟内石柱素面，断面皆作八角形，每柱向上有收分，柱身明显内倾②。这种设计，应模拟地面营造的木构建筑原型，以抵消塔庙内部"梁架"及栱顶所产生的推力，但在塔庙窟中似不具力学意义，因为窟内石柱既无负荷适应，尖拱也无须承重，它们不抵抗任何侧向压力③。不过，"列柱在石窟中愈倾斜，表明它与木构原型愈接近，据此看来年代愈早。"④印度现存塔庙窟保存木构成分最多者，应是第二期雕凿的伽尔拉（Kārlā）第 8 窟，其主室及后室顶部的木质弯梁与横椽迄今保存完好，石塔平头上的伞杆及伞盖也以木料制作且雕刻精致的装饰纹样（图 7）。

印度第三、四期开凿的塔庙窟，与第二期大体接近，只是较其更加繁复。如第四期塔庙窟（475 ~ 625 年）各部分完全以岩石雕作，不仅主室和侧廊顶部的弯梁、椽子以及塔刹为仿木雕出，

① 由于自然或人为破坏，有些塔庙窟内的木质弯梁及横椽已完全毁坏，但窟顶表面原来嵌覆弯梁与横椽的遗迹尚清晰可见。

② 参见前引书，《中印佛教石窟寺比较研究》，第 87 ~ 90 页。

③ Brown. *Indian Architecture,* 24.

④ Rowland. *The Art and Architecture of India*, 115.

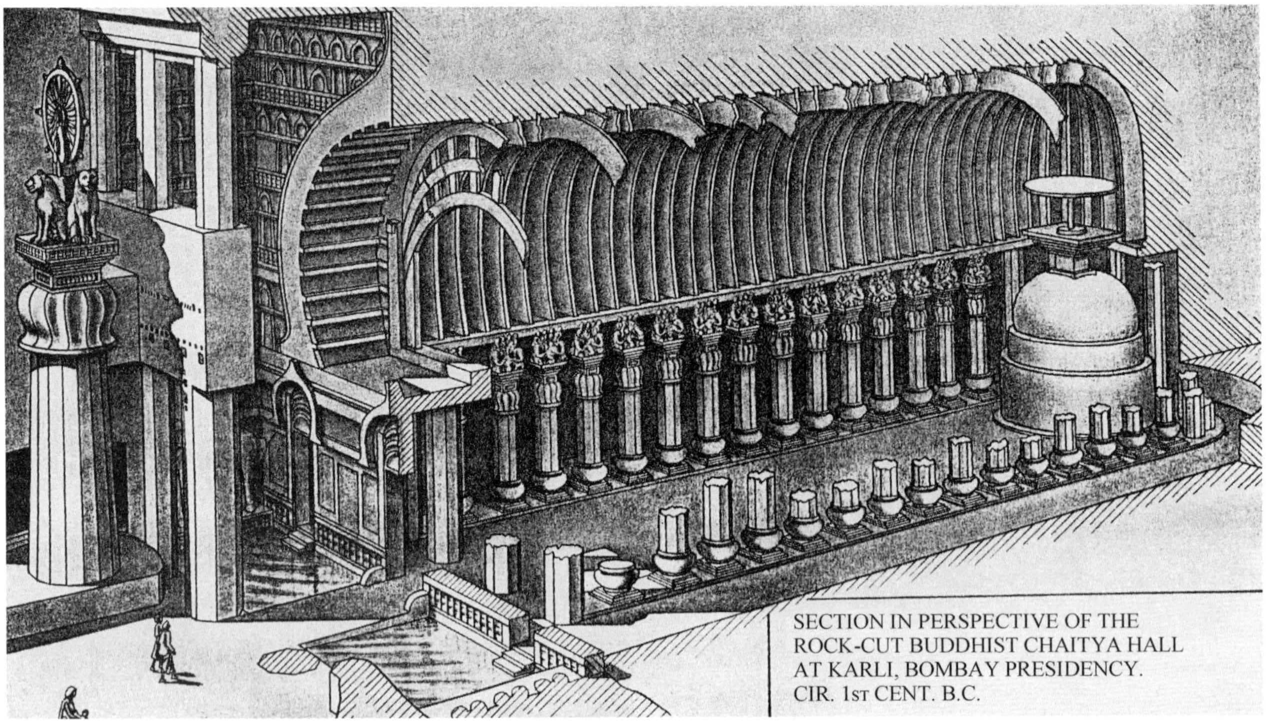

图 7 印度伽尔拉第 8 窟透视图
（采自 *Indian Architecture*, Pl. XIX）

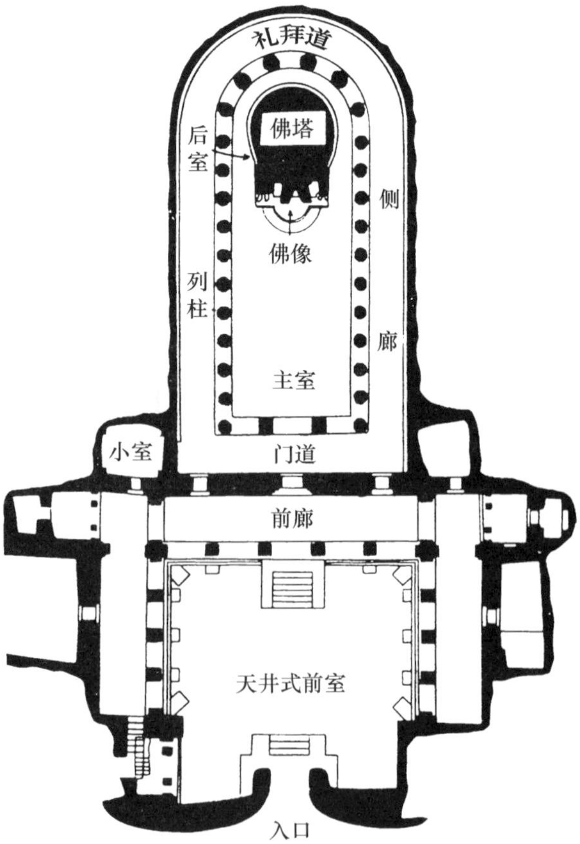

图 8 印度埃洛拉第 10 窟平面图
（据 J. Burgess 原图绘制）

而且外立面的所有组成部分均为石作[①]。塔庙窟的前半部各具特色。如阿旃陀第 26 窟雕造一宽敞柱廊，前部由四根立柱承托，两端各开一小室。埃洛拉（Ellorā）第 10 窟前部雕凿一敞开式前庭，除前面外，前庭其余三面绕以柱廊，廊外侧凿出小室（图 8）。塔庙窟的外立面，即柱廊或前庭后壁平行分作上下二层。上层主体是设计华丽的栱形大明窗，下层为露台与柱式门廊[②]。栱形明窗分作二型：一种栱翼两端向内弯曲、栱脚上卷如火焰；栱腹雕出椽头，栱顶镌刻涡卷纹。另一种由前者演化而来，呈三叶形；中央偏上开圆窗，栱脚上翻呈火焰状，栱顶亦镌刻涡卷纹，栱内雕出曲栱和椽头（图 9）。

① 参见前引书，《中印佛教石窟寺比较研究》，第 103 ~ 108 页。

② 阿旃陀第 26 窟前室已部分残毁，但露台遗迹尚存。

因此，塔庙窟外立面完全模拟同时期木构塔庙的山面进行雕造。至于僧坊窟及方形窟的仿木结构情形，尤其是柱廊的雕造与塔庙窟的基本一致，如阿旃陀第 1、2、16、17 窟的外貌（图 10）。

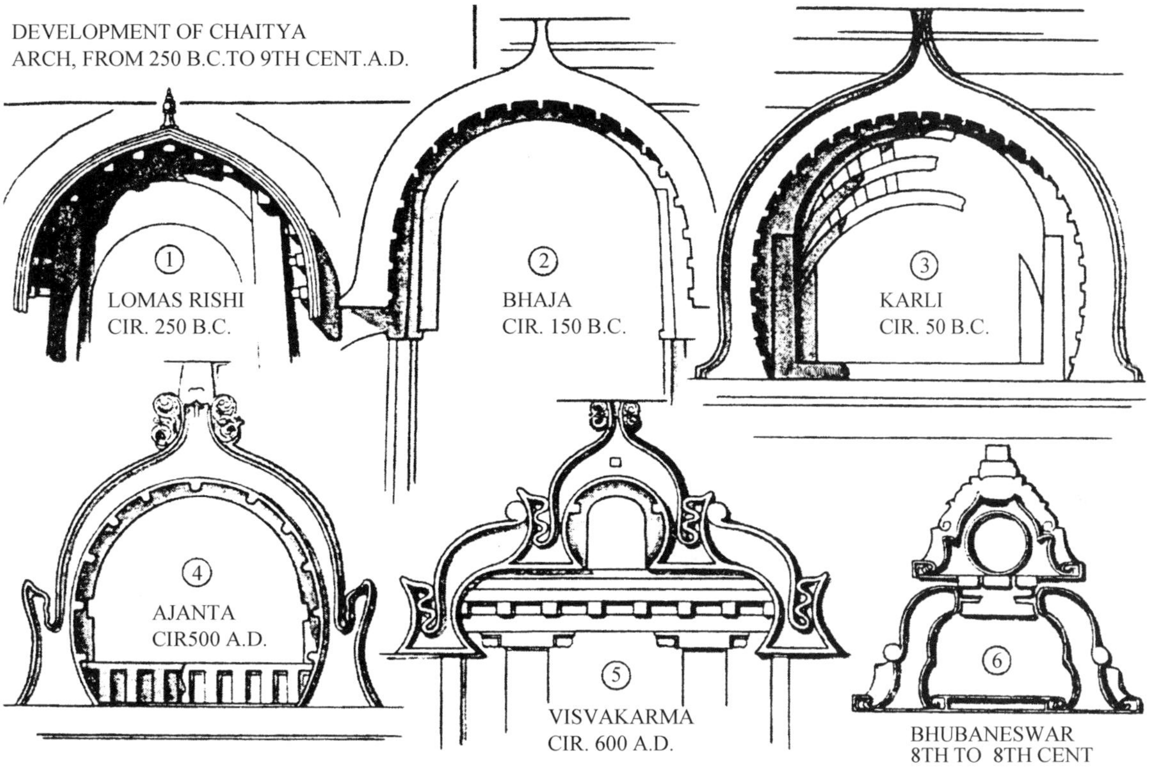

图 9 印度石窟外立面支提栱 / 太阳栱演变图

（采自 *Indian Architecture*, Pl. XXV）

图 10 印度阿旃陀第 1 窟外貌

二 龟兹石窟寺：取则印度 粗有改变

据梁僧祐《出三藏记集》征引东晋慧叡《喻疑》，东汉孝明之世“当是像法之初”[①]。换言之，“汉明帝永平年中，遣使往西域求法，是为我国向所公认佛教入中国之始。”[②]不过，佛教传入古代西域（新疆地区）的时间可能还要早些。作为佛教艺术组成部分之一，石窟寺随着佛教的东传而流布中国。在佛教石窟传入的过程中，天竺原有的三种主要窟型，即塔庙窟、僧坊窟和方形窟，都先后传入中土。不过如同其他类型的佛教艺术一样，石窟寺作为一种外来形式，为了自身的存在与发展，加之自然因素，不得不与当地的文化传统及审美情趣相结合。这样，各地形成了富有当地特色的佛教石窟类型，如新疆地区的塔庙窟（中心柱窟），既不同于印度原型，又与中原北方有别。至于印度石窟群中占绝大多数的典型僧坊窟，在中国境内却颇为罕见，目前仅发现于新疆和甘肃河西地区。印度方形窟传至中土后，虽然有些洞窟尚保持原有属性，但大多已演变为佛殿。又，新疆和内地出现了许多大像窟，而这种窟型则不见于印度本土。因此，在“中国古代佛教石窟发展演变的过程中，印度石窟原有模式的影响日渐衰退，更多地模拟具有中国传统木构殿阁特点的佛殿等地面建筑样式，从而日益形成新的具有民族特色的石窟艺术造型，表现在石窟的外貌方面，就是窟前建筑的雕凿与修建。”[③]

新疆塔里木盆地南北两沿，即古丝绸之路（新疆段）南北两道，历史上佛教最盛的地点是于阗和龟兹。依据文献记载并参考现存遗迹，于阗盛弘大乘，龟兹夙习小乘。反映在宗教迷信上，“龟兹多凿石窟，于阗盛建塔寺。”[④]其中，古龟兹境内的佛教石窟寺，以拜城克孜尔石窟位置重要，类型齐备，内容丰富，延续长久，堪称代表。

1906年，德国探险队在格林威德尔（Albert Grünwedel）率领下系统调查了龟兹石窟。他们不仅记录了各石窟的主体像设与壁画题材，而且也注意到了石窟寺的外貌。格林威德尔写道：穿过洞窟前廊（Vorhalle），就进入了平面近方形的主室（Cella/佛殿）。现存洞窟（Höhle）的前廊、窟檐（Vordächer）、露天廊道（Freigalerien）以及所有附属设施或装饰早已毁坏，不过大多数窟外崖面残存的建筑遗迹及窟内壁画所描绘的具象建筑，对于我们恢复龟兹石窟寺的原貌大有裨益。库木吐拉石窟有些前廊之顶为一面坡结构，位于高处的洞窟原有露天台阶（Freitreppen）与之连通。有些台阶以横木在山坡上构筑，整个石窟群（Höhlenreihen）或许都以这种栈道相互连接。克孜尔石窟的窟前建筑早已毁废，木质构件往时被人拆走，原始绚丽多彩的石窟寺外貌，只有某些石窟前廊的后半残存至今。各石窟所在崖面残存的大量榫眼与槽孔遗迹，是我们推见克孜尔石窟

---

① ［梁］僧祐著，苏晋仁、萧炼子点校：《出三藏记集》，北京：中华书局，1995年，第234页。

② 汤用彤：《汉魏两晋南北朝佛教史》，长沙：商务印书馆，1938年，第16页。

③ 前引书，《中国古代佛教石窟的窟前建筑》，第328页。

④ 宿白：《凉州石窟遗迹与“凉州模式”》，《中国石窟寺研究》（39～51页），北京：文物出版社，1996年，第49页。

昔日豪华外观的唯一证据①。

根据洞窟组合、建筑形制、塑绘题材、壁画布局及装饰纹样，克孜尔石窟可以分作早中晚三个阶段②。第一阶段洞窟大约开凿于三世纪末至四世纪中叶，皆不具前室，门道与窗口原装木质门扉或木牖，外立面上方接建木构窟檐，如第38～40窟（图11），但具体建筑结构及样式不得而知③。克孜尔第二阶段洞窟主要完成于四世纪后半迄五世纪，流行开凿前廊或前室。前廊大部崩毁，少数残存建筑遗迹，如克孜尔第110、111、111A窟（图12-a）。其中，第110窟（Treppenhöhle 阶梯洞）为平面方形佛殿窟，窟前西侧有十级石阶连通狭窄前廊（Vorplatz 前院）。前廊大部残毁，仅存正壁及右侧壁后半。前廊上方原覆窟顶（Gewölbe 拱顶），正壁中央偏下开门道通往主室，门道周围原置工字形门框；正壁与顶部相接处向外凸起且凿出一排十二个规整方孔，原安插木椽；地面及其前端至少可见长方形凹槽八个，原嵌置地栿。这些方孔和凹槽遗迹，表明第110窟主室之前原接木构建筑。第111窟为单室僧坊窟（僧房窟），前廊作平顶。前廊前壁已毁，正壁偏东开门道通向主室，崖面上方现存一排七个长方孔，地面及其前端可见长方形凹槽四个，整体布局与第110窟窟前建筑遗迹相似；西壁与第110窟相通，东壁凿甬道通向第111A窟，后者原始形制不清（图12-b）。这三座洞窟应为一处小型洞窟组合，即小型僧伽所在。其中，第110窟为供

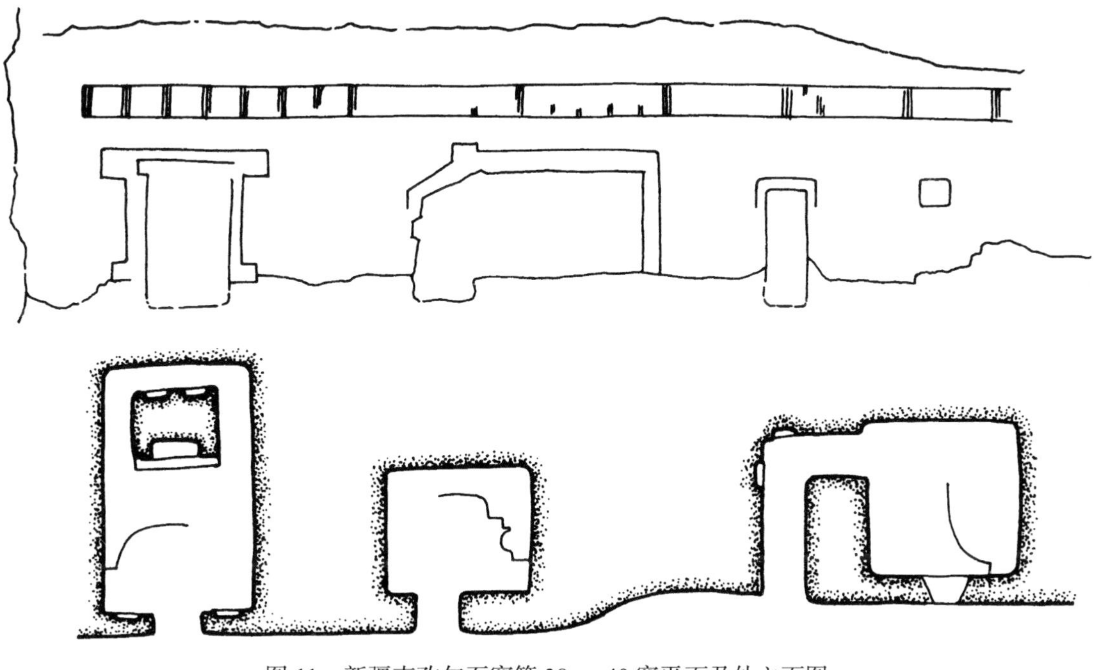

图11 新疆克孜尔石窟第38～40窟平面及外立面图
（采自宿白《中国石窟寺研究》第28页图20）

---

① Albert Grünwedel. *Altbuddhistische Kultstätten in Chinesisch-Turkistan:Bericht über archäologische Arbeiten von 1906 bis 1907 bei Kuča, Qarašahr und in der oase Turfan*. Königlich Preussische Turfan-Expeditionen, Berlin: Druck und Verlag von Georg Reimer, 1912: 1～2, 5, 40.

② 参见宿白：《新疆拜城克孜尔石窟部分洞窟的类型与年代》，《中国石窟寺研究》，北京：文物出版社，1996年，第21～38页。

③ 参见前引文，《新疆拜城克孜尔石窟部分洞窟的类型与年代》，第28～30页。

图 12-a　克孜尔石窟第 110、111、111A 窟外立面图

（采自 *Altbuddhistische Kultstätten in Chinesisch-Turkistan*, Fig. 82）

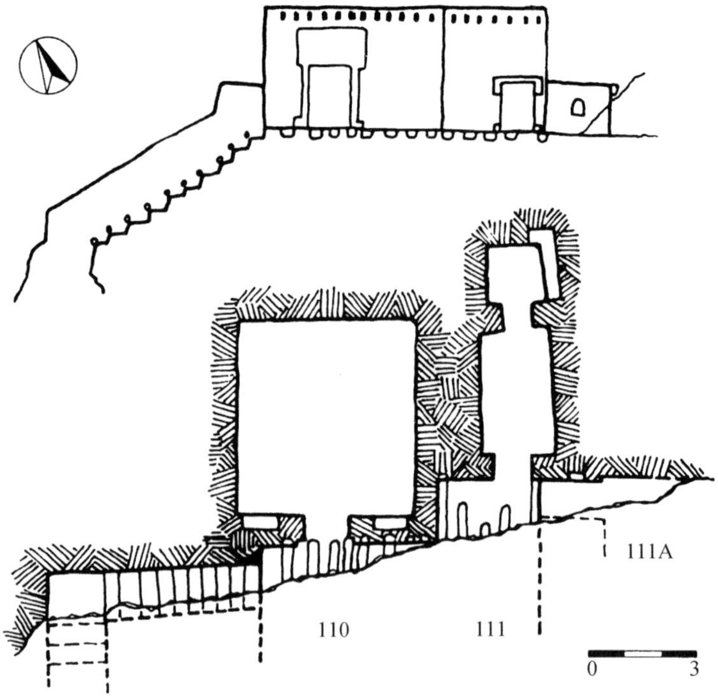

图 12-b　克孜尔石窟第 110、111、111A 窟平面及外立面图

（采自魏正中《区段与组合——龟兹石窟寺院遗址的考古学探索》图 61）

养与礼忏中心，第 111 窟疑为高僧所居，第 111A 窟或为僧房①。克孜尔第 114 窟（Höhle mit der Gebetmühle 转经轮洞）为长方形平面中心柱窟（塔庙窟），后部中央凿出连通窟顶与地面的中心柱（Mittelpfeiler）；前廊或前室东壁开甬道与第 115 窟相通，二窟原为一洞窟组合（图 13-a）。其中，第 114 窟，前廊正壁中央门道原置工字形门框，门道上方叠涩出挑处，即正壁与顶部相接处向外凸起且凿出一排十个长方孔，原应安置木椽；门道下方，即两门框下部和正壁两端下部凿出的四个长方形凹槽原应嵌置地栿。这些方孔和凹槽遗迹与第 110 窟相似，表明第 114 窟主室前部曾接木构建筑。第 115 窟主室平面及空间结构似为僧房窟②，前廊作两面坡顶，但山面向前，与主室正交③。前廊前壁大部坍毁，仅存东端局部与甬道相接，西壁前部及顶残，西壁偏北开门道与第 114 窟前廊相接；东壁偏北开甬道与主室相连，正壁有窗通向主室（图 13-b）④。又，克孜尔石窟群的洞窟组合，基本沿袭古代天竺石窟寺传统，主要由佛事用窟与生活用窟构成。

根据克孜尔石窟残存的建筑遗迹，我们推测：当初营造石窟寺时，首先分别在前廊或前室地面

---

① 参见 Grünwedel. *Altbuddhistische Kultstätten in Chinesisch-Turkistan*, 117 ~ 118.

② 第 114 窟前廊左侧与第 115 窟前廊相接处残存门框遗迹，第 115 窟前廊通往主室的甬道外端原置门框，第 115 窟甬道后端与主室连接处亦存门框遗迹。第 115 窟设置门道三重，或具特殊功用。

③ 这种山面向前的设计，借用玄奘之语，或许“取则印度，粗有改变”。

④ 参见 a. Grünwedel. *Altbuddhistische Kultstätten in Chinesisch-Turkistan*, 112. b．前引文，《新疆拜城克孜尔石窟部分洞窟的类型与年代》，第 26 ~ 28 页。

图 13-a　克孜尔石窟第 113 ～ 116 窟外貌

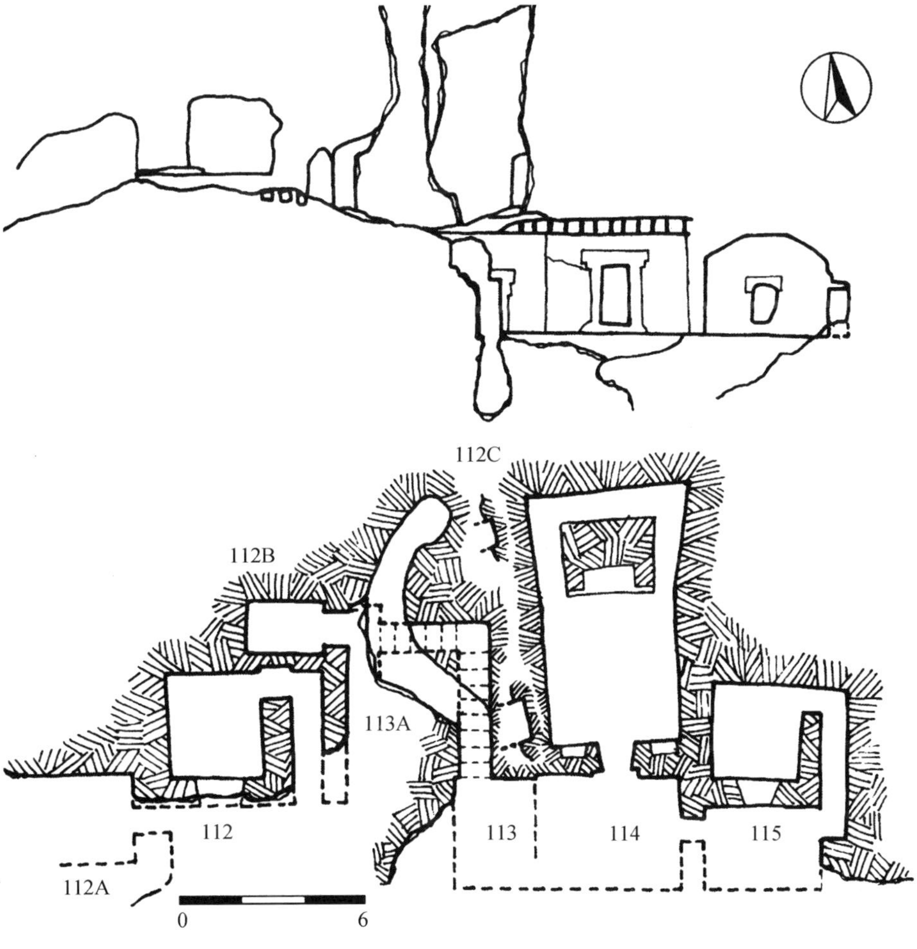

图 13-b　克孜尔石窟第 112A ～ 115 窟平面及外立面图

（采自《区段与组合——龟兹石窟寺院遗址的考古学探索》图 63）

及地面前端凿出地栿槽，前廊或前室正壁上部雕凿一列方孔，门道周围凿出框槽。之后，把地栿一端嵌置地栿槽内，地栿在门道之下者则以门槛压覆并固定，地栿另一端向外伸出；木椽一端插入上部方孔，有的与上部横槽之内梁枋咬合，木椽另一端亦向外伸出；最后，下部地栿与上部木椽之间所竖木柱与其分别咬合，由此构成前廊的木构骨架（桁架）。又，当时窟前接建的木构建筑，应以洞窟组合为准统一设计。至于这种前廊的桁架细部、屋顶式样以及整个外貌，限于材料目前无法进一步推研①。除小型前廊或前室外，克孜尔石窟的木结构建筑还应包括窟檐以及连接洞窟的栈道等，但具体结构及外观亦不清②。值得注意的是，克孜尔石窟现存洞窟前部不见大型木构殿阁式建筑遗迹。

三　武州山石窟寺：镌岩开寺 因岩结构

云冈石窟，即《魏书》等文献记载的"武州山石窟寺"，是"北魏皇帝以其新兴民族的魄力，融合东西方各方面的技艺，创造出新的石窟模式，"即云冈模式。不过，武州山石窟寺现存洞窟主要用作供养礼忏，栖止禅修等生活用窟似不见。当时僧人的居住场所，可能在冈上及武州对岸的地面木构建筑之中。这种情形也许是武州山石窟寺的创新，抑或佛教石窟寺东方化之结果，对后来中土石窟寺的设计与营造产生了深远影响③。云冈石窟从考古学角度可以分作早中晚三期④。

第一期洞窟，即《魏书·释老志》所记昙曜主持开凿的五座洞窟。"（和平初），昙曜白帝，于京城西武州塞，凿山石壁，开窟五所，镌建佛像各一。高者七十尺，次六十尺，彫饰奇伟，冠於

---

① 据玄奘记载：屈支国（龟兹）"文字取则印度，粗有改变"；"经教律仪，取则印度，其习读者，即本文矣。"（[唐]玄奘、辩机撰，前引书，第 54 页）这说明：至迟到七世纪上半叶玄奘游历时，龟兹地区所用文字尚取法于印度字母而稍加改变；佛经教义和戒律仪轨也取法印度，于是诵习经教、律仪的僧俗就都依据印度原文了。鉴于古龟兹与天竺文化之渊源，我们怀疑龟兹地区中心柱窟，尤其大像窟的外立面可能仿效天竺本土早期塔庙窟的外观设计，亦采用山面向前式木构，上半部为太阳栱（chaitya arch），下半部置门道。

② 参见 a. Grünwedel. *Altbuddhistische Kultstätten in Chinesisch-Turkistan*, 37 ~ 181. b. 魏正中：《区段与组合——龟兹石窟寺院遗址的考古学探索》，上海：上海古籍出版社，2013 年，第 106 ~ 129 页。

③ 酒泉文殊山后山区石窟尚有塔庙窟与僧坊窟组合的形式，但武威天梯山现存洞窟中佛事用窟与生活用窟之关系不宜确定。天梯山第 5 和第 10 ~ 12 窟，原来是否为栖止禅修生活用窟值得我们进一步研究。参见 a. 前引书，《中印佛教石窟寺比较研究》，第 240 ~ 241 页。b. 敦煌研究院、甘肃省博物馆编：《武威天梯山石窟》，北京：文物出版社，2000 年，第 99 ~ 100、110 ~ 113 页，图三、四。

④ 宿白：《平城实力的集聚和"云冈模式"的形成与发展》，《中国石窟寺研究》（114 ~ 144 页），北京：文物出版社，1996 年，第 125 页。

本文关于云冈石窟外观的论述，主要征引宿师季庚先生的研究成果。除前引文外，还包括 a.《〈大金西京武州山重修大石窟寺碑〉校注——新发现的大同云冈石窟寺历史材料的初步整理》，《中国石窟寺研究》，北京：文物出版社，1996 年，第 52 ~ 75 页。b. 宿白：《云冈石窟分期试论》，《中国石窟寺研究》，北京：文物出版社，1996 年，第 76 ~ 88 页。c.《〈大金西京武州山重修大石窟寺碑〉的发现与研究——与日本长广敏雄教授讨论有关云冈石窟的某些问题》，《中国石窟寺研究》，北京：文物出版社，1996 年，第 89 ~ 113 页。为便于读者核查，各征引字句皆注出明确页码。

一世。”[①]这五座洞窟，现公认为今编号第 16 ~ 20 窟，营造时间为 460 ~ 470 年。昙曜五窟在形制上的特点是各窟大体上都模拟椭圆形平面、穹隆顶的草庐形式，前壁窟口上方开明窗，洞窟体量巨大、宏伟[②]。依据云冈石窟现存遗迹并参考印度、阿富汗、新疆和甘肃河西走廊等地早期石窟寺，我们认为这五座石窟受天竺石窟寺原型之影响，大多于窟外上方搭建木结构檐饰或殿阁建筑。其中，第 19 窟崖面上部现存左右对称的山墙形切入（gable-shaped incision）凹槽延伸至此窟两胁洞上方，给人印象是一座木构建筑的山面轮廓。在两条凹槽中央交点，即山尖之下有一方孔，似作插入脊榑（ridge pole）之用（图 14-a）。这些遗迹表明：第 19 窟窟外崖面曾接建一座大型木构窟顶（wooden roof），即山面（gable）向前的木构建筑——窟檐或殿阁，覆盖第 19 窟及其双胁洞[③]。

1940 年 9 月 25 日至 11 月 26 日，由水野清一主持、日比野丈夫和小野胜年监督，对昙曜五窟窟前地面进行了清理，之后发掘了第 19 ~ 20 窟的窟前遗址。他们以第 19 窟的窟口为基准，首先在其南侧 17 米处开挖一条宽 2 米的东西向主探沟，后来又在横探沟北侧另挖了一条南北向纵探沟，长 15 米，宽 2 米。第 19 窟窟前遗址上部堆积层厚 20 ~ 30 厘米，下部文化层厚约 50 厘米，可细分为六层，之下是岩床。以距离窟口 6 米的 b-b′ 剖面为例，遗址所在岩床之上主要分作三个文化层：上层是辽代沟纹方砖地面，表面大都有磨损，辽代敷地砖地面自窟口向南延伸 7 ~ 8 米，再向南地面为后代青砖替补；中层是黑褐色土层，内含有碎石；下层为黑土层，包含物是北魏残瓦和木炭（图 14-b）。这些木炭和北魏残瓦及瓦当表明接建于第 19 窟窟前的原始建筑（original building）“外楼”为木结构，顶部确定无疑使用了瓦和瓦当[④]。因此，第 19 窟外崖面上的人字形凹槽遗迹和窟前遗址北魏地层出土的木炭及残瓦，使我们有充分证据推断第 19 窟毕功时，窟前曾接建有山面向前的木构窟檐或殿阁（图 14-c），但具体结构及样式不得而知。

此外，第 18 窟外崖面明窗上方，尚存山墙形凹槽的右半遗迹[⑤]。

---

① ［北齐］魏收：《魏书》，点校本，北京：中华书局，1974 年，第 3037 页。

② 前引文，《云冈石窟分期试论》，第 76 页。

③ 水野清一、长广敏雄把这种人字形沟槽称为“合掌形”或“三角形”，上架大屋根（屋顶）；山面向前的建筑，则称作“破风 /gable”式。季庚师在《〈大金西京武州山重修大石窟寺碑〉的发现与研究》一文中写到，云冈石窟“第 19 窟窟口崖面上部两坡顶的沟槽极为清晰。窟前也发现了断续的沟纹砖地面。上部沟槽左右斜下的情况和断续的砖地范围，表明第 19 窟前曾接建的山面向前建筑，把第 19 窟的左右两胁洞都覆盖在内。”参见 a. 水野清一、長廣敏雄：《雲岡石窟：西曆五世紀における中國北部佛教窟院の考古學的調查報告》（東方文化研究所調查，昭和十三年至昭和二十年，16 卷），京都：京都大學人文科學研究所，1951 ~ 1956 年，第十三 / 十四卷（第十九洞本文，1951），第 13、45、103、127 页。b. 前引文，《〈大金西京武州山重修大石窟寺碑〉的发现与研究》，第 97 页。

④ 水野清一：《雲岡發掘記 2》，《雲岡石窟：西曆五世紀における中國北部佛教窟院の考古學的調查報告》（東方文化研究所調查，昭和十三年—昭和二十年，16 卷），京都：京都大學人文科學研究所，1951 ~ 1956 年，第十五卷（附录 1 第 91 ~ 99、185 ~ 190 页），本文第 92、93、186 页，第 50、58、59 图。

⑤ 关于第 18 窟窟外崖面遗迹，季庚师有如下记述：“第 18 窟明窗右上方崖面残存坡顶右侧的沟槽痕迹，明窗两侧都保有梁孔。窟前也发现了沟纹砖地面。此窟前曾接建的木建筑与第 7、8 两窟窟前曾接建的木建筑相似，皆山面向前。”参见前引文，《〈大金西京武州山重修大石窟寺碑〉的发现与研究》，第 97 页。

第 19 窟及第 18 窟崖面所接木构建筑的山面向前，与印度洛马斯里希石窟、贡土巴利塔庙窟、珀贾第 12 窟和阿旃陀第 10 窟等“山面向前”的外观相似，尤与洛马斯里希石窟和贡土巴利塔庙

图 14-a 大同云冈石窟第 19 窟外貌

（采自《雲岡石窟：西曆五世紀における中國北部佛教窟院の考古學的調查報告》，第 13 卷图版 1）

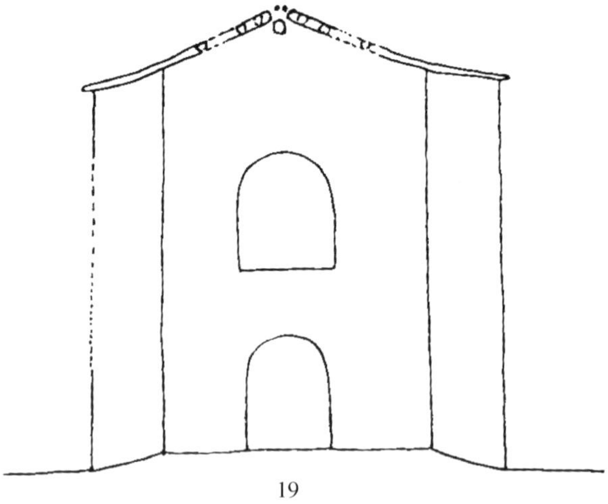

图 14-c 云冈石窟第 19 窟外立面建筑遗迹示意图

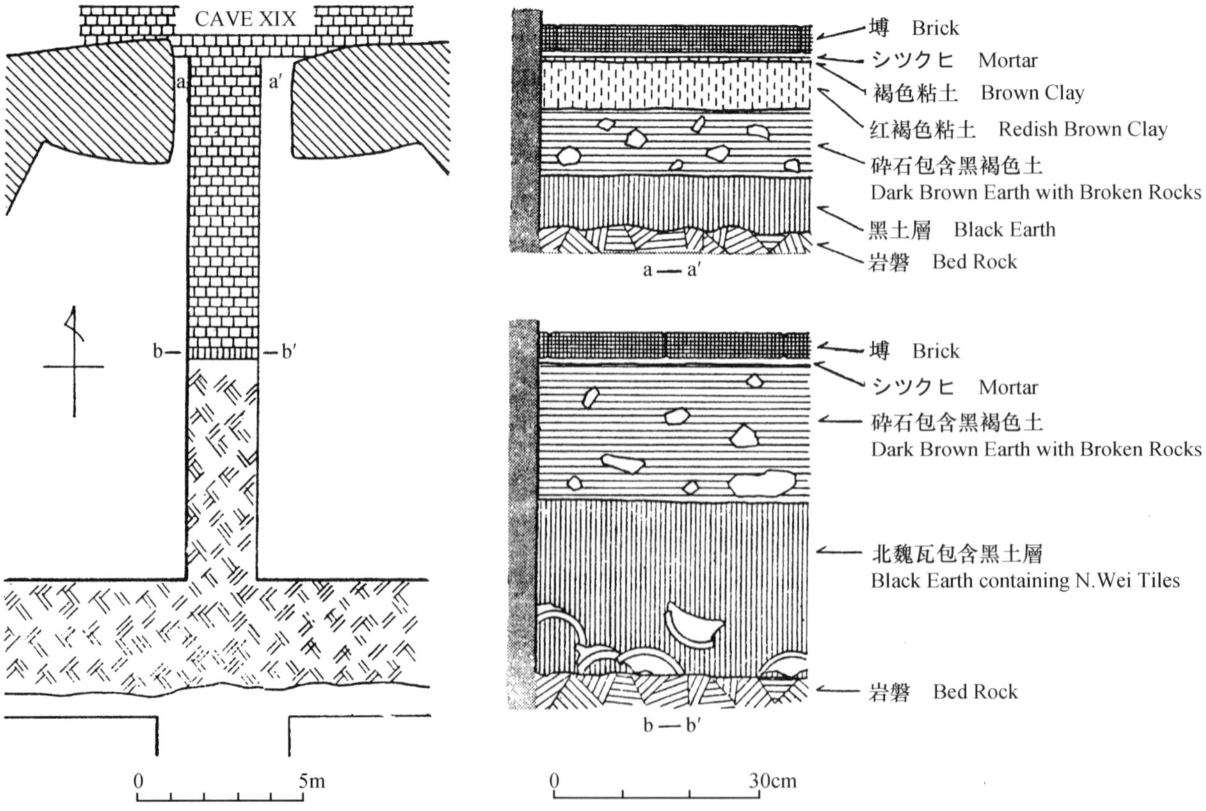

图 14-b 大同云冈石窟第 19 窟窟前遗址发掘图

（采自《雲岡石窟》，第 15 卷第五十圖）

窟外貌接近，疑源自古代天竺石窟寺[①]。作为最上供养与礼忏中心，北魏平城初创佛事用窟时，在外观方面模仿天竺石窟寺原型或同时期地面寺院外貌，只是天竺石窟寺的山面外观呈尖拱状，栱翼斜垂（图 14-e）；武州山石窟寺的山面外观作人字形，挑檐（verge）外张。这种差异，成为“参考前规、融以新意”[②]之结果，因为两者皆属于 gable roof（人字屋顶）或 saddleback roof（鞍

图 14-d 巴基斯坦斯瓦特 Buthara I 遗址出土的建筑山面

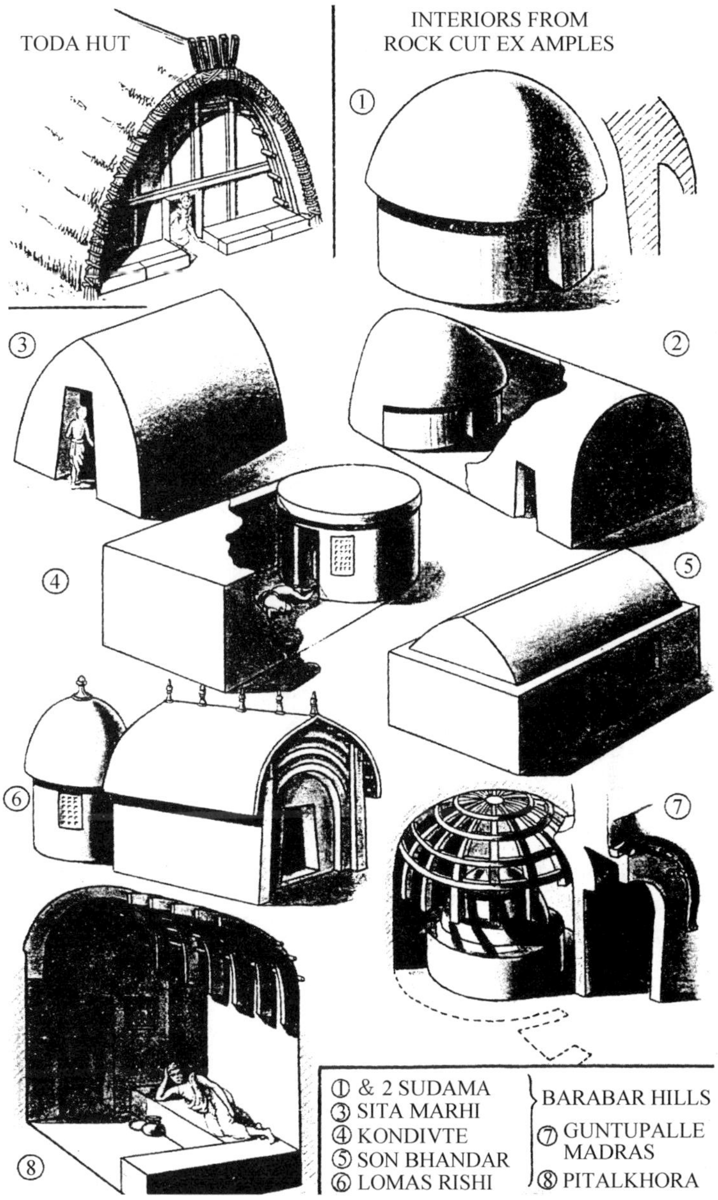

图 14-e 印度石窟内外景示意图
（采自 *Indian Architecture*, Pl. VIII）

① 古代犍陀罗地区的地面佛寺，似乎也采用这种山面向前的结构。意大利中远东研究所 1956 ~ 1962 年在斯瓦特地区 Butkara I 遗址发掘出土的一件片岩石雕，表现的就是一山面向前的建筑，栱门下有男女二人像（图 14-d）。此外，马尔丹地区塔赫特巴希寺院遗址中塔院周匝的佛龛，顶部结构似乎也是山面向前。参见 Brown. *Indian Architecture*, Plate XXXIII.

② 前引文，《平城实力的集聚和“云冈模式”的形成与发展》，第 126 页。

形屋顶）之类。又，这一时期的武州山石窟寺，有些地面木构建筑系模拟天竺“塔寺”布局营造，如云冈石窟西部冈上近年新发掘出土的建筑遗址[①]。

第二期洞窟主要分作五组：7、8 窟，9、10 窟，5、6 窟，1、2 窟和 11、12、13 窟，雕造时间大约从北魏孝文帝即位（471 年）以迄迁都洛阳（494 年）之前。其中，前四组皆作“双窟”，形制为前室后殿（主室）；洞窟完全模仿地面佛寺，从而形成有层次的殿阁外貌与窟内空间。

第 7、8 这组双窟，平面可分为前室与主室两部分，在第二期石窟中营造时间最早，应是孝文帝所开，辽代以此为主体兴建了护国寺[②]。第 7、8 两窟前室隔墙前端雕镌汉式传统建置——耸立中庭下具龟趺的丰碑（图 15-a），隔墙后部凿有甬道彼此相通[③]。第 7、8 双窟的前室露天，原应覆有屋顶；现存崖面上方可见两条斜向凹槽以双窟前室隔墙为中心向左右两侧对称延伸至双窟外缘，整体作人字形，顶部下距地面 19.7 米。山尖之下，可见三个圆孔及一个方孔，表明原有脊槫插入其中（图 15-b）。尽管脊顶之下崖面残蚀较甚，但脊上可见排列整齐的成组小孔，表明原来曾

图 15-a　云冈石窟第 7、8 窟外貌
（采自《雲岡石窟》，第五卷图版 1）

图 15-b　云冈石窟第 7、8 窟外立面建筑遗迹示意图

① 参见李崇峰：《从犍陀罗到平城：以寺院布局为中心》，《佛教考古 从印度到中国》，上海：上海古籍出版社，2014 年，第 267 ~ 312 页。云冈石窟西部冈上新近发掘出土的建筑遗址，在平面布局上与前述阿旃陀石窟群对岸揭露出土的建筑遗址非常相似，或许不是偶然。

② 前引文，《云冈石窟分期试论》，第 79 页。

③ 前引文，《平城实力的集聚和“云冈模式”的形成与发展》，第 127 页。

有某种脊饰。这些遗迹暗示北魏原始建筑是一座覆盖7、8双窟的单体木构大屋顶①。宿师季庚先生推测："第7、8两窟的上方崖面，存有清晰的木构建筑物两坡顶的沟槽与承托两坡顶端和左右檐下的三组梁孔。这些迹象可以表明第7、8两窟的前面，曾建有一座山面向前的木建筑物。"②后来，季庚师明确指出：云冈第二期开凿的第7、8双窟，"前室原依崖面架木构屋顶。"③第7、8双窟这座原始木构，与第19、18两窟窟前分别所接"山面向前"的木构建筑相似④，系延续昙曜五窟作法。这种山面向前的木构建筑，迄今仅发现在昙曜五窟和接续五窟开凿的第7、8窟⑤，后来武州山及中土各地石窟寺营造的窟前建筑再未出现这种域外色彩浓厚、山面向前的木构⑥，表明佛教石窟寺经过前此过渡期的拘泥模仿已开启了逐步汉化进程。由于7、8窟设计为双窟，其原始木构屋脊正好置于两窟前室的隔墙上方，这也从另一方面证明这种山面向前的木构建筑系开窟时统一经营，清代在第5、6和7、8窟前重修的木构建筑皆未采用这种原始样式⑦。

第9～13窟俗称"五华洞"（图16）。其中，第9、10双窟在云冈第二期洞窟中略晚于第7、8

① 参见水野清一、長廣敏雄，前引书，第四卷（第七洞本文，1952），第43、99页；第五卷（第八洞本文，1951），第39、95页。

1938年6月4～9日，水野清一主持发掘了云冈第8窟窟前遗址，所开探沟（南北纵沟1）没有发现北魏遗迹和遗物，但出土了一片辽代平瓦当。参见水野清一：《雲岡發掘記1》，《雲岡石窟：西曆五世紀における中國北部佛教窟院の考古學的調査報告》（東方文化研究所調査，昭和十三年—昭和二十年，16卷），京都：京都大學人文科學研究所，1951～1956年，第七卷（附录第57～68、123～129页），本文第57～59、123～124页，第30图。

② 前引文，《〈大金西京武州山重修大石窟寺碑〉的发现与研究》，第97页。

③ 前引文，《平城实力的集聚和"云冈模式"的形成与发展》，第127页。

④ 前引文，《〈大金西京武州山重修大石窟寺碑〉的发现与研究》，第97页。

⑤ 此文草就后，于2017年8月7日电请钟晓青女士指正。翌日，晓青女士以电子邮件赐复："关于云冈19窟以及7/8窟上方的人字形遗迹，我觉得应该是用于防水的人字披遗迹，挑出长度也就在三四尺左右，而且是后来加上去的。"8月9日，她在给笔者的邮件中再赐高见："关于后来加设人字披的想法，主要是觉得这个东西做法简易，与窟室整体立面从造型到风格都不相协调。或许有一定的防水（兼防砂石）作用，但也许实际作用不大。记得吐鲁番胜金口石窟主窟的上方也有一道水平状的凸出带，怀疑也是类似的东西。"谨此致谢。

这种人字形遗迹，作为防水兼防风沙的人字披设施或挑出三、四尺的檐饰在逻辑上是说得通的。不过，如果是后来加上的话，为何武州山石窟寺其余洞窟的外立面现存都是与石窟所在岩体正交的汉式殿堂立面遗迹？而且中国境内现存其他石窟寺的外立面也不见这种人字形沟槽遗迹。故而，笔者认为北魏平城初创供养礼忏佛事用窟时，在外观方面也试图模仿天竺石窟寺原型，只是天竺石窟寺及其地面佛寺建筑的山面外观呈尖栱状，栱翼斜垂；而武州山石窟寺的山面外貌作汉式传统建筑两面坡，即人字形。又，天竺石窟寺的山面外观，如洛马斯里希石窟、贡土巴利塔庙和珀贾第12窟似主要用作装饰之用，防雨功能几不具备。

⑥ 2016年8月23日，笔者向本师季庚先生求教第18、19窟以及第7、8窟窟前接建的这种山面向前的木构建筑。季庚师说其来源不清，但与辽代以降流行的"殿厦"形式可能没有关系。关于木结构殿厦，参见Liang Ssu-ch'eng. *A Pictorial History of Chinese Architecture:A Study of the Development of Its Structural System and the Evolution of Its Types*, ed. Wilma Fairbank,Cambridge, MA: The Massachusetts Institute of Technology, 1984: 38.

⑦ 云冈石窟明清乃至辽金时期重修的窟前木构建筑，可能多以某具体洞窟为单位营造，如第5、6窟清初所建的四层木结构。第7、8窟崖面上方这种覆盖双窟的设计，疑北魏营造原始"十寺"时各自为政所致。

图16　云冈石窟五华洞（第9-13窟）外貌

（采自《雲岡石窟》，第八卷图版1）

窟，平面亦分为前室与主室两部分，但前室之前加雕前庭。这组双窟应“是孝文帝初期宠阉钳耳庆时于‘太和八年（484年）建，十三年（489年）毕’工的石窟。辽代在这里兴建了崇福寺。”①第9、10双窟采用了双塔设计，即第9窟前庭左壁（东壁）前端和第10窟前庭右壁（西壁）前端各雕造一座高塔②；双塔之间，即9、10双窟的前室前部并列七楹。其中，第9窟左端（东侧）楹柱、第10窟右端（西侧）楹柱和两窟前室隔墙前端的楹柱（两窟共用）雕造大象背负山岳等，其余四楹雕镌狮子③承托千佛柱，柱身断面作八角形且向上逐渐收分④。这表明第9、10窟是作为一组双窟设计和营造的（图17-a），两窟可视同一座“正面六间的木构建筑”⑤。前室“上方崖面雕有设斗栱的仿木构窟檐，两窟前室后部凿有甬道相通。”⑥换言之，第9、10窟外立面为仿木结构的石雕建筑（图17-b）。“列柱上的岩体虽已严重剥落，但仍能发现有向外凸出的表现屋顶出檐的痕迹，

① 前引文，《云冈石窟分期试论》，第79页。

② 第9窟前庭东壁向外凸出，且雕造一座仿木结构的五层方塔。第10窟前庭西端方塔未按原计划完工，疑因岩石本身裂隙之故中辍。参见水野清一、長廣敏雄，前引书，第六卷（第九洞本文／图版，1951），第15、92页，Plates 1，2。

③ 承蒙云冈石窟研究院刘建军函告，第9、10窟前室明间四柱底部的动物原误作大象，经他现场仔细辨识，发现动物有鬃毛残迹，据此判断应为狮子。谨此致谢。

④ 参见a. 水野清一、長廣敏雄，前引书，第六卷（第九洞本文，1951），Plan V；第七卷（第十洞本文，1952），Plan IV。b. 前引文，《云冈石窟分期试论》，第80页。

⑤ 水野清一、長廣敏雄，前引书，第七卷（第十洞本文，1952），第11页。

⑥ 前引文，《平城实力的集聚和“云冈模式”的形成与发展》，第127页。

图 17-a　云冈石窟第 9、10 窟外貌
（采自《雲岡石窟》，第六卷图版 2）

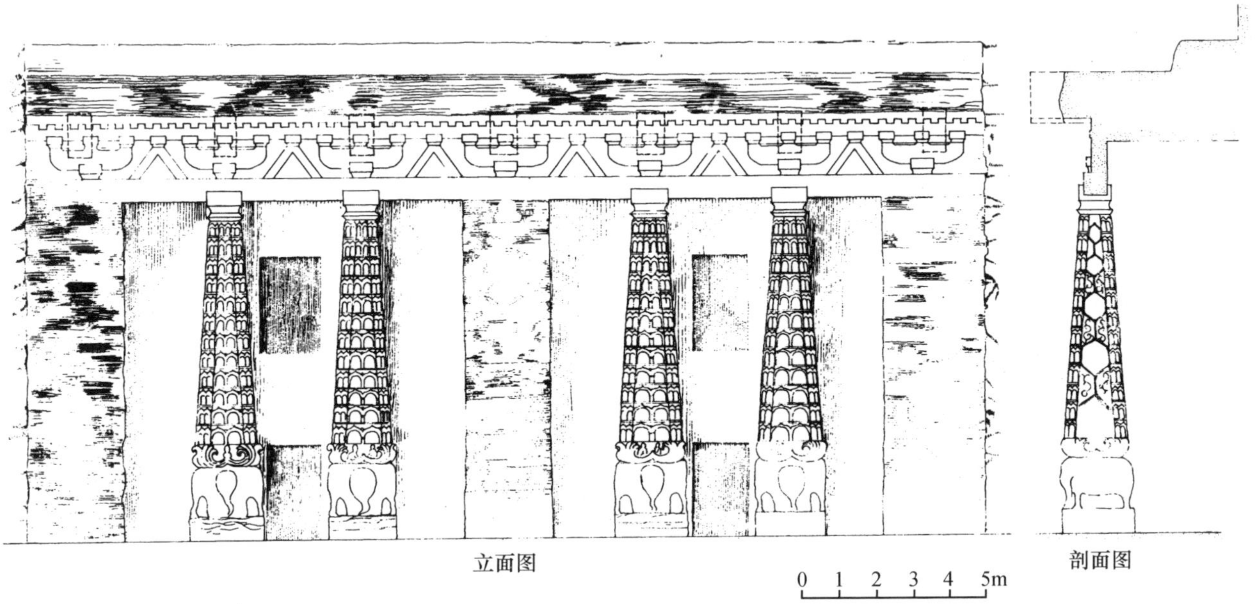

图 17-b　大同云冈第 9、10 窟窟檐建筑复原图
（采自《云冈石窟新发现的几处建筑遗址》，201 页图 5）

而且檐下雕刻的人字叉手亦隐约可辨。”①

1938 年和 1940 年，水野清一主持、日比野丈夫或小野胜年监督了云冈石窟五华洞的发掘，包

① 姜怀英、员海瑞、解廷凡：《云冈石窟新发现的几处建筑遗址》，《中国石窟·云冈石窟（一）》（198 ~ 201 页），北京：文物出版社，1991 年，第 200 页。

括第8窟窟前的探沟（南北纵沟1）、第9、10窟前的探沟（南北纵沟2～4，东西横沟1～2）和第12窟前的探沟（南北纵沟5）①。其中，第9、10窟窟前遗址的发掘，揭露出北魏在二窟楹柱间岩石地面上所雕龟背纹和前庭西端地面镌刻的莲花纹残迹，出土了北魏“传祚无穷”瓦当残片以及辽代平瓦当、莲花纹瓦当、迦陵频伽纹瓦当和鸱吻残件等②。为了配合云冈石窟的维修、加固和保护工程，山西省考古工作者曾于1972年、1992年和2013年对云冈石窟第9、10窟的前庭遗址做过三次考古清理和发掘，揭露出二窟北魏时期的原始地面遗迹。当初设计双窟时，为了保持二座洞窟的一致性和完整性，除了在崖面上方雕出仿木结构的窟檐外，包括柱头铺作一斗三升和补间铺作直脚杈首（叉手）③，还在楹柱之间的地面和整个前庭地面仿木构建筑“地衣”之制雕镌出十分精致的莲花、龟背纹及联珠纹，岩体不好者以石块镶嵌并补镌缺失纹样。前庭地面的铺装图案及地面补石与洞窟主体属于同期雕造④。据文献记载，钳耳庆时曾修建过不少佛寺。除云冈第9、10窟外，还有平城东郊“椽瓦梁栋、台壁棂阶”的祇洹舍⑤和陕西澄城“崇基重构、层榈叠起”的晖福寺⑥。钳耳庆时“性巧，强于部分”⑦，“所建都穷极巧思”⑧。第9、10这组双窟的营造，尤其外貌的雕刻，应对武州山石窟寺的后续营造产生了相当影响，开中土石窟寺外貌仿木构建筑石雕之先河⑨。

---

① 两次发掘的具体日期是1938年5月8日至6月13日和1940年9月15日至10月2日。参见水野清一：《雲岡發掘記1》，前引书，第七卷（附录）第57～68、123～129页，第29～56图。

② 水野清一：《雲岡發掘記1》，前引书，第七卷，第59～67、124～128页，第29、31、32、34～56图。

③ 据季庚师《日本奈良法隆寺参观记》注释[2]：“两朵柱头铺作间作为补间铺作的叉手，自20世纪30年代中国营造学社诸先生即名之为人字栱。此构件，1973年承福山敏男先生见告，日本匠师呼作‘杈首’。按杈首见《倭名类聚抄》卷十：‘杈首，《杨氏汉语抄》云杈首。’因知其名亦传自我国。杈首，《营造法式》卷五作‘叉手’，附侏儒柱（蜀柱）下，谓为斜柱之异名。仅施之于平梁上蜀柱两侧。盖盛唐以后，补间叉手之制已被淘汰，故其名北宋时似已失传，《法式》仅有平梁上叉手之著录矣。”宿白：《日本奈良法隆寺参观记》，《魏晋南北朝唐宋考古文稿辑丛》（421～430页），北京：文物出版社，2011年，第429页。

④ 第9、10窟前庭地面的这些装饰纹样，被后代在前庭修建的面阔七间、进深一间（唐？）或面阔五间、进深一间半（辽金）的木构建筑的柱穴打破。由于考古发掘的正式报告正在整理之中，关于云冈石窟的窟前遗址，参见a. 姜怀英、员海瑞、解廷凡：《云冈石窟新发现的几处建筑遗址》，前引书，第200页。b. 刘建军：《云冈石窟窟前遗址的初步研究——以典型洞窟第9、10窟为例》，《中国与南亚佛教考古国际学术研讨会会议资料》，北京：2016年，第20～28页。

⑤ [后魏]郦道元：《水经注》，杨守敬、熊会贞疏，段熙仲点校，陈桥驿复校，南京：江苏古籍出版社，1989年，第1149页。

⑥ 《大代宕昌公晖福寺碑》，现存陕西省碑林博物馆。参见罗振玉：《石交录》No.106，《罗振玉学术论著集》第三卷（279～281页），上海：上海古籍出版社，2010年，第279页。

⑦ 《魏书》第2024页。

⑧ 前引文，《〈大金西京武州山重修大石窟寺碑〉校注》，第60页。

⑨ 第10窟前庭西端崖面上残存的斜向凹槽（参见图17a），原为安置木构屋顶凿出，且坡面（屋面）与石窟立面正交，但其年代尚需进一步探讨。参见a. 水野清一、長廣敏雄，前引书，第七卷（第十洞本文，1952），Plan I。b. 长广敏雄《云冈石窟第9、10双窟的特征》，《中国石窟·云冈石窟（二）》（193～207页），北京：文物出版社，1994年，第194～195页。

第 11、12、13 窟为另一组，其中第 11 窟为塔庙窟，第 12 窟是佛殿窟，第 13 窟作“大像窟”，三座洞窟以第 12 窟为中心[①]。第 12 窟具前后室，前室前部并列两楹，上凿屋檐（图 18-a），前室通往主室的入口上方雕造明窗[②]。第 12 窟两侧的第 11 和 13 窟则于窟门上方各开一明窗，这种设计，显然是为了布置与 12 窟左右对称的立面效果（图 16），“11、12、13 三窟似共一前庭。”[③] 从现存遗迹推断，这组洞窟中只有第 12 窟在北魏迁都洛阳之前基本按计划完工[④]。

1972 ~ 1974 年，为了配合云冈石窟的维修加固工程，云冈石窟文物保管所等机构对云冈第 9 ~ 13 窟的窟前遗址进行了考古发掘，出土了一批重要的建筑遗迹及遗物。其中，1973 年 7 月在第 12 窟前室楹柱上方发现了仿木结构的石雕屋面遗迹，并据此推断第 12 窟外观应是一座崖阁形式：“这一崖阁式洞窟，顶部为筒板瓦庑殿顶，正脊长约 3.6 米（距地面高 9 米），脊两端有鸱尾残迹，中央有鸟形残迹。下部为四柱三开间，柱高 3.4 米，断面八角形，柱基座高 1.5 米。柱檐风化剥蚀，轮廓不清。但前室侧壁和柱头内侧浮雕还可推测该窟前壁面是柱头刻四（皿）板，栌枓上托阑额，补间人字栱，柱头一斗三升的式样。”[⑤] 第 12 窟外崖面上部雕饰的窟檐外貌，柱檐以上部分风蚀严重（图 18-b）。不过，依据殿脊中央鸟形饰及两端鸱尾和屋面部分筒板瓦残迹并参考该窟前室东壁的殿形龛浮雕（图 18-c），它应是一座四柱三间单檐四阿殿（五脊殿）[⑥] 的汉式殿阁外貌：檐柱断面作八角形，柱顶置栌斗；栌斗口或置替木，上承横枋；横枋上设斗栱，承托檐枋。柱头斗栱为一斗三升，疑有皿板；两柱头之间的补间使用杈首，两脚斜直。檐枋上置圆椽。殿顶屋面覆盖筒板瓦，正脊中央置金翅鸟，两端设鸱尾，金翅鸟与鸱尾之间疑安宝珠[⑦]。第 12 窟外立面，在第

---

① 参见 a. 水野清一、長廣敏雄，前引书，第八卷（第十一、十二洞图版，1953），Plate 1。b. 前引文，《云冈石窟分期试论》，第 80 ~ 81 页。

② 1940 年 9 月 13 ~ 25 日，水野清一主持、日比野丈夫和小野胜年监督了第 12 窟窟前遗址的发掘，所开探沟（南北纵沟 5）显示窟前曾存在两层地面。其中，上层敷砖地面，就像第 9、10 双窟窟前遗址发掘所示，显然是辽代遗迹；下层地面位于岩床之上，可定为北魏地层，且出土了若干北魏陶器残片。水野清一：《雲岡發掘記 1》，前引书，第七卷，第 67 ~ 68、128 ~ 129 页，第 29、33 图。

③ 前引文，《平城实力的集聚和“云冈模式”的形成与发展》，第 128 页。

④ 前引文，《云冈石窟分期试论》，第 80 ~ 81 页。

据我们现场调查，第 11 窟仅完成了大致窟形和中心柱石胎后便因故辍工，主室东壁太和七年（483 年）雕造的小龛和窟外立面太和十一年（487 年）补凿的小窟（内有最早的褒衣博带式纪年佛像）说明第 11 窟在太和七年前已经基本停工；第 12 窟的西侧壁未按原计划完成，疑因此壁被第 13 窟东侧壁打穿所致；第 13 窟西侧壁，有局部因崖体不好未做进一步雕镌。

⑤ 云冈石窟文物保管所、文物保护科学技术研究所：《云冈石窟建筑遗迹的新发现》，《文物》1976 年第 4 期（89 ~ 93 页），第 91 页。

⑥ ［宋］李诫《营造法式》卷五《大木作制度》“阳马”条记载：四阿殿阁，“俗谓之吴殿，亦曰五脊殿”，指有四面坡曲檐屋顶的殿阁。屋顶有一条正脊，四条角脊；四阿，就是四面坡的曲檐屋顶。四阿殿即清式所称“庑殿”。李诫：《营造法式》，《梁思成全集》第七卷，北京：中国建筑工业出版社，2001 年，第 139 页。本文关于中国传统木构建筑的术语，尽量采用《营造法式》所列，因为它更接近文中所述各窟开凿的年代。若无，则参考清工部《工程做法》及匠人所用术语。

⑦ 参见宿白：《中国古建筑考古》，北京：文物出版社，2009 年，第 40 页。

图 18-a　云冈石窟第 12 窟外貌

（采自《雲岡石窟》，第九卷图版 1）

9、10 窟外貌的基础上，完全模拟中国传统木构殿阁的外貌。

第 5、6 双窟中，第 5 窟为佛殿窟，第 6 窟为塔庙窟，二窟大约开凿于孝文帝都平城后期①。这

① 第 5、6 窟在施工过程中，双窟之间的主室隔墙疑被打穿，即第 5 窟西壁与第 6 窟东壁中央部分被打破，故而第 6 窟东壁中部南北二龛之间改雕深度较浅的千佛，与西壁规整的三龛布局不协调，系不得已而为之。参见水野清一、長廣敏雄，前引书，第二卷（第五洞本文，1955），第十一图；第三卷（第六洞本文，1955），第 24 ~ 27、105 ~ 107 页；第三卷（第六洞图版，1955），Plate 54。

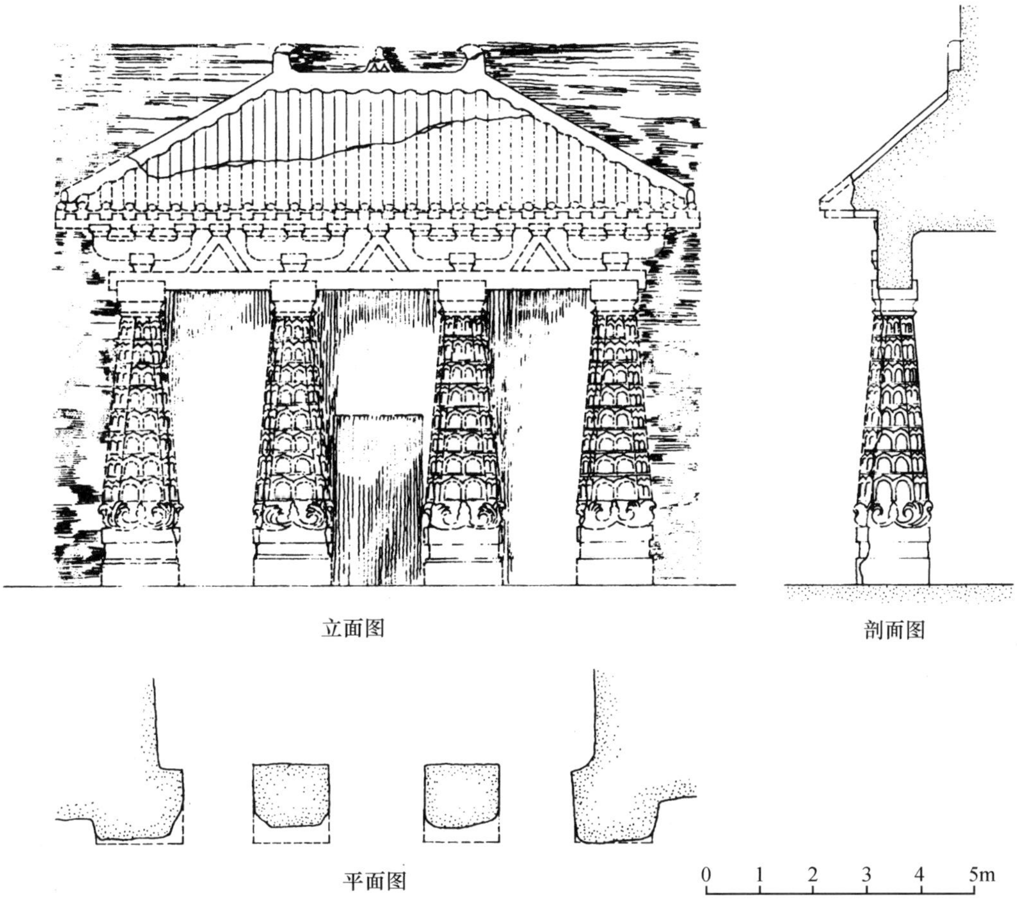

图 18-b　云冈石窟第 12 窟窟檐建筑复原图

（采自《云冈石窟新发现的几处建筑遗址》，200 页图 4）

图 18-c　云冈石窟第 12 窟前室东壁殿形龛

（采自《雲岡石窟》，第四卷本文第一图 d）

组双窟疑采用了双塔一碑的窟前设计（图 19-a），即第 5 窟东侧和第 6 窟西侧分别雕出大象承托仿木结构的楼阁式大塔，两窟中间隔墙前端龟趺所负残蚀严重，中部似碑，上部似塔，应该融汇了第 7、8 和 9、10 双窟的窟前外立面设计而成[①]。又，“第 5、6 两窟窟前，现都各自保存着一座清初接建的四层楼阁（图 19-b）。但在清代楼阁后面的崖面上，还整齐地排列着更早的成组的梁孔和椽孔。这些建筑遗迹告诉我们，两窟前面清以前的建筑物，原是一组三层楼阁。”[②]

1947 年，宿师季庚先生在整理北京大学图书馆善本书籍时重新发现了《大金西京武州山重修大石窟寺碑》（下简称《金碑》）抄本。据《金碑》记载：“西京大石窟寺者，后魏之所建也，凡有十名。”[③] 十名又作十寺，“大约和现存清初所建后接第 5 窟、第 6 窟的石佛古寺相同。”《金碑》所记西京大石窟寺应指十寺，“主要部分即是前连木构堂阁的石窟，而这类木构堂阁的遗迹，恰恰在云冈石窟崖面上保留了许多。”[④] 依据云冈石窟第 1 ~ 20 窟窟外崖面上的梁孔、椽眼和人字形沟槽遗迹，结合窟前建筑遗址的考古发掘，宿季庚先生推断当时共有十座木构建筑覆于石窟前面。“自第 7 窟以西迄于第 20 窟，沿窟口外侧又都曾掘出排列有序并向南延长的辽代敷地方砖，上下对照，迹象明显，似乎也只能这样推定。”[⑤]“又，有的窟口外侧在辽代敷地方砖之下，发现北魏时代的建筑遗物，因此似又可推知‘十名’或‘十寺’中，有的部分更系上承北魏当时窟前建筑的旧基。”[⑥] 根据新发现的窟檐遗迹，参考相关文献记载，《云冈石窟建筑遗迹的新发现》作者认为：“北魏已在窟前建筑了窟檐是有根据的。”[⑦]

关于武州山石窟寺，郦道元《水经注·㶟水》条记载：“凿石开山，因岩结构。真容巨壮，世法所稀。山堂水殿，烟寺相望。林渊锦镜，缀目新眺。”[⑧]

---

① 参见前引文，《云冈石窟分期试论》，第 80 页。

水野清一和长广敏雄认为：第 5 窟左侧（东侧）和第 6 窟右侧（西侧）分别雕凿东西塔，两窟前室隔墙前端所雕应为“中央塔”。不过，《雲岡石窟》第二卷本文第 8 页所载第五洞、第六洞平面图显示“中央塔”底部有凸出“龟趺”，现存龟趺残迹颇显。如是，所谓“中央塔”疑为下具龟趺的大碑或碑塔混合形式。参见水野清一、長廣敏雄，前引书，第二卷（第五洞本文，1955），第 11 页及第六 ~ 八图、第十二图；第三卷（第六洞图版，1955），Plate 6B。

② 前引文，《〈大金西京武州山重修大石窟寺碑〉的发现与研究》，第 96 ~ 97 页。

据季庚师研究，“自顺治元年迄顺治三年（1644 ~ 1646 年）曾重修云冈石佛寺。……此次重修疑即因明末以前寺院旧址。重修后五年，即顺治八年（1651 年）总督佟养量等人又大事修葺。……修葺后所立石碑现存石佛古寺内。石佛古寺即现存后接第 5 窟、第 6 窟的云冈寺院，而这云冈寺院——石佛古寺，就其建筑形式和布置上观察，当即此顺治年重修、修葺的云冈石佛寺。”前引文，《〈大金西京武州山重修大石窟寺碑〉校注》，第 74 ~ 75 页。

③ 前引文，《〈大金西京武州山重修大石窟寺碑〉校注》，第 53 页。

④ 前引文，《〈大金西京武州山重修大石窟寺碑〉的发现与研究》，第 96 页。

⑤ 前引文，《〈大金西京武州山重修大石窟寺碑〉校注》，第 56 ~ 58 页。

⑥ 前引文，《〈大金西京武州山重修大石窟寺碑〉校注》，第 58 页。

⑦ 前引文，《云冈石窟建筑遗迹的新发现》，第 93 页。

⑧ 前引书，《水经注》，第 1155 页。

郦道元所记，应是云冈石窟从第二期晚期迄第三期开始时的情景，北魏时期的武州山石窟寺以此最盛。

图 19-a　云冈石窟第 5、6 窟外立面图
（采自《雲岡石窟》，第二卷本文第十二图）

图 19-b　云冈石窟第 5、6 窟外貌

梁思成、林徽因、刘敦桢1933年9月6日至9日调查云冈石窟[①]之后，共同撰写了《云冈石窟中所表现的北魏建筑》[②]，其第八节题作《窟前的附属建筑》。梁思成等人首先征引郦道元《水经注》，之后系统研讨了云冈石窟的附属建筑，兹录其主要观点如下："论到石窟寺附属殿宇部分，我们得先承认，无论今日的石窟寺木构部分所给与我们的印象为若何；其布置及结构的规模为若何，欲因此而推断千四百余年前初建时的规制，及历后逐渐增辟建造的程序，是个不可能的事。不过距开窟仅四五十年的文献，如《水经注》里边的记载，应当算是我们考据的最可靠材料。"[③]郦道元关于武州山石窟寺中"山堂水殿、烟寺相望"的记载，尽管含有诗意的比喻，但梁思成等人推断云冈石窟"无疑的有'堂''殿'和'寺'的建筑存在。"至于"凿石开山、因岩结构"之句，"观现今清制的木构，殿阁尤其是由侧面看去，实令人感到'因岩结构'描写得恰当真切之至。这'结构'两字，实有不止限于山岩方面，而有注重于木造的意义蕴在里面。现在云冈的石佛寺木建殿宇只限于中部第一（现编第5窟）、第二（现编第6窟）、第三（现编第7窟）三大洞前面；山门及关帝庙右第二洞（第35窟）中线上。第一洞第三洞，遂成全寺东西偏院的两阁，而各有其两厢配殿。因岩之天然形势，东西两阁的结构、高度、布置均不同。第二洞洞前正殿高阁共四层，内中留井，周围如廊，沿梯上达于顶层，可平视佛颜。第一洞同之。第三洞则仅三层（洞中佛像亦较小许多），每层有楼廊通第二洞。但因二洞三洞南北位置之不相同，使楼廊微作曲折，颇增加趣味。此外则第一洞西，有洞门通崖后，洞上有小廊阁。第二洞后崖上，有斗尖亭阁，在全寺的最高处。这些木建殿阁厢庑，依附岩前，左右关连，前后引申，成为一组；绿瓦巍峨，点缀于断崖林木间，遥望颇壮丽，但此寺已是云冈石崖一带现在唯一的木构部分，且完全为清代结构，不见前朝痕迹。""云冈中部第五至第九洞（现编第9～13窟），尚留石刻门洞及支柱的遗痕，约略可辨当时整齐的布置。这几个洞岂是与天龙山石刻门洞同一方法，不藉力于木造的规制的。"最后，他们写道："云冈岩前建筑问题，惟有等候于将来有程序的科学发掘了。"[④]

依据郦道元记载，结合前人研究并参考窟前建筑遗址的考古发掘，我们认为北魏迁洛之前营造的武州山石窟寺的确是"因岩结构"。在石窟寺外貌方面，第一期昙曜五窟窟外崖面接建山面向前的木构建筑，在结构与外观上与印度洛马斯里希石窟、贡土巴利塔庙窟、珀贾第12窟和阿旃陀第10窟的"山面向前"相似，应源自古代天竺的供养礼忏佛事用窟，即塔庙窟外观。武州山石窟

---

① 梁思成、刘敦桢：《大同古建筑调查报告》，《中国营造学社汇刊》（第四卷第三四期合刊本，第2～168页），1934年，第4页。

② 梁思成、林徽因、刘敦桢：《云冈石窟中所表现的北魏建筑》，《中国营造学社汇刊》（第四卷第三四期合刊本），1934年，第169～218页。关于三人署名次第，《中国营造学社汇刊》第四卷第三四期合刊本中文目录作"林徽因、梁思成、刘敦桢"，英文目录为"刘敦桢、梁思成、林徽因"，正文则题"梁思成、林徽因、刘敦桢"。此文，疑林徽因主笔。

③ 白志谦1934年4月写就的《大同云冈石窟寺记》也持类似观点。"《水经注》为北魏太和间，御史中尉郦道元所著，去石窟寺之建不过四十余年，其记载尚可信据。"白志谦：《大同云冈石窟寺记》，上海：中华书局，1936年，第3页。

④ 前引文，《云冈石窟中所表现的北魏建筑》，第210～214页。

寺这种木构与岩体结合之观念，也与天竺石窟寺有关，因为天竺早期塔庙窟几乎都作半木构（half-timbered）外貌[①]。如珀贾第12窟和阿旃陀第10窟前壁的营造，皆采用半石雕与半木构之法。从第二期洞窟开始，武州山石窟寺既有沿袭昙曜五窟之制，于窟前接建木构殿阁或窟檐，如第7、8窟；也开始出现仿木结构的石雕殿阁外貌或窟檐，如第9、10窟和第12窟。第7、8双窟依崖面所架木构建筑的山面向前，乃延续第19、18等窟外貌样式，不过第7、8窟隔墙前端雕造的汉式丰碑则为平城工匠所创，意在模仿中国传统的建筑格局，堪称天竺"梵式"佛寺与中土"汉式"殿阁之融合。这种山面向前的木构窟檐或殿阁，不符合中土文化传统及审美习惯，故而从第9、10窟开始窟外立面模拟汉式木构殿阁外貌，外来的石窟寺艺术自此发生了较大变革。又，第9、10窟前庭左右两侧雕镌高塔，双塔之间并列七楹，上方崖面雕造设置斗栱的仿木结构窟檐。这种楹柱设计，除了沿袭汉式传统建筑的楹柱理念之外，抑或受到了同时期天竺石窟寺杆廊的影响，如阿旃陀第1、2、16、17窟（僧坊窟）和第19、26窟（塔庙窟），可能也是石窟寺梵汉融合之结果。以第12窟为中心经营的第11～13窟，除第12窟窟外崖面雕出仿木结构四柱三间单檐四阿殿阁的外貌，第11、13两窟的外崖面似无仿木结构石雕。又，第9、10窟和第12窟的仿木结构石雕屋面皆与山体正交，"可辨当时整齐的布置"。这种情况，既反映出当时各窟依据崖面结构及供养人意愿设计和营造外貌，左右关连，前后引申，同时也说明郦道元所记"因岩结构"不虚。"看来，渊源于西方的佛教石窟的东方化，云冈第二期是一个关键。"[②]"外来的佛教石窟艺术，在北中国，就是在这个时期，较显著地开始了逐渐东方化。"[③]这一时期，由于孝文帝推行的一系列汉化改革措施，北魏皇室及显贵在武州山新开凿的大型石窟寺开始模拟中国传统建筑的佛殿外貌。武州山石窟寺"所创造和不断发展的新模式，很自然地成为魏国领域内兴凿石窟所参考的典型。"[④]

四　龙门和响堂：汉化与西胡化

"洛阳地区开始兴建石窟，主要参考云冈。孝文、宣武时期开凿的龙门古阳洞摹拟云冈第二期窟室。"[⑤]宣武以来开凿的宾阳三洞，明确记录是"景明（500～503年）初，世宗诏大长秋卿白整准代京灵岩寺石窟（云冈石窟），于洛南伊阙山，为高祖、文昭皇太后营石窟二所……永平（508～511年）中，中尹刘腾奏为世宗复造石窟一，凡为三所。"[⑥]尽管如此，平城、洛阳两地石窟寺在建筑形制与营造理念方面已经出现明显差异。

从考古学角度，龙门石窟的北朝窟龛可以分作四期，即北魏孝文帝与宣武帝时期、胡太后时

① 参见 Brown. *Indian Architecture*, 26.

② 前引文，《平城实力的集聚和"云冈模式"的形成与发展》，第129～130页。

③ 前引文，《云冈石窟分期试论》，第78～79页。

④ 前引文，《平城实力的集聚和"云冈模式"的形成与发展》，第144页。

⑤ 前引文，《平城实力的集聚和"云冈模式"的形成与发展》，第142页。

⑥ 《魏书》，第3043页。

期、孝昌以后的北魏末期和东西魏、北齐周时期[①]。其中，以孝文、宣武（494 ~ 515 年）和胡太后（515 ~ 528 年）时期的开窟造像活动最为活跃。孝文与宣武时期开凿的古阳洞、宾阳三洞、莲花洞等大型洞窟没有前室与后殿之分。不过，北魏皇室为高祖和文昭皇太后及世宗营造的宾阳三洞，外立面多有创新，未沿用武州山石窟寺旧式。

古阳洞外立面已残，窟中所见仿木结构的石雕佛殿，既有四阿殿（五脊殿），也有汉殿（九脊殿）[②]（图 20）。仿木结构斗栱开始复杂，出现了柱头用一斗三升重栱的做法。木构建筑使用重栱，目的是向高挑檐，致使两柱头之间的补间叉手也随之增高，中间还增设了蜀柱。此外，仿木结构佛殿中也出现了出挑的斗栱，目的使檐深远，这也是木构建筑一个很重要的改进[③]。宾阳三洞外立面，原应统一设计，现以中洞保存状况较好。窟外立面下方辟长方形门道，上方雕出尖栱形门楣，门楣梁（门梁）雕作连体双龙，楣尾龙头作回首反顾状，龙爪立于门柱之顶。门楣之下、两门柱外侧各雕一仿木结构屋形龛，内造金刚、力士。屋形龛作四阿殿顶，屋面雕出瓦垄，现仅存右侧屋形龛正脊右端鸱尾（图 21）。莲花洞外立面的整体布局与宾阳中洞相似，窟门之上亦雕尖栱形门楣，门楣梁作连体双龙，楣尾龙头外伸，楣下似不见门柱。窟门两侧雕金刚、力士，现仅存右侧一身。

火烧洞是胡太后时期营造的一座大型洞窟[④]，惜窟内外崖体崩塌严重，致使工程中辍或未按原计划完工。火烧洞外立面的设计与宾阳中洞和莲花洞类似，唯雕饰内容较其复杂。窟门上方雕出尖栱形门楣，门楣左右上方浮雕二仙人分乘龙、虎。窟门上缘及两边缘残存悬垂帷幕，门两侧各雕一仿木结构屋形龛，内造金刚、力士，现仅存右侧一身。屋形龛作四阿殿顶，屋面筒瓦尚存局部。皇甫公窟，即石窟寺，完成于北魏孝昌三年（527 年），是太尉皇甫度出资营造的一座家庙。虽然此窟整体规模不大，但设计和营造别致，是胡太后时期开凿的中型窟代表。长方形窟门上方雕出尖栱形门楣，门楣梁亦作连体双龙，楣尾向外翘起，各雕一回首龙头。门楣之上雕出仿木结构屋顶，约占窟外立面 1/3，唯残损较甚。屋顶坐落在门楣上方横枋（檐枋？）之上，横枋上承半圆形檐椽，檐椽与屋顶前坡之间雕饰残毁不清。屋面雕出瓦垄，屋顶正脊中央雕金翅鸟，两端饰鸱尾，金翅鸟与鸱尾之间各置一宝珠。门楣之下、窟门两侧各雕一束莲柱，束莲门柱外侧雕金刚、力士（图 22）。此外，在窟门右侧镌造一通开窟石碑[⑤]。这一时期开凿的唐字洞没有按计划完工，

① 宿白：《洛阳地区北朝石窟的初步考察》，《中国石窟寺研究》（153 ~ 175 页），北京：文物出版社，1996 年，第 153 ~ 159 页。

② 《营造法式》卷五《大木作制度》“阳马”条记载：“凡厅堂若厦两头造”，“今亦用此制为殿阁者，俗谓之曹殿，又曰汉殿，亦曰九脊殿”。汉殿或九脊殿的屋顶外形，上半部为两面坡，下半部作四面坡，故有一条正脊，四条垂脊，四条角脊；相当于清式的“歇山顶”。前引书，《营造法式》，第 139 页。

③ 参见前引书，《中国古建筑考古》，第 40、42 页。

④ 焦建辉认为火烧洞开凿于孝文帝时期。参见焦建辉：《龙门火烧洞（第 1519 窟）与北魏孝文帝》，《中原文物》2016 年第 5 期，第 62 ~ 71 页。

⑤ 参见马世长：《龙门皇甫公窟》，《中国佛教石窟考古文集》，新竹：觉风佛教艺术文化基金会，2001 年，第 495 ~ 512 页。

可能与“孝庄即位之初发生河阴之乱有关”①。唐字洞属于中型窟，外貌保存状况较好。前庭或前室后壁上方岩体前伸，凿出仿木结构的四阿殿顶，半圆形檐椽与屋顶前坡之间似无雕饰，屋面雕出瓦垄。屋顶所雕金翅鸟、鸱尾以及宝珠的形态皆与皇甫公窟相似（图 23）。

图 20　洛阳龙门石窟古阳洞安定王元燮龛线图
［采自《中国石窟・龙门石窟（一）》，第 178 页图二二］

图 21　洛阳龙门石窟宾阳中洞外立面图
［采自《中国石窟・龙门石窟（一）》，第 207 页图八七］

图 22　洛阳龙门石窟皇甫公窟外立面图
［采自《中国石窟・龙门石窟（一）》，第 210 页图九一］

图 23　洛阳龙门石窟唐字洞外立面图
［采自《中国石窟・龙门石窟（一）》，第 210 页图九二］

① 前引文，《洛阳地区北朝石窟的初步考察》，第 157 页。

图 24　北响堂石窟北洞外立面图
（采自《北朝晚期石窟寺研究》第 12 页图二）

龙门北朝洞窟所有窟檐，皆为仿木结构石雕，这应是龙门石窟与云冈石窟在石窟寺外貌营造理念上的最大不同。这种形式，为东魏、北齐以及西魏、北周各地开凿的石窟寺所承袭或模仿。

东魏、北齐皇室及显贵营造的邯郸响堂山石窟①，是延续云冈石窟和龙门石窟开凿的，由北响堂（鼓山石窟）、南响堂（滏山石窟）和小响堂（水浴寺石窟）组成。响堂山石窟的现存遗迹，既显示出在“鲜卑化”背景下东魏、北齐石窟寺逐渐东方化的具体过程，也反映出当时高僧期望回归天竺正统佛教的“西胡化”趋势②。

北洞（塔庙窟）是鼓山石窟中营造规模最大的一座石窟，应毕功于东魏武定五年（547 年）之前③，外立面高约 18 米，宽约 20 米，现窟口及周围外壁为后世堵砌，明窗附近岩壁风蚀较甚。窟前门道两侧原雕立柱、上方崖面镌有仿木结构的瓦垄和窟檐，顶部雕出覆钵及刹幡，整个外观形如覆钵塔，只是细部已残蚀不清（图 24）。中洞（塔庙窟）外立面与北洞基本相似，亦作覆钵塔外貌。南洞（佛殿窟）前部现为明代补砌石墙及三券门，其上为平台。据我们现场考察和实测，南洞应开凿于北齐天统四年（568 年）之前④，原始外立面可平行分作上下两层：上层以半圆形覆钵为主，下层为仿木结构四柱三间前廊。四楹柱皆具柱础，八角束莲柱身，火焰宝珠柱头。楹柱之间明间开窟门，次间雕造金刚、力士。楹柱上方为仿木结构窟檐，再上雕筒瓦屋面，上压叠瓦围脊，并出 45° 角脊。脊上立山花蕉叶，且有两侧转角。内起低平覆钵顶，正中立宝刹。故而，整个南洞外立面形如一座巨大的覆钵塔（图 25）。以此推测，北洞与中洞的塔形外观与南洞基本相似，只是细部经营略有差异。又，南响堂第 3、7 窟（佛殿窟）和水浴寺第 1 窟（塔庙窟）也是这种塔形外观，以南响堂第 7 窟保存最好。第 7 窟外貌与北响堂南洞相似，作四柱三间仿木结构建筑，立柱与窟壁分开形成前廊。对门二檐柱下踞蹲兽，旁侧两柱础作方形；柱身内倾，断面作八角形，中段束莲两匝，柱头饰火焰宝珠。二门柱上承尖栱形门楣，门楣梁为连体双龙式，楣尾龙头作回首反顾状，这应承袭了龙门北魏石窟的门楣样式。柱头上置横枋，补间铺作一斗三升，檐椽半圆形；筒瓦屋面，脊上立山花蕉叶，正中为金翅鸟。覆钵低平，塔刹两侧置短柱（图 26）。

---

① 参见李裕群：《北朝晚期石窟寺研究》，北京：文物出版社，2003 年，第 43 ~ 48 页。

② 关于北齐的“鲜卑化”与“西胡化”，陈寅恪先生曾有精辟论述。参见 a. 陈寅恪：《魏晋南北朝史讲演录》（万绳楠整理），合肥：黄山书社，1987 年，第 292 ~ 300 页。b. 陈寅恪：《陈寅恪集：讲义及杂稿》，北京：生活·读书·新知三联书店，2002 年，第 185 ~ 189 页。

③ 参见李崇峰：《关于鼓山石窟中的高欢柩穴》，《佛教考古 从印度到中国》，上海：上海古籍出版社，2014 年，第 357 ~ 364 页。

④ 参见前引书，《北朝晚期石窟寺研究》，第 44 页。

图 25 北响堂石窟南洞外立面图
（采自《北朝晚期石窟寺研究》第 16 页图七 3）

图 26 南响堂石窟第 7 窟外立面图
（采自《古代石窟》第 189 页图四五）

南响堂第 1、2 窟（塔庙窟）为双窟，雕造于北齐天统（565 ~ 569 年）年间①。外立面及平面基本相同，皆作四柱三间仿木结构佛殿外貌（图 27）。鉴于两座窟檐当中部分已经塌毁，钟晓青“根据两端保存较好的部分以及第 1 洞外壁面上残留的方柱与小斗痕迹，推测窟檐原状大致如下：三间四柱，均为方形檐柱，柱头置斗，斗口向外出两跳（华栱），第二跳跳头之上托横栱（令栱），横栱与外壁之间有枋子联结（衬方头），栱身为足材，栱腹作三瓣内顱卷杀。横栱上承橑檐枋，枋上出圆形檐椽，其上连檐，又出方形飞椽。檐口用瓦当，筒瓦屋面。整座窟檐的构件之间相互关系交代得十分清楚，构件形状尺寸亦雕凿得相当精确（图 28-a、b）……除了出檐长度受石窟本身条件所限相对缩短之外，几乎称得上是现实木构建筑外檐部分的翻版。尤为重要的是窟檐中的‘五铺作出双抄’斗栱形象，以往只见于唐代的石刻线画与石窟壁画。在北齐石雕窟檐中采用如此复杂的斗栱形式，不仅是当时木构建筑发展已趋成熟的重要例证，也可见凿窟工匠非凡的胆识与技艺。在国内迄今所知的石窟窟檐中，这是写实程度最高、造型最复杂因而堪称最杰出的窟檐实例”（图 28-c）②。

根据上述遗迹，我们认为，到了东魏、北齐时期，在武州山石窟寺与伊阙石窟寺的双重影响之下，石窟外部所雕仿木结构建筑，大体可以分为模拟地面寺院中佛殿与模仿地面“露塔”③两种

① 参见南响堂石窟第 2 窟前庭后壁窟门两侧镌刻的《滏山石窟之碑》。

② 钟晓青：《响堂山石窟建筑略析》，《当代中国建筑史家十书：钟晓青中国古代建筑史论文集》（147 ~ 164 页），沈阳：辽宁美术出版社，2013 年，第 155 页。

③ 参见前引书，《中印佛教石窟寺比较研究》，第 54 页。

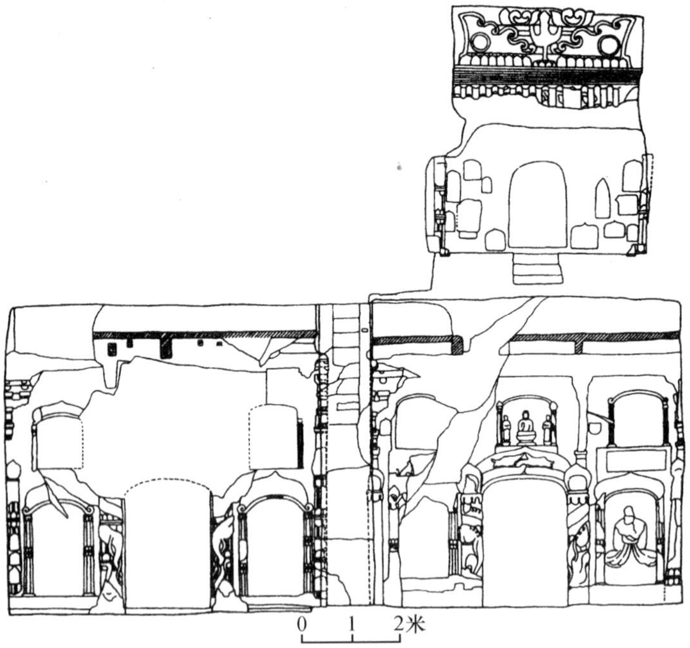

图 27　南响堂石窟第 1、2、3 窟外立面图
（采自《文物》1992 年第 5 期第 2 页图三）

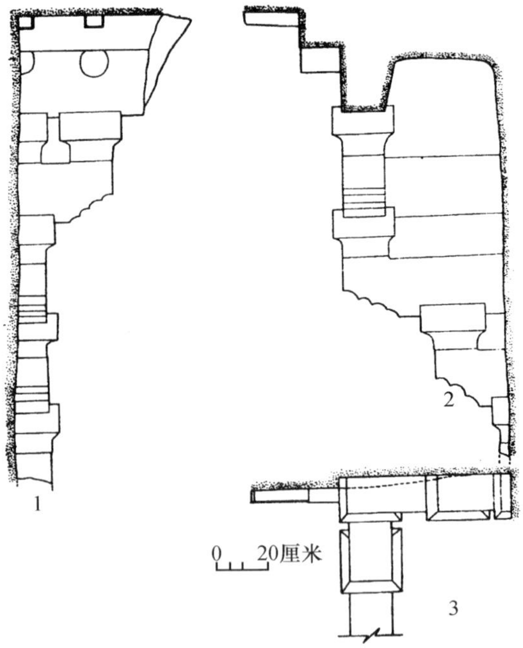

图 28-a　南响堂石窟第 1 窟前室正壁右侧角柱上斗栱图
（采自《文物》1992 年第 5 期第 3 页图四）

图 28-b　南响堂石窟第 1 窟前室正壁角柱的前后关系及窟檐局部图
（采自《钟晓青中国古代建筑史论文集》第 155 页图 4、5）

图 28-c　南响堂石窟第 1 窟前室正壁及窟檐复原图
（采自《钟晓青中国古代建筑史论文集》第 156 页图 6）

形式，响堂山石窟尤以后者为重，疑为北齐王朝“西胡化”之结果。据研究，北朝时期开窟造像主要用于僧人禅观及礼忏①。故而，佛经中多有“入塔观像”或“入塔观佛”以及“礼拜”和“忏

① 参见刘慧达：《北魏石窟与禅》，《中国石窟寺研究》附录一，北京：文物出版社，1996 年，第 331 ~ 348 页。

悔”的记载①。响堂山石窟外貌多作塔形，应“更符合佛经中‘入塔观像’的要求了”②。

五　摄山栖霞寺：镌山现像 疏岩敞殿

淮河流域以南地区的早期石窟寺遗迹，以开凿于五、六世纪之际的南京栖霞山龛像和剡县大佛（浙江新昌）最为重要。其中，栖霞山千佛崖窟龛，以第19窟开凿年代最早，体量最大。此窟前部早已崩坍，现存明代补砌石顶和重檐条石门壁，檐下券门上方嵌“三圣殿”石额。石顶作重檐汉殿式，前屋面较陡，后屋面与山岩相连。正脊用镂空块石砌成，两端作鸱尾；四条垂脊沿坡形屋面边缘垂下，屋角飞檐翘起。屋面用薄石板平铺，第一与第二重屋檐均以凿石筒瓦铺就。三圣殿两侧及上方崖面残存人工修凿痕迹，包括早期窟前木构建筑遗迹和后期修补窟顶的沟槽以及排水沟等。因此，“在砌建石顶、门壁之前，接连岩面曾建有木构。”③窟平面作横椭圆形，进深较短，正壁及左、右侧壁略外弧，窟内造像为一佛二菩萨。陈江总《金陵摄山栖霞寺碑》记五世纪末萧齐明僧绍子仲璋“首于西峰石壁与（法）度禅师镌造无量寿佛，坐身三丈一尺五寸，通座四丈；并二菩萨，倚高三丈三寸。”④应指此窟。第19窟位于千佛崖中心，右邻第18窟，左邻第20窟，三窟并列，连成一线，窟前似共用一前庭（图29）。到了初唐，栖霞寺迎来了南朝之后又一次大规模的开窟造像及窟前建筑的重修活动，石窟寺外貌随之也发生了较大变革。南京市文物考古研究所2002～2003年对千佛崖区窟前遗址进行了考古发掘，结果显示第19窟现存明代大殿前壁即在原始窟口位置，窟前曾筑一座范围较大的平台。尽管平台的面层已被后代破坏，但其周边尚存的石磡基墙可为该平台范围做出基本界定。依据出土的砖瓦遗物，发掘者初步判断这座平台的年代为唐五代时期⑤。据研究，栖霞山佛教史迹在隋唐五代时继续得到发展，以第19窟为中心的栖霞寺仍然保持着南朝的基本格局。因此，这座窟前平台应始自南朝而沿用至五代。虽然平台上

① 如［东晋］佛陀跋陀罗译《佛说观佛三昧海经》卷二《观相品》有“应当入塔观像眉间”和“若坐不见，当入塔观。入塔观时，亦当作此诸光明想”。同书卷四《观相品》有“若不能见胸相分明者，入塔观之”。卷七《观四威仪品》有“若不能见，当入塔观一切坐像。见坐像已，忏悔障罪”。卷九《本行品》有“汝等今当入塔观佛，与佛在世等无有异。我从空声入塔观像眉间白毫相”和“可暂入塔观佛形像。时彼王子，随善友语入塔观像”。［宋］畺良耶舍译《佛说观药王药上二菩萨经》卷九《本行品》有“即应入塔观像、礼拜。于像前得观佛三昧海”。参见a.《大正新脩大藏經》（100卷，高楠順次朗、渡邊海旭都監，東京：大正一切經刊行會，1924～1934年，下文简称《大正藏》），No.643，第15卷，第655b、656a、665b、681c、688c～689a页。b.《大正藏》，No.1161，第20卷，第663a页。

② 宿白：《中国佛教石窟寺遗迹——3至8世纪中国佛教考古学》，北京：文物出版社，2010年，第41页。

③ 宿白：《南朝龛像遗迹初探》，《中国石窟寺研究》（176～199页），北京：文物出版社，1996年，第177页。

④ 参见［清］严观：《江宁金石记》卷一《金陵摄山栖霞寺碑文并铭》，叶十三至十六（宣统二年刻本）。另见《石刻史料新编》第1辑，台北：新文丰出版公司，1977年，第13册，第10067～10068页。

⑤ 关于南京栖霞山千佛崖窟前遗址的考古发掘，参见南京市博物馆编著：《栖霞山　千佛岩》石窟考古报告附录壹（文物出版社即将印行）。

图 29　南京栖霞山千佛崖以三圣殿为中心的南朝石窟外貌

的设置在这期间可能会有所改动，但平台范围与布局基本延续[①]。尽管第 19 窟原始窟口不存，但依据第 18、19、20 窟上部崖面残存的横向凹槽与方形榫孔，我们推测初唐时建有以第 19 窟为中心、覆盖上述三座窟口的窟前建筑，只是具体结构及样式不得而知。唐高宗上元三年（676 年）所立《摄山栖霞寺明征君之碑》记栖霞寺“于岩壁造大尊仪”，“因即邻岩构宇，别起梵居；声峤飞柯，含风吐雾；栖霞之寺，由此创名。”[②]与现存遗迹基本符合。

第 23 窟是第 19 窟以东规模较大的窟龛，窟内主尊原为倚坐弥勒。据新出土的江总《金陵摄山栖霞寺碑》残石记载，无量寿佛东有“弥勒下生龛，像身高一丈四尺，宋太宰内霍夫人造，未成，齐竟陵……”根据千佛崖现存窟龛，结合碑文所记弥勒像尺寸，我们认为第 23 窟应是江总所记弥勒下生龛。第 23 窟窟口被后代遗迹多次打破、叠压，窟前石砌拱门及二层坡形石檐为明代垒砌（图 30-a）[③]。经过我们 2004 年现场勘查与实测（图 30-b），第 23 窟原始外貌如下：窟无前壁，

① 魏正谨、白宁：《栖霞山石窟南朝无量寿大像勘察记》，《石窟寺研究（第 3 辑）》（1 ~ 16 页），北京：文物出版社，2012 年，第 3 ~ 6 页。

② 原碑今存南京栖霞寺大殿前。参见 a.［宋］赵明诚：《金石录》卷四、卷二十四《唐明征君碑》，金文明校证，桂林：广西师范大学出版社，2005 年，第 64、418 页。b.《全唐文》卷一一《高宗皇帝》，影印本，北京：中华书局，1983 年，第 181 ~ 184 页。

③ 第 23 窟正面及上方崖面，槽孔交错，打破了原始窟楣及其表面的浮雕龙纹。从横条形凹槽和方形榫眼的排列及相互关系判断，窟口、窟楣及其上下崖面残存的方孔及地栿槽应为木构建筑遗迹，疑为初唐修建的一座敞口式建筑。

图 30-a　南京栖霞山千佛崖第 23 窟外貌

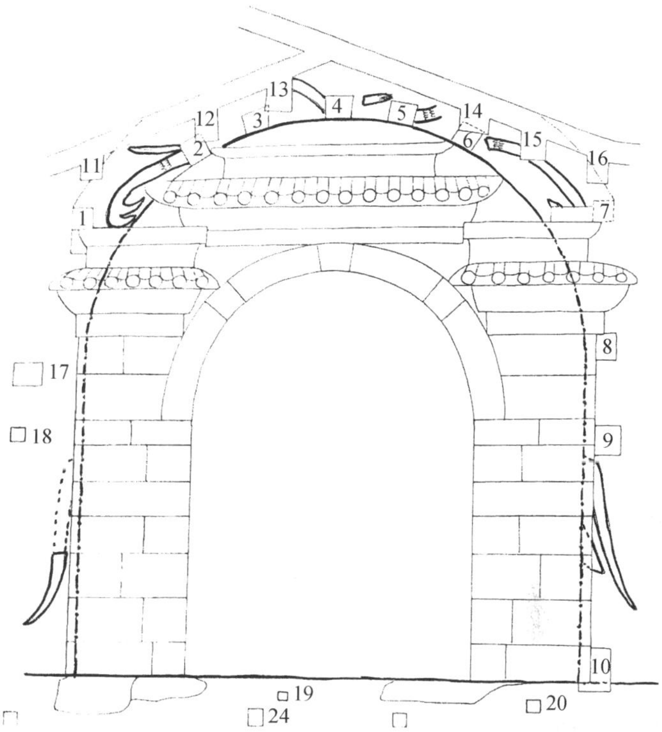

图 30-c　栖霞山千佛崖第 23 窟窟口遗迹（李崇峰测绘）

窟口作外敞圆拱状，窟楣为尖楣圆拱形。楣梁高浮雕龙纹，疑为二龙相对，龙头相向雕于窟楣中部，但大部残损，中部尚存龙身三段和龙鬃残迹。楣尾两端各存下垂龙爪，蜷挂于窟楣之上；其中左侧龙爪已残，右侧龙爪上方残存龙尾。窟口两侧中部偏下岩面各存浮雕披巾一段，左侧披巾内侧尚雕出三角形裙摆。残存披巾及裙摆，应为窟口内侧原雕金刚、力士所着（图 30-c）。隋灌顶纂《国清百录》卷四引开皇十五年（595 年）《蒋山栖霞寺保恭请疏》云："栖霞寺者，宋代明征君宅，僧绍之所建主（立）也。镌山现像，疏岩敞殿。似若飞来，无惭踊出。若其林泉爽丽，房宇萦纡。桂岭春芳，云窓昼歇。"① 释保恭所谓"镌山现像、疏岩敞殿"，疑是对栖霞山这种形制窟龛的精准描述。第 23 窟进深较短，倚坐弥勒脚下之莲踏延伸至窟口，二踏间残存主尊衣摆。莲踏前原凿长方形凹槽，槽内正壁中部雕出半圆形香炉石胎，槽底已与下层第 24 窟顶部凿穿②。香炉石胎所在槽壁，突出于原始窟口之外。由于打破下方窟顶，香炉的雕镌只得中辍，所在凹槽以石块回填。因此，第 23 窟新发现的主像脚下残存的莲踏及衣摆、香炉石胎以及窟口两侧金刚、力士披巾和裙摆遗迹等，从另一方面说明栖霞山窟龛确为"疏岩敞殿"③。

根据现存遗迹并结合文献记载，千佛崖区其他与第 23 窟窟型及年代相似的南齐诸窟，即第

① 《大正藏》，No.1934，第 46 卷，第 821c 页。

② 第 24 窟顶部现存块石补洞遗迹，说明第 23 窟雕凿香炉的时间应晚于第 24 窟窟顶毕工之时。

③ 本文所用南京栖霞山龛像资料，主要依据笔者前后十几次现场调查所获。

18、19、20、22、24、26窟也应为“疏岩敞殿”式，即每窟外立面皆作圆拱敞口形，无大型窟前木构建筑，第23窟现存原始遗迹应是其中的典型标本。这批窟龛的营造上限为萧齐永明二年（484年），下限为齐建武四年（493年）或齐永元二年（500年）。其中，第19窟无量寿佛及二菩萨像的尺寸与新出土《金陵摄山栖霞寺碑》残石所记相合，是齐永明二年之后不久由齐文惠太子等皇室成员及显贵赞助，由明仲璋与法度禅师开凿的栖霞山第一龛像①。第23窟原为“宋太宰内霍夫人（江夏王霍姬）造，未成……”后加莹饰毕工。

北魏郦道元记载武州山“凿石开山，因岩结构”，说明北魏于武州山“镌岩开寺”②时采用了“因岩结构”之规制。据陈顾野王《大广益会玉篇》，“因岩结构”之“因，就也，缘也”；“结，要也”；“构，架屋也”③。故而，郦道元所言“因岩结构”，意为就着山岩要架屋也。所以，白志谦记述云冈石窟时使用了“依山结构”之语④。武州山石窟寺“镌岩开寺”“因岩结构”，既在窟前接建木结构窟檐或殿阁，如第19、18窟和第7、8窟；也在窟外崖面雕造仿木结构的汉式建筑，如第9、10窟和第12窟。隋释保恭述说栖霞寺“镌山现像、疏岩敞殿”。其中“疏岩”，既有通岩、治岩之意，又作刻岩、画岩之解。千佛崖第23窟窟楣浮雕双龙与窟口所镌金刚、力士飘带及裙摆，证实“刻岩”之意不误。至于“敞殿”之“敞，高也”；“殿，大堂也”⑤。因而，“镌山现像、疏岩敞殿”，疑指窟口镌岩、佛殿高敞、造像显露，如第23窟原貌。故而，“因岩结构”与“疏岩敞殿”反映出当时南北文化中心——北魏都城平城和齐梁都城建康营造窟龛外貌之理念。迄初唐，栖霞寺开始“邻岩构宇，别起梵居”⑥。故而，石窟外貌既是当时营造石窟寺的第一步，也是其不可或缺的重要组成部分。一座石窟寺的修葺毕工，不仅体现在岩体之内营造佛殿与安置像设，而且也包括崖面窟檐或窟前殿阁的营造与最终彩画。

六　神都龙门：邻岩构宇　别起梵居

尽管隋代统治者大力提倡和扶持佛教，但长安和洛阳地区现存的佛教窟龛皆不具典型性⑦。初唐时期，东都龙门石窟在窟龛形制、造像组合及个体形象特征等方面基本延续北朝旧式。迄武周，

---

① 参见a. 前引文，《南朝龛像遗迹初探》，第178～179页。b. 南京市博物馆编著：《栖霞山　千佛岩》石窟考古报告之“结语”（文物出版社即将印行）。

② 前引文，《〈大金西京武州山重修大石窟寺碑〉校注》，第53页。

③ ［陈］顾野王著：《大广益会玉篇》，影印张氏泽存堂本，北京：中华书局，1986年，第131、124、60页。

④ 前引书，《大同云冈石窟寺记》，第13页。

⑤ 前引书，《大广益会玉篇》，第85、81页。

⑥ 前述唐高宗记栖霞寺“于岩壁造大尊仪”，“因即邻岩构宇，别起梵居”。据［东汉］刘熙《释名》，“邻，连也，相接连也”；“宇，羽也，如鸟羽翼自覆蔽也”。“宇”，清叶德炯释作“正以鸟羽比兴屋宇”。又，《玉篇》曰：“宇，屋宇。”因此，“邻岩构宇”，即指接连山岩构架殿宇。参见a. ［汉］刘熙：《释名》，毕沅疏证，王先谦补，北京：中华书局，2008年，第59、181页。b. 前引书，《大广益会玉篇》，第54页。

⑦ 参见梁银景：《隋代佛教窟龛研究》，北京：文物出版社，2004年。

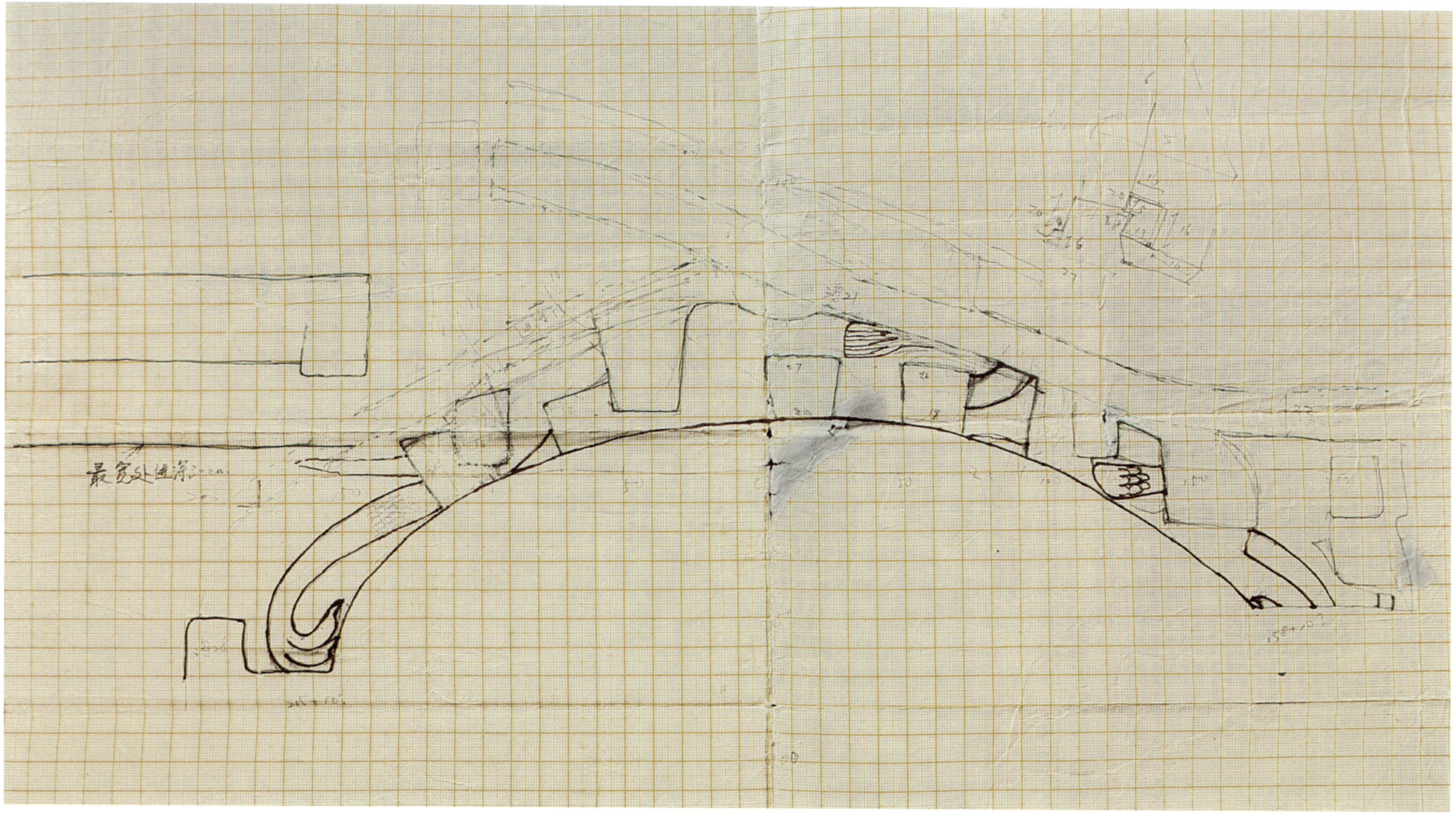

图 30-b　栖霞山千佛崖第 23 窟窟口上部遗迹实测图（李崇峰、蔡敏测绘）

由于武曌佞佛空前绝后，神都佛教窟龛的营造随之发生了较大变革[①]。大型窟龛外貌在南北朝“因岩结构”与“疏岩敞殿”的基础上，可能更多因袭了唐高宗“邻岩构宇、别起梵居”之思想。为了模拟地面寺院木构佛殿原型，解决洞窟本体与路面之高差，有些洞窟在窟前营造了高大的石作踏道；石砌踏道与岩石主室之间接建木构殿阁，即“邻岩构宇”。这是不见于此前的新形式，如疑作香山寺所属“石像七龛”之擂鼓台中洞、擂鼓台南洞和看经寺等窟[②]。又，唐代龙门石窟周边营造的十座大型地面寺院[③]，或许是“别起梵居”理念的进一步实施。

2008年春夏之际，为了配合龙门石窟东山擂鼓台区考古报告的组织，经国家文物局批准，我们对擂鼓台区的窟前建筑遗址进行了考古发掘[④]。“所谓窟前建筑遗址，是指紧接洞窟前修建的木构建筑物的遗存，是以洞窟为主体的附属建筑物，与洞窟本身构成了统一的整体。它与洞窟前后相连接，绝大多数是相当于洞窟的前室。后室（或称主室）凿于崖壁内，前室则延伸到崖壁以外，而采用木构建筑，故多数形成前殿后窟形式的建筑格局。由此可知，窟前建筑的修建，往往与洞窟内的开凿或重修有着密切的关系。”[⑤]

擂鼓台区窟前遗址主要包括擂鼓台北洞、中洞和南洞三座大型洞窟的窟前建筑遗迹（图31-a；彩图三）。这三座洞窟，应是“武（曌）氏集团”在龙门东山营建香山寺时最初开凿的三座窟龛[⑥]，后来与高平郡王洞、看经寺和二莲花洞一起合称“石像七龛”，由香山寺统一管辖[⑦]。从擂鼓台三洞

---

① 参见李崇峰：《龙门石窟唐代窟龛分期试论》，《佛教考古 从印度到中国》，上海：上海古籍出版社，2014年，第441-528页。

② 参见李崇峰：《地婆诃罗、香山寺与“石像七龛”》，《佛教考古 从印度到中国》（529～558页），上海：上海古籍出版社，2014年，第539～552、555～558页。

③ 参见温玉成：《唐代龙门十寺考察》，《中国石窟·龙门石窟（二）》，北京：文物出版社，1992年，第217～232页。

④ 本文所用擂鼓台区石窟资料，皆为笔者2008年主持擂鼓台窟前遗址考古发掘时所获。

⑤ 潘玉闪、马世长：《莫高窟窟前殿堂遗址》，北京：文物出版社，1985年，第114页。

⑥ 参见前引文，《龙门石窟唐代窟龛分期试论》，第507～512页。

龙门石窟研究院王振国认为，文献记载的龙门石窟“皇龛寺，有可能就是东山擂鼓台三洞，或三洞之一……擂鼓台三洞，特别是中洞，可能是特为武则天或皇室做功德所开凿的石窟，以皇龛定其名，恰如其分”。龙门石窟研究院焦建辉进一步推定“‘皇龛’应为第4窟（擂鼓台中洞），即第4窟为武周时期皇家洞窟”。参见a. 王振国：《唐代洛阳佛寺、名僧史迹钩沉》，《龙门石窟与洛阳佛教文化》（189～239页），郑州：中州古籍出版社，2006年，第234页。b. 焦建辉：《龙门东山擂鼓台区第4窟相关问题探讨》，《石窟寺研究（第3辑）》（212～223页），北京：文物出版社，2012年，第221页。

⑦ 承焦建辉见告，龙门东山党晔洞（现编擂鼓台区第9窟）铭记作“河南尹上柱国赐紫金鱼袋辛秘元和十三年（818年）闰五月十三日题”。[宋]朱长文《墨池编》卷六记“唐河南尹辛秘题名，在香山寺”（《文渊阁四库全书》本）。

这或许进一步证实：擂鼓台区归香山寺统领，至少北宋初年还是如此。参见前引文，《地婆诃罗、香山寺与“石像七龛”》，第536～552页。

的外观来看，北洞所在崖面最好，中洞次之，南洞最差①。按照中外石窟寺的营造通则，一处区域中最早开凿的洞窟往往选择崖面的最佳位置。擂鼓台北洞，位于擂鼓台区窟群北部，故名。根据擂鼓台三洞实测图（图 31-b），北洞与中洞之间的隔墙早年崩塌，由此看出两窟隔墙甚薄。北洞主室左壁与右壁对称雕造，且窟后半部各向两侧斜伸。擂鼓台中洞，位于三洞中央，石窟所在崖体较北洞略差，主室右壁与左壁不完全平行，右壁前半内收，致使主室前壁右半部较左半为窄，明显为躲避北洞所致，即避免与北洞主室左壁打穿（或已打破北洞侧壁）而被迫内收。现存窟前地面较北洞略低，表面磨砻并局部打破了与北洞的界限。又，平台前端左侧“殿阶基”打破与北洞连接的自然山体。擂鼓台南洞，位于此区窟群南部，所在崖体比北洞、中洞更差，现存窟前平台较中洞窟前平台提升约 1 米②。平台下方崖面仿中洞之制，石作阶基打破中洞阶基，故而南洞的开凿要晚于中洞，应为擂鼓台三洞中最后开凿者。

擂鼓台北洞，现编擂鼓台区第 5 窟，应完工于武周长安元年（701 年）之前③。外立面崖壁竖直，表面留有凿痕，上方有一横向凹槽，槽底雕出檐椽。除半圆形仿木檐椽外，横槽底及其上部尚有方孔遗迹，应与窟前接建的木构窟檐或殿阁有关。窟前平台未作精细加工，表面亦未见与崖面方孔对应的柱洞或柱础，因而窟前木构建筑的具体形制及样式不清。北洞窟前平台略高于中洞平台的磨砻面，由此形成北洞与中洞窟前平台的边界④。平台前端为自然山体，表面有一左（南）高右（北）低的自然斜台与北洞窟门对应，唯开窟时没有打剥和粗搏，故而表面凹凸不平。斜台右侧下方，仅在通往北洞的岩石表面凿出蹬道石阶或脚窝七个，从右向左渐高，沿蹬道石阶及脚窝经过斜台可通往北洞。底层脚窝之下为此次发掘出土的唐宋时期路面（图 32）。北洞窟门下部凿出门砧及门槛，主室平面近五边形⑤。

擂鼓台中洞，现编擂鼓台区第 4 窟，应完工于武周天授元年（690 年）前后⑥。窟前山岩系刻意经营，开窟时上方崖面斫砟平整，窟前平台表面磨砻，下部岩体正中预留踏道，踏道两侧岩面竖向凿齐，形成较高的石作殿阶基。平台右侧与北洞以磨砻地面为界，左侧与南洞平台右侧壁（一

① 龙门石窟开凿在中、晚寒武世碳酸盐岩体中，在构造上为四面受断裂切割的近东西向地块，石窟就位于龙门山 - 香山断块上，主要开凿于上寒武统上部和中寒武统上部的白云岩和灰岩中。经 2008 年考古清理，发现擂鼓台北洞北侧地面有较大岩溶裂隙影响到上方“刘天洞”，刘天洞两侧及下方的崖面均有不同程度的溶蚀、开裂，不宜雕造大型窟龛。参见潘别桐、方云、王剑峰：《龙门石窟碳酸盐岩体溶蚀病害及防治对策》，《文物保护与环境地质》，武汉：中国地质大学出版社，1992 年，第 99 ~ 125 页。

② 龙门东山擂鼓台区域为中寒武统碳酸盐岩体，岩性为石膏化微 - 细晶灰岩。经 2008 年考古发掘，发现中洞与南洞之间的窟前岩体有一宽约 3 米、高约 1 米的岩溶裂隙，充填物主要为土粒和小石块。这种岩体显然不适于雕造龛像。故罗炤见告，南洞地面较中洞地面高出 1 米乃岩体本身不适宜开凿所致，功德主忌惮其地面下移，系不得已而为之。参见前引文，《龙门石窟碳酸盐岩体溶蚀病害及防治对策》，第 99 ~ 101 页。

③ 参见前引文，《龙门石窟唐代窟龛分期试论》，第 507 ~ 508 页。

④ 二窟分界线后端，有一片长 12 ~ 25 厘米、宽 20 厘米的梯形磨砻面与中洞平台磨砻面连为一体，且伸入北洞平台表面之内。这从另一方面证明中洞晚于北洞开凿。

⑤ 前引文，《地婆诃罗、香山寺与“石像七龛”》，第 536 ~ 539 页。

⑥ 参见前引文，《龙门石窟唐代窟龛分期试论》，第 507 ~ 508 页。

图 31-a　龙门石窟擂鼓台区石窟窟前建筑遗址全景

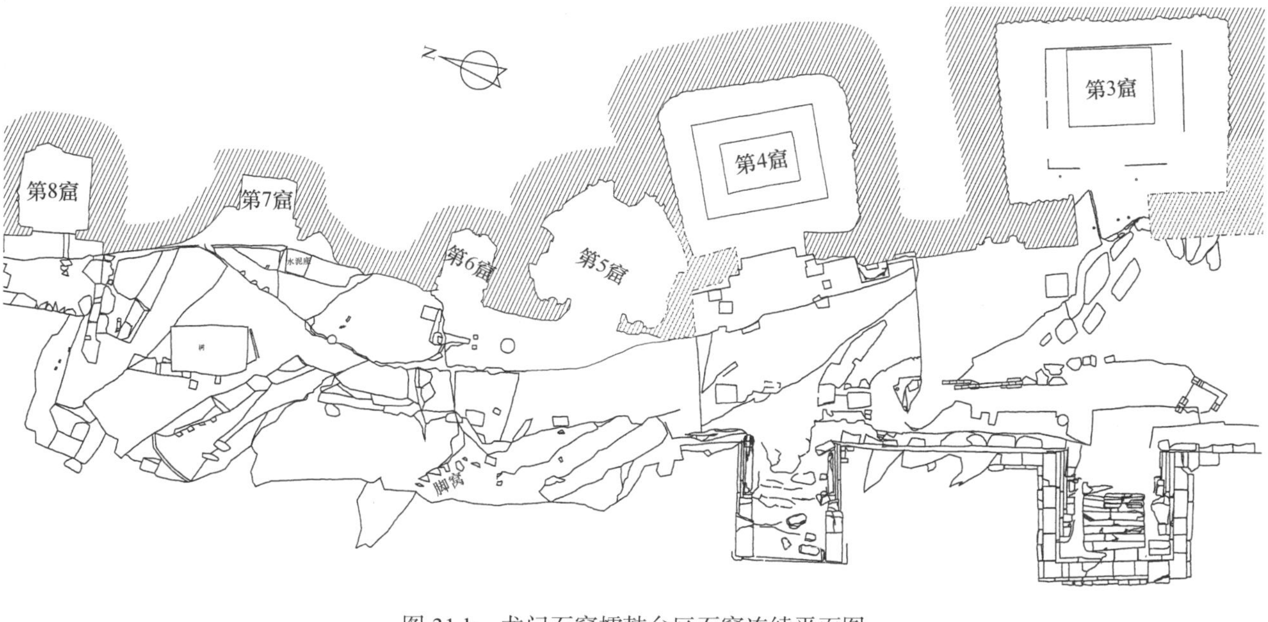

图 31-b　龙门石窟擂鼓台区石窟连续平面图

段）相邻。窟前平台大致呈横长方形，表面现存方槽十个，窟外崖面上方有槽孔多列，且有些崖面槽孔与平台表面方槽对应。这表明中洞岩石主室之前曾接建木构建筑，但据现存遗迹难以推断其具体形制。石作殿阶基，即窟前平台前端踏道左右两侧的平台立面，似为“平身造”。中洞左侧殿阶基与南洞右侧阶基之间，部分利用自然山体纵向凿齐并磨砻，至底部再平折向前，与填土地面连接。其中，踏道左侧阶基保存较好，由条石包砌于平台前端岩壁，唯上部略有塌毁。石作踏道中心线与岩石主室之轴线略有偏差，但与殿阶基垂直。踏道保存不好，石踏早被拆走，具体尺寸不清；现仅存两侧象眼、副子、踏芯以及少量土衬石。象眼作直角三角形，线道四层，每层深8～11厘米[①]。副子宽60厘米，下端置于底层条石砚窝，防其下滑移位。象眼底部条石下压的土衬石，为较小石块铺垫。踏道外侧地面铺以青砖墁铺，前端与唐宋路面连接。踏道所用包砌条石，与石作殿阶基和岩石主室的石质及纹理相同，表面磨砻方式一致，表明石作踏道与殿阶基应为开凿中洞时就地取材，统一营造（图33）。在窟前遗址的发掘中，近底层为堆积较厚的宋代砖瓦层，且夹杂大量木炭，可知中洞至少在宋代应有窟前建筑。从平台表面方槽与殿阶基包边平行这一迹

图32 龙门石窟擂鼓台北洞窟外遗迹

图33 龙门石窟擂鼓台中洞窟外遗迹

① 每层线道条石皆砌于殿阶基外侧，贴合阶基表面，表明中洞斩山开窟时先预留踏芯，即平台前端与山岩联为一体的料姜石岩体伸入踏道砌石之内，之后再雕造殿阶基和垒砌踏道，最后砌造踏道两侧象眼、副子并铺设石踏。

象推断，木构建筑立面应与石作阶基和石作踏道对应。与北洞相比，中洞石作殿阶基与踏道设计新颖，木构建筑规模较大，显示出此窟供养人地位显赫。当初策划和设计时，中洞应前有石作踏道，中建木构殿阁，后凿岩石主室。换言之，岩石主室、窟前平台、木构殿阁、石雕阶基、石作踏道、土衬石以及碎石砖瓦铺设的路面为开窟前统一设计。这是一种全新的石窟寺类型，完全模拟当时地面寺院中的佛殿营造，而且为了增加气氛，特在中洞门楣上方仿效地面佛殿匾额之制，镌刻“大万五千佛龛”六字。主室平面方形，地面正中设方坛，石质坛芯与地面连成一体。依据发掘出土的遗物，结合历史文献，我们推测擂鼓台中洞为神都太平寺“合寺徒众”①捐资营造，时在武则天光宅元年（684 年）“改东都为神都”之后、神龙元年（705 年）中宗“复以神都为东都”之前②。

擂鼓台南洞，现编擂鼓台区第 3 窟，应接续擂鼓台中洞营造③。窟前半部早已崩毁，现为石块与青砖补砌，原始外貌不清④。窟外右侧下部崖面残存宽疏的斜向凿痕，系粗搏和细漉而成。窟前平台所在为料姜石岩体，较好者表面打剥平整，大部分表面土石系自然堆积，且有较大石块散落其间，使之显得凹凸不平。又，窟门外左侧立面底部有一山石突出于平台表面，且与山岩连为一体。这些迹象表明南洞前半崩塌后，当时仅做了简单的清理和修整，之后接建了木构殿阁。窟前平台表面与发掘出土的唐宋路面高差 414 厘米，因而石砌踏道显得既陡又高。石作殿阶基亦为“平身造”。左侧阶基，包边所用条石较小且不规整。右侧阶基局部利用自然山体竖向打剥、粗搏、细漉、斫砟，且延伸至中洞石作阶基范围之内；大部分用较大条石打剥、褊棱、斫砟，然后砌筑于土衬石之上。石作踏道与岩石主室的中轴线对应，残高 237 厘米，宽 418 厘米。象眼线道五层，最下层条石砌于土衬石之上。副子宽 72 厘米，纵向垒砌呈斜坡状，下端嵌于底部条石砚窝。踏芯亦为开窟时预留，上半部为料姜石，与窟前平台所在山岩连为一体；下半部为黄色填土，杂有碎石及陶器残片。踏道残存九层石踏，每层石踏高 25 ~ 27 厘米。石作踏道所用条石与殿阶基包边条石的处理方式相同，踏道前端土衬石与唐宋时期路面相接（图 34）。南洞的策划与设计应该参考了中洞，但较之进一步创新，细部雕造更趋完善。主室平面方形，地面中央以青石块垒砌方形佛坛⑤。

石窟形制，既为容纳石雕或彩塑与壁画之载体，也要满足宗教功能之需求。印度考古学家德

---

① 2008 年在擂鼓台窟前遗址的考古发掘，曾出土一残碑碎块，上有“太平寺僧”字样。这或许从另一方面证实了我们的推断。参见龙门石窟研究院等编著：《龙门石窟考古报告：东山擂鼓台区》下编（待刊）。

② 参见前引文，《地婆诃罗、香山寺与“石像七龛”》，第 539 ~ 542 页。

③ 参见前引文，《龙门石窟唐代窟龛分期试论》，第 507 ~ 512 页。

④ 从窟前崖面观察，擂鼓台南洞窟门右侧（北侧）有一斜向岩溶裂隙，向下直通中洞窟门前方地面，向上延伸至南洞左侧（南侧）上方，上下贯穿洞窟前半，致使碳酸盐岩体上覆盖的第四纪土层失去自然平衡。因此，南洞前半部的塌毁应与之有关。又，南洞窟顶右侧（北侧）局部未雕，现存四壁多有因岩体不好而补作者，有些小坐佛的莲座甚至部分彩绘而成。故而，该窟的营造，系为迁就岩体结构不得已而为之。至于南洞窟顶及窟前半部的崩塌，我们推测或在南洞营造之中或在其完工不久。若然，擂鼓台南洞“毕工”之时，或为半石雕与半木构之作。

⑤ 前引文，《地婆诃罗、香山寺与“石像七龛”》，第 542 ~ 552 页。

图 34 龙门石窟擂鼓台南洞窟外遗迹

什班德（M. N. Deshpande）把这种镌岩开寺，融建筑、雕刻、绘画为一体的艺术形式称之为“Ajantaism（阿旃陀主义）”。这种阿旃陀主义，在佛教领域的不同地区呈现出许多形式[①]。中国的佛教石窟寺，从十六国迄隋主要为了僧人坐禅观相和供养礼忏，绝大多数在崖壁上凌空雕造，无法于窟前接建体积较大的木构殿阁，有之多为木构窟檐。“初盛唐时，石窟的现世因素逐渐丰富，巡礼石窟除了僧人之外，俗人也就越来越多。这样，俗人的现实要求就必然越来越多地体现在石窟之中。”随着唐代洞窟性质的逐渐变化，石窟还要在传统禅观与礼忏的基础上起延寿和祛病的作用。礼拜对象除了僧人外，俗人逐渐成为巡礼石窟的主要群体，石窟的俗人性质越来越增强，从而越来越接近地面寺院了[②]。反映在建筑形制上，石窟寺越来越多地模拟地面寺院中佛殿的外貌与平面布局。

中土石窟寺的窟前木构建筑，除栈道外，主要有两种类型：一种为装饰性窟檐，一种为大型殿阁。经过考古发掘，龙门石窟擂鼓台北洞窟前下方岩面发现了简易石凿蹬道或脚窝，中洞和南洞窟前分别出土了石造殿阶基与踏道。北洞窟前蹬道或脚窝系利用山体走势简单凿出，据此可登临洞窟。这种形式，与龙门西山唐代窟龛下方凿出的脚窝或简易蹬道相似；即便是唐高宗与武则天共同出资营造的大卢舍那像龛，其原始通道也仅仅是简易的石阶小道。中洞与南洞的石作阶基和踏道，也许因为洞窟所在山体坡陡、上行不便而造，但两窟规格较高、供养人身份特殊恐为更重要的原因。中洞与南洞在策划和设计时，可能受唐高宗“邻岩构宇、别起梵居”理念之影响，意在模仿唐代都城大寺规制。初唐以降，道宣《关中创立戒坛图经》和《中天竺舍卫国祇洹寺图经》流行。受天竺祇洹寺影响，长安与洛阳地区营造的有些大型佛寺采用多院落式布局，如长安大慈恩寺“仿给园”[③]，“大唐西明寺以祇园精舍为规模”[④]。道宣记述祇洹寺正中佛院，有“前佛殿”或“大佛殿”和“后佛说法大殿”或“第二

① Deshpande. “The (Ajanta) Caves: Their Historical Perspective,” 17.

② 宿白：《敦煌七讲》，油印本，敦煌：敦煌文物研究所，1962 年，第 40 ~ 52 页。

③ ［唐］慧立、彦悰著：《大慈恩寺三藏法师传》，孙毓棠、谢方点校，北京：中华书局，2000 年，第 149 页。

④ 新订增补《国史大系》第十二卷《扶桑略记》，东京：吉川弘文馆，1965 年，第 89 页。

大复（佛）殿”之分（图 35）[①]。龙门石窟擂鼓台区出现的木构殿阁疑作“前佛殿”之用，而岩石主室似为“后佛说法大殿”。在这种理念之下，擂鼓台区石窟的设计与实施者，对窟前山体进行了有计划的修整，预留窟前平台延伸的自然山体作为踏芯，仿唐代大型木构殿阁的“殿阶基”之制，雕造出高水平的石质阶基与踏道。两窟殿阶基与踏道体量较大，等级较高，对我们研究唐代大型地面佛寺乃至都城木构殿阁之前的殿阶基与踏道提供了罕见的实物资料。

根据窟前遗址出土的石作阶基与踏道和窟前平台表面的沟槽与柱础，结合中洞窟外崖面上方

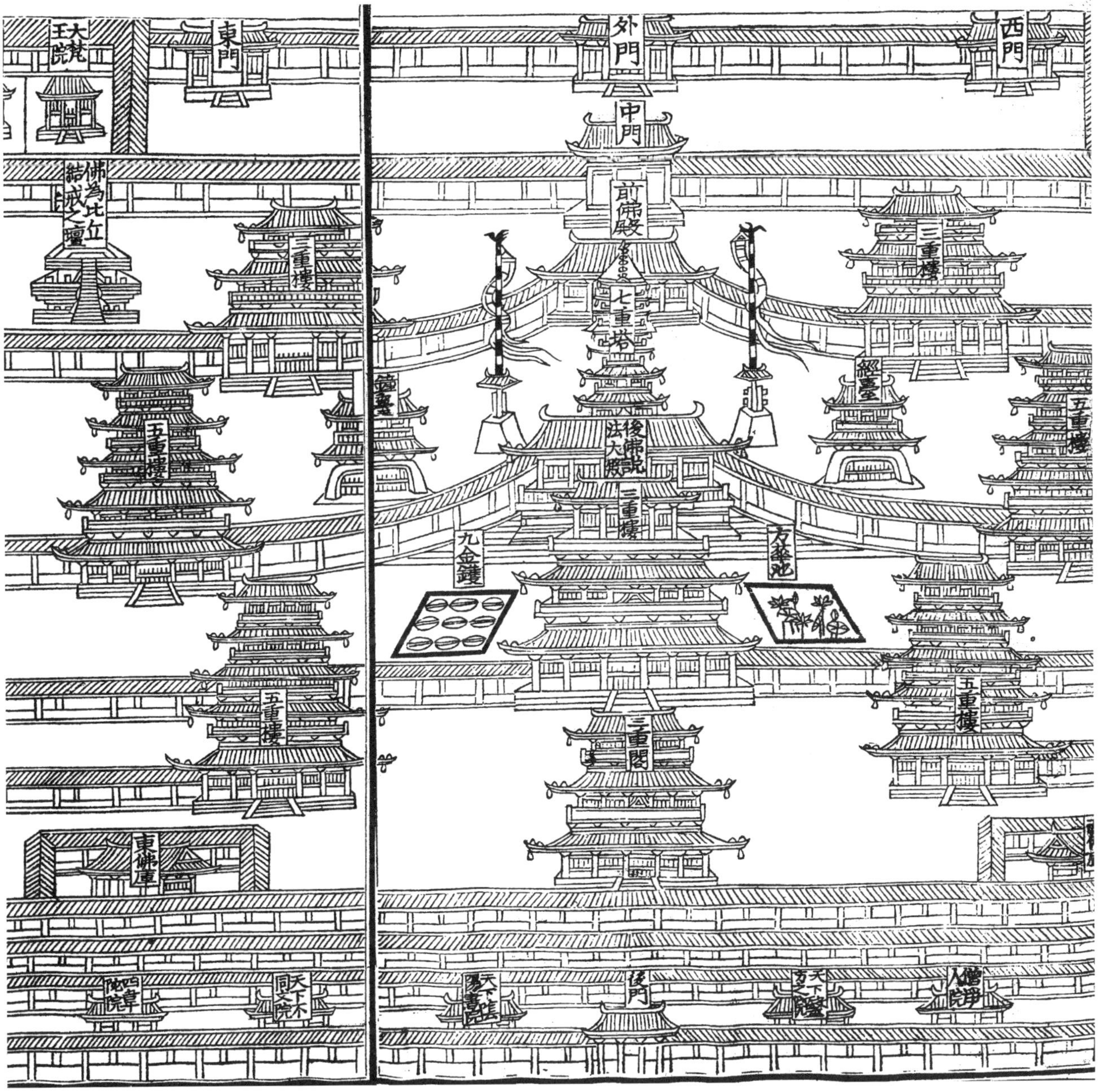

图 35　道宣《关中创立戒坛图经》所附祇洹寺布局示意图

（采自《大日本續藏経》2-10-1）

① Chongfeng Li. “Jetavanārāma and Early *Saṃghārāmas* of China”, in:*Buddhist Monasteries of South Asia and China*, ed. Sanjay Garg, New Delhi: Manohar Publishers & Distributors, 2017,157-209.

的多重梁孔与沟槽遗迹，我们推测擂鼓台中洞岩石主室之前迄北宋末至少两次接建过大型木构殿阁。其中，最早的一次应与洞窟始凿同时，石砌踏道、石作阶基、木构殿堂与岩石主室系同时毕工。南洞亦应如此。在擂鼓台窟前遗址的发掘中，中洞原始地面（T3探方第7层地面）出土了两件绿釉琉璃残件，似为屋顶建筑构件脊兽的一部分。此外，在北洞北侧另一中型洞窟（现编擂鼓台区第8窟）的窟前遗址也出土了四件绿釉琉璃残件，抑或脊饰的一部分。这些遗迹与遗物，表明擂鼓台区窟前接建的木构殿阁等级颇高，因为传统上琉璃瓦乃皇家建筑所专用。这些绿釉琉璃残件，疑为武氏集团营造皇龛寺所用，因为“香山寺”遗址也曾出土过若干绿釉莲纹瓦当[①]。此外，长安唐大明宫遗址“出土了少数绿琉璃建筑构件，说明当时出现了剪边琉璃屋顶。”[②]擂鼓台窟前遗址所出琉璃残件，表明中洞与南洞木构殿阁之顶可能采用了同样做法。又，经与敦煌石窟盛唐壁画中的大型佛寺对比，擂鼓台中洞与南洞的石作踏道，即土衬石、踏子、象眼和副子的工艺颇为考究。龙门石窟这种新型的石窟模式，应是武氏集团通过营造香山寺创始的。据研究，“武后为人，有特殊之生理及过人之精力，而又号大喜功”[③]；武则天“信心皈依，发宏誓愿，壮其塔庙，广其尊容，已遍于天下久矣……倾四海之财，殚万人之力，穷山之木以为塔，极冶之金以为像。”[④]虽然从崖面遗迹和窟前遗址我们无法恢复擂鼓台区岩石主室之前接建的木构殿阁外貌，但昔日擂鼓台窟龛外观气势之宏伟还是可以想见的。神都龙门石窟创造的这种新模式，应对当时及后来中土各地石窟寺的营造产生了深远影响。

1963～1966年，为了配合敦煌莫高窟的石窟加固工程，敦煌文物研究所（敦煌研究院前身）组织专业人员对莫高窟崖面的建筑遗迹进行了测绘和记录，稍后对底层洞窟的窟前殿堂遗址进行了大规模的考古发掘。其中，窟前遗址考古发掘报告《莫高窟窟前殿堂遗址》已于1985年正式出版[⑤]。依据该报告，敦煌莫高窟“底层洞窟前曾修建过许多具有相当规模的窟前建筑。而这些窟前建筑，首先是在五代、宋曹氏家族统治敦煌时修建的”，如莫高窟第98窟是曹议金修建的大型“功德窟”。唐开元九年（721年）在莫高窟始凿的“南大像”（第130窟）[⑥]，其窟前遗址“是莫高窟窟前殿堂遗址中最大的一个；下层殿堂遗址通过甬道与第130窟主室连成统一的整体，规模甚为壮观”。不过，第130窟窟前下层殿堂遗址与主室并非同时修建，盛唐营造“南大像”时可能是悬空开凿。依据各种遗迹，第130窟窟前下层殿堂遗址和主室地面铺设的花砖可定为西夏时期（图36）。实际上，敦煌莫高窟的窟前木构遗迹，“就建筑结构而言，多数是有包砖台基的殿堂式建

---

① 参见温玉成：《龙门十寺考辨》上，《中州今古》1983年第2期（30～31页），第31页。

② 宿白：《汉唐宋元考古：中国考古学下》，北京：文物出版社，2010年，第112～113页。参见前引书，《中国古建筑考古》，第48页。

③ 饶宗颐：《从石刻论武后之宗教信仰》，《中央研究院历史语言研究所集刊》，第45卷（1974年）第3本（397～412页），第399页。

④ ［晋］刘昫：《旧唐书》，点校本，北京：中华书局，1975年，第3151页。

⑤ 潘玉闪、马世长：《莫高窟窟前殿堂遗址》，北京：文物出版社，1985年。

⑥ 参见宿白：《〈莫高窟记〉跋》，《中国石窟寺研究》（200～205页），北京：文物出版社，1996年，第203～204页。

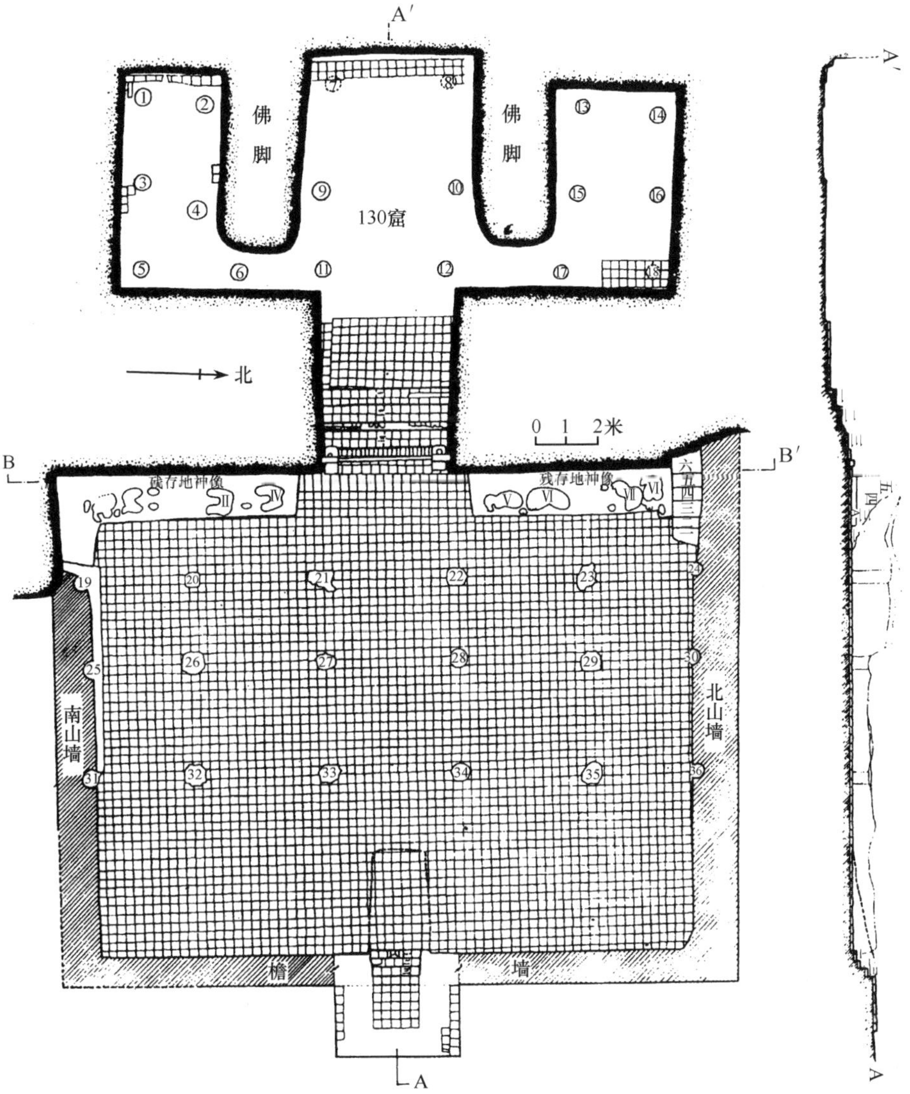

图 36　敦煌莫高窟第 130 窟窟前遗址

（采自《莫高窟窟前殿堂遗址》第 50 页图三二）

筑；另一种是没有包砖台基的土石基窟檐式建筑。一般前者规模较大，占遗址的多数，后者规模较小，为数也不多。包砖台基的殿堂式建筑，包括台基、台阶和殿身。台基立面包砖，基内用开凿或扩建洞窟时凿下的碎石填充。殿堂坐落在台基之上，其屋顶、屋身已毁，实存台基。殿堂西壁利用凿平的崖壁，壁面正中通过甬道进入窟内。南北两侧利用崖体凿成东西向墙身一段，然后接夯筑山墙（个别垒砌土坯墙），形成南北两堵山墙。”因此，“在窟前无论是修建包砖台基的殿堂式建筑，还是土石基的窟檐式建筑，都必须在窟前地面增高到一定高度时才有可能。所以，唐代以前洞窟之间的交通，很可能是采取穿堂门和栈道的形式解决的。”[①] 据文献记载，五代以前，莫高窟整个崖面上分布着许多窟檐，窟檐之间以栈道通连。当时宕泉河在窟前流淌，窟龛外貌的倒影

① 前引书，《莫高窟窟前殿堂遗址》，第 116、12 ~ 14、117、48 ~ 49、59、114 ~ 116 页。

于河水中隐约可见[①]。尽管崖面上的飞阁、重轩、阁道及户牖等大多朽毁不见，但莫高窟现存的五座唐、宋木构窟檐实物和栈道残梁以及崖面上梁孔和椽眼遗迹，表明这种情形是可信的。木构窟檐式建筑与木构殿阁式建筑，可能有早晚营造理念之差，但供养人尊卑之分也是不容忽视的，因为现存大型的木构殿阁（遗迹）皆为皇室或显贵所为。因此，敦煌莫高窟五代以后流行的大型木构殿阁，应是受到了中原北方地区文化中心同类建筑的影响出现的。

综上所述，南北朝时期不论在石窟前接建简朴的木构窟檐，还是在窟外崖面仿木结构石雕，它们都是石窟寺的重要组成部分，与洞窟本身构成了统一整体。武周时期在龙门石窟岩石主室之前营造大型木构殿阁，即主室开凿于崖壁之内，殿阁营造于崖壁之外，形成前殿后窟的建筑格局，致使佛教石窟寺的中国化登峰造极。又，不论古代天竺的佛教石窟寺，还是中土早期的佛教窟龛，似皆奉循“镌岩开寺”“因岩结构”之规制。后来，随着佛教的发展与中国化，此土石窟寺的营造开始实施“邻岩构宇，别起梵居”。由于自然或人为破坏，这些木构建筑或仿木结构石雕多已不复存在。不过，作为石窟寺的“门面”，这种窟前木构建筑遗迹或崖面仿木结构的石雕，是我们研究佛教石窟寺时应予特别关注的，因为它们是石窟寺本身历史不可分割的一部分；忽视了这部分遗迹，就意味着对石窟寺的检视与研究是不完整的。

附记：丙申年立秋初稿，最后一次修订于丁酉年中秋。

自20世纪50年代以来，宿师季庚先生一直关注云冈石窟的窟外崖面遗迹和窟前建筑遗址，他所开创的石窟寺考古学，应该是从调查云冈石窟窟檐遗迹开始的。今逢季庚师九五华诞，谨以此文为本师寿。

---

① 莫高窟第148窟前室唐大历十一年（776年）所立《大唐陇西李府君修功德碑记》，记载莫高窟“凿为灵龛，上下云耸；构以飞阁，南北霞连。……初坏土涂，旋布错彩，豁开石壁，俨现金容。……尔其檐飞雁翅，砌盘龙鳞；云雾生于户牖，雷霆走于阶陛。左豁平陆，目极远山；前流长河，波映重阁”。唐乾宁元年（894年）所镌此碑阴《唐宗子陇西李氏再修功德记碑》则云：“云霞大豁，宝砌崇墉，未及星环，斯构耸立。雕檐化出，巍峨不让于龙宫；悬阁重轩，晓方口于日际。”此外，五代乾祐二年（949年）张盈润在莫高窟第108窟檐右壁（南壁）外侧题壁，内有“傍通阁道，巡万象如同佛国”之语。敦煌遗书S5448a《敦煌录》记载鸣沙“山西壁南北二里，并是镌凿高大沙窟，塑画佛像，每窟动计费税百万。前设阁楼数层，有大像堂殿，其像长一百六十尺。其小龛无数，悉有虚槛通连，巡礼游览之景”。参见 a.［清］徐松《西域水道记》卷三，叶十四至十六（道光刻本）。b. 敦煌研究院编：《敦煌莫高窟供养人题记》，北京：文物出版社，1986年，第53页。c. 商务印书馆编：《敦煌遗书总目索引》，北京：商务印书馆，1962年，第219页。

云冈第五窟刍议

杭　侃

内容摘要： 云冈第五窟现状较为复杂，既有能够连接昙曜五窟的早期因素，也有服饰改制之后的晚期因素。笔者从石窟开凿施工的角度，参考相关工程遗迹，认为第五窟开凿时间较早，与献文帝有关，后因政治影响停工，主要造像完成的时间已经是孝文帝迁都洛阳之前。

关键词： 云冈石窟　新旧样式　开凿工程

Discussion on Cave 5 at Yungang Grottoes

Hang Kan

Abstract: The phenomenon of Yungang Cave 5 which contains early styles related to Tan Yao Five Caves and late styles after clothing reform is very complicated. Based on the investigation of construction relics, this paper tries to reconsider Cave 5 in the view of grotto excavation project. It is indicated that the project of Cave 5 might start earlier in the period of Emperor Xian Wen, and then shutdown under the influence of politics. The final project of completing the main statues restarted before Emperor Xiao Wen's moving capital to Luoyang.

Key words: Yungang Grottoes, early and late styles, construction project

云冈石窟分为前、中、后三期，前期是如昙曜五窟的大佛窟，中期是像第 7、8 窟或 9、10 窟那样模仿木构建筑的佛殿窟，后期是北魏迁都洛阳后开凿的小规模石窟。云冈第五、第六窟通常被认为是云冈第二期开凿的一组双窟。日本学者所著《云冈石窟——公元五世纪中国北部佛教石窟寺院的考古学调查报告》在描述第五窟内容的时候开宗明义地说“第五洞和第六洞为双窟”[①]。

作者：杭侃，北京市，100871，北京大学中国考古学研究中心。

① 《云冈石窟——公元五世纪中国北部佛教石窟寺院的考古学调查报告（第二卷）》，第五窟，京都大学人文科学研究所。

但是，第五窟与第六窟在洞窟形制、造像题材、造像风格等方面均存在很大的差异。在洞窟形制方面，第五窟为平面马蹄形的穹隆顶窟，主尊占据了窟内大部分面积，而第六窟为中心塔柱窟（图1）；在造像题材方面，第五窟的主要造像除了正壁主尊，还有东西两壁的两身立佛，以及从属于正壁主尊、位于主尊大背光之下的两身菩萨像（图2）；而第六窟中心塔柱下层四面大龛中，分别雕坐佛、倚坐佛、释迦多宝对坐和交脚弥勒。中心塔柱四面大龛的两侧和窟内东、南、西壁，雕刻三十多个连续的佛传故事。面对中心塔柱的南壁窟口上方雕维摩、释迦和文殊。在造像风格上，第六窟全部大型佛像改变了过去的服装，都雕成了褒衣博带式；第五窟则在窟门与明窗两侧等处依旧雕刻有袒右式袈裟的龛像。

对比同是双窟的第一、第二窟，第七、第八窟和第九、第十窟，这三组洞窟的平面形制、造像题材、造像风格都比较接近。第五、第六窟如果作为双窟看待，则与以上三组洞窟存在着很大的差异。对此，《云冈石窟——公元五世纪中国北部佛教石窟寺院的考古学调查报告》的解释是：

"第五洞为以大佛为中心的石窟，它和西邻的以方柱为中心的第六洞成为一对。其外壁共有一组塔形，因此这个情况非常明确。而且，其大小、样式完全一致，明显是一对制作于同时代的作

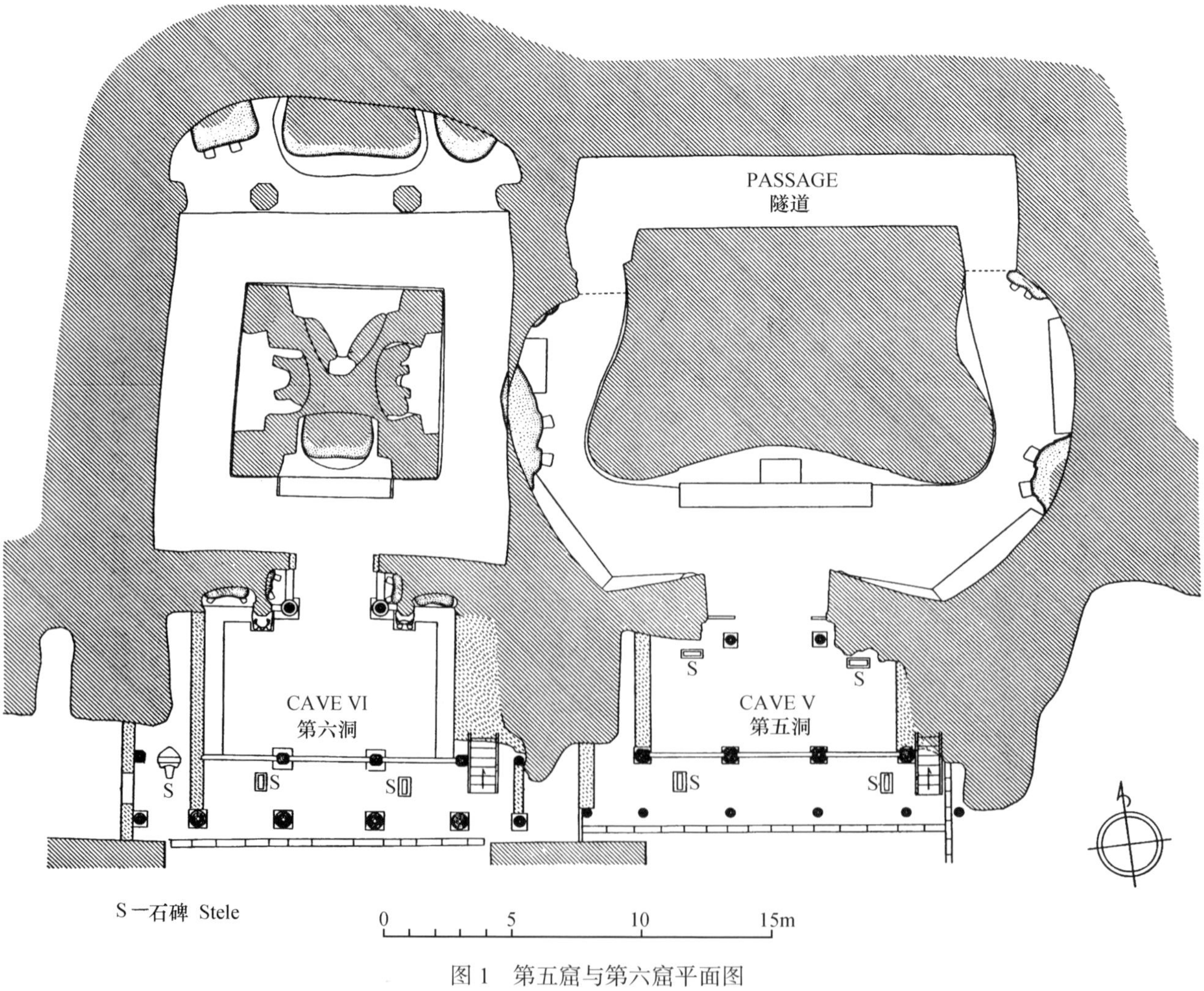

图1　第五窟与第六窟平面图

（采自《云冈石窟——公元五世纪中国北部佛教石窟寺院的考古学调查报告》第二册）

图 2 第五窟正壁正视图
（采自《云冈石窟——公元五世纪中国北部佛教石窟寺院的考古学调查报告》第二册）

品。一般来讲，早期佛教的崇拜对象不是佛像而是佛塔。后来，佛像代替佛塔成为普遍化，然而有不少塔庙窟，这可能是因为这个时代刚好处于变革期，或者可能是石窟长期保持着以塔为中心的传统。在这里，与法隆寺把安置尊像的金堂为左、作为塔庙的五重塔为右的做法一样，以尊像窟第五洞为左、塔庙窟第六洞为右。这是在云冈诸多双窟中罕见的组合，也是唯一的范例。”

“不管第七、第八洞的双窟，第九、第十洞双窟，还是第一、第二洞双窟，都是以同样形制的石窟为一组。只有第五、第六洞是由尊像窟和塔庙窟的组合。所以，其结构也有近于梯形的圆形和方形的区别，顶部也有穹窿顶形式和平顶的区别。”

将第五、第六窟作为一组双窟看待之后，《云冈石窟——公元五世纪中国北部佛教石窟寺院的考古学调查报告》的作者认为“根据以上情况，再看大规模的、有计划并且迅速的开窟活动，可以判断在国家级项目中，特别集中朝野力量去营造第五、第六洞。那么，最有可能的推论为，该石窟在孝文帝初年（476 年）为了纪念死于非命的献文帝（466 ~ 470 年）而造。因此，其完工时间为太和七年（483 年）的孝文帝石窟寺行幸的看法，可以说完全符合逻辑”①。也就是说，《云冈石窟——公元五世纪中国北部佛教石窟寺院的考古学调查报告》的作者认为第五、第六窟是一组

① 前引书，《云冈石窟——公元五世纪中国北部佛教石窟寺院的考古学调查报告（第二卷）》，第五窟。

双窟，开凿于太和时期，第五窟完成时间为太和七年（483 年），开凿目的是孝文帝为了纪念自己的生身父亲献文帝。在这里，作者将第五窟与献文帝联系了起来。

宿白先生则把第五窟的年代定在了迁都洛阳之前。在《云冈石窟分期试论》里，宿白先生论述第五窟时认为：

“5、6，7、8，9、10 三组双窟，东西毗邻；三组双窟窟前外壁左右两侧又都雕镌高塔，这些都是说明它们时间接近的最好迹象。5、6，7、8，两组采用同一的双塔一碑的窟前设计（两组石窟的中间隔壁的前端，都雕出下具龟趺的丰碑），又都出现释迦多宝对坐和维摩、文殊的形象，这种情况，正和孝文帝时，北魏开始重视义行僧人，注意宣讲《法华》《维摩》两经的历史背景相符合，这些似乎也都给 5、6，7、8 两组双窟是孝文开凿的推测，增添了论据。”

“6 窟的全部大型佛像改变了过去的服装，都雕成了“褒衣博带”式。佛像褒衣博带是与孝文帝太和十年至十九年（486 ~ 495 年）的服制改变相呼应的。所以推测 6 窟竣工之时，已去太和十八年孝文迁洛不远。至于 5 窟壁面布满了没有统一布局、时间又不相同的小龛，更说明了它并未按原计划完工，这种情况当然也与孝文南迁有关。因此，5、6 窟这一组双窟的时间，约在孝文帝都平城的后期。”

宿白先生将第五窟完成的时间定在孝文迁都洛阳之前，显然更为合理①。但是，大型石窟的完成时间未必就是开凿时间。《云冈石窟——公元五世纪中国北部佛教石窟寺院的考古学调查报告》的作者早就注意到了第五窟中的一些早期迹象：

“第五洞的特征为是以坐佛大像为主尊。云冈石窟中，拥有坐佛大像的石窟有第十九洞和第二十洞。都是昙曜五窟中的石窟。现在，第十洞的主尊为坐佛，但原来应该是交脚菩萨像。现在，对比这三个洞窟（第五，第十九，第二十洞），坐像双膝外撇，占据窟内大部分空间。”

《云冈石窟——公元五世纪中国北部佛教石窟寺院的考古学调查报告》的作者注意到的第五窟中的早期因素还有主尊背光中的火焰纹：

“主尊的大火焰光占满了北壁，一直到顶部中央。背光下端有小型胁侍菩萨立像，其内侧有通往后面的隧道开口。菩萨像都是康熙时期泥塑，只有右胁侍菩萨的宝珠形头光和三角饰宝冠保留了原来的风格。头光外缘为唐草纹，里层是莲花纹，这种形式比较罕见。”

“主尊背光已严重破损，其中西部外缘的双层火焰保存较好，非常壮大。外层火焰带本为身光的外缘，里层火焰为头光的外缘。都与第二十洞大佛的火焰相似。头光火焰里先有供养飞天列像，其次有坐佛列像，再有坐佛列像，最中间是莲花纹。与第二十洞大佛背光相比，其带圈较窄，数量较多。举身光里有供养飞天列像，肩部有火焰。”

前面已经论述，昙曜五窟的基本样式为主尊占据窟内大部分面积、穹隆顶、马蹄形平面，主要造像以三世佛为主，在云冈第二期洞窟中，这些特点只有第五窟与之相接。在火焰纹装饰方面，第二期的洞窟中也只有第五窟主尊大背光外侧的火焰纹与第二十窟外侧的火焰纹式样相同。

2017 年，日本学者冈村秀典《云冈石窟的考古学》中，对云冈主要洞窟的开凿次第进行了新

① 宿白：《云冈石窟分期试论》,《中国石窟寺研究》，北京：文物出版社，1996 年。

的排列。他在学界意见基本一致的将云冈石窟分为三期的基础上，又将每一期分为三段[①]，进一步将第五窟的年代定在第一期的第三段，其主要依据之一，就是根据火焰纹的型式变化。在“背光纹样的编年”中，作者提出：

“除了以石窟形状、造像样式作为细分前期的标准之外，主要尊像的背光纹样也很重要。笔者（1994年）注意到昙曜五窟尊像背光的火焰纹，将其分为三类，Ⅰ类火焰每支分开，根部有较宽的浪尖似的瘤节，Ⅱ类每束火焰之间有独立的火焰束，Ⅲ类在根部呈岩块状，从每块根部伸出三支火焰，下部有漩涡状的突起。尽管这虽不是以编年为目的的分类，但可将Ⅰ类根据雕刻细致程度分为ⅠA和ⅠB两类，Ⅱ类根据火焰尾部的斜率和火焰中间的细线刻画，细分为ⅡA和ⅡB类。这样将其ⅠA类对应前1期、ⅡA类对应前1～前2期，ⅠB、ⅡB、Ⅲ类对应前3期进行编年。另外，Ⅰ类和Ⅱ类可见于前例，即甘肃炳灵寺有西秦·建弘元年（420年）铭文的第169窟，可以认为有直接的影响。”

综上所述，第五窟现状呈现的面貌是比较复杂的，既有能够连接昙曜五窟的早期因素，也有服饰改制之后的后期因素。学者们对这些看似矛盾的现象进行了不同的解释。笔者认为，第五窟开凿时间早，中间有停工，主要造像完成的时间已经是迁都洛阳之前，而且，第五窟确与献文帝有关。

2009年，笔者获得教育部人文社会科学研究重大项目的资助，开始组织课题组成员开展“云冈石窟补凿遗迹的考古调查与研究”（项目编号2009JJD780001），这项研究关注的重点是通过云冈石窟中未完成的窟龛、洞窟的打破关系以及不同的补凿遗迹，来探讨云冈石窟的开凿过程，并进而讨论相关的历史问题。在随后开展的工作中，获得了一批有深入研究价值的信息。彭明浩在此基础上完成了博士学位论文，并出版了《云冈石窟的营造工程》[②]。在“五华洞”区（9～13窟）进行窟檐建筑的保护工程中，发现编号13-29、13-30两小型洞窟提供了开凿过程中的不同阶段的工序。

13-29窟位于13窟明窗东侧1.2米，距地高8.6米，在地表看原以为是一个大龛，实际上是一个带有窟门的小型洞窟（图3），只是窟口几乎完全坍塌，只存西侧上部一角。

窟内平面近方形，平顶，东西宽1.9米，南北深1.6米，高1.8米，三壁造像，正壁一尊坐佛，两侧壁各并立一佛（近窟口）一菩萨（近正壁）。其中正壁主尊仅凿出坯形，通高1.6米。其头部为近椭圆形的石坯，未做任何雕饰；身部凿出肩形和手势，座部大略凿出了佛腿部与基座的轮廓（图4）。

侧壁靠近主尊的两身菩萨完成度较正壁高，两菩萨通高约1.45米。冠部已凿出轮廓。头部区分了额发与脸部，额发中分，脸部呈椭圆形，双耳垂肩。上身已凿出左右手的手势，左手举于胸前，持拂尘，右手下垂，颈部饰桃尖形项圈，从肩上搭下交于胸前的披帛均已雕凿出轮廓。

侧壁靠近窟门的两尊立佛已完成，两立佛通高约1.65米。两佛整体造型相同，均高肉髻，面部清秀，长颈，着褒衣博带式袈裟，内着僧祇支，胸前系带，右手施无畏印（东壁残），左手下垂，衣角与下裙外摆。但细节却有差异：东壁佛没有表现衣纹，而西壁佛却雕刻有细密的衣褶；东壁佛左手下垂掌心向内执衣角，而西壁佛施与愿印。

---

① 冈村秀典：《云冈石窟的考古学》，临川书店，2017年。

② 彭明浩：《云冈石窟的营造工程》，北京：文物出版社，2017年。

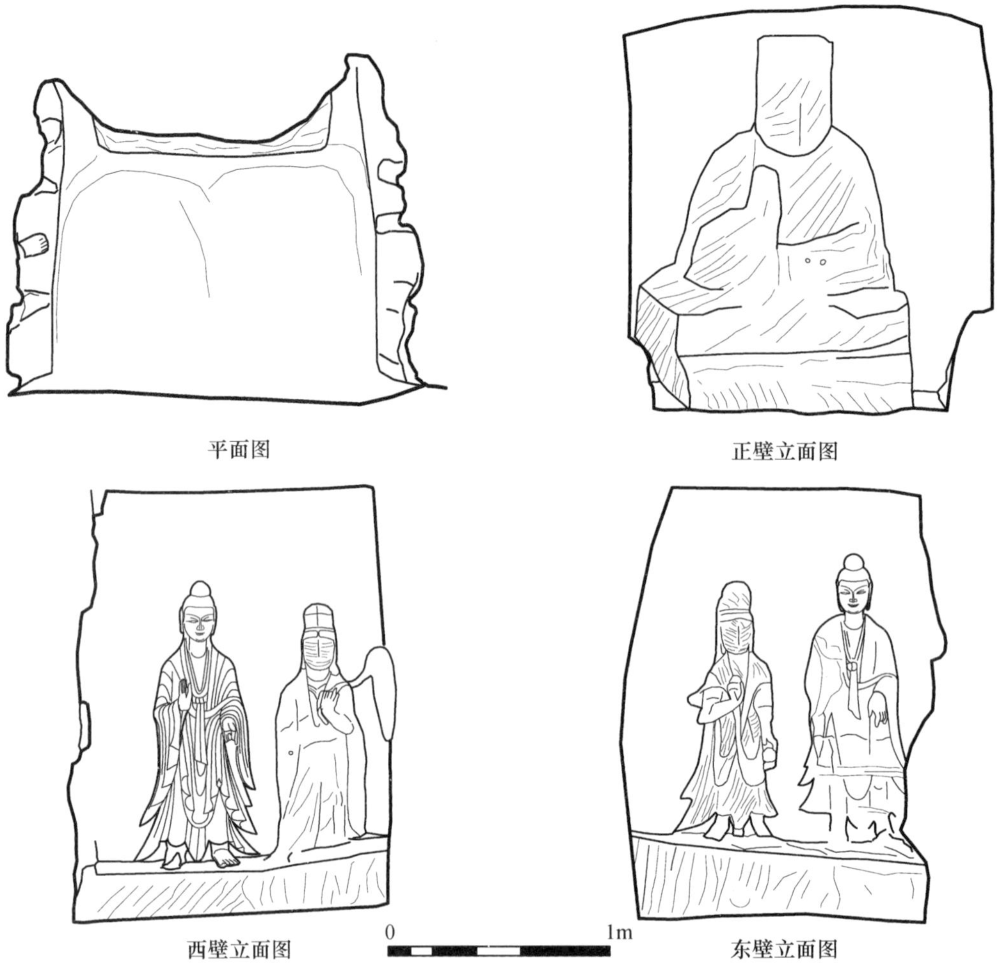

图 3　第 13-29 窟平、立面测绘图

图 4　各壁面现状

13 窟明窗西侧的 13-30 窟距地高度 9.7 米，窟门尚存。窟平面为不规则的横长方形，窟底东西最宽处 1.8 米，南北最深处 1.2 米。穹隆顶，窟高 2.05 米（图 5）。

图 5　13-30 窟平、立面测绘图

正壁设圆拱尖顶龛，宽 1.15 米，高 1.2 米，深 80 厘米，龛内雕二佛对坐，两佛均未凿完，但头、身、腿三部分的要素已具备，头部已凿出肉髻和五官的雏形，但尚未细致加工；身部已凿出双领下垂的衣纹走势，还能看出右领衣纹下垂后在身前搭附于左手前臂。二佛像均右手施无畏印、左手施与愿印。二佛之间的龛内壁正中有明显的分界线，东侧龛壁内密布一寸二錾的粗凿痕，西侧龛壁则经过打磨，没有錾痕。以此分界线可分窟为东西两部，两部完成度不同（图 6）。

西侧龛柱柱上兽头已雕完，东侧兽头仅凿出轮廓。龛楣内七坐佛，也以中线分东西两部分，西部完成，东部仅雕出坐佛的整体轮廓。龛两侧各立一胁侍菩萨，从脚至头光尖通高 90 厘米，西侧菩萨除脸部外均完成；东侧菩萨与西侧姿态、服饰基本对称，但只凿出坯体，未凿出头光，身体各部分只具轮廓，衣纹也没有细部，满布细錾痕。两菩萨外侧还各有一站立的菩萨，他们分别朝向东西壁坐佛。

西壁方坛上结跏趺坐佛，通高 1.3 米。佛头部虽毁坏，但残存的颈部尚存粗錾痕，可推测头部未完成。佛像头部以下，衣纹已经完成，东壁方坛上的结跏趺坐佛完成度远不如西壁。佛通高

1.25 米，只凿出了大体形态和主要衣纹走向，可见其双领下垂，左手施与愿印，右手施无畏印，脸部凿出五官轮廓，佛身上满布錾痕。由 13-30 窟的造像和开凿痕迹可看出，洞窟有总体规划，在开窟过程中分为东西两区分别施工，布局和像设大体对称，但进度不同，各造像细节也可能因工匠不同而略有差别（图 7）。

龛西侧　正壁龛　龛东侧

图 6　13-30 窟正壁现状

图 7　13-30 窟东西壁现状对比（左为西壁，右为东壁）

云冈小型洞窟的开凿始于二期后段，洞窟平面一般为方形，宽、深不过2米，许多洞窟未全部完工，从这些完成程度不一的洞窟可以大体了解小型洞窟的开凿过程，可以看出这些洞窟一般都是先完成辅助造像，如胁侍菩萨、弟子及龛楣上的坐佛、飞天、供养人等装饰题材，其后才是主像。具体到单尊造像，特别是主尊造像，往往最后加工的是头部和手部。如13-30西壁主像已基本完成，独颈部以上还留有錾凿痕迹；又如5-36东壁小窟正壁佛像衣纹已打磨，唯独手部和头部没有加工（图8）；再如40-4窟，窟内仅主尊和胁侍头部未完成。头部和手部直接表现造像姿态神情，最难雕刻，也容易出现工程问题，因此多留在最后处理[①]。

图8　第5-36窟东壁小窟正壁像

以上是从未完成的云冈小型洞窟所了解到的一些石窟开凿工序方面的信息。如果大型石窟也基本遵守这样的工序，则我们认为云冈第五窟所表现出来的既有早期因素，又有晚期因素的原因是：第五窟在献文帝时期开始开凿，已经完成了洞窟窟内主体空间的采石工程和几身大像的胚体，以及主尊背光等装饰带的雕刻。但是，由于工程浩大，工期不可能在短期之内完工。工程在进行过程之中，遇到献文帝与冯太后两人为主的政治集团的激烈斗争而不得已停工，至于第五窟的继续雕凿，则要等到冯太后去世，孝文帝真正掌握实权之后，为了纪念自己的父亲，才将第五窟未竟的工程加以继续，因此，第五窟主尊及两侧立佛等又表现出第二期晚段的风格。

献文帝即位年仅十一岁，文成帝冯皇后被尊为太后，临朝辅政。献文时，佛事营建依然兴盛，《大金西京武州山重修大石窟寺碑》记献文帝“天安元年（466年），革新造石窟寺”[②]，其中“革新”一词，应当是表示这个时候云冈的石窟开凿进入了一个新的阶段，这种革新，既包括着选择新的地方开凿石窟，也意味着新的样式的出现。紧接着，《魏书·显祖纪》记载献文帝于天安二年（467年）巡幸石窟寺“秋八月，丁酉，行幸武州山石窟寺。戊申，皇子宏生，大赦，改年”。

当代史学界对于献文帝与冯太后两个政治集团之间的斗争已经多有论述，此不赘述。

根据《魏书·显祖纪》的记载，献文帝兴光元年（454年）秋七月，生于阴山之北。太安二年（456年）二月，立为皇太子。和平六年（天安元年，466年）继皇帝位，皇兴五年（471年）

① 前引书，《云冈石窟的营造工程》。

② 宿白：《〈大金西京武州山重修大石窟寺碑〉校注——新发现的大同云冈石窟寺历史材料的初步整理》，《中国石窟寺研究》，北京：文物出版社，1996年。

禅位。承明元年（476 年）二十三岁，崩于永安殿，上尊谥曰献文皇帝，庙号显祖，葬云中金陵。《魏书·天象志》对当时两个政治集团之间的激烈争斗直言不讳，并与天象联系在一起。《魏书·天象志》多处涉及冯太后专断：皇兴五年，“上迫於太后，传位太子，是为孝文帝”；“是时冯太后宣淫于朝，昵近小人而附益之，所费以巨万亿计，天子徒尸位而已”；“是时，献文不悟，至六月暴崩，实有酖毒之祸焉”；“太和元年五月庚子，太白犯荧惑，在张，南国之次也。占曰‘其国兵丧并兴，有军大战，人主死’。壬申，水、土合于翼，皆入太微，主令不行之象也。占曰‘女主持政，大夫执纲，国且内乱，群臣相杀’；是时，冯太后将危少主者数矣，帝春秋方富，而承事孝敬，动无违礼，故竟得无咎……是时太后淫乱，而幽后侄娣，又将薄德。天若言曰：是无《周南》之风，不足训也，故月、太白骤于之。”

冯太后死于太和十四年（490 年），因此，若如《云冈石窟——公元五世纪中国北部佛教石窟寺院的考古学调查报告》作者所言，太和七年第五、第六窟已经完成，那么，等于是冯太后掌权期间，就已经为献文帝平反，这在文献中是没有证据的。

第五窟的续凿工程应当开始于冯太后去世之后，是孝文帝为了纪念自己的亲生父亲而进行的。《魏书·皇后列传》中记述冯太后有才干，处事果决：

“显祖即位，尊为皇太后。丞相乙浑谋逆，显祖年十二，居于谅暗，太后密定大策，诛浑，遂临朝听政。及高祖生，太后躬亲抚养。是后罢令，不听政事。太后行不正，内宠李弈，显祖因事诛之，太后不得意。显祖暴崩，时言太后为之也。”

冯太后掌权之后，锐意改革，史家多称孝文帝改革，实际上在冯太后生前，主要是冯太后实行改革，这在《魏书·皇后列传》中记载得很清楚：

“自太后临朝专政，高祖雅性孝谨，不欲参决，事无巨细，一禀于太后。太后多智略，猜忍，能行大事，生杀赏罚，决之俄顷，多有不关高祖者。是以威福兼作，震动内外。”

冯太后对于孝文帝的感情是复杂的。《魏书·高祖纪》记载冯太后对孝文帝管教甚严：

“帝幼有至性，年四岁，显祖曾患痈，帝亲自吮脓。五岁受禅，悲泣不能自胜。显祖问帝，帝曰：“代亲之感，内切于心。”显祖甚叹异之。文明太后以帝聪圣，后或不利于冯氏，将谋废帝。乃于寒月，单衣闭室，绝食三朝……宦者先有谮帝于太后，太后大怒，杖帝数十。帝默然而受，不自申明。”

以至于在冯太后生前，孝文帝对自己的身世都不清楚，《魏书·皇后列传》记冯太后“又自以过失，惧人议己，小有疑忌，便见诛戮。迄后之崩，高祖不知所生”。

在这样的情况下，孝文帝在冯太后生前不可能对献文帝表示大规模的追念，而在冯太后死后，继续献文帝在云冈开端的大型洞窟开凿过程，又在情理之中。

第五窟之所以在中区东段另行开凿大型洞窟，从工程的角度考虑，可能还是因为昙曜五窟工程出现的问题，造成 20 窟窟壁的坍塌，被迫另择新址[①]。第五窟在洞窟形制、造像题材和背光中的火焰纹等装饰纹样方面上承昙曜五窟是很明显的，而“革新”的主要内容，从现存遗迹看，主

① 拙文：《云冈第 20 窟西壁坍塌的时间与昙曜五窟最初的布局设计》，《文物》1994 年第 10 期，第 56 ~ 63 页。

要表现在洞窟具有带双塔的前庭，以及主尊身后的隧道两个方面。对于主尊身后的隧道，《云冈石窟——公元五世纪中国北部佛教石窟寺院的考古学调查报告》认为：

"第五洞与第十九、二十洞相比较，还是第五洞最宽敞。第十九洞没有胁侍佛也没有胁侍菩萨，洞内空间只属于坐佛。第二十洞虽然有胁侍佛和胁侍菩萨，但感觉都被塞在狭窄的空间内。开凿第五洞的时候，可能多少有了对以往石窟形式的认识。而且，在背后做为了绕道礼拜的隧道。这与第九、十洞一致，也与巴米扬和克孜尔石窟相同。第十九洞和第二十洞没有做隧道，其原因不详。可能他们不知道这种结构，也有可能不需要这种礼拜活动，或者完全没有这种追求。不管怎么样，他们集中精力制造主尊大佛。开凿第五洞的时候，制订计划上稍微熟练，除了大佛以外还考虑隧道，除周壁外考虑明窗和门口的造型，这些可能受到西邻的第七、八洞，第九、十洞的影响，更是因为第五洞的开凿时间晚于其他洞窟。"

至于带有双塔的前庭，属于献文革新之作。这种做法与第一期洞窟不同，完全改变了洞窟的外观。为什么这样做的原因还有待探讨（是否与第二十窟西壁和前壁坍塌之后，对于立面的修正处理有关？）由于第六窟也具有前庭与双塔，这是过去学者多将第五、第六窟作为一组双窟的重要依据之一，但是，除了第五、第六窟在前述洞窟形制、造像题材、造像风格等方面的差异之外，第六窟的西侧之塔与第五窟的双塔并不在一个斩山面上，更为明显的是，第六窟与第五窟相连的壁面上，在施工中出现了重大的失误，在现在最薄的地方已经穿透了一个小洞，第六窟显然是夹进了第五窟与第七窟之间，故第六窟与第五窟并非同时设计，两者之间存在比较大的差异也就可以得到解释了。

附记：本文写作得到了筱原典生和陈豪的帮助。其中《云冈石窟——公元五世纪中国北部佛教石窟寺院的考古学调查报告》关于第五洞的译文采用筱原典生的译文；冈村秀典《云冈石窟的考古学》中的相关内容采用陈豪的译文，特此致谢。

大同新出北魏须大拏本生故事雕刻考

李裕群

内容摘要： 2014年，山西大同文庙内出土一件雕刻有须大拏本生故事的北魏石建筑构件。此属平城地区首次发现，具有重要学术意义。该本生故事依据西秦沙门圣坚所译《太子须大拏经》雕刻，其图像来源与长安有关，向西则可追溯到龟兹克孜尔石窟。圣坚译本掺入了中国传统忠孝思想的内容，这与北魏文明太后冯氏和孝文帝倡导的汉化政策相一致，因而，须大拏本生故事受到北魏皇室的重视，龙门宾阳中洞出现该故事题材不是偶然的。

关键词： 北魏　平城　须大拏本生

Research on the Sculpture of the Stories of Visvantara-jataka of Northern Wei Dynasty Newly Excavated from Datong

Li Yuqun

Abstract: There was a stone building component carved with the stories of Visvantara-jataka of Northern Wei Dynasty excavated from Wenmiao, Datong, Shanxi Province. It is a first discovery in Pingcheng area and has important academic significance. This story was engraved according to *the Sutra of Visvantara* translated by Monk Shengjian of Western Qin. The source of its picture is related to Chang'an, which could date from Kizil Grottoes, Qiuci. Shengjian's translation added Chinese traditional thought of loyalty and filial piety, which was consistent with the Chinesization policy initiated by Empress Dowager Wenming and Emperor Xiaowen. So the stories of Visvantara-jataka were paid attention by the imperial family of Northern Wei and it was not occasional that this subject appeared in Binyangzhongdong Cave of Longmen Grottoes.

Key words: Northern Wei, Pingcheng, the stories of Visvantara-jataka

---

作者：李裕群，北京市，100710，中国社会科学院考古研究所。

2014年，在山西省大同市古城东南隅文庙内的基建过程中，发现二件北魏平城时期的佛教石刻。一为石建筑构件，雕刻有须大拏本生故事；另一为佛像背光残件，现均为大同市北朝艺术研究院收藏①。其中须大拏本生故事不见于北魏皇家开凿的云冈石窟，属北魏平城地区首次发现。因此，该本生故事雕刻的发现，对于研究其来源、流传过程以及反映的平城佛教信仰等，具有重要的学术价值。

一

建筑残构件为石灰岩质，高20.5厘米，宽41厘米，厚40.5厘米（图1）。从形状分析，残构件似为叠涩座的出檐部分，有可能属于佛塔的叠涩基座。叠涩出檐部上面前部平整光滑，后部则向下凿成粗糙的平面，其上应放置其他建筑构件（图2）。出檐部的正面为高10.5厘米的窄边缘，上残长28.5厘米，下残长24厘米。边缘面用浅浮雕的手法，雕刻出须大拏本生故事。叠涩下面内收，刻宝装仰莲瓣装饰纹带，残长32.5厘米，高7.5厘米。莲瓣装饰纹带再内收，朝下的弧形面刻出波曲度较高的三叶一组波状连续忍冬纹，残长40厘米，高6.5厘米（图3）。

图1　石雕建筑残构件正面

（采自《石雕》）

① 须大拏本生故事石刻已发表，可参见大同市北朝艺术研究院编、李裕群主编：《北朝艺术研究院藏品图录·石雕》，北京：文物出版社，2016年，第126～127页，图版52及文字说明。背光残件为背屏式造像背光上半部分，灰色细砂岩。正背面均有浅浮雕，背面雕刻佛传故事，乘象入胎、树下诞生、七步宣言和九龙灌顶共四个情节，刻工细腻，表现了北魏平城时期的造型特点。

图 2　石雕建筑残构件侧面（自摄）

图 3　石雕建筑残构件底面（北朝艺术研究院提供）

现存须大拏本生故事为情节连续的三个画面，无分割线，构图生动，雕刻精美（图 4）。

图 4　石雕建筑残构件拓片

（采自《石雕》）

右起第一情节：一菩萨（即太子须大拏）和一婆罗门。菩萨居画面右侧，头束蘑菇状发髻，头后有圆形头光，脸微向右侧，头低垂，面相浑圆，五官清晰，露出左耳，戴圆形耳铛。双肩有竖起的披巾，披巾前绕双臂后下垂及地。络腋衣从左肩斜披至右胁。下身似着裙，无衣纹。上身微前倾，宽肩细腰，双腕戴手镯。右手抓一澡瓶，瓶口朝下，作倒水状。左手抚在右腿处。双腿作半跪状，左腿着地。臀部已残。婆罗门居菩萨右前方，头挽高发髻，束发带，右侧脸，脸庞偏尖，长眉眼，深目高鼻，长髯须，身体前倾，朝向菩萨。上身络腋衣从左肩斜披至右胁，下着短裤。宽肩细腰，形体纤瘦，双手背相靠，伸向菩萨所持澡瓶，似欲作洗手状。左腿跨步向前，右腿在后，裸足。

第二情节：一婆罗门志满意得地纵马而去。婆罗门头微仰，束高发髻，深目高鼻，长髯须。上身微有残损，不见衣饰。双腿骑在马背近臀部上，双手前伸，持缰绳，右侧身，纵马而驰。马头低垂，张牙，前蹄跃起，后肢伸直，马尾下垂，作奋蹄疾奔状。无马镫和马鞍。婆罗门头后有竖长方形榜题，分二行："一婆罗门／乞马得时"，二行之间刻一竖阴线。

第三情节：一菩萨牵一童子。菩萨头束蘑菇状发髻，头后有圆形头光，面相浑圆，作回首状，脸微向左侧，五官清晰，目光下视，露出右耳，无耳铛。双肩有竖起的披巾，披巾前绕双臂后上扬。络腋衣从左肩斜披至右胁。下身着裙，衣纹阴线刻。身体动态明显，左手牵一童子右小臂，右手处残，原也应牵一童子。双膝微曲，作向前迈步状。童子头朝菩萨，面残，上身服饰不清，下身似着裤，右腿向前，左腿在后，作跑状。

三个情节的空白处，雕刻有莲花、莲蕾和忍冬纹。

须大拏本生故事雕刻明显具有十六国北魏平城时期的造像特点，如菩萨蘑菇形状的发髻，与天梯山第1、4窟北凉菩萨[①]、疑出自西北（陕西或甘肃）的北魏承平元年（452年）石佛座菩萨形象的神王发式相同[②]。菩萨像穗状耳铛装饰以及披巾在肩上竖起的做法，与炳灵寺第169窟第6龛西秦菩萨[③]、陕西省历史博物馆所藏北魏皇兴五年（471年）交脚弥勒佛座上菩萨装神王像[④]、云冈昙曜五窟和第7、8、9、10窟菩萨相似[⑤]。又如婆罗门的形象，头挽高发髻，束带，脸庞偏尖，深目高鼻，长髯须，身体瘦骨嶙峋，与云冈第9窟明窗两侧的二婆罗门像一致[⑥]。因此，我们初步估计该雕刻的年代在5世纪70～80年代。

二

此残石构件仅仅是叠涩座的一小部分，可以推测，原构件或是故事完整、情节连续的须大拏

---

① 敦煌研究院、甘肃省博物馆编：《武威天梯山石窟》，北京：文物出版社，2000年，彩版一二，第1窟中心柱北凉菩萨摹本；彩版五一，第4窟中心柱北凉菩萨；彩版五三-3，第4窟中心柱北凉菩萨线图。

② 拙文：《神王浮雕石佛座拓本考释》，《文物》2010年第7期，第66～76页。

③ 甘肃省文物工作队、炳灵寺文物保管所编：《中国石窟·永靖炳灵寺》，北京：文物出版社，1989年，图版24。

④ 参见中国美术全集编辑委员会编：《中国美术全集·魏晋南北朝雕塑编·3》，北京：人民美术出版社，1988年，图版六九。

⑤ a. 云冈石窟文物保管所编：《中国石窟·云冈石窟（二）》，北京：文物出版社，1994年，图版164，第18窟北壁菩萨。b. 云冈石窟文物保管所编：《中国石窟·云冈石窟（一）》，北京：文物出版社，1991年，图版149，第7窟后室南壁交脚菩萨；图版151、152，第7窟后室明窗东西壁菩萨。

⑥ 前引书，《中国石窟·云冈石窟（二）》，图版6、7。

太子本生故事雕刻。根据佛经记载，该故事说的是叶波国太子须大拏乐善好施的感人事迹。故事情节大概是：叶波国有克敌制胜的法宝——白象须檀延。敌国怨家知太子乐善好施，便施计从太子处乞得白象，叶波国王湿波为之震怒，“逐令出国，置野田山中十二年许”。在放逐檀特山途中，太子先后将车马钱财衣物一一布施，最后将二子布施于婆罗门。帝释天闻之，为试探太子之布施心，于是化作婆罗门向太子乞王妃，“太子以水澡婆罗门手，牵妃与之。释知太子了无悔心，诸天赞善天地大动。时婆罗门便将妃去，行至七步，寻将妃还以寄太子。……妃即作礼，从索三愿：一者令婆罗门将我两儿还卖本国中；二者令我两儿不苦饥渴；三者令我及太子早得还国。”[①] 最后太子一家回到都城，受到父王的迎接，敌国也归还白象，因白象之缘故，化解了彼此的结怨。

此故事宣扬的是六波罗蜜中居于首位的布施度。根据所刻汉文榜题，可以确认须大拏太子本生依据的是汉译佛典。在汉译佛典中，以东吴·康居国沙门康僧会所译《六度集经》卷2布施度无极章第14《须大拏经》为最早[②]，后有西秦沙门圣坚所译单形本《太子须大拏经》一卷问世[③]。历代经录，如隋·费长房《历代三宝纪》、隋·法经《众经目录》等均有著录，惟唐·智升《开元释教录》卷4明确记载：“《太子须大拏经》一卷，出《六度集》第二卷，异译，于江陵辛寺出，庾爽笔受，或云须达拏。见《始兴录》及《宝唱录》，应入晋世，随人附秦。”[④] 知圣坚所译出自《六度集经》，为同本之异译。后秦·鸠摩罗什所译《大智度论》卷12[⑤] 和失译《菩萨本行经》卷下[⑥]，也有须大拏太子的记载，但只是简单提到须大拏施妻儿事，并无具体故事情节。故《大智度论》和《菩萨本行经》并不是雕刻所依据的经典。

《六度集经·须大拏经》和《太子须大拏经》基本内容一致。只是《六度集经》记载：向须大拏太子乞求白象、马、妻儿等为梵志，如“又逢梵志来从乞马，以马惠之。自于辕中挽车进道，又逢梵志来匄其车，即下妻子以车惠之。太子车马衣裘身宝杂物，都尽无余。令妻婴女，己自抱男。……和心相随，欢喜入山”。此与榜题“一婆罗门乞马得时”并不相合。而圣坚译本记载乞求须大拏太子布施的则译作婆罗门：“有婆罗门来乞马，太子即卸车以马与之。以二子着车上，妃于后推。自入辕中步挽而去，适复前行，复逢婆罗门来乞车，太子即以车与之。……太子自负其男，妃负其女，步行而去。”因此，根据榜题中出现的婆罗门题名，我们大致可以确定所依据的是圣坚

① 西秦·沙门圣坚译：《太子须大拏经》，高楠顺次朗、渡边海旭都监：《大正新脩大藏经》（东京：大正一切经刊行会，1924～1934年）卷7，第418～423页。以下简作《大正藏》。

② 《大正藏》卷3，第7～11页。东吴·月氏优婆塞支谦译：《菩萨本缘经》卷3《一切持王子品》记载，一切持王子施白象和二子事，但无布施马的情节，《大正藏》卷3，第57～61页。

③ 《大正藏》卷7，第418～423页。

④ 《大正藏》卷55，第517页。

⑤ 《大正藏》卷25，第146页。鸠摩罗什译：《大智度论》卷33记载：“又如须帝拏菩萨下善胜白象施与怨家，入在深山以所爱二子施十二丑婆罗门，复以妻及眼施化婆罗门，尔时地为大动天为雷震，空中雨花。”《大正藏》卷2，第304页。

⑥ 《大正藏》卷3，第119页。

所译《太子须大拏经》。

圣坚者，僧史无传，其生平事迹并不清楚，疑是来自西域的高僧。据隋代费长房《历代三宝纪》卷9记载："乞伏国仁，陇西鲜卑，世居苑川，为南单于。前秦败后遂称秦王，仍都子城，尊事沙门。时遇圣坚行化达彼，仁加崇敬，恩礼甚隆，既播释风，仍令翻译。"可知圣坚为行化到西秦，为乞伏国仁所尊奉，故在西秦国翻译佛经。但同书卷又记："……《太子须大拏经》一卷，于江陵辛寺（出），庾爽笔受，见《始兴录》及《宝唱录》。应入晋世，随人附秦。……右一十四部合二十一卷。晋孝武世，沙门圣坚于河南国为乞伏乾归译，或云坚公，或云法坚，未详孰是，故备列之。依验群录，一经江陵出，一经见《赵录》，十经见《始兴录》。《始兴》即《南录》，……勘诸录，名人似游涉随处出经，既适无停所，弗知附见何代，《世录》为正。今且依《法上录》总入乞伏西秦《世录》云。"① 可知圣坚是奉乞伏乾归敕令在河南国（即西秦）译经的。《太子须大拏经》首题"西秦沙门圣坚奉诏译"之语，这可能是圣坚在西秦国始译此经，而云游至荆州时最终完成。

按《魏书》卷99《鲜卑乞伏国仁传》记载："国仁死，弟乾归统事，自署大都督、大将军、大单于、河南王，改年为太初（388年），署百官。登国中，迁于金城。南门自坏，乾归恶之，迁于苑川。寻为姚兴所破，又奔枹罕，遂降姚兴（400年），兴拜为河州刺史，封归义侯。寻还苑川。乾归乃背姚兴，私称秦王，置百官，年号更始（409年）。遣使请援，太宗许之。后乾归田于五溪，枭集其手，寻为兄子公府所杀（412年）。"② 据此，乾归在位时，较为安定的是其即位至降后秦前这一段时间，乾归复国后三年被杀。因此，圣坚在西秦翻译佛经，应在388～400年③，但也不排除在409～412年间的可能。乾归失国或被杀后，圣坚便东游南下来到荆州。在荆州辛寺继续翻译佛经，该经的译成年代大概在公元400年以后。

荆州辛寺是长江中游著名佛寺，中外高僧云集。如罽宾高僧昙摩耶舍在此大弘禅法④；罽宾高僧卑摩罗叉开讲《十诵》⑤；中天竺国三藏法师求那跋陀罗随南谯王刘义宣镇抚荆州，于此寺译《无忧王》等经⑥；东晋法显则卒于该寺⑦。因此，圣坚在辛寺翻译佛经事应当可信。

正如前述，大同文庙出土的须大拏本生故事，依据的是圣坚译本，这至少可以说明，北魏平城时期，《太子须大拏经》已经由南方流传到了平城，并成为北朝时期中原北方地区较为流行的题材。据李静杰统计，须达拏太子本生故事雕刻共有11例。其中北魏中期、北魏晚期、东魏、西魏

① 《大正藏》卷49，第82～83页。

② ［北齐］魏收：《魏书》，中华书局点校本，北京：中华书局，1974年，第2199页。

③ ［唐］靖迈：《古今译经图纪》卷三记载："沙门法坚，或云坚公，为量弘普，利物戒心，以乞伏西秦太初年间（388～400年），于河南国为乞伏乾归译。"《大正藏》卷55，第360页。

④ ［梁］慧皎：《高僧传》卷1《昙摩耶舍传》。汤用彤校注本，北京：中华书局，1992年，第41～43页。

⑤ 前引《高僧传》卷2《卑摩罗叉传》，第63～64页。

⑥ ［隋］费长房：《历代三宝纪》卷10。《大正藏》卷49，第92页。

⑦ 前引《高僧传》卷3《法显传》，第90页。

图 5　西安碑林藏北魏和平二年造像正面
（采自 Annette L. Julino，“Beyond the Forest of Steles：5th and 6th Century Buddhist Sculptuer in the Beilin Museum，Xi’an”）

各 2 例，北齐 3 例[①]。

北魏中期的实例，见于 1974 年陕西西安市莲池区王家巷出土的北魏和平二年（461 年）背屏式石造像（图 5）。该造像正面为禅定坐佛，背面浅浮雕佛传故事中穿插了二幅与须大拏太子有关的图像（图 6、7）。一幅位于背屏最下方，表现的婆罗门八人翘左腿，右腿屈膝着地，躬身前行，伸出双手，手掌向内，做出乞求手势。前方菩萨装的须大拏太子，作坐姿，披帛绕双肘，右手前伸，似持澡瓶，榜题曰：“诣太子宫门乞象时”。另一幅在须大拏太子上方，榜题“婆罗门八人乞得白象乘去时”，但实际画面只有七人骑白象，或许由于画面太小，象背上乘坐八人似过拥挤的缘故[②]，但无论如何，婆罗门乞白象图像无疑是须大拏太子本生故事最重要的情节之一[③]。这是西北长安地区有明确纪年的最早的实例。另外，在北京故宫博物院藏有一尊背屏式交脚佛残造像（图 8），背面浅浮雕一佛二菩萨的下方为须大拏太子本生（图 9）。经李静杰考证，现存共有九个画面，可惜不见乞象的图像。其中有五个榜题，文字已经不清，该像与陕西兴平出土的北魏皇兴五年（471 年）交脚佛形象一致，也应出自西安或附近，雕刻年代

① 参见李静杰：《南北朝隋代萨埵太子本生与须大拏太子本生图像》，《石窟艺术研究（第 1 辑）》，北京：文物出版社，2016 年，第 125 ~ 173 页。值得注意的是，该文图 32 还展示了以前所不知的一幅造像背面的拓片，图像风格和人物形象属四川萧梁时期，疑出自成都地区。画面分上下两部分，下部为一方城，四面开门，四隅有角楼。须大拏太子身着广袖大衣，牵大象出东城门外，手持澡瓶，前有三婆罗门翘一脚，来接受洗手。城内建筑内一人坐于带帷帐的方形榻上，手持麈尾，榻前一人跪于地，疑是须大拏太子向父王辞别（《六度集经》和《太子须大拏经》均云太子向其母辞别）。西城门外，须大拏太子手扶马车，与二侍者告别，马车上插有华盖和幡。仔细观察辨认，车内坐着王妃及身后二子。整个下部画面表现了须大拏太子施白象和被父王放逐的场景。上部层峦叠嶂，有人物和动物（猕猴、鹿等），作者认为是须大拏太子在檀特山修行的场景。

② 现藏西安碑林博物馆，参见 a. Annette L. Julino. “Beyond the Forest of Steles: 5th and 6th Century Buddhist Sculptuer in the Beilin Museum, Xi’an”, *Orientations*,Vol.38, No.6, 2007, pp.66 ~ 73. figs. 2b. 2a. b. 奈良国立博物馆编：《シルクロード仏教美术传来の道》，1988 年，图版 72。

③ 圣坚译：《太子须大拏经》记载，乞白象者为道士八人，“道士八人即行持杖。远涉山川诣叶波国，至太子宫门。俱挂杖翘一脚向门而立。”（《大正藏》卷 7，第 419 页）；《六度集经》卷 2《须大拏经》记载为“遣梵志八人之太子所令乞白象……俱柱杖翘一脚向宫门立”。（《大正藏》卷 3，第 7 页）。

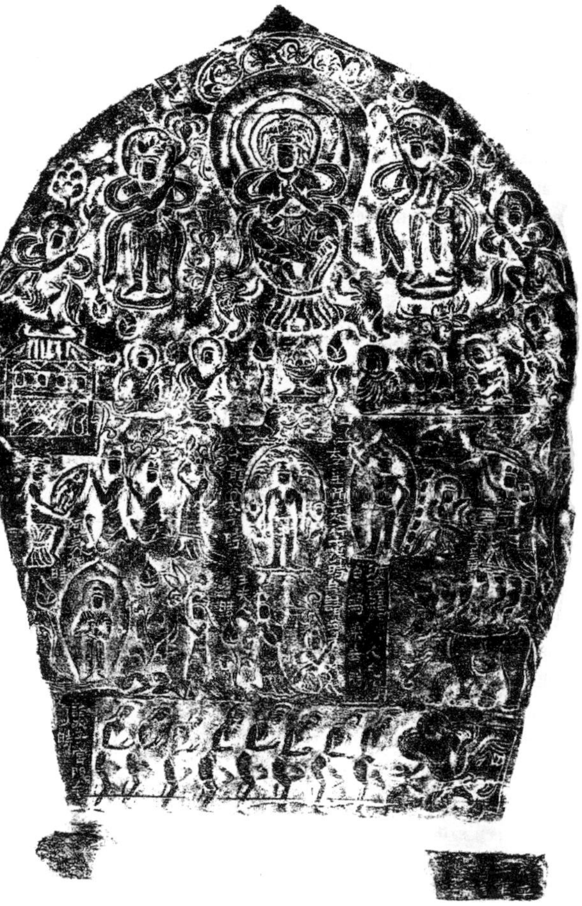

图 6　西安碑林藏北魏和平二年造像背面拓片
（采自 Annette L. Julino，“Beyond the Forest of Steles：5th and 6th Century Buddhist Sculptuer in the Beilin Museum，Xi’an”）

图 7　西安碑林藏北魏和平二年造像背面
（李静杰提供）

图 8　北京故宫藏北魏中期佛像正面（李静杰提供）

图 9　北京故宫藏北魏中期佛像背面（李静杰提供）

亦应接近[①]。

上述北魏中期的实例，出自陕西西安或附近地区。其中和平二年（461年）造像须大拏太子和婆罗门的形象与构图，与大同所出须大拏太子雕刻较为相似，如太子均为菩萨形象，有头光，手持澡瓶。婆罗门均为瘦骨嶙峋的外道形象。而西北地区的甘肃永靖炳灵寺和武威天梯山十六国时期的石窟造像还没有发现此故事题材。河西走廊西端的敦煌莫高窟北魏洞窟也无须大拏太子本生，到北周时期才出现在第428窟东壁，为上下三层横幅长卷式构图[②]。时代上明显晚于龙门北魏宣武帝时期开凿的宾阳中洞前壁大型须大拏太子本生故事浮雕，该浮雕位居文昭皇后礼佛图上方，与此相对的是孝文帝礼佛图和萨埵太子舍身饲虎图[③]。因此，从目前所见资料看，平城出现这种题材的粉本极有可能来源于长安。北朝时期，尽管须大拏太子本生故事在不同的时代表现形式和构图上有所变化，但就中原北方地区而言，该故事雕刻流传的脉络仍可大致勾勒出来，即长安→平城→洛阳→敦煌这一传播路线。

如果再往西追溯到新疆地区，即中国古代西域，则可发现这一题材在当地十分流行。目前所见最早的见于著名的若羌米兰遗址M.V佛寺，为公元3～4世纪建造。该佛寺为圆形平面，中心设圆形覆钵塔，圆形的回廊，下部墙裙绘有翼天使和童子扛花绳，其上绘连续情节的须大拏太子本生。根据斯坦因的记述，此本生故事是富歇尔辨认出来的[④]。

拜城县克孜尔是古龟兹规模最大的石窟，早期洞窟约开凿于4～5世纪[⑤]。这一时期的洞窟，佛教故事题材表现十分丰富，主要有三大类：佛传、本生和因缘。其中须大拏太子本生是出现最多的题材之一。在中心柱窟（包括大像窟）和方形窟中均有发现，表现形式分为横卷式连续构图和单一情节构图。前者有3个以上的连续故事情节表示，如第77窟（大像窟）、178窟（中心柱窟）像座上绘制的须大拏太子本生[⑥]。现存有3个或4个情节，主要是太子布施一双儿女，婆罗门携子而去和王妃伏地痛哭的场景。每个场景之间绘一棵树木加以区分。第81窟（方形窟）须大拏太子

---

① 详细的考证，可参见前引李静杰：《南北朝隋代萨埵太子本生与须大拏太子本生图像》，图19。

② 松本荣一在《敦煌画の研究》一书中，指出敦煌第428窟的须大拏故事出自西秦圣坚译本（东方文化学院东京研究所，1937年，第264页）。贺世哲《敦煌图像研究·十六国北朝卷》（甘肃教育出版社，2006年，第183～189页）一书第五章法身观——本生图中有专节论述，指出故事有24个情节。同时，梳理了西域和中原地区相关资料，可以参考。

③ 参见水野清一、长广敏雄：《龙门石窟の研究》，座右宝刊行会，昭和十六年（1941年），第22页，图18，宾阳洞前壁浮雕全图。

④ 参见斯坦因著，巫新华等译：《西域考古图记》第一卷，广西师范大学出版社，2004年，第307页，图版134～141。

⑤ 宿白在《新疆拜城克孜尔石窟部分洞窟的类型与年代》一文中，将克孜尔部分洞窟的大致年代推定为第一阶段：大约接近于310年±80年～350年±60年；第二阶段：大约接近于395年±65年～465年±65年，以迄6世纪前期。文收入宿白：《中国石窟寺研究》，北京：文物出版社，1996年，第21～38页。

⑥ Albert Le Coq, E. Waldschmidt. *Die Buddhistische Spatantike in Mittelasien.* vol.6. Berlin, pp.1922～1933. 汉译本，参见（德）勒科克、瓦尔德施密特著，巫新华、管平译：《新疆佛教艺术》卷六，新疆教育出版社，2006年，图94，93。

本生图像则绘于窟内四壁下栏，亦为大场景连续构图形式[①]，壁画斑驳严重，有学者考证为 18 个场景，按逆时针排列[②]。另外，第 206 窟（中心柱窟）主室侧壁下部[③]，第 198 窟（中心柱窟）左甬道券顶则有长方形构图的单幅场景。第 7、8、17、38、69、157 窟诸窟券顶菱格图案中也有表现单个场景的。

龟兹佛教图像的东传，有文献记载可证。公元 5 世纪初，出生于龟兹的鸠摩罗什曾在当地弘扬大乘佛教，后入长安。梁·慧皎《高僧传》卷 2《鸠摩罗什》记载：后秦弘始三年（401 年）十二月二十日，鸠摩罗什到达长安后，姚兴待于国师之礼。从弘始四年（402 年）正月开始，至弘始十五年（413 年）去世为止，罗什在长安从事译经活动长达十二年，共译经三百余卷[④]。罗什入长安，应携有经像。如《续高僧传》卷 25《慧乘传》记载，大业“十二年（616 年）于东都图写龟兹国檀像，举高丈六，即是后秦罗什所负来者，屡感祯瑞，故用传持，今在洛州净土寺。”[⑤]又如《高僧传》卷 6《慧远传》记载：“秦主姚兴钦德风名，叹其才思，致书殷懃，信饷连接。赠以龟兹国细缕杂变像，以申欵心。又令姚嵩献其珠像。”[⑥]《高僧传》卷 13《法献传》记载，法献“以宋元徽三年发踵金陵，西游巴蜀，路出河南，道经芮芮。既到于阗，欲度葱岭，值栈道断绝，遂于于阗而反。获佛牙一枚舍利十五身并《观世音灭罪咒》及《调达品》，又得龟兹国金锤鍱像，于是而还。”[⑦]由此可见，长安是龟兹佛教图像主要的传入地。因此，须大拏太子本生故事的图像粉本，不能排除来自西域的可能，尤其是古龟兹石窟中的图像。如克孜尔第 38 窟主室券顶菱格内须大拏太子手持澡瓶的坐姿与婆罗门瘦骨嶙峋的身躯，弯腰前倾的姿态和双手伸出作乞求样的表现手法（图 10）[⑧]，明显在前述和平二年（461 年）须大拏本生故事雕刻中得到了展现（图 11）。这种构图上的相似，绝非偶然。据此，我们似可推测，须大拏太子本生故事雕刻在经典依据上使用汉译本，而图像则借用了西域流行的粉本，即西域→长安的传播路线[⑨]。

---

① 该窟四壁分为上下栏，推测共有 34 幅，须大拏太子本生相关图版，可参见新疆维吾尔自治区文物管理委员会、拜城县克孜尔千佛洞文物保管所、北京大学考古系编：《中国石窟·克孜尔石窟（二）》，北京：文物出版社，1996 年，图版 67、68 及 249 页图版说明。该图像表现的是太子布施白象和太子和王妃被迫乘马车的情节。

② 参见中川原育子：《キジル第 81 窟のヌダーナ太子本生壁画について》，《名古屋大学文学部研究论集（史学）》，2011 年，第 109 ~ 129 页。

③ 参见中国新疆壁画艺术编辑委员会编：《中国新疆壁画艺术》，新疆美术摄影出版社，2009 年，图 109。

④ 汤用彤校注本，中华书局，1992 年，第 54 页。

⑤ 郭绍林点校本，中华书局，2014 年，第 940 页。

⑥ 汤用彤校注本，中华书局，1992 年，第 218 页。

⑦ 汤用彤校注本，中华书局，1992 年，第 488 页。

⑧ 该壁画为德国印度艺术博物馆所藏，参见《中国美术全集》编纂委员会编：《中国美术全集·石窟寺壁画一》，时代出版传媒股份有限公司、黄山书社，2010 年，第 87 页图版。

⑨ 关于古代印度与西域的须大拏太子本生故事雕刻，可参见前引李静杰：《南北朝隋代萨埵太子本生与须大拏太子本生图像》一文，本文不再赘述。

图10　克孜尔第38窟券顶须大拏太子本生
（采自《中国美术全集·石窟寺壁画（一）》）

图11　西安王碑林藏北魏和平二年造像背面局部（李静杰提供）

三

大同文庙位于大同古城东南隅[①]，明初时由云中驿改建而成。清·吴辅宏纂辑《乾隆大同府志》卷14记载："旧学在府治东，即元魏中书学，辽西京国子监，金时之太学，元之大同县学也。明洪武八年（1375年），建为府学，二十九年（1396年）以府学为代蕃府第，改云中驿为府学，即今学也。"[②]地点在北魏平城宫城以南偏东，御河以西。根据出土的佛教雕刻，我们推测北魏时期此处或为一处佛教寺院。

北魏平城佛教兴盛，塔寺林立。《魏书》卷114《释老志》记载："自兴光至此，京城内寺新旧且百所，僧尼二千余人。"[③]平城佛寺的配置是以佛塔为中心的。除了木塔以外，还有较多石构佛塔。如同书卷《释老志》记载："皇兴（467～471年）中，又构三级石佛图。榱栋楣楹，上下重结，大小皆石，高十丈。镇固巧密，为京华壮观。"[④]北魏·郦道元《水经注》卷13《漯水》记载："（如浑水，今御河）水右有三层浮图，真容鹫架，悉结石也。装制丽质，亦尽美善也。东郭外，太和中阉人宕昌公钳耳庆时，立祇洹舍于东皋，椽瓦梁栋，台壁棂陛，尊容圣像，及床坐轩帐，悉青石也。图制可观，所恨惟列壁合石，疏而不密。庭中有《祇洹碑》，碑题大篆，非佳耳。然京邑帝里，佛法丰盛，神图妙塔，桀跱相望，法轮东转，兹为上矣。"[⑤]正如前述，我们推测建筑残构件有可能属于佛塔的叠涩基座，根据地理位置判断，疑是"水右有三层浮图"，抑或皇兴年间修建的三级石佛图也？

须大拏本生故事属北魏平城地区首次发现[⑥]。这一题材的出现恐怕不是偶然的。我们比较须大拏本生故事雕刻所依据的经典，发现《六度集经·须大拏经》和《太子须大拏经》虽出同源，但后者译本增加了表现儒家忠孝的内容，这也是两者之间最大的差别所在。如《太子须大拏经》记载："檀特山去叶波国六千余里，去国遂远，行在空泽中，大苦饥渴，忉利天王释即于圹泽中，化作城郭市里街巷伎乐衣服饮食。城中有人出迎太子，便可于此留止饮食，以相娱乐，妃语太子：行道甚极，可暇止此不？太子言：父王徙我着檀特山中，于此留者，违父王命，非孝子也。遂便出城，顾视其城忽然不见，转复前行到檀特山，山下有大水深不可度。妃语太子：且当住此，须水减乃渡。太子言：父王徙我着檀特山中，于此住者，违父王教，非孝子也。"[⑦]而此段内容并不见于《六度集经·须大拏经》。《六

---

① 今大同府城为唐之云州、辽金之西京。据明嘉靖十二年（1533年）张钦纂修：《嘉靖大同府志》卷二记载："大同府城，洪武五年（1372年）大将军徐达因土城南之半增筑。"大同市地方志办公室，点校本，1987年，第24页。

② 大同市地方志编纂委员会办公室整理重印本，2007年，第292页。

③ 中华书局点校本，1974年，第3039页。

④ 《魏书》卷114《释老志》，第3038页。

⑤ 王国维校：《水经注校》，上海：上海人民出版社，1984年，第428页。

⑥ 在云冈石窟第7、8窟前室侧壁雕刻有本生故事，但壁面风化严重，无法确认具体内容。

⑦ 《大正藏》卷7，第420页。

图 12　龙门宾阳中洞前壁浮雕
（采自《龙门石窟の研究》）

度集经》则是提到："王即遣使者就诰之，曰：象是国宝，惠怨胡为？不忍加罚，疾出国去。使者奉命，诰之如斯。太子对曰：不敢违天命。愿乞布施济乏七日，出国无恨。使者以闻。王曰：疾去，不听汝也。使者反曰：王命不从。太子重曰：不敢违天命，吾有私财不敢侵国。"①可知，圣坚译本掺入的内容与中国传统的忠孝思想相吻合。提倡孝道，与北魏文明太后冯氏和孝文帝倡导的汉化政策一致②。北魏皇室对此题材的重视，反映在北魏宣武帝开凿的龙门宾阳中洞，其前壁文昭皇后礼佛图上方醒目的位置雕刻大型须大拏太子本生故事浮雕（图 12）。虽然构图方式和人物形象与平城不同，但所表现的主题思想，则应来自平城。

附记：由中国古迹遗址保护协会石窟专业委员会、龙门石窟研究院所编的《石窟寺研究》是石窟寺考古的专业书刊，是为石窟寺考古的发展需要而创刊的，业师宿白先生曾对此刊寄予厚望和很高的评价。先生是中国石窟寺考古的开创者和奠基人，以研究平城云冈石窟为发端，始终关注着平城佛教遗迹和遗物的考古新发现。今年，恰逢先生九十五华诞，本人谨以此文表达对先生的崇高敬意和美好祝福。

① 《大正藏》卷 7，第 420 页。

② 如《魏书》卷 62《李彪传》记载：太和十年（486 年），李彪上书七条，备陈改革之事，其中第六条即讲《孝经》之"父子之道天性"，并称"二圣清简风俗，孝慈是先"。"高祖（孝文帝）览而善之，寻皆施行。"中华书局点校本，第 1388 ~ 1389 页。云冈第 9 窟前室出现的大场景连续构图的睒子奉养盲父母的本生故事（圣坚译：《佛说睒子经》，《大正藏》卷 3，第 440 ~ 441 页），正是孝文帝倡导孝道，在石窟中的具体反映。贺世哲认为：敦煌"第 428 窟的须大拏太子本生图打上明显的时代烙印，即宣传儒家的孝道思想……与北周皇室的崇尚儒术有密切关系"。前引贺世哲《敦煌图像研究・十六国北朝卷》，甘肃教育出版社，2006 年，第 188 页。

南京栖霞山千佛岩石窟寺考古方法论的实践

魏正瑾　白　宁

内容摘要： 南京栖霞山千佛岩石窟考古是中国石窟寺考古学方法论的一次重要实践。本文介绍了运用考古学的层位学、类型学方法获取现场考古资料，梳理历史文献形成石窟发展时间节点，运用考古学的方法进行类型分析、分组分期的排年，对洞窟开凿和重修的年代考证，形成考古报告的过程，显示方法论实践的重要意义。

关键词： 石窟寺考古　方法论　栖霞山石窟　实践

Practice of Cave-temple Archaeological Methodology at the Thousand Buddha Cliff of Qixia Mountain, Nanjing

Wei Zhengjin　Bai Ning

Abstract: The Thousand Buddha Cliff of Qixia Mountain, Nanjing provides an important practice of the cave-temple archaeological methodology. This paper introduces the use of archaeological horizons, typological methods to obtain on-site archaeological data, the combing of historical archives to form the time of the development of the cave-temple, the use of archaeological methods for type analysis, grouping period of the year, and the age verification of the caves' digging and rebuilding process, which forms the archaeological report, showing the importance of methodological practice.

Key words: cave-temple archaeology, methodology, Thousand Buddha Cliff of Qixia Mountain, practice

引　言

石窟寺考古学是历史考古学的学科分支。在北京大学教授宿白的主导下，学科自创立以来已

作者：魏正瑾，200008，江苏省南京市，南京市文物局；
白宁，200008，江苏省南京市，南京市博物馆。

历半个多世纪，至今学科建设已臻完备，惟实践尚需努力。就学科理论而言，宿白先生已做概括[①]，大体可以从两个方面理解：其一，学科的理论框架；其二，学科的方法论构成。

石窟寺考古学将在穷尽我国古代石窟寺科学资料的基础上，研究石窟寺发展脉络及谱系，石窟寺文化的历史、思想与艺术价值及其贡献，以及这一文化现象在佛教文化史中的地位，对古代思想史的影响等。

根据宿白先生的论述，学科理论的结构框架似可从以下几个方面来认识：①文化的横向流布分为四大地区：新疆、中原北方、南方、西藏；各大区又分为若干重点区域。②文化的纵向发展分为四大历史时期（阶段）：汉晋南北朝、隋唐五代、宋元辽金、明代；各期（阶段）内又分为若干重点时期。③石窟型制、造像题材与组合、壁画题材、布局与艺术形式，均各分为若干类型；类型各具自身特征及互相之间的关联，形成整体。④综合以上三点，进行地区、时代、类型特征的综合研究：包括石窟寺考古学文化的传播、演变、时代特征；石窟寺文化的谱系、历史作用与地位；石窟寺文化与时代的关联等。

石窟寺考古作为历史考古学，其研究的方法论综合了考古学的层位学、类型学及文献学的史料考据学，形成了一个独具特色的方法体系。石窟寺遗存不同于地下遗址，对于层位学和类型学的运用也有新的创制。石窟考古的层位学是通过洞窟、造像、壁画彩妆等遗存之间的共存、叠压、打破等关系研究确定诸相关遗存的共时性和历史性的性质。类型学的应用则是通过对相关遗存的形态学研究探求其自身的演变过程和遗存之间相互关联的规律，进而确定石窟寺发展的谱系特征。我国古代文献学是一个宏博的体系，其基础在于以史料考据学为典型方法对于历史文献资料进行收集、校对、辨伪，以求其真实可靠的本质，以便征信，作为历史研究的依据。这一方法论的引入，对于石窟寺的性质、排年、历史渊源的考古研究具有某种决定性的作用，它将石窟寺研究导入了具体的历史范畴。石窟寺文献学已逐渐成为一个系统，包括了以正史、专史、笔记为中心的资料，以藏经、文书为主的窟藏资料，以碑碣、铭刻、题记为主的题刻资料。

徐苹芳在诠释宿白先生石窟寺考古学理论时提出了考古研究的四个程序：①考古学的清理和记录；②洞窟、造像和壁画的类型、组合与题材的研究；③中国石窟寺分期分区的研究；④关于社会历史的、佛教史的和艺术史的综合研究[②]。其中第三、第四两个程序讲的是宏观的综合性研究。而第一程序“考古学的清理和记录”、第二程序“洞窟、造像和壁画的类型、组合与题材的研究”则首先是针对具体石窟寺遗址考古方法做出的规定。

南京栖霞山石窟是中国南方江浙地区具有典型意义、有着南朝皇室背景的早期重要石窟群，石窟、造像的本来面貌尚可稽考，存留着大量的初始遗迹，近现代学者十分重视。宿白先生《南朝龛像遗迹初探》[③]是栖霞山石窟考古的重要文章，他确定了南京栖霞山和浙江剡溪石城两个大像

---

① 宿白：《中国石窟寺研究》，北京：文物出版社，1996年。

② 徐苹芳：《中国石窟寺考古学的创建历程——读宿白先生〈中国石窟寺研究〉》，《文物》1998年第2期，第54～63页。

③ 宿白：《南朝龛像遗迹初探》，《中国石窟寺研究》，北京：文物出版社，1996年，第176～199页。

窟的性质、价值，探讨了南方宗教信仰和传播、南方龛像与北方窟像关系诸问题，对中国南方石窟寺考古研究意义深远。在宿白先生的指导下，南京市博物馆联合北京大学考古文博学院经过十多年的考古实践，完成了栖霞山千佛岩石窟的考古工作。这是中国石窟寺考古学方法论的一次重要的实践，具有一定的典型性。为贺宿白先生九十五华诞及其创立的石窟寺考古学，在考古报告即将出版之时，回顾栖霞山石窟考古工作的实践过程，也许对于今后工作具有一定的借鉴作用。

一 栖霞山石窟的田野考古

田野考古是中国石窟寺考古学获取资料的基础，也是石窟寺考古的始端。栖霞山石窟的田野考古遵循考古学的方法论，以层位学和类型学相结合，对石窟寺的遗迹进行全面的勘察，在此基础上做好资料记录，并经过核查修正，形成了文字记录、测绘图纸、照片等相结合的完整资料。

（一）全面踏勘

对石窟寺遗迹的全面踏勘是田野考古最为关键性的基础步骤。本次考古工作开展之初，在宿白先生带领下，对全山进行了多次勘察。宿白先生《敦煌七讲》中曾说，“必须先把洞窟的上下内外观察清楚，如内外重修情况，崖面崩坏情况，洞窟与洞窟的关系，壁画重层情况，塑像的重修情况等等。”① 据此要求，就栖霞山石窟区域的现场踏勘以两个方面为重点：其一，栖霞山石窟的环境、布局、构成和相关设施；其二，洞窟位置、相互关系及其内外遗迹。

栖霞山石窟群集中于千佛岭，根据石窟分布可以划分为三个区域，即山下的千佛岩区、山上的千佛岭区和纱帽峰区。各区之间有小径相连，它与栖霞寺庙、舍利塔组成了一个寺、塔、窟的佛教建筑综合体。各区洞窟特征明显，南朝时期的龛像集中于千佛岩区，该区还另有唐代前期开凿的洞窟。千佛岭、纱帽峰区的洞窟时间较千佛岩区晚，未见南朝时期的洞窟，为唐代及其以后陆续开凿的洞窟。栖霞山石窟群时间跨度较长，时代特征明显，内涵十分丰富，极具中国南方石窟寺的代表性。千佛岩是最早开凿的洞窟所在区域，是栖霞山石窟考古的重点。

千佛岩洞窟布局于完整的山峰，环绕山体周围，主要分布于山的南、西、北三个面。洞窟大小相间，排列整齐；中心与拱卫、重点与一般关系清楚；礼佛通道贯穿各洞窟之间，形成一个整体。

南岩岩面完整，岩石质量最好。有 11 个洞窟，密集排列，多为大中型窟。被称为“三圣殿”的大像窟（编号为第 19 窟）主体部分占据了整个南岩的约五分之一的空间。“殿依山以石筑成，中镌无量寿佛，及观音势至二菩萨，宏伟庄严，盖千佛岩中之冠冕也。”② 它是南岩洞窟的中心，其他洞窟于其两侧依次展开。岩之正南第 18、19、20 窟三窟并列，窟口方向一致，窟形相同，形成

① 宿白：《敦煌七讲》第六讲《石窟记录与排年》，未正式出版，见网址 http://www.360doc.com/content/16/0102/10/29684957_524768007.shtml

② 向达：《摄山佛教石刻小纪》，《唐代长安与西域文明》，石家庄：河北教育出版社，2002 年，第 434 ~ 458 页。

了第 19 窟为主一个大窟两个中窟的组合单元。第 19 窟左侧的洞窟分上下二层，下层第 20、22、24、26、27 窟五窟相毗连，窟口方向基本相同，互为一体。这些洞窟形制相似，坛座相类，造像组合相同，主尊均为结跏像，与第 19 窟的主次关系明显，应当是第 19 窟以后同一时期开凿的一组（图 1）。南岩左侧上层的第 21、23、25 窟依次排开，处在中心位置是第 23 窟，窟的形制较为高大，窟门的门楣上雕有纹饰，主尊为倚坐像，个性特征较为明显。它与下层诸窟基本特征有许多共同之处，亦应为同一时期先后开凿的洞窟。第 28 窟位于南岩最高处，相对独立，其形制、造像、坛座均与南岩诸窟不同，开凿时间应当略晚。

图 1　南岩诸窟。下层从左至右为第 20、22、24、26 窟，上层从左至右为第 21、23、25 窟，第 23 窟为南岩上层的中心

西岩岩面较高较长且较碎，完整程度不及南岩，南唐的舍利塔立于右前方，有 13 个洞窟，布局疏朗，成组分布，多为中小型窟。各洞窟特点显示出不同时期开凿的痕迹：其中下部显著位置排列有第 5、10、12、13、15 五个窟，它们在岩面的位置基本处于同一水平线上，窟的大小、形制、造像题材与组合、坛座几乎相同。其中第 12、13 窟为双窟形式，是千佛岩区唯一的双窟，而处于西岩中心位置。在这五个洞窟之间的岩面分布着第 6、7、8、9、11、14、16、17 窟，排列高低错落，规律性不强，洞窟的形制、造像组合差异较大，开凿时间应当晚于这组洞窟。值得注意的是第 11、16 窟位置分别于第 10、15 窟上方，与第 12、13 窟中心窟的位置较对称，第 11 窟窟口为

了不破坏第10窟窟外立面圆拱形顶部，有意将窟底的水平线略向右上方抬起，这一避让之举保留了第10窟窟口的完整，也显示了两个洞窟的早晚关系。西岩岩面洞窟数量最多，且开凿时期有先后，以第12、13窟为中心的布局却始终得以保留（图2）。

图2 西岩诸窟。自左至右为第9、10、11、12、13、14、16窟，右侧中部并列的第12、13窟为双窟，左侧上下排列的第10、11窟，第11窟底线右侧上移，两窟具有避让关系

北岩面较短，除有局部坍塌外岩面尚完整。有4个洞窟，排列紧凑，自成一体。这些洞窟均同一个时期开凿，主次关系清楚。第1、3窟较大的洞窟处于岩面主要位置。第1窟左侧附龛形制规整，左侧下龛（编号1-1）顶部彩绘一对飞天，是千佛岩石窟保存完好的窟内彩绘装饰，绘画的初唐风格具有时代典型特征。

东岩紧靠涧谷，“品外泉”水塘在山岩之下。山岩上方仅有一座中型禅窟，为唐代开凿。

由此看出，千佛岩洞窟的排列有一定的规律，南岩是洞窟首先开凿的区域。整个开凿顺序由南岩向西岩延伸发展，再扩展到北岩。开凿时间虽经历了由南朝至唐代前期约200年，但整个石窟群始终以南岩洞窟为重点，突出无量寿窟龛中心窟地位，石窟群与山体环境结合，隐于茂林之中，它的布局与构成具有南方特点。

栖霞山石窟从未进行过系统考古工作，虽然流传多种石窟编号，均不规范不统一。在完成初步踏勘后，即为石窟正式编号。千佛岩区从现存的83座大小窟龛中，确定洞窟编号29座。其中9座洞窟有附龛，龛共54个。现存造像240尊。根据山势走向和洞窟的分布特点，以北岩东端的南宋“栖霞山”“千佛岩”大字题刻为起点，编号自北岩而西岩、南岩、东岩，沿逆时针方向依次编列。遇有洞窟上下排列的情况，按先下后上的顺序编列。相对于云冈、龙门、敦煌石窟，栖霞山石窟面貌要单纯得多，基本上为独立洞窟，可以单独立号。附龛则找与其关系最密切的洞窟，列入洞窟的附龛的编号（图 3）。

图 3　千佛岩石窟总立面图

洞窟的形制、造像内涵是调查的主体，现场踏勘中对所有石窟外立面、窟口、窟内形制结构、造像题材与组合、壁面装饰等进行了详细的摸底。以外立面为例，根据外立面遗迹复原出窟口的三种形式：其一，以第 19 窟为中心的南岩诸窟多为疏岩敞殿样式[①]，其形制大略为敞口，无前壁，窟前接有木构建筑。这是千佛岩大中型窟最早的一种形式。其二，窟前部凿出长方形石门框，框上置有榫槽，直接安装木门。西岩第 5、10、12、13、15 窟为典型。另有石门框上有半圆形门额，额上雕琢“人”字形叉手，门框可安置木门，其门楣形制与南京南朝大族墓葬墓门的门额相似。第 28 窟是千佛岩区唯一的“人”字形石门额的洞窟。其三，以第 3、9 窟为代表，从外立面留存的梁孔、柱孔、地栿槽等遗迹判断有两种形式：第一种是窟门与窟口平行，两侧立有木柱，上下有木梁和木栿构成长方形门框，再装上木门。第二种窟口有较大的梁孔，前庭中间有立木柱的柱孔，立柱承接窟口上部伸出的木梁，形成覆盖前庭的两面坡式棚架。

踏勘十分注意区分洞窟原装与重装遗迹，分析遗迹的共存、叠压、打破情况，甄别早晚关系。例如，第 19 窟主尊基本保持了原有的形象[②]，头部额以上的损坏，当为唐代会昌（841 ~ 846 年）毁佛的遗迹。像头后部壁面有唐大中六年（852 年）题记，说明此时曾经有过修缮，但现场未能找到遗迹。现存额部内置木龙骨外敷泥灰，再塑出头顶和发髻，其高度超出莲花头光，修造工艺具有明代特征，有可能为唐大中后再次维修的遗迹。又如，第 23 窟主尊像身份的判断是从原装与重装的遗迹分析入手的。主尊的高座两侧面完好，前部严重毁坏，座前地面亦被破坏，似残存莲踏的遗迹（图 4）。经综合考察及局部清理，确定了原主尊莲踏和衣巾的存在，座前的主尊双腿已

① ［隋］释灌顶：《国清百录》卷四·隋释保恭《蒋山栖霞寺请疏》：“所居栖霞寺者，宋代明征君宅，僧绍之所建立也。镌山现像，疏巘敞殿，似若飞来，无惭踊出。”

② 拙文：《栖霞山石窟南朝无量寿大像勘察记》，《石窟寺研究（第 3 辑）》，北京：文物出版社，2012 年，第 1 ~ 16 页。

毁坏无存，这为主尊像为倚坐式的判断提供了直接证据。重装后的主尊不仅头部高度明显低于壁面的莲花形头光，而且改为结跏式，这是重装中造像重大的变动。再如，第3窟造像组合情况复杂，现存19像，被民国重装的水泥覆盖，其中主尊为接引佛像，两侧14身为罗汉像，左侧前部还有4身跪像。勘察时部分像水泥已经脱落或剥除，经分析，窟内有14身像为原凿，能够确定身份的有主尊立佛，2身菩萨，1身力士和4个供养人，有8身像仍覆盖着水泥，身份尚不明确。其余3身像均为增置补做。

图4　第23窟主尊像莲踏残迹

全面踏勘对洞窟内外遗迹现象的分析、判断，得出了千佛岩石窟群的初步印象，确定了下一步田野考古的重点，为考古方案的制定和实施打下了基础。

（二）资料制作与核查修正

在现场详细勘察的基础上，进入资料记录和核查阶段。资料的基本要求是全面、清楚与精准。制作与核查是资料形成的连续过程，特别是核查对资料的完整、真实起保障作用。栖霞山石窟考古的资料制作包括文字记录、测图、摄影、拓片。

文字记录是将洞窟内外各种遗迹现象记录下来。记录中强调客观性，使用说明文的体例，不需要过多的文字修饰和主观议论。强调完整性，对考古对象进行全面的观察和记录，不做人为的取舍。强调准确性，用词恰当，尺寸准确，不允许主观的夸大与缩小，不可遗漏与阙失。强调简洁，能一句话说清楚的不要重复啰嗦，无关的文字须删除。宿白先生一再强调记录的文字是给别人看的，一定要让人看明白，这是资料制作的原则。记录范围包括窟的外立面、形制、造像组合、坛座、壁面装饰、铭刻题记、后期重建装銮等。记录顺序为外立面、形制、造像、附龛、铭刻；窟内先正壁，再左壁、右壁。顺序不能随意颠倒。

测图是全面记录洞窟内容的重要形式，在栖霞山石窟测图绘制了石窟群的连续平面图、连续立面图、窟外立面示意图，各洞窟的平面图、立面图、剖面图和局部示意图。测图使用的比例一致，法则规范，用各种图从不同角度记述窟内外的现状。

摄影是洞窟的影像记录，照片按照洞窟的外立面、前庭、窟口；窟内全景、顶部、地面、正壁、左壁、右壁；主尊像及坛座、头光身光；胁侍像及坛座、头光；壁面像及坛座、头光；壁面绘画、狮子香炉等依次拍摄，重点部位和典型特征局部再做细部拍摄，组合成一套完整的照片资料。照相过程中还捕捉到一些特殊现象，例如，2004年暮秋在第19窟现场，以每半分钟一帧照片的形式记录了阳光从三圣殿明窗照到无量寿佛头部白毫的过程，为明代修造大殿明窗的功能留下了重要资料（图5）。

捶拓也是一种记录的形式。栖霞山石窟的铭刻、碑记和窟内浅刻纹饰均做了拓片。特别是唐

图5 第19窟阳光通过大殿明窗照在大佛白毫上

高宗御制《摄山栖霞寺明征君之碑》（以下简称《明征君碑》）不仅拓了碑文、碑额和碑侧的纹饰，同时还对碑额龙纹进行摹绘，记录了御制唐碑碑额蟠龙的形制，形成了一套完整的资料。

田野考古是一项系统工作，需要有一个工作团队，参加的人员相对固定。团队内的文字描述、测图、摄影人员各自有分工，既要按照技术要求完成记录任务，又要遵守田野考古方法论的规则，高起点，高质量地做好各项记录工作。考古记录的文字、实测图和照片是以不同的形式对考古对象的记录，它们之间是互相关联、互为印证的一个整体，不能存在矛盾。人员之间需要步调一致，各窟的数据采集同步进行。特别是遇到遗迹现象是否有共存、打破、叠压关系时，要用层位学的方法考量，共同研究形成共识，不能各自为政，忽略不计。文字记录人员尤其要及时检查实测图和照片是否齐全，是否与文字记录一致，前期全面勘察的结果是否如实记录，及时给予修正和补充。无论是资料采集制作，还是对资料的核查，保证“图”“文”“照”三位一体，完整地体现考古结果，应当是第一位的。这不仅是制作完整的石窟档案资料的需要，也是石窟考古的第一手资料能否为下一步的分期排年所用的要求。

记录的过程是一个深入观察的过程。前期勘察的结果是记录的依据，但在记录过程中还有继续深入观察揣摩的必要，以求得出正确的认识。特别是造像的形态、衣纹、附饰、窟内壁面重复装銮等情况在一一记录中常会有新的发现。例如，第1窟力士像脚踝戴镯是在照相测绘时发现的，因风化严重不易辨认（图6）。此后又在第3、14窟的力士像脚踝上也有此类附饰，脚镯成为千佛岩石窟唐代力士像的特征之一。又如，造像衣纹漫漶不清，无法辨认，测图中菩萨衣纹线条很多是用手电筒打侧光和用手“摸”出来的。第26窟菩萨像后壁面存有较大面积的浅浮雕衣襞痕迹（图7），舒朗的线条显得佛装轻柔飘逸，具有南方特点，这是对早期菩萨衣纹样式的补充，对了解南方菩萨衣装有重要的价值。

栖霞山石窟考古工作设置了记录与核查两个步骤，在记录和测图、摄影工作基本完成后，专业人员集中在现场对图、文、照进行核查，特别是文字的描述、图的线条、照片角度是否准确到位、是否遗漏、三者结合是否全面反映了洞窟现场的状况等，逐一核对，发现问题及时纠错修改。实测图是洞窟各种数据的集中再现，是考古资料不可或缺的重要组成部分，保证实测图数据的准确性是核查重点之一。例如，第24窟右壁主尊像衣纹在复查中发现线条未能表现出佛装的特点，覆盖佛座的大衣折褶层次不清，文字描述的内容在图中得不到表现。在现场抓住造像衣纹特征进

图 6　第 1 窟力士脚部戴镯残迹特写

图 7　第 26 窟菩萨衣纹壁面留下的残迹

行矫正，保证了线条的准确性（图 8）。再如，第 23 窟窟口门楣上的槽孔原实测图没有交代清楚两个时期的槽孔关系，显得较零乱。现场用不同颜色的线条表现不同时期的槽孔，理清了槽孔之间先后关系，也明确了其相互叠压和打破的关系（图 9）。

二　文献碑铭资料的整理

石窟寺是在中国特定的历史环境中传播佛教文化的见证，它与中国石窟寺的创建发展历史密切相关，与中国古代历史密切相关。历史文献中记载了佛教传播和石窟寺建造发展的实况，是极为珍贵的石窟寺考据资料。梳理文献，厘清石窟寺发展历程，考证寺庙的重大历史节点，尤为重要。栖霞山石窟的考古工作，对栖霞山庙、塔、碑及石窟等佛教胜迹有关的旧籍文献、碑刻铭辞作了梳理与考证，对整个历史进程进行阶段性划分，整理出重大事件的时间节点，完成了石窟寺的历史考证。

（一）文献资料的收集与整理

南京栖霞山自南朝建造禅寺名刹、开凿石窟造像以来，历经 1500 余年，兴废之事，文献记载较多，考证亦甚详尽。收集的文献资料整理为三类：文献、碑铭、近代以来重要研究文章。

1．文献

涉及栖霞山和石窟寺的文献可以分为四种：正史、地方史、专史、杂类。

正史有：[南朝·梁]沈约《宋书》、[南朝·梁]萧子显《南齐书》、[唐]姚思廉《梁书》、[唐]姚思廉《陈书》、[唐]李百药《北齐书》、[唐]魏征《隋书》、[唐]李延寿《南史》、[唐]李延寿《北史》、[五代·后晋]刘昫等《旧唐书》、[宋]欧阳修、宋祁《新唐书》、[元]脱脱、阿鲁图《宋史》、[清]张廷玉《明史》、[宋]郑樵《通志》。

地方史有：[唐]许嵩《建康实录》、[宋]周应合《景定建康志》、[元]张铉《至正金陵新志》、[清]莫祥芝、甘绍盘《同治上江两县志》、[清]吕燕昭《江宁府志》、[清]陈作霖《金陵通纪》、[民国]叶楚伧、柳诒征《首都志》。还有[唐]释灵湍《摄山栖霞寺记》(已佚)、[明]金銮《摄山栖霞寺志》、[明]文伯仁《栖霞寺志》、[明]盛时泰《栖霞小志》、[明]金九梧《栖霞志》、[清]赵炯《栖霞寺志》、[清]张怡《摄山志略》、[清]楚云上人等《摄山志》、[清]陈毅《摄山志》、[民国]陈邦贤《栖霞新志》、[民国]张毓金《摄山续志》、[民国]朱偰《金陵古迹图考》、[当代]朱洁轩《栖霞山志》。

专史有：[南朝·梁]释慧皎《高僧传》、[南朝·梁]释僧祐《弘明集》、[南朝·梁]释僧祐《出三藏集记》、[南朝·梁]释宝唱《名僧传》(抄)、[南朝·梁]释宝唱《比丘尼传》、[隋]释灌顶《国清百录》、[唐]释道世《法苑珠林》、[唐]释道宣《续高僧传》、[唐]释道宣《广弘明集》、[宋]释赞宁《宋高僧传》、[宋]张敦颐《六朝事迹编类》、[明]葛寅亮《金陵梵刹志》、[清]孙文川、陈作霖《南朝佛寺志》、[清]严观《江宁金石记》、[清]王昶撰《金石萃编》、[清]严可均《全隋文》、[清]董诰等《全唐文》。

杂类有：[明]王士贞《弇州の部稿续稿卷六十三·游摄山栖霞寺记》、[明]顾起元《客座赘语》、[明]文伯仁《摄山白鹿泉庵图》卷、[清]董进《栖霞游记》等。

2．碑铭

石窟寺的碑铭是极为重要的文字资料，有纪年的碑铭内容对于洞窟的内涵及年代的判定是重要的依据。栖霞山寺庙有四通石碑，最早的是南朝陈侍中尚书令江总撰文的《摄山栖霞寺碑文并铭》(以下简称《江总碑》)，陈祯明二年(588年)所立，是栖霞山最早的碑记。据文献记载，该碑毁于唐会昌年间(841～846年)，大中八年(854年)左右修复重立。北宋康定元年(1040年)依模本镌立新碑，原碑遂废。本次考古于第19窟前方发现了南朝陈《江总碑》残碑[①]。碑的正面是《摄山栖霞寺碑文并铭》残存的部分文字，另有1行唐代题记。碑阴是南齐诸王为镌造窟龛修

---

① 考古发现的《江总碑》残件出土于第19窟正前方偏西处，北距第19窟现存前壁约13米。其位置当为北宋以前无量寿窟殿前广场南部。碑残存部分碑额和碑身。碑额圜首圆穿，边饰两对螭龙，雕刻瘦削遒劲；碑身文字楷体，工整秀媚。均具典型的南朝时代特征，当为陈祯明二年(588年)原刻。碑身所刻文字，正面为《摄山栖霞寺碑文并铭》正文，可以部分校正文献著录；碑阴原刻记功德事，旧籍没有著录，对于现存南朝石窟的分期断代及其建造渊源的研究是十分珍贵的直接证据；碑阴还有唐大中年补刻的功德事，对于研究南朝石窟造像在唐代的修缮和重装历史更是弥足珍贵的原始资料。详见本考古报告附录《栖霞山千佛岩三圣殿窟前广场发掘简报》。

图 8　核查阶段李崇峰修改的第 24 窟右龛立面底图照片

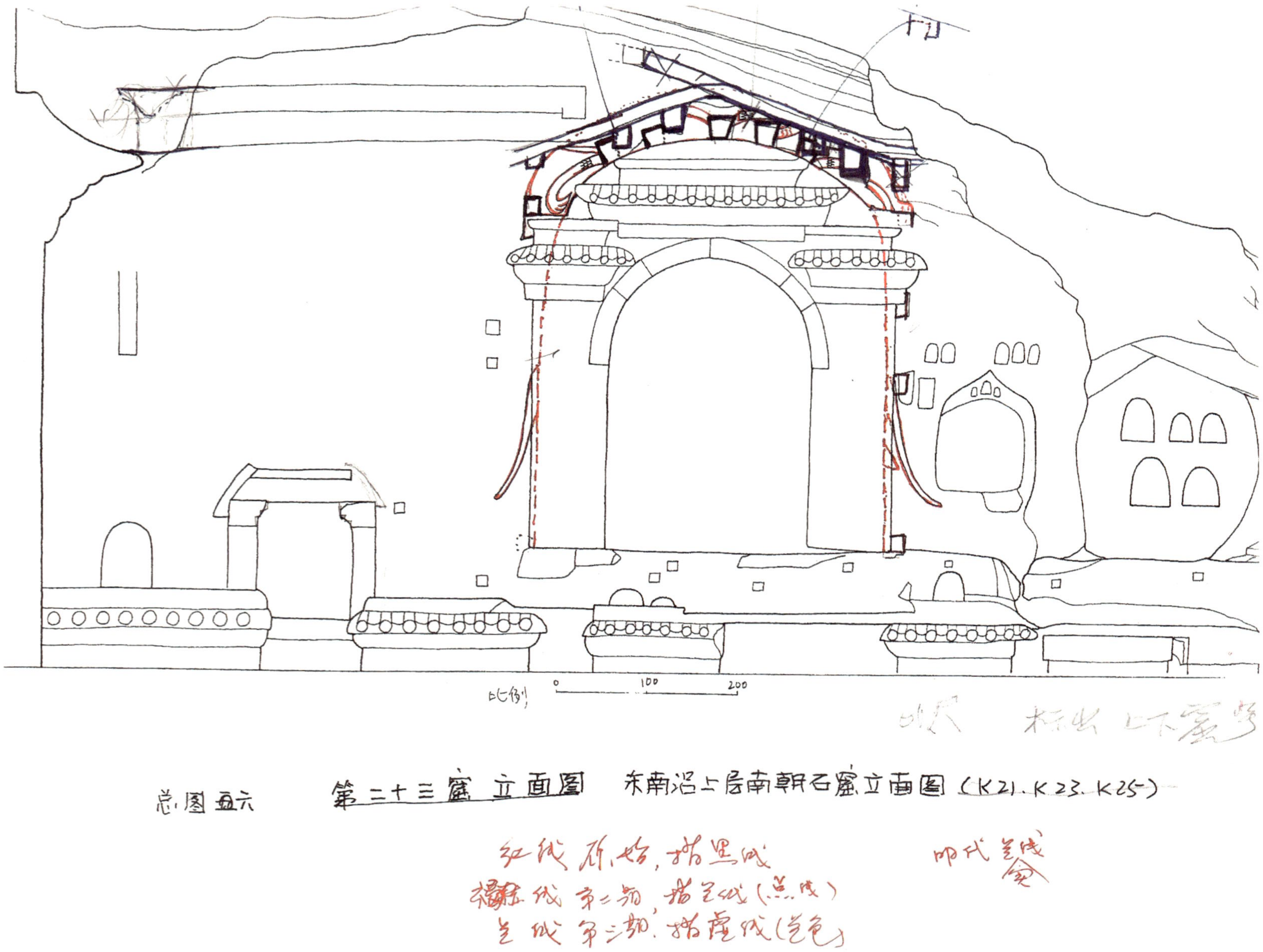

图 9　核查阶段李崇峰修改的第 23 窟外立面底图照片，图上部可见不同时期搭建木构建筑的槽孔，图下部可见不同时期搭建栈道的槽孔

功德之事以及窟龛名称、造像尺寸等的记录，另有唐代大中八年（854年）题记，记录了僧智祥募众缘修龛像之事。《江总碑》最早的著录见于明万历葛寅亮的《金陵梵刹志》卷四①，残碑上的其余文字未见著录。这些碑文对于南朝石窟的建造史迹和唐代重装历史是弥足珍贵的资料，也是南朝石窟分期断代和唐代修建时间确定的直接依据。唐上元三年（676年）《摄山栖霞寺明征君之碑》是栖霞山第二通碑，唐高宗御制，现仍保存完好，立于栖霞寺山门前右侧碑亭中。《旧唐书》卷一百九十一列传第一百四十一《方伎》："润州栖霞寺，是其五代祖梁处士山宾故宅，帝特为制碑文，亲书于石，论者荣之。"② 碑文详细记载了明征君隐居摄山创建栖霞寺的故事，也记载了南齐永明年间（483～493年）开凿无量寿大像及有关窟龛等史实，是考证栖霞山石窟修造历史过程的主要旧籍。现立于"三圣殿"前广场的两通明代万历三十四年（1606年）的石碑，分别为翰林院修撰焦竑撰《栖霞寺修造记》和南京尚宝司卿祝世禄撰《重修栖霞寺记》，是研究明代万历年间（1573～1620年）大规模重修寺庙、重装石窟的重要资料。

千佛岩石窟内外的铭刻题记中有13通的内容与石窟建造与重修有直接的关系，是难得的文字资料，对研究洞窟的开凿、重装有重要的价值。依照时间顺序见表1③：

表1　千佛岩石窟纪年铭刻碑记表

序号	窟号	铭刻位置	铭刻内容	铭刻纪年
1	28	窟口外左上方岩面	纪年铭刻	南朝梁中大通二年（530年）
2	19	窟内后壁	重修铭刻	唐大中六年（852年）
3	19	窟后岩面上方	重修铭刻	南唐保大三年（945年）
4	18	窟内左壁	记游铭刻	北宋宣和元年（1119年）
5	1	窟外右侧岩面	摩崖题刻	南宋庆元三年（1197年）
6	16	窟内左壁	记游铭刻	南宋绍定二年（1229年）
7	16	窟内右壁	记游铭刻	南宋绍定二年（1229年）
8	19	窟内左壁	记游铭刻	明嘉靖二十四年（1545年）
9	1-1	龛内	《栖霞寺二首》诗碑	明万历十年（1582年）
10	3	窟内左壁	《游摄山栖霞寺》诗碑	明万历十年（1582年）
11	17	窟内左壁	重修记碑	明万历二十七年（1599年）
12	1-2	龛内右壁	《感应佛记》碑	明万历二十八年（1606年）
13	20	窟内右壁	《栖霞寺重修石佛记》碑	明万历二十八年（1606年）

3．近代以来重要研究文章

向达《摄山佛教石刻小记》《摄山佛教石刻补记》。这是向达先生1925年、1927年、1928年三次到栖霞山，重点对千佛岭－千佛岩石窟和舍利石塔进行实地考察后的研究成果。文中引用大

① ［明］葛寅亮：《金陵梵刹志》卷四，天津：天津人民出版社，2007年。

② ［后晋］刘昫：《旧唐书》，北京：中华书局，1975年。

③ 因本次栖霞山石窟考古范围为千佛岩区，故千佛岭、纱帽峰区的碑铭未收入。

量文献、碑铭资料对栖霞寺之创立以及舍利塔和石窟造像两项石刻的历史沿革详加考证。特别是将文献未著录的明代诸造像题记和舍利塔题记一一记录，对千佛岩之起源及其宋代以来的重装情况进行了考证与说明。

宿白《南朝龛像遗迹初探》。这是宿白先生根据1963年和1984年两次对南京栖霞山千佛岩石窟实地考察获得的资料，运用考古学和文献学相结合的研究方法，以无量寿大龛和二佛并坐次大龛（即第19、18两窟）为典型，对栖霞山石窟的历史以及南方佛教信仰和龛像来源与影响等问题进行了详细的考证和研究。

上述这些文献都是研究栖霞寺历史的第一手史料，对栖霞石窟寺历史的复原十分重要。

（二）栖霞山佛教史迹的历史沿革

以栖霞寺、舍利塔和千佛岩－千佛岭石窟造像为主的栖霞山佛教史迹，自南朝创建以来，迄于民国，经历了修建、毁废、重造、存续的沿袭与变革。据文献记载的史实，可分为三个历史阶段。

第一阶段：创建和发展的第一鼎盛期。起自南朝齐代（479～502年），中经隋、唐，迄于南唐（937～975年），时间约五百年。这一阶段栖霞寺的佛事重要活动频繁，影响很大；佛教建筑全面创制，规模迅速发展扩大。在此期间发生的重要事件主要有南齐明僧绍舍宅建“栖霞精舍”，创立栖霞寺；南朝齐代在栖霞山首开无量寿大像窟及齐梁之际先后开凿诸石窟；梁武帝遣名僧诣栖霞山谘受三论大义；隋文帝分送佛舍利，敕建栖霞寺舍利塔；隋释保恭居栖霞寺，开皇十五年（595年）上《蒋山栖霞寺请疏》；唐代前期凭借雄厚国力，扩充建设栖霞寺－舍利塔－千佛岩石窟区域，建设规模大、规格高。唐高祖为栖霞寺赐额扩宇，高宗御制《明征君碑》；唐代前期于千佛岩－千佛岭－纱帽峰开凿石窟，并修缮、装銮南朝石窟；唐武宗毁佛，宣宗重建；南唐重建舍利塔、重修重装无量寿窟殿等窟龛，大规模整治窟、塔周围环境风貌，等等。栖霞寺由此日益隆盛。窟殿、寺院、梵塔、御碑等佛教建筑逐步形成综合性的格局；礼佛、坐禅、讲经、论道，佛事活动也渐成完整的系统。在南朝的齐、梁、陈三代，栖霞寺是重要的皇家寺院；嗣后，栖霞寺与山东灵岩寺、荆州玉泉寺、天台国清寺并称“四大丛林”，跻身于全国最著名的寺院之列；南唐之际栖霞寺更以其“王畿之制”而闻名于朝野。这是栖霞山繁荣发展最为重要的阶段，栖霞山寺得到了很大的发展，达到了鼎盛。

第二阶段：承前启后的过渡存续期。时间起自北宋太平兴国年（976～983年），迄于明代成化年（1465～1487年），时间亦约五百年。虽在北宋前期及明初有皇帝赐名之举，但未见有一定规模的修缮和佛事活动的记载，常呈荒凉沉寂状态，这一阶段经历着沉寂与振兴并存，衰而复振的持续发展过程。本阶段一些大事件仍然值得重视：北宋太宗、真宗、哲宗三次敕改寺名；仁宗康定年依本重刻陈《江总碑》；两宋名人游历频仍，题刻众多；宋金之战栖霞山佛教建筑遭到破坏；明太祖赐额赐租，力图复振栖霞寺，等等。由此栖霞寺得以衰而不灭，佛事续延。

第三阶段：迅速发展的第二兴盛期。时间起自明代中期成化年以后（1465～1487年），迄于民国（20世纪前期），时间亦近五百年。这一阶段，栖霞山佛教史迹虽曾荒湮并时遭破坏，但多次得到规模较大的修缮和重建；虽因修建不当使历史遗迹常失原貌，但又多得保存且气象一新；佛事活动也达到新的水平。大规模的维修和重建活动主要有三次：其一，明代嘉靖、隆庆和万历年间（1522 ~ 1619 年）重建栖霞寺院，使其规模得到空前的扩大；全面修缮千佛岩 - 千佛岭石窟，重装佛造像；整治石窟和舍利塔区域的环境，修建“净土干城”，进一步提升了无量寿窟殿的中心地位。其二，清初高宗（1736 ~ 1795 年）南巡，修建皇帝行宫的同时，整治环境，维修窟殿和寺院建筑，佛寺庄严，焕然一新。其三，由于清咸丰年（1851 ~ 1861 年）的战火破坏，清末民初的栖霞寺已呈破败之像。民国十五年（1926 年）寺僧在当时的政府和民间支持下，又一次大兴土木，修复寺院建筑；石窟造像用水泥涂缮修复，面貌被彻底改变；舍利塔的维修，则因有刘敦祯等建筑学家主持，原貌得以再现。现存栖霞寺佛教建筑群的基本格局，就是在南朝及隋、唐代的基础上，经过明代中期和清末民初的改造所形成的。

在三个历史阶段里栖霞山佛教史迹重点事件的时间节点有 25 条，列表 2 如下：

表 2 栖霞山佛事史迹重大事件时间节点表

序号	阶段	重大事件	时间	文献
1	第一阶段	明僧绍舍宅建“栖霞精舍”，创立栖霞寺。	南朝齐永明年七年（489 年）	《江总碑》
2		梁武帝遣名僧诣栖霞山谘受三论大义。	南朝梁武帝期间（502 ~ 548 年）	《江总碑》
3		临川王萧融为寺庙造无量寿像一躯。	南朝梁天监十五年（516 年）	《明征君碑》
4		江总撰《摄山栖霞寺碑文并铭》立于寺庙内。	南朝陈至德四年（586 年）	《六朝事迹编类・卷十四》
5		隋文帝分送佛舍利，敕建栖霞寺舍利塔。	隋仁寿元年（601 年）	《金陵梵刹志・卷四》
6		隋释保恭居栖霞寺，上《蒋山栖霞寺请疏》。	隋开皇十五年（595 年）	《国清百录・卷四》
7		唐高祖勅改寺名，增建梵宇。	唐武德年间（618 ~ 626 年）	《景定建康志・卷四十六》
8		唐高宗御制《明征君碑》立于寺庙内。	唐上元三年（676 年）	《景定建康志・卷四十六》
9		唐会昌毁佛，栖霞山无一幸免。	唐会昌五年（845 年）	《六朝事迹编类・卷十一》
10		唐宣宗大中五年重建栖霞寺。	唐大中五年（851 年）	《六朝事迹编类・卷十一》
11		南唐高越、林仁肇修建舍利塔。	南唐年间（937 ~ 975 年）	《建康志・卷四十六》
12		南唐保大年间重修栖霞寺。	南唐保大九年（951 年）	《金陵梵刹志・卷四》
13	第二阶段	宋太宗敕改寺名为“普云寺”。	宋太平兴国五年（980 年）	《景定建康志・卷四十六》
14		宋真宗敕改寺名为“栖霞禅寺”。	宋景德五年（1008 年）	《景定建康志・卷四十六》
15		宋哲宗敕改寺名为“严因崇报禅寺”。	宋元祐八年（1093 年）	《景定建康志・卷四十六》
16		寺僧契先重刻江总《摄山栖霞寺碑》立于寺庙内。	宋康定元年（1040 年）	《栖霞小志・江总持碑》
17		完颜南侵，金兵征战黄天荡，栖霞寺遭毁。	宋建炎四年（1130 年）	《江宁金石记・卷一》
18		明太祖赐额“栖霞寺”，恢复寺产田山一千三百亩，缮宇度僧。	明洪武二十五年（1392 年）	《金陵梵刹志・卷四》
19		明成化年间绍承中断，寺同丘墟，香灯息焰，约六十年。	明成化六年（1470 年）	《栖霞山志・沿革 栖霞寺》
20	第三阶段	住持兴善、清柏主持，郑晓等资助，修复寺庙的部分建筑。	明嘉靖年间（1522 ~ 1566 年）	《栖霞寺修造记》碑

续表

序号	阶段	重大事件	时间	文献
21	第三阶段	住持僧定、明通主持，客仲等人支持，对栖霞寺和千佛岩石窟进行了全面的修缮或重建。	明万历年间（1573 ~ 1620 年）	《栖霞寺修造记》碑
22		为乾隆南巡营造行宫，整治寺庙环境。	清乾隆二十二年（1757 年）	《同治上江两县志·卷三》
23		清军与太平军激战于栖霞一带，全寺悉遭毁坏。	清咸丰五年（1855 年）	《栖霞山志·第一章》
24		寺僧若舜对全山佛像用水泥莹饰。	民国十五年（1926 年）	《栖霞山志·第四章》
25		刘敦桢等修缮舍利塔。	民国十九年（1930 年）	《栖霞山志·第九章》

栖霞山佛事史迹经历了鼎盛—沉寂—兴盛三个历史阶段，梳理出的重大事件的历史节点为考证栖霞山寺和石窟的建造提供了重要资料。

（三）千佛岩石窟历史沿革

栖霞山石窟与栖霞寺的创建、发展几乎同时，兴亡盛衰相互影响。关于石窟记载的文献较少，南朝陈江总《江总碑》、唐高宗御制《明征君碑》、明万历焦竑《栖霞寺修造记》、明万历祝世禄《重修栖霞寺记》以及千佛岩区域石窟铭刻题记的相关史料与栖霞山佛事史迹文献记载相互衔接，又相互印证，可以清楚地看出石窟的历史沿革。据此列出石窟开创与重建的时间节点，列表 3 如下：

表 3　千佛岩石窟开凿与重修时间节点表

序号	重大营造活动	时间	文献
1	明僧绍尝梦栖霞山有如来光彩，将于岩壁造大尊仪。	南朝齐永明中（483 ~ 484 年）	《江总碑》《明征君碑》
2	明僧绍子临沂令明仲璋与法度于千佛岩西岩石壁开凿大龛，造无量寿大佛及观音、势至二菩萨大像。	南朝齐永明二年（484 年）	《江总碑》《明征君碑》
3	齐宗室诸王文惠太子长懋、豫章文献王嶷、竟陵文宣王子良、始安郡王遥光"各舍泉贝，共成福业"。	484 ~ 499 年①	《江总碑》《明征君碑》
4	沙门法度"即此旧基，更兴新制，又造尊像十有余龛"。	不晚于 497 ~ 500 年	《江总碑》《明征君碑》
5	建福寺比丘尼智胜为宋齐七帝造摄山寺石像。	南朝齐末梁初	《比丘尼传·卷三》
6	宋太宰江夏王霍姬及齐雍州刺史王奂于此岩阿广抽财施、琢磨巨石，影拟法身。	465 ~ 493 年	《江总碑》及碑阴
7	梁东阳州刺史造维卫迦叶龛二像。	不晚于南齐末年	《江总碑》碑阴
8	梁造摄山大像，并请僧佑经始，准画仪则。	南朝梁天监十年（511 年）	《高僧传·卷十一》
9	梁太尉临川王萧融爰撒币藏，复加莹饰。	南朝梁天监十年（511 年）	《江总碑》
10	梁武帝中大通二年开凿石窟。	南朝梁中大通二年（530 年）	千佛岩第 28 窟铭刻
11	隋文帝建舍利塔而竖两石佛导之。	隋仁寿元年（601 年）	《重修栖霞寺记》碑

① 该段时间上限以千佛岩开凿大像龛的时间，下限以皇太子和诸王的卒年计算。

续表

序号	重大营造活动	时间	文献
12	唐宣宗时修装石窟造像。	唐大中六年（852 年）	千佛岩第 19 窟铭刻
13	僧智祥募缘修造像。	唐大中八年（854 年）	《江总碑》碑阴唐代题记
14	南唐重修无量寿窟殿。	南唐保大三年（945 年）	千佛岩第 19 窟铭刻
15	明嘉靖郑晓重装无量寿佛及左右二菩萨。	明嘉靖年间（1522 ~ 1566 年）	《栖霞山志·第七章》
16	明嘉靖僧定与明通法师谋划庄严千佛岭，客仲为助。	明嘉靖十八年（1593 年）	《重修栖霞寺记》碑
17	建造三圣殿，将接引佛移至殿内。	明万历年间（1573 ~ 1620）	《金陵梵刹志·卷四》
18	明隆庆以后，补造佛龛佛像者纷起。	明隆庆年间（1567 ~ 1572 年）	《摄山佛教石刻小纪》
19	明万历王寿等赍饰千佛岭、三圣殿。	明万历年间（1573 ~ 1620 年）	《栖霞寺修造记》碑
20	北京司礼监文书房太监潘朝用重修佛　龛。	明万历二十七年（1599 年）	千佛岩第 17 窟题记
21	明万历已亥秋日，御用监信官张恭修一龛。	明万历二十七年（1599 年）	千佛岩第 20 窟题记
22	寺僧若舜以水泥嵌补原像残缺者。	民国十五年（1936 年）	《栖霞山志 第四章》

栖霞山石窟历史沿革梳理出 22 个时间节点，其中 1 ~ 10 条是与开窟历史过程有关，时间集中在南朝，以《江总碑》《明征君碑》的记载为主。千佛岩纪年铭刻有 4 条记录了石窟重装的史迹，时间在唐代、南唐和明代。《栖霞寺修造记》和《重修栖霞寺记》二碑记载了明代万历年间修建栖霞寺重装石窟的营造工程。其他文献记载集中在《金陵梵刹志》《栖霞山志》中。

全面梳理掌握文献资料，了解石窟寺发展的过程和重大事件，对于复原石窟历史面貌，将石窟发展融入历史大背景中研究是十分重要的。

三　石窟的类型分析与排年

石窟的类型分析和排年是石窟寺考古学的重要部分，通过对洞窟的形制、布局、分组和各种形象的题材、组合与造型特征的分析研究，结合有关历史文献记载和历史背景的研究，弄清石窟形成和发展中的年代问题，搭建起石窟寺历史的构架。千佛岩考古在获取大量考古和文献资料基础上，将众多的资料进行排比分类、分型分式、分组分期，结合排出的时间节点给予定位，进而排年，确定其相对年代和绝对年代。

（一）类型分析

千佛岩石窟类型分析分为两个步骤。第一步将 29 座洞窟内的各种要素集中进行解构，确定构成洞窟的主要因素，找出共性的要素。第二步以洞窟为单元，分析共性要素构成和相互关系，综合排比，确定洞窟所具有的类型特征。

1．解构要素

将考古材料整理后，确定了洞窟的形制、造像组合、造像题材、佛装、头光身光、坛座、狮子香炉等为考察要素，分门别类分析研究诸要素的变化特征，寻找规律，按其形态区分为不同的型和若干式，形成一个类型的系列。本文以千佛岩石窟最主要的洞窟的形制、造像题材与组合两个要素为例进行类型划分①。

（1）洞窟形制。

千佛岩洞窟的形制以平面形状分为横椭圆形、“品”字形、近方形和马蹄形四种，各型类再分为若干式。

A型　横椭圆形平面，宽度大于进深。穹隆顶，顶较高。主尊像及坛座占据了主要面积。有第18、19、20、21、22、23、25、26窟等八座洞窟，均为大中型洞窟。

B型　“品”字形，穹隆顶，顶较高。宽敞地面，正、左、右壁凿成大龛，龛平面为横椭圆形，内设坛像，每龛形制及造像与A型相同。仅见于第24窟，为中型洞窟。

C型　近方形平面，窟顶形状为前低后高的一面坡状形，或为平缓的穹隆形等，有第5、10、12、13、15窟和第6、7、8、14窟等九座洞窟，均为中小型洞窟。

D型　马蹄形平面，窟顶较高，宽度小于进深，像及坛座占据了大部分面积，有第28窟和第1、2、3、9、11、16、17、29窟等九窟，均为大中型洞窟。

（2）造像题材与组合。

分为造像组合形式及主尊造像题材两个部分：

造像组合主要分为一铺一身像、一铺三身像、一铺五身像和一铺七身像四型，各型类再分若干式。

A型　一铺三身像。一佛二菩萨，主尊结跏趺坐，菩萨立于坛座两侧。有第18、19、20、21、24、25、26窟等七窟。

B型　一铺七身像。主尊结跏趺坐，胁侍像又可以分为二弟子四菩萨和二弟子二菩萨二力士不同的式。有第22窟和第5、10、12、13、15、23、14窟等八窟。

C型　一铺一身像。主尊结跏趺坐，无胁侍像。仅第28窟。

D型　一铺五身像。主尊结跏趺坐或倚坐，又可分为一佛二菩萨二力士和三佛二菩萨两种式。有第1、9窟和第11、16、17窟等五座窟。

主尊造像题材　有结跏、倚坐、立佛三型。

A型　主尊结跏趺坐。有第9、11、16、17、18、19、20、21、22、24、25、26、28窟十三座窟，是千佛岩区洞窟造像的主要题材。

B型　主尊倚坐。有第1、5、10、12、13、15、23窟七座窟。

C型　主尊立于坛上。仅有第3窟。

2．综合要素

石窟形制、造像及其他附属设施的要素是相互关联的一个整体，有一定的规律可循。用类型学方法分析确定各洞窟共有要素后，将这些要素再返回检查每个洞窟具有哪几种要素，同一要素进行综合分析，归纳其变化，确定各洞窟的类型特点。举例如下。

---

① 千佛岩洞窟的要素分析详见《栖霞山千佛岩》考古报告，本文仅举例，余不赘述。

第19窟，横椭圆形平面、穹隆顶的洞窟形制（A型）；主尊结跏趺坐（A型）；造像组合一佛二菩萨（A型）。三个要素都是第一类型（A型）特点。

具有双窟特征的第12、13窟。近方形平面，前低后高的一面坡状形窟顶（C型）；主尊倚坐（B型）；造像组合一佛二弟子二菩萨二力士（B型）。为第二、三类型（B、C型）特点。

第28窟马蹄形平面、穹隆顶的洞窟形制（D型）；主尊结跏趺坐（A型）；造像组合为一身像（C型）。是具有第一、三、四类型（A、C、D型）的特点。

第9窟马蹄形平面、穹隆顶的洞窟形制（D型）主尊结跏趺坐（A型）；造像组合一佛二菩萨二力士（D型）。为第一、四类型（A、D）的特点。

对洞窟做要素综合后，排出了各洞窟类型特点，洞窟个体的类型和性质遂逐步明朗。

（二）分组分期

以洞窟为单元综合各要素的型、式后，再将类型特点相同的洞窟分组，将主要特征相同的洞窟分为一组。共分十一组（表4）：

第一组洞窟形制为A型，造像组合为A型，主尊造像型式A型。有第19窟。

第二组洞窟形制为A型，造像组合为A型，主尊造像型式A型。与第一组的区别是有坛有座，较第一组有复杂化的趋势。有第20、22、24、26窟等四个窟①。

第三组洞窟形制为A型，造像组合为B型，主尊造像型式B型。有第23窟。

第四组洞窟形制为A型，造像组合为A型，主尊造像型式A型。有第18窟。

第五组洞窟形制为C型，造像组合为B型，主尊造像型式B型。有第5、10、12、13、15窟五个窟。

第六组洞窟形制为A型，造像组合为A型，主尊造像型式A型。有第21、25窟二个窟。

第七组洞窟形制为D型，造像组合为C型，主尊造像型式A型。有第28窟。

第八组洞窟形制为D型，造像组合为D型，主尊造像型式A型。有第11、16、17窟三个窟。

第九组洞窟形制为D型，造像组合为D型。有第1、9窟二个窟。

第十组洞窟形制为D型，主尊造像型式C型。有第3窟。

第十一组洞窟形制为C型，造像组合为B型。有第14窟。

从分组结果可以看出各组时间有时间先后的变化，洞窟形制是由简单趋于复杂，造像题材与组合是由单一向多元化发展。参照云冈、龙门石窟的平面形制演变规律，横椭圆形窟早于方形窟②。以上11组洞窟按其开凿的先后顺序可以分为四期：

---

① 第24窟洞窟形制为B型，平面“品”字形，三壁三龛，每龛平面横椭圆形，龛内造像组合、主尊造型、坛座、头光身光与第二组基本一致，故分组时不单列，放在第二组。

② 云冈第一期昙曜五窟均为横椭圆形平面，第二期出现方形窟。洛阳宾阳中洞亦为横椭圆形平面。详见a. 宿白：《云冈石窟分期试论》，《中国石窟寺研究》，北京：文物出版社，1996年，第77～78页。b. 宿白：《洛阳地区北朝石窟的初步考察》，《中国石窟寺研究》，北京：文物出版社，1996年，第154页。

第一期南岩的主要洞窟，均为大中型窟。横椭圆形平面，高穹隆顶，造像组合主要是一佛二菩萨，主尊以阿弥陀像为主。本期具有 A、B 型的特点。有第一、二、三、四组，包括第 18、19、20、22、23、24、26 窟七个窟。

第二期分布于西岩中部和南岩上层，均为中小型窟。窟型以近方形平面为主，少数为横椭圆形、马蹄形。造像组合一铺七身像为主，也有三身像和一身像的。主尊以弥勒像为主，兼有阿弥陀像。本期虽具有 A 型特点，B 型出现频率较高，还出现了 C、D 类型，显示出这一时期的过渡性特征。有第五、六、七组，包括第 5、10、12、13、15、21、25、28 窟八个窟。

图 10 第 14 窟菩萨像头部残存的发髻宝缯遗迹

第三期分布于西岩和北岩，均为中型窟。以第 11 窟窟口为避让第 10 窟顶而将窟口底部略抬高的状况，该窟晚于第 10 窟一类的近方形洞窟，推断这期洞窟的时间均晚于第二期。窟型为马蹄形平面，高穹隆顶。造像组合基本为五身像，有一佛二弟子二力士，也有三佛二菩萨。主尊形式复杂，有结跏趺坐、倚坐和立像。坛座形式多样，常见壶门样饰。本期以 D 型特征为主，A、B 型特征不见，尚有少量的 C 型特征。有第八、九、十组，包括第 1、3、9、11、16、17 窟六窟。

另有第 2、6、7、8、29 窟原有造像无存，洞窟均为马蹄形平面，似可附于本期内。

第四期位于西岩上层，为小型窟。窟型为横长方形，穹隆顶较低平。造像组合为七身像。两侧壁遗存的菩萨发髻及宝缯均具盛唐的特征（图 10），显示该窟为千佛岩洞窟中时间最晚开凿的。本期仅具 D 型特征。有第十一组，仅第 14 窟。

表 4 千佛岩石窟分组分期表

期别	组别	类型特征	窟号	洞窟型式	造像组合型式	主尊造像型式
第一期	一组	A①	19	横椭圆形	一佛二菩萨	结跏
	二组		20、22、24、26	横椭圆形、品字形	一佛二菩萨、一佛二弟子四菩萨	结跏
	三组		23	横椭圆形		倚坐
	四组		18	横椭圆形	一佛二菩萨	结跏

① 第三组主尊形式为 B，是本期唯一一例。

续表

期别	组别	类型特征	窟号	洞窟型式	造像组合型式	主尊造像型式
第二期	五组	ABCD	5、10、12、13、15	近方形	一佛二弟子二菩萨二力士	倚坐
	六组		21、25	横椭圆形	一佛二菩萨	结跏
	七组		28	马蹄形	一佛	结跏
第三期	八组	CD	11、16、17	马蹄形	三佛二菩萨	结跏
	九组		1、9	马蹄形	一佛二菩萨二力士	倚坐
	十组		3	马蹄形		立佛
第四期	十一组	D	14	横长方形	一佛二弟子二菩萨二力士	

经过分组分期的分析，按照类型学的方法划分出千佛岩石窟从创建至发展大致经过的四个时期，根据类型特征分组，确定了洞窟开凿的先后顺序，从而确定了洞窟所在相对年代时间段的位置，初步构建了千佛岩石窟群的基本框架。

（三）开凿年代推断

排年以石窟的分期和相对年代顺序为基础，是把类型分析的结果与文献结合起来考证，把梳理出的文献历史节点内容与洞窟考古资料比照，从而确定洞窟的绝对年代。

宿白先生在栖霞山考察时对南朝诸窟提出四个时间节点，即法度和明仲璋开凿无量寿窟、法度又造“尊像十有余龛”、智胜尼舍衣钵为宋齐“七帝造石像”、宋太宰江夏王霍姬、齐雍州刺史田奂琢磨巨石影拟法身（图 11）。要求在排年中与石窟仔细对比，确定文献记载与洞窟之间的对应关系。

经分析，第一期第一组的第 19 窟是型式分析中相对年代最早的洞窟，它与石窟时间节点表中的第二条相对应，这一历史节点具体记载以《江总碑》《明征君碑》最为明确，摘录如下：

> 《江总碑》载：“（征君）居士尝梦此岩有如来光彩……居士有怀创造，俄而物故。其第二子仲璋为临沂令，克荷先业，庄严龛像，首于西峰石壁与度禅师镌造无量寿佛，坐身三丈一尺五寸，通坐四丈；并二菩萨，倚高三丈三寸。”
>
> 《明征君碑》载：“（征君）拜受嘉征，愿言经始，将于岩壁造大尊仪。……永明二年，奄迁丹壑。第二子临沂公仲璋……遂琢彼翠屏，爰开叶座，舍兹碧题，式建花宫。”
>
> 《江总碑》碑阴记：“……（上缺字）坐高三丈一尺五寸，通坐四丈，含髻头长八尺五寸，面（下缺字）……手长六尺九寸，两膝（？）相去二丈五寸，并二菩萨立高三丈……（下缺字）……造 齐文惠太子随喜 齐豫章献王随喜 齐竟陵文宣（下缺字）……明宝寺十五人。”

两碑的三段文字记载了栖霞山南朝石窟开凿之始，是出于隐士明征君之愿，而由其子明仲璋与禅师法度完成的。宿白先生在《南朝龛像遗迹初探》中考证，作为千佛岩唯一的大像窟即为法

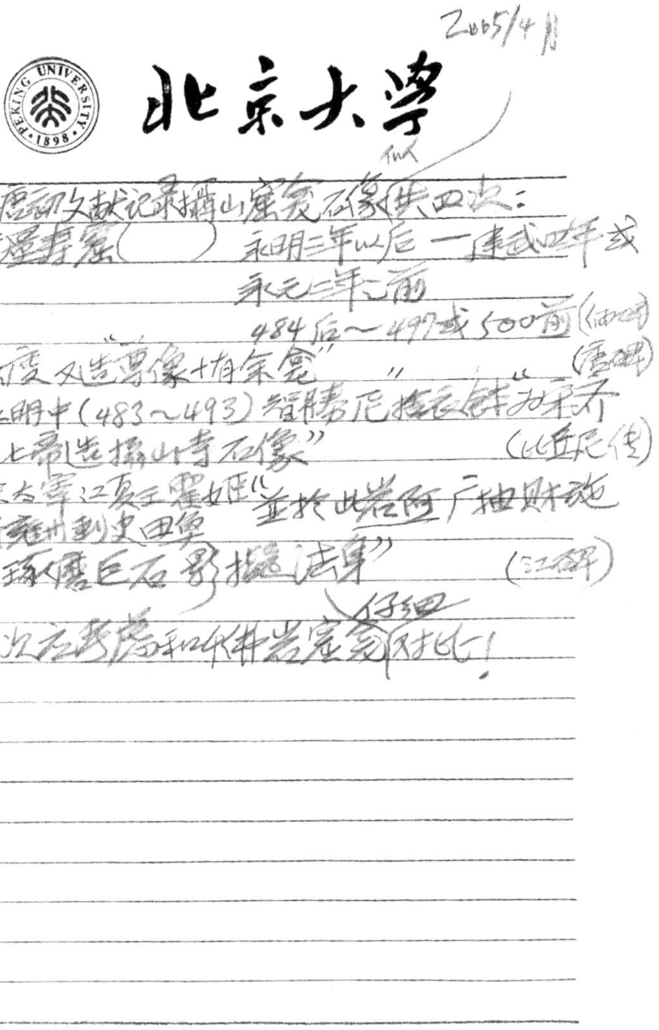

图 11　宿白先生的栖霞山南朝石窟考古分期指导意见手稿

度修造的，窟内大像为无量寿佛像[①]。第 19 窟是整个栖霞山石窟中最大的洞窟，主尊像是最大的像，一佛二菩萨的造像组合与文献记载一致。本次考古测量的主尊像尺寸与《江总碑》碑阴所记基本相合，推断第 19 窟即为无量寿窟。镌造大佛龛像是完成明僧绍的遗愿，镌造工程是在南齐文惠太子和诸王兄弟共同襄助支持下，由南渡高僧法度禅师和临沂县令明仲璋完成的。考明僧绍卒于齐永明二年（484 年）[②]，据此，第 19 窟开凿时间应在齐永明二年（484 年）后，即在僧绍卒后不久完成。

第一期第二组的第 20、22、24、26 窟与石窟时间节点表中第三、四两条相对应。《江总碑》《明征君碑》有明确记载，摘录如下：

① 前引文，《南朝龛像遗迹初探》。

② ［明］葛寅亮：《金陵梵刹志》，天津：天津人民出版社，2007 年。

《江总碑》载："齐文惠太子、豫章文献王、竟陵文宣始安王等慧心开发，信力明悟，各舍泉贝，共成福业。宋太宰江夏王霍姬蕃闺内德，齐雍州刺史王奂……并于此岩阿广抽财施，琢磨巨石，影拟法身。"

《明征君碑》载："文惠太子及竟陵王……咸舍净财，光隆慧业。时有沙门法度，为智殿之栋梁，即此旧基，更兴新制，又造尊像，十有余龛。"

《江总碑》碑阴"……（上缺字）像身坐高八尺九寸　齐雍州刺史王奂为巴陵王造""……（上缺字）令明仲璋造""东第三龛像身坐高七尺九寸（下缺字）……"。

两碑的三段文字所记，法度禅师镌造无量寿大佛后，旋即在齐皇室太子、诸王及王奂等官员和宋江夏王霍姬的支持下，"又造尊像，十有余龛"。据《江总碑》碑阴诸王中有人造"东三龛"的记录推测，既有"东三龛"，就会有"东一龛""东二龛""东四龛"……"东三龛"是当时洞窟的编号，或指在无量寿佛窟的东侧第三个窟龛。现场第二组第20、22、24、26窟乃至全部塌毁仅存窟外天王像的第27窟[①]位置均在第19窟东侧，依次排开，这组洞窟的位置与"东三龛"关系最为紧密。法度在千佛岩先后开凿了无量寿佛窟和"十有余龛"，其洞窟形制与造像题材、组合特征以及雕琢技法应当大致相同，而第二组的第20窟与第19窟形制、造像几乎一致，第22、24窟虽有变化，总体风格一致。根据现场测量第20窟主尊实测高度与所记"东一龛"相近，第24窟主尊实测高度与所记"东三龛"相近，这些都为考证法度等"又造尊像，十有余龛"提供了证据。

"东一龛"为齐王奂造，根据文献记载，王奂，齐永明七年（489年）出为雍州刺史，永明十一年（493年），以擅自杀害宁蛮长史刘兴祖事发而伏诛[②]。由此，第20窟开凿年代当在公元489～493年。"东三龛"为明仲璋造，仲璋无生卒年记载，曾与法度造无量寿窟，由此，第24窟开凿年代在第19窟之后的不久。第22、26、27窟这批成组的洞窟开凿时间应与"东一龛""东三龛"同期进行。

第一期第三组的第23窟与石窟时间节点表中第三、六条相对应。《江总碑》《明征君碑》有明确记载，引文与第一期第二组相同。《江总碑》碑阴相关文字摘录如下：

"……（上缺字）弥勒下生龛像身高一丈四尺　宋太宰内霍夫人造未成齐竟陵（下缺字）……"

记录窟龛的位置文字已缺，所记之"弥勒下生龛"当为主尊系弥勒佛像的一座大窟。第23窟

---

① 第27窟已毁，仅存窟外石龛中的天王像一身，像为栖霞山南朝石窟唯一的天王像。参考第24窟形制，天王像当为窟外的右侧护法神像，其左侧应有一个洞窟和另一身天王像。该洞窟内情况不清楚，无法与诸要素对比，故本文未纳入分组分期。

② ［南朝·梁］萧子显：《南齐书》卷四十九列传第三十王奂传，北京：中华书局，1996年。

位于第19窟东侧上层，在第24窟之上方，主尊倚坐，为南岩洞窟唯一所见。像改动很大，原貌殆尽。窟内身光、头光仍为原作，自头光中央至坛底部实测高约360厘米，可为原像高度，与碑阴所记高度相近。由此，该窟与“弥勒下生龛”的记载关系最近。根据碑阴文字看出宋太宰霍夫人未能完成开窟工程，由齐竟陵文宣王萧子良继续完成。萧子良卒于隆昌元年（494年）[①]，推测第23窟开凿年代当不晚于萧子良卒年。

第一期第四组的第18窟与石窟时间节点表中第三、七条相对应。该窟与前述第二、三组洞窟可以引用相同的《江总碑》《明征君碑》文。又据《江总碑》碑阴载：“……（上缺字）卫迦叶龛二像坐身并高五尺四寸　梁东阳州刺史番禺（下缺字）……”记录窟龛的位置文字已缺，所记之“维卫迦叶龛”的主尊当为维卫迦叶二像。另据《江总碑》碑阴的唐代题记中的“大中八年十二月日……夏珍慕（募）缘修装观音菩萨一躯，並自修装西龛多宝法身佛二躯並诸小身菩萨，又修装二龛二躯佛並菩萨，结缘者同生净土”，第18窟是千佛岩唯一的二佛并坐像的南朝窟，上述记载当同指该窟。窟位置在第19窟西侧，也是南岩与西岩连接之处。窟内主尊与所记造像题材相合，主尊实测高度亦与所记相近。由此，第18窟应为“维卫迦叶龛”，是法度又造“十有余龛”之一。萧宝寅于梁天监元年（502年）被封为东阳州刺史，同年因谋反奔魏[②]。推测第18窟开凿年代在萧宝寅离开建康之前，至迟在南齐末年。

上述分析的第一期第二、三、四组的第20、22、24、26、23、18窟均可与石窟时间节点表一一对应，即为文献所载“(法度)又造尊像十有余龛”之中的尚存部分。法度禅师圆寂之期，《江总碑》记为齐建武四年（493年),《高僧传》记为齐永元二年（500年）[③]。因此，宿白先生考证，由法度主持镌造洞窟的年代上限当为齐永明二年（484年）之前后，下限在齐建武四年（493年）或永元二年（500年）之前，即5世纪末[④]。

第二期第五组的第5、10、12、13、15窟与石窟时间节点表中第五条相对应，据《比丘尼传》卷三《建福寺智胜尼传》载：“永明中……（智）胜舍衣钵为宋齐七帝造摄山寺石像。”[⑤]西岩一组近方形平面、造像题材为弥勒、七身像组合、主尊座前有双狮一炉的洞窟，虽没有确切的文字记载，但与南岩诸窟的横椭圆形平面、主尊为阿弥陀，一佛二菩萨为主有很大区别。洞窟小而精致，与皇室诸王开凿的大窟有差距，推测为民间所开，即为智胜尼开凿的一批窟龛，其时代应在齐永明末至梁初。

第二期第七组的第28窟与石窟时间节点中第十条相对应。第28窟外立面窟门上方左侧岩面存“中大通二年□□八月廿三日作”（530年）的纪年题记。可以作为该窟开凿时间的下限参考。

---

① ［南朝·梁］萧子显：《南齐书》卷四十列传第二十一武十七王竟陵文宣王子良传，北京：中华书局，1996年。

② a.［宋］王钦若等《册府元龟》卷一百六十四，北京：中华书局，1960年。b.［南朝·梁］萧子显：《南齐书》卷五十三列传第三十四明七王鄱阳王萧宝寅传，北京：中华书局，1996年。

③ ［南朝·梁］释慧皎：《高僧传》卷八，北京：中华书局，1992年。

④ 前引文，《南朝龛像遗迹初探》。

⑤ ［南朝·梁］宝唱：《比丘尼传》卷三，北京：中华书局，2006年。

第三期第八、九、十组的第 11、16、17、1、9、3 窟与栖霞山佛事史迹节点表中第七、八条相对应。唐高祖敕改寺名，增治梵宇四十九所。唐高宗御制《明征君碑》，御书寺额①。说明栖霞山石窟群和栖霞寺是唐代佛教重要的地区，此地当有开窟、修庙等各种活动。千佛岩这批洞窟与纱帽峰、千佛岭的主要洞窟、造像特点相近，均应在这一时期开凿。

第三期第十一组的第 14 窟位于西岩山顶部，与诸窟关系不明显。其菩萨留存的发饰遗迹显示了唐武则天时期的典型特征，推测为唐代武则天时期前后。

根据以上分析，千佛岩石窟开窟的时间为南朝和唐代前期两大时期。南朝开凿洞窟有绝对年代可考的有 16 座，其中齐窟 8 座，梁窟 8 座；唐代前期开凿有绝对年代可考的有 11 座。北岩的第 2、4 窟两窟虽形制与造像有独特之处，与上述诸窟的共性特征不明显，绝对年代不可考，究其总体风格和所处位置其相对年代亦可并入唐代前期（表 5）。此后千佛岩石窟再未见开窟的营造工程。

表 5　千佛岩洞窟年代推断表

期别	组别	窟号	文献要点	推断年代
第一期	第一组	19	明仲璋与法度禅师首开大像窟。	齐永明二年（484 年）或略晚
	第二、三、四组	20、22、24、26、27、23、18	南齐文惠太子等皇室成员和官员襄助，由法度禅师主持规划、镌造的“尊像十有余龛”之中的部分窟龛。	上限为齐永明二年（484 年），下限不晚于齐永元二年（500 年）
第二期	第五组	5、12、13、10、15	尼僧智胜为宋齐七帝造摄山寺石像。	齐末梁初
	第六、七组	21、25、28	第 28 窟外立面“中大通二年”铭刻提供了确切纪年。	梁中期，以 530 年为下限参考
第三期	第八、九、十组	11、16、17、9、1、3、6、7、8、29		约为唐代前期
	第十一组	14		约为唐武则天时期前后

（四）重装年代推断

栖霞山石窟饱经千年风雨，经历过损毁重建的多次改变。各历史时期的维修和赍饰将石窟得以保存至今。对于石窟内外现存各时代历史遗迹的考证甄别，结合文献的历史节点，排出重装的相对年代和绝对年代，复原石窟的大修大建面貌，在千佛岩石窟寺考古中意义重大。

根据栖霞山佛事史迹和石窟的时间节点，重修和装銮主要集中在唐代、南唐和明代三个朝代。具体为唐代高宗上元（674 ~ 676 年）和宣宗大中（847 ~ 860 年）、南唐中主李璟保大（943 ~ 957

① ［宋］周应合：《景定建康志》卷四十六，南京：南京出版社，2009 年。

年）、明代世宗嘉靖（1522 ~ 1566 年）和神宗万历（1572 ~ 1620 年）五个时段。千佛岩石窟考古中发现的重修和重装的遗迹，在这五个时段得到了印证。

唐高宗上元三年（676 年）御赐《明征君碑》前后时期，千佛岩开凿一批新的石窟的同时对南朝石窟进行了重新装銮，主要是窟内红色的涂饰和彩绘飞天。第 23、24 窟顶部发现的飞天彩绘残迹，虽已不完整，但与第 1 窟附龛 1-1 窟内的飞天形状与绘制方法相似，第 1 窟附龛 1-1 窟为唐代前期之作，此亦当为该时段的重装遗迹。

唐会昌毁佛后，唐宣宗大中年间主要修复被毁的佛像。第 18 窟主尊右像上身为重建时补凿的，补凿的身躯与正壁间不相连，但其形态与雕琢技法与左像极为相似，衣褶衔接顺畅，当为早期重修（图 12）。第 20 窟主尊和左菩萨像身也有类似情况。《江总碑》碑阴有唐大中八年（854 年）夏珍募修装西龛多宝法身佛二躯之事，据此，这些造像当是唐大中年间重修。

南唐中主保大年间（943 ~ 957 年）对栖霞寺及石窟进行过全面的装銮。徐铉《摄山栖霞寺新路记》中“是由江乘之涂，复识王畿之制矣”[①]。又第 19 窟窟顶后山岩上有“保大三年重修大殿”的铭刻，足以证明第 19 窟窟顶南唐时曾做过修装并建木构大殿。现存第 19 窟左侧上部岩面有梁枋的横槽（图 13），第 20 窟窟口地面有柱孔，这组梁柱遗迹似为从唐延续至南唐的木构大殿遗迹。大殿木檐向两侧延伸，覆盖于左右窟龛。第 23 窟窟楣遗留的第二期槽孔亦为这一时期修装窟檐的遗迹。

栖霞山石窟现存重新装修的遗迹大部分来自明代嘉隆万时期。主要有郑晓重装第 19 窟主尊及菩萨像；修建“三圣殿”和周边洞窟的前壁及窟门，修建千佛岩其他洞窟的窟门；对窟像修补装銮。《栖霞山志》：“郑晓 ……重装无量寿佛及左右二菩萨。今存者，即郑晓所镌。”[②] 现存第 19 窟无量寿佛额以上部分、颈部、胸部均用泥灰复原，当为这一时期的遗迹。据明万历焦竑《栖霞寺修造碑》和祝世禄《重修栖霞寺碑》记载太监客仲等与匠人王寿在第 19 窟前接建石构建筑“三圣殿”，并称之为“净土干城”。现存“三圣殿”和两侧洞窟的石构前壁、窟门均为这一时期修装的遗迹。这一时段还对窟像进行了修复和装銮，第 17、20 窟内嵌有明万历二十七年太监潘朝用、张恭修窟补像的题记，窟内有小青砖和泥灰修补的遗迹即为这一时期的重装遗迹。

除此以外，民国二十五年栖霞寺僧若舜曾对全山造像用水泥涂覆或重塑造像，至使造像原貌殆尽。值得注意的是，第 19 窟的主尊水泥涂层较薄，形象和衣纹基本保留。另有部分石窟的水泥脱落或被剥除以后，造像虽然严重风化，但仍显露出原有的形象和衣纹，有很重要的价值。

在对洞窟重装重修外，全山的排水设施、礼佛通道等也存有历代重建重修的遗迹，南岩和西岩两处栈道遗迹即是典型。其一，南岩第 23 窟至第 25 窟下方岩面发现两组横向排列的槽孔（图 3），分析为唐代和南唐两个时期铺设栈道所用。其二，西岩第 5、6、7、8 窟位置上下相叠，其外立面右侧岩面有一组竖向排列的槽孔，分别排列在各窟窟口外，为一组唐代铺设栈道的槽孔（图 14）。

---

① ［明］葛寅亮：《金陵梵刹志》卷四，天津：天津人民出版社，2007 年。

② 朱洁轩：《栖霞山志》第七章，《中国佛寺史志汇刊（第二辑）》，台北：明文书局，1980 年。

图 12　第 18 窟主尊右身像表面水泥剥除后可以见到像的上身为后代重新补凿的状况，其补凿的上身与原身躯衔接顺畅，衣纹线条相似

图 13　第 19 窟左侧岩面的梁枋横槽遗迹

图14 第5、6、7、8窟外立面有搭建栈道的槽孔、石阶遗迹

四 撰写考古报告

撰写考古报告是石窟寺考古的重要部分，在对石窟考古室内工作完成的基础上，全面、科学地将考古和研究成果结集成册公之于众，是完整的考古过程的终结。报告的质量是考古研究水平的体现，严文明先生说："考古报告质量的好坏，直接反映一个国家或地区的考古工作和研究水平。"① 因此，必须重视考古报告的编写程序，高质量完成考古报告。

栖霞山考古报告遵循着两个原则，首先报告是发掘资料的完整记录；其次报告应体现迄今为止的全部研究成果。

报告正文的内容具有完整性和系统性，避免了庞杂、碎片化的将考古资料"流水账"式的公布，而失去资料的原有价值。《栖霞山　千佛岩》② 考古报告坚持考古层位学和类型学的基本方法，坚持真实客观公布现存窟龛完整资料和研究成果的基本原则，按窟龛所在位置分北岩、西岩、南岩和东岩各为一章，以洞窟为基本单元，对千佛岩全部石窟及其附龛的外立面、窟龛及坛座、造像组合及造像等各项形制特征进行了全面描述。

为了将千佛岩洞窟叠压打破、原装重装问题叙述清楚，减少文字重复，统一采用印刷体标准字记录开窟原装的情况，用小一号的印刷体记录重装的情况；先记述原有遗迹，再记述后世重建改装的遗迹，较好地将原装与重装的状况区分开来。例如，第18窟主尊右身像的描述为③：

右像结跏趺坐，原像存胸部以下部分（黑白12）。像胸腹平直，左臂下垂置腿上，右小臂弯曲前伸，双手俱失。右足置左腿上，足心向上。原像自胸部至衣摆下缘高115厘米，自胸

① 严文明：《走向21世纪的考古学》，西安：三秦出版社，1997年。

② 《栖霞山　千佛岩》考古报告于2009年完成并交付文物出版社，出版中。

③ 引文中的照片编号（黑白12）（彩4）（彩5）是考古报告正文的图版编号，不是本文的图号。

至座残高65、膝间距110厘米。

像上身胸以下原雕，上衣里外两层，里层衣胸前系带打结，结带垂下（彩4）。

右侧衣边搭于右肘，外侧呈尖角状覆于右膝之上；外层衣从双肩披下后自右肘下穿过，经腹、腿间斜搭向左肘。外层衣下部包裹双腿，两腿外侧的衣褶平铺于座面。

下摆覆盖座前，垂至座下部叠涩处。衣褶紧贴高座前壁，重叠三层。外层衣中部衣纹左、中、右三分，中分衣纹的中间衣褶形如同心圆状，右分略上提再垂下，左分残损；中层衣裙右侧叠压于外层衣下；里层衣裙叠压于中层衣裙下，在其右侧和中部露出。（以上四小节在报告中为印刷体大字）

右像颈至胸部后置。与原凿像身衔接自然，衣纹线条顺畅（彩5）。肩部宽平，胸部平直。

着二层衣，里层衣为交领衫，外层衣边自双肩下垂于前胸两侧，与胸以下原凿衣纹连接。补凿像身高35厘米，肩宽68厘米，疑为唐代大中年修复。

现存二像头、手和左像手捧如意以及像身涂饰，均为二十世纪下半叶寺庙补作。下端三层衣裙边缘折叠作圆涡状卷起。（以上三小节在报告中为小一号印刷体）

考古报告实测图同样有着原装与重装如何表现的问题，为了实测图与文字能够很好地衔接，清绘实测图时对图的线条做了统一要求，用不同的点线和黑、蓝两种颜色的线条将原装与重装区分开来。报告的实测图包括窟龛、造像、遗迹的平面图、立面图、剖视图和局部（细部）图。图中用黑线表示石窟的原凿、原装遗迹，用蓝线表示重修、重装遗迹。同时，用不同形式和等级的线条区别不同的遗迹现象，如细实线为正视（俯视）遗迹线，粗实线为剖平面（剖里面）遗迹轮廓线，中实线为地平面遗迹轮廓线，双点划线为被遮挡遗迹的透视线，点划线为遗迹的破损线，虚线为被破坏遗迹的复原线。另外，以蓝色粗线后附黑色虚线表示被水泥覆盖之原凿造像的剖面线，在一张图上将洞窟的“层”表现出来（图15）。

正文各窟的文字描述中，最后设有小结，内容包括洞窟形制造像特征概括、窟外立面推测、多次修缮重建遗迹概括及推测、各窟间相关联的、共同的遗迹的提示、相关文献铭刻题记与本窟相关的内容。这是考古者的认识与判断，在编排上用不同于印刷体的楷体排印，表示与客观资料的区别。仍以第18窟为例，小结的内容如下：

1．本窟基本形制为穹隆顶，横椭圆形平面，正壁设通壁高坛，坛前两侧设菩萨莲座。主尊身后壁面凿高大的舟形身光和莲纹头光，像前胸具长椭圆形垂缘、衣纹多横向和竖向的波状皱褶、衣裙宽大覆坛等。上述基本特征与第19窟及其东侧下层诸窟略同，时代亦应相近。

2．本窟坛座及造像设置具有个性特征。主要有：主尊为二佛并坐像。据江总碑原碑碑阴原记记载，推测可能是“维卫、迦叶”二佛；据江总碑原碑碑阴唐代补记，推测可能是“释迦、多宝”二佛。正壁通坛上设置形式简单的佛座，佛座两侧原存活动像，侧壁设有未置造像的窄坛，窟两侧壁面附设小坐佛像等。

3．新出土陈《江总碑》残碑碑阴原记：“……维卫迦叶龛二像坐身并高五尺四寸梁东阳州刺史番禺……”所记主尊二像坐高尺寸与本窟主尊尺寸相合，推测该窟可能即为梁初封为东扬州刺史番禺王萧宝寅于南齐末年开凿的窟龛，考证具见本报告“结语”。石窟形制和造像的类型分析及其年代考证详见报告“结语”第一章。

4．窟内右侧主尊像胸以上部分与正壁不相连接，胸部与腹部之间存明显接痕。接痕上下身躯结合自然，衣纹线条衔接顺畅，表现出雕凿技法、造像衣纹风格的一致性。推测造像曾遭损坏，后选石补凿。新出土陈《江总碑》残碑碑阴补刻唐大中八年十二月僧智详募缘修装事载：“夏珍……并自修装西龛多宝法身佛二躯并诸小身菩萨……”据此推测本窟右侧主尊上身像损坏时间疑在唐会昌毁佛之际，补凿时间疑在唐大中之时。

5．窟外立面上方岩面存有多处倚搭木构建筑的横槽、榫孔遗迹。从槽孔的形制、凿法与第1、23等窟类似遗迹的对比，推测本窟岩面第一期槽孔遗迹为唐代前期开凿，第二期为南唐开凿。由于窟口左右侧已为明代前壁覆盖，因此难以据此复原当时的建筑。根据千佛岩南岩至东南岩石窟群外立面的总体考察，本窟上述遗迹疑为以第19窟为中心的窟前建筑的一部分。

6．窟口岩壁崩塌，现存砌石前壁。据窟前广场两侧万历二碑记载，推测为明万历二十八年至三十四年（1600～1606）间重装。前壁上红色涂饰疑为同时妆銮。原窟窟口位置不清，根据窟顶上方山岩原状保存较好，结合明代砌壁右下方墙脚砌于坡状倾斜原岩面的迹象，推测原窟口应即位于现存明代石砌前壁的位置上。（以上在报告中用楷体排出）

结论是报告的重要部分，是在获得第一手考古资料的基础上整个考古研究过程的结果，是在对考古资料文献研究基础上经过归纳、判断概括出的理性认识，也是对本石窟考古研究深度和广度的体现。宿白先生认为：“石窟寺考古首先要讨论排年、分期和性质，然后才能进一步研讨它的社会意义。”① 本报告结语分为两大部分②：第一部分是对石窟的类型学分析、石窟的排年及谱系分析，分为三个方面：（一）石窟的类型分析，以石窟形制、造像为主要对象，对石窟分型分式。（二）石窟的分期与年代，对石窟进行分组分期，推断建造年代。（三）石窟窟前环境的历史遗迹考察，考证石窟内外被重修重装的状况，重建窟前环境。由此构成了石窟开凿及其历史发展过程的完整表述。第二部分是栖霞山石窟社会意义的探讨，把栖霞山石窟的个体纳入到石窟寺考古学理论框架中，纳入到中国石窟寺体系的分区中，纳入到历史学范畴中。我国石窟寺考古学将石窟划为四个重点地区，其中南方地区可分为长江下游江浙地区和西部四川、云南地区两个分区。栖霞山石窟是长江下游分区中南朝石窟的经典，它与浙江剡溪龛像表现出“与中原更早一个阶段的联系，也反映了它对北朝晚期龛像的影响”③。与北方云冈、龙门石窟在诸多因素上的交流、影响、

① 前引文，《南朝龛像遗迹初探》。

② 本报告结语部分的排年集中在南朝石窟。唐代石窟拟与千佛岭、纱帽峰的唐代诸窟考古后一并进行类型分期排年，本文第三部分对唐代洞窟分期排年要点做了初步分析。

③ 前引书，《中国石窟寺研究》。

图 15　第 19 窟立面图底稿，用不同的点线及黑蓝二色区分洞窟的原装、重装和现状的状况

融合、发展，在中国石窟寺中有着特殊的地位。它代表了南方石窟寺最高水平，是中国石窟寺谱系中独立的一个章节。就历史框架而论，它对于魏晋南北朝时期南方的政治、经济、文化的发展都具有深远的影响。

栖霞山考古的成果是与历史时期对该石窟调查研究分不开的，考古报告的附录部分对前人的研究做了著录。著录除有关配合本次石窟考古的工作简报外，还附有两方面的材料。其一是《江总碑》《明征君碑》录文和合校，《重修栖霞寺记》《栖霞寺修造记》的录文。其二是向达、宿白先生考察栖霞山石窟的研究的文章。《摄山佛教石刻小纪》《摄山佛教石刻补纪》和《南朝龛像遗迹初探》分别是二十世纪前期和后期栖霞山石窟研究的代表作，为栖霞山石窟系统的考古工作奠定了学术研究的基础。

栖霞山千佛岩石窟考古工作是在此基础上运用石窟寺考古学理论方法论的一次实践，它充分说明了这一方法论在我国石窟寺考古中具有广泛的实用性，对于学术研究的深入发展起到关键性的作用。

小南海及香泉寺石窟刻经与僧稠学行*

——“南朝重义理，北朝重修行”论驳议兼及净土宗祖师

罗　炤

内容摘要： 安阳小南海石窟和卫辉香泉寺石窟镌刻的石经，不仅是中国佛教石窟史和石经史上的重要事件，而且是中国佛教发展史上的重要事件，保留下文献缺载的有关僧稠学行的原始资料，它们和敦煌写本 P·3559（P·3664）的“稠禅师”《大乘心行论》都显示出：僧稠既是人们熟知的禅修大师，又是一位高度重视、并且精通《华严经》核心哲理的义学高僧。

“南朝重义理，北朝重修行”的论断早已成为中国佛教史的“定论”，僧稠作为“北朝重修行”的代表人物，一直被简化为仅是刻苦修禅的禅师，成为“南朝重义理，北朝重修行”论的重要依据。这一结论不符合南北朝时期中国佛教的实际情况。学院派学者缺乏有关僧团内部修行实践的知识，没有全面地研究南北朝时期佛教修行的历史事实，忽视了南朝和北朝佛教在戒律和礼忏修行方面各具特色的重要实践，对南朝佛教的禅定修行也没有进行深入研究，轻易地做出了错误的论断。

净土宗的祖师是菩提流支，因为曲折的原因被抹掉了。

关键词： 小南海石窟　香泉寺石窟　僧稠　南北朝佛教　菩提流支　净土宗祖师

The Sculptured Sutra of Xiaonanhai and Xiangquansi Grottoes and Academic Achievements of Sengchou:

the Refutation of the Judgment “the South Values Knowledge, and the North Values Practice” and the Patriarch of Pure Land School

Luo　Zhao

Abstract: The sutras engraved in Xiaonanhai Grottoes of Anyang and Xiangquansi Grottoes of

作者：罗炤，北京市，100732，中国社会科学院世界宗教研究所。

* 本文为提交 2017 年 7 月“五台山与华严信仰”国际学术讨论会的论文《中国佛教石经与华严信仰》中的一部分，应《石窟寺研究》编辑部之约，单独抽取成文，并扩充了近两倍的内容，敬为宿白先生九十五寿诞献礼。

Weihui, are the important events in the history of not only Chinese Buddhist cave temples and stone sutra, but also Chinese Buddhist development. They retain the source material about Sengchou's academic achievements, which is recorded in historical documents. It shows Sengchou is not only a well-known great master of meditation, but also an eminent monk who paid high attention to and proficient in the central idea of Avatamsaka-sutra (The Huayan jing).

The judgment "the South Values Knowledge, and the North Values Practice" has become the conclusion. As a representative personage of "the North Values Practice", Sengchou has been simply regarded as an only hardworking meditation master all the time, and been the important evidence of the judgment "the South Values Knowledge, and the North Values Practice". Short of the knowledge of interior practice of the monk organization, without comprehensively study the historical truth about Buddhist practice in the Northern and Southern Dynasties, neglecting the important practice of the Buddhist precepts and confession of the Northern and Southern Dynasties with different features, without deep research of meditation practice of the Northern and Southern Dynasties, the scholars of academism made a wrong judgment easily.

The patriarch of Pure Land School is Bodhiruci, which is erased for tortuous reasons.

Key words: Xiaonanhai Grotto, Xiangquansi Grotto, Sengchou, Buddhism of the Northern and Southern Dynasties, Bodhiruci, the patriarch of Pure Land School

北齐乾明元年（560 年），高僧僧稠的弟子们在河南省安阳县小南海石窟中窟的外壁镌刻了《华严经偈赞》和《大般涅槃经·圣行品》（节文），是在中国佛教石经中第一次出现华严信仰的经文。这一事态不仅是中国佛教石窟史和石经史上的重要事件，而且是中国佛教发展史上的重要事件。

小南海石窟中窟开凿于北齐天保元年（550 年），天保六年僧稠进一步修整完善（"重莹修成，相好斯备"）。此窟外壁的石经，是在乾明元年僧稠圆寂之后，徒众追念先师业绩而镌刻的。众所周知，在 6 世纪前、中期的北朝佛教乃至隋唐佛教中，僧稠是具有重要影响的宗师。以往对于僧稠的研究主要注意的是其禅定修行，给人的印象是僧稠仅仅注重坐禅，尤其重视修持《涅槃经·圣行品》的"四念处法"，以及"十六特胜法"。但是，小南海石窟的刻经让我们看到一位面貌更加丰满的僧稠。

僧稠弟子们在小南海石窟中窟留下的刻经题记清楚表述，此处的经文是敬仰、遵循、依据"先师"生前的学行、"观法"镌刻的，目的是让僧稠的生平事业永垂不朽，传承万代："众等仰惟先师，依准观法，遂镂石班经，传之不朽。"此窟外壁右方专辟一区，摩崖刊刻《大涅槃经·圣行品》，以及《梵行品》的偈赞，与《续高僧传·僧稠传》等文献记载的僧稠禅定修行内容一致。然而，在窟门上方、紧接僧稠门徒的上述题记，而且是在《大涅槃经·圣行品》刻经之前，镌刻的是《华严经偈赞》，分别从 60 卷本《华严经》卷 7《佛升须弥顶品》和卷 6《贤首菩萨品》的"偈赞"中辑录，其中最后四句"卢舍那佛惠无碍，诸吉祥中最无上，彼佛曾来入此室，是故此地最吉祥”，特意将《佛升须弥顶品》中的“拘那牟尼”改为“卢舍那佛”，着力地突出表现僧稠师徒对 60 卷本《华严经》的主佛卢舍那佛的信仰和崇拜。小南海石窟中窟刻经的布局以及镌刻的《华严经偈赞》，非常明显地反映出：僧稠师徒极其熟稔大部头的 60 卷本《华严经》，能够按照自己的信仰和崇拜非常妥帖地调度、组合、排布其中的经文（小南海石窟中窟外立面、题记及刻经，分见图 1 ~ 5）。

小南海石窟中窟的刻经虽然是僧稠弟子们在他圆寂之后镌刻的，但所刻经文是“依准先师观法”选定的，而且目的是要让先师的学行“传之不朽”。弟子们如此庄严的行动和虔诚的愿望，证明小南海石窟的这些经文确实能够准确地反映僧稠生前的宗教思想和实践活动，而这些刻经的布局进一步显示：在僧稠的信仰和崇拜中，《华严经》和卢舍那佛居《涅槃经》之前，是他首要的信仰和崇拜对象。这是文献记载的僧稠史迹所缺失的重要事实，也是以往的中国佛教史和僧稠研究未曾充分注意到的问题。

事实上，僧稠的学行比学者们迄今认识到的远为丰富和复杂。《续高僧传·僧稠传》记载：僧稠“初从道房禅师受行止观”①。道房是少林寺开山祖师跋陀和地论派南道系祖师勒那摩提的高足，

图 1　小南海石窟中窟外立面

① 《大正藏》卷 50，第 553 页下。

图 2　小南海石窟中窟窟门上方《题记》及局部刻经

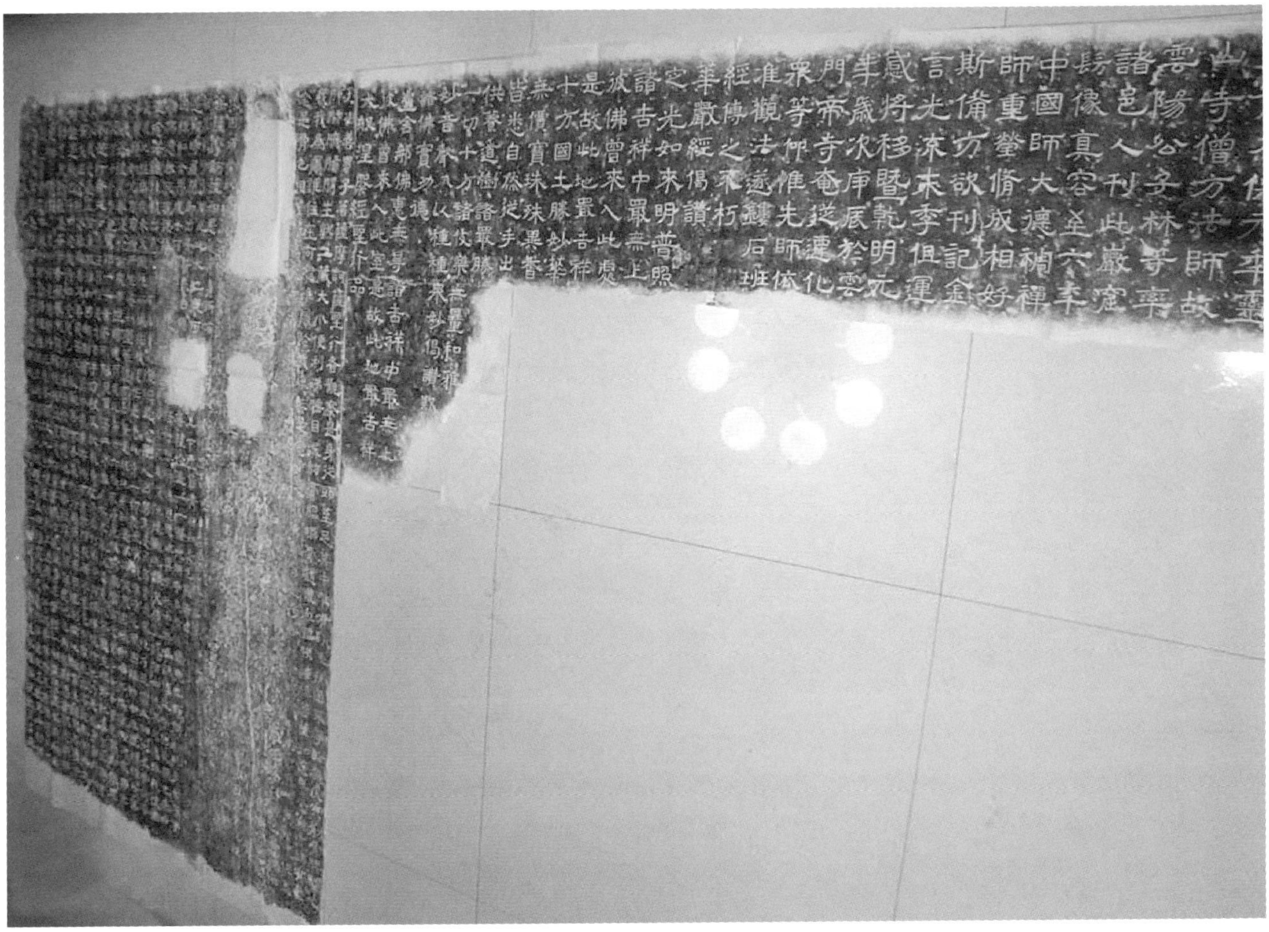

图 3　小南海石窟中窟刻经（一）

图4　小南海石窟中窟刻经（二）

图 5　小南海石窟中窟刻经（三）

李裕群《关于安阳小南海石窟》一文[①]认为："僧稠从道房所学仅是禅法，而不是地论学说。……至于（小南海石窟中窟）窟外所刻《华严经偈赞》或可说明僧稠也习《华严》，但这是因早年与地论师一段因缘，因而难免受到邺城地区地论宗的一定影响。"这样的论断，不完全符合小南海石窟中窟刻经的实际情况，同时将僧稠的行履、将他的信仰和宗教实践简单化了。

文献仅仅记载僧稠向道房"受行止观"，没有具体记述他与地论派的其他因缘。不过，道房所属的地论派南道系有一大特征，就是把佛教分判为四宗：《毗昙》学为因缘宗，《成实》学为假名宗，《般若》学为不真（诳相）宗，《华严》《涅槃》学为真（常）宗[②]。小南海石窟中窟"仰惟先师，依准观法"所刻的经文，恰恰符合僧稠师父道房一派判教的标准，将《华严经》和《涅槃经》作为崇奉的核心和最精粹的真经。把小南海石窟中窟镌刻的《华严经偈赞》仅仅视为"难免受到邺城地区地论宗的一定影响"，与窟门上方的庄严题记和经文的布局次第不大符合，可能忽略了地论南道派的判教标准。

① 载《燕京学报》新 6 期，1999 年。

② 参见 a. 智顗：《〈妙法莲华经〉玄义》卷 10 上（《大正藏》卷 33，第 801 页中）。b. 吉藏：《大乘玄论》卷 5（《大正藏》卷 45，第 63 页下）。c. 法藏：《华严一乘教义分齐章》卷 1（《大正藏》卷 45，第 480 页下）。

僧稠与地论派的联系，并非仅仅只有道房一条脉络。僧稠的修行，也并非只有学者们认识到的禅定一途。僧稠还是一位具有神异能力、精通咒术的奇僧。《续高僧传·僧稠传》记载：僧稠能够“冥知”北齐文宣帝高洋要来寺庙“加害”于他，预先做了妥帖的安排，让高洋到来时大惊失色，“下马拜伏，愧悔无已。……乃躬负（僧）稠身往寺。……因谓曰：‘弟子前身曾作何等？’（僧稠）答曰：‘作罗刹王，是以今犹好杀。’即咒盆水，令帝自视，见其影如罗刹像焉。”《续高僧传·僧稠传》还记载了他的其他灵异之事：“尝以暇日，（文宣）帝谓曰：‘弟子未见佛之灵异，颇得覩不？’稠曰：‘此非沙门所宜。’帝强之，乃投袈裟于地。帝使数十人举之，不能动。稠命沙弥取之，初无重焉。”[①]“一时忽有《仙经》两卷在于床上，稠曰：‘我本修佛道，岂拘域中长生者乎？’言已，须臾自失。”[②]

在僧稠生活、修行的时代和地域，地论派祖师菩提流支乃精通密咒第一人，校验咒术“则无抗衡矣”[③]。菩提流支还翻译了多种咒经，至今仍然保存在各种版本的佛教大藏经中。对比《续高僧传·菩提流支传》有关菩提流支施咒术引井水的记载，以及《续高僧传·昙鸾传》所记菩提流支教示昙鸾持诵《观无量寿佛经》、抛弃南朝陶弘景传授给他的《仙经》、回到并州以后矢志一心修行无量寿佛－阿弥陀佛净土之事，我们从《续高僧传·僧稠传》上述有关咒术和《仙经》的记载中，不难看出地论派祖师菩提流支对他的影响。此外，小南海石窟中窟的右壁全部雕刻《观无量寿佛经》描绘的、由“八功德水”和“九品往生”等组成的无量寿佛－阿弥陀佛极乐世界变相，充分展示了对于西方净土的崇拜和向往，从中可以进一步发现僧稠和菩提流支在信仰上的联系——菩提流支翻译的《〈无量寿经〉优婆提舍愿生偈》（《往生论》），是净土宗信奉的根本经典“三《经》一《论》”中的“一《论》”；正是由于菩提流支的关键性点拨和决定性影响，昙鸾才摆脱了道教，专心致志投入无量寿佛－阿弥陀佛净土修行，并且著《〈往生论〉注》，成为净土宗的开山之作。

附带说明，五代时期燕云十六州被石敬瑭割让给契丹人建立的辽国，北宋无力收回，而昙鸾是雁门人，当时其故乡可能陷入辽境。面对辽、金一浪高过一浪的进犯，宋朝从失败走向更大的失败，由屈辱沉入更大的屈辱，一挫再挫、国土日蹙之下，为了维持风雨飘摇的局面，宋朝朝野需要在精神上“严夷夏之防”。中国的净土宗僧人在这样的社会氛围之中生存、发展，不可避免地要受到“夷夏”观念的影响，因此从北宋时期的省常开始，中国的净土宗僧人抹掉了自称“北国虏僧”[④]的昙鸾在净土宗中的历史地位，将没有直接传承关系，而且修行方式和宗教理论并不相同的东晋时期高僧庐山慧远奉为净土宗的开山祖师。事实上，庐山慧远与昙鸾是近邻同乡[⑤]，“雁门娄烦人也”，同样是“北国虏僧”，但因为他在庐山修行、弘法半个世纪，直至生命终结，一生的大

① 《大正藏》卷50，第555页上～中。《广弘明集》卷4《归正篇第一之四·废李老道法诏（北齐高祖文宣皇帝）》中同样有和僧稠神异之事相关的记载。

② 《大正藏》卷50，第554页上。

③ 《大正藏》卷50，第428页下。

④ 《续高僧传》卷6《昙鸾传》，见《大正藏》卷50，第470页上。

⑤ 关于庐山慧远的籍贯，近百年来存在多种见解，现在基本确定在山西省原平，距昙鸾故乡很近。

半时间是在汉地的江南度过的，因而被宋朝的净土宗僧人视为纯粹的汉地高僧，进而篡改成净土宗的开山祖师。对比之下，日本净土宗因为开山祖师法然（1133～1212年）极其崇敬善导，因而对于善导之前的昙鸾－道绰的传承法脉也非常重视，一直敬奉昙鸾，他们的法脉传承更加接近历史事实。不过，净土宗真正的开山祖师应该是菩提流支，中国和日本的净土宗都数典忘祖了。

为什么菩提流支会被净土宗遗忘？国内外的中国佛教史研究者还没有对此做出特别深入的研究。笔者判断，这一不正常的历史现象可能和菩提流支在邺城遭遇到异常的事故有关。《历代三宝记》卷9记载：菩提流支"从魏永平二年至天平年，其间凡历二十余载，在洛及邺译"[①]。半个多世纪以后的《续高僧传·菩提流支传》所记大体相同，对于天平以后菩提流支的下落均未着一字，没有任何交代。《历代三宝记》成书于隋文帝开皇十七年（597年），距离菩提流支居留邺城的时间只有60年，但已经不知道他在"天平年"以后的事情了。在隋朝至初唐时期的佛教史籍中，有关菩提流支来华以后的记载主要是在洛阳期间的，他在邺城的时间和相关记录都极其短暂。

蹊跷的是，顺治版《黄梅县志·仙释志》记载："流支禅师，中印度人，梁武帝时与达摩同来东土，译经藏，于梅地（黄梅）建道场曰'菩提'，后寂于多云山，其塔在焉。"菩提道场即今湖北省黄梅县苦竹乡七里畈董家城墩的菩提寺（现名广福寺），多云山在菩提寺北，是黄梅县的名胜区。2002年从菩提寺旁的水塘中捞出乾隆年间的《临济正宗三十二世天峰真性和尚之塔》碑，碑文亦云："夫多云一山，乃菩提流支自西域来，阐教中土，卓锡于此。讲经说法，注译诸经，独传千有余年。……而师来重建之，则师即支祖之后身也。"这两条记载晚于菩提流支生前一千一二百年，而且黄梅县在菩提流支生前属于东魏的敌国、南朝梁武帝的统治地区[②]，菩提流支弘传的又是大乘佛教"有宗"（瑜伽行派）的经论，而当时梁武帝正在以举国之力弘扬大乘"空宗"（般若中观派）的《大品般若经》[③]，在信仰和义理方面菩提流支与南朝佛教存在着根本性的抵触。在正常情况下，如果没有特别急迫的、不得不离开北朝的原因，菩提流支完全不应该出现在黄梅，而且是以受到北魏和东魏皇帝和权贵们高度崇奉、在皇宫和华屋安享尊荣的大翻译家之身，流落到敌国边境上的穷乡僻壤。那么，清朝时期黄梅县有关菩提流支晚年归宿的这两条记载是否可靠呢？笔者认为，它们是确有根据的可靠记录。理由如下：

第一，明末、清初，程朱理学占据绝对的统治地位，主持编纂顺治《黄梅县志》的县官以及参与其事的编修者们一定都是儒家的忠实信徒和誉满一方的醇儒，如果黄梅县不是确实存在菩提流支的遗迹，没有任何理由能够让他们将本来远在邺城，而且已经时隔千年的菩提流支载入《县志》。

---

① 见《大正藏》卷49，第86页中。

② 黄梅县（自南朝萧齐永明四年至隋文帝开皇初的近百年间称永兴县）在梁武帝太清三年（549年）被东魏吞并，此时如果菩提流支还活着，应已年逾古稀，甚至入耄耋之年。他从邺城至黄梅、并建寺院，应该在被东魏吞并之前若干年。

③ a.《出三藏记集》卷8，见《大正藏》卷55，第53页下～54页下。b.《广弘明集》卷19，见《大正藏》卷52，第234～239页。

第二，黄梅县与庐山隔长江相望，境内有多处在中国历史和中国佛教史上均产生过重要影响的佛教寺庙，其中与菩提流支创建的菩提寺距离仅10公里左右的四祖寺和五祖寺是著名的禅宗祖庭，香火旺盛，六祖慧能即是在五祖寺得到五祖弘忍印可，授其传法衣钵，慧能的得法故事及其《得法偈》早已传遍海内外，而且清朝初期的中国佛教几乎是禅宗的一统天下，当时四祖寺、五祖寺、道信、弘忍、慧能在佛教界和社会上的知名度高出菩提流支不知有多少倍（至今知道菩提流支的中国人也没有多少），黄梅县完全没有必要借助菩提流支提高自己的地位和声望。如果不是确有菩提流支驻锡黄梅、并圆寂于此之事，《黄梅县志》绝不可能、更没有任何动力挖空心思，凭空捏造、杜撰。

第三，中唐前期的《历代法宝记》和宋朝的《五灯会元》编造出菩提流支伙同“光统律师”（慧光），六次下毒谋害禅宗祖师达摩、最后终于得逞的故事，菩提流支被丑化成为阴险、凶毒的恶僧，禅宗内部以及民间早已普遍流传。在这样的社会背景之下，《县志》载入菩提流支，并不能给黄梅县带来美誉。黄梅县有四祖寺和五祖寺，《黄梅县志》的编修者未必全都不知“菩提流支毒杀达摩大师”的故事，但是他们仍然把菩提流支来到黄梅县、开创菩提寺并在此圆寂、建塔供奉之事载入《县志》。如果不是确有其事、而且是传承已久、属于黄梅县引以为豪的古迹，《黄梅县志》绝对不可能将其载入。尤其需要注意的是，如果菩提流支不是黄梅菩提寺真真确确的开山祖师，作为乾隆年间的禅宗僧人，菩提寺的和尚们怎么可能会把本宗流传已久、几乎尽人皆知的菩提流支毒杀达摩之事往自己的寺庙身上牵连？《临济正宗三十二世天峰真性和尚之塔》的碑文怎么可能要特别说明此寺乃菩提流支创建，并且还要具体指明天峰真性本人“即支祖之后身也”！

根据以上三个方面的事实和道理判断，虽然顺治《黄梅县志》关于菩提流支晚年创建黄梅菩提寺、并终老于此的记载是1100年以后的追述，但有确切的依据，真实可信。《历代三宝记》和《续高僧传》都缺载菩提流支的晚景归宿，在黄梅出现的菩提流支行迹及其墓塔，恰恰补上了二书的缺失。

黄梅县存在菩提流支的遗迹和记载，出人意料，需要研究中国佛教、特别是北朝佛教和大乘“有宗”及净土宗的学者们予以重视。中国佛教史上的翻译家、特别是像菩提流支这样贡献巨大、影响深远的大翻译家，没有一位的晚景像菩提流支这样落寞。这意味着，菩提流支是因为特别的原因，从东魏首都邺城逃入梁境的，进入梁境仍然需要隐蔽在荒僻的边境地区。至于是什么具体的原因逼迫菩提流支落魄如此，现在已经无从知晓了。

道绰（562～645年）是北朝后期至初唐时人，原本深入研修《涅槃经》，隋炀帝大业五年（609年）到昙鸾晚年弘法的文水石壁玄中寺，见到记载昙鸾业绩的碑文，深受感动，于是舍《涅槃经》讲说，专修净土法门，一心念阿弥陀佛，观想礼拜，并为信众开讲《观无量寿经》约二百遍，其主要著作《安乐集》尤其推崇菩提流支翻译的《往生论》和昙鸾的著作《〈往生论〉注》。从道绰的这些经历、修行、讲演和著作中，可以明显地看到菩提流支的影响。特别宝贵的是，在《安乐集》卷下，道绰还具体、明晰地记述了中国净土宗“第一依中国三藏法师，并此土大德等，皆共详审圣教，叹归净土。……敬有师承。何者？谓中国大乘法师流支三藏；次有大德呵避名利，则有慧宠法师；次有大德寻常敷演，每感圣僧来听，则有道场法师；次有大德和光孤栖，二国慕仰，则有昙鸾法师；次有大德禅观独秀，则有大海法师；次有大德聪慧守戒，则有齐朝上统（法上——引者）。然前六大德并是二谛神镜，斯乃佛法纲维，志行殊伦，古今实稀，皆共详审大乘，叹归净土"①。道绰写下的这些文字，是关于中国净土宗早期历史的极其珍稀的记录，明确地将菩提流支作为中国净土宗第一代的开山祖师。遗憾的是，后来的中国净土宗僧人、特别是北宋后期以后的净土宗对《安乐集》中的这些言之凿凿的文字视而不见，将菩提流支连同其后五代传人慧宠、道场、昙鸾、大海、法上统统抹掉了，日本的净土宗也仅仅记住了昙鸾。

善导于贞观十五年（641 年）去玄中寺请教道绰，道绰授以《观无量寿经》并净土教义、行法。善导后来到长安，盛唱阿弥陀净土念佛法门，极受道俗的敬信，成为道绰以后唐代净土宗历史上最杰出的人物。善导直接受教于道绰，从净土宗的传承中抹掉菩提流支（连同慧宠、道场、昙鸾、大海、法上）的，不可能是善导。

"安史之乱"前后，禅宗大兴，《历代法宝记》编造的菩提流支伙同"光统律师"六次下毒谋害达摩的故事，就是在这个时候传播开来的。净土宗此时的大师是承远，承远为汉州绵竹县（今四川绵竹市）人，吕温（772 ~ 811 年）的《南岳弥陀寺承远和尚碑》记其"初事蜀郡唐禅师，禅师学资州诜公，诜公得东山弘忍，坚林不尽，秘键相传"②。《历代法宝记》是益州（州治成都）保唐宗所传的早期禅宗史，而"资州诜公"（智诜，609 ~ 702 年）恰恰是保唐宗的初祖。智诜本是汝南人，十三岁出家，初从玄奘学习经论，后投黄梅东山五祖寺师从弘忍，学成后到益州资中的德纯寺弘法三十余年。《历代法宝记》记载，万岁通天二年（696 年）七月，女皇帝武则天诏请智诜赴京城内道场，其后赐予达摩所传、惠能原持之袈裟。因此，智诜与达摩之间存在着特别的联系。而黄梅五祖寺在菩提流支所建的菩提寺东北方向不足 10 公里处，智诜以及五祖寺的僧人应当知晓菩提流支晚年流落黄梅菩提寺之事。

智诜"初事玄奘法师学经论"③，而玄奘和菩提流支同属大乘佛教的"有宗"，且都是大翻译家，菩提流支更对玄奘赴印度之前的学行具有极其重要的影响，玄奘冒险西行的主要目的就是为了廓清菩提流支和勒拿摩提开创的地论派在教义上存在的未解疑惑。因此，智诜对于菩提流支的了解应当比五祖寺的其他僧人更多。如此观察，《历代法宝记》编造的菩提流支伙同"光统律师"毒害达摩的故事，最初可能缘起于五祖寺，可能是五祖寺的僧人、特别是智诜得知菩提流支不明不白沦落到黄梅之后，依据佛教的因果报应观念臆想出来的，早期可能只是智诜和五祖寺僧人心中产生的疑问、口传出来的悬念，经过 100 多年的逐步演变，最后形成一连串完整的、具有神异色彩的故事，记录在《历代法宝记》中④。现在已经无法知晓这一编造过程的每一个具体环节，但是，

---

① 见《大正藏》卷 47，第 14 页中。

② 载《文苑英华》卷 866、《全唐文》卷 630、《四部丛刊·集部·吕和叔文集》卷 6。柳宗元《南岳弥陀和尚碑》误记了承远早期的参学经历，写作"公始学成都唐公，次资川诜公"，见《柳河东集》卷 6、《全唐文》卷 587。智诜于长安二年（702 年）圆寂，承远十年以后才出生，没有可能向智诜问学。

③ 《历代法宝记》，见《大正藏》卷 51，第 184 页中。

④ 见《大正藏》卷 51，第 180 页下 ~ 181 页上。

无论如何智诜都应当是其中的一个重要人物，而且有可能是始作俑者。

日本学者神田喜一郎1936年发现的、后来由柳田圣山校订、注释、出版的《传法宝纪》“全本”记载：达摩初到嵩山，罕有知者，唯道育、惠可二人奉师，“其后（达摩）门庭日广，时名望僧深相忌嫉，久不得志，廼因食致毒。【以下原文为双行小注：此恶人名字世亦共闻，无彰人过，故所宜隐。或当示现为迹，以相发明，盖所未恻。】大师知而食之，毒无能害。后见频啗毒不已，谓慧可曰：‘我为法来，今得传汝，更住无益，吾将去矣。’因集门人，重明宗极。便噉毒食，以现化焉。……尝自言一百五十岁矣。”接下来记录了一段“其日东魏使宋云自西来于葱岭，逢大师西还”的神异故事[①]。

同为早期禅宗史、但《传法宝纪》成书早于《历代法宝记》半个世纪左右。上述《传法宝纪》所记之事，与《历代法宝记》基本相同，但情节简单许多，并且隐去了“此恶人名字”。《传法宝纪》的这些记录证明：五祖弘忍的弟子们对于达摩之死有共同的认知，《历代法宝记》的记录晚出，因而更加详细，故事也更加神奇。对照《传法宝纪》的记载，可以进一步看出益州保唐宗的《历代法宝记》所记菩提流支与“光统律师”毒害达摩之事，最初的源头出自智诜。

将菩提流支从净土宗传承谱系中清除、抹去的人，极有可能是智诜的再传弟子、后来在南岳依《无量寿经》刻苦修行阿弥陀净土的承远。在历代的净土宗重要僧人中，无论是在传法脉络上、还是在时间上，只有承远距离菩提流支毒害达摩的故事源头最近，当时正是禅宗蒸蒸日上之时，无人为菩提流支证诬，因而将净土宗与这一历史性“耻辱”断绝关系的要求也最迫切。

笔者推断是承远将菩提流支从净土宗的传承谱系中抹去的，不仅有上述的黄梅五祖寺—智诜—承远以及菩提流支—黄梅菩提寺—“毒害达摩”这两个相互连接的链条作为依据，另外，还有受到承远的决定性影响而从庐山转到南岳、追随承远在弥陀台般舟道场专修净土法门的另一位净土宗祖师法照提供的证据。法照在其所著《净土五会念佛诵经观行仪》卷中说：“昔长安叡法师、慧崇、僧显、慧通，近至后周实禅师、西河鸾法师等数百人，并生西方。绰禅师等，因鸾法师得生西方。各率有缘，专修净土之业。绰禅师又撰西方记验，名《安乐集》流行。又晋朝远法师，入卢山三十年不出，乃命同志白黑百有二十三人，立誓期於西方，凿山铭愿。”[②]

这是在道绰之后150年左右，唐朝时期有关净土宗谱系的另一个重要的记录。遗憾的是，尽管法照在这段文字中提及了道绰的《安乐集》，但对比上文引录的《安乐集》中的净土宗谱系，可以发现法照做了很大的篡改，并且出现了低级的错误。法照此处说的“昔长安叡法师”，应即鸠摩罗什的四大弟子之一、其得力的译经助手僧叡。《高僧传》卷6《僧叡传》记载，他“平生誓愿，愿生西方”，“每行住坐卧，不敢正背西方。”命终之时，“入房洗浴，烧香礼拜，还床向

---

① 上海古籍出版社、法国国家图书馆编：《法藏敦煌西域文献》25，第282页，上海：上海古籍出版社，2002年。日本学者神田喜一郎在《敦煌秘籍留真》一书中最早发表P·3559（P·3664）的“全本”《传法宝纪》。《大正藏》卷85，第1291页收录的《传法宝纪》（敦煌本P·2634）没有此处引用的这些记事。

② 见《大正藏》卷85，第1244页中。

西方，合掌而卒。”[①] 这只是僧叡对于无量寿佛－阿弥陀佛西方净土的信仰、崇拜和祈求，与创建、发展净土宗是两码事。在僧叡的时代，净土宗的理论和特有的修行方式都还没有出现。法照另外列举的慧崇、僧显、慧通、后周实禅师，应该和僧叡一样，只是信仰、崇拜阿弥陀佛，祈求往生西方净土，但并没有从事净土宗的修行，他们的“专修净土之业”，与净土宗的修行有质的差别。法照将北魏时期的西河（昙）鸾法师排在后周（北周）实禅师之后，也是很不应该犯的错误。

《安乐集》已经明确地列举了道绰之前的净土宗六代祖师，法照此处还特别说到“绰禅师又撰西方记验，名《安乐集》流行”。但是，他却提出一个和《安乐集》完全不同的谱系。不能不说，这是他的有意篡改。

在法照的这个谱系中，有两个问题值得特别注意。

一是菩提流支没有了。这是和《安乐集》的谱系最明显的不同。联系到法照与承远的关系、承远和智诜－《历代法宝记》的关系、智诜和黄梅五祖寺的关系、五祖寺和菩提流支创建的黄梅菩提寺之间的距离，而法照是在20岁之前就到南岳师事承远，这样观察，在抹煞菩提流支开创净土宗历史地位的事情上，承远扮演的角色便会自然而然地浮现出来了。不过，法照列举的长安叡法师、慧崇、僧显、慧通和后周实禅师，则来自承远从广州的慧日座下承传的可能性较大，不大可能是他得自益州保唐宗的禅宗和尚传授。

二是庐山慧远在这个谱系中附带出现，不是主要人物，没有开山祖师的地位，说明后世尊奉的净土宗谱系在唐朝时期尚未形成，法照的这个谱系尚处在过渡阶段，需要到北宋时期才能把庐山慧远抬上净土宗开宗创派人的圣坛。

现在回到本文的僧稠与《华严经》的议题。菩提流支和勒拿摩提在北魏孝文帝时期共同翻译了印度大乘佛教“有宗”大师世亲所著的《〈十地经〉论》，并且经二人分别传授，形成地论派的南道和北道两系，成为地论派的两位开山祖师。地论派以阐释、弘扬《〈十地经〉论》得名，《〈十地经〉论》是解说《十地经》的论著，而《十地经》即《华严经·十地品》，原本是《华严经》的一部分，《十地经》是从《华严经》中单独抽取《十地品》而成的经典。因此，地论派是华严宗的先驱，所以唐朝的华严宗祖师法藏所著《〈华严经〉传记》将菩提流支、勒那摩提及其弟子慧光，以及慧光的再传弟子灵裕等人均作为传播《华严经》的重要人物录入。僧稠的传记虽然没有具体记录他与菩提流支和勒那摩提之间的交往，以及除了道房之外他和地论派人物还有什么实际联系，但从小南海石窟中窟的刻经，以及僧稠上述极似菩提流支的精通咒术、鄙弃《仙经》等神异行迹判断，他显然受到当时占据北朝佛教主导地位的地论派很大的影响。

僧稠与地论派的关系，还可以从少林寺得到印证。僧稠是少林寺的第二代寺主，他和地论派大师、律宗祖师慧光是少林寺开山祖师佛陀最得意的两位弟子。佛陀邀请菩提流支和勒那摩提在少林寺译经堂翻译《〈十地经〉论》，由此可知佛陀极其亲近、大力支持地论派。上文已曾述及，僧稠“受行止观”的另一位师父道房，是勒那摩提的三大弟子之一、地论派南道系的重要人物。

---

① 见《大正藏》卷50，第364页中。

从佛陀和道房两个方面的影响观察，僧稠与地论派的关系不会是一般性的、浅表层次的。

关于僧稠在邺城的情况，是高洋下诏迎请僧稠“赴邺，教化群生”，僧稠“闻有敕召，绝无承命。苦相敦喻，方遂元（允）请。……帝躬举大贺，出郊迎之。稠年过七十，神宇清旷，……帝扶接入内，为论正理。……帝闻之，毛竖流汗，即受禅道。……尔后弥承清诲，笃敬殷重”①。僧稠入邺之时，已经年逾古稀，学行圆满，地位崇高，万人景仰，连杀人不眨眼的高洋都对他如此崇拜，僧稠怎么可能如《关于安阳小南海石窟》一文所说，只是“因早年与地论师一段因缘，因而难免受到邺城地区地论宗的一定影响。”

在首都邺城附近地区，属于北齐时期的华严信仰摩崖刻经还有河南省卫辉市霖落山香泉寺石窟华严洞外崖壁的大幅《华严经·佛不思议法品》等经文（图 6）。此寺与僧稠关系密切②，现存稠禅师塔③，原有稠禅师殿④。

对比小南海石窟刻经及相关记事，香泉寺石窟刻经很可能是在僧稠生前镌刻的，早于小南海石窟中窟刻经，能够更加充分地展现出僧稠的华严信仰，但由于现存的刻经没有确切的时间记录，本文姑且将其置于小南海石窟刻经之后。今后需要高度重视香泉寺石窟的摩崖刻经，深入研究它与僧稠、与小南海石窟刻经的关系。

在中国佛教史研究中，“南朝重义理，北朝重修行”的论断早已成为“定论”，长期占据统治地位，而僧稠则作为“北朝重修行”的代表人物，一直被简化为仅仅是修持“四念处”和“十六特胜法”的禅师，几乎无人探究他与《华严经》的关系，因为敦煌写本出现之前的纸质文献资料

---

① 《续高僧传·僧稠传》，见《大正藏》卷 50，第 554 页上 ~ 中。

② 唐朝时期有关僧稠的文献资料没有关于僧稠居留汲县（今卫辉市）霖落山香泉寺的记载，相传香泉寺是僧稠于北齐天保七年（556 年）在战国时期魏安厘王离宫的废基上兴建。《续高僧传·僧稠传》记载：僧稠“从移止青罗山，受诸疠疾供养，情不惮其臭溃，甘之如荠。”（《大正藏》卷 50，第 554 页上）“疠疾”即麻风病和麻风病人，所以会“臭溃”。《续高僧传·那连提黎耶舍传》记载：北印度乌场国高僧那连提黎耶舍来到北齐以后，“又于汲郡西山建立三寺，依泉旁谷，制极山美。又收养疠疾，男女别坊，四事供承，务令周给。”（《大正藏》卷 50，第 432 页下）香泉寺东寺即那连提黎耶舍所建三寺之一，另二寺是已成为香泉寺西寺的霖落寺和距此不远的六度寺。三寺远离乡村，群山环抱，依泉傍谷，环境幽美，那连提黎耶舍在此救治了不少麻风病人，因而香泉寺被认定为中国历史上有据可查的第一座麻风病院——疠人坊，其东、西两寺中间山谷两旁的山崖上，至今仍遗留当年放置麻风病死者骨灰盒的大量石龛。据传，那连提黎耶舍辞世之前将逾百种治疗麻风病的药方刻在 10 方石碑上，树立在香泉寺“洗心”洞旁。1939 年日本侵略军大举进攻迁移至香泉寺的县政府，该寺住持为防石碑被日军劫掠，请县政府派员将碑秘密埋藏。因人事代谢，至今不知埋藏何处。僧稠“受诸疠疾供养”的青罗山，是否即香泉寺所在地，待考。

③ 香泉寺西寺庭院西侧有一石塔，塔身东、北、西三面镌刻宋仁宗“至和甲子”（1054 年）、宋哲宗“绍圣”（1094 ~ 1098 年）、宋徽宗崇宁四年（1105 年）和“壬寅岁”“癸未”五则题记，其中崇宁四年题记有“复来叩稠师塔，目击道存”文句。此塔形制、造像、图案均近于武周时期或略后之物，而且是唐朝时期北方地区较多的、供奉佛像的小型石塔式样，与北朝后期至唐朝前期尊奉高僧的石塔，如香泉寺北方近百公里的安阳灵泉寺道凭塔及其附近众多的摩崖镌凿的僧人纪念塔形制不同。题记中的“稠师塔”可能另有所指，现已不存。

④ 元朝前期大文学家、汲县人王恽所著《游霖落山记》一文特别记述香泉寺“盛时殿阁极侈，今只稠禅师一殿岿然独存”（见《四部丛刊·秋涧先生大全文集》卷 36）。

图 6　香泉寺石窟北齐摩崖石刻《华严经》(局部)

没有显示僧稠在这一方面的学行。香泉寺石窟华严洞外摩崖镌刻的《华严经·佛不思议法品》，是《华严经》中哲理特色极其浓重的一品，它反复地强调："一切诸佛，一一毛孔，次第出生一切世界微尘等佛，未曾断绝。一切诸佛，于一一微尘中，示现一切世界微尘等佛"；"一切诸佛，于一念中，悉知一切众生心心所行"；"一切诸佛，于一毛孔，悉能安置一切众生"；"一切诸法，自性无言，无方无处，舍离音声，言语道断，究竟彼岸，离虚妄境界"[①]，等等。法藏的《金狮子章》等重要著作阐发的义理、华严宗对于程朱理学影响巨大的"一即一切，一切即一"、"理事一如，理事无碍"等根本性的哲理论断，即从这一品生发。现在通过考古调查得知，香泉寺石窟华严洞刻经与僧稠关系密切，是比迄今所知敦煌写本出现之前的纸质文献、如《续高僧传》等有关僧稠的最早资料还要早一百年左右的原始石刻，并且比小南海石窟刻经能够更加充分地展现僧稠对于佛教义理的了解深度，证明僧稠不仅是一位刻苦修证的禅师，还是精通《华严经》义理的高僧，弥足珍贵，需要引起中国佛教史研究者、特别是南北朝佛教史研究者的重视。

僧稠精通《华严经》义理的历史事实，在敦煌写本的文献中有更加充分、更加深入的表现。

① 《大正藏》卷 9，第 591 页下、593 页上、594 页上、595 页上。

伯希和从敦煌携至巴黎的写本 P·3559（P·3664）[①]中，有一短篇《稠禅师药方疗有漏 病愈出三界逍遥散》（以下简称《稠禅师药方》），前半部分开列“信受”“精勤”“空门”“息缘”“观空”“无我”“逆流”“离欲”八味“药”及其剂量和对治对象的“药方”；后半部分开头是简短的制“药”说明和“服用”注意事项：“右此八味，慧斧剉之，于定臼中细擣，以不二罗筛，勿令粗过。……若闷旋塔逍遥，稳则幽居静坐，其慎药之法。”结尾是一篇激励、诫勉的诗篇，以“金丹未足比，玉屑岂能胜？莫软堕，勤自课，时可昔（惜），莫座（错）过”作结[②]。

《稠禅师药方》的八味“药”，指代的是禅定修行的八个阶段，次第清晰，逐步递进，平实稳固，且需“慧斧剉之，于定臼中细擣，以不二罗筛，勿令粗过。……若闷旋塔逍遥，稳则幽居静坐，其慎药之法”。这些禅修指导与要求，和《续高僧传》中的《僧稠传》《僧邕传》《（净影寺）慧远传》等所记的僧稠禅法几乎契合无间，特别是与僧稠修行的“十六特胜法”联系密切。而“金丹未足比，玉屑岂能胜”的诗句，则与上文引录《僧稠传》中记述的“一时忽有《仙经》两卷在于床上，稠曰：‘我本修佛道，岂拘域中长生者乎？’言已，须臾自失”完全合拍，表达的都是僧稠鄙夷、贬斥道教的态度。无论从总体上考察，还是综合各个方面的事实检验，这一篇《稠禅师药方》都有可能出自僧稠本人之手，即使不是僧稠亲手所作，其中表述的也是纯正的僧稠禅法。《续高僧传》中所记的僧稠禅法大多是印度原版形式，《稠禅师药方》则以中国化的药方形式传授僧稠禅学的精髓。尤其值得注意的是，《稠禅师药方》中的“慧斧剉之，于定臼中细擣，以不二罗筛”，这里的“慧斧”和“不二”都是大乘佛教最根本的义理，而且将“慧”置于“定”之前。

在 P·3559（P·3664）中，紧接《稠禅师药方》的后面，是署名“稠禅师”的长篇《大乘心行论》。此《论》开宗明义，直截了当地说：“心外无法。”接着特别强调：“烦恼在心中。……心外无好恶，无是非，无贡高我慢，无增无减，无得无失，无达无顺，一切是心，……心出无量法。是故《经》云：‘三界虚妄，但一心作。’”[③]这里的“是故《经》云：‘三界虚妄，但一心作。’”出自60卷本《华严经·十地品》[④]，亦即地论派尊崇的根本经典《十地经》。

日本学者篠原寿雄认定《大乘心行论》是禅宗北宗僧人的作品[⑤]。笔者认为这一判定不符合《大乘心行论》的实际情况。署名“稠禅师”的《大乘心行论》虽然不大可能全部出自僧稠之手，而且可能掺入了禅宗北宗的一些思想成分，但它的主体部分和基本思想与僧稠禅法、与《华严经》存在着密切的关系，是对僧稠禅法的准确阐释，特别是其中收录了除 P·3559（P·3664）之外、《续高僧传》等涉及僧稠的所有文献中从未出现过的、对于僧稠禅学思想做出高度哲学化概括的文

① P·3559与P·3664为同一写卷，误编为两个号。

② 前引书，《法藏敦煌西域文献》25，第286页上。

③ 前引书，《法藏敦煌西域文献》25，第286页上。

④ 《大正藏》卷9，第558页下此句依据其底本《高丽藏》，为“三界虚妄，但是心作”。宋、元、明等版本《大藏经》此句为“三界虚妄，但是一心作”或“三界虚妄，但一心作”。

⑤ 篠原寿雄、田中良昭责任编集：《敦煌讲座·8·敦煌仏典と禅》，大东出版社，1980年，第172～173页。

字，弥足珍贵，判定其为禅宗北宗的作品与事实相差太远[①]。下面列举根据，论述事理。

第一，“稠禅师”《大乘心行论》极其明确、清晰地揭示禅定修行中的心、境（法）关系：“但除攀缘心，不除善恶法。”“迷心起行，除境不除心；解心起行，除心不除境。”[②]只有在融会贯通了印度佛教传统的禅修理论，并且在禅定实践中严格、圆满地修行之后，才能以如此凝练的中国文字、将自己禅修的切身体验，以及他人的成功经验和失败教训，做出这样简洁明了的概括和总结；才能对于认识和解决禅定修行中的关键问题——心与境的关系，从哲理的高度予以明晰的剖判。虽然《大乘心行论》在这里讲述的只是宗教上的禅定修行理论，但就纯粹的精神发展高度而言，它已经对于思维与存在的关系这一哲学基本问题做出了明确的答复。可以断定，“迷心起行，除境不除心；解心起行，除心不除境”这十八个字，只有僧稠才能说出来、写出来。因为，做出这样明晰的，乃至断然的概括和剖判，不仅需要本人经历长期、严格的禅定苦修，而且需要有大量的指导他人禅修的经验，真切了解禅修成功与失败的根源，必须在禅定修行领域具有公认的权威地位；同时还需要透彻了悟六十卷本《华严经》的“三界虚妄，但一心作”的绝对唯心主义义理，在禅定实践中将“心外无法”的意念贯穿于一切对象之中。自北魏后期至盛唐时期的两个半世纪里，能够严格按照印度传统的禅修理论和实践要求，圆满成就艰苦卓绝的禅定修行，并且具备长期的和大量的指导后辈禅修的经验，成为禅定修行领域公认的绝对权威，又能透彻理解《华严经》义理者，僧稠不仅是第一人，而且远远超出同时期的其他修行者。

明末兼弘净土、禅宗和天台教法的高僧云栖祩宏在《竹窗二笔》90“厌喧求静”一文中，将“迷心起行，除境不除心；解心起行，除心不除境”的论断修改成“愚人除境不除心，智者除心不除境”，并不符合《大乘心行论》的原意。但是，在云栖祩宏之前，未曾见过禅宗僧人们重视《大乘心行论》的这一禅学论断，没有禅宗僧人特别地引用和弘传过它。因为，无论北宗、还是南宗，禅宗在心、境关系的认识上持不同于“除心不除境”的立场：神秀、慧能二人皆“除境不除心”，他们的差别仅在于慧能“除境”更加彻底、更加干净利落，而神秀则像勤恳的老农一样，努力地对身、心都要“时时勤拂拭，莫使染尘埃”。禅宗的主旨是“明心见性”，而且“明心”是前提，只有“心”明，才能“见性”。禅宗追求的是“明心”，而不是“除心”。

---

① 马格侠《敦煌所传僧稠禅法研究》一文（载《天水师范学院学报》2009年第1期）认为：《大乘心行论》“对念佛与戒律的并重，与前面所讲的僧稠禅法无关，反而与天台智凯禅师（应为‘智顗’——引者）律教并重的念佛禅有相似之处。”这一判断可能不确。天台宗祖师智顗的核心思想和止观修行是空、假、中“三谛圆融”与“一心三观”，强调三谛的平等互具、圆融无碍。《大乘心行论》没有出现空、假、中三谛，未见阐述“一心三观”“三谛圆融”的文字，却有与智顗的“一心三观”完全不同的“三种正观”——简伪存真观、真如实智观、真如本来不起止观。同时，僧稠师兄慧光为南山律宗的开山祖师，僧稠本人同样重视弘传戒律。《续高僧传·僧稠传》记载：“（僧稠）又北转常山，定州刺史娄睿、彭城王高攸等请至。又默之大冥山，创开归戒，奉信者殷焉。燕赵之境，道未通被，略言血食，众侣奔赴，礼贶填充，时或名利所缠者，稠为说偈止之。闻者惭色而止。”杀人不眨眼的北齐文宣帝高洋经僧稠劝诫，“因从受菩萨戒法，断酒禁肉，放舍鹰鹞，去官畋渔，郁成仁国。又断天下屠杀，月六年三敕民斋戒，官园私菜，荤辛悉除。”《续高僧传·僧邕传》记载：“稠公禅慧通灵，戒行标异。”

② 前引书，《法藏敦煌西域文献》25，第286页下。

然而，从《续高僧传·（净影寺）慧远传》记载的慧远向僧稠学习禅修的心得中，可以看出“解心起行，除心不除境”是对僧稠禅法的准确概括：慧远“忆昔林虑，巡历名山，见诸禅府，备蒙传法，遂学数息，止心于境。剋意寻绎，经于半月，便觉渐差，少得眠息，方知对治之良验也。因一夏学定，甚得静乐，身心怡悦，即以己证，用问僧稠。稠云：‘此心住利根之境界也，若善调摄，堪为观行。’”[①] 慧远“学数息”，学的正是僧稠特别着力修证的“十六特胜法”。《续高僧传·僧稠传》记载僧稠修禅的过程是：“当依《涅槃·圣行》四念处法，乃至眠梦觉见，都无欲想，岁居五夏。又诣赵州障供山道明禅师，受十六特胜法，钻仰积序，节食鞭心。”[②] 修“四念处法”，僧稠达到“都无欲想”；修“十六特胜法”，让僧稠“节食鞭心”。显而易见，“都无欲想”和“节食鞭心”都是“除心”。“十六特胜法”的前四种为“一知息入，二知息出，三知息长短，四知息遍身”，这四种修法即为“数息”，属于“身念处观”，是“十六特胜法”的初级阶段。“十六特胜法”的“九心作喜，十心作摄，十一心作解脱”属于“心念处观”；最后五种是“十二观无常，十三观出散，十四观离欲，十五观灭，十六观弃舍”，这五种修法属于“法念处观”。“法”包括五蕴、六根六尘、四圣谛、十二因缘、八正道、七觉支等，“境”即在“法”的范围内。慧远从“学数息”，到“止心于境”，实即完成了“十六特胜法”各阶段的禅定修行，达到了印度佛教传统的禅定要求“心住一境而不散乱”，因此僧稠赞扬他“此心住利根之境界也，若善调摄，堪为观行”。慧远向僧稠学习禅修的“止心于境”经历，为《大乘心行论》概括的“解心起行，除心不除境”提供了一个具体的、圆满的例证。

附带说明，在P·3559（P·3664）中，还有一篇《稠禅师意》，有学者认为是僧稠弟子或再传弟子记录、转述僧稠禅法的作品。《稠禅师意》说：“若心境俱灭，即自然寂定。”[③] 这样的禅定诠释，与印度佛教传统的禅学理论和修行实践大不相同，而僧稠是严格依据印度佛教的禅学传统和修行次第坐禅修定的，无论是“四念处”，还是“十六特胜法”和“五停心观”，僧稠禅修的每一个阶段、每一个步骤，“心”都依据印度佛教经典的指定，有“观”的具体对象——各种各样的“境”，而不是“心境俱灭”。这一篇《稠禅师意》带有老庄玄学的痕迹，可能是唐朝前期长江流域出现的禅学著作，近于禅宗南宗“泯绝无寄宗”的主张，与僧稠的禅学思想差异甚大，因为当时僧稠的影响仍然巨大，所以冒用僧稠的名义流传。

第二，P·3559（P·3664）中的第三种文献是署名“蕲州忍和上”，即禅宗五祖弘忍的《导凡圣悟解脱宗修心要论》（以下简称《修心要论》），此篇在敦煌文献中较多，计有北宇04、S. 2669、S. 3558、S. 4064、P. 3437、P. 3559、P. 3777等11件写本，还有6种朝鲜刊本。虽然在敦煌发现的早期禅宗史《楞伽师资记》中的《弘忍传》否认弘忍有著作传世，说：“其忍大师，萧然静坐，不出文记，口说玄理，默授与人。在人间有禅法一本，云是忍禅师说者，谬言也。”[④] 但在《楞伽师

① 见《大正藏》卷50，第491页下。

② 见《大正藏》卷50，第553页下。

③ 前引书，《法藏敦煌西域文献》25，第285页下。

④ 见《大正藏》卷85，第1289页中。

资记》的禅宗二祖《慧可传》中却有和《修心要论》非常相近的论述[①]。因此，无论这篇《修心要论》是否为弘忍所著，它属于禅宗的典籍则是确定的。

《修心要论》和《大乘心行论》的主旨都注重在讲述“心法”——禅定止观中的“观”法，但二者之间的区别极其明显：《修心要论》开宗明义，说其主旨是阐释“修道之体”乃“自识……自性圆满清净之心”，此后反复教人“知自心”，“知心是本师”，“知守自心，胜念他佛”，“故知法要，守心第一。此守心者，乃是涅槃之根本，入道之要门，十二部经之祖，三世诸佛之宗。”“若有一人不守心，得成佛者，无有是处。”“八万四千法门，三乘、五体、七十二贤圣行宗，莫过自心是本。”[②]《大乘心行论》却明确断言禅定修行正确与否，最核心、最关键的差别是“迷心起行，除境不除心；解心起行，除心不除境”。《修心要论》的“识心”“知心”“守心”，属于“迷心起行”，被《大乘心行论》视为迷妄、邪行。虽然二者皆从《华严经》的“三界虚幻（妄），唯（但）是一心作”出发，却向完全相反的方向前进。《修心要论》结尾部分引据《华严经》的“四种料简”说明持戒起行的理路，最后归结为：“欲知真实法，唯修一念心。”[③]坚持遵循被《大乘心行论》排斥的“迷心起行，除境不除心”的道路践行禅修。

比较《大乘心行论》和《修心要论》，可以明显看出《大乘心行论》与早期禅宗典籍的差别，《大乘心行论》不可能是禅宗北宗的文献。

第三，《大乘心行论》说，“欲行万行，要不生分别，心如车轴，心如大海，心如大地”，接着依次以车轴、大海、大地为例，详细讲解“心无分别”的道理和功效[④]。六十卷本《华严经》有著名的偈语：“心如工画师，画种种五阴；一切世界中，无法而不造。……心佛及众生，是三无差别。”[⑤]显而易见，《大乘心行论》做出的“心如车轴，心如大海，心如大地”的比喻及释义，来自《华严经》的这些偈语，是对这些偈语的进一步发挥。在禅宗的众多文献中，见不到“心如车轴，心如大海，心如大地”的比喻。然而，在地论派特别重视的经、论中，却有这样的比喻和同样的释义，如《思益梵天所问经》卷 4“授不退转天子记品”：“又如大海，堪受大雨，澍如车轴，不增不减。……又如大海，百川众流，入其中者，同一咸味。”[⑥]《究竟一乘宝性论》卷 4“自然不休息佛业品”：“犹如彼大地，体安固不动，为利益众生，见彼我无别。”[⑦]河北省涉县中皇山－娲皇宫的地论派摩崖刻经，第一部就是《思益梵天所问经》。地论派祖师菩提流支翻译的《〈胜思惟梵天所问经〉论》，就是阐释《思益梵天所问经》义理的论典。《究竟一乘宝性论》则是地论派另一祖师勒拿摩提翻译的，与《〈十地经〉论》同为地论派最为尊崇的论典。显然，《大乘心行论》做的

① 见《大正藏》卷 85，第 1285 页下。

② 前引书，《法藏敦煌西域文献》25，第 277 页下 ~ 279 页上。

③ 前引书，《法藏敦煌西域文献》25，第 280 页下 ~ 281 页上。

④ 前引书，《法藏敦煌西域文献》25，第 288 页。

⑤ 见《大正藏》卷 9，第 465 页下。八十卷本《华严经》此偈译作：“心如工画师，能画诸世间，五蕴悉从生，无法而不造。”见《大正藏》卷 10，页 102 上。

⑥ 《大正藏》卷 15，页 57 下。

⑦ 《大正藏》卷 31，页 846 上。

“心如车轴，心如大海，心如大地”的比喻及释义，只能出自地论派和熟知地论派义理的人之手，只有他们才能想出来、写出来。

根据以上三个方面的事实和道理，笔者认为，《大乘心行论》阐述的是与禅宗北宗不同的义理，不是禅宗北宗僧人的作品；它虽然不会全部出自僧稠之手，而且可能掺入了禅宗北宗的少量思想，但总体上它和僧稠禅法、和《华严经》及地论派存在着密切的关系，其核心创见是对僧稠禅法的准确阐释和精炼总结；《大乘心行论》更加全面、更加深入地反映出，僧稠不仅熟悉《华严经》，而且将《华严经》的义理与禅修实践圆满地融合成为一个体系，总结出“迷心起行，除境不除心；解心起行，除心不除境”的明晰禅学理论。①

P·3559（P·3664）是敦煌文献中非常重要的一个写卷，在20世纪的敦煌学研究史上，它较晚得到重视。由于其中有多种十分珍贵，而且抄写时间较早的禅宗文献，半个多世纪以来学者们重点研究的是这些禅宗写本；同时，《续高僧传·道信传》和P·3559（P·3664）的《秀和尚传》都表明，道信和神秀一脉相承，都极其重视禅定修行，从形式上看他们与僧稠都是以禅修为依归的高僧，而且P·3559（P·3664）的编集、抄写人很可能是法如－神秀系统的禅宗北宗僧人——普寂的弟子们，因此一些学者认定P·3559（P·3664）全卷的所有文献都是禅宗北宗文献。然而，P·3559（P·3664）中既有禅宗北宗的珍贵文献，还有地论派和僧稠的重要著作，以及包含摄论派义理的篇章，需要仔细分辨，不能因为禅宗北宗僧人的作品在其中占有重要地位而把P·3559（P·3664）中的所有文献都认定为禅宗北宗的著作。特别需要分辨的是禅定修行——“止观”的“观”法。从“止”——结跏趺坐，念入、出息上看，僧稠和道信——神秀似乎没有差别，都非常重视“坐”“止”。这应该是与僧稠有关的几篇文献被收入P·3559（P·3664）的原因。但是，这只是双方在形式上、表面上的相似，进入禅定修行的深层次领域，他们之间的差别便呈现出来。因为，禅定并非仅仅是“止”“坐”而已，禅定修行的重点在“观”法——在禅定中认识、体验、证悟佛教的主要义理和根本的目标，从内心的最深处得到彻底解脱。而在“观”法上，禅宗和僧稠的理路基本上是南辕北辙，背道而驰：禅宗的方向是“除境不除心”，僧稠的道路是“除心不除境”。P·3559（P·3664）的编集、抄写者有可能在一定程度上认识到了这种差别，因而将“稠禅师”名义下的几篇文献集中放置在禅宗文献之后。

P·3559（P·3664）卷首的第一种《圆明论》，就是一篇非常珍贵的地论派著作，全篇以地论派大师、佛（跋）陀和勒拿摩提的嫡传、僧稠的师兄、律宗的开山祖师慧光创立的“渐、顿、圆”判教体系②为准绳，以60卷本《华严经》的卢舍那佛“无碍法界智”分辨佛教教义的不同阐释，

① 加拿大学者冉云华1983年在《敦煌文献与僧稠的禅法》（载《华岡佛学学报》第6期）等三篇论文中首先运用P·3559（P·3664）中的资料研究僧稠的禅法，但未涉及僧稠在佛学义理方面的造诣。日本学者沖本克己1987年发表的论文《僧稠について——初期禪宗史をめぐる一視點》（载平川彰编：《仏教研究の諸問題——仏教学創刊十周年記年特輯》，山喜房佛書林），在冉云华的基础上，进一步注意到小南海中窟的刻经和造像，认识到僧稠除了禅法，亦注重经论的研究，但没有深入剖析。

② 法藏《华严一乘教义分齐章》记载：“依光统律师立三种教，谓渐、顿、圆。”见《大正藏》卷45，第480页中。

批评各种错误的理解，解说禅观的逆顺、邪正的各种法门，最后归结于《华严经·卢舍那品》的“五海十智之义”[①]。《圆明论》的第七品“自心现量品”“依《楞伽经》自觉圣智宗，立一切诸法皆是自心现量义”[②]，阐释的是地论派与公元八世纪中期以前的禅宗南、北宗共同认知的《楞伽经》的义理（地论派祖师菩提流支重新翻译了《楞伽经》，将四卷本扩充为十卷本），但其中论述的主旨是与《华严经》完全一致的“除心以外，更无一法”、“明知万法，皆是心业所现也”[③]的教义。慧能在广州直指风动、幡动只是“心动”的大彻大悟，和这一“自心现量品”十分接近，禅宗北宗却没有达到过这样的思想境界[④]。

P·3559（P·3664）的第二种是一篇以“阿摩罗识”开头的文章，“阿摩罗识”是《摄大乘论》的翻译者、摄论派的创始人真谛在眼、耳、鼻、舌、身、意和末那、阿赖耶等八识之外，特别成立的第九识，地论派、天台宗亦有采此说者，禅宗文献则未见如此突出“阿摩罗识”的事例。显然，此篇可能和摄论派关系密切，但也有可能是地论派的作品。

日本学者发现了P·3559（P·3664）中的禅宗北宗文献，做出重要贡献。但是，将P·3559（P·3664）中的作品全部认定为禅宗北宗文献，就与事实不符了。

P·3559（P·3664）中署名“稠禅师”的《大乘心行论》，将小南海石窟中窟和香泉寺石窟刻经反映出的僧稠崇奉《华严经》、通晓华严义理的事实，引进更加深入的层次，依据《华严经》首创的核心哲理“三界唯心”，对禅学理论最精要的问题做出明晰的剖判，进一步补充了《续高僧传》等有关僧稠的权威记录所缺载的重要史实。《大乘心行论》和香泉寺、小南海石窟的刻经提示我们，僧稠不仅是一位苦修禅定的大成就者，他还深通《华严经》的哲理，强调需要“慧斧剉之”，以“不二罗筛”，并且能够结合自己的禅修实践，提炼出精粹的禅学理论；以僧稠作为依据，做出“南朝重义理，北朝重修行”的论断，不完全符合历史事实、特别是6世纪初以后北朝佛教发展的真实情况。

60卷本《华严经》是在南朝翻译的，但华严学却不是在南朝，而是在北朝兴盛起来的。尤其是在菩提流支和勒那摩提译出《〈十地经〉论》以后，北朝佛教的华严－地论学勃然兴起，蔚为大宗，成为中国佛教的两大主干之一。从北魏后期至初唐时期，自地论派渐次生发出律宗、净土宗、华严宗和唯识宗四大支系。从6世纪初开始，北朝佛教的义理之学非常发达，而且是大乘佛教的“有宗”占据主导地位，和南朝佛教以大乘“空宗”（般若－中观之学）为传播主流形成分庭抗礼的局面。同时，在华严－地论学勃兴之前，毗昙学、成实学、涅槃学等已经在北朝相当兴盛；当华严－地论学在北朝佛教中独占鳌头之后，也没有妨碍原有的毗昙学、成实学、涅槃学继续发展。因此，认定北朝佛教重修行、不重义理，不符合历史上的真实情况。佛教研究界以往对于地论派

---

① 前引书，《法藏敦煌西域文献》25，第276页上。

② 前引书，《法藏敦煌西域文献》25，第275页上。

③ 前引书，《法藏敦煌西域文献》25，第275页下、276页上。

④ 日本学者柳田圣山、冈部和雄认为《圆明论》为禅宗北宗系著作，美国学者麦可瑞（John R. McRae）认为《圆明论》是神秀的著作，可能都是由于对地论派义理认识不足而做出的判断。

的研究、特别是对其义理的研究比较薄弱，这是误认为北朝佛教不重义理的重要原因。令人欣慰的是，中、日、韩三国学者现在已经开始重视研究地论派，今后应当能够产生重要的研究成果。

学院派的佛教研究者有很多人（包括笔者）对僧团内部的制度和规仪缺乏了解，这是认为南朝重义理、不重修行的重要原因。佛教修行有多种途径和方式，不仅只有禅定一种。无论是哪个国家、哪个派别的佛教僧人，都需要遵守和采行戒律、礼忏和禅定这三种主要的修行途径和方式。戒律和礼忏是僧人们每日必守、必为的修行，禅定虽然也是最重要的修行方式之一，但与戒律和礼忏相比，却不是每一位僧人天天必修的功课，更不是每一位僧人都能达到同样的程度，因而在禅定修行上，不能和戒律、礼忏一样对僧人们提出同一标准的要求。以往的中国佛教史研究者有很多人缺乏戒律和礼忏方面的知识，误以为僧人的修行主要是禅定，“南朝重义理，北朝重修行”的论断，与学者们的佛教知识缺环有很大的关系。

事实上，无论是南朝、还是北朝的佛教僧人，都必须遵守戒律，差别仅仅在于北朝主要遵行《四分律》，南朝主要遵行《十诵律》和《僧祇律》。南、北方所持戒律的不同主要是来源和传承上的差异，并不存在宽严和虔诚程度上的实质性差别。有学者认为：“南北朝时，南方的戒律很盛，可以说超过了北方。”[①] 从庐山慧远、佛陀跋陀罗、求那跋陀罗、僧祐等南朝的佛教大师们对于戒律的重视、译传和弘扬，到梁武帝“于无碍殿受佛戒”[②]，乃至著《断酒肉文》，自此素食、戒酒成为汉传佛教定制，影响中国佛教 1500 年，至今依然严格遵行。这些情况显示，认为南朝佛教持戒“超过了北方”，确有所据。

礼忏是佛教僧人必须每日多次重复的修行。印度大乘佛教僧团有“六时礼忏”的制度，每天清晨、日中、日没、初夜、中夜、后夜六个时段，寺院全体僧众聚集一处，礼拜佛像，诵读经文，忏悔过失。明朝以后的汉传佛教简化了这一制度，寺院僧众每日清晨和入夜以后两次聚集大雄宝殿，礼佛、诵经、忏悔，称为“上殿”“早晚二殿”，不少寺庙在上午和下午还要“上殿”。这样的礼忏修行，僧人内部叫“做功课”，本来是出家人的修行活动，因为是天天要做的事情，现在变成学校里学生们学习事务的名称了。北朝的礼忏修行，现存的文献资料较少，仅有《法苑珠林》卷 86《忏悔篇》收录的灵裕所著《总忏十恶偈文》一篇，最重要的原始资料保存在河北省北响堂石窟南洞廊柱和河南省安阳市西南郊的大住圣窟外壁的刻经中，显示出北朝后期的佛教僧团遵行的是印度大乘僧团的礼忏仪制，同时加入了一些既能严格依凭印度佛教、中国僧人又进行了重组的新元素[③]。相比之下，南朝佛教的礼忏活动更加丰富多彩，除了僧团每日的礼忏之外，在家的居士们依据翻译的佛典，同时加入了一些中国固有的伦理思想，创制出新的礼忏著作和修行仪法，例

① 严耀中：《东晋南朝佛教戒律发展》，《佛学研究》1996 年（总第 5 期），北京：中国佛教文化研究所《佛学研究》年刊编辑部，第 210 页。

② 《南史》卷 6《梁武帝纪》天监十八年夏四月丁巳条；《续高僧传》卷 6《慧约传》，见《大正藏》卷 50、第 469 页中。

③ 参见拙文：《宝山大住圣窟刻经中的北朝礼忏系统》，《石窟寺研究（第 1 辑）》，北京：文物出版社，2010 年，第 161 ~ 179 页。

如，南齐竟陵王肖子良的《净住子》、大文豪沈约和陈文帝等人的《忏悔文》，都是中国佛教徒在礼忏领域的新创造，而梁武帝主持制定的《慈悲道场忏法》，则是划时代的大事件，由此发展出中国化佛教的标志性法事活动《梁皇忏》和水陆道场。在南朝僧俗人士踊跃进行礼忏创制的基础上，天台宗祖师智顗制定了多种对于后世有重要影响的忏法。就礼忏修行比较，南朝与北朝佛教各具特色，同样重视，而南朝佛教的礼忏仪法不仅不亚于北朝佛教，而且更加丰富多彩，具有更多的中国元素和中国信众的创新和发展。

即使在禅定方面，有学者检索《高僧传》，发现“东晋南朝禅僧的数目无疑超过了北方。如佛驮跋陀罗、慧远、慧观、畺良耶舍、智严、求那跋陀罗等都是这一时期禅学的主要推动者。……他们基本上又是戒律学的大师。……东晋南朝时的禅律或禅戒的合一，正是体现了中国佛教发展的一种趋势”①。有关南朝和北朝禅定修行的比较研究，特别是对于南朝禅定修行的研究，迄今为止相当薄弱，而有关北朝禅定修行的研究，则一向集中于僧稠一人，也没有产生特别全面、深入的重要成果。因此，在禅定方面，北朝是否比南朝更加重视，是否胜于南朝，还有待今后做出全面、深入研究之后，才能做出符合历史事实的结论。

综上所述，长期主导中国佛教史研究的“南朝重义理，北朝重修行”的“定论”，不符合历史上的真实情况，需要认真检讨，全面复议。这一错误结论的产生，是由于学院派学者不了解僧团内部的修行活动，没有全面地研究南北朝时期佛教修行的历史事实，相信了唐朝时期个别人的片面之论，并且进一步地将僧稠一人的事迹（而且只注意到僧稠禅定修行的事迹）扩展到对于整体范围的南朝和北朝佛教发展趋势和特点的评价。近 20 多年来，已经有国内外的学者分别从不同的侧面对这一“定论”提出了一些异议，但从正面做出整体性的驳议尚不多见。本文依据小南海石窟中窟和香泉寺石窟刻经中显示的历史事实，以及敦煌写本 S·3559（S·3664）中的“稠禅师”《大乘心行论》对于僧稠禅法的理论总结，并概略考察了南朝与北朝佛教在戒律和礼忏修行方面各自不同的特点，批评了“南朝重义理，北朝重修行”论的缺失，期望能够成为引玉之砖，敬请学者们今后做出更加深入和全面的研究，并对本文给予指正。

（因正式出版物中缺乏小南海石窟刻经的完整图版和香泉寺石窟刻经的清晰图版，本文图版分别采自互联网的相关博客和网页。）

附记：《石窟寺研究》第 7 辑刊登的拙作《中国佛教石经概述》遗漏了元朝时期北京地区的两处石经，即元顺帝至正五年（1345 年）建成的居庸关过街塔券门两壁、四天王造像的空间处，镌刻梵、藏、八思巴、畏兀儿、西夏、汉等六种文字的《一切如来心陀罗尼经》《佛顶尊胜陀罗尼经》和咒语，以及《造塔功德记》等；另外一处元朝石经在房山石经山雷音洞内，当时隋朝所刻石经脱失 5 方，高丽僧人慧月发心募得元朝宫廷内高丽大臣的善款，补刻并重新嵌置在洞壁原处。谨此补充。

另外，《敦煌研究》2016 年第 4 期刊登张驰的《山西省和顺县沙峪摩崖造像调查》一文，

① 前引文，《东晋南朝佛教戒律发展》，第 213 页。

记录了北魏永安二年（529 年）张还香等人在摩崖镌刻的《观世音菩萨普门品》全品经文。这是一个重要发现，属于早期的佛教石经，而且是最早的整“品”刊刻一千七百字以上（包括题记）的摩崖刻经，值得予以特别的重视。

顷接台湾“中央研究院”历史语言研究所刘淑芬教授惠函，教示如下：

大文提及中唐前期《历代法宝记》和宋朝的《五灯会元》编造出光统律师和菩流支六度毒害达摩，流支是以被丑化为恶僧。故《黄梅县志》载入流支，并不能为其地增辉。

诚然禅宗史籍确有此记载，但此处或可加一脚注，中唐《历代法宝记》撰成后，唐宋佛教界都不断有为慧光、流支辩解的言论，

如（1）唐 · 释神清（？ ~ 820 年）《北山录》就指出这是对慧光、流支的毁谤：“彼流支、光统，皆德化敷弘，人天极望，奖贤辅善，共扬风教，如光之门，德行十人（慧光门下名扬不一），今此佞人曷敢讪毁！”此书宋僧慧宝、德珪作注更直指《历代法宝记》之不可信：“光统律师乃一代之英杰，况主僧柄，岂能尔耶？《宝林传》者，乖误极多，后之学者，宜更审之也。”

（2）宋代明教大师契嵩（1007 ~ 1072 年）着《传法正宗记》卷 5 也指此说“吾故鄙而不取”。

（3）南宋祖琇撰于隆兴二年（1164 年）。《隆兴编年通论》卷 7：“又谓光统律师、菩提流支数下毒害师。师遂不救。呜呼甚哉。光统、流支法门龙象。讵能尔乎。是皆立言者悮也。”

衷心感谢刘教授以上教示！

拙作结稿以后，又想到一个关于菩提流支是否毒害菩提达摩的证据——河北省邯郸市成安县东二祖村北的元符寺内署名“梁武帝撰”的《达摩大师碑》记载：菩提达摩“以大同二年十二月五日终于洛州禹门山，未测其报龄也。遂茔葬于熊耳吴坂矣。”《文物春秋》2012 年第 3 期刊载的任乃宏《二祖庙〈菩提达摩碑〉碑文复原及考释》一文记述：“此碑 1935 年被重新发现。该碑原淤于地面以下，碑首不知去向，碑体上部风化较重且有局部剥落，部分字迹已无法辨认。”此碑结尾题署：“大唐元和十三年五月十二日，昭义军监军使，兴元元从，登仕郎、守内侍省奚官局令员外置同正员、上柱国、赐紫金鱼袋，李朝正重建。”李朝正还在碑文之前“述”《序》一篇，《序》中起首即说明：“此碑文布传于天下久矣，未详其本立处。顷日得之，窃玩其文，乃知梁武帝深达玄旨。”随后还特别说明：“朝正尝愿于熊耳吴坂再立此碑，属以戎事多故，遂乖本志。今乃就二祖可大师塔前建之，用表真宗之所由也。”

河南省陕县熊耳山空相寺和登封市少林寺也有同样的“梁武帝撰”《达摩大师碑》，立碑时间学者意见不一。2003 年第 2 期《曹溪禅研究》刊载纪华传《菩提达摩碑文考释》一文，认为此“梁武帝撰”《达摩大师碑》碑文出现的下限在唐玄宗开元二十年（732 年）之前。学者大多认同此文的论定。

如此，则开元二十年之前，唐朝朝野已经普遍认定菩提达摩于梁武帝“大同二年十二月五日终于洛州禹门山”。梁武帝大同二年，即东魏天平三年，为公元 536 年，其时东魏已经迁都邺城

三个年头，菩提流支也早已随同东魏朝廷在邺城两年多了，慧光也早已在北朝名满天下、并且在邺城任沙门统多时了。他们二人怎么可能会专程结伴回到洛阳禹门山区，一而再、再而三、再三、再四地下毒谋害菩提达摩呢？

《传法宝纪》大致撰于开元四年至开元二十二年之间，作者可能知道《达摩大师碑》，所以在菩提达摩被毒死一事上没有明言下毒者是谁，仅含糊其辞某位名僧。《历代法宝记》成书于成都保唐寺无住（714～774年）圆寂之后不久，由其弟子编撰。此书指名菩提流支与慧光毒死菩提达摩，可靠性如何，可想而知。

另外，《续高僧传·慧可传》记载："达摩灭化洛滨，可亦埋形河涘。而昔怀嘉誉，传檄邦畿，使夫道俗来仪，请从师范。可乃奋其奇辩，呈其心要，故得言满天下，意非建立，玄籍遐览，未始经心。后以天平之初，北就新邺，盛开秘苑。"《续高僧传》的这一记载应该有比较确切的根据。是则达摩应该圆寂于北魏后期，慧可在此之后还在河洛地区弘法一段时间，享有盛誉，随后和东魏朝廷一起北迁邺城。《续高僧传·菩提达摩传》无一字言及达摩被毒死，仅记他"游化为务，不测于终"。如果达摩确实被菩提流支和慧光毒死，慧可还怎么敢去慧光主事的邺都，把自己送入虎口呢？

罗 炤

2017年12月20日

龙门隋代和唐代贞观期龛像及其保守与多样风格

常　青　王振国

内容摘要： 龙门石窟的唐太宗贞观期龛像，是龙门唐代石窟造像的第一期内容，主要位于宾阳南洞。该窟正壁的一铺五身大像应为李世民第四子魏王李泰为其母文德皇后长孙氏（601～636年）所作的功德，代表了当时龙门造像的最高水平。位于宾阳南洞南、北两壁的几个大龛的地位与技艺也明显高于其周围的众小龛，也应由高官显贵资助、造于贞观年间。其他如众星捧月一般分布在南、东、北壁间的小龛造像的普遍特点是雕凿水平不一，风格多样，且多数小龛造像雕技低劣，衣纹刻法不规范，无任何写实感。根据拥有题记的众多贞观纪年龛的样式与风格，可以将这些龛中的大部分划归贞观时期。此外，零星分布在龙门别的洞窟内外的贞观纪年龛像也表现着类似的特点。纵观唐太宗时期的龙门造像，风格多样，还没有形成统一的时代风格。有些明显继承着北齐、北周、隋代的风尚，有的风格甚至可以上溯到北魏晚期或东魏时期。另外，对一所具体造像龛而言，也往往表现为样式与风格的多样性，如有的龛中造像兼具北周、北齐风格。有些龛像只是在一些细节上带有长安传来的造像新风尚，也就是日后流行于高宗、武则天时期的典型唐代风格。换句话说，龙门贞观期龛像主要表现为以多样的旧风格为主、新旧风格并存、工匠雕刻技艺参差不齐的特点。在全国其他地区发现的唐代贞观纪年龛像风格也是如此。唐代初年中国佛教艺术界的保守性，应与唐高祖与唐太宗二位皇帝对佛教的不提倡有关。

关键词： 龙门石窟　佛教造像　贞观　唐太宗

The Buddhist Images from Sui Dynasty and Zhenguan Reign Period of Tang Dynasty at Longmen Grottoes and Their Conservative and Multiple Styles

Chang Qing　Wang Zhenguo

Abstract: The first phase of the Tang Dynasty (618 ~ 907) cave images at Longmen Grottoes in Luoyang

作者：常青，美国德克萨斯州达拉斯，75023，达拉斯亚洲艺术博物馆。
王振国，河南省洛阳市，471023，龙门石窟研究院。

of Henan province was the period of Zhenguan reign of Emperor Taizong (r. 626 ~ 649), mainly located in the southern cave of Binyang. The five main figures on the rear wall of the cave, including a seated Buddha flanked by two disciples and two Bodhisattvas, could be commissioned by Li Tai, Prince Wei and the fourth son of Emperor Taizong, for the behalf of his mother, Empress Zhangsun (601 ~ 636), representing the high level of workmanship during that period in Luoyang area. A few large niches on the southern and northern walls of the cave demonstrate higher status and artistry than the surrounding smaller niches, and they could be commissioned by high ranking officials or imperial relatives. The other smaller satellite niches on the walls reveal different levels of carving skill with various styles, all without realistic representations. According to the inscriptions, some of them were carved during the Zhenguan reign and commissioned by officials and imperial relatives. In addition, many niches without dated inscriptions represent the similar period style of Zhenguan reign, could be produced in the same age. Those images do not reveal a unified period style, but inherited more characteristics from the previous periods, such as Northern Qi (550 ~ 577), Northern Zhou (557 ~ 581), and Sui (581 ~ 618) Dynasties. Some styles can be traced back to the late period of Northern Wei (386 ~ 534) or Eastern Wei (534 ~ 550) Dynasty. In addition, some niches combine different styles from the west and east of northern China. A few niches have new styles transmitted from Chang'an area, which would be flourished in the second half of the seventh century. In other words, those Longmen Zhenguan images mainly reveal the conservative characteristics from the previous periods, similar to the Zhenguan images produced in other regions of China. The historical context associated with the attitude of Emperor Gaozu (r. 618 ~ 626), the first emperor of the Tang, and Emperor Taizong, not encouraging the development of Buddhism.

Key words: Longmen Grottoes, Buddhist images, Zhenguan reign, Emperor Taizong

534 年，北魏分为东、西魏，曾经繁荣的北魏晚期首都洛阳成了东西方两大势力的决斗场，洛阳的佛教文化事业从此陷入低谷[①]。581 年，隋朝建立，于 589 年平陈，再次统一大江南北，中国佛教开始了集南北之大成的重要时期。但洛阳的政治与文化地位仍长期不见起色。大业元年（605 年），隋炀帝（604 ~ 618 年在位）敕有司于洛阳故王城东营建东京，不久即迁都洛阳。在他的倡导下，洛阳佛教才有些起色，译事再兴，建有翻经道场，供印度僧十余人翻译佛经[②]。龙门的香山寺佛事在大业年间似也兴旺，曾葬南海郡送往东都的名僧法喜[③]。然而，随之而来的隋末政治动荡，也很难使洛阳的佛教艺术有所发展。现存全国隋代石窟龛像遗迹颇多，多集中制作于隋文帝年间（581 ~ 604 年）。作为中国三大石窟艺术宝库之一的龙门石窟的隋代纪年龛却只有三处，与隋代艺术在北方的兴盛形成了鲜明的反差，值得思考。

---

① 参见常青：《龙门石窟北朝晚期龛像浅析》，《龙门石窟一千五百周年国际学术讨论会论文集》，北京：文物出版社，1996 年，第 44 ~ 73 页。

② 事见 a.［唐］杜宝：《大业杂记》，见杜宝撰、辛德勇辑校：《大业杂记辑校》，西安：三秦出版社，2006 年，第 2、5 页。b.［唐］道宣（596 ~ 667 年）：《续高僧传》卷二《达摩笈多传》、《彦琮传》。

③ 前引书，《大业杂记辑校》，第 27 页。

唐武德四年（621年），李世民（627～649年在位）平定盘踞洛阳的王世充（591～621年），焚毁隋东都洛阳的乾阳殿、则天门及阙，并废诸道场，“城中僧尼留有名德者各三十人，余皆返初”[①]。这场战乱无疑再次压制了洛阳佛教的发展。这也是在现存伊阙造像中不见有武德（618～626年）纪年者的原因。至贞观年间（627～649年），李世民将洛阳作为行宫，号称“洛阳宫”。从此，洛阳的政治地位再次得以提升，也为将来的文化艺术发展带来了契机。

在现存龙门窟龛造像之中，约三分之二雕凿于唐代。然而，在唐朝初建的武德、贞观三十多年间，与全国其他地区一样，龙门石窟的造像事业没有多少进展。真正为龙门带来繁荣的是高宗（649～683年在位）与武则天（684～705年在位）两朝。但是，龙门石窟仍是保存唐贞观期纪年造像最多的一处历史遗迹，为我们探索唐代初年佛教造像艺术的过渡风格提供了一批最为珍贵的实物资料。日本学者冈田健与八木春生曾对宾阳南洞的部分太宗期造像做了研究[②]。丁明夷[③]、温玉成[④]、曾布川宽[⑤]、李崇峰[⑥]在对龙门石窟唐代窟龛造像进行分期、排年讨论时也涉及了部分龙门贞观期龛像。1991～1993年，笔者调查了龙门现存隋代与唐贞观纪年龛像，在此拟对调查所得作一简述，并从艺术样式与风格来观察隋代与唐贞观期造像的保守性。

一　三所隋代纪年龛的保守风格

龙门石窟只有三所隋代纪年龛，均位于宾阳洞一带。现依次叙述如下。

开皇十五年（595年）六月四日行参军裴慈明等造弥陀像龛[⑦]，位于宾阳中洞外的《伊阙佛龛之碑》北侧，高69厘米、宽36厘米。圆拱形龛，在龛楣处浮雕一丛娑罗树叶，龛内雕结跏趺坐佛并二立菩萨像。在一铺主像的上方做出娑罗树冠的造型，可见于美国波士顿艺术博物馆收藏的河北出土的一组金铜造像，制作于隋开皇十三年（593年）（图1；彩图五）。这种做法应是表现佛在娑罗树下说法的情景。主佛为圆肩，身躯丰满，胸腹较平坦，身体表面细部多残，大衣下摆垂覆矮台座前。二菩萨均为直立之姿，身材较瘦而窈窕，表面细节多残。

大业十二年（616年）四月二十五日蜀郡成都县募人季子赟造观音像一躯（图2）[⑧]，位于宾阳

① ［北宋］司马光（1019～1086年）等：《资治通鉴》卷一八九。

② a. 岡田健：《龍門石窟初唐造像論—その一太宗貞觀期での道のり》，《仏教芸術》1987年171號。b. 八木春生：《龍門石窟賓陽南洞の初唐造像に関する一考察》，《芸術研究報》2012年第33期。

③ 丁明夷：《龙门石窟唐代造像的分期与类型》，《考古学报》1979年第4期，第519～546、561～572页。

④ 温玉成：《龙门唐窟排年》，《中国石窟·龙门石窟（二）》，东京、北京：平凡社、文物出版社，1992年。

⑤ 曾布川寛：《龍門石窟における唐代造像の研究》，《東方學報》（京都）1988年第60册，第199～397页。中译本见颜娟英译：《唐代龙门石窟造像的研究》，《艺术学》（台北）1992年第7、8期。

⑥ 李崇峰：《龙门石窟唐代窟龛分期试论——以大型窟龛为例》，《石窟寺研究（第4辑）》，北京：文物出版社，2013年，第58～150页。

⑦ 该龛像题记见刘景龙：《宾阳洞》，北京：文物出版社，2010年，第228～229页。

⑧ 该龛像题记见前引书，《宾阳洞》，第228页。

图 1　1900 年代河北赵州发现的范氏造金铜组合像（22.407，47.1407-1412）高 76.5 厘米　隋　开皇十三年（593 年）（美国波士顿艺术博物馆藏）

图 2　龙门石窟宾阳中洞外北侧力士像右侧的蜀郡成都县募人季子赟造观音像一躯　隋　大业十二年（616 年）（王振国摄）

中洞外北侧力士像右侧，高 29 厘米、宽 24 厘米。为圆拱形龛，无龛楣。该立像的雕刻技艺更为粗劣，身体的高度仅为头高的两倍，比例及不谐调。可看出头上戴冠，上身袒裸、下身着长裙，但无细部的刻划；圆肩，身躯如直筒状，明显带有北齐遗风，与龙门莲花洞南壁北齐武平六年（575 年）游达磨龛立菩萨像的筒状身躯相似（图 3）。腹下绕有一周帔帛，没有衣纹的刻划。

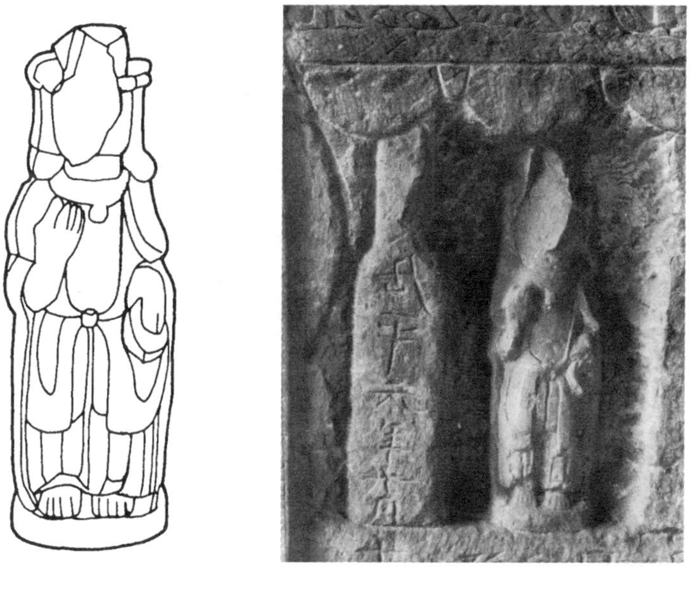

图 3　龙门石窟莲花洞游达磨龛　北齐　武平六年（575 年）（常青绘）

图 4　龙门石窟宾阳南洞北壁 N49 河南郡兴泰县人梁佩仁造释迦像二龛并四菩萨香炉狮子　隋　大业十二年（616 年）
（采自刘景龙《宾阳洞》图版 100）

N49：大业十二年七月十五日河南郡兴泰县人梁佩仁造释迦像二龛并四菩萨香炉狮子①，位于宾阳南洞北壁，为二所并列的圆拱形龛，有火焰形龛楣，其中左龛高 92 厘米、宽 60 厘米，右龛高 75 厘米、宽 60 厘米（图 4）。二龛中间刻有圆形螭首碑，碑上刻发愿文。二龛内均造结跏趺坐佛并二胁侍立菩萨像，形制极为相似。主佛头部显大，头顶肉髻低平，胸腹平坦，不显身段。此龛与上述裴慈明龛主佛均为北周遗风，与 1975 年西安草滩出土的北周白石造像龛中的坐佛身形相似（图 5）。衣纹刻划无任何写实感，表现出了低劣的技艺。二菩萨身躯呈直立之姿，腹部前挺较甚，略显女性般的窈窕身段。此二菩萨像与上述裴慈明龛二菩萨像的身材特点都与 1992 年在西安未央区西查村发现的北周白石立菩萨像相似（图 6）。无独有偶，在

图 5　西安市北郊北草滩出土的白石像龛，高 39.5、宽 28.3、厚 9.2 厘米　北周　西安博物院藏
（采自中国石窟雕塑全集编辑委员会《中国石窟雕塑全集 5·陕西宁夏》图版 140）

图 6　西安汉城乡西查村出土的白石贴金画彩立菩萨像　北周　西安博物院藏

---

①　刘景龙：《宾阳洞》一书录作“大业二年”，见该书第 230 页。N49 为该书编号，N 为北壁之意。

广大的原属北周区域内，隋代的佛与菩萨像也多表现为北周样式的延续而略有改进。

二　魏王李泰（620～653年）的功德及其造像风格的保守性

龙门没有发现唐高祖（618～626年在位）武德纪年龛像。在唐太宗贞观年间，龙门最隆盛的佛教艺术活动要数唐太宗第四子雍州牧魏王李泰为其母文德皇后长孙氏（601～636年）所作的功德，现存于宾阳中、南洞外壁间的贞观十五年（641年）《伊阙佛龛之碑》详载此事。该碑本为北魏宣武帝（499～515年在位）时期所开宾阳中洞与南洞共用的功德纪碑，在贞观年间被磨平，重刻碑文。该碑碑文由中书侍郎岑文本（595～645年）撰文，谏议大夫褚遂良（596～659年）书丹。碑文中说："文德皇后，道高轩曜，德酌坤仪，淑圣表於无疆，柔明极於光大。""左武侯大将军相州都督雍州牧魏王，体明德以居宗，膺茂亲而作屏。发挥才艺，兼苞礼乐。朝读百篇，揔九流於学海；日摛三赋，备万物於词林。""疏绝壁于玉绳之表，而灵龛星列。雕□石于金波之外，而尊容月举。或仍旧而增严，或维新而极妙。白豪流照，掩莲花之质；绀发扬晖，分檀林之侣。是故近瞻宝相，俨若全身；远鉴神光，湛如留影。"这些内容表明了造功德的对象、功德主的身份、具体的艺术操作与目的①。可知在贞观十五年及前不久，魏王李泰与他的政治团队对宾阳三洞的旧像作了重妆，又于宾阳南洞雕凿了新像②。宾阳南洞正壁的一组大像应是魏王李泰本人为长孙皇后所做的功德。而宾阳南洞壁间众多的贞观纪年小龛，都应是同一时期的遗存，或为自己的目的，或属随李泰的政治团队参与这一功德的遗存，以表现"灵龛星列"。

宾阳南洞平面呈马蹄形，穹隆顶，在窟顶尚存有北魏晚期完成的浮雕圆形伞盖与一组飞天伎乐，在东壁以及南北两壁东端下部有一组未完成的神王像（图7）。这种窟形与伞盖、飞天、神王的布局与按期完工的宾阳中洞一致，应是当年统一规划但却没有按期完工的遗存。北魏晚期的宾阳南洞正壁很可能已凿出了一铺主像的雏形，后经李泰的资助方得已续凿完成，但已不为北魏晚期的样式与风格了。

正壁的一铺主像为结跏趺坐佛与二弟子、二菩萨（图8；彩图一）。主佛的肉髻表面刻有水波纹，面相丰满长圆，眼似弯月，躯体丰硕，胸腹均微鼓，不显身段，双腿部显得较短。它身着褒衣博带式大衣，内有僧祇支，在胸前束带垂下。自左肩处以带系一袈裟。身躯丰硕、不显身段是北齐与北周的造像特点，也被隋代所继承③。在佛像头顶刻水波纹，可见于北周佛像④。自左肩处系带垂下袈裟的作法，见于隋开皇年间雕凿的山东青州云门山第1窟、驼山第2窟主佛，以及济南神通寺千佛崖唐贞观十八年（644年）僧明德造二尊佛坐像。因此，日本曾布川宽先生认为这种衣

① 关于《伊阙佛龛之碑》的碑文全文，参见前引书：《宾阳洞》，第299～230页。

② 张若愚：《伊阙佛龛之碑和潜溪寺、宾阳洞》，《文物》1980年第1期，第19～24页。

③ 本文中提到的北齐造像样式与风格，参见前引书，《龙门石窟北朝晚期龛像浅析》。

④ 如2004年在西安市未央区中查村出土的一件北周佛头雕像，参见中国社会科学院考古研究所：《古都遗珍——长安城出土的北周佛教造像》，北京：文物出版社，2010年，图版37。

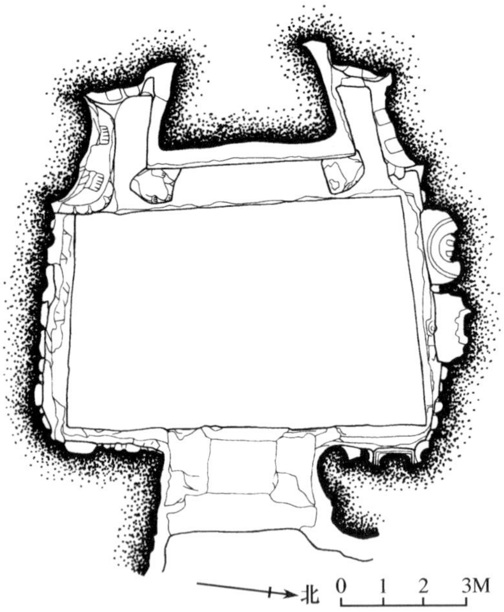

图 7　龙门石窟宾阳南洞平面图　北魏　唐
（常青绘）

图 8　龙门石窟宾阳南洞正壁　唐贞观年间（627 ~ 649 年）
（张亚光摄）

饰是由山东传入洛阳的[①]。但笔者以为，此像更多的风格应来自长安北周传统。虽然在长安地区出土的北周与隋代佛像中还没有发现自左肩处下系袈裟之例，但也不能说明在当年的长安一定没有过这种服装样式的佛像。主佛头后的头光内部雕有缠枝花草纹样，与彬县大佛寺大佛洞贞观二年完工的主佛头光中匝纹样结构相近，应是贞观时期的图案[②]。

宾阳南洞正壁的胁侍像也具有北周风格。二弟子左为迦叶，右为阿难，均著双领下垂式僧衣，宽肩阔体，身躯直立，姿态呆板，胸腹平坦，不显身段。二菩萨头部显大，面相较方，面无表情，缺乏生气；身体直立，双腿分开，没有扭动之姿。它们的胸部平坦，腹部微鼓，双肩上耸，较平，使身躯大体呈直筒状，明显具有北周或北齐菩萨像的基本体态特征，也含有北魏晚期菩萨像胸部平坦的遗风。二菩萨上身著有右袒式的内衣，并在胸前束一带，则与龙门石窟药方洞内北齐雕刻的正壁二立菩萨像服饰相同（图 9、10；彩图二）。宾阳南洞的二尊大型立菩萨像之帔帛自腹下绕作两道圆环，也是北周国菩萨像的特点，见于 1975 年西安草滩出土的北周白石造像龛中的菩萨像（图 5）、宁夏固原须弥山石窟第 46 窟中的北周菩萨立像[③]。此外，这两尊立菩萨像还饰有璎珞，其中右菩萨的一条璎珞仅在腹下交叉，而左菩萨则身挂两条璎珞：一条璎珞在腹前交叉穿一圆形饰物，是北魏晚期以来的菩萨像传统，也见于北周菩萨像；它还身挂另一条璎珞，与前一条璎珞在双膝部位交错，则是北周菩萨像的特点（图 6）。综上可知，宾阳南洞正壁的弟子与菩萨像也主要表现着北周的造像样式与风格，看不出任何唐代典型的艺术风范。

① 曾布川宽著、颜娟英译：《唐代龙门石窟造像的研究》，《艺术学》（台北）1992 年第 7、8 期，第 163 ~ 268 页。

② 常青：《彬县大佛寺造像艺术》，北京：现代出版社，1998 年，第 29 页。

③ 中国石窟雕塑全集编辑委员会：《中国石窟雕塑全集 5·陕西宁夏》，重庆：重庆出版社，2001 年，图版 179。

图 9 龙门石窟药方洞正壁主佛 北齐（张亚光摄）

图 10 龙门石窟宾阳南洞正壁左胁侍菩萨像 唐 贞观年间（627 ~ 649 年）
（采自刘景龙《宾阳洞》图版 91）

贞观十五年应是宾阳南洞正壁一铺大像完工的时间，而不是贞观年间从长安来到洛阳的一批朝廷官员在龙门雕凿之始。李泰的一组大像工程也非一年可以雕就，开始的时期应在贞观十五年以前[①]。龙门现存贞观纪年龛像最早者雕于贞观十一年（见下文）。结合李泰母长孙皇后去世于贞观十年（636 年）的史实，这项功德的起始时间有可能是贞观十一二年间。宾阳南洞贞观纪年龛像的最晚者为贞观二十三年，即李世民执政的最后一年。李泰对长孙氏所做的功德，也许有其夺嫡的政治目的，但不应带有纯的政治目的。李泰在贞观十七年就已夺嫡失败，如果宾阳南洞的续凿工程确与李泰的夺嫡阴谋有关，在其失势后，就不可能会有官吏平民在其功德窟内大事补凿龛像了。总之，在唐太宗执政中期，李泰与其追随者在宾阳南洞大造功德，引发了后来者在太宗晚期的续雕之举，最终形成了如众星捧月一般的众小龛拱卫正壁大像的功德。

三 龙门贞观期小龛造像调查及其保守与多样性风格探讨

这部分论述仍以宾阳南洞为主。刘景龙在其《宾阳洞》一书中对宾阳三洞的现存龛像作了全面报道，并为窟内所有造像龛编了号（E 东壁、S 南壁、N 北壁）。本文为叙述方便，现据该书对宾阳南洞各龛的编号来略述其中贞观纪年龛像的基本特征（图 11 ~ 13）。每条后的页码为该龛题记在刘书中的页码。

---

① 李文生：《龙门石窟的新发现及其它》（《文物》1980 年第 1 期，第 1 ~ 5 页）、张若愚《伊阙佛龛之碑和潜溪寺宾阳洞》均认为宾阳南洞后壁一铺主尊大像为魏王李泰为其母文德皇后造的功德，开凿年代当在贞观十五年。宫大中认为宾阳南洞主像有可能是隋代作品，见其著《龙门石窟艺术》，上海：上海人民出版社，1981 年，第 122 页。

图 11　龙门石窟宾阳南洞南壁龛像分布图
（采自刘景龙《宾阳洞》第 199 页）

图 12　龙门石窟宾阳南洞北壁龛像分布图

（采自刘景龙《宾阳洞》第 198 页）

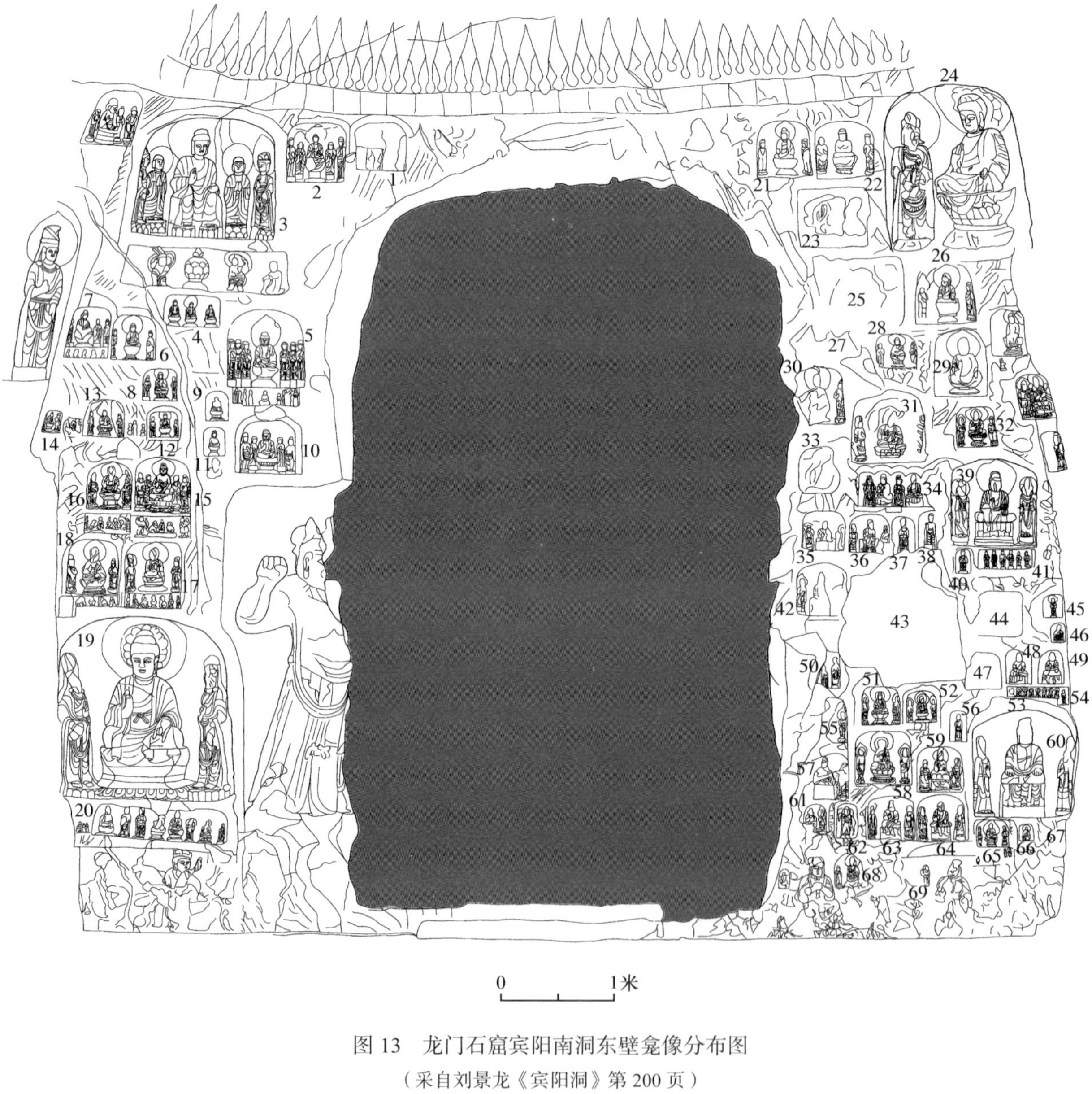

图 13　龙门石窟宾阳南洞东壁龛像分布图

（采自刘景龙《宾阳洞》第 200 页）

S19：贞观十五年三月十日豫章公主造像一塔（第235页），高41厘米、宽50厘米。圆拱形龛，无龛楣，内造结跏趺坐佛像并二立菩萨像（图14、15）。豫章公主为李世民之女。据北宋欧阳修（1007～1072年）《新唐书》卷八九《列传第一·后妃上》记载：“（唐太宗）下嫔生豫章公主而死，（长孙皇）后视如所生。”可知公主由长孙皇后抚养长大，推测李泰为长孙皇后所作的功德，应有公主参与。但公主造此龛的目的是“为己身平安”。

S24：贞观十五年五月一日魏□王监陸身造像龛[①]，高33、宽46厘米。圆拱形龛，有火焰形龛楣，内造结跏趺坐佛并二胁侍立菩萨像（图14、16）。

S25：贞观十五年六月二日豫章公主等六人造像一塔（第236页），高33、宽43厘米。圆拱形龛，有火焰形龛楣，内造结跏趺坐佛并二立菩萨像（图14）。

S32、S33：贞观十五年六月五日岑文本敬造西坩一佛二菩萨、岑嗣宗敬造东坩一佛二菩萨（第236页），S32高34厘米、宽47厘米，S33高33厘米、宽33厘米。二龛均为圆拱形，有火焰形龛楣，内造结跏趺坐佛并二立菩萨像（图14、17）。

S46：贞观十五年七月六日清信女妙光造像五躯（第236页），高36厘米、宽55厘米。圆拱形龛，有火焰形龛楣，内造三身结跏趺坐佛并二胁侍立菩萨像（图14、18）。

图14　龙门石窟宾阳南洞南壁S17～S26、S28～S35、S37～S42、S44～S48龛　唐
（采自刘景龙《宾阳洞》图版118）

① 刘景龙《宾阳洞》一书没有录出该题记。

图15 龙门石窟宾阳南洞南壁S19豫章公主造像一塔主佛 唐 贞观十五年（641年）（王振国摄）

图16 龙门石窟宾阳南洞南壁S24魏□王监陸身造像龛 唐 贞观十五年（641年）（王振国摄）

图17 龙门石窟宾阳南洞南壁S32岑嗣宗造东坩一佛二菩萨 唐 贞观十五年（641年）（王振国摄）

图18 龙门石窟宾阳南洞南壁S46清信女妙光造像五躯 唐 贞观十五年（641年）（王振国摄）

S47：贞观十五年十一月二十五日步大并妻郁久闲造像一躯（第236页），高31厘米、宽34厘米。圆拱形龛，有火焰形龛楣，内造结跏趺坐佛像一身（图14、19）。

S26：贞观十六年三月二十五日清信女石妲妃造救苦观音一躯（第236页），高28厘米、宽27厘米。圆拱形龛，有火焰形龛楣，内造立菩萨像一身（图14、20）。

图 19　龙门石窟宾阳南洞南壁 S47 步大并妻郁久闲造像一躯　唐　贞观十五年（641 年）（王振国摄）

图 20　龙门石窟宾阳南洞南壁 S26 清信女石妲妃造救苦观音一躯　唐　贞观十六年（642 年）（王振国摄）

S34：贞观十六年十月六日韩方往妻李氏造像一躯（第 236 页），高 35 厘米、宽 30 厘米。圆拱形龛，有火焰形龛楣，内造结跏趺坐佛像（图 14、21）。

S13：贞观十八年五月十五日前河南县丞张君彦造像一龛（第 236 页），高 58 厘米、宽 50 厘米。圆拱形龛，有火焰形龛楣，内雕结跏趺坐佛并二立菩萨像（图 22）。

S45：贞观十八年八月二十四日杨僧威造像三躯、杨福阴造像一躯、王信行造像一躯（第 236、238、239 页），高 42 厘米、宽 64 厘米。圆拱形龛，有火焰形龛楣，内造五身并列的结跏趺坐佛像（图 14、23）。

E60：贞观十八年十月二十五日洛阳宫留守右领军将军柱国京兆公阎武盖造阿弥陀佛一躯并二菩萨（第 236 页），高 98 厘米、宽 85 厘米。圆拱形龛，有火焰形龛楣，内造结跏趺坐佛并二胁侍立菩萨像（图 24）。

图 21　龙门石窟宾阳南洞南壁 S34 韩方往妻李氏造像一躯　唐　贞观十六年（642 年）（王振国摄）

图 22　龙门石窟宾阳南洞南壁 S13 前河南县丞张君彦造像一龛　唐　贞观十八年（644 年）
（采自刘景龙《宾阳洞》图版 116）

图 23　龙门石窟宾阳南洞南壁 S45 杨僧威造像三躯、杨福阴造像一躯、王信行造像一躯　唐　贞观十八年（644 年）（王振国摄）

图 24　龙门石窟宾阳南洞东壁 E60 洛阳宫留守右领军将军柱国京兆公阎武盖造阿弥陀佛一躯并二菩萨　唐　贞观十八年（644 年）（王振国摄）

S67：贞观十九年三月十六日清信女张寂妃为亡父杨僧威造弥陀四躯并造观世音二躯[①]，高46厘米、宽68厘米。圆拱形龛，有火焰形龛楣，内造四身并列的结跏趺坐佛与二胁侍立菩萨像（图25）。

S23：贞观二十年二月十二日清信女赵氏造像龛（第237页），高37厘米、宽42厘米。圆拱形龛，无龛楣，内造结跏趺坐佛像并二立菩萨像（图14、26）。

图25　龙门石窟宾阳南洞南壁S67清信女张寂妃为亡父杨僧威造弥陀四躯并造观世音二躯　唐　贞观十九年（645年）（王振国摄）

图26　龙门石窟宾阳南洞南壁S23清信女赵氏造像龛　唐　贞观二十年（646年）（王振国摄）

N71：贞观二十年五月五日韩文雅及妻唐氏於伊阙寺造石一龛并二菩萨（第230页），高78厘米、宽74厘米。圆拱形龛，无龛楣，内造结跏趺坐佛并二胁侍立菩萨像（图27）。据此可知，宾阳三洞一带在贞观年间被称为“伊阙寺”，应与《伊阙佛龛之碑》的名称有关。

S9：贞观二十年十月八日杨叔囗妻王氏造阿弥陀像一龛并二菩萨（第239页），高45厘米、宽43厘米。圆拱形龛，有火焰形龛楣，内造结跏趺坐佛并二弟子、二菩萨像（图22）。

S38：贞观二十年石静业造像龛（第237页），高33厘米、宽36厘米。圆拱形龛，无龛楣，内造结跏趺坐佛并二胁侍立菩萨像（图14、28）。

E59：贞观二十一年三月六日洛州嵩阳县令慕容氏造弥陀像一躯（第239页），高40厘米、宽40厘米。圆拱形龛，有火焰形龛楣，内造结跏趺坐佛并二胁侍立菩萨像（图29）。

E43：贞观二十一年十一月十五日登仕郎梁国公府长史杨宣政并妻唐氏为比丘僧道造阿弥陀像一躯（第239页），高112厘米、宽90厘米。龛内像已不存。

N96：贞观二十二年四月八日洛州河南县思顺坊老幼造弥勒像一龛（第230～231页），高250厘米、宽280厘米、深85厘米。圆拱形龛，有火焰形龛楣，内造倚坐佛并二弟子、二菩萨、二力士像（图30）。

---

① 刘景龙《宾阳洞》一书没有指明该题记的具体位置，也没有录出“三月十六日”，见第237页。但对该龛的描述，可见刘书第218～219页。该题记与龛的对应，笔者1993年在现场核对过。

图 27　龙门石窟宾阳南洞北壁 N71 韩文雅及妻唐氏於伊阙寺造石一龛并二菩萨　唐　贞观二十年（646 年）（王振国摄）

图 28　龙门石窟宾阳南洞南壁 S38 石静业造像龛　唐　贞观二十年（646 年）（王振国摄）

图 29　龙门石窟宾阳南洞东壁 E59 洛州嵩阳县令慕容氏造弥陀像一躯　唐　贞观二十一年（647 年）（王振国摄）

图 30　龙门石窟宾阳南洞北壁 N96 洛州河南县思顺坊老幼造弥勒像一龛　唐　贞观二十二年（648 年）（王振国摄）

E32：贞观二十二年五月八日贾君才造像一龛（第239页），高38厘米、宽36厘米。圆拱形龛，无龛楣，内造结跏趺坐佛并二胁侍立菩萨像（图31）。

S10：贞观二十二年五月八日赵才为亡妻公孙氏造弥陀像一躯并二菩萨（第239页），高36、宽35厘米。圆拱形龛，内雕结跏趺坐佛并二弟子、二菩萨像（图22）。

N53：贞观二十二年八月二十五日清信女萧氏造阿弥陀佛一躯并二菩萨（第231页），高44厘米、宽33厘米。圆拱形龛，龛楣已残，内雕结跏趺坐佛并二立菩萨像，下有香炉与二蹲狮（图32）。

图31　龙门石窟宾阳南洞东壁E32贾君才造像一龛　唐　贞观二十二年（648年）（王振国摄）

图32　龙门石窟宾阳南洞北壁N51 ~ 54、N59 ~ 62、N70 ~ 73　唐
（采自刘景龙《宾阳洞》图版103）

S15：贞观二十二年九月清信女某造像一龛[①]，高43厘米、宽39厘米。圆拱形龛，无龛楣，内造倚坐佛像（图22、33）。

S21：贞观二十三年四月八日清信女张氏造弥陀像一坩（第239页），高43厘米、宽40厘米。圆拱形龛，无龛楣，内造结跏趺坐佛与二弟子、二菩萨像（图14、34）。

S7：贞观二十三年四月十日刘法僧等造像龛（第237页），高56厘米、宽54厘米。圆拱形龛，有火焰形龛楣，内造倚坐佛并二弟子、二菩萨像（图22、35）。

N47：贞观二十三年十一月八日崔贵本造像一龛并二菩萨（第231页），高34厘米、宽54厘米。圆拱形龛，有火焰形龛楣，内造倚坐佛并二立菩萨像。N46与N48分别为佛弟子崔贵本造观世音菩萨二躯（第233 ~ 234页），N54为佛弟子崔贵本造观世音菩萨一躯，但实为二身观音立像（第242页）（图32、36）。这五处崔贵本应为同一人。四处虽无纪年，也可定在贞观二十三年左右。同窟还有一则崔贵本造观世音菩萨一躯题记（第234页），但位置已不可考。

N29：贞观二十三年佛弟子赵才造像一坩（第231页），高56厘米、宽50厘米。圆拱形龛，

① 刘景龙《宾阳洞》一书将此龛编为S15，但对应的题记却为张五造弥勒像记（第241页）。而笔者录的造像题记在刘书中没有对应的具体位置（第239页）。该题记与龛的对应，笔者与王振国先生1993年在现场核对过。

图 33　龙门石窟宾阳南洞南壁 S15 清信女某造像一龛　唐　贞观二十二年（648 年）（王振国摄）

图 34　龙门石窟宾阳南洞南壁 S21 清信女张氏造弥陀像一坩　唐　贞观二十三年（649 年）（王振国摄）

图 35　龙门石窟宾阳南洞南壁 S7 刘法僧等造像龛　唐　贞观二十三年（649 年）（王振国摄）

图 36　龙门石窟宾阳南洞北壁 N46 ~ 48、54 龛及其周围诸龛　唐

（采自刘景龙《宾阳洞》图版 95）

有火焰形龛楣，内造倚坐佛并二弟子、二菩萨像（图 37）。

此外，宾阳中洞外的第 118 号，为贞观十一年正月二十一日洛州城乡老人佛龛[①]，高 182 厘米、宽 130 厘米、深 40 厘米。圆拱形龛，无龛楣，内造结跏趺坐佛并二弟子、二菩萨像（图 38）。

图 37　龙门石窟宾阳南洞北壁 N29 佛弟子赵才造像一坩　唐　贞观二十三年（王振国摄）

图 38　龙门石窟宾阳中洞外第 118 号洛州城乡老人佛龛　唐　贞观十一年（637 年）
（采自《支那文化史蹟》图版Ⅱ-8（1））

除宾阳洞之外，还有一些贞观纪年龛像零散地分布在普泰洞、老龙洞、莲花洞、药方洞、破洞、唐字洞等处。

普泰洞北壁有贞观十二年（638 年）□月二十六日明相惣持造七佛二菩萨像龛，总高 32 厘米、宽 180 厘米。这是一排左右并列的八所圆拱形小龛，每龛上有火焰形龛楣，各龛楣间似有火焰宝珠装饰。右七龛内各雕一身结跏趺坐佛像，均著双领下垂式大衣，双手于腹前施禅定印。最左一龛略高，内雕二立菩萨像。此龛左侧雕一圆首碑，上刻题记。

老龙洞南壁有贞观十三年八月二十五日王吉祥造像龛，高 31 厘米、宽 16 厘米。圆拱形龛，原似有火焰形龛楣，内雕立菩萨一身。

莲花洞外有贞观二十年三月二日张世祖夫妻儿子等造像龛，残高 66 厘米、残宽 77 厘米（图 39）。圆拱龛，龛楣残，内雕结跏趺坐佛并二立菩萨像，其中左菩萨与龛的左侧残损。龛外右侧尚存一男二女供养人，龛下有香炉与二蹲狮。

① 对此龛年代的考证，参见李玉昆：《龙门杂考》，《文物》1980 年第 1 期，第 25 ~ 33 页。

老龙洞北壁有贞观二十一年四月七日新息县令田弘道造菩萨像龛，高39厘米、宽40厘米。为双尖拱形龛，有火焰形龛楣。每龛内雕立菩萨像一身（图40）。

图39 龙门石窟莲花洞外张世祖夫妻儿子等造像龛主佛 唐 贞观二十年（646年）
（采自《龙门石窟雕刻粹编——佛》图70）

图40 龙门石窟老龙洞北壁新息县令田弘道造菩萨像龛 唐 贞观二十一年（647年）（王振国摄）

药方洞北壁有贞观二十三年十二月二十一日杨君雅造菩萨像龛，高29厘米、宽15厘米。似尖拱形龛，内雕立菩萨像一身，已残，仅余双足与足下莲台。

破洞西壁有贞观十一年一月五日刘太妃为道王元庆造弥勒像龛，是龙门贞观纪年龛像中年代最早者，高110、宽70厘米。圆拱形龛，内雕倚坐佛一身（图41）。

唐字洞东壁有贞观二十年四月九日比丘尼洪季造像龛，高27厘米、宽18.5厘米。为圆拱形龛，龛内造立菩萨像一身，身体表面细节多残损。

其实，龙门石窟原有的贞观纪年龛像不止上述这些。日本学者水野清一、长广敏雄著的《龍門石窟の研究》附录第二《龙门石刻录》根据中国金石学著作收录了更多的贞观纪年题记，但已无从查找其龛像的位置①。

现就四个方面归纳上述纪年龛像的要点。

（一）龛形

主要是圆拱形龛，并少量尖拱形龛，龛楣刻作火焰形，但没有细部的火焰纹雕饰。从龛形而

① 东京：座右宝刊行会，1941年。该书收录的宾阳南洞贞观纪年题记中有：贞观十四年四月八日洛州士曹参军吴孝明造像龛，贞观二十年十月一日弟子卢□□为亡考造阿弥陀像，贞观二十一年十一月十五日杨静安母孙氏造像等。

言，龙门北魏小龛设计要华丽、复杂得多[①]。长安地区发现的北周小龛与邺城一带的北齐龛像仍有华丽的龛饰[②]。入唐以后，龛形变得朴素而简单。这些龙门贞观期小龛很符合以后发展起来的唐代龛像设计。

图 41　龙门石窟破洞西壁刘太妃为道王元庆造弥勒像龛　唐　贞观十一年（647 年）
（采自《中国石窟雕塑全集 4·龙门》图版 174）

（二）造像组合

有单身结跏趺坐佛，单身倚坐佛，单身立菩萨，结跏趺坐佛与二菩萨，结跏趺坐佛与二弟子、二菩萨，倚坐佛并二菩萨，倚坐佛并二弟子、二菩萨，倚坐佛与二弟子、二菩萨、二力士，三身结跏趺坐佛与二菩萨，四身结跏趺坐佛与二菩萨，五身结跏趺坐佛。中国佛教造像组合的大体演进趋势是从简单到复杂，但仍有较晚的时代使用简单组合的例子。单尊像、一佛二菩萨、一佛二弟子二菩萨、一佛二弟子二菩萨二力士的组合均见于前朝，贞观龛像中最为复杂的佛与二弟子二菩萨二力士的组合早已在龙门北魏晚期开凿的宾阳中洞出现[③]。倚坐佛在北魏时期即有[④]，但入唐以后开始流行，在前述贞观期小龛造像中已明显为一种流行的图像。后三种组合不常见，特别是四佛与二菩萨的组合，在整个中国佛教艺术史中也不多见。这些组合反映了龙门贞观期造像多样性的一个特点。

（三）造像题材

根据造像题记，可知题材有阿弥陀佛（S9、S10、S21、S67、E43、N53、E59、E60）、弥勒佛（N96）、救苦观世音菩萨（S26）、观世音菩萨二躯（S67、N48）等。阿弥陀、弥勒、观世音均为前朝流行过的造像题材，见于龙门石窟北魏晚期开凿的古阳洞造像[⑤]。但与前朝不同的是阿弥陀佛题材的比例明显提高，成为最流行的题材。这种比例还将在后世延续。北朝时期流行弥勒菩萨，而此时的弥勒多为倚坐佛形像，也将在后世继续流行。造双观世音菩萨像的传统始于北魏，早期之例可见于龙门普泰洞的一所双观音像龛，为并列而立的观音像，造于普泰元年（531 年）[⑥]。隋代的双观音像之例见于

---

① 参见刘景龙：《古阳洞》，北京：科学出版社，2001 年。

② 参见保全：《西安文管处所藏北朝白石造像和隋鎏金铜像》，《文物》1979 年第 3 期，第 83 ~ 85 页。

③ 参见前引书，《宾阳洞》图版 18。

④ 如龙门石窟火烧洞北壁的北魏晚期倚坐佛像，参见龙门石窟研究所编：《龙门石窟雕刻粹编——佛》，北京：文物出版社，1995 年，图三八。

⑤ 参见前引书，《古阳洞》附册，第 55、57、58、59、80 页。

⑥ 参见阎文儒、常青：《龙门石窟研究》，北京：书目文献出版社，1995 年，第 74 页，图 67。

西碑林博物馆的收藏[①]。但将两身观音像做为佛的胁侍是比较特别的现象，可见于公元十世纪造像[②]。宾阳南洞 S67 以双观音像胁侍的现象，为现存最早之例。还有一些龛的题记没有指明题材，只说造像一龛、一坩、一塔、一佛二菩萨，但根据它们的造型也可推测其题材。N96 的题记写主佛为弥勒，形象为倚坐佛。那么，S7、S15、N29、N47 以及破洞刘太妃等龛内的主佛均为倚坐之姿，题材也应为弥勒。题记中表明的阿弥陀佛像均为结跏趺坐佛，那么凡贞观纪年的结跏趺坐佛像就有可能属于弥陀，但也有可能是释迦。普泰洞明相愬持龛题材为七佛，也曾在前朝流行过[③]。总体来看，这批纪年龛像的题材主要继承前朝，但有其时代的侧重点，还有一些新题材。

（四）造像特征

1. 佛像

佛像的服装有褒衣博带式大衣，在胸前束带，是承自北魏孝文帝（471 ~ 499 年在位）汉化改革以后在中国北方流行的汉化佛教服装，也是龙门石窟北魏晚期佛像的流行服装，如 S10、S15、S38、N96、E32 中的佛像。但在众龙门贞观期佛像之中，最为流行的则是双领下垂式大衣，它是褒衣博带装的一种简化形式，即有披覆双肩上的外衣，内有僧袛支，但在胸前不束带。前述贞观纪年龛中的佛像绝大多数著这种服装。其次，还有少量的著通肩式大衣的佛像，如 S34。自隋代开始，佛教艺术家们同时使用来自印度的右袒、通肩式大衣与汉式的褒衣博带大衣来创作佛像了，佛衣样式从此不代表样式的新旧。

佛像的风格多样，或表现为北周遗风的丰满型身躯，或表现为北齐遗风的硕壮型身躯。依其风格分以下五型。

一型：头顶肉髻高而大，面相长圆，略显清秀，溜肩，身躯较修长，但不显瘦，有衣摆披覆座前，如 S24、E59 主佛像。衣摆覆盖座前，使人联想到北魏晚期流行于北方的秀骨清像型佛像的衣摆，也为北周所继承。但这里的衣摆风格有所不同，显得简略。

二型：肉髻高而大，面相胖圆，圆肩胖体，身材丰满，胸部略挺，略有收腹，如 S13、S23、S33、S45、S67。S13 与 S23 坐佛著双领下垂式大衣，衣裾垂覆身下方座前部，则是北魏晚期的旧样式，但被北周佛像延用（图 5）。S34 著通肩式大衣的坐佛像也属此风格，尽管其躯干相对较细，但双肩圆粗，弯曲成圆弧形，以展示其胖圆的身躯。该佛像的衣裾没有垂覆座前，可见于北齐开凿的河北邯郸南响堂山石窟佛像[④]，并在唐代流行。S45 的五身结跏趺坐佛均著双领下垂式大衣，

---

① Annette L. Juliano. *Buddhist Sculpture from China: Selections from the Xi'an Beilin Museum, Fifth through Ninth Centuries*. New York: China Institute Gallery, 2007, p. 86.

② 如杭州五代时期雕造的烟霞洞造像中的两身观音立像，位于窟门两侧，有胁侍窟内主尊的功能。参见中国石窟雕塑全集编辑委员会：《中国石窟雕塑全集 10·南方八省》，重庆：重庆出版社，2000 年，图版 25 ~ 28。

③ 在有纪年的石窟艺术中，七佛最早见于甘肃永靖炳灵寺石窟西秦开凿的第 169 窟，参见常青：《炳灵寺 169 窟塑像与壁画题材考释》，《汉唐与边疆考古研究（第一辑）》，北京：科学出版社，1994 年，第 111 ~ 130 页。

④ 参见中国石窟雕塑全集编辑委员会：《中国石窟雕塑全集 6·北方六省》，重庆：重庆出版社，2001 年，图版 140。

但没有衣裾垂覆座前。1975年在西安北郊西汉长安城遗址东北部的李家街村发现的北周白石造像龛中，有一所龛内主佛著通肩装，表现为类似的体型①。这些佛像也与宁夏固原须弥山石窟第51窟中的三身巨大的北周坐佛像相似（图42）。比较而言，二型佛像的头部更显大，身体更显肥胖，明显继承北周遗风。只有肉髻高而大是唐代的新风尚。

三型：宽肩、体型丰硕如直筒状，挺胸，腹部略收，如莲花洞外贞观二十年张世祖龛主佛、E60、N71等。这种健硕的身躯是一些北齐佛像的特点，如龙门石窟路洞外南侧武平三年（572年）口雅龛（图43）、古阳洞北壁武平三年赵桃科龛主佛（图44）。E60、N71主佛的衣裾垂覆于方座前，则是北魏晚期佛像的传统。不同的是，E60、N71佛像衣裾纹饰刻划极不规整，也没有写实感。

四型：圆肩，丰胸，腹部略收，身体显胖，如S15中的倚坐弥勒佛像与S32、普泰洞明相愬持龛内结跏趺坐佛。S46的四身坐佛像与S47佛像也可归入此型，但雕技粗劣，胸腹部较平坦。S19、S25坐佛的双肩圆弧线比上述二例略下滑，可见其宽大的肉髻，长圆的面相，但衣纹刻划拙劣，衣裾披覆于座前，只刻有一重衣褶。此型佛像与东魏的一些丰满型佛像相似，如龙门古阳洞南壁曹敬容龛主佛（图45），但类似体型也见于北响堂山石窟北齐开凿的中洞中心柱正龛主佛②。因此，这型佛像应主要表现来自东部地区的东魏、北齐遗风。

图42 宁夏固原须弥山石窟第51窟后壁三佛，高约6米 北周（陈志安摄）

图43 龙门石窟路洞口雅龛 北齐 武平三年（572年）（常青绘）

① 前引文，《西安文管处所藏北朝白石造像和隋鎏金铜像》。

② 前引书，《中国石窟雕塑全集6·北方六省》，图版130。

图 44　龙门石窟古阳洞赵桃科龛　北齐　武平三年（572 年）（常青绘）

图 45　龙门石窟古阳洞曹敬容龛　东魏　天平四年（537 年）（常青绘）

五型：圆肩，略显胖，宽肩、挺胸、细腰、收腹，显示男性般健美的身材。有的下坐束腰座，衣裾不垂覆于座前，如E32。第118号坐佛具有相似的体型，只有双肩更宽大一些；衣裾披覆宝座前，又是北魏晚期与许多北周佛像的旧样式。S9、S21主佛有素面头光，下坐束腰重瓣仰覆莲台。S38主佛的挺胸与收腹表现得不太明显，头光刻出素面圆形与桃形幅面，身下的束腰座仅见下部的覆莲。S10主佛头光同S38，但身体细部仍不清楚，下坐束腰重瓣仰覆莲台。N53主佛现存状态差，仍可归入此型，身下有束腰莲座。N29主尊倚坐佛的双肩呈圆弧形，头后有素面桃形头光。破洞刘太妃龛倚坐佛的身型大体为此类，只是双肩过于宽广，在头身比例上头部明显较大。该龛佛像的肉髻大小适中，较典型唐代佛像的肉髻比例为低，应有一些北周与隋代遗风。N96主尊倚坐佛可见更多的信息：头顶的肉髻呈大馒头形，但比例不太显高；面相长圆，双腮丰满，具有较多的典型唐风；头后有桃形头光，刻三匝纹饰，从内向外为莲瓣一周、缠枝花草、火焰纹，与彬县大佛寺大佛洞贞观二年完工的主佛头光纹样相似[①]。但N96的胁侍菩萨像风格保守（见下文）。S7的倚坐佛头后的桃形头光内刻出莲瓣一周。N96、N29、S7的倚坐佛均下坐方形束腰叠涩座，双足各踏一朵莲花。N47倚坐佛的座形不清，因有大衣覆盖。此型佛像与北齐开凿的北响堂山石窟南洞结跏趺坐佛像的体型多有相似之处，且北响堂的北齐佛像以下坐圆形束腰仰覆莲座为主，没有大衣披覆座前[②]。龙门药方洞门券北侧武平六年道兴龛中的主佛像座也是这种风点。因此，五型佛像主要继承北齐风格。

2. 弟子像

弟子像的一般特征是身体直立，夹于主佛与二菩萨之间，多只刻出上半身。一般身躯显胖，不显身段，在头身比例上头部显大。身着双领下垂式僧衣，有内衣，似交领式。N96的二弟子将身体略转向主尊一方，其中右弟子双手合十，左弟子双手叠放于胸前。第118号的二弟子像基本为侧身相，向着主佛双手合十。N29的二弟则为正面相立姿，均双手合十，且双肩上耸，头部大而圆，更加没有写实感，为浅浮雕技法刻就。S7、S9、S21的弟子也是正面相，虽刻出了全身，但部分身体被主佛与二菩萨遮挡，也是头部大而圆，浅浮雕。可见弟子像的姿态与风格并不统一，但与北齐与北周的弟子像仍有相似之处。

3. 菩萨像

菩萨的服装一般为袒裸上身，下身着长裙，有项圈，长帔帛自双肩处披下。关于帔帛的披法，有的在腹下交叉（S13、S67、E59、E60），是北魏晚期以来的传统（图46）；有的在腹下绕一周或两周（如S9、S10、S19、S21、S23、S26、N29、N47、E32、第118号），是东魏、北周以来的作法，见于龙门古阳洞南壁天平四年（537年）孙思香龛胁侍立菩萨（图47）、宁夏固原须弥山石窟北周第45、46窟菩萨像（图42）；有的分垂于体侧（如S24的右菩萨、S25、S32、S33、S46），则是北齐的流行作法（图48）。有的菩萨像没有璎络，如E59；有的菩萨像饰有长璎珞，但披挂方式有所不同，有的在腹前交叉穿环（N96），流行于北魏晚期（图49）；有的仅从一肩垂下（E32、S7、S10、S21、S26、S38），流行于北周、隋代（图42、图50）。菩萨像一般足踏莲台。

---

① 前引书，《彬县大佛寺造像艺术》，第29页。

② 前引书，《中国石窟雕塑全集6·北方六省》，图版130。

图 46　龙门石窟宾阳中洞南壁　北魏（六世纪初）
（采自常盘大定、关野贞《支那文化史迹》第二辑图版Ⅱ-16）

图 47　龙门石窟古阳洞孙思香龛　东魏　天平四年（537 年）（常青绘）

图 48　青州龙兴寺遗址出土的菩萨立像，高 110 厘米　北齐　青州博物馆藏
（采自 Hong Kong Museum of Art, ed., *Buddhist Sculptures: New Discoveries from Qingzhou*, cat. 74.）

图 49　龙门石窟古阳洞主佛之左胁侍菩萨　北魏（常青绘）

菩萨的体态风格也呈多样化，或带有北魏清秀形菩萨像的遗风，或类似隋代的以展示女性般体态，或饱含北周、北齐菩萨像的直筒状身躯，或为略显窈窕婀娜身姿的北齐菩萨像风格。可分为如下四型。

一型：身躯直立，身材较矮，上半身比例较长，胸腹平坦，胖瘦适中，略显窈窕，有细腰与宽胯的特点，如E59、S67、N96、莲花洞张世祖龛菩萨、老龙洞田弘道龛二菩萨。略显细腰、宽胯的菩萨像见于北魏晚期、北周、北齐、隋代。但此型菩萨像胸腹平坦，综合了北魏晚期清秀型菩萨像与北周、隋代菩萨像略显窈窕身段的特点，不注重体型的写实性。但E59、S67、张世祖龛、田弘道龛的二菩萨像却著帔帛于腹前交叉，N96有璎珞在腹前交叉，是北魏晚期以来的旧传统。普泰洞明相惣持龛的二立菩萨略为此型，其中右侧一身似有帔帛交叉。

图50　陕西潼关老虎城村出土的石雕菩萨像
高103厘米　隋　西安碑林博物馆藏
（采自东京国立博物馆《唐の女帝·則天武后とその時代展》第35页）

二型：身躯直立，身材修长显瘦，胸腹平坦，细腰，腹部略前挺，如S13、S24、E60的二菩萨。此型菩萨像有北魏晚期清瘦型菩萨像的遗风，也类似于隋代菩萨像追求女性般体型的风尚，有的腹部前挺。S13、E60的二菩萨像著帔帛于腹下交叉，却是北魏晚期的旧风格。S24的右菩萨帔帛似直接自双肩分垂体侧，而左菩萨的帔帛则在腹下绕两周，曾经分别流行于北齐与北周。

三型：身躯直立，圆肩，如直筒状，不显身段，身体表面很少刻衣纹，如S23、S25、S26、S32、S33、S46。身躯直立如筒状的菩萨像可见于龙门莲花洞南壁北齐武平六年游达磨龛（图3）、1975年西安草滩出土的北周白石造像龛中的立菩萨像（图5）、前述宾阳中洞外大业十二年季子赟造观音像等。这种风格主要流行于北齐，但也可见于北周、隋代。S19的右菩萨、S23的二菩萨的帔帛在腹下绕两周，为北周菩萨像传统。S26的立菩萨像璎珞仅从左肩垂下，为北周、隋代菩萨像的样式（图50）。S25、S32、S33、S46的二菩萨身体表面基本不刻衣纹，帔帛自双肩处直接分垂于体侧，为北齐菩萨像的特点，见于龙门古阳洞北壁武平三年赵桃科龛（图44）。

四型：头顶束高发髻，面为椭圆形，头部显大，身体胖瘦适中，细腰、宽胯，略具女性般的窈窕身姿。若与典型唐代的菩萨像相比，它们的体态则显得笨拙一些。该型菩萨像的体态主要与北齐开凿的北响堂山石窟北洞中心柱左壁大龛中的立菩萨一类像相似①，还可见于2012年在东魏北齐邺南城（今河北临漳县西南）东郭城区北吴庄村附近一处佛教造像埋藏坑出土的一件立菩萨像（2012JYNH1：2050）②，

① 前引书，《中国石窟雕塑全集6·北方六省》，图版119。

② 中国社会科学院考古研究所邺城考古队：《河北邺城遗址赵彭城北朝佛寺与北吴庄佛教造像埋藏坑》，《文物》2013年第7期，第65、66页。

即有窈窕的女性般身材，但身材不显高挑，而后者则是典型的唐代菩萨像风格。但此型菩萨像的具体情况又各略有不同。第 118 号的右胁侍立菩萨是该型保存状态最佳者，可见其长圆丰满的面相、三瓣形宝冠，胸前挂有三道项饰，帔帛在腿部绕作两周，是北周遗风，双足下踏重瓣仰莲台。老龙洞王吉祥龛菩萨像的帔帛自双肩分垂于体侧，是北齐遗风。E32、S7、S10、S21、S38 的二菩萨像帔帛在腹下绕两周，也为北周传统。其所饰长璎珞仅从一肩垂下，则是北周、隋代旧样式。此五龛菩萨像还有素面桃形头光。N53 二菩萨像表面细节已不清，但体型大体属于此型。S19 的左菩萨属此型，但同龛的右菩萨则属三型，二像风格新旧不一。N47 二菩萨的帔帛在腹下绕两周，腿间基本不刻衣纹。S9、N29 二菩萨像身躯直立，帔帛在腹下绕两周，腿间刻粗劣的阴刻上弧线衣纹，足踏覆莲台。N29 二菩萨的特别之处在于外侧一腿微屈，呈闲适的姿态，见于四川省博物院藏成都万佛寺遗址出土的梁太清二年（548 年）造像中的协侍立菩萨像（图 51）、河北邯郸北响堂山石窟北齐开凿的北洞左壁大龛立菩萨像，是南北朝晚期的旧样式①。在此型中，有的菩萨胯部向主佛一侧扭动，如 E32 中的立菩萨，唐字洞洪季龛菩萨像胯部也略微扭动，这应是唐代菩萨像的新风格。胯部扭动的菩萨像最早可见于贞观二年完工的彬县大佛寺大佛洞的大型二胁侍立菩萨（图 52）。综上可知，该型菩萨像主要表现为北齐风

图 51　成都万佛寺遗址出土的比丘法爱造官世音菩萨及众胁侍像　梁中　大同三年（太清二年，548 年）四川博物院藏

图 52　彬县大佛寺石窟大佛洞东壁右胁侍大势至菩萨像　唐　贞观二年（628 年）（常青绘）

① 参见 a. 中国美术全集编辑委员会：《中国美术全集·雕塑编 3·魏晋南北朝雕塑》，北京：人民美术出版社，1988 年，图版 58。b. 前引书，《中国石窟雕塑全集 6·北方六省》，图版 119。

格，夹有北周与隋代的少许特点。部分像例下启高宗期典型唐风造像，特别是身躯扭动的菩萨像。但雕技欠佳则较普遍。

4. 力士

N96 的二力士足踏山形矮台，其中右侧一身多已残，左侧一身头部已佚，但身体完好。该力士身体呈直立之姿，头部显大，身材魁梧，上身袒裸，刻出了胸大肌，下身著齐膝短裙。该力士已展示出了唐代力士像的基本特点，只是没有像唐代力士那样作身躯扭动之姿。

5. 供养人

见于张世祖龛右侧。男供养人头戴垂角幞头，身着圆领窄袖小袄，腰间束带，双足着靴，为唐代官服，说明了主要功德主的身份。该男子身后的二女供养人头顶束发髻，身着窄袖衣与齐胸长裙，裙表面刻有竖向衣褶，为典型的唐代仕女服装。二女供养人的身材均显窈窕。类似的服饰可见于 706 年制做的唐懿德太子（李重润，682 ~ 701 年）墓壁画中的男子、唐三彩女俑[①] 等。

四　一些无纪年贞观期龛像的保守风格

上述贞观纪年龛像提供了年代学标尺，我们可据此判断出一些在宾阳南洞的无纪年龛像年代。其实，在宾阳南洞的南北两壁贞观纪年龛之间，有一些造像龛的体量高大，地位更为重要，却没有纪年铭文，也可断为贞观年间作品。

从宾阳南洞南壁诸龛分布情况看，明显有过统一规划（图 11）。S51 位于南壁最显要的位置，临近窟内正壁一铺大像。S51 东侧诸龛则力求横竖排列齐整，里面包括许多上述贞观纪年龛像。其中的许多无纪年小龛从其造像的风格来看，也可划归贞观时期。因此，南壁的统一规划应是在贞观年间进行的。到了高宗时期，主要是利用南壁下层的剩余空间补刻了一些小龛。

图 53　龙门石窟宾阳南洞南壁 S51　唐　贞观年间（627 ~ 649 年）
（采自刘景龙《宾阳洞》图版 121）

S51 是南壁最重要的大龛，也是宾阳南洞窟内除正壁一铺大像之外体量最大、最重要的造像龛，可为我们提供更多的贞观期造像艺术的信息。该龛高 495、宽 300、深 44 厘米。为竖长方形帷幕龛，内雕结跏趺坐佛并二弟子、二菩萨、二力士像（图 53）。主佛头

① a.Yang Xin, etc. *Three Thousand Years of Chinese Painting*. New Haven: Yale University Press, 1997, p. 67。b. 東京國立博物館：《宮廷の榮華：唐の女帝則天武后とその時代展》，東京：NHK，1998 年，第 107 页。

顶的肉髻呈大馒头形，比例不显高，应是北周与隋代低平肉髻向唐代高肉髻的过渡形式。佛的身体挺胸收腹，可归入上述第五型佛像，表现为北齐佛像健壮、刻阴线衣纹的特点。身下坐的仰覆莲束腰座形制也见于上述一些贞观纪年小龛。二弟子为浮雕，身体侧向主佛双手合十，多见于上述贞观纪年龛。二菩萨像虽有细腰宽胯的特点，但身躯基本直立，女性的窈窕体态表现得不充分，主要与上述一型菩萨体态相似。右菩萨瓔珞仅从右肩挂下，左菩萨没有瓔珞，帔帛在腹下绕两周，这些都是北周与隋代的样式，也见于上述贞观纪年龛。此龛的唐代新样式是：二弟子与二菩萨足下所踏的莲花之长茎均由佛座底部伸出，将在高宗与武则天时期流行。五像上方的帷幕表面浅浮雕两身飞天，相对飞动，也将是唐代龛像飞天的流行样式。在佛座下部两侧各有一身浮雕力士像，已残。佛座下部正中刻一香炉，香炉两侧各雕一身形体较大的供养人，身后各有二身形体较小的供养人，再外侧各有一蹲狮。总体来看，这所大龛应雕凿于贞观年间，有相当的保守性，但也展示了少许唐代新风尚。

宾阳南洞北壁诸龛不如南壁排列齐整，但也有一定的规划（图 12）。从整体情况看，N66、N96、N13、N26 四龛的体量较大，其中 N13、N26 位于上层，从其风格来看，可能会晚至高宗时期。笔者以为北壁之所以规划不够齐整，主要是因为隋代大业十二年在该壁面的中层偏东位置刻凿了 N49。在这样的条件下，重新规划北壁，N66 的位置就显得十分重要，因为它的题记碑与东侧的 N49 相接，基本位于北壁的中部，向西又靠近正壁的一铺大像。贞观二十二年刻成的 N96 位于 N66 的右下侧，其龛的圆拱之上沿紧接着 N49 与 N66 题记碑的下沿。这种迹象只能解释为 N96 或与 N66 一起规划，或比 N66 为晚而居于其右下侧较次要的位置被雕凿。因此，从相对年代的迹象判断，N66 很可能比 N96 年代略早，下限应与 N96 同期。此外，在 N96 的东上部与 N66 的西侧诸龛则力求横竖排列齐整，其中不乏贞观纪年龛。因此，从其中的无纪年龛像的风格分析，这里的许多小龛也是在贞观年间雕刻完成的。到了高宗时期，艺术家们多利用北壁的上层与下层剩余空间补刻了一些小龛。

图54 龙门石窟宾阳南洞北壁N66立佛像龛 唐 贞观年间（627～649 年）
［采自《中国石窟·龙门石窟（第 2 卷）》图版 26］

N66 为尖拱形龛，高 335、宽 170、深 95 厘米，内雕立佛像一身（图 54）。该佛通高 265 厘米，头顶的肉髻高大，为唐代佛像肉髻样式。宽肩、细腰、宽胯，但双肩过于宽圆，胸部只是微挺，使得体型写实感不强，结合了第二、五型佛像特点。特别是身体表面的阴刻线衣纹，更多地表现着北周或北齐佛像的风格。该佛足踏覆莲台，身后有浅浮雕的桃形头光与火焰身光。头光内匝雕一周莲瓣，中匝雕缠枝花草与七身小坐佛像，外匝刻火焰纹，与彬县大佛寺大佛洞贞观二年完工的主佛头光纹样基本一致[①]。后者与N96相比只是多了外匝火焰中的小坐佛像。与S51相似，该龛的前朝风格与唐代新样式都十分明显，都是贞观期造像风格不稳定的表现。

宾阳南洞东壁门两侧诸小龛排列与北壁相似，虽不整齐划一，但也曾力求横竖排列整齐。现存贞观纪年龛像主要集中在窟门的南侧下段。如果分析、比较这里的无纪年龛像，我们会发现具有贞观年间小龛特点的还有很多，包括窟门北侧的一些小龛。因此，东壁的大多数小龛也是在贞观年间雕刻完成的。在规划之时，有意避开了北魏晚期就已设计好的下层的一排神王像。

五　唐贞观期造像保守性的历史背景

唐朝建国之初的高祖与太宗时期，隋代的造像特征还保持了相当长的一段时期，在其他地区的造像中均有发现。故宫博物院藏唐高祖武德六年（623年）正信佛弟子弥姐训为元子识造的青铜观世音菩萨立像就饱含着隋朝的造像风格[②]。目前在中国所发现的唐太宗贞观年间的造像，与龙门造像一样，同样显示着风格多样化的特色。陕西富平县在文物普查时发现了一通“大唐真观二年如海立”的造像碑，龛中刻有一佛二弟子像，主尊结跏趺坐佛的圆肩、鼓腹体态与彬县大佛寺贞观年间的坐佛很相近，二弟子双手拱于胸前的动作则与大佛寺第2号窟中的二弟子完全相同[③]。陕西麟游县的青莲山寺摩崖造像共有十六所龛，大部分是在唐太宗执政时期开凿出来的。第7号龛位于全摩崖造像的中心位置（图55），主尊坐佛像的形制与彬县大佛寺大佛洞主佛背光上的小坐佛像十分相似，该龛的二胁侍菩萨立像则具有身材矮小、清瘦而纤弱的特点，这方面与大佛寺第3号窟中的胁侍菩萨基本一致[④]。四川梓潼卧龙山摩崖造像共有三龛，是在贞观八年（634年）左右开凿出来的。其中的倚坐弥勒佛龛主佛左右的二身胁侍立菩萨像在冠饰、服装、体型等方面都和大佛寺第2号中的立菩萨相似，唯有卧龙山的菩萨饰有复杂的项圈与璎珞。茂汶县校场坝第2号倚坐弥勒佛像龛造于贞观四年（630年），其中的二胁侍菩萨立像的服装与体型和龙门宾阳南洞南壁贞观十五年（641年）六月五日完成的岑文本岑嗣宗造像龛中的二胁侍立菩萨像相似[⑤]。另外，校场坝第7号龛中的禅定结跏趺坐佛像也是在贞观四年完成的，该佛具有低平肉髻、身躯丰硕、胸腹平坦的特点，身披双领下垂式大衣，这些都与大佛寺第3号主佛有一定的共性[⑥]。四川剑阁武连横梁子摩崖造像是贞观二十一年完成的，其中的王佛颖造的“释迦像六龛”，都是一佛二弟子二菩萨的组合形式，主尊结跏趺坐佛的身躯丰满不显身段，二弟子双手合十直立，立菩萨的身体如

---

① 前引书，《彬县大佛寺造像艺术》，第29页。

② 李静杰主编：《中国金铜佛》，北京：宗教文化出版社，1996年，图版122、123。

③ 刘耀春、王保东：《富平现存的造像碑》，《文博》1992年第3期，第78～80页。

④ 参见常青：《陕西麟游青莲山寺佛教造像调查》，《文博》2015年第3期，第19～27页。

⑤ 四川省文物考古研究院：《四川茂县点将台唐代佛教摩崖造像调查简报》，《文物》2006年第2期，第40～53页。

⑥ 中国美术全集编辑委员会：《中国美术全集·雕塑编12·四川石窟雕塑》，北京：人民美术出版社，1988年，图版9、10、12、13。

图 55 陕西麟游县青莲山寺摩崖造像 唐 贞观年间（627 ~ 649 年）（常青摄）

直筒状，没有任何动感；特别是其他各龛中的立菩萨像都是胸腹平坦，细腰宽胯，双腿部向左右两侧鼓出，有的身体还略微扭动，与龙门石窟宾阳中洞外贞观十一年（637 年）洛州乡城老人佛龛中的菩萨像相似①。类似于彬县大佛寺大佛洞第 2 号正壁左胁侍菩萨那样的双腿部圆鼓的作法，可见于龙门老龙洞北壁贞观二十一年（647 年）新息县令田弘道造二菩萨立像等。大佛寺第 5 号正壁主佛双肩宽圆、身躯丰壮、略带挺胸收腹的特征，在龙门石窟贞观二十年石静业造像龛主佛身上有较为充分的反映②。这样比较来看，其他地区唐贞观期的造像过多地继承了隋代乃至北周、北齐的风格特点。

如果与我们平常所习见的大唐典型的佛教造像相比，龙门贞观期造像还是不成熟的，在各方面都表现出了或多或少的北朝与隋代的固有作法。就是到了唐太宗执政晚期，在龙门石窟中也仍有这种作风比较保守的造像龛的雕凿，正像笔者在前文中所叙述的那样，这些唐朝开国初期的近

① 剑阁武连横梁子摩崖造像中有“大唐贞观二十一年岁丁未正月一日甲申，弟子王佛颖敬造释迦像六龛，口口普同供养”与 7 号龛的上方有“贞观廿一年 / 任玄荣”的题记，因此纪年是相当明确的。参见母学勇：《四川剑阁武连横梁子摩崖造像》，《考古》1992 年第 5 期，第 424 ~ 427、483 ~ 486 页。另见广元皇泽寺博物馆等：《广元剑阁横梁子摩崖石刻造像调查简报》，《2001 成都考古发现》，北京：科学出版社，2003 年。

② 参见 a. 龙门石窟研究所编：《龙门石窟雕刻萃编——佛》，北京：文物出版社，1995 年，图版 62、67、70、72 等。b. 龙门石窟研究所：《中国石窟·龙门石窟（第 2 卷）》图版 104，东京、北京：平凡社、文物出版社，1992 年。

三十年间雕就的佛教造像，在艺术风格与数量上仍不见有较大的改观，与隋王朝在短短的三十多年间佛教与佛教艺术的迅猛发展形成了明显的反差[①]。这个事实一方面表明了唐朝的佛教艺术界对前朝艺术成果的充分汲取[②]，同时也和当时唐王朝的统治集团，特别是作为最高统治者的皇帝本人对佛教的态度是密切相关联的。

唐高祖李渊在早年的时候也是相信佛法的。隋炀帝大业初年，他曾经为次子李世民祈祷疾病痊愈特意雕造佛像，当时李世民年仅九岁[③]。唐朝建国之初，李渊对佛教也并不排斥，曾于武德二年在京师立十大德，统摄僧尼[④]。武德四年（621 年）李世民平定王世充时，还曾经借助了嵩山少林寺武僧们的威力[⑤]。但是在武德与贞观两朝中，朝中大臣们不信佛者甚多，其中以太史令傅奕为代表（《旧唐书》卷七九《傅奕传》），道士李仲卿、刘进喜等亦极力附和，使排佛的言论倾动一时[⑥]。当时的护法领袖法琳作了《破邪论》予以回击。佛教论战的结果，使唐高祖偏向了排佛者的一方，并于武德九年（626 年）下了沙汰僧尼的诏书，命令“诸僧尼道士女冠等，有精勤练行，遵戒律者，并令就大寺观居住，官给衣食，勿令乏短。其不能精进，戒行有阙者，不堪供养，并令罢道，各还桑梓。……京城留寺三所，观二所，其余天下诸州，各皆一所，余悉罢之”（《旧唐书》卷一）。幸亏在这一年的六月，李世民即位大赦天下，使这道诏令没有实行。唐太宗李世民素来不信佛法，在他即位之初，就立即下令检校佛法，严禁私度僧侣，违者处以极刑[⑦]。连护法领袖人物法琳也被下狱、流放[⑧]。在贞观朝中，以傅奕、道士秦世英等为代表的反佛猛将对唐太宗的思想影响很大。这里的主要原因还在于，唐太宗认为治国“惟在尧、舜之道，周、孔之教”（《贞观政要》卷六）。“至于佛教，非意所遵，虽有国之常经，固弊俗之虚术”（《旧唐书》卷六三）。另外，李唐皇室又以老子李耳之后自居，因此在贞观十一年（637 年）明令“道士女冠可在僧尼之前”（《集古今佛道论衡》卷三）。在这种政治形势下，必然极大地限制了佛教的发展。

但是，高祖和太宗还没有走到毁废佛教的地步。当时的佛教有时还可作用于某种政治需要，如唐太宗在即位之初曾为太武皇帝造龙田寺，为穆太后造弘福寺，为建国阵亡将士们设斋行道，

---

① 隋朝佛教的发展与文献记载所造经像的数量，参见汤用彤：《隋唐佛教史稿》第一章《隋唐佛教势力之消长》，北京：中华书局，1982 年。

② 初唐的社会决不仅仅是在佛教艺术方面充分吸收着前朝的成果，在礼仪、职官、刑律、音乐、兵制、财政等方面都是如此，这也是唐朝的各项制度能够优于前朝的原因所在。参见陈寅恪：《隋唐制度渊源略论稿》，中华书局，1977 年。

③ a.［清］王昶（1724 ~ 1806 年）：《金石萃编》卷四十《大海寺唐高祖造像记》。b.《旧唐书》卷一七一《张仲方传》。

④ ［唐］道宣（596 ~ 667 年）：《续高僧传》卷十一《保恭传》，卷十三《慧固传》，卷二一《觉朗传》附《海藏传》。

⑤ 《金石萃编》卷四一《秦王告少林寺主教碑》。

⑥ ［唐］彦琮（557 ~ 610 年）《唐护法沙门法琳别传》卷上中说：“秃丁之诮，闾里盛传；胡鬼之谣，昌言酒席。”这里的“秃丁”“胡鬼”均为傅奕诽谤佛教徒的语言。

⑦ 《续高僧传》卷二四《智实传》、卷二五《法仲传》。

⑧ 《法琳别传》卷中、卷下。

于著名的战场设置了十余所伽蓝等，位于豳州的昭仁寺（在今长武县）就是当时为悼念破薛举时所阵亡的将士兴建的[①]。于贞观二年（628年）完工的彬县大佛寺大佛洞就是李世民为平定薛举之战阵亡将士祈福所建。贞观三年，唐太宗还由于祈雨酬德而特意下诏度僧三千人[②]。因此，在唐高祖与唐太宗执政时期，佛教仍在朝廷不提倡的状态下缓慢地发展着，这就是我们今天很少发现据有武德、贞观纪年的佛教艺术品，以及这段时期佛像造型过多地包含着前朝风尚的主要原因。现存这一阶段的造像既有对前朝艺术作品的继承，同时也有自己本身的创新性，是造就大唐典型佛教艺术风尚的基本因素。

六 结 束 语

上述贞观期龛像，可作为龙门唐代石窟造像的第一期内容。位于宾阳南洞正壁的一铺五身大像应为李泰所造的功德，代表了当时龙门造像的最高水平，地位也最重要，雕凿技艺明显高于分布在侧壁间的小龛，应是由当时技艺最高超的工匠制作的。其次是位于南、北两壁的几个大龛，如S51、N66、N96。它们的地位与技艺也明显高于其周围的众小龛，也应由高官显贵资助，但有纪年者仅N96一龛。其他的如众星捧月一般分布在南、东、北壁间的小龛造像的普遍特点是雕凿水平不一，风格多样，且多数小龛造像雕技低劣，衣纹刻法不规范，无任何写实感。根据宾阳南洞的众多贞观纪年龛的样式与风格，可以将它们周围的许多无纪年小龛年代也划归贞观时期。因此，宾阳南洞还需要再做更为细致的年代学排比工作，以期确定所有窟内无纪年龛像的年代，包括高宗期龛像的时代。此外，零星分布在龙门别的洞窟内外的贞观纪年龛像也表现为类似的特点。

纵观唐太宗时期的龙门造像，风格多样，没有统一的时代风格。有些明显继承着北齐、北周、隋代的风尚，有的风格甚至可以上溯到北魏晚期或东魏时期。有些似乎继承着龙门隋朝龛像风格且雕技粗劣。就总体情况而言，使用前朝风格是这些贞观龛像的主要特点。另外，对一件具体作品而言，也往往表现为样式与风格的多样性，如有的龛中佛像体型似北周风格，而菩萨像却更多地表现为隋代风格。有的则兼有东、西方的地域特色，如佛像有北齐型宝座，而菩萨像则具有北周的帔帛与璎珞披挂方式。有的在一尊造像身上也表现为东、西方风格的结合，如N29的菩萨像帔帛绕腹下两周流行于北周，而一腿微屈之姿则又流行于北齐。有些龛像只是在一些细节上带有长安传来的造像新风尚，也就是日后流行于高宗、武则天时期的典型唐代风格，如佛头顶的高大肉髻、佛的头光纹样、菩萨头顶的高发髻等。张世祖龛的供养人明确地表现着唐代男女的服饰。换句话说，龙门贞观期龛像主要表现为以多样的旧风格为主、新旧风格并存、工匠雕刻技艺参差不齐的特点。这一切都说明了龙门贞观期佛教艺术尚处于不稳定时期，还没有形成一种本身应有的统一的时代风尚。这也是前朝特点的延续。唐代贞观年间，中国还没有形成新的统一的佛教艺

---

① a.［唐］道世：《法苑珠林》卷一百。b.《唐会要》卷四八。c.［唐］道宣：《广弘明集》卷二八《于行阵所立七寺诏》。d.《续高僧传》卷二四《明瞻传》。

② a.《广弘明集》卷二八《度僧于天下诏》。b.《续高僧传》卷二十《明净传》。

术时代风尚，而自北魏灭亡以来，没有全国统一的时代艺术风尚至此已延续了一百年时间了。洛阳地处原东魏、西魏、北齐、北周东西两大势力互斗的中间地带，因此，贞观时期的龙门艺术家继承与面对的有北魏晚期、东魏、西魏、北齐、北周、隋等前朝风格，前述现存龙门石窟中的东魏、北齐、隋代龛像与同地贞观期龛像的一些相似性就能说明这个问题。它们还很有可能反映了一个问题：吸收东西两地的特点，是洛阳地区的艺术家自六世纪中期以来的传统，一直代代延续到贞观年间。这种多样性以及对前代特征过多地保留，说明了唐代初年洛阳佛教艺术界的保守性，表现形式的不成熟性，仍处于前朝风格向典型唐风造像的过渡时期。在最重要的宾阳南洞一铺五身大像上，我们还看不到更多的典型唐风。目前，在全国范围内发现的贞观期造像工程主要有两大地点：龙门宾阳南洞与彬县大佛寺的大佛洞。在其他地区还有一些零散的贞观纪年造像，基本表现着类似的保守、多样与不成熟特征。

从唐朝据有洛阳的621年开始，到唐太宗逝世的649年，共有28年时间，包括太宗执政的23年。这期间龙门只造出了上述有限的龛像。相反，唐高宗与武则天执政的时间只是这28年的一倍（649～705年），却造出了不可胜数的窟龛造像，占龙门所有作品总数的三分之二。这种强烈的反差应该与李渊、李世民父子对佛教的不提倡有关。与高祖、太宗不同，高宗与武则天崇佛极甚，唐代佛教的勃兴与典型唐风艺术的真正形成也正是在那个时期。

银川所出西夏佛教造像*

陈悦新

内容摘要： 宏佛塔与山嘴沟石窟是西夏中晚期的佛教遗迹，二十世纪八十年代以来对宏佛塔和山嘴沟石窟进行了清理维修及调查测绘工作，宏佛塔所出绘画与泥塑及山嘴沟石窟壁画所反映的佛教艺术风格，给研究西夏文物和西夏历史特别是西夏佛教史迹的工作，提供了重要的第一手资料。宏佛塔与山嘴沟石窟中的佛像着衣，主要有袒右式、中衣搭肘式和中衣直裰式三种。炽盛光佛变相图中主尊所着袒右式佛衣以及构图形式的变化、中衣搭肘式佛衣和中衣直裰式僧衣在宋辽金时期的普遍流行，进一步说明西夏佛像艺术的发展在一定程度上承袭唐宋文化。

关键词： 银川　西夏　佛教造像

The Buddha Statue Artistic Style of Xixia Dynasty in Yinchuan

Chen Yuexin

Abstract: Hongfo Tower and Shanzuigou Cave temple Buddhist relics belonged to the middle and late period of Xixia Dynasty. Some work about the relics of cleaning, maintenance, investigation, surveying and mapping was done since 1980s. The Buddhist art style reflected by the painting and sculpture of Hongfo Tower and the frescoes of Shanzuigou Cave temple, provided a valuable first-hand information to research the cultural relics and history of Xixia Dynasty, especially the Buddhist relics of Xixia Dynasty. The Buddhist clothing of Hongfo Tower and Shanzuigou had three types, the bare right arm style, the underclothing resting on the elbow style, the underclothing with collars and sleeves. The main statue in the Glowing Buddha Illustration wore the bare right arm style clothing, and the composition form of the Illustration had many changes. Others, the clothing having the underclothing

---

作者：陈悦新，北京市，100089，北京联合大学应用文理学院。

英文摘要翻译：张雯。

* 基金项目：2015 年度国家社会科学基金重大项目“中印石窟寺研究”（15ZDB058）。

resting on the elbow style and the underclothing with collars and sleeves style were very popular in Song, Liao, and Jin Dynasties. They all indicated that the development of Xixia Buddhist art inherited the culture of Tang and Song Dynasties to a certain extent.

Key words: Yinchuan, Xixia Dynasty, Buddha Statue

宁夏回族自治区首府银川，是西夏都城所在地。1020年，西夏“始城怀远（今银川）而居之，号兴州”[①],1033年，李元昊为准备正式称帝，“升兴州为府，改名‘兴庆’，广宫城，营殿宇”[②]。自西夏定都兴州，到1227年被蒙古所灭，银川作为西夏的统治中心长达二百年，先与北宋开封府、契丹临潢府（今内蒙古巴林左旗东南）鼎立，继与南宋临安府、金大兴府并存，历史上有着极其重要的地位。

二十世纪八九十年代，宁夏回族自治区文物管理委员会和宁夏文物考古研究所清理、维修了一批自治区范围内的西夏佛塔，如宁夏北部银川市贺兰县的宏佛塔、拜寺口双塔和拜寺沟方塔，宁夏中南部吴忠市所辖青铜峡市的一百零八塔和吴忠市同心县的康济寺塔[③]，其中以贺兰县宏佛塔塔内所出绘画与彩绘泥塑内容最为丰富。另外一处重要的西夏佛教遗迹是21世纪初进行调查测绘，并进行整理和报告编写的银川市山嘴沟西夏石窟[④]（图1）。以上绘画与泥塑所反映的汉传佛教与藏传佛教内容，给研究西夏文物和西夏历史特别是西夏佛教史迹的工作，提供了重要的第一手资料。

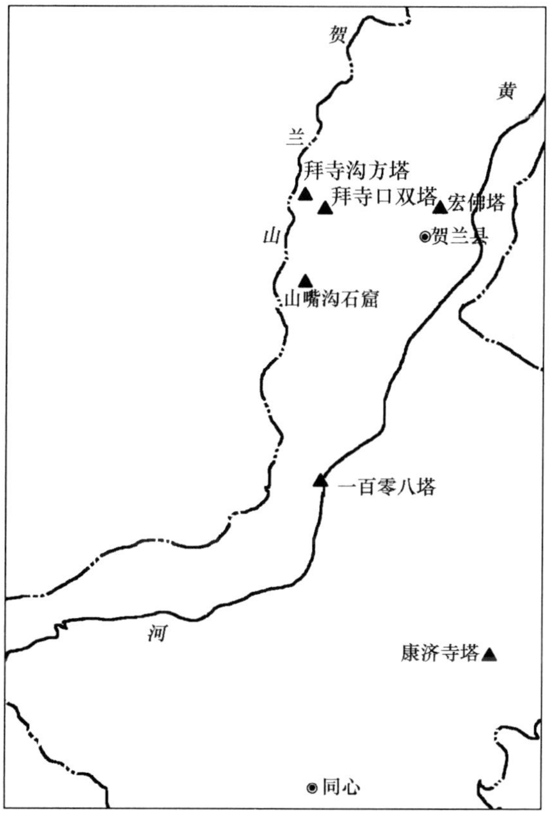

图1 西夏佛塔与山嘴沟石窟分布示意图

本文即以宏佛塔与山嘴沟石窟的汉传佛教绘画和泥塑佛像为主，讨论其所表现的艺术风格及其渊源。

一 宏佛塔所出绘画与泥塑佛像

宏佛塔，俗称“王澄塔”，位于贺兰县潘昶乡红星村东面的一处废寺内，西南距银川市20余公里，

① ［宋］李焘：《续资治通鉴长编》卷九六，第2234页。关于“怀远”的建制沿革参见牛达生：《试论西夏都城兴庆府》，《西夏考古论稿》，上海：上海古籍出版社，2013年，第61～71页。

② ［清］吴广成：《西夏书事校证》，龚世俊等校证本，兰州：甘肃文化出版社，第133页。

③ 宁夏回族自治区文物管理委员会办公室雷润泽等：《中国古代建筑·西夏佛塔》，北京：文物出版社，1995年。

④ 宁夏文物考古研究所：《山嘴沟西夏石窟》，北京：文物出版社，2007年。

距贺兰县城约 9 公里。宏佛塔由于年久失修，加之地震、地下水位升高及风雨的破坏和侵蚀，残毁极为严重。1987 年，宁夏文物管理委员会办公室组织力量，专门搭架，进行了详细的勘查和测绘。1990 年初，在详细做好塔的测绘、拍照、录像和文字记录后，同年 6 月底至 1991 年 10 月上旬，根据拆卸重砌的方案，对宏佛塔进行了修缮。通过此次勘查和清理，可以初步确定此塔为西夏晚期建造。

宏佛塔残高 28.34 米，由夯筑地基、楼阁式塔身和覆钵式塔刹组成（图 2、3）。在三层楼阁式塔身上部，为一座完整的十字折角覆钵式塔，残高 12.53 米，由塔座、塔身、塔刹三部分构成。落架拆卸时，于覆钵式塔身上部的第十九层砌砖层正中，发现中心柱方孔，至三十多层砌砖层时，见中心柱孔周围开 11 ~ 14 厘米的小口，往下开口逐渐加大，并发现堆置的绢绘佛画、西夏文字雕版、彩绘泥塑佛像等珍贵文物。经逐层清理文物，搞清楚了放置文物的是一个平面为方形、上小下大、中间有方孔的砖砌梯形槽室，方孔与槽室间砌一层小砖。槽室高 1.63 米，底边长 2.2 米，四壁由下至上砌砖共十九层。此槽室即为天宫。

图 2　宏佛塔立面与剖面
（采自《中国古代建筑·西夏佛塔》，第 131、132 页）

图 3　宏佛塔

在天宫有限的空间内，放置着朽残的彩绘绢质佛画、彩绘泥塑佛像残块、彩绘木雕残件、西夏文木雕残版、经书残页、丝织品和其他文物。其中，彩绘绢质佛画共十四幅，彩绘泥塑佛像有佛头像六尊、罗汉头像十八尊、力士面相两尊、罗汉身躯十二尊及其耳、手、臂、脚等残块数件。

炽盛光佛图两幅[①]。之一，纵 139 厘米、横 80 厘米；之二，纵 120.5 厘米、横 61.8 厘米。画面居中绘主尊炽盛光佛，结跏趺坐于莲花座上。佛衣为朱红色袒右式披覆，即外层衣自身后覆左肩、右衣角由右腋下绕过搭左肩，露出右肩的样式。其中之二的佛衣在左肩处表现出圆环状钩纽，用以固定搭向左肩的右衣角；佛衣底端垂挂在莲座上，随莲瓣成型（图 4 ~ 7）。

① 前引书，《中国古代建筑·西夏佛塔》，图版四二、四三。据研究，其名称应为《炽盛光佛与十一曜星宿图》，参见孟嗣徽：《炽盛光佛变相图图像研究》，《敦煌吐鲁番研究》第二卷，1997 年，第 101 ~ 148 页。

图 4　宏佛塔出土彩绘绢质佛画中的炽盛光佛图之一主尊

图 5　宏佛塔出土彩绘绢质佛画中的炽盛光佛图之二主尊

图 6　炽盛光佛图之一

图 7　炽盛光佛图之二

大日如来佛图[①]。纵 115 厘米、横 64 厘米。主尊大日如来结跏趺坐于莲花座上，头戴冠，手结智拳印。佛衣披覆形式较复杂，中层衣自身后通覆两肩，右衣角搭覆在右臂上；外层衣同样自身后通覆两肩，但右衣角由右腋下方绕过搭左肩，露出右侧中层衣的样式。佛衣底端垂挂在莲座上，随莲瓣成型（图 8、9）。

图 8　宏佛塔出土彩绘绢质佛画中的大日如来佛图主尊（着色表示中层衣，以下同）

图 9　大日如来佛图

泥塑罗汉像身。有三身保存较好[②]，残高约 45 厘米、宽约 35 厘米，造像结跏趺坐。罗汉所着僧衣，在胸颈部，可见两层交领，为“偏衫”和“直裰”[③]，外层衣自身后覆左肩、右衣角由右腋下绕过搭左肩，露出“直裰”的右侧部分（图 10、11）。

汉文献中所见最早记录佛衣与僧衣的是东晋、十六国及刘宋时期翻译的“四律”，即后秦弗若多罗共罗什译《十诵律》、后秦佛陀耶舍共竺佛念等译《四分律》、东晋佛陀跋陀罗共法显译《摩诃僧祇律》及刘宋佛陀什共竺道生等译《弥沙塞部和醯五分律》[④]，这四部律大同小异地记录了法衣

① 前引书，《中国古代建筑·西夏佛塔》，图版四五。

② 前引书，《中国古代建筑·西夏佛塔》，图版六一、六三、六六。

③ 拙著：《5 ~ 8 世纪汉地佛像着衣法式》，北京：社会科学文献出版社，2014 年，第 24、25、35 页。

④ ［梁］僧祐：《出三藏记集》卷三《新集律来汉地四部记录》，苏晋仁、萧錬子点校本，中华书局，1995 年，第 116 ~ 120 页。

图 10　宏佛塔出土彩绘泥塑罗汉像正、背面

图11　泥塑罗汉像正、背面（以上宏佛塔照片由何继英女士提供）

的名称和来历等内容[①]，唐宋时期的汉籍文献，如唐玄奘《大唐西域记》、唐义净《南海寄归内法传》、宋赞宁《大宋僧史略》、宋元照《佛制比丘六物图》等，又对法衣予以了进一步的阐述与说明，这使我们对法衣的概念和佛教造像中的法衣形式有了比较明确的认识。

佛衣与僧衣由内而外披覆三层长方形的三衣。里层第一衣称安陀会（意译下衣），其覆下体，中层第二衣称欝多罗僧（意译中衣），其覆全身，外层第三衣称僧伽梨（意译上衣），亦覆全身。据印度和汉地佛教造像中三衣的披覆形式，首先，从层次上将佛衣与僧衣区分为上衣外覆类和中衣外露类。上衣外覆类仅表现上衣的披覆形式，中衣外露类则既表现上衣也表现中衣的披覆形式。其次，上衣外覆类据上衣披覆形式可分出通肩式、袒右式、覆肩袒右式、搭肘式、露胸通肩式等五种类型；中衣外露类据上衣及中衣披覆形式可分出上衣搭肘式、上衣重层式、中衣搭肘式、中衣直裰式等四种类型[②]。

据此，上述宏佛塔所出彩绘绢质佛画主尊与彩绘泥塑罗汉像的着衣，可名为袒右式佛衣、中衣搭肘式佛衣和中衣直裰式僧衣。

二　山嘴沟石窟壁画中的佛像

贺兰山横亘于宁夏回族自治区西北部，与内蒙古腾格里沙漠和乌兰布和沙漠相临，是荒漠草

① 《十诵律》见《大正藏》卷二三，《四分律》《摩诃僧祇律》《弥沙塞部和醯五分律》见《大正藏》卷二二。

② 前引书，《5～8世纪汉地佛像着衣法式》，第26～36页。

原和半荒漠草原的过渡地带。它北起内蒙古巴音敖包，南迄宁夏中卫马夫峡子，大致呈南北偏东走向，绵延约200公里，东西宽15 ~ 50公里。山势南北两端较低矮，中段高耸，峰峦叠翠，沟谷纵横，海拔在2000 ~ 3000米，主峰敖包疙瘩海拔3556米。贺兰山西坡较缓，东麓陡峭，高耸的山体，阻挡了腾格里沙漠的东侵，削弱了西伯利亚冷空气的南下，是银川平原的天然屏障①。贺兰山的名称，最早见于《隋书·赵仲卿传》，此后历代袭称，相沿至今②。

贺兰山东麓有大小沟谷约四十条③，山嘴沟就是其中之一。山嘴沟属宁夏回族自治区银川市西夏区，沟口为全国重点文物保护单位西夏陵，入口处就位于6号陵东侧，东距银川市区不到10公里。

山嘴沟从沟口到沟内深处基本呈东西走向，全长约15公里，平时为干沟，仅在下暴雨时才有山洪下泻，沟内地势较为宽敞平坦。沟内有两处石窟，一处位于沟内中部葫芦峪的小岔沟内，距沟口约10公里，有6个洞窟，山嘴沟石窟即指此处石窟④；另一处位于山沟深处，距山嘴沟石窟约3公里，有1个洞窟，俗称千佛洞，残存壁画为清代所绘。

山嘴沟石窟未见文献记载。1984年，宁夏全区开展文物普查工作，曾对山嘴沟石窟有过简单记录："在千佛洞的南边，有一个叫葫芦峪的地方，东边山坡上还有三个画满佛教壁画的石窟。一号窟，最高处3.5米，宽2米，深1米。二号窟高6米，宽1米，深8米。三号窟高5米，宽4.5米，深5米。洞室极不规整，在自然山洞的基础上稍加修整，壁面涂以泥和白灰，然后在白灰壁上用石绿、赭石、墨等颜料绘制壁画。现存的壁画，内容主要为佛教经变故事。画风粗犷，着色浓重。在二号窟壁画上有明嘉靖十三年和隆庆二年游人题记，说明在明代以前石窟即已存在。"⑤

2005年，宁夏文物考古研究所开展对山嘴沟石窟的调查测绘工作，将6个洞窟依次编号为1至6号（K1 ~ 6），其中，二号窟（K2）和三号窟（K3）的壁画保存较好。二号窟（K2）利用天然石缝修整而成，壁画可分作五个部分，即后室南北两壁、洞口前壁和外室、八字形通道的南北两壁。三号窟（K3）利用凹进去的岩壁修整而成，形制很不规则，壁画分作南北两组。根据石窟壁画风格及出土的文物与文献分析，石窟约凿于12世纪中后期⑥。

三号窟（K3）南壁释迦牟尼说法图⑦。主尊释迦牟尼居中，结跏趺坐于莲台上。佛衣披覆形式可见右臂上搭覆的中层衣；外层衣自身后覆左肩，右衣角由右腋下方绕过搭左肩，露出右侧的中层衣（图12、13）。释迦牟尼周围的听法菩萨，均坐姿，所着衣与释迦牟尼的相同，右臂上搭覆中层衣；外层衣自身后覆左肩，右衣角由右腋下方绕过搭左肩，露出右侧的中层衣（图14）。

---

① 牛达生、许成：《贺兰山文物古迹考察与研究》，银川：宁夏人民出版社，1988年，第1 ~ 6页。

② 《隋书》卷七四《酷吏》，中华书局，1973年，第1696页。此外，"贺兰山"名称还见于《隋书·地理志》卷二九、《通典》卷一七、《元和郡县图志》卷四、《太平寰宇记》卷三六、《嘉靖宁夏新志》卷一等。

③ ［清］储大文《贺兰山口记》。前引书，《贺兰山文物古迹考察与研究》，第13、14页。

④ 前引书，《山嘴沟西夏石窟（上册）》，第2、3页。

⑤ 宁夏回族自治区文物管理委员会、宁夏回族自治区文化厅：《文物普查资料汇编（内部资料）》，1986年，第31页。

⑥ 前引书，《山嘴沟西夏石窟（上册）》，第289 ~ 293、321 ~ 329页。

⑦ 前引书，《山嘴沟西夏石窟（下册）》，图版三一四 ~ 三一九。

图 12　山嘴沟石窟 K3 南壁释迦牟尼佛

图 13　山嘴沟石窟 K3 窟南壁释迦牟尼

二号窟（K2）外室南壁比丘像[①]。位于外室南壁上部，比丘坐于红色祥云上，双手合十。比丘所着僧衣，在胸颈部，可见两层交领，为“偏衫”和“直裰”的交领，在手臂处，可见“偏衫”的小袖和“直裰”的大袖，外层衣覆身体左侧（图 15、16）。

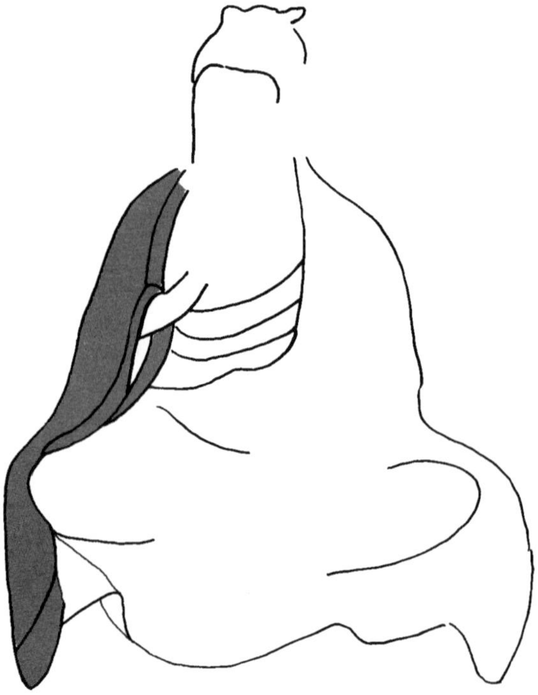

图 14　山嘴沟石窟 K3 南壁释迦牟尼佛下方菩萨

图 15　山嘴沟石窟 K2 外室南壁比丘像

① 前引书，《山嘴沟西夏石窟（下册）》，图版二四。

据前所述，可知山嘴沟石窟的佛衣和菩萨衣同为中衣搭肘式，僧衣为中衣直裰式。

三　西夏佛像艺术的渊源

图 16　山嘴沟石窟 K2 外室南壁比丘像

（山嘴沟石窟照片采自《山嘴沟西夏石窟（下册）》图版 315、24）

宏佛塔所出两幅炽盛光佛图中，主尊着袒右式佛衣。这种披覆形式起源于印度，如秣菟罗造像[①]，汉地较少流行，早期见于北凉石塔上，如北凉承阳二年（426 年）马德惠塔佛像[②]。到唐代，袒右式佛衣开始多见，如完成于武则天长安三年（703 年）的长安光宅寺七宝台残存石雕佛像[③]，龙门石窟唐高宗时期集中出现的优填王造像[④]以及武则天时期的擂鼓台北洞和高平郡王洞[⑤]等。西夏炽盛光佛图中主尊所着袒右式佛衣，左肩处表现出用以固定佛衣的钩纽，其呈金属圆环状是到宋代才出现的。炽盛光佛与诸曜星宿的信仰，是在晚唐时期开始盛行起来的，这种变相图进入宋辽后，特别是到了西夏，一改“乘车巡行”的形式，而以一种静态的形式出现：炽盛光佛居中，结跏趺坐于莲座上[⑥]。从炽盛光佛变相图构图形式的变化、主尊所着袒右式佛衣及钩纽的形状，表明西夏佛像艺术的发展在一定程度上承袭唐宋文化。

宏佛塔所出绢画与山嘴沟石窟壁画的中衣搭肘式佛衣，可追溯到北朝后期的响堂山石窟，隋唐时期较为流行[⑦]。宋辽金时期，中衣搭肘式佛衣亦是流行的披覆样式；同时，菩萨的着衣与佛衣相同，也开始流行中衣搭肘式。南方如大足石窟石篆山北宋元丰五年（1083 年）第 7 号窟主尊佛、

---

① R. C. Sharma. *Buddhist Art of Mathurã*. Delhi: Agam Kala Prakashan, 1984, PL.94.

② 关于马德惠塔形制、现藏地及“承阳”年号等问题，参见殷光明：《北凉石塔研究》，财团法人觉风佛教艺术文化基金会，2000 年，第 25 ~ 28、30、63 ~ 64 页。

③ 严娟英：《武则天与唐长安七宝台石雕佛相》，《艺术学（台湾）》1987 年第 1 期，第 54 页及图 24 ~ 26、28、33、34 等。

④ 冈田健：《关于优填王造像的若干报告——讨论东南亚对中国唐代佛教造像的影响》，《龙门石窟一千五百周年国际学术讨论会论文集》，北京：文物出版社，1996 年，第 144 ~ 150 页。

⑤ 李崇峰：《龙门石窟唐代窟龛分期试论——以大型窟龛为例》，《石窟寺研究（第 4 辑）》，北京：文物出版社，2013 年，第 58 ~ 150 页。

⑥ 孟嗣徽：《炽盛光佛变相图图像研究》，《敦煌吐鲁番研究（第二卷）》，1997 年，第 136 页。

⑦ 前引书，《5 ~ 8 世纪汉地佛像着衣法式》，第 327 ~ 334 页。

安岳石窟圆觉洞北崖造像区庆元四年（1198 年）第 15 号圆觉窟主尊佛[①]、大足石窟宝顶山大佛湾第 29 号圆觉洞圆雕跪菩萨、安岳圆觉洞北崖造像区北宋元符二年至大观元年（1099 ~ 1107 年）第 22 号莲花手观音菩萨等（图 17），北方如辽清宁二年（1056 年）山西应县佛宫寺释迦塔内主尊

图 17 大足和安岳石窟的佛像

1. 大足石窟石篆山北宋元丰五年（1083 年）第 7 号右尊佛

2. 安岳石窟圆觉洞北崖造像区庆元四年（1198 年）第 15 号圆觉窟右尊佛

3. 宝顶大佛湾第 29 号圆觉洞圆雕跪菩萨正、背面

4. 安岳圆觉洞北崖造像区北宋元符二年至大观元年（1099 ~ 1107 年）第 22 号莲花手观音菩萨

---

① a. 拙文：《大足石窟佛像着衣类型》，《敦煌学辑刊》2016 年第 1 期，第 123 ~ 138 页。b. 拙文：《安岳石窟佛像着衣类型》，《文物》2016 年第 10 期，第 66 ~ 79 页。

佛[①]、北宋治平四年（1067年）陕西子长县钟山石窟主尊佛[②]、金皇统三年（1143年）山西朔州崇福寺弥陀殿内观音像[③]等（图18）。

图18　北方宋辽金时期的佛像

1. 辽清宁二年（1056年）应县木塔第二层主尊佛正、背面

2. 北宋治平四年（1067年）子长钟山石窟主洞主尊佛

3. 金皇统三年（1143年）朔州崇福寺观音菩萨

① 参见梁思成：《山西应县佛宫寺辽释迦木塔》，《梁思成全集（第10卷）》，北京：中国建筑工业出版社，2007年，第6、7、113～117页。

② 参见延安地区文物普查队、子长县文物管理所：《子长县钟山石窟调查记》，《考古与文物》1982年第6期，第39页。

③ 参见山西省古代建筑保护研究所柴泽俊、柴玉梅：《山西古代彩塑》，北京：文物出版社，2008年，第67～69页及彩版八三。

宏佛塔所出彩绘泥塑罗汉像与山嘴沟石窟壁画中比丘所着中衣直裰式僧衣，是一种汉化改革最为深入的形式。佛经中记载，佛与僧在披覆法衣前，为防止法衣被污，在上身先要覆一袒右肩的助身衣，名僧祇支。大约到南北朝时，为适应汉地风土环境，僧衣中原本袒露右肩的僧祇支，被改造为裁剪缝合、有领有袖的“偏衫”；此外，又将三衣的中层衣改变为裁剪的、有领有袖的连体衣，称为“直裰”。大约自晚唐开始，中衣直裰式僧衣形成为一种定式，如莫高窟 107 窟壁画中的僧像。宋代开始普遍流行，如山东灵岩寺宋熙宁三年（1070 年）罗汉像①、美国火努鲁鲁美术馆藏宋元符二年（1099 年）干漆僧像②等（图 19）。此后在艺术形象中一直沿袭，结构上再无大的变化，直到今天，僧人在法事活动中的着衣也依然遵循。

1　　2

图 19　宋代僧像

1. 山东灵岩寺宋熙宁三年（1070 年）铁罗汉像

2. 宋元符二年（1099 年）干漆僧像正、背面

西夏是十一至十三世纪（1038 ~ 1227 年）以党项族为主体建立的封建王朝，共历十主，长期和宋、辽、金鼎足对峙，在典章制度、儒学、佛教等方面积极学习汉族文化传统。

西夏陵的陵墓建设，总体来说就是吸收了中原唐宋陵墓的建造制度。位于银川之西贺兰山东麓的“西夏陵”，坐落着 9 座陵园和 250 余座陪葬墓，总面积约 250 平方公里③。每座帝陵都由月城和陵城相连组成，陵园内单体建筑的角台、阙台、碑亭、陵塔以及附属于陵城门的门阙和角阙的平面分布基本相同，形成西夏陵园群体建筑的基本格局，其选址受唐陵影响，而在陵园形制上则仿北宋皇陵④。

---

① 《灵岩寺》编辑委员会编：《灵岩寺》，北京：文物出版社，1999 年，第 30、43 页。

② 该像铭文及收藏地见松原三郎：《中国佛教雕刻史论（本文编）》，吉川弘文馆，1995 年，第 341 页。

③ 宁夏文物考古研究所等：《西夏六号陵》，北京：科学出版社，2013 年，第 3 页。

④ 宁夏文物考古研究所等：《西夏三号陵——地面遗迹发掘报告》，北京：科学出版社，2007 年，第 322、323 页。

在西夏佛教史上，用西夏文翻译佛经是其最为重要的一页。文献记录了西夏频繁向北宋求赐佛经的情况，第一次在宋仁宗天圣八年（1031 年），以后有景祐元年（1035 年）、至和二年（1055 年）、嘉祐三年（1058 年）、嘉祐七年（1062 年）、熙宁六年（1073）等[①]。西夏利用宋朝佛经既系统又集中的有利条件，弥补其佛教典籍不足的缺陷，加快了西夏佛教发展的速度。

20 世纪初，俄国人科兹洛夫在位于今内蒙古自治区阿拉善盟额济纳旗政府所在地达来呼布镇东南 25 公里荒漠中的西夏黑水城遗址，进行挖掘测绘，并将所获文物运抵圣彼得堡，现存埃尔米塔什博物馆，据 1926 年科兹洛夫在俄国的讲演中提到有 537 幅画[②]。河西走廊的武威天梯山石窟、张掖马蹄寺石窟、酒泉文殊山石窟、玉门昌马石窟、安西榆林窟、敦煌莫高窟和西千佛洞，以及肃北蒙古族自治县的五个庙等，都有一定数量西夏时期开凿或重修妆銮过的佛窟以及其他佛教艺术遗迹。其中，以敦煌莫高窟和安西榆林窟的西夏石窟数量最多、规模最大、保存最系统完整。西夏时期在莫高窟新建与重修了七十七个洞窟，塑造与改塑了二三十尊彩塑，营建或重建了窟前木构殿堂四座；在榆林窟创建与重修了十一个洞窟[③]。黑水城和莫高窟、榆林窟西夏时期的绘画与雕塑中，与上述宏佛塔和山嘴沟石窟相同的佛像着衣形式亦为数甚多。以上事例进一步说明了西夏对唐宋文化的继承和发展。

附记：导师宿白先生 20 世纪 80 年代以来多次赴宁夏指导工作，安排北大研究生在须弥山石窟实习，为李贤墓和西夏佛塔撰写专论。今逢先生九五华诞，谨以此文为先生寿！

---

① 史金波：《西夏佛教史略》，银川：宁夏人民出版社，1988 年，第 59 ~ 63 页。

② 白滨、史金波：《黑水城的发现与俄藏西夏遗书》，《首届西夏学国际学术会议论文集》，银川：宁夏人民出版社 1998 年，第 178 ~ 187 页。比奥特罗夫斯基编、许洋主译：《丝路上消失的王国：10 至 13 世纪西夏黑水城的佛教艺术》，台北：台北历史博物馆，1997 年，可参看其中图版。

③ a. 刘玉权：《瓜、沙西夏石窟概论》，《中国石窟·敦煌莫高窟（五）》，北京：文物出版社，1987 年，第 175 ~ 185 页。b.《中国石窟·敦煌莫高窟（五）》，北京：文物出版社，1987 年，图版 114、120、132、147、149、150。c.《中国石窟·安西榆林窟》，北京：文物出版社，1997 年，图版 121、131、134 ~ 136、139。

波斯萨珊式鸟雀图像在丝路沿线的传播与发展

金 清

内容摘要：波斯萨珊式鸟雀图像，即圈带内立鸟（大多口衔、颈系飘带或珠串等）造型，为萨珊王朝代表性文化因素。中古时期，这种鸟雀图像沿着丝绸之路向东传播过程中，其图像的载体、构图、动态乃至文化内涵，在各个地域均发生了相应变化。在中亚与西域主要表现为联珠圈带内鸟雀口衔系带式珠串，青海吐谷浑墓地出土织锦主要表现为花瓣团窠内鸟雀口衔珠串并颈系飘带，在河西走廊与中原北方，一种表现为独立构图的圈带内立鸟，另一种为融在周围环境中的无圈带鸟雀。本文尽可能地在全面收集资料的前提下，采用考古类型学与美术史图像学方法梳理、分析，以期厘清萨珊式鸟雀图像的完整发展脉络。

关键词：萨珊式鸟雀图像　丝绸之路　织锦　石窟壁画　石椁　金银器

The Spread and Development of Persian Sassanian Birds' Image along the Silk Road

Jin Qing

Abstract: The Persian Sassanian birds' image refers to the birds with streamers or beads in their mouths or on their necks on the astragals, which is the representative element of the Sassanid Empire culture. In the medieval times, its carrier, composition, bird's gesture and even the cultural connotation of this image shifted in all regions over the course of its spread eastward along the Silk Road. In Central Asia and the Western Region, the main form was the birds with beads in their mouths on the astragal composed of linked-pearl while on the brocades unearthed in the graves during the Tuyuhun period, in Qinghai the primary form was the birds both with beads in their mouths and the streamers on their necks on the astragal within in the petals of those brocades. In the Hexi Corridor and the Northern Central Plains, one type was the bird image with the separate composition on the astragal and the other was the bird not on the astragal but integrating with the surrounding environment. In this paper, with the most possible comprehensive collection of information as the premise,

---

作者：金清，四川省成都市，610500，四川音乐学院成都美术学院。

approaches of archaeology, aesthetics and the iconology in painting history are adopted to sort out and analyze these materials in hopes to elaborate the complete development process of Sassanian birds' image development context.

Key words: Persian Sassanian birds' image, the Silk Road, brocades, grotto mural, stone grub, silverware

萨珊王朝（Sassanid Empire，224 ~ 651 年）是波斯文化发展的黄金时代。图案化的鸟雀图像是萨珊王朝代表性文化因素，因为萨珊王朝强大影响并借由丝绸之路上的东西交往，这种图像在西亚、中亚以及东亚广泛传播与发展。萨珊式鸟雀图像在传播过程中不断地与当地文化交融，使得这种鸟雀图像的载体、形式以及图像内涵发生变化。

自 20 世纪初以来，在丝绸之路上的考古发掘中，多次发现附着于各种载体上的萨珊式鸟雀图像，以织锦数量为多。斯坦因于 1915 年在吐鲁番阿斯塔那墓葬中发现一批用萨珊式织锦制作的覆面[①]，其中有联珠猪头纹锦覆面、联珠立鸟纹锦覆面等。1960 年以来，阿斯塔那墓葬群陆续出土萨珊式织锦。夏鼐将这些织锦上的联珠立鸟纹图案命名为“萨珊式立鸟纹”并总结其特征：立鸟图案自成一组、颈有绶带、口衔项链形物并下垂三珠、颈部和翅膀上有一列联珠纹，立鸟被圈在联珠缀成的圆圈内[②]。法国学者雷奈·格鲁塞在《近东与中东的文明》一书提出萨珊艺术中的“程式化的鸟类”[③]。近年来学界对青海出土织锦上的鸟雀图像也进行了研究[④]。

总体来说，学界对丝路沿线出土织锦上鸟雀图像源于波斯萨珊王朝，已达成共同认识。但是就整体的研究现状而言，仍然缺乏对该系统鸟雀图像渊源以及长达数世纪传播发展过程的梳理。本文希望在全面收集资料的前提下，采用考古类型学与美术史图像学方法具体分析，以期厘清萨珊式鸟雀图像的完整发展脉络。

中古时期，波斯萨珊王朝鸟雀图像形成自身规范并定型化之后，这种鸟雀图像自西向东传播至中亚、西域、中原北方、青海等地。数百年间，它不断地与异域、异质文化交融发展，在保留基本的图像特征之外，其图像载体、构图形式、鸟雀动态、制作工艺乃至文化内涵均有所变化。

一　波斯萨珊王朝鸟雀图像

1. 波斯萨珊王朝鸟雀图像形式及其构成因素

萨珊王朝的鸟雀图像有其固定化的图像形式，圈带内鸟雀呈侧面站立，依据立鸟口衔物或颈部装饰物的有无，以及口衔物或装饰物类别可分为五种形式：①圈带内立鸟；②圈带内立鸟口衔枝蔓；③圈带内立鸟口衔系带式珠串；④圈带内立鸟颈戴系带式珠串；⑤立鸟颈戴系带式珠串。

由以上五种萨珊式鸟雀图像形式可知，圈带、立鸟、飘带、珠串（或由飘带与珠串组合成的系带

---

① Aurel Stein, *Intermost Asia*, Oxford, 1928.

② 夏鼐：《新疆发现的古代丝织品——绮、锦和刺绣》，《考古学报》1963 年第 1 期，第 45 ~ 76 页。

③ ［法］雷奈·格鲁塞著，常任侠、袁音译：《近东与中东的文明》，上海：上海人民美术出版社，1981 年，第 75 页。

④ 许新国：《都兰吐蕃墓出土含绶鸟织锦研究》，《中国藏学》1996 年第 1 期，第 3 ~ 26 页。

图1 圣彼得堡埃尔米塔什博物馆藏萨珊王朝波斯银盘

式珠串）、枝蔓、联珠台座是基本的图像构成因素，某具体图像往往只具备其中几个因素，在圈带内表现立鸟则是最重要的构成因素。以埃尔米塔什博物馆藏萨珊王朝银盘为例（图1）①，在盘底中央圈带内表现口衔枝蔓的立鸭图像，周围均匀布列六个与中心圆等大圈带内立鸟图案。这件银盘上的装饰图案具备上述两种萨珊式鸟雀图像因素。埃尔米塔什博物馆藏萨珊鎏金银盘（图2）②，在盘底中央圈带中饰有一只口衔系带式珠串的立鸟，圈带由内外两条同心圆夹一条同向叶片纹饰组成。总体可知，萨珊王朝金银器和织锦上各式具圈带鸟雀图案，圈带因素有绳索纹、同向叶片纹、弦纹、联珠纹等，其中复合因素构成的圈带居半。再有，埃尔米塔什博物馆藏萨珊王朝鎏金银盘（图2）、柏林美术馆藏萨珊王朝银瓶（图3）③、梵蒂冈博物馆藏萨珊王朝立鸟纹织锦（图4）④、波士顿弗列尔美术馆藏萨珊银壶（图5）⑤组合因素各不相同，圈带内立鸟或口衔枝蔓，或口衔、颈戴系带式珠串，也成为萨珊系鸟雀图像的一般化表现。

图2 圣彼得堡埃尔米塔什博物馆藏波斯萨珊王朝后期鎏金银盘（李静杰摄）

图3 柏林国家美术馆藏波斯萨珊王朝立鹰纹银瓶

① 直径约21厘米，圣彼得堡埃尔米塔什博物馆藏。Authur Upham Pope Edier Phyllis Ackerman Assistant Editor, *A Survey of Persian Art, from Prehistoric Times to the Present Volume VII*, Copyright in Japan under International Convention by Jay Gluck,1964,1967,1977,1981，PL.216A.

② 圣彼得堡埃尔米塔什博物馆藏。田辺勝美、前田耕作編集：《世界美術大全集 東洋編 第15卷中央アジア》，东京：小学館，1999年，图版19。

③ 柏林国家美术馆藏。前引书，*A Survey of Persian Art, from Prehistoric Times to the Present Volume VII*. PL. 216C.

④ 梵蒂冈博物馆藏。前引书，*A Survey of Persian Art, from Prehistoric Times to the Present Volume VII*. PL. 201C.

⑤ 高约17厘米，波士顿弗利尔美术馆藏。沈爱凤：《从青金石之路到丝绸之路——西亚、中亚与亚欧草原古代艺术渊源（下册）》，济南：山东美术出版社，2009年，第374页。

图4 梵蒂冈博物馆藏萨珊或后萨珊时期圈带内立鸟纹织锦

图5 波士顿弗利尔美术馆藏波斯萨珊银壶

2. 波斯鸟雀图像之飘带、系带式珠串及其文化内涵

波斯萨珊王朝鸟雀图像虽自成一体，但其图案的构成因素，诸如鸟雀、飘带、项链、系带式珠串并不是独立存在的，与波斯的宗教和神话有着直接且深远的联系，在古代波斯遗存中，存在与之相对应或类似的诸多图像，并包含着特定的宗教或文化内涵。

波斯阿契美尼德王朝（Achaemenian）（公元前550～前330年）建立不久，琐罗亚德斯教被立为国教。此后直至萨珊王朝灭亡，近千年的时间里该教兴衰几度，在波斯前伊斯兰化时期的历史与文明中烙下了深刻的印记①。

（1）波斯阿契美尼德王朝浮雕双翼日盘图像所见鸟雀和系带圆环因素

承自埃及的双翼日盘图像在波斯阿契美尼德王朝被广泛使用，用以象征琐罗亚德斯教主神阿胡拉·马兹达（Ahura Mazda），它被作为宗教符号应用在宫殿、陵墓浮雕和印章图像中。阿契美尼德王朝阿胡拉·马兹达象征图像吸收、发展了埃及和亚述的此类图像②，其基本的图像构成因素是鸟翼、圆盘（环）、鸟尾，鸟尾与圆盘相切处伸出左右对称并末端回卷的曲状飘带。至安息帕提亚王朝（公元前247～公元224年），此类阿胡拉·马兹达象征图像有所继承与发展，再至波斯萨珊王朝，阿胡拉·马兹达神像由人首双翼变为火坛上人的侧面胸像③。不过，双翼日盘图像中鸟、系带圆环等构成因素，在萨珊文化中另有所用且获得发展。

（2）波斯萨珊王朝浮雕君权神授图像所见系带环和飘带因素

波斯波利斯崖壁浮雕阿契美尼德王朝与萨珊王朝君权神授图像，对于同一个主题在两个王朝

① 马其顿亚历山大征服波斯后琐罗亚德斯教被弱化。在帕提亚（Parthan）王朝（公元前247～公元224年），琐罗亚德斯教逐渐恢复。到了萨珊王朝，该教重新被立为国教，进入大发展时期。

② 孙武军：《阿胡拉·马兹达象征图像源流辨析》，《西域研究》2015年第2期，第92～112页。

③ 前引文，《阿胡拉·马兹达象征图像源流辨析》。

的处理方式不尽相同，阿契美尼德王朝是神在上方、君王在下的构图，萨珊王朝则是将君王与阿胡拉·马兹达并列，神与君王无论是站立还是骑在马背上均是左右相对，他们比例相当、外形相仿。这种将人间君王与最高神灵并列的行为，强化了君王在人间神圣不可侵犯的意味。再有，萨珊王朝摩崖浮雕上阿胡拉·马兹达神像已非腰间有系带日盘（环）的半人半鸟像，但其左手始终拿着系带环，它作为权利的象征不曾缺失。如波斯波利斯摩崖石刻阿尔希达尔一世君权神授浮雕（图 6）[①]，阿胡拉·马兹达正将手中的系带环移交至头戴日月冠的萨珊王朝第一位国王阿尔希达尔一世（221 ~ 241 年）手中。在萨珊王朝类似君权神授主题浮雕还有白沙瓦一世（273 ~ 277 年）、白沙瓦二世（277 ~ 293 年）、纳尔塞（293 ~ 302 年）[②]，系带环总是位于神与君王之间，位置醒目不可或缺，其形状更接近双翼日盘和人首双翼图像上系带的圆盘（环）。

波斯波利斯摩崖石刻上萨珊王朝的君王普遍戴着系飘带皇冠，飘带是波斯王朝皇族尊贵身份的象征，在帕提亚王朝、萨珊王朝的货币以及银盘上帝王皇冠一般都系有飘带，并颈戴项链（图 7）[③]。因此，上述系带环与冠绶带均可看做集神权与王权于一体的重要物像[④]。在上文归纳的五种萨珊式鸟雀图像中有三类鸟雀或衔或系有系带式珠串。笔者认为，虽然双翼日盘图像与鸟雀颈戴或嘴衔系带式珠串图像样式不同，不过二者在图像核心元素（鸟与系带环状物）上几乎一样。所以，或可将双翼日盘以及君权神授图像上的“系带环”，与萨珊王朝鸟雀图像上的“系带式珠串”的象征与内涵同等视之。

图 6 波斯波利斯摩崖石刻阿尔达希尔一世（224 ~ 241 年）君权神授浮雕

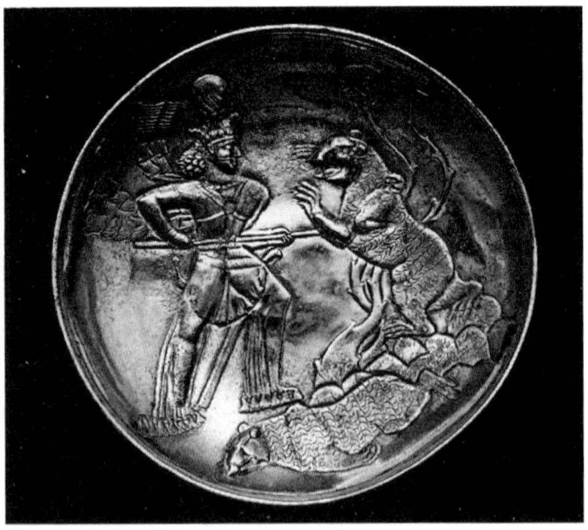

图 7 中亚出土波斯萨珊王朝银盘

（3）波斯金银器装饰圈带内的神兽图像

各式圈带内的动物主题是波斯金银器物上由来已久并十分常见的装饰图像，柏林国家美术馆与圣

① 前引书，*A Survey of Persian Art,From Prehistoric Times To The Present, Volume VII.* PL.154A.

② 前引书，*A Survey of Persian Art, From Prehistoric Times To The Present, Volume. VII.* PL.154A, 154B, 155A, 156A, 156B, 157A, 158A.

③ 前引书，《世界美術大全集　東洋編　第 15 巻中央アジア》，图版 162。

④ 前引文，《都兰吐蕃墓出土含绶鸟织锦研究》，文中称其“冠绶带”，本文借用此说法。

彼得堡埃尔米塔什博物馆均有收藏（图 8、9、10）[①]，包括帕提亚王朝和萨珊王朝制品。

这类金银器在银盘内底或银壶外腹部的圆形构图内，装饰系飘带的动物或有翼兽。萨珊王朝的装饰纹样并非纯粹为了装饰，而是富有浓厚的宗教色彩，装饰也大多与琐罗亚德斯教有着密切关联。例如琐罗亚德斯教神话中的森木鹿（senmurv），俄罗斯考古学家马尔夏克（B. I. Marshak）指出，这种动物是鸟和兽的混合，在伊朗宗教中，表示吉祥之神，能给人带来好运，失去此神保护，就会失败[②]。除此之外，琐罗亚德斯教神异动物如含绶鸟、有翼骆驼、有翼羊、有翼狮等，在片治肯特城址总是被画在粟特贵族或富商的身前，作为一种神灵的护佑[③]。在出土的波斯萨珊风格纺织品（或者以壁画形

图 8　柏林国家美术馆藏安息帕提亚王朝银盘

图 9　俄罗斯布塞瓦出土波斯萨珊王朝银壶

图 10　圣彼得堡埃尔米塔什博物馆藏波斯萨珊王朝银盘

① 图 8 出自前引书，*A Survey of Persian Art, from Prehistoric Times to the Present Volume VII.* PL.135. 图 9 出自前引书，《世界美術大全集 東洋編 第 15 巻中央アジア》，图版 198。图 10 出自前引书，*A Survey of Persian Art, from Prehistoric Times to the Present Volume VII.* PL.219B.

② 姜伯勤：《中国祆教画像石在艺术史上的意义》，《中山大学学报（社会科学版）》2004 年第 1 期，第 70 ~ 78 页。

③ ［意］康马泰著、毛铭译：《鲜卑粟特墓葬中的波斯神兽解读》，《内蒙古大学艺术学院学报》2007 年第 3 期，第 52 ~ 59 页。

式出现的萨珊式纺织品）上，圆圈内有翼兽的装饰纹样十分常见。上文所述波斯阿契美尼德王朝至萨珊王朝阿胡拉·马兹达象征图像的演变过程中，作为王权象征的圆环或系带环始终存在。所以说，波斯萨珊艺术中圈带（圆环）内神兽主题图案，即是一种程式化的图像构图惯例，圈带内立鸟图像也隶属其中。

综上所述，波斯萨珊王朝鸟雀图像虽是萨珊王朝金银器、纺织品上常见的图案，但又绝非纯粹的装饰纹样，已经具有象征意义，圈带内鸟雀口衔或颈戴系带式珠串，有目的地选择并集合了波斯宗教与政治活动中重要物像象征（系带环、冠绶带）。波斯萨珊王朝鸟雀图像是波斯前伊斯兰化时期孕育的一种独特而完整的鸟雀图像体系，它集合了帝王的荣耀、幸运（赫瓦雷纳）和灵光（法拉瓦哈）等重大的政教含义。并且，这一鸟雀图像在波斯萨珊王朝成为上至帝王下至百姓广泛喜爱的波斯式吉祥鸟，包含着昌盛、好运的寓意。总之，波斯萨珊王朝鸟雀图像被赋予波斯宗教内涵，同时也寄托着人们对世俗生活的美好愿望。

二 中亚与西域波斯萨珊式鸟雀图像

中亚与西域的萨珊式鸟雀图像，在丝绸之路上散见于粟特地区阿夫拉西阿卜与片治肯特城址的壁画、阿富汗巴米扬石窟与新疆拜城克孜尔石窟壁画、图木舒克大寺院遗址建筑构件上装饰浮雕、吐鲁番阿斯塔那墓群出土织锦。总观不同地域、载体上的鸟雀图像，联珠圈带内立鸟成为基本的图像形式，并有单鸟与对鸟之分。可细分为以下六种形式：①联珠圈带内单鸟口衔系带式珠串；②联珠圈带内单鸟口衔系带式珠串并颈系飘带；③联珠圈带内对鸟共衔珠串并单鸟颈系飘带；④联珠圈带内单鸟口衔飘带；⑤联珠圈带内单鸟颈系飘带；⑥联珠圈带内对鸟各颈系飘带。圈带内立鸟是基本构成因素，其圈带形式不尽相同。

在梵蒂冈博物馆藏一件萨珊王朝织锦上，表现联珠圈带内立鸟口衔枝蔓（图 4），不过联珠圈带并不成为萨珊王朝鸟雀图像的主要圈带纹饰。目前就出土物而言，7、8 世纪的中亚与西域是联珠圈带内鸟雀图像集中出现的地域。

1. 联珠圈带内单鸟口衔系带式珠串

乌兹别克斯坦撒马尔罕（Samarqand）阿夫拉西阿卜城址大使厅南墙壁画（图 11、12）[①] 和西墙壁画（图 13）[②] 约绘制于 7 世纪 [③]，以及塔吉克斯坦片治肯特（Panjikant）城址 8 世纪第 4 宫殿西墙壁画（图 14）[④]，绘有联珠圈带内立鸟口衔系带式珠串图像，其珠串下端坠有三串垂珠，上端系

---

① L. I. アリバウム著、加藤九祚译：《古代サマルカンドの壁画》，东京：文化出版局，1980 年，图 30、图 55。

② 前引书，《古代サマルカンドの壁画》，第 85 页。

③ 根据这些土墙遗迹推测，撒马尔罕的阿夫拉西阿卜城始建于公元前 650 年左右，前 540 年，波斯帝国阿契美尼德王朝征服了从爱琴海到中亚的广大地区，粟特人从此随之信仰来自波斯的琐罗亚德斯教。[法] 葛乐耐（Frantz Grenet）著、毛铭译：《驶向撒马尔罕的金色旅程》，桂林：漓江出版社，2016 年，第 46 页。

④ 图 14-1 出自前引书，《世界美術大全集　東洋編 15 巻中央アジア》，图 180。图 14-2 出自前引书，《古代サマルカンドの壁画》，图 15-a。

图 11 阿夫拉西阿卜古城大使厅南壁壁画

图 12 阿夫拉西阿卜古城大使厅南壁壁画纹样复原图

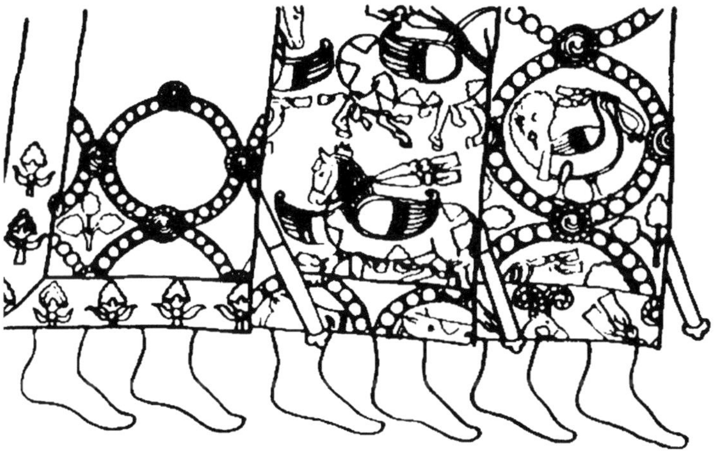

图 13 阿夫拉西阿卜古城大使厅南壁壁画局部

图 14-1 阿夫拉西阿卜古城大使厅西壁壁画局部

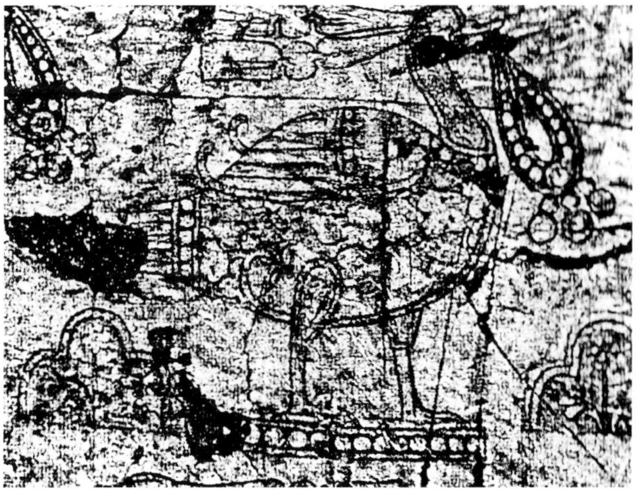

图 14-2 阿夫拉西阿卜古城大使厅西壁壁画局部

飘带。萨珊金银器表现的鸟雀口衔或颈戴系带式珠串形式与之几乎一样，只是其鸟雀外环绕的圈带形式明显不同。这几处壁画上的鸟雀图像大都为连续联珠圈带构图，在大小均等、上下左右紧密相连的每一个圈带内，绘有一只口衔系带式珠串的鸟雀，上下鸟雀反向而立，圈带之间以内含新月的小联珠圈带衔接，圈带空白处主要填充轴对称三叶植物纹样。除了大、小联珠圈带外，鸟雀颈上、翅膀上、尾翼上也有联珠带装饰，有的鸟爪下还踏着联珠长条形物，与萨珊王朝鸟雀图像一致。联珠纹是波斯人喜爱的图案，萨珊王朝银币上的国王头像常模印有联珠圈纹①。

阿夫拉西阿卜古城大使厅壁画联珠圈内单鸟口衔系带式珠串图像，见于粟特国王和左下角侍立贵族（右边者）的服装（图 12）②，并都是有着华丽尾翼的孔雀图像。另外，西墙壁画上还绘有“三位来自赤鄂衍那的波斯使臣”（图 14-1），分别身着联珠圈内猪首纹、鸟衔系带式珠串和菱格内饰森木鹿的长袍。中间使者服装上的鸟雀纹样和埃尔米塔什博物馆藏萨珊银盘口衔枝蔓的鸭子形象相仿（图 1），比如鸟颈和翅膀上的联珠带，直线纹理的羽翼、翅膀末端向上卷曲如钩诸特征。此外，通过将壁画上的服装纹样与后述的波斯萨珊联珠纹织锦实物比照，可以推断它们是风格一致的萨珊式织物（图 23、24、25）③。根据马尔夏克的分析，上述三位波斯使臣代表末代波斯萨珊王朝流亡政府，此行以朝贺刚被唐高宗加封（658 年）为“粟特九姓之王”的呼拂缦为名，实则是向唐朝使臣哭求大唐援兵，以抗大食④。在西墙壁画的中间醒目位置还有一列行进在队伍中的大唐使臣，他们手拿蚕茧、丝束等礼物⑤。马尔夏克与葛乐耐都倾向认为大使厅壁画创作于唐高宗加封粟特王呼拂缦之后，粟特九姓国就此纳入大唐帝国版图，统称为康居都督府⑥。萨珊王朝已于 651 年被大食人灭亡，之后，粟特文化的繁华仍然持续了一百多年，直至 751 年大食占领粟特之后方才衰落。所以在萨珊王朝灭亡后的一个多世纪，以金银器为代表的大量波斯萨珊朝华丽物品仍盛行于当时的唐朝⑦，这得力于粟特人前后几个世纪东奔西往在丝绸之路上。

此外，在片治肯特古城宫殿壁画所绘装饰带（图 15）⑧、神祇服装与神祇所乘狮子背上的毯子，也绘有联珠圈带内单鸟口衔系带式珠串图像⑨。从这些壁画来看，粟特人尤其喜欢联珠圈带内鸟雀

---

① 孙培良：《萨珊时期的伊朗艺术》，《西南大学学报（社会科学版）》1988 年第 3 期，第 112 ~ 119 页。

② 葛乐耐将南墙壁画的主题定为“石国国王的新年出行祭祖场景”，国王前面有献祭的动物和戴着口罩的随从，这些细节都是遵循波斯的瑣罗亚德斯教习俗而创制，前引书，《驶向撒马尔罕的金色旅程》，第 8 页。

③ 前引书，*A Survey of Persian Art: from Prehistoric Times to the Present Volume VII*, PL. 202C、202B、200.

④ ［俄］马尔夏克著、毛铭译：《突厥人、粟特人与娜娜女神》，桂林：漓江出版社，2016 年，第 55 页。

⑤ 前引书，《突厥人、粟特人与娜娜女神》，第 55 页。

⑥ a. 前引书，《突厥人、粟特人与娜娜女神》，第 50 ~ 70 页。b. 前引书，《驶向撒马尔罕的金色旅程》，第 22 ~ 39 页。

⑦ a. 夏鼐：《近年中国出土的萨珊朝文物》，《考古》1978 年第 2 期，第 111 ~ 116 页。b. 齐东方、张静：《唐代金银器皿与西方文化的关系》，《考古学报》1994 年第 2 期，第 173 ~ 190 页。

⑧ 出自タジキスタン共和國科學アカデミー歷史·考古·民族研究所：《アーカイヴ　カフカハ遺跡群出土壁畫》图 27。

⑨ 马尔夏克、瓦伦蒂娜·腊丝波波娃：《片治肯特古城带谷仓的娜娜女神壁画（700 ~ 725 年）》，《突厥人、粟特人与娜娜女神》，桂林：漓江出版社，2016 年，第 29、37 页。

图像，而在波斯萨珊王朝遗存中并不多见。在吐鲁番阿斯塔那墓群出土大量织锦中，不乏各式联珠圈带内立鸟图案遗物，根据伴随出土墓志可知，其年代大都在7世纪下半叶[①]。其中332号墓出土织物（图16）[②]，椭圆形联珠圈带内一鸟口衔系带珠串，侧向站立，鸟颈与张开的翅膀上有联珠带，这些细节表现与上述粟特本土发现的鸟雀图像近似，同墓出土有唐麟德二年（665年）文书[③]，这与阿夫拉西阿卜城址大使厅壁画年代接近。阿斯塔那墓群出土的织锦纹饰还有联珠圈内单个动物图像，如野猪头、鹿、大象等[④]。这类织锦图案与古城大使厅壁画上使臣所穿锦袍上图案所差无几。意大利学者康马泰提出，一个“联珠纹艺术流派”在6世纪经粟特本土生产的纺织品上出现[⑤]，他们专事生产联珠圈纹锦。

图15　片治肯特宫殿4西壁壁画局部

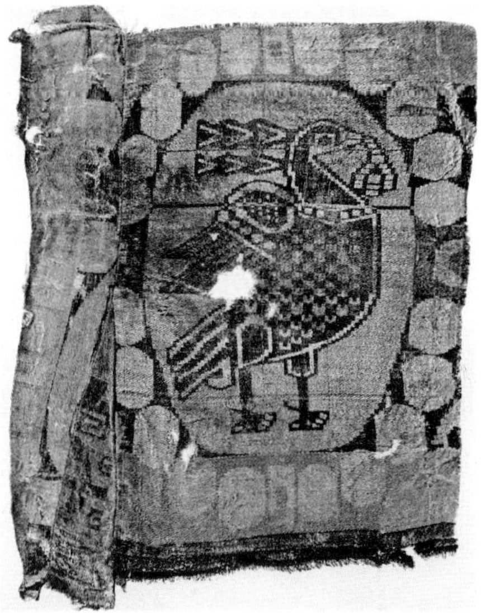

图16　吐鲁番阿斯塔那332号墓出土唐代鸾鸟纹锦

联珠圈带内口衔系带珠串鸟雀图像的图案因素与构图全都承自波斯，在粟特以联珠圈带内立鸟这一固定形式呈现并得以流行，且经由粟特向东传播。7、8世纪中亚与西域出现的各式萨珊式鸟雀图像，几乎都是联珠圈带内立鸟模式，这一细节不容忽视，这是波斯萨珊式鸟雀图像自西向东传播过程中，经由粟特而发生的一次重要的转折与变化。

2. 联珠圈带内对鸟共衔串珠并单鸟颈系飘带

已知粟特地区的联珠纹样没有和佛教图像结合在一起，而是与琐罗亚斯德教的图像或象征物

---

① 薄小莹：《吐鲁番地区发现的连珠纹织物》，《纪念北京大学考古专业30周年论文集》，北京：文物出版社，1990年，第312～315页。

② 新疆博物馆藏。新疆维吾尔自治区博物馆编：《新疆维吾尔自治区博物馆》，北京：文物出版社，1991年，图55。

③ 武敏：《新疆出土汉——唐丝织品初探》，《文物》1962年第Z2期，第64～75页。

④ 新疆维吾尔自治区博物馆编：《新疆维吾尔自治区博物馆》，北京：文物出版社，1991年。

⑤ ［意］康马泰著、毛铭译：《唐风吹拂撒马尔罕——粟特艺术与中国、波斯、印度、拜占庭》，桂林：漓江出版社，2016年，第139、140页。

联系在一起。从粟特向东，联珠纹样逐渐被佛教艺术吸收[①]。阿富汗巴米扬第 167 窟天井壁画联珠圈带内二鸟相背而立，口衔一条串珠的两端，回首相顾（图 17）[②]，时代约为 7 世纪[③]。此图案具备萨珊鸟雀图像圈带内立鸟这一基本因素，不过它与波斯、粟特的圈带内立鸟纹样细节表现有所不同，此联珠圈带内两只鸟由一条珠串相连，一只鸟立于联珠长条物上，另一只鸟的双爪与圆周相切而被隐没，仅有一只鸟颈系飘带，二鸟不完全对称，相较于波斯、粟特鸟雀羽翼的平面几何纹装饰，此巴米扬鸟雀似通身白羽，没有任何多余描绘。再者，两只鸟尾翼相叠使得右边鸟后半身体被遮挡，而萨珊、粟特成对鸟雀几乎均衡、对称、完整地表现，鸟雀身首同向。在印度笈多王朝（Gupta Dynasty，320 ~ 550 年）与后笈多时代（550 ~ 750 年）佛教造像的装饰浮雕中多见动态灵活、回首反顾双鸟。该鸟雀图像在沿用萨珊系鸟雀图像基本因素的同时，又可能吸收了后笈多时代鸟雀造型特点。

3. 联珠圈带内单鸟口衔系带式珠串并颈系飘带

这种萨珊式鸟雀图像以鸟雀口衔系带式珠串并颈部缠绕飘带为特征。拜城克孜尔石窟寺第 60 窟造像台前面的壁画，是横向联珠环内各有一只侧向站立的大雁，两两相向而立（图 18）[④]。此鸟雀图像和上述阿夫拉西阿卜大使厅西墙壁画联珠圈带内单鸟口衔系带式珠串鸟雀图像如出一辙。例如，鸟嘴所衔珠串绶带的形式、所立联珠纹长条形物，大联珠圈之间的衔接纹样，空白处填充的轴对称三叶纹，鸟雀羽毛的几何化纹理，其颈部、翅膀和尾部都饰有联珠纹，翅膀的下轮廓线末端卷曲如钩等，诸般细节极为相似，只是此处鸟颈上又另环系一条向后飘扬的细长绶带。

图 17　阿富汗巴米扬第 167 窟壁画联珠圈带内二鸟共衔珠串图像

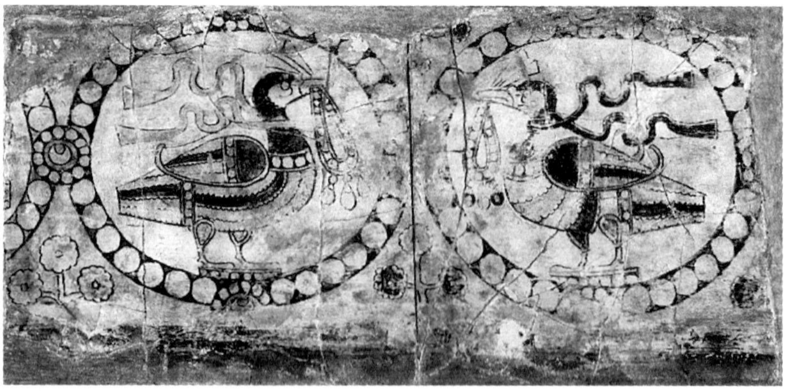

图 18　拜城克孜尔石窟第 60 窟主室西壁下部联珠鸭纹

① 荣新江：《略谈徐显秀墓壁画的菩萨联珠纹》，《文物》2003 年第 10 期，第 66 ~ 68 页。

② ［日］樋口隆康编：《バーミヤーン京都大学中央アジア学術調查報告（第 1 卷）》，京都：同朋舍，1983 年，图版 43-1。

③ ［日］宫治昭：《巴米扬——文明的十字路》，《故宫学刊》2006 年总第 3 辑，北京：紫禁城出版社，2006 年，第 374 页。

④ 新疆维吾尔自治区文物管理委员会、拜城县克孜尔千佛洞文物保管所、北京大学考古系编：《中国石窟·克孜尔石窟（第 3 卷）》，北京：文物出版社，1997 年，图 188。

夏鼐将阿斯塔那 332 号墓出土的鸟纹织锦（图 16）与克孜尔第 60 窟壁画鸟雀图像统称为“颈有绶带的立鸟纹”，指出它与我国旧有的鸾鸟纹、朱鸟纹不同，而与萨珊银器上的立鸟纹几乎完全一样，它们是同属一脉的“萨珊式立鸟纹”[①]。这一观点道出了波斯的萨珊式鸟雀图像是中亚与西域同类图像的源头。

俄国考古学家马尔夏克根据克孜尔第 60 窟壁画所用颜料和艺术风格认为，这座带联珠含绶鸟纹壁画的佛窟可能是粟特人开凿，他还指出，吐鲁番吐谷沟千佛洞发现过一幅风格类似的壁画，上面绘有联珠野猪头纹装饰[②]。可见，有着琐罗亚德斯教属性的萨珊式鸟雀图像进入中亚和西域佛教发达地区后，逐渐成为佛教造像的装饰图案，在克孜尔石窟所见实例则为萨珊式鸟雀图像直接的复制与挪用。

4. 联珠圈带内单鸟口衔飘带

新疆吐木舒克（Toqquz-sarai）大寺院遗址 B 地点出土的柱子断片，浮雕有联珠圈带内一鸟口衔飘带站在枝蔓上，翅膀舒展、尾羽如缠枝蔓草状向后上方呈漩涡状翻卷，为有动态节奏的曲线造型（图 19）[③]。它和萨珊式鸟雀生硬而程式化的造型趣味迥异，而与唐代两京地区花鸟嫁接式图像的鸟雀造型近乎相同，应为七、八世纪安西都护府统治时期的遗物[④]。

萨珊式鸟雀图像在向东传播过程不仅被佛教文化所用，当印度、中国两种文化因素都作用于这一鸟雀图像时，上述联珠圈带内单鸟口衔飘带已非典型特征的萨珊式鸟雀图像，已成为波斯萨珊式鸟雀图像在西域变异的造型。

5. 联珠圈带内单鸟颈系飘带

1969 年吐鲁番阿斯塔那 134 号墓出土一件立鸟纹锦残片，同墓出土唐龙朔二年（662 年）墓志（图 20）[⑤]。此件织锦图案为联珠圈带内一鸟颈系飘带，鸟身上有程式化的联珠纹和几何纹理。阿斯塔那墓群先后还出土了猪头、鹿等联珠单兽织锦，伴随出土墓志或文书的时间是在 657 ~ 665 年[⑥]。相较于萨珊锦图案纹理细密，图案与色彩细腻丰富特征，阿斯塔那墓群出土的这一类联珠圈纹织锦纹理粗疏，纹饰概括，偏几何图案装饰，单元图案的色彩较单一，一般二至三种，出现的时间也较为集中。薄小莹将上述联珠圈内单鸟（兽）纹锦称为“中亚锦”，指出它是一个有别于波斯本土独立的织锦系统，它应产于中亚地区[⑦]。如前文所述，康马泰认为 6 世纪在粟特出现了织造联珠圈纹单兽（鸟）锦的“联珠纹艺术流派”。但是，关于上述西域联珠纹织锦是否一定是从中亚输入，这一问题学界仍有争议。在争议中有一点比较明确，即阿斯塔那墓群出土的联珠纹单兽（鸟）锦与萨珊锦织物纹饰虽可互为比较，不过根据同墓出土墓志或文书，这批联珠纹锦集中出现的时

① 前引文，《新疆发现的古代丝织品——绮、锦和刺绣》。

② 林梅村：《丝绸之路上的粟特织锦》，自新疆网，http://www.xinjiangnet.com.cn/2016/0815/1611103.shtm.

③ 巴黎吉美博物馆藏。孟凡人编著：《新疆古代雕塑辑佚》，乌鲁木齐：新疆人民出版社，1987 年，图 146。

④ 李静杰：《印度花鸟嫁接式图样及其在中国的新发展》，《敦煌研究》2014 年第 3 期，第 92 ~ 117 页。

⑤ 赵丰、屈志仁主编：《中国丝绸艺术》，北京：中国外文出版社，2012 年，第 228 页，图 5-15。

⑥ 前引文，《吐鲁番地区发现的连珠纹织锦》。

⑦ 前引文，《吐鲁番地区发现的连珠纹织锦》。

图 19 吐木舒克大寺院遗址 B 地点出土约 7、8 世纪柱子断片

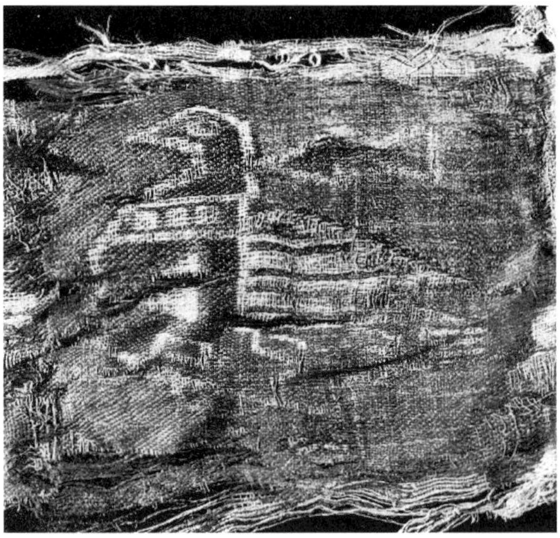

图 20 吐鲁番阿斯塔那 134 号墓出土唐代联珠圈带内颈系飘带立鸟锦

间段应是萨珊王朝灭亡后的一段时间，这批织锦的纹样可能直接来源于粟特。此外应注意到，各种萨珊式主题纹样在吐鲁番流行的程度也不一样，薄小莹所列 50 块联珠纹锦，其中鸟雀图像 14 件（孔雀、凤、鸳鸯主题 8 件，对鸟图案 10 件）、鹿纹 7 件（两件为花树对鹿）、对天马 5 件、猪首纹 3 件、胡王牵骆驼对狮纹 2 件等，而萨珊纹饰中颇受重视的森木鹿（有翼兽）纹饰却没有发现[①]。由此可知，传入西域的联珠纹饰被有所偏好地选择主题纹饰，或许是来自中原吉祥图案影响了来自于中亚的联珠圈带内主题纹饰，而非其图像发源地的琐罗亚德斯教象征意义。

可以说，粟特人在联珠纹图案向东传播的过程中发挥了至关重要作用，这类联珠圈带内萨珊式立鸟图像或也是伴随着"联珠纹艺术流派"传播西域。

6. 联珠圈带内对鸟各颈系飘带

1966 年在阿斯塔那 70 号墓出土的一件联珠对鸟纹锦（图 21）[②]，联珠圈内各有一对颈系飘带的鸟，展翅相对而立，头顶有日月冠。1969 年阿斯塔那 134 号墓又出土一件联珠圈带对鸡纹锦，上排图案为联珠圈带内头顶有日月冠的对鸡立于联珠台座上，下排图案为对鸡各颈系飘带（图 22）[③]，同墓出土唐龙朔二年（662 年）墓表。

薄小莹所列吐鲁番地区出土的各式对兽（鸟）联珠圈纹锦共计 22 件，这其中对孔雀、对凤、对鸳鸯又占 8 块，这类成对出现的联珠圈带内凤鸟纹饰贴合中原文化的吉祥寓意，其鸟雀造型与萨珊式立鸟也大异其趣，并且出现有以汉字用作织锦图案装饰的情况，如对孔雀对马'贵'字联珠纹锦。据伴随出土的墓表或文书推测，上述联珠纹对鸟纹锦年代是在 6 世纪中叶至 7 世纪中

① 前引文，《吐鲁番地区发现的连珠纹织锦》。

② 新疆博物馆藏。巴东主编：《丝路传奇——新疆维吾尔文物大展》，台北：历史博物馆，2008 年，图 38。

③ 新疆博物馆藏。前引书，《中国丝绸艺术》，图 5-12。

图 21　吐鲁番阿斯塔那 70 号墓出土唐代联珠对鸟纹锦

图 22　吐鲁番阿斯塔那 134 号墓出土唐代联珠对鸡纹锦

叶[①]，说明此类织锦在吐鲁番延续近一个世纪的时间，比单兽（鸟）联珠纹织锦出现早一个世纪。另据武敏统计阿斯塔那墓群出土联珠单兽（鸟）锦，其圈带的直径一般为 22 ~ 26 厘米的大圈带，而出土的联珠对兽（鸟）锦直径为 10 厘米左右的小圈带[②]。所以，对兽（鸟）联珠纹锦可看作吐鲁番地区又一联珠纹织锦的图案类型，其织锦图案与西亚萨珊式鸟雀图案有直接的联系，但也不排除中国旧有纹样及其吉祥寓意的影响。

上述两件织锦所见颈系飘带的对鸟（鸡）均立于直径 10 厘米左右的联珠圈带内，整体造型风格纤巧，不似波斯、粟特萨珊式立鸟那样雄健有力。萨珊银器上雄鹰气势威猛，甚而是振翅立于羊背上（图 3），显露出威严有力的气势。萨珊织锦或粟特壁画上的立鸟，身腹部与翅膀上有着细腻充实的几何式纹理，而吐鲁番出土的这两件联珠纹织锦上立鸟图案，只是概括地保留了萨珊式立鸟的基本造型与构图形式，缺少萨珊式立鸟的强健有力，尤其是上述阿斯塔那墓出土联珠对鸡纹锦（图 22）更是头顶波斯日月冠的鸡雏形象。

阿斯塔那出土织锦上的鸟雀图像，可以说是对萨珊式鸟雀图像装饰元素的借用，而所在地域的文化意蕴日渐取代了萨珊王朝的文化属性。

① 前引文，《吐鲁番地区发现的连珠纹织锦》。

② 前引文，《新疆出土汉——唐丝织品初探》。

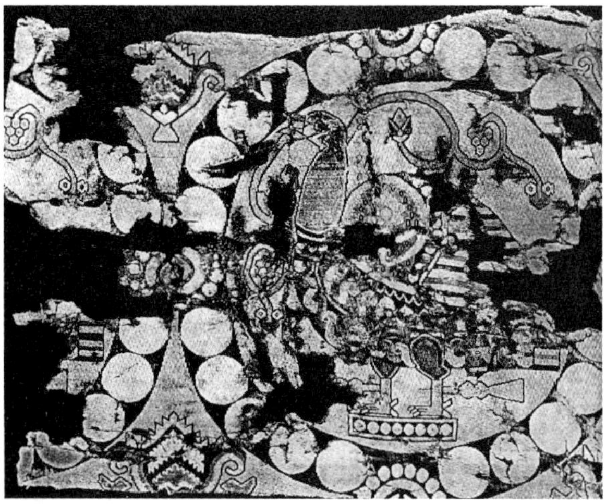

图 23 梵蒂冈博物馆藏萨珊王朝口衔枝蔓立鸟纹织锦

图 24 巴黎集美博物馆藏萨珊王朝颈系飘带有翼天马织锦

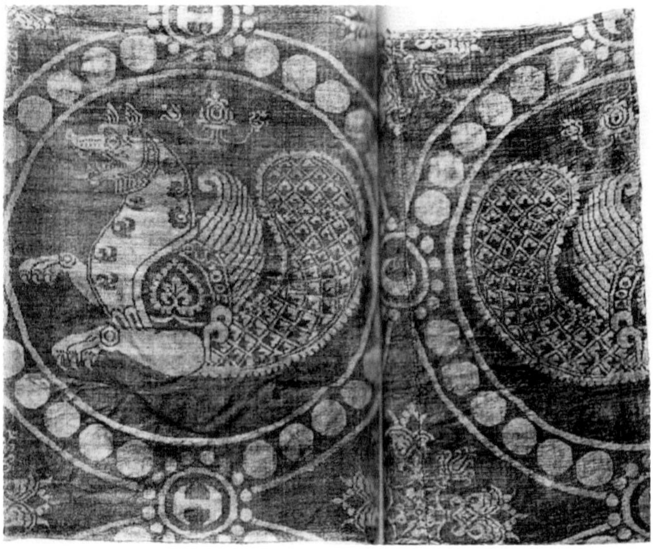

图 25 巴黎装饰艺术博物馆藏萨珊王朝森木鹿纹织锦

三 青藏高原出土的波斯萨珊式鸟雀图像

1982 ~ 1985 年青海都兰吐谷浑墓葬出土了大量丝绸，其中不乏鸟雀纹织锦[①]，主要有团窠内单鸟口衔系带式珠串，以及对鸟共衔珠串并颈系飘带这两种图案类型。许新国指出其织锦图案属萨珊式系统，并主要依据立鸟脚下台座样式将这批含绶鸟织锦分为两大类，第一类主题纹样为对鸟，鸟爪下踏棕榈座，认为它属于粟特锦系统，推测年代为 7 世纪中期。第二类主题纹样为独鸟或对

① 关于都兰吐谷浑墓出土丝绸，参见许新国、赵丰：《都兰出土丝织品初探》，《中国历史博物馆馆刊》1991 年第 15、16 期合刊。

鸟，鸟爪均立于联珠台座上，应属于波斯锦系统，推测年代为 7 世纪末到 8 世纪中期[①]。都兰出土的这批含绶鸟纹织锦的织造工艺与图案确有明显的中亚、西亚特色，不过相较于前述中亚与西域萨珊系鸟雀图像普遍出现的联珠圈带内单鸟或对鸟图案，都兰的含绶鸟织锦团窠环形式多样[②]，花瓣团窠尤其常见，明显有别于联珠圈纹。根据立鸟外团窠样式及单、双鸟的组合形式可以将都兰含绶鸟锦分为以下几种。

1. 花瓣团窠内单鸟口衔系带式珠串

红地瓣窠口衔系带式珠串鸟纹锦（图 26-1、26-2）[③]，一鸟口衔系带式珠串并立于由八片花瓣环绕一周而成的椭圆形团窠内。鸟身部鳞甲片状的羽纹与梵蒂冈博物馆藏萨珊王朝织锦上的鸟身纹饰相似（图 4），而鸟翅带弯钩向上翘起，颈部饰以联珠项圈状物，鸟翅与尾部均饰以竖向联珠长条，两爪立于联珠台座上，鸟嘴衔有系带式珠串等细节表现，则与前述中亚、西域壁画上的联珠圈带内口衔系带式珠串鸟雀形象近似。团窠外的宾花为十样花，花中心为八瓣小团花，四周方形

图 26-1　都兰吐谷浑墓出土唐代红地瓣窠口衔系带式珠串鸟纹锦

图 26-2　都兰吐谷浑墓出土红地瓣窠口衔系带式珠串鸟纹锦复原图

① 前引文，《都兰吐蕃墓出土含绶鸟织锦研究》。

② “窠”指主题纹样适合的范围，每一窠分别是一个相对独立和封闭的单元，窠与窠之间无直接交集，整幅图案由多个窠散点排列而成。“团”则表示“窠”的形状多为圆形。团窠即指圆形或近圆形的纹样单位。引自赵丰主编：《中国丝绸艺术史》，北京：文物出版社，2005 年，第 150 页。

③ 青海省文物考古研究所藏。用多块残片复原而成，复原后的纹样单元向 17 厘米、纬向 13 厘米。图 26-1 出自赵丰、屈志仁主编：《中国丝绸艺术》，北京：中国外文出版社 2012 年，第 228 页，图 5-16。图 26-2 出自前引文，《都兰吐蕃墓出土含绶鸟织锦研究》图 10-1。

花，四向伸出花蕾，此与敦煌藏经洞出土的中亚系统织锦“唐黄地联珠对兽纹锦”上的宾花图案相像①。

2. 花瓣团窠内对鸟共衔珠串并颈系飘带

花瓣团窠对鸟纹锦，根据出土织锦残片所做复原图（图27）②。八瓣花环团窠内对鸟立于联珠台座上，对鸟共衔一珠串两端并各颈系飘带，除了鸟身上羽毛以方块形来表现外，鸟的造型与纹饰与上件基本相同（图26）。花瓣团窠对鸟纹锦也是根据织锦残片所做复原图（图28）③，以16组小朵花排成一个团窠环，团窠内对鸟立于棕榈叶基座上，对鸟共衔一珠串两端并各颈系飘带。鸟身为较细密的方格纹，颈部和腹上部饰以连珠条饰，而尾羽分开上翘下钩这一细节，则与萨珊王朝织物、金银器物上立鸟尾羽纹理相近（图4、5），宾花与巴黎装饰艺术博物馆藏萨珊王朝联珠圈带内森木鹿纹织锦（图25）上的宾花相似，为几何味较浓的十样花。

图27 都兰吐谷浑墓出土花瓣团窠对鸟纹锦复原图

图28 都兰吐谷浑墓出土花瓣团窠对鸟纹锦复原图

3. 联珠团窠内对鸟图像

以联珠组成团窠环，联珠两面均以线条构成圆环，与排列其中的联珠一道组成团窠环，联珠非圆形而多呈六边形，且非紧密排列而是间有空隙，现有残片难以拼凑成一个完整的织锦图案，不过从残片可识别出主题纹饰为对鸟立于联珠团窠内（图29）④。

① 赵丰、王乐：《敦煌的胡锦与番锦》，《敦煌研究》2009年第4期，图7。

② 前引文，《都兰吐蕃墓出土含绶鸟织锦研究》，图11。

③ 前引文，《都兰吐蕃墓出土含绶鸟织锦研究》，图1。

④ 前引文，《都兰吐蕃墓出土含绶鸟织锦研究》，图5-1。

图 29 都兰吐谷浑墓联珠团窠内对鸟织锦残片复原图

总体而言，都兰吐谷浑墓出土团窠内单鸟或对鸟纹锦，团窠内鸟形、鸟态大同小异，属萨珊式鸟雀图像系统，而立鸟外的各式团窠需另作思考。唐初窦师纶创制了一种新式丝绸纹样——“陵阳公样”[①]。陵阳公样在初唐出现，盛唐时流行，所存实例不少，在吐鲁番、都兰和日本正仓院均有所发现[②]。

陵阳公样的流行意味着唐朝丝绸纹样中联珠纹图案的衰落。以都兰吐谷浑墓出土含绶鸟织锦上的各式团窠而言，联珠的作用不再重要，例如，花瓣团窠与连花团窠立鸟纹锦已全无联珠纹元素。即便是联珠团窠内立鸟纹织锦（图 29），对照前述中亚、西域立鸟外环绕的联珠圈带纹样，在珠圈形式与排列上均有明显不同。复合团窠对鸟纹锦（图 30）[③]由内外两重团窠构成，其外圈为联珠团窠，内圈由若干朵小团花环绕而成，此纹样或可对照陵阳公样中的花瓣联珠团窠图案。

都兰吐谷浑墓出土有唐代宝花团窠立凤纹锦、宝花团窠对狮纹锦等（图 31）[④]。宝花是由各种花卉和叶组成想象中的图案，宝花团窠轮廓细腻，造型丰满。花中有叶，叶中有花，层次复杂。都兰织锦上的花瓣团窠则是单纯以一种花瓣作环，花形较为简单，视觉效果平面。都兰出土纺织品上的宝花团窠与花瓣团窠，均以花瓣元素组成图案骨架，团窠之间不相连，宾花均为对称十样花，这是两类织锦纹样的共同之处。如此，都兰花瓣团窠或可视为较为简洁的宝花团窠。

都兰吐谷浑墓出土各式团窠内含绶鸟织锦，以及吐鲁番阿斯塔那墓群出土联珠圈带内立鸟织锦的纹样，都可追溯到萨珊式鸟雀图像原形，但二者却有明显不同。都兰出土织锦上含绶鸟雀图像的萨珊式特征完整、鲜明，但其环绕的团窠形式却迥异于中亚、西域出现的立鸟外环绕的联珠圈带纹样。而新疆阿斯塔那墓群出土的联珠圈带内立鸟纹织锦，在保留萨珊式联珠圈带因素之外，其鸟雀形象的萨珊式特征却又被减弱。都兰吐谷浑墓出土团窠含绶鸟织锦，使我们联想与敦煌文书中记载的“五色鸟锦”，敦煌莫高窟中唐（吐蕃占领时期）第 158 窟、第 361 窟壁画所见莲瓣内含绶鸟图像（图 43、44），以及敦煌藏经洞出土粟特锦的关联。都兰这类含绶鸟锦图案有的以深红为底色，鸟羽以红、黄、青、绿、白五色纬线织成，可以称为五色鸟。藏经洞出土敦煌文书中

---

① 陵阳公样可能就是花环团窠与动物纹样的联合，即图纹单元的边框纹样为花环，主题纹饰为动物。参见前引书，《中国丝绸艺术史》，第 151、152 页。

② 赵丰主编：《中国丝绸通史》，苏州：苏州大学出版社，2005 年，第 251 页。

③ 前引文，《都兰吐蕃墓出土含绶鸟织锦研究》，图 8。

④ 青海省考古研究所藏。前引书，《中国丝绸艺术》，图 5-19。

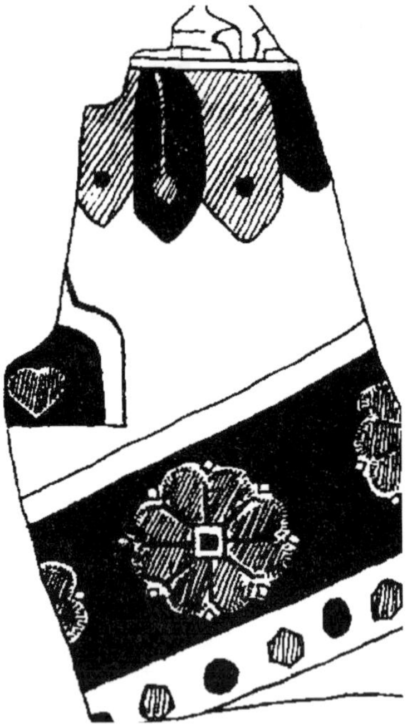

图 30 都兰吐谷浑墓出土复合团窠内对鸟织锦残片复原图

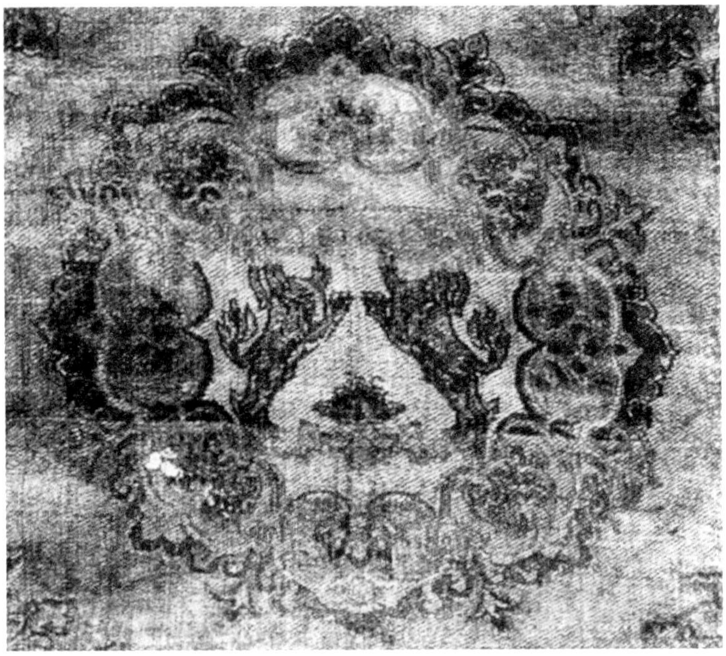

图 31 都兰吐谷浑墓出土唐代宝花团窠对狮纹锦

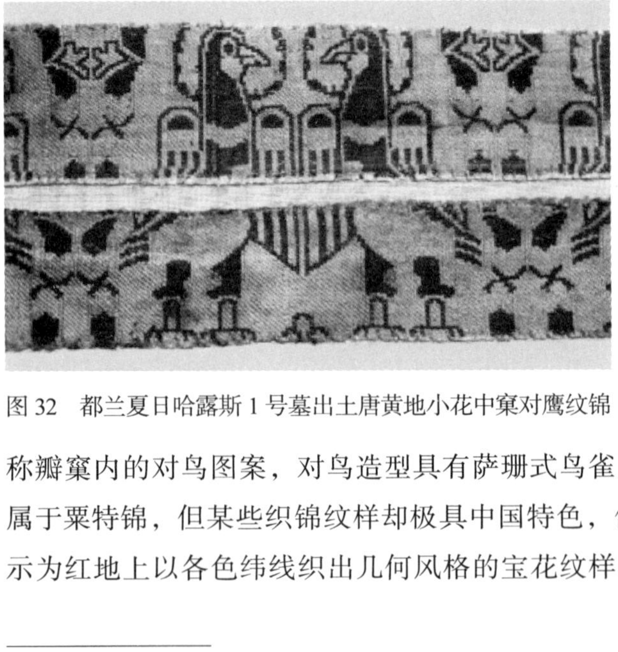

图 32 都兰夏日哈露斯 1 号墓出土唐黄地小花中窠对鹰纹锦

则有“五色鸟锦”的记载[①]。此外，从织造技术特点出发，敦煌藏经洞出土织锦中有九种被属于粟特锦系统[②]，其中一件织锦纹样为小朵花团窠环内立有对鹰，与青海都兰夏日哈露斯 1 号墓出土的织锦图案极为接近，也是在朵花组成的团窠环中对鹰昂首挺胸相对而立，头上各有一圈光环（图 32）[③]。另一件红地联珠对羊纹织锦（图 34）[④]，由六边形珠环绕而成的椭圆形团窠内表现一对相对而立的野山羊，宾花则是十字对称瓣窠内的对鸟图案，对鸟造型具有萨珊式鸟雀图像特征。敦煌藏经洞出土这一类织锦的织造工艺属于粟特锦，但某些织锦纹样却极具中国特色，例如红地宝花纹锦（图 33）[⑤]，由残片复原的图案显示为红地上以各色纬线织出几何风格的宝花纹样，它可能是中亚织工吸收利用中国纹样的一种表现

① 《唐咸通十四年（873 年）沙洲某寺交割常住物体等点检历》载：“大红番锦伞壹，新，长丈五尺，阔一丈，心内花两窠。又壹张内每窠各狮子贰，四缘红番锦，五色鸟玖拾陆。”唐耕耦、陆宏基编：《敦煌社会文献真迹释录（第 3 辑）》，全国图书馆文献微缩复制中心，1990 年。

② 前引文，《敦煌的胡锦与番锦》，第 41 页。

③ 前引文，《敦煌的胡锦与番锦》，图 6。

④ 残片藏于大英博物馆。前引文，《敦煌的胡锦与番锦》，图 4。

⑤ 残片现分藏于大英博物馆和维多利亚博物馆。前引文，《敦煌的胡锦与番锦》，图 8。

图 33　敦煌藏经洞出土红地宝花纹锦图案复原图

图 34　敦煌藏经洞出土红地联珠对羊纹锦图案复原图

图 35　故宫博物院藏唐阎立本《步辇图》局部

形式[①]。都兰吐谷浑墓出土的团窠内含绶鸟锦与上述敦煌藏经洞出土织锦，从织造技术上分析均属于"中亚系统织锦"，但从其纹样风格上来看则不尽然，中、西方纹样因素混合交融是其共同之处。

唐阎立本《步辇图》(图 35)[②]，绘贞观十四年（640 年）吐蕃使者禄东赞朝觐唐太宗时的场景，禄东赞身着红地联珠圈带内立鸟纹锦袍，锦袍纹样与上述中亚、西域发现的萨珊式鸟雀图像近似。据此可知，唐贞观年间，波斯风格鸟纹锦已输入青藏高原，青海都兰吐谷浑墓出土的大量推测为 7 世纪中叶至 8 世纪中叶的团窠内含绶鸟纹织锦，说明了这种织物在青藏地区长期流行。

综合来看，都兰出土的团窠内含绶鸟织锦在沿用波斯萨珊式鸟雀图像的同时，也没有完全固守其在西亚、中亚的纹样祖型，呈现萨珊式鸟雀图像、唐代丝绸上的"陵阳公样"，与敦煌藏经洞出土"粟特锦"多种纹样的重叠、交融面貌。

---

① 参考前引文，《敦煌的胡锦与番锦》，第 42 页。

② 中国美术全集编辑委员会编：《中国美术全集·绘画编 2·隋唐五代绘画》，北京：人民美术出版社，1993 年，图 2。

四　汉文化地区波斯萨珊式鸟雀图像

北朝以来，伴随大量粟特商人沿着陆路丝路来华，波斯文化圈的鸟雀图像与飞行神兽（森木鹿）也被带到河西走廊以及中原北方地区，并受到汉文化地区人们喜爱。初盛唐时期胡文化得到进一步提倡，使得森木鹿和萨珊式鸟雀图像继续得以流行。安史之乱平息之后，粟特人及其携带的文化逐渐被淡化。

根据出土遗物，汉文化地区波斯萨珊式鸟雀图像存在无圈带鸟雀图像和附圈带鸟雀图像两种形式。前者主要见于中原北方出土的入华粟特人石葬具图像，后者主要见于河西走廊与中原北方出土的石窟寺壁画、金银器、铺地砖等载体。

1. 无圈带鸟雀图像

在河南、山东、山西与陕西等地陆续出土了一批与粟特人相关的石葬具，其年代大致在北朝晚期至隋代。飞行神兽与系带鸟是这些石葬具上常见的装饰纹样。下文以三组入华粟特人墓葬石刻上的颈系飘带鸟为研究对象，分析六世纪下半叶前后萨珊式鸟雀图像在中原北方的传播与发展情况。

1971年青州傅家庄出土北齐武平四年画像石（573年）①，现存9块可辨识的完整线刻画像石，其中第1至第5块画像石在图像上方刻有鸟雀图像（图36）②，均颈系飘带朝左方飞翔，其中对鸟图像一幅（第1石），单鸟图像四幅（第2至第5石）③，均为体型较大的雁鸭（鹅）类。这些鸟雀的造型与飞翔姿态基本一致，飞鸟的周围有云朵环绕，图像下方多为人物出行场景。姜伯勤认为，青州画像石上的系带鸟寓意好运与吉祥④。

傅家庄石刻上胡人形象者有五位，而其第2石（图36）、第7石上胡人身穿联珠纹长袍（图39）。相较于史君（579年）、安伽（579年）等萨宝墓葬石刻图像表现的粟特人在中原享乐与奢华生活，傅家庄石刻上的这几位粟特人不仅不是以主人身份出现，而且显得辛劳和谦卑。他们是往来奔波的胡商（第1石）向中原的贵族敬献从远方带来的奇珍（第2石）。

1999年太原隋虞弘墓（582年）出土石椁⑤，一共9块石板相连而成，石板内面有浮雕加彩绘图像。虞弘墓石椁正前面中间位置雕刻火坛旁相对而立的人身鸟首祭司，明确了这个墓葬装饰题材的琐罗亚德斯教属性⑥。

---

① 夏名采：《益都北齐石室墓线刻画像》，《文物》1985年第10期，第49～54页。

② 青州市博物馆藏。青州市博物馆编：《山东青州傅家庄北齐线刻画像石》，济南：齐鲁书社，2014年，图001836。文中画像石排序据青州市博物馆：《山东青州傅家庄北齐线刻画像石》，第5～39页。

③ 前引书，《山东青州傅家庄北齐线刻画像石》，第11、27、31、39页。

④ 姜伯勤：《中国祆教艺术史研究》，北京：生活·读书·新知三联书店，2004年，第76页。

⑤ 山西省考古所、太原市文化局、太原市晋源区文物旅游局编：《太原隋虞弘墓》，北京：文物出版社，2005年。

⑥ 山西省博物院藏。前引书，《太原隋虞弘墓》，图版70。

飘带系在鸟颈、马腿或波斯式的王冠上，除第 3 块之外其余 8 块椁壁均浮雕有颈系飘带的鸟雀图像，有的在空中飞翔，有的站立在被繁茂花枝覆盖的屋顶上。虞弘墓 8 块石板上鸟雀共计 13 只，系飘带者 10 只，未系飘带者 3 只。一种为体型较大的鸟，如第 1 幅为孔雀（图 37）①，第 4、7、8 幅似为鹅②，另一种为体型较小的鸟，如第 2、4、5（图 38）③、9 幅似为鹦鹉。鸟雀或立或飞，第 1、5、6 幅为立鸟，第 2、4、7、8、9 幅为飞鸟④。鸟雀颈系飘带外口中或有或无衔物，第 4、6（图 39）⑤幅共 2 只鸟雀颈系飘带并口衔云朵状物，第 5 幅共 3 只鸟雀颈系飘带并口衔葡萄或葡萄叶。第 1、4 幅共 2 只鸟雀口衔葡萄，并都伴有一只颈系飘带的鸟。

图 36　青州傅家庄出土北齐线刻画像石——第 2 石线图

椁壁浮雕第 1 幅上方有一只颈系飘带尾翼修长的孔雀（图 37），它是虞弘墓鸟雀图像中唯一有头光的鸟，且形态最为华丽，其明显放大的身体比例使其形象十分醒目，在孔雀的后面有一只口衔葡萄的鹦鹉与之相背而立。

椁壁浮雕第 6 幅下栏单独浮雕一鸟向右侧立（图 39），口衔一朵云，脖上系一条飘带，它是

图 37　太原出土隋虞弘墓椁壁浮雕第 1 幅

图 38　太原出土隋虞弘墓椁壁浮雕第 5 幅

① 山西省博物院藏。前引书，《太原隋虞弘墓》，图版 20。
② 山西省博物院藏。前引书，《太原隋虞弘墓》，图版 34、49、50。
③ 山西省博物院藏。前引书，《太原隋虞弘墓》，图版 35。
④ 山西省博物院藏。前引书，《太原隋虞弘墓》，图版 25、34、49、50、52。
⑤ 山西省博物院藏。前引书，《太原隋虞弘墓》，图版 46。

图39 太原出土隋虞弘墓椁壁浮雕第6幅

虞弘墓鸟雀图像中唯一单独构图且最具萨珊风格的鸟雀图像，其余鸟雀和人物活动统一在一个场景中。

虞弘墓椁壁浮雕人、兽、鸟以及植物组合图像，有笔直生长的树木、枝繁叶茂的葡萄藤蔓，零星散布的朵花，营造出生机勃勃的氛围。例如，椁壁浮雕第五幅位于椁壁背面正中（图38），上栏浮雕有联珠纹装饰的帐幔式建筑，屋顶被蜿蜒曲折的藤蔓与成串的葡萄覆盖，在叶蔓之间还有三只鸟，其中两只一左一右站在屋顶上颈系飘带，一只头部扬起，似衔着上方的葡萄叶，另一只似正在啄食一串葡萄。中间一只栖于葡萄枝上回身反顾。这是虞弘墓椁壁浮雕中出现鸟雀数量最多的一幅，鸟雀无论颈系飘带与否，其比例与姿态较为写实自然，并与周遭环境和谐相融。

20世纪初河南安阳附近出土，之后流失海外，北齐石刻是一组入华粟特人石棺床构件，现分藏在欧、美博物馆[①]。其中有3块石刻在九联画幅中共计雕刻8只鸟雀图像，鸟雀和人物统一在一个场景中，颈系飘带鸟雀4只、未系飘带鸟雀4只。4只孔雀（其中3只颈系飘带）、4只为雁鸭类，均为体型较大的鸟。7只有头光，1只无头光。4只立鸟，4只飞鸟。鸟喙均无衔物。

波士顿博物馆藏品（图40-1、40-2），以联珠纹和卷草纹分为竖立三联，中联图像上部刻有一只比例被放大、颈系飘带、尾翼华丽的孔雀，立于画面右侧树梢上，孔雀身后有五朵并排的云彩。右屏上端雕刻有两只有头光的鸟，左边一只孔雀立于花叶上，站立回首并颈系飘带，另一只鸟未系飘带作振翅飞翔状。

巴黎吉美博物馆藏品（图41-1、41-2、41-3）[②]，以联珠纹和卷草纹分为竖立三联，中联图像上部一有头光的孔雀颈系飘带立于树梢，作回首反顾状。右屏上部覆盖屋顶的花叶上有三只鸟，左边一只有头光，颈系飘带，朝左立于花叶上，右边两只均有头光，未系飘带，朝左飞翔，其中一只并作回首状。

上述安阳石刻图像左右联宴饮场景中，手拿角杯、盘腿而坐的贵族坐姿，与粟特巴拉雷克切佩粟特人宴饮图上人物相似[③]。安阳石刻上由联珠纹、卷草纹分割画面，在片治肯特古城壁画中也可见到类似的间隔手法（图15）。

如前所述，含绶鸟、有翼骆驼、有翼羊、有翼狮等，作为一种神灵护佑的象征，可被视为广义上的波斯吉祥鸟（神兽）。同时，我们也应看到这类出自中原北朝工匠之手的琐罗亚德斯教画像

① 前引书，《中国袄教艺术史研究》，第35、36页。

② 前引书，《中国袄教艺术史研究》，第34页。

③ 前引书，《中国袄教艺术史研究》，第49、50页。

图 40-1　安阳出土北齐石棺床（李静杰摄）

图 40-2　石棺床局部（李静杰摄）

图 41-1　安阳出土北齐石棺床

图 41-2　石棺床中屏上部

图 41-3　石棺床右屏上部

石，折射了 6 世纪下半叶中原北方地区胡汉相融的文化现象。

中土与西胡丧葬习俗古有不同，“棺殡椁葬，中夏之制，火焚水沉，西戎制俗”[①]。但是中国式的丧葬礼制、中国式的葬具（围屏石榻和石椁）、汉字书写的墓志铭（虞弘墓），以及汉代至北朝末期已盛行数百年的画像石艺术，这些纯粹中国式的文化元素与美术类型，也是构成北朝入华粟特人墓葬的重要因素。

入华粟特人石棺床画像石上男女主人对饮、车乘出行、庭园景象，也是中国汉代墓室艺术中常见的图像。所以，上述石棺床画像石图像主题具有双重的文化属性，即继承了汉画像石反映世间生活以纪念墓室主人的传统，又兼备表述波斯、粟特人的宗教图像的功能。

汉代人相信凤鸟出现能给人们带来吉祥兆头，象征着天下太平、五谷丰登。汉字因“雀”读音与“爵”相近，被视为象征官位的瑞鸟，山东与河南的汉代画像石中有常见朱雀衔绶的图像[②]。凤凰是仙界的使者，有引导护送人们升仙的吉祥寓意[③]。

汉代中原北方画像石上的鸟雀图像系统，与同地区北朝晚期至隋代入华粟特人石刻葬具上的鸟雀图像造型和构图有相似之处，而入华粟特人石刻葬具上的波斯吉祥鸟，较其波斯萨珊祖型在构图、造型、动态与装饰上有所偏差。如上文所述波斯萨珊王朝的鸟雀图像有其图像程式，即圈带内立鸟呈侧面同向站立，而上述粟特人画像石上除了虞弘墓椁壁浮雕第 6 幅（图 39）装饰有单独方形构图系带鸟图像之外，其余鸟雀图像没有圈带，非独立构图的颈系飘带的飞鸟或立鸟，有的伫立在屋顶、树梢或同时回首反顾，有的飞翔于空中，鸟雀与人物、自然的场景和谐相融，鸟雀动态灵活自然，脱离了固定化的萨珊式鸟雀图像形式，且与汉代画像石上的鸟雀图像表现形式相接近。从鸟雀装饰细节上来看，入华粟特人画像石上颈系飘带的鸟雀图像，与汉代画像石上衔绶带或颈系飘带的朱雀图像更接近（图 42）[④]，而与萨珊式鸟雀图像中立鸟口衔或颈戴系带式项链（珠串和项链组合而成）有明显差异。最后，鸟雀与云朵的相伴出现有两种表现方式。一种表现是虞弘墓椁壁第六幅下栏浮雕的颈系飘带并口衔云朵的鸟雀图像，另一种是波士顿博物馆藏安阳石刻和傅家庄石刻颈系飘带鸟雀身后有朵云纹样。祥云是我国传统纹样中常见的装饰图案，其常与龙、凤瑞兽配合在一起并寓

图 42　沂南出土东汉画像石

① ［南朝·梁］萧子显：《南齐书》卷 54《顾欢传》，北京：中华书局，1995 年，第 931 页。

② a. 中国画像砖全集编辑委员会编：《中国画像石全集·河南画像砖（第 6 卷）》，成都：四川美术出版社，2006 年，图 89。b. 中国画像砖全集编辑委员会编：《中国画像石全集·山东画像石（第 3 卷）》，济南：山东美术出版社，2006 年，图 22、30、32、33、54。

③ 蒋英炬、杨爱国：《汉代画像石与画像砖》，北京：文物出版社，2001 年，第 367 页。

④ 中国画像石全集编辑委员会编：《中国画像石全集·山东画像石（第 1 卷）》，济南：山东美术出版社，2000 年，图版 179。

意吉祥，在山东汉代画像石上亦可见凤鸟与祥云伴生的装饰图案。

综上所述，中原北方地区北朝晚期至隋代入华粟特人葬具上吉祥鸟，一定程度上借用或承袭汉代以来画像石上的鸟雀图像因素。这两类鸟雀图像虽然各有其文化背景，但又都包含着美好、吉祥的含义，因而入华粟特人石葬具画像石上鸟雀图像兼备波斯琐罗亚德斯教吉祥鸟和中国瑞鸟的双重寓意。

2. 附圈带的鸟雀图像

（1）敦煌中唐石窟壁画所见萨珊式鸟雀图像

敦煌莫高窟第158窟、361窟，开凿于中唐时期即吐蕃统治时期（781～848年），其中存在与波斯萨珊式鸟雀图像样式相像的图案装饰。第158窟西壁佛坛上塑释迦牟尼涅槃像，佛祖头下锦枕上的图案为莲瓣团窠内口衔璎珞并颈系飘带的立鸟图像（图43）①，在锦枕朝向观众的这一面绘制两排共12个莲瓣团窠，上下左右瓣窠内的鸟雀互为反向立于云状台座上，瓣窠之间填充十样花。第361窟的西龛顶方形布局内左、右各有一菱形区间表现莲瓣团窠，瓣窠内为口衔璎珞并颈系打结飘带的立鸟图像（图44）②，二鸟相对立于云状台座上。这两处壁画上的立鸟图像具备萨珊式鸟雀图像的基本因素，即圈带内立鸟并口衔或颈系饰物。其立鸟外环绕双层圈带，内层是联珠圈带，外层为花瓣团窠。笔者认为这种花瓣团窠，应是借用敦煌壁画自初唐以来渐趋流行的由花朵（花瓣）构成的佛、菩萨的花轮状头光与身光图案。莫高窟初唐第57窟西壁龛北侧绘有两身菩萨（图45）③，右边菩萨戴波斯日月冠并且其颈部、腰部有菱格联珠纹装饰，这两身菩萨的头光由内到外分别是联珠圈纹，菱格联珠纹和平行弦纹构成的圆形纹样，从其装饰花纹可看出波斯的影响。在莫高窟中唐洞窟经变题材壁画中，有不少佛、菩萨的头光和背光为花轮状图案，例如第154窟南壁中绘金光明经变故事画（图46）④，位于佛一左一右的两位菩萨的莲花环状头光图案，与敦煌莫高窟中唐第158、361窟立鸟外环绕的莲瓣团窠相似。此外，隋唐洛阳城宫城遗址出土有各式唐代莲花纹铺地砖⑤，其中也有与上述莲瓣团窠类似的莲花纹方砖（图47）⑥，各式莲花方砖的图案外层大都环绕联珠纹。

（2）中原出土物刻画的鸟雀图像

唐代金银器装饰纹样受到波斯萨珊强烈影响。例如西安何家村出土凤鸟纹圆形银盒（图48）⑦，

---

① 敦煌文物研究所编：《中国石窟·敦煌莫高窟（第4卷）》，北京：文物出版社，1990年，图版63。

② 敦煌研究院主编：《敦煌石窟全集19·敦煌动物画卷》，北京：商务印书馆，1999年，图110。

③ 中国敦煌壁画全集编辑委员会编：《中国敦煌壁画全集·敦煌初唐（第5卷）》，天津：天津人民出版社，2006年，图14。

④ 前引书，《中国敦煌壁画全集·敦煌中唐（第7卷）》，天津：天津人民出版社，2006年，图120。

⑤ 中国社会科学院考古研究所编著：《隋唐洛阳城——1959～2001年考古发掘报告（第4册）》，北京：文物出版社，2014年。

⑥ 河南省博物院藏。前引书，《隋唐洛阳城——1959～2001年考古发掘报告（第4册）》，图版211-1。

⑦ 陕西历史博物馆、北京大学考古文博学院、北京大学震旦文明研究中心编著：《花舞大唐春》，北京：文物出版社，2003年，图23。

图 43　中唐莫高窟第 158 窟锦枕上的莲轮内鸟衔璎珞

图 44　敦煌莫高窟第 361 窟西龛顶莲轮内鸟衔璎珞

图 45　敦煌莫高窟第 57 窟西壁龛北侧菩萨画像

图 46　敦煌莫高窟第 154 窟观金光明经变壁画局部

图 47 洛阳出土唐代莲花纹方砖

图 48 西安何家村出土唐代鎏金翼鹿凤鸟纹银盒

盒底中心錾刻一只衔绶的凤鸟，一脚站立，一脚弯曲，尾羽上翘翻卷并被处理成枝蔓形态，这是典型的唐代凤鸟图案处理方式[①]，而凤鸟外环绕一圈绳索纹圆框这一构图形式则是波斯萨珊影响的结果。

隋唐洛阳城出土有大量纹样各异的方砖，其图案基本框架是方中套圆，即外层联珠纹方框，中间为弦式圈带，圈带内装饰花卉或凤鸟图案，联珠纹方框与圈带之间空白处填充对称的蔓草纹饰。凤鸟纹方砖又有圈带内单凤展翅并口衔枝蔓，或圈带内对凤展翅这两种形式（图 49 ~ 51）[②]。波斯萨珊式鸟雀图像中亦有立鸟展翅的造型，如萨珊银瓶上装饰一只展翅的雄鹰（图 3）。洛阳城出土凤鸟纹方砖，其凤鸟身躯与羽翼多用曲线造型，左右两翼舒展自如，显得轻盈、浪漫，不同于萨珊式鸟雀图像，而与唐代铜镜、丝织品上的凤鸟图案相近（图 52）[③]。远离波斯宗教与文化环境的萨珊式鸟

图 49 洛阳出土唐代凤衔花枝方砖（李静杰摄）

图 50 洛阳出土唐代凤鸟纹方砖

① 前引文，《印度花鸟嫁接式图样及其在中国的新发展》。

② 河南省博物院藏。图 50、51 出自前引书，《隋唐洛阳城——1959 ~ 2001 年考古发掘报告（第 4 册）》，图版 232-1、232-2。

③ 中国敦煌壁画全集编辑委员会编：《中国敦煌壁画全集·五代、宋（第 9 卷）》，天津：天津人民出版社，2006 年，图版 8。

图 51　洛阳出土唐代对凤纹方砖

图 52　敦煌莫高窟第 98 窟维摩诘经变故事画局部

雀图像，中国除保留其基本的圈带内立鸟配置形式外，已经被改造和创新，使其融入具大唐风韵的中国式凤鸟图像系统中。

综上所述，创始于波斯萨珊王朝的程式化鸟雀图像系统，经由丝绸之路由西向东传播过程中，在粟特宫殿壁画、阿富汗巴米扬石窟与新疆克孜尔石窟壁画、新疆阿斯塔纳墓葬群与青海都兰吐谷浑墓葬群出土丝织品、汉文化地区石窟壁画、建筑构件、金银器装饰以及入华粟特人石刻葬具上，均可看到与其萨珊祖型近乎相同或有异的图像。波斯萨珊式鸟雀图像在其传播过程中不断地与当地文化融合和发展，从而使其鸟雀图像形式与内涵都所改变，在唐代汉文化地区近乎脱离波斯宗教与文化韵味。丝绸之路上东西文化的交流融合，在波斯萨珊式鸟雀图像的传播与发展中生动、充分地体现出来。

附记：本文得李静杰老师惠赐资料和宝贵意见，谨致谢忱。

南北朝隋代双茎桃形忍冬纹样分析

李秋红

内容摘要：双茎桃形忍冬纹样，即以一对左右对称的“S”形忍冬藤蔓为骨架，组成腹部呈桃形构图的纹样，可以分为双茎桃形植物忍冬纹样和双茎桃形云气忍冬纹样。双茎桃形植物忍冬纹样约出现于南北朝前期后段，包含南北方和河西走廊两个系统。南北方者以基本单元颈部开口、腹部全忍冬，且基本单元之间相离为主要特征，由汉水流域波及南京、成都、洛阳和西安等区域。河西走廊者以基本单元颈部交茎、腹部半忍冬，且基本单元之间套连为主要特征，敦煌为发展中心区域。南北朝后期结合汉代以来流行的云气纹，创造出双茎桃形云气忍冬纹样，洛阳、邺城成为发展中心区域。双茎桃形忍冬纹样创始于古希腊、罗马共和国时期，罗马帝国时期延续发展，南北朝时期传入我国并迅速中国化，其中蕴含着丰富的设计和审美意涵，构成中国装饰纹样体系的重要组成部分。

关键词：南北朝隋代　双茎桃形忍冬纹样　古希腊罗马　画像砖　石窟

The Peach-Shaped Palmette Design in Northern and Southern Dynasties and Sui Dynasty

Li Qiuhong

Abstract: This thesis concentrates on one particular palmette pattern which is here called the peach-shaped palmette design. The heart of this pattern, which is framed by two S-shaped tendrils, is composed of the palmette-fan or half palmette-fan or other sort of things. This pattern can be divided into two major kinds, one is the foliage peach-shaped palmette, the other is the cloud peach-shaped palmette. The foliage peach-shaped palmette, which emerged from the latter part of early Northern and Southern Dynasties, contains two systems. One is the Northern and Southern China's system, the other is the Hexi Corridor's system. In Northern and Southern China, the basic unit of the pattern, in which adjoining

作者：李秋红，北京市，100084，清华大学美术学院。

units are separated from each other, is characterized by open neck and palmette-fan in the abdomen. The pattern spread from Hanshui Valley to Nanjing, Chengdu, Luoyang and Xi’an areas. In Hexi Corridor, the basic unit of the pattern, in which adjoining units relate to each other, is characterized by crossed neck and half-palmette in the abdomen. The pattern was mainly developed in Dunhuang.Based on the foliage peach-shaped palmette, absorbing the idea of traditional cloud pattern, the cloud peach-shaped palmette was created during late Northern and Southern Dynasties. This time Luoyang and Yecheng became the development centers. The peach-shaped palmette with a pair of framing tendrils originated in the ancient Greece and Republic of Rome, and continued to develop in the Roman Empire. This kind of image was introduced into China during the Northern and Southern Dynasties, and soon became Sinicized. The design contains rich artistic and aesthetic connotations and has become an important part of Chinese ornamental systems.

Key words: Northern and Southern Dynasties, peach-shaped palmette design, ancient Greece and Rome, portrait brick, cave

在南北朝隋代墓葬、石窟中，流行一种以左右对称排列的双“S”形忍冬藤蔓为骨架，组成腹部呈桃形构图的纹样。可以分为双茎桃形植物忍冬纹样、双茎桃形云气忍冬纹样两个系统。前者约南北朝前期后段突然出现，在南北方、河西走廊呈现不同发展面貌，形态复杂、设计内涵丰富，迥然有别于汉晋时期传统纹样，应为文化交流促成的产物。后者约南北朝后期出现，应在前者基础上，结合汉文化传统云气纹样发展而来。双茎桃形忍冬纹样在南北朝与隋代呈现一体化发展脉络。

以往学者在讨论河西走廊、邯郸响堂山等石窟装饰纹样时，已经注意到此种纹样，然而仅局限于某一地区或某一类型，全面、系统梳理工作尚未展开①。学者杨筱名之为双茎桃形缠枝，按照藤蔓交缠形式，分为交茎桃形缠枝忍冬、直茎桃形缠枝忍冬、开口桃形缠枝忍冬、套茎桃形缠枝忍冬，加以简单梳理，并注意到此种纹样有时与卷云纹结合表现，又提及双茎桃形缠枝忍冬的西方来源②。韩国学者李妊恩名之为葫芦形卷草纹，按照叶片形态分为卷草纹、与云纹结合的卷草纹二式，对北朝同类石窟纹样进行了简单分析③。就此种纹样形态而言，双茎桃形修饰语似乎更为贴切，本文加以改造利用，名为双茎桃形忍冬纹样。

关于中国的忍冬纹样，学界目前基本认为其由来于古希腊，经中亚和印度，伴随佛教文化传

---

① 有关河西走廊此种纹样的研究，诸如关友惠：《敦煌莫高窟早期图案纹饰》，《敦煌图案》，乌鲁木齐：新疆美术摄影出版社，1992 年，第 1 ~ 10 页。又，李静：《河西走廊与中原北方北朝隋代石窟天井图样考察》，《故宫博物院院刊》2008 年第 4 期，第 89 ~ 137 页。二学者分别名之为双叶交茎联环忍冬纹、套合式藤蔓忍冬纹，连同其他相关研究一样点到为止，未加深究。

② 杨筱：《南北朝隋代缠枝纹样谱系考察》，清华大学本科生学位论文，2012 年。

③ ［韩］李妊恩：《北朝装饰纹样：5、6 世纪石窟装饰纹样的考古学研究》，北京：故宫出版社，2014 年。

播而来，然而，迄今为止难以看到令人信服的论证[①]。况且，忍冬纹样是一个大门类，其中包含着若干具体形态和各具发展脉络的子系统，不能一概而论。本文以忍冬纹样系统中的双茎桃形忍冬纹为研究对象，基于学界披露资料和实地考察资料，在尽可能全面收集南北朝隋代相关实例的前提下，优先选取出土地明确、年代相对清楚、保存较好的实例加以分析。双茎桃形植物忍冬纹样，在南北方、河西走廊呈现不同发展面貌，拥有各自演变轨迹，故分而述之[②]。双茎桃形云气忍冬纹样实例相对较少，将统一论述。进而在梳理汉文化地区双茎桃形忍冬纹样发展脉络的基础上，探讨其西方渊源与东传路径。

在论述双茎桃形忍冬纹样各个子系统纹样过程中，按照先局部后整体的顺序，从基本单元形态和排列组合两方面进行分析。基本单元包括头部、颈部、腹部、尾部四个部分（图 1）。同一实例的不同基本单元头部、颈部、腹部形态基本一致，尾部形态多数保持一致，少数存在变化。先依据头部忍冬叶生长方向，将所有实例分为头部向心形、头部离心形两种，之后按种类分析各实例颈部、腹部、尾部形态，再考察基本单元排列组合方式。

图 1　双茎桃形忍冬纹样基本单元各部位示例（武汉隋墓出土墓砖之一，笔者摄绘）

一　南北方双茎桃形植物忍冬纹样

南北方双茎桃形植物忍冬纹样，头部向心形实例占有多数，头部离心形实例居少数，南北朝隋代呈现一体化发展态势。就载体来说，墓葬实例占有大半，大多模印在单块画像砖侧面，少许用于墓志、墓碑装饰。佛教石窟造像实例相对较少，往往雕刻在背光或台座上。由于墓葬用砖量大，同种类型纹样砖在同一墓葬中多次使用，难以准确计算数量，为便于分析，同一墓葬的同种类型纹样砖按 1 个实例计数，同一墓葬的不同类型纹样砖则分别计数，佛教造像实例以龛像为单位计数。以此为基础，制作成各种统计表（表 1 ~ 4），以便尽可能全面、直观地了解南北方双茎桃形植物忍冬纹样的发展情况。

本文收录南北方双茎桃形植物忍冬纹样 65 例，分布地域可分为五个部分（图 2；表 1）。汉水

① 中国忍冬纹，其叶分出三、四或五片，是南北朝时期出现并流行的一种茎蔓生植物纹样。学界多认为中国忍冬纹来源于希腊莨苕叶（acanthus），实际应来源于希腊棕榈叶（palmette），具体地说，正面观的全忍冬来源于扇形棕榈饰（fan palmette），侧面观的半忍冬来源于半棕榈饰（half-palmette）。日本学者林良一将中国忍冬纹分成波状唐草、并列唐草、环状唐草并加以简单梳理，同时注意到中国忍冬纹与中印度及犍陀罗文化的关联。[日]林良一：《東洋美術の装飾文様　植物文篇》，东京：同朋社，1992 年。日本学者立田洋司注意到忍冬纹的希腊渊源，分析了忍冬纹由棕榈饰转化而来的过程，然没有述及与中国真正关联的忍冬纹样实例。[日]立田洋司：《唐草文様：世界を駆けめぐる意匠》，东京：讲谈社，1997 年。

② 本文南北方指中原北方及广大南方地区。双茎桃形植物忍冬纹样在狭义西域（即今新疆的南疆）有零星分布，自身不成系统，本文将其作为对比实例讨论。

流域约占 60%、南京周围约占 22%、成都周围约占 6%、洛阳周围约占 11%、西安周围约占 2%。其中汉水流域和南京周围之和约占总量 4/5。

表 1　南北方双茎桃形植物忍冬纹样类型与发展地域数量关系统计表（单位：例）

形态＼地域 头部	颈部	腹部		汉水流域	南京周围	成都周围	洛阳周围	西安周围	总计		占总量 %
向心	开口	全忍冬		13	1	2	2		18	25	38.46
		半忍冬		2		1			3		
		其他		4					4		
	闭口	桃形	全忍冬	3	5		1	1	10	15	23.08
			半忍冬	1					1		
			其他	1			1		2		
		水滴形	全忍冬	1					1		
			其他				1		1		
	束茎	全忍冬		3	1		2		6	12	18.46
		半忍冬		2					2		
		其他		3	1				4		
	交茎	全忍冬		2					2	2	3.08
离心	开口	全忍冬		3	6				9	10	15.38
		半忍冬				1			1		
	闭口	全忍冬		1					1	1	1.54
总计				39	14	4	7	1	65		
占总量 %				60.00	21.54	6.15	10.77	1.54			

表 2　南北方双茎桃形植物忍冬纹样纪年实例发展时间与发展地域数量关系统计表（单位：例）

时间段＼地域	汉水流域	南京周围	成都周围	洛阳周围	总计
501 ~ 510 年	7				7
511 ~ 520 年	1				1
521 ~ 530 年		6			6
531 ~ 540 年		3	1	2	6
541 ~ 550 年					0
551 ~ 560 年					0
561 ~ 570 年					0
571 ~ 580 年					0
581 ~ 590 年		1	2		3
总计	8	10	3	2	23
占总量 %	34.78	43.48	13.04	8.70	

表 3　南北方双茎桃形植物忍冬纹样纪年实例类型与发展时间数量关系统计表（单位：例）

形态 头部	颈部	腹部		501～510 年	511～520 年	521～530 年	531～540 年	541～550 年	551～560 年	561～570 年	571～580 年	581～590 年	总计	
向心	开口	全忍冬		1	1		1						3	4
		半忍冬										1	1	
	闭口	桃形	全忍冬			4	2						6	8
			其他				1						1	
		水滴形	全忍冬	1									1	
	束茎	全忍冬		3								1	4	6
		其他		1		1							2	
离心	开口	全忍冬		1		1	2						4	5
		半忍冬										1	1	
总计				7	1	6	6	0	0	0	0	3	23	
占总量 %				30.43	4.35	26.09	26.09	0	0	0	0	13.04		

表 4　南北方双茎桃形植物忍冬纹样基本单元形态与排列组合方式数量关系统计表（单位：例）

形态	排列组合	同向		异向 相对		异向 相背		异向 相对＋相背		同向＋异向		总计
头部	颈部	相离	相即	相离	相即	相离	相即	相离	相即	相离	相即	
向心	开口	16		2		1	2	2		1		24
	闭口	8	1	2		1				2		14
	束茎	6	1	1		2						10
	交茎		1				1					2
离心	开口		2	6	1		1					10
	闭口							1				1
总计		30	5	11	1	4	4	3	0	3	0	61
		35		12		8		3		3		
占总量 %		57.38		19.67		13.11		4.92		4.92		

进而观察汉水流域、南京周围实例的具体分布地点，汉水流域实例由西北向东南依次分布在汉中、安康、淅川、邓州、谷城、襄阳、安陆、应城、孝感、武汉，其中安康、襄阳、武汉实例较多，与此三地经济、文化相对发达的情况相应。南京周围实例集中在南京及其邻近的杭州、嵊州，即南朝都城建康（今南京）所在地区。该区处于南朝政治、经济、文化中心，墓葬文化面貌与汉水流域存在较多一致性，在影响汉水流域墓葬文化的同时，也受到后者影响。

南京周围已发掘南朝大中型墓数量远超汉水流域，但双茎桃形植物忍冬纹样在种类、数量上远不及后者。从双茎桃形植物忍冬纹样纪年实例发展时间与发展地域数量关系来看（表 2），汉水流域实例早于南京周围实例一二十年。汉水流域上游处在南北朝交界地带，是南北朝政权争夺的战略要地，且水陆交

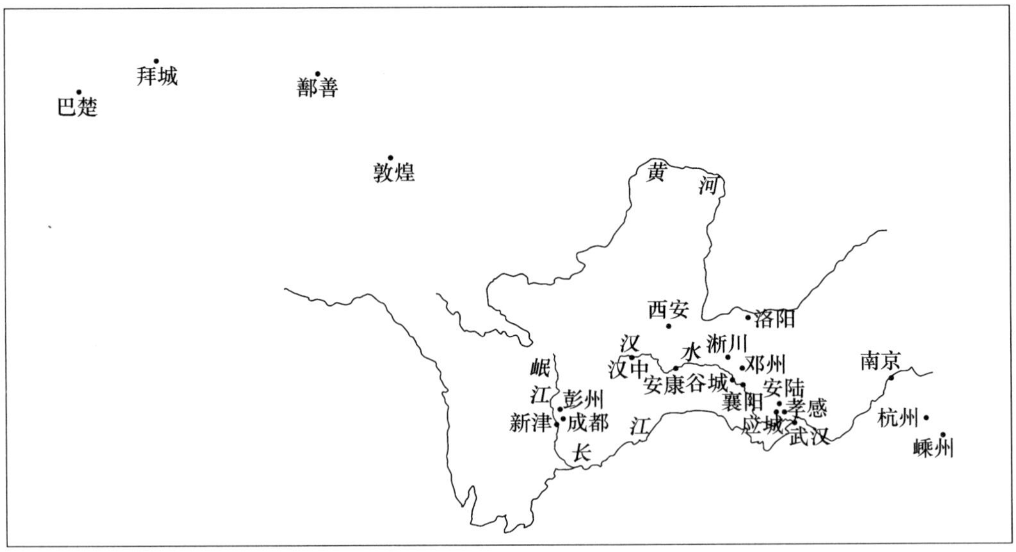

图2　南北朝隋代双茎桃形植物忍冬纹样分布图（笔者绘）

通便利，顺流而下直通南朝京畿建康之地，溯流而上可至四川盆地，沿汉水向西北可达汉中盆地，并接近于北朝首都洛阳、长安（今西安）。汉水流域在人口、文化方面与周边地区联系紧密，既是连接南朝各地域的通衢，也是南北朝文化的交汇之地。推测双茎桃形植物忍冬纹样在汉水流域率先出现并迅速流行，伴随着商贸、军事战争、人口迁徙等活动，向东、向西扩展到广大南朝地区，而后波及北朝。

再观察另外1/5实例，成都周围实例分布在以成都为中心的彭州、新津，洛阳周围实例集中分布在洛阳，西安周围实例集中分布在西安。此三地实例明显是汉水流域文化波及的产物。

本文收录南北方双茎桃形植物忍冬纹样纪年者23例（表3）、无纪年但年代明确者5例[1]，二者约占总体实例43%。这些实例涉及不同时间段、不同地域的大多数类型纹样，能够大致反映时间上的变化趋势。最早纪年实例出土于安康张家坎南梁天监五年（506年）墓[2]，该墓出土7例形态各异的双茎桃形忍冬纹样，不仅种类多，而且形态成熟，推测在此之前此种纹样已经有了一定程度发展。最晚纪年实例出土于嵊县雅致村南陈祯明二年（588年）墓[3]，可知此种纹样上下延续近百年。在年代相对明确实例中，501～540年25例，其中南朝实例占绝大多数，这个时段恰逢南朝梁武帝执政，政治清明、社会稳定，为此种纹样发展繁荣提供了必要的社会条件，北朝实例则明显受到南朝影响。541～580年无纪年实例，该阶段南朝墓葬少有纪年者，无法判定实例多寡，北朝墓葬鲜有实例。580～590年3例，这一时段双茎桃形植物忍冬纹样发展进入尾声。

出土这种纹样实例的墓葬，多是有一定规模的砖室墓，装饰华丽，随葬品丰富，墓主身份明确者包括皇室成员和高级贵族，推测那些身份不明者或为士族阶层，或为富豪地主，其纹样应主要反映了当时社会上层的审美情趣。

① 出自洛阳龙门北魏晚期洞窟。

② 安康历史博物馆：《陕西安康市张家坎南朝墓葬发掘纪要》，《华夏考古》2008年第3期，第47～54页。

③ 嵊县文管会：《浙江嵊县六朝墓》，《考古》1988年第9期，第800～813页。

（一）头部向心形

头部向心形双茎桃形植物忍冬纹样，头部忍冬叶片朝腹部方向生长，有 54 例。按照颈部开口方式，可分为颈部开口式、闭口式、束茎式、交茎式。其中，颈部开口式 25 例，发展最为充分，颈部闭口式 15 例、颈部束茎式 12 例，二者发展较为充分，颈部交茎式仅 2 例。

1. 颈部开口式

颈部开口式（图表 1、2），双茎在颈部留有一定空隙，主要分布在汉水流域，南京、成都、洛

图表 1　南北方双茎桃形植物忍冬纹样之头部向心形颈部开口式基本单元形态示例

 1. 安康张家坎南梁天监五年（506 年）墓出土墓砖之一拓片	 2. 洛阳龙门火烧洞南壁下层大龛北魏晚期佛像背光（笔者摄）	 3. 成都化工厂隋墓出土墓砖拓片	 4. 武汉东湖三官殿南梁普通元年（520 年）墓出土墓砖拓片
 5. 彭州龙兴寺南梁中大通五年（533 年）造像左侧面	 6. 洛阳龙门莲花洞北壁第 6 龛北魏晚期佛像背光拓片	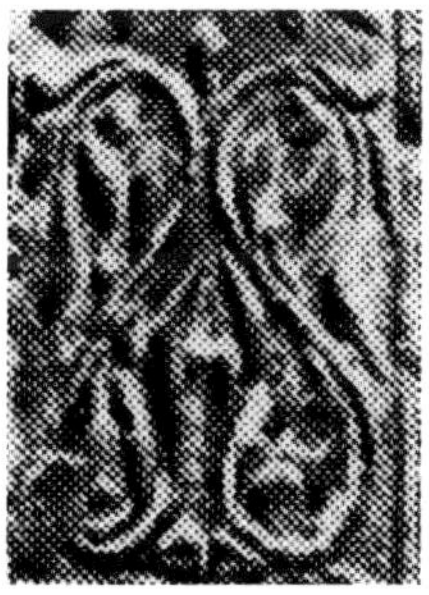 7. 邓县学庄村南朝墓出土墓砖之一	 8. 孝感永安铺南朝 1 号墓出土墓砖拓片
 9. 新津普兴乡隋开皇元年（581 年）墓出土墓砖拓片	 10. 襄阳贾家冲南朝墓出土墓砖之二拓片	 11. 襄阳贾家冲南朝墓出土墓砖之二拓片	 12. 襄阳清水沟南朝墓出土墓砖之三

图表 2　南北方双茎桃形植物忍冬纹样之头部向心形颈部开口式基本单元排列组合示例

1. 武汉水果湖南朝 543 号墓出土墓砖拓片

2. 孝感永安铺南朝 1 号墓出土墓砖拓片

3. 故宫博物院藏武汉隋墓出土墓砖之一（笔者摄）

4. 襄阳清水沟南朝墓出土墓砖之三

5. 洛阳龙门莲花洞北壁第 6 龛北魏晚期佛像背光拓片

6. 襄阳贾家冲南朝墓出土墓砖之二

7. 襄阳清水沟南朝墓出土墓砖之一

8. 襄阳清水沟南朝墓出土墓砖之四

9. 淅川杨营村南朝 3 号墓出土墓砖之二拓片

10. 淅川杨营村南朝 6 号墓出土墓砖拓片

11. 襄阳柿庄南朝 15 号墓出土墓砖

12. 邓县学庄村南朝墓出土墓砖之一

阳周围也有零星分布。按腹部物像形式差异，细分为腹部全忍冬式、半忍冬式和其他形式。其中，腹部全忍冬式18例，占绝对多数，腹部半忍冬式3例、腹部其他形式4例，数量有限。

腹部全忍冬式，忍冬叶片以七叶为主，兼有五叶、九叶者，汉水流域、南京周围、成都周围、洛阳周围均有分布。在同一实例不同基本单元中，各基本单元头部、颈部、腹部形态一致，尾部形态多数保持一致，少数存在变化。最早纪年实例为安康张家坎墓出土墓砖之一（图表1-1）①，腹部为五叶全忍冬，尾部统一开口。

尾部统一开口者，南朝实例还见于淅川杨营村3号墓出土墓砖之一②、淅川杨营村6号墓出土墓砖③、襄阳贾家冲墓出土墓砖之一④、襄阳麒麟清水沟墓出土墓砖之一⑤、武汉水果湖543号墓出土墓砖⑥，隋代实例见于故宫博物院藏武汉出土墓砖之一。由此可知，头部向心、颈部开口、腹部全忍冬、尾部开口者，在汉水流域流行了相当长时间。

尾部统一闭口者，纪年明确实例见于武汉东湖三官殿南梁普通元年（520年）墓出土墓砖（图表1-4）⑦、彭州龙兴寺南梁中大通五年（533年）造像左侧面（图表1-5）⑧。此外，南朝实例还见于淅川杨营村3号墓出土墓砖之二⑨、襄阳清水沟墓出土墓砖之二⑩、应城狮子山墓出土墓砖⑪、余杭小横山108号墓出土墓砖⑫。北朝实例仅见于洛阳龙门莲花洞北壁第6龛北魏晚期佛像背光（图表1-6）⑬，应是南朝文化影响下的产物。

尾部开口、闭口共存者，不见于南朝，北朝实例见于洛阳龙门火烧洞南壁下层大龛北魏晚期佛像背光（图表1-2），隋代实例见于武汉测绘学院34号墓出土墓砖⑭、武汉东湖岳家嘴墓出土墓

---

① 前引文，《陕西安康市张家坎南朝墓葬发掘纪要》，第52页图6：2。

② 咸宁市博物馆、河南省文物局南水北调文物保护办公室：《河南淅川杨营墓群发掘简报》，《江汉考古》2015年第1期，第28～41页，第37页图10：6。

③ 前引文，《河南淅川杨营墓群发掘简报》，第36页图9：7。

④ 襄樊市文物管理处：《襄阳贾家冲画像砖墓》，《江汉考古》1986年第1期，第16～33页，第33页上图。

⑤ 襄阳市文物考古研究所：《湖北襄阳麒麟清水沟南朝画像砖墓发掘简报》，《文物》2017年第11期，第21～39页，第33页图28：12。

⑥ 湖北省文物管理委员会：《武昌东北郊六朝墓清理》，《考古》1966年第1期，第50～51页，第50页图2：3。

⑦ 武汉市博物馆：《武昌东湖三官殿梁墓清理简报》，《江汉考古》1991年第2期，第23～28页，第26页图7：1。

⑧ 四川博物院、成都文物考古研究所等编著：《四川出土南朝佛教造像》，北京：中华书局，2013年，第174页图版62：2。

⑨ 前引文，《河南淅川杨营墓群发掘简报》，第36页图9：6。

⑩ 前引文，《湖北襄阳麒麟清水沟南朝画像砖墓发掘简报》，第33页图28：10。

⑪ 孝感地区博物馆、应城市博物馆：《应城狮子山遗址试掘简报》，《江汉考古》1989年第4期，第1～8页，第5页图5：10。

⑫ 杭州市文物考古研究所等编著：《余杭小横山东晋南朝墓 上》，北京：文物出版社，2013年，第212页图39-2：2。

⑬ 刘景龙编著：《莲花洞》，北京：科学出版社，2002年，第113页拓片5。

⑭ 武汉市文物管理处：《武汉测绘学院隋墓发掘简报》，《江汉考古》1984年第1期，第41～44页，第42页图3：1。

砖[①]、成都化工厂墓出土墓砖（图表 1-3）[②]。

就这些现有实例可知，尾部开口者出现时间早于尾部闭口者，尾部统一开口者仅在南朝范围内流行。尾部闭口者出现后，流行地域自汉水流域扩展至成都附近，并传播到洛阳周围，影响到北朝范围。在横向扩展、纵向演进的过程中，尾部开口、闭口表现逐渐混合发展。

腹部半忍冬式，变腹部全忍冬为左右相对的二半忍冬，分布在汉水流域、成都周围。最早实例见于邓县学庄村南朝墓出土墓砖之一（图表 1-7）[③]，腹部为三叶半忍冬，二半忍冬叶脉相邻、背对背生叶，叶脉呈波状，在腹部中心构成一两头尖、中央鼓的纺锤形空间。颈部、腹部、尾部中心均表现一点，三点共同暗示中轴线的存在。对中轴线的强调在颈部其他形式中也有体现，并影响到邯郸北响堂山北齐洞窟双茎桃形云气忍冬纹样。

腹部半忍冬式南朝实例还见于孝感永安铺 1 号墓出土墓砖（图表 1-8）[④]，腹部为三叶半忍冬，二半忍冬叶脉相邻、背对背生叶，构成纺锤形空间，与邓县墓实例表现相同。隋代实例见于新津普兴乡开皇元年（581 年）墓出土墓砖（图表 1-9）[⑤]，腹部为三叶半忍冬，二半忍冬叶脉向外、相对生叶，较南朝实例发生变化，自颈部延伸至尾部的中轴线，则延续了邓县墓表现形式。

腹部其他形式，包括腹部半忍冬 + 全忍冬式、半忍冬 + 莲苞式，即在左右相对的二半忍冬中间生出一全忍冬或一枝莲苞。现存实例均发现于南朝，仅分布在汉水流域襄阳地方，如襄阳贾家冲墓出土墓砖之二（图表 1-10、1-11）[⑥]，由腹部半忍冬 + 全忍冬式、半忍冬 + 莲苞式基本单元交替构成。值得注意的是，该实例腹部半忍冬各叶片长度相近，左右承托中央全忍冬或莲苞。二忍冬左右承托中央全忍冬或莲花的表现，存在于南北方 5 世纪下半叶至 6 世纪上半叶波状缠枝纹样中，如邓县墓出土墓砖之二[⑦]、襄阳贾家冲墓出土墓砖之三（图 3）[⑧]，前者主茎波峰与波谷间交替表现左中右三全忍冬、二全忍冬 + 侧面观盛

图 3 襄阳贾家冲南朝墓出土墓砖之三

① 武汉市文物管理处：《武汉市东湖岳家嘴隋墓发掘简报》，《考古》1983 年第 9 期，第 793 ~ 798 页，第 794 页图 2：8。

② 罗伟先：《成都化工厂隋墓清理简报》，《四川文物》1986 年第 4 期，第 56 ~ 57 页，第 57 页拓片 3。

③ 河南省文化局文物工作队：《邓县彩色画象砖墓》，北京：文物出版社，1958 年，第 32 页图 42。

④ 孝感市博物馆：《孝感永安铺南朝及唐代墓葬清理简报》，《江汉考古》2005 年第 2 期，第 38 ~ 44 页，第 40 页图 4：2。

⑤ 四川省博物馆：《四川牧马山灌溉渠古墓清理简报》，《考古》1959 年第 8 期，第 419 ~ 429 页，第 429 页图 9：2。

⑥ 前引文，《襄阳贾家冲画像砖墓》，第 25 页图 16：2。

⑦ 前引书，《邓县彩色画象砖墓》，第 32 页图 42：2。

⑧ 前引文，《襄阳贾家冲画像砖墓》，第 25 页图 16：3。

开莲花，后者交替表现二半忍冬 + 全忍冬、二半忍冬 + 莲苞。此种纹样向东影响至福建地区，如闽侯南屿南朝墓出土墓砖[①]，向北影响到山西地区，如稷山西魏大统六年（540 年）巨始光等造像碑（图 15）[②]。这种波状缠枝纹样应是双茎桃形忍冬纹样腹部半忍冬 + 全忍冬、半忍冬 + 莲苞式表现的创意来源。

腹部其他形式还见于襄阳清水沟墓出土墓砖之三（图表 1-12）[③]、襄阳柿庄 15 号墓出土墓砖[④]，此二例亦由腹部半忍冬 + 全忍冬式、半忍冬 + 莲苞式交替构成，但腹部二半忍冬顶端叶片明显加长，二波状叶脉构成纺锤形空间，包裹中央全忍冬或莲苞。二半忍冬搭配中间全忍冬或莲花的形式，同于贾家冲腹部其他形式实例，二半忍冬构成纺锤形空间，异于贾家冲墓，而同于南朝腹部半忍冬式实例，推测腹部其他形式在发展过程中，受到腹部半忍冬式的影响。

对比腹部全忍冬式与腹部半忍冬式，二式均由双“S”形骨架构成，本质上同属双茎桃形忍冬纹样大类，应有共同源头。若将腹部全忍冬自中央叶脉一分为二，可得二叶脉相邻、背对背生叶的半忍冬，似乎腹部半忍冬式由腹部全忍冬式发展而来。然则南北方现存腹部全忍冬、腹部半忍冬式实例，均形态成熟、自成一派，寻不到二式相互演化的踪迹。邓县墓腹部半忍冬式实例，二波状叶脉于基本单元腹部构成纺锤形空间，不似由全忍冬机械切割而来，更像是二“S”形波状半忍冬直接拼合而成。再则，邓县墓年代约在 5 世纪下半叶[⑤]，早于腹部全忍冬式最早纪年实例，倘若二式存在发展关系，这种发展创新只能发生在南北方以外地区。

对比腹部半忍冬式与腹部其他形式，即腹部半忍冬 + 全忍冬 / 莲花式，二式均包含左右相对二半忍冬，不同之处在于后者添加了全忍冬或莲花，那么是否可以说后者在前者基础上产生呢？就腹部二半忍冬形态而言，腹部半忍冬式顶端叶片明显加长，形成纺锤形体。腹部其他形式较早实例各叶片长度相近，与腹部半忍冬式差别较大，更接近同时期流行的波状缠枝纹样，稍晚实例顶端叶片加长，形成纺锤形体，与腹部半忍冬式叶片接近，或受其影响。推测腹部其他形式受到腹部半忍冬式影响，但并非在其基础上产生。可见，腹部全忍冬式、腹部半忍冬式不排除各自从域外直接传入的可能，而腹部其他形式应在本土创造。

---

① 福建省博物馆：《福建闽侯南屿南朝墓》，《考古》1980 年第 1 期，第 59 ~ 65 页，第 61 页图 3：5。

② 颜娟英主编：《北朝佛教石刻拓片百品》，台北：中研院史语所，2008 年，第 104 页图 42。

③ 襄阳市博物馆、襄阳市文物考古研究所等编：《天国之享：襄阳南朝画像砖艺术》，北京：科学出版社，2016 年，第 61 页。又，前引文，《湖北襄阳麒麟清水沟南朝画像砖墓发掘简报》，第 33 页图 28：6。

④ 前引书，《天国之享：襄阳南朝画像砖艺术》，第 57 页。

⑤ 柳涵通过类型排比，发现该墓形制、画像形象与题材、装饰花纹、陶俑等方面，与南朝早期实物具有极高的相似性，又以画像砖侧墨书题记为旁证，判断该墓年限上起东晋，下迄萧梁，并倾向认为该墓处于南朝较早阶段。柳涵：《邓县画象砖墓的时代和研究》，《考古》1959 年第 5 期，第 255 ~ 261、263 页。又，韦正根据战马画像砖题字判断该墓为南朝墓葬，又注意到大型墓葬产生所需条件，考虑到刘宋元嘉三十年（453 年）至南齐隆昌元年（494 年）之间此地相对安定的情况，进一步推断邓县墓年代约在 453 ~ 494 年。韦正：《六朝墓葬的考古学研究》，北京大学出版社，2011 年，第 320 页。再者，林树中根据战马画像砖题字，考证墓砖题字者为沈攸之（约 401 ~ 478 年），墓主为卒于刘宋元嘉二十七年（450 年）的殷孝祖。林树中：《从“战马”画像砖题字考证邓县墓的年代与墓主》，《南京艺术学院学报（美术与设计）》2015 年第 1 期，第 1 ~ 3 页。笔者认为以上三位学者之推断较为接近真实情况，该墓年代应在 5 世纪下半叶前后。

以上分析了头部向心形、颈部开口式基本单元的形态，那么一个以上基本单元是如何排列组合，构成一个完整实例的呢？按照相邻基本单元头部朝向，可以分为同向排列、异向排列、同向 + 异向排列三种。其中，同向者 16 例，发展最为充分，异向者 7 例、同向 + 异向者 1 例。

同向排列者，相邻基本单元头部朝向一致。相邻基本单元之间，均保持一定间隔，本文称之为相离，可以分为以下三种情况。第一种，基本单元之间无间隔物，见于汉水流域、南京周围、成都周围，如武汉水果湖 543 号墓出土墓砖（图表 2-1）[①]。第二种，基本单元之间以三点间隔，此种方式被头部向心形、颈部开口式、同向排列者广泛采用，分布在除南京周围以外的四个区域，如故宫博物院藏武汉隋墓出土墓砖之一（图表 2-3）。孝感永安铺 1 号墓出土墓砖（图表 2-2）[②]，基本单元之间以五点间隔。襄阳清水沟墓出土墓砖之三（图表 2-4）[③]，基本单元之间以三点间隔的同时，用短线将相邻单元头尾扎束。二者为第二种情况的发展形式，实例较少。第三种，基本单元之间以莲花间隔，实例较少，如洛阳龙门莲花洞北壁第 6 龛佛像背光（图表 2-5）[④]，表现于背光弧形区间内，莲花作上面观。又如襄阳贾家冲墓出土墓砖之二（图表 2-6）[⑤]，基本单元之间以上面观四瓣花为间隔物，可能为抽象表现的莲花。

异向排列者，可以细分为相对、相背、相对 + 相背三种。相对者，基本单元头部相邻，用于两个基本单元组成的实例，仅分布在汉水流域襄阳地方。如襄阳清水沟墓出土墓砖之一（图表 2-7）[⑥]、之四（图表 2-8）[⑦]，基本单元之间均以莲花间隔，前者表现为写实上面观圆莲花，后者表现为抽象上面观四瓣花。相背者，基本单元尾部相邻，亦用于两个基本单元组成的实例，仅分布在汉水流域淅川地方。淅川杨营村 3 号墓出土墓砖之二（图表 2-9）[⑧]，基本单元之间以抽象表现的侧面观莲花间隔。淅川杨营村 3 号墓出土墓砖之一、6 号墓出土墓砖（图表 2-10）[⑨]，基本单元尾部相贴，这种基本单元之间无间隔者，本文称之为相即，在所有实例中居少数。相对 + 相背者，基本单元头部邻头部、尾部邻尾部，用于两个以上基本单元组成的实例，仅分布在汉水流域襄阳及其邻近地方，见于襄阳柿庄 15 号墓出土墓砖（图表 2-11）[⑩]、应城狮子山墓出土墓砖，前者基本单元之间以三点间隔，后者基本单元之间有间隔而无间隔物。

同向 + 异向排列者，顾名思义，在同一实例中同向、异向者共存。仅见于邓县墓出土墓砖之一（图表 2-12）[⑪]，基本单元之间以三点和上面观圆莲花间隔。以莲花为间隔物的表现方式，集中分布在邓

① 前引文，《武昌东北郊六朝墓清理》，第 50 页图 2：3。
② 前引文，《孝感、永安铺南朝及唐代墓葬清理简报》，第 40 页图 4：2。
③ 前引书，《天国之享：襄阳南朝画像砖艺术》，第 61 页。
④ 前引书，《莲花洞》，第 113 页拓片 5。
⑤ 前引书，《天国之享：襄阳南朝画像砖艺术》，第 107 页。
⑥ 前引文，《湖北襄阳麒麟清水沟南朝画像砖墓发掘简报》，第 33 页图 28：12。
⑦ 前引文，《湖北襄阳麒麟清水沟南朝画像砖墓发掘简报》，第 33 页图 28：7。
⑧ 前引文，《河南淅川杨营墓群发掘简报》，第 36 页图 9：6。
⑨ 前引文，《河南淅川杨营墓群发掘简报》，第 36 页图 9：7。
⑩ 前引书，《天国之享：襄阳南朝画像砖艺术》，第 57 页。
⑪ 前引书，《邓县彩色画象砖墓》，第 32 页图 42。

县、淅川、襄阳所在的南阳盆地，以及安康、南京、洛阳等地。将莲花元素融入双茎桃形忍冬纹样基本单元和排列组合之中，乃中华本土创造，或许发端于南阳盆地，后影响到南朝其他地方，并波及北朝。

2. 颈部闭口式

颈部闭口式（图表 3、4），双茎在颈部重合，尾部均闭口。相对于颈部开口式，基本单元颈部横向收紧、纵向拉长，整体瘦削高挑，合乎东晋南朝秀骨清像的审美风尚。按照腹部形态，分为桃形腹部、水滴形腹部。桃形腹部 13 例，数量较多，主要分布在汉水流域、南京周围，零星分布在洛阳周围、西安周围。水滴形腹部仅 2 例，分布在汉水流域、洛阳周围。

桃形腹部，按照腹部物象可以分为腹部全忍冬式、半忍冬式、其他形式。其中，腹部全忍冬式 10 例，腹部半忍冬式 1 例、其他形式 2 例。

腹部全忍冬式，全忍冬五叶、七叶者兼有，已知最早纪年实例为南京新合村出土南梁普通三年（522 年）萧憺碑（图表 3-2）①，颈部长度占整体比例在 1/3 至 1/2 之间。颈部长度与之相近的南朝同类实例，还见于南京栖霞狮子冲南梁中大通二年（530 年）1 号墓出土墓砖之一②、汉中崔家营墓出土墓砖（图表 3-1）③、襄阳清水沟墓出土墓砖之五④、孝感徐家松林 Y1 窑址出土墓砖⑤。南朝类似表现影响到北朝，如洛阳北魏永熙二年（533 年）王悦及妻郭氏墓志之一（图表 3-3）⑥、西安出土北周佛座⑦。至于这种表现方式发端于汉水流域还是南京周围，有待新资料的发现加以论证。

颈部长度占总体比例小于 1/3 者，均发现于南京，且纪年明确，流行于六世纪二三十年代，见于栖霞狮子冲南梁普通七年（526 年）2 号墓出土墓砖（图表 3-4）⑧、栖霞狮子冲 1 号墓出土墓砖之二⑨、刘家塘南梁大同二年（536 年）萧象墓出土墓砖之一⑩，此三例颈部长度甚至不到整体的 1/5。

腹部半忍冬式，仅见于襄阳市博物馆藏南朝墓砖（图表 3-5）⑪，基本单元中轴线以实线表现出

---

① 姚迁、古兵编著：《六朝艺术》，北京：文物出版社，1981 年，图 282。

② a. 南京市考古研究所：《南京栖霞狮子冲南朝大墓发掘简报》，《东南文化》2015 年第 4 期，第 33 ~ 48 页，第 37 页图 6：6。狮子冲 1 号墓推断为南梁昭明太子萧统的安陵。b. 许志强、张学锋：《南京狮子冲南朝大墓墓主身份的探讨》，《东南文化》2015 年第 4 期，第 49 ~ 58 页。

③ 汉中市博物馆：《汉中市崔家营西魏墓清理记》，《考古与文物》1981 年第 2 期，第 21 ~ 24 页，第 22 页图 3。李梅田根据墓葬形制和随葬器物特征，判定该墓年代为南朝晚期。李梅田：《论南北朝交接地区的墓葬——以陕南、豫南鄂北、山东地区为中心》，《东南文化》2004 年第 1 期，第 27 ~ 31 页。

④ 前引书，《天国之享：襄阳南朝画像砖艺术》，第 60 页。又，前引文，《湖北襄阳麒麟清水沟南朝画像砖墓发掘简报》，第 33 页图 28：3。

⑤ 孝感市博物馆：《湖北孝感市窑址发掘简报》，《江汉考古》2004 年第 1 期，第 32 ~ 37 页，第 33 页图 3。

⑥ 赵万里编：《汉魏南北朝墓志集释》，北京：科学出版社，1956 年，第 182 页图版 287。

⑦ 张鸿修编著：《北朝石刻艺术》，西安：陕西人民美术出版社，1993 年，第 80 页图 65：1。

⑧ 前引文，《南京栖霞狮子冲南朝大墓发掘简报》，第 43 页图 20：6。狮子冲 2 号墓推断为南梁昭明太子生母丁贵嫔的宁陵。前引文，《南京狮子冲南朝大墓墓主身份的探讨》。

⑨ 前引文，《南京栖霞狮子冲南朝大墓发掘简报》，第 37 页图 6：14。

⑩ 南京博物院：《梁朝桂阳王萧象墓》，《文物》1990 年第 8 期，第 33 ~ 40、29 页，第 36 页图 5：11。

⑪ 前引书，《天国之享：襄阳南朝画像砖艺术》，第 38 页。

图表 3　南北方双茎桃形植物忍冬纹样之头部向心形颈部闭口式基本单元形态示例

 1. 汉中崔家营南朝墓出土墓砖拓片	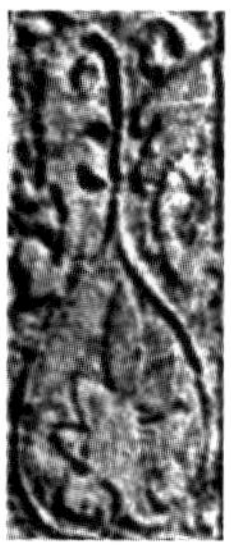 2. 南京新合村出土南梁普通三年（522 年）萧憺碑	 3. 洛阳北魏永熙二年（533 年）墓出土墓志之一拓片	 4. 南京栖霞狮子冲南梁普通七年（526 年）2 号墓出土墓砖拓片
 5. 襄阳市博物馆藏南朝墓砖	 6. 洛阳北魏永熙二年（533 年）墓出土墓志之二拓片	 7. 安康张家坎南梁天监五年（506 年）墓出土墓砖之二拓片	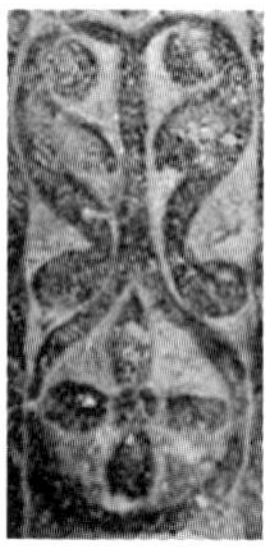 8. 洛阳龙门莲花洞南壁第 41 龛北魏晚期佛像背光（笔者摄）

图表 4　南北方双茎桃形植物忍冬纹样之头部向心形颈部闭口式基本单元排列组合示例

 1. 西安出土北周佛座拓片	 2. 襄阳市博物馆藏南朝墓砖
 3. 南京刘家塘南梁大同二年（536 年）萧象墓出土墓砖之一拓片	 4. 南京栖霞狮子冲南梁中大通二年（530 年）1 号墓出土墓砖之二拓片
 5. 南京栖霞狮子冲南梁普通七年（526 年）2 号墓出土墓砖拓片	

来，沿用了前述邓县墓实例同类造型因素。中轴线将腹部全忍冬切割为二半忍冬，半忍冬顶部叶片笔直，异于前述颈部开口、腹部半忍冬式波状表现，暗示该实例与腹部全忍冬式关系密切。颈部长度约占整体 1/5。

腹部其他形式，一者见于襄阳清水沟墓出土墓砖之五，基本单元腹部表现为侧面观莲苞。值得注意的是，该例以腹部全忍冬式、腹部莲苞式基本单元相间构成，应为追求变化的结果。另一者见于洛阳北魏王悦及妻郭氏墓志之二（图表 3-6）①，腹部为侧面观莲花，莲花三瓣向下、一瓣向上。

水滴形腹部，双茎在尾部合一，表现为底部圆滑的水滴形，应是尾部闭口的简化形式。现存最早纪年实例，见于安康张家坎墓出土墓砖之二（图表 3-7）②，腹部为全忍冬，颈部长度约占整体 1/6。北朝实例见于洛阳龙门莲花洞南壁第 41 龛北魏晚期佛像背光（图表 3-8），腹部为上面观四瓣花，应为抽象表现的莲花，颈部长度占整体 1/2 强。该实例可能受到南朝满瓶莲花纹样的影响③。

颈部闭口式基本单元排列方式，包括同向、异向、同向 + 异向三种。其中同向者 9 例，数量最多，异向者 3 例、同向 + 异向者 2 例，数量有限。

同向排列者，基本单元组合方式可以分为以下三种情况。第一，有间隔而无间隔物，仅分布在汉水流域。第二，以三点为间隔物（图表 4-1）④，分布在南京周围、洛阳周围、西安周围。第三，相邻基本单元相贴（图表 4-2）⑤，仅见于汉水流域襄阳地区。

异向排列者，细分为相对、相背两种。相对排列者，基本单元头部相邻，之间均以三点间隔（图表 4-3）⑥，分布在汉水流域、南京周围。相背排列者，仅见于南京栖霞狮子冲 1 号墓出土墓砖之二（图表 4-4）⑦，基本单元之间以“王”字相隔，较为特殊。结合该墓出土的诸多带有文字的花纹砖，如“昊”“闵”等，推测“王”字可能为工匠身份标识。

同向 + 异向排列者，均以三点间隔（图表 4-5）⑧，分布在南京周围、洛阳周围。

3. 颈部束茎式

颈部束茎式（图表 5、6），双茎在颈部以一箍状物扎束，多表现为一道或二道横向短线，主要分布在汉水流域，零星分布在南京周围、洛阳周围。包括腹部全忍冬式 6 例、腹部半忍冬式 2 例、腹部其他形式 4 例。

腹部全忍冬式，全忍冬以七叶为主，兼有五叶、九叶者。最早纪年实例为安康张家坎墓出土

---

① 前引书，《汉魏南北朝墓志集释》，第 182 页图版 287。

② 前引文，《陕西安康市张家坎南朝墓葬发掘纪要》，第 51 页图 5：4。

③ 李静杰研究认为该纹样类似鼓腹长颈式满瓶，可能以用于装饰的置于带花莲蓬上满瓶莲花为基础，参考南朝墓葬画像砖所见桃形忍冬纹样，产生的图案化表现。李静杰：《印度满瓶莲花图像及其在中国的新发展》，《2014 敦煌论坛——敦煌石窟研究国际学术研讨会论文集　下》，兰州：甘肃教育出版社，2014 年，第 783 ~ 828 页。

④ 前引书，《北朝石刻艺术》，第 80 页图 65：1。

⑤ 前引书，《天国之享：襄阳南朝画像砖艺术》，第 38 页。

⑥ 前引文，《梁朝桂阳王萧象墓》，第 36 页图 5：11。

⑦ 前引文，《南京栖霞狮子冲南朝大墓发掘简报》，第 37 页图 6：14。

⑧ 前引文，《南京栖霞狮子冲南朝大墓发掘简报》，第 43 页图 20：6。

图表5　南北方双茎桃形植物忍冬纹样之头部向心形颈部束茎式基本单元形态示例

1. 安康张家坎南梁天监五年（506年）墓出土墓砖之五拓片	2. 洛阳龙门魏字洞西壁北魏晚期佛像背光（笔者摄）	3. 嵊县雅致村南陈祯明二年（588年）墓出土墓砖拓片	4. 安陆胡棚村南朝墓出土墓砖拓片

5. 襄阳清水沟南朝墓出土墓砖之六	6. 襄阳贾家冲南朝墓出土墓砖之四	7. 安康张家坎南梁天监五年（506年）墓出土墓砖之六拓片	8. 南京栖霞狮子冲南梁中大通二年（530年）墓出土石门柱拓片

图表6　南北方双茎桃形植物忍冬纹样之头部向心形颈部束茎式基本单元排列组合示例

	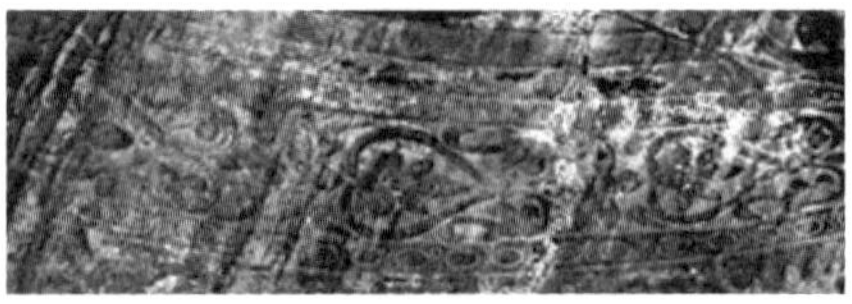
1. 安康张家坎南梁天监五年（506年）墓出土墓砖之二拓片	2. 洛阳龙门魏字洞北魏晚期佛像背光（笔者摄）

3. 襄阳贾家冲南朝墓出土墓砖之四拓片	4. 安康张家坎南梁天监五年（506年）墓出土墓砖之四拓片

5. 襄阳清水沟南朝墓出土墓砖之六	6. 嵊县雅致村南陈祯明二年（588年）墓出土墓砖拓片

墓砖之三、之四、之五（图表 5-1）①，颈部在开口的基础上，以一道短线横向扎束，尾部分别表现为开口、闭口、束茎。其后实例见于洛阳龙门地华洞西壁北魏晚期佛像背光、魏字洞西壁北魏晚期佛像背光（图表 5-2），较安康实例发生变化，颈部在闭口的基础上以一箍状物横向扎束，尾部束茎。最晚纪年实例为嵊县雅致村墓出土墓砖（图表 5-3）②，颈部在开口的基础上以二道短线横向扎束，大体延续早期特征，相对安康张家坎实例变得细长，可能受到南京周围影响。

腹部半忍冬式，仅分布在汉水流域襄阳及其邻近地方。见于安陆黄金山南朝 b2 号墓出土墓砖（图表 5-4）③、襄阳清水沟南朝墓出土墓砖之六（图表 5-5）④，前者尾部开口，后者尾部束茎。二者中轴线部位以不连续短线表现，延续了邓县墓传统。

腹部其他形式，包括三种。第一，腹部半忍冬 + 全忍冬 / 莲苞式，仅见于襄阳清水沟墓出土墓砖之七⑤，腹部半忍冬 + 全忍冬式与腹部半忍冬 + 莲苞式基本单元相间排列。在同一实例中，两种形式的基本单元相间排列，还见于前述该地颈部开口式与颈部闭口式实例，是汉水流域襄阳地区的特殊表现，应为追求多样变化的结果。第二，腹部半忍冬 + 花式，仅见于襄阳贾家冲墓出土墓砖之四（图表 5-6）⑥，左右对称向上生长的二半忍冬，顶端回卷且倒勾主茎，在正向桃形腹部形成一倒置桃形空间，中心设上面观四瓣花。顶端回卷式半忍冬较早实例见于大同云冈北魏中期第 8 窟主室壁面（图 4），南北朝范围内均有流行，推测贾家冲实例受到当时顶端回卷式波状缠枝忍冬纹样影响。四瓣花与前述洛阳龙门莲花洞南壁第 41 龛北魏晚期佛像背光（图表 3-8）纹样相同，亦应为抽象表现的莲花。第三，腹部半忍冬 + 莲花 + 全忍冬式，分布在汉水流域、南京周围。安康张家坎墓出土墓砖之六（图表 5-7）⑦，头部为半忍冬，腹部二左右相对半忍冬中间倒置一侧面观莲花，二半忍冬之上再生一全忍冬，尾部束茎。南京栖霞狮子冲 1 号墓出土石门柱（图表 5-8）⑧，相较安康实例，头部变半忍冬为二半忍冬 + 全忍冬，腹部变侧面观莲花为上面观莲花，是所有双茎桃形忍冬纹样中最

图 4　大同云冈北魏中期第 8 窟主室南壁装饰带（笔者摄）

① 前引文，《陕西安康市张家坎南朝墓葬发掘纪要》，第 51 页图 5：3，第 52 页图 6：5，第 52 页图 6：3。

② 前引文，《浙江嵊县六朝墓》，第 811 页图 15。

③ 湖北省文物考古研究所、安陆市博物馆：《安陆黄金山墓地发掘报告》，《江汉考古》2004 年第 4 期，第 28 ~ 53 页，第 29 页图 5：1。

④ 前引书，《天国之享：襄阳南朝画像砖艺术》，第 56 页。

⑤ 前引文，《湖北襄阳麒麟清水沟南朝画像砖墓发掘简报》，第 33 页图 28：1。

⑥ 前引书，《天国之享：襄阳南朝画像砖艺术》，第 64 页。

⑦ 前引文，《陕西安康市张家坎南朝墓葬发掘纪要》，第 52 页图 6：3。

⑧ 前引文，《南京栖霞狮子冲南朝大墓发掘简报》，第 40 页图 13：1，第 41 页图 16：1、3。

复杂的一例。

颈部束茎式基本单元排列方式，包括同向排列者7例、异向排列者3例。

同向排列者，基本单元组合方式分为三种情况。第一，以三点为间隔物，分布在南京周围、洛阳周围。安陆黄金山b2号墓出土墓砖，基本单元之间以五点为间隔物，可视为第一种的发展形式。安康张家坎墓出土墓砖之二（图表6-1）①，基本单元之间以三点间隔，又以短线将相邻二单元头尾扎束，为第一种的特殊发展形式。第二，以莲花为间隔物，如洛阳龙门魏字洞西壁佛像背光（图表6-2），基本单元之间以上面观四瓣花为间隔物，与前述襄阳贾家冲墓出土墓砖之二（图表2-5）表现相近，四瓣花应作抽象莲花表现。襄阳清水沟墓出土墓砖之七，基本单元之间以上面观四瓣花间隔的同时，又以短线将相邻单元头尾扎束。如前所述，扎束邻近基本单元的形式还见于安康、襄阳颈部开口式实例，仅流行于汉水流域。第三，基本单元之间套连，如襄阳贾家冲墓出土墓砖之四（图表6-3）②，相邻基本单元一者头部勾连另一者尾部，这是汉水流域襄阳地区的特殊表现形式。

异向排列者，包括相对、相背两种。相对者，仅见于安康张家坎墓出土墓砖之四（图表6-4）③，基本单元之间以车轮状回旋忍冬莲花纹相隔，外圈半忍冬绕中央莲心逆时针旋转，相似莲花纹样还发现于邓县墓出土墓砖④。相背者，基本单元组合方式分为两种。第一，以上面观圆莲花为间隔物，仅见于襄阳清水沟墓出土墓砖之六（图表6-5）⑤。第二，以竖线为间隔物，仅见于嵊县雅致村墓出土墓砖（图表6-6）⑥，应为三点的发展形式。

4. 颈部交茎式

颈部交茎式（图表7），仅2例，均出土于汉水流域谷城地方。谷城龙家湾南朝墓出土墓砖之一、之二⑦，双茎一前一后在颈部交叉后再反向交叉，腹部为五叶全忍冬，尾部束茎。一者同向排列，一者相背排列，基本单元之间套连，整个纹样飘逸流畅，是典型的南朝样式。颈部交茎、基本单元套连，均不是常见的形式。谷城实例造型优美、表现特殊，理应引起重视。

就头部向心形双茎桃形植物忍冬纹样类型与发展地域数量关系来看，汉水流域35例，颈部开口方式齐全，其中开口式最为发达，交茎式为本区域特有。兼有桃形、水滴形腹部，腹部物像主要流行全忍冬式，兼有半忍冬、其他形式，其中腹部半忍冬+全忍冬/莲花式，以及同一实例不同类型基本单元相间排列为本区域特有。以同向排列、三点间隔为主，兼有其他排列组合方式，其中基本单元相贴、束连、套连为本区域特有。总体数量、类型丰富程度居五区域之首。南京周围

① 前引文，《陕西安康市张家坎南朝墓葬发掘纪要》，第51页图5：3。

② 前引文，《襄阳贾家冲画像砖墓》，第25页图16：5。

③ 前引文，《陕西安康市张家坎南朝墓葬发掘纪要》，第52页图6：5。

④ 前引书，《邓县彩色画象砖墓》，第35页图49，第36页图50：1。

⑤ 前引书，《天国之享：襄阳南朝画像砖艺术》，第56页。

⑥ 前引文，《浙江嵊县六朝墓》，第811页图15。

⑦ 图表7-1出自前引书，《天国之享：襄阳南朝画像砖艺术》，第59页。图表7-2出自谷城县博物馆：《湖北谷城六朝画像砖墓发掘简报》，《文物》2013年第7期，第26～37页，第36页图32。

图表 7　南北方双茎桃形植物忍冬纹样之头部向心形颈部交茎式基本单元排列组合示例

1. 谷城龙家湾南朝墓出土墓砖之二

2. 谷城龙家湾南朝墓出土墓砖之一拓片

8 例，主要流行颈部闭口式，桃形腹部物像以全忍冬为主，兼有特殊的半忍冬 + 莲花 + 全忍冬式。以同向排列、三点间隔为主，兼有其他排列组合方式，其中以“王”字间隔为本区域特有。成都周围 3 例，仅流行颈部开口式，桃形腹部物像仅有全忍冬、半忍冬，同向排列。洛阳周围 7 例，颈部开口、闭口、束茎式均有所流行，腹部仅有全忍冬、莲花式。同向排列，以三点或莲花间隔。西安周围 1 例，仅有颈部闭口、腹部全忍冬式，同向排列，以三点间隔。

可以看出，颈部除特殊的交茎式外，其他开口方式在南北方均有流行，尤以开口式为多。腹部全忍冬式在南北方范围内流行，而腹部半忍冬式仅流行于南方，腹部其他形式则具有鲜明的地方特色。同向、相离的排列组合方式，为南北方共有，其他排列组合方式则主要见于南方。

（二）头部离心形

头部离心形双茎桃形植物忍冬纹样（图表 8、9），头部忍冬叶片背对主茎方向生长，作叶片外

图表 8　南北方双茎桃形植物忍冬纹样之头部离心形基本单元形态示例

1. 安康张家坎南梁天监五年（506 年）墓出土墓砖之七拓片

2. 安康长岭南朝墓出土墓砖拓片

3. 南京栖霞狮子冲南梁中大通二年（530 年）1 号墓出土墓砖之三拓片

4. 南京刘家塘南梁大同二年（536 年）萧象墓出土墓砖之三拓片

5. 南京万寿村南朝墓出土墓砖拓片

6. 淅川西岭村隋墓出土墓砖拓片

7. 新津普兴乡隋开皇元年（581 年）墓出土墓砖之二拓片

8. 故宫博物院藏武汉隋墓出土墓砖之二（笔者摄）

图表9　南北方双茎桃形植物忍冬纹样之头部离心形基本单元排列组合示例

1. 安康张家坎南梁天监五年（506年）墓出土墓砖之七拓片

2. 南京栖霞狮子冲南梁中大通二年（530年）1号墓出土墓砖之三拓片

3. 南京刘家塘南梁大同二年（536年）萧象墓出土墓砖之三拓片

4. 新津普兴乡隋开皇元年（581年）墓出土墓砖之二拓片

5. 淅川西岭村隋墓出土墓砖拓片

6. 故宫博物院藏武汉隋墓出土墓砖之二（笔者摄）

像表现，有11例。包括颈部开口式10例、颈部闭口式1例。

1. 颈部开口式

颈部开口式，包括腹部全忍冬式9例、腹部半忍冬式1例。

腹部全忍冬式，最早纪年实例为安康张家坎墓出土墓砖之七（图表8-1）[①]，腹部为七叶全忍冬，全忍冬中央叶片笔直向上，尾部开口。同样的表现还见于安康长岭南朝墓出土墓砖（图表8-2）[②]。淅川西岭村隋墓出土墓砖（图表8-6）[③]，头部、颈部、腹部表现与之相同，而尾部闭口。南京周围南朝实例，见于南京栖霞狮子冲1号墓出土墓砖之三（图表8-3）[④]、南京刘家塘萧象墓出土墓砖之二、之三（图表8-4）[⑤]、

① 前引文，《陕西安康市张家坎南朝墓葬发掘纪要》，第51页图5：2。

② 李启良、徐信印：《陕西安康长岭南朝墓清理简报》，《考古与文物》1986年第3期，第16～21页，第17页图2：1。

③ 南阳市文物研究所：《河南省淅川县西岭隋画像砖墓》，《中原文物》1996年第3期，第26～28、46页，第28页图4。

④ 前引文，《南京栖霞狮子冲南朝大墓发掘简报》，第37页图6：16。

⑤ 前引文，《梁朝桂阳王萧象墓》，第36页图5：10，第36页图5：6。

南京新宁砖瓦厂1号墓出土墓砖[①]、南京五塘村墓出土墓砖[②]、南京万寿村墓出土墓砖（图表8-5）[③]，所有实例腹部全忍冬中央叶片均表现为波状，不同于汉水流域的直线状表现，呈现小地域特征。

腹部半忍冬式，仅见于新津普兴乡墓出土墓砖之二（图表8-7）[④]，如前所述，该墓还出土了头部向心、腹部半忍冬式实例，二者腹部半忍冬、以线表现中轴线，与邓县墓实例一致，而头部一离心、一向心，表明成都周围至隋代仍受到长江中下游不同类型文化因素的影响。

基本单元排列方式，包括同向者2例、异向者8例。同向排列者（图表9-1）[⑤]，分布在汉水流域安康地区，基本单元之间相贴。异向排列者，包括相对、相背两种。相对排列者，基本单元组合方式可以分为以下三种。第一，二基本单元头部相对，共同拱卫上面观莲花，均见于南京（图表9-2）[⑥]。第二，二基本单元头部共同拱卫圆形方孔钱，仅见于南京刘家塘萧象墓出土墓砖之三（图表9-3）[⑦]，推测其创意源于前述上面观莲花的表现。第三，基本单元之间相贴，仅见于新津普兴乡墓出土墓砖（图表9-4）[⑧]，相贴的组合方式再次证明该墓受到汉水流域南朝文化深刻影响。相背排列者，仅见于淅川西岭墓出土墓砖（图表9-5）[⑨]，基本单元之间相贴，延续了汉水流域南朝传统。

2. 颈部闭口式

颈部闭口式，仅见于故宫博物院藏武汉隋墓出土墓砖之二（图表8-9、9-6），腹部全忍冬，尾部闭口。相对+相背排列，基本单元之间以三点间隔。

就头部离心形双茎桃形植物忍冬纹样类型与发展地域数量关系来看，汉水流域4例，各种形态均有分布。南京周围6例，仅有颈部开口、腹部全忍冬、尾部开口者，基本单元仅相对排列。成都周围1例，仅有颈部开口、腹部全忍冬、尾部闭口者。头部离心形基本单元各部位形态缺少变化，南京周围实例数量超过汉水流域，但种类有所不及。

南北方双茎桃形植物忍冬纹样，颈部开口、腹部全忍冬，基本单元之间相离的表现，成为最普遍流行形式。汉水流域无论在类型还是数量上，均占据绝对多数。其中，安康张家坎墓纪年明确且年代较早，出土墓砖纹样涵盖大部分类型，其重要性不言而喻。邓县墓推定的年代要早于安康张家坎墓，若果真如此，前者墓砖纹样可能对其后装饰纹样产生较大影响。安康张家坎墓与邓县墓在装饰纹样上有着诸多相似性，暗示二者存在有机联系，二者所代表的汉水流域早期实例，共同构成双茎桃形植物忍冬纹样的发展基础。襄阳及其邻近的孝感、谷城等地墓葬，蕴含诸多创新元素，展现该地旺盛的文化活力，应与南朝京畿之地频繁互动有关。

---

① 南京市文物保管委员会：《南京六朝墓清理简报》，《考古》1959年第5期，第231～236页，第232页图2：7。

② 南京市博物馆编：《六朝风采》，北京：文物出版社，2004年，第361页图292。

③ 前引书，《六朝风采》，第359页图291。

④ 前引文，《四川牧马山灌溉渠古墓清理简报》，第429页图9：1。

⑤ 前引文，《陕西安康市张家坎南朝墓发掘纪要》，第51页图5：2。

⑥ 前引文，《南京栖霞狮子冲南朝大墓发掘简报》，第37页图6：16。

⑦ 前引文，《梁朝桂阳王萧象墓》，第36页图5：6。

⑧ 前引文，《四川牧马山灌溉渠古墓清理简报》，第429页图9：2。

⑨ 前引文，《河南省淅川县西岭隋画像砖墓》，第28页图4。

南京周围实例多出土于皇家贵族墓葬，集中表现为头部向心、颈部闭口、腹部全忍冬式，以及头部离心、颈部开口、腹部全忍冬式，体现出整齐划一的发展状态，不似汉水流域那般异彩纷呈。成都周围实例从属于长江中下游系统。洛阳周围实例多刻画在石窟中，受到来自汉水流域和南京周围的双重影响，同时保持自身的文化创造力。

二　河西走廊双茎桃形植物忍冬纹样

河西走廊双茎桃形植物忍冬纹样，不同于南北方主要用于墓葬装饰，以及基本单元主要流行颈部开口、腹部全忍冬式表现，呈现另一番发展面貌。主要用于石窟顶部装饰，少许用于石窟壁面装饰，一概采用绘画形式表现，基本单元主要流行颈部交茎、腹部半忍冬式。实例主要发现于敦煌莫高窟，少量分布在敦煌西千佛洞。最早实例发现于莫高窟北凉第 272 窟，最晚实例发现于莫高窟隋代洞窟，主要流行于北魏中期后段至隋初，入唐后基本不见。由于同一装饰纹样在同一洞窟中多次使用，难以准确计算数量，为便于观察，仅以洞窟为单位考察其存在情况，不作具体计数。西千佛洞实例从属于莫高窟系统，故在讨论基本单元形态与发展时间关系时，主要考虑敦煌莫高窟实例。在此基础上，制作成表 5 和表 6，以便直观了解河西走廊双茎桃形植物忍冬纹样发展情况。

表 5　敦煌莫高窟双茎桃形植物忍冬纹样类型与发展时间统计表[①]

<table>
<tr><th colspan="3" rowspan="2">时间
类型</th><th colspan="4">北朝</th><th colspan="2">隋代</th></tr>
<tr><th>第一期</th><th>第二期</th><th>第三期</th><th>第四期</th><th>第一期</th><th>第二期</th></tr>
<tr><td>头部</td><td>颈部</td><td>腹部</td><td>272 窟</td><td>251、254、257、259 窟</td><td>431、435、285 窟</td><td>296、297、299、428 窟</td><td>266、302、303、304 窟</td><td>295 窟</td></tr>
<tr><td rowspan="6">向心</td><td>开口</td><td>全忍冬</td><td></td><td></td><td></td><td></td><td></td><td style="background:#ccc"></td></tr>
<tr><td rowspan="2">束茎</td><td>半忍冬</td><td></td><td></td><td></td><td style="background:#ccc"></td><td style="background:#ccc"></td><td></td></tr>
<tr><td>其他</td><td></td><td></td><td></td><td style="background:#ccc"></td><td style="background:#ccc"></td><td></td></tr>
<tr><td rowspan="3">交茎</td><td>全忍冬</td><td></td><td></td><td></td><td></td><td style="background:#ccc"></td><td></td></tr>
<tr><td>半忍冬</td><td></td><td style="background:#ccc"></td><td style="background:#ccc"></td><td style="background:#ccc"></td><td style="background:#ccc"></td><td></td></tr>
<tr><td>其他</td><td></td><td></td><td></td><td style="background:#ccc"></td><td style="background:#ccc"></td><td></td></tr>
<tr><td>离心</td><td></td><td>半忍冬</td><td style="background:#ccc"></td><td style="background:#ccc"></td><td style="background:#ccc"></td><td></td><td></td><td></td></tr>
</table>

注：灰色块表示存在。

---

① 根据樊锦诗、马世长等研究成果，敦煌莫高窟北朝洞窟可分为四期。第一期为北凉时期，约 421 ~ 439 年，第二期为北魏中期，约 465 ~ 500 年，第三期为东阳王元荣统治敦煌时期，约 525 ~ 545 年，第四期为西魏大统十一年（545 年）~ 隋开皇四年（584 年）。樊锦诗、马世长等：《敦煌莫高窟北朝洞窟的分期》，《中国石窟 · 敦煌莫高窟 1》，北京：文物出版社；东京：株式会社平凡社，1982 年，第 185 ~ 197 页。莫高窟隋代洞窟可分为三期，第一期为开皇元年至九年（581 ~ 589 年）前后，第二期为开皇九年（589 年）至大业九年（613 年）前后，第三期为隋末前后，部分洞窟可能晚至唐初。樊锦诗、关友惠等：《莫高窟隋代石窟分期》，《中国石窟 · 敦煌莫高窟 2》，北京：文物出版社；东京：株式会社平凡社，1984 年，第 171 ~ 186 页。

表 6　河西走廊双茎桃形植物忍冬纹样基本单元形态与排列组合方式统计表

类型＼排列组合			同向		异向			同向 + 异向	
					相对 + 相背	楔入式			
头部	颈部	腹部	套连	束连	套连	束连	相贴	套连	8 字
向心	开口	全忍冬							
	束茎	半忍冬							
		其他							
	交茎	全忍冬							
		半忍冬							
		其他							
离心		半忍冬							

注：灰色块表示存在。

河西走廊双茎桃形植物忍冬纹样，可分为四个发展阶段。第一阶段（约五世纪二三十年代），仅有头部离心、腹部半忍冬式，实例仅见于莫高窟北凉第 272 窟，即莫高窟北朝第一期洞窟。这一阶段双茎桃形忍冬纹样开始零星出现。第二阶段（约五世纪六十年代至六世纪四十年代中期），在延续第一阶段头部离心形基础上，增加头部向心、颈部交茎、腹部半忍冬式，实例见于莫高窟北朝第二、三期洞窟。这一阶段承上启下，一方面承袭北凉因素，另一方面奠定下一阶段双茎桃形忍冬纹样繁盛发展的基础。第三阶段（约六世纪四十年代中期至八十年代），头部离心形消失，向心形获得大发展，颈部新增束茎式，腹部新增全忍冬式和其他形式，实例主要存在于莫高窟北朝第四期、隋代第一期洞窟。这一阶段河西走廊双茎桃形忍冬纹样发展达到高潮，特征性因素得到充分表现，其新增因素，则受到来自南北方的影响。第四阶段（约六世纪九十年代至七世纪初），既有形式基本消失，新增头部向心、颈部开口、腹部全忍冬式，实例仅见于莫高窟隋代第 295 窟，即隋代第二期洞窟。这一阶段河西走廊双茎桃形忍冬纹样发展到尽头，仅存实例退居大铺图像边角位置，且呈现鲜明南北方特色。第三、四阶段，南北方双茎桃形忍冬纹样因素的出现，反映了彼时中原文化给予河西走廊的深刻影响。

（一）头部向心形

头部向心形双茎桃形植物忍冬纹样（图表 10、11），可分为颈部开口式、束茎式、交茎式。其中，颈部交茎式数量最多，发展最为充分，颈部束茎式数量次之，发展比较充分，颈部开口式数量稀少。

1. 颈部交茎式

颈部交茎式，双茎呈“X”形交叉，是河西走廊特征性表现，流行于北魏中期后段至隋代。腹部以半忍冬为主，半忍冬 + 全忍冬数量有限，全忍冬零星存在。

腹部半忍冬式，最早出现于北魏中期后段，尾部开口、闭口者兼有。尾部开口者，较早见于莫

图表 10　河西走廊双茎桃形植物忍冬纹样之头部向心形基本单元形态示例

 1. 敦煌莫高窟北魏第 251 窟平棋	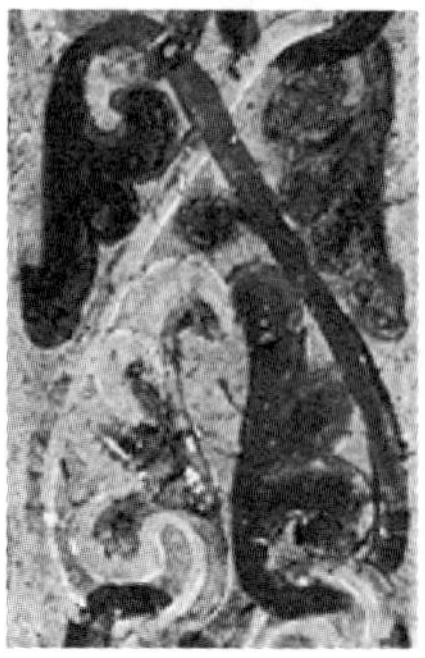 2. 敦煌莫高窟北魏第 254 窟平棋（采自数字敦煌）	 3. 敦煌莫高窟北周第 428 窟平棋
 4. 敦煌西千佛洞北周第 12 窟平棋	 5. 敦煌莫高窟北周第 428 窟平棋	 6. 敦煌莫高窟北周第 428 窟平棋
 7. 敦煌莫高窟隋代第 303 窟平棋	 8. 敦煌莫高窟隋代第 302 窟平棋	 9. 敦煌莫高窟北周第 428 窟平棋
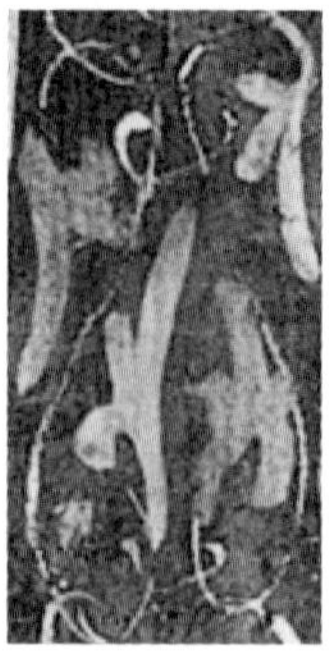 10. 敦煌西千佛洞北周第 12 窟平棋	 11. 敦煌莫高窟北周第 428 窟平棋	 12. 敦煌莫高窟隋代第 303 窟平棋（采自数字敦煌）

图表 11　河西走廊双茎桃形植物忍冬纹样之头部向心形基本单元排列组合示例

1. 敦煌莫高窟北魏第 254 窟平棋（采自数字敦煌）

2. 敦煌莫高窟隋代第 303 窟平棋

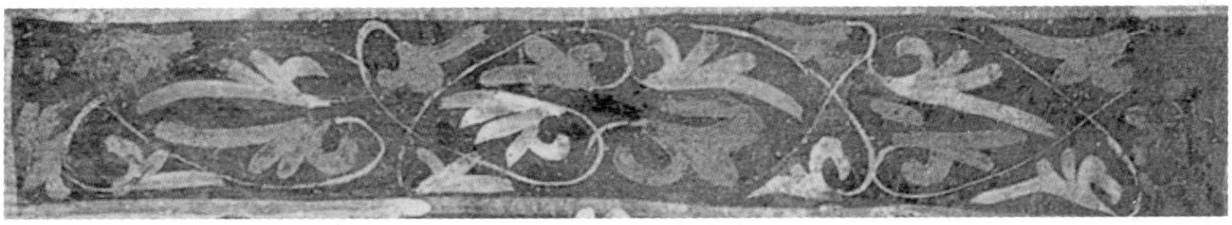

3. 敦煌西千佛洞北周第 12 窟平棋

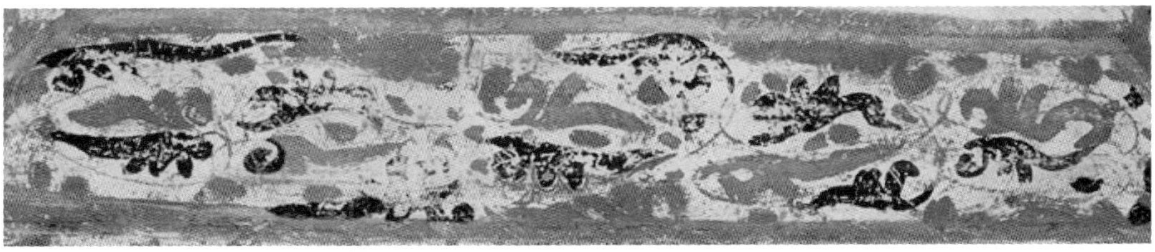

4. 敦煌莫高窟隋代第 271 窟藻井

5. 敦煌莫高窟北周第 428 窟平棋

6. 敦煌莫高窟隋代第 302 窟平棋

高窟北魏第 251 窟、254 窟窟顶平棋（图表 10-1、10-2）①，北周至隋代迅速发展，分布在莫高窟北周第 290 窟、296 窟、428 窟窟顶平棋（图表 10-3）②、北周第 297 窟、299 窟藻井，北周末隋初第 301 窟窟顶平棋，隋代第 303 窟、304 窟、266 窟、271 窟窟顶平棋，西千佛洞北周第 8 窟、12 窟窟顶平棋（图表 10-4）③。尾部闭口者，见于莫高窟北魏第 257 窟、259 窟、431 窟窟顶平棋，以及第 435 窟南壁，不见于北周、隋代洞窟。

腹部半忍冬 + 全忍冬式，在腹部半忍冬式基础上发展而来，分上下结构和左右结构两种。上下结构者见于莫高窟北周第 428 窟窟顶平棋（图表 10-5）④，左右相对二半忍冬顶端回卷，共同生出一倒置全忍冬。左右结构者见于莫高窟北周第 428 窟、隋代第 303 窟窟顶平棋（图表 10-6、10-7）⑤，半忍冬、全忍冬左右相对。个别实例表现为二全忍冬左右相对，见于莫高窟隋代第 303 窟窟顶平棋。尾部开口、束茎者兼有。

腹部全忍冬式，仅见于莫高窟隋代第 302 窟窟顶平棋（图表 10-8）⑥，尾部束茎。其颈部形态延续了此前传统，腹部形态则不见于该地此前实例，应受到南北方同类纹样影响。

颈部交茎式基本单元排列方式，包括同向（图表 11-1、11-2⑦）、相对 + 相背、同向 + 异向（图表 11-3、11-4）⑧三种。基本单元相互套连，即一者头部勾连另一者尾部。

2. 颈部束茎式

颈部束茎式，流行于北周至隋代。腹部以半忍冬为主，半忍冬 + 全忍冬数量有限。腹部半忍冬式，见于莫高窟北周第 428 窟（图表 10-9）⑨、隋代第 302 窟、303 窟窟顶平棋，以及西千佛洞北周第 12 窟窟顶平棋（图表 10-10）⑩。尾部包括开口、束茎两种。腹部半忍冬 + 全忍冬式，上下结构者见于莫高窟北周第 428 窟窟顶平棋（图表 10-11）⑪，左右结构者见于莫高窟隋代第 303 窟窟顶平棋（图表 10-12）。

颈部束茎式基本单元排列方式，包括同向（图表 11-5）、相对 + 相背（图表 11-6）⑫两种，基本

① 关友惠主编：《敦煌石窟全集 13 图案卷 上》，香港：商务印书馆有限公司，2003 年，第 22 页图版 6。

② 前引书，《敦煌石窟全集 13 图案卷 上》，第 127 页图版 104。

③ 段文杰主编：《中国敦煌壁画全集 3》，天津：天津人民美术出版社，2006 年，第 200 页图版 211。

④ 前引书，《敦煌石窟全集 13 图案卷 上》，第 127 页图版 103。

⑤ 前引书，《中国敦煌壁画全集 3》，第 90 页图版 91。前引书，《敦煌石窟全集 13 图案卷 上》，第 214 页图版 193。

⑥ 段文杰主编：《中国敦煌壁画全集 4》，天津：天津人民美术出版社，2006 年，图版 11。

⑦ 前引书，《敦煌石窟全集 13 图案卷 上》，第 214 页图版 193。

⑧ 前引书，《中国敦煌壁画全集 3》，第 200 页图版 211。敦煌研究院编：《敦煌石窟全集 1 莫高窟第 266 ~ 275 窟考古报告》，北京：文物出版社，2011 年，第 550 页图版 80。

⑨ 敦煌研究院编：《敦煌石窟艺术·莫高窟第四二八窟（北周）》，南京：江苏美术出版社，1998 年，第 188 页图 172。

⑩ 前引书，《中国敦煌壁画全集 3》，第 200 页图版 211。

⑪ 前引书，《敦煌石窟艺术·莫高窟第四二八窟（北周）》，第 188 页图 172。

⑫ 前引书，《中国敦煌壁画全集 4》，图版 11。

单元相互套连。

3. 颈部开口式

颈部开口式，见于莫高窟隋代第295窟人字西披涅槃图（图5）[①]，表现于佛陀脚侧娑罗树旁。颈部开口、腹部全忍冬，不同于河西走廊传统表现方式，与南北方同类纹样相似，应受到后者影响。

以上可见，河西走廊头部向心形双茎桃形植物忍冬纹样，就颈部形态来说，交茎式于北魏中期后段出现，并延续至隋代。束茎式出现于北周，开口式出现于隋代，此二式不同于河西走廊北魏以来流行的交茎式，而与南北方南北朝后期流行的颈部束茎式、开口式一致，应受到南北方同类纹样影响。

图5 敦煌莫高窟隋代第295窟人字西披涅槃图局部

就腹部物象来说，半忍冬式占据绝对多数，从现存实例来看，早于南北方腹部半忍冬式实例，然二地实例颈部形态差距较大，两地究竟是独自产生抑或是互相影响，尚无法确定。在半忍冬式基础上，于北周出现了半忍冬+全忍冬式，分上下结构、左右结构两种，不同于南北方左中右结构。全忍冬式于隋代产生，数量十分有限，应受到南北方腹部全忍冬式影响。

就排列组合方式来说，同向排列自北魏中期出现，一直延续至隋代，是主流的排列方式。相对+相背者，自北周出现，延续至隋代，数量有限。同向+异向者个别存在。河西走廊所有实例，基本单元相互套连，呈现鲜明地方特色。

（二）头部离心形

河西走廊头部离心形双茎桃形植物忍冬纹样（图表12、13），最早实例见于莫高窟北凉第272窟窟顶边饰（图表12-1）[②]，颈部开口、腹部半忍冬，基本单元位于椭圆形框架内部。

莫高窟北魏第259窟北壁龛楣之一（图表12-2）[③]，腹部半忍冬，莫高窟北魏第259窟北壁龛楣之二（图表12-3）[④]，腹部全忍冬。二者颈部闭口，头部、腹部、尾部位于自颈部延续生长的双茎内部，整体表现为双“C”形外框内的头部离心形双茎桃形植物忍冬纹样，明显继承了北凉时期作法。莫高窟西魏第285窟西壁北龛龛楣（图表12-4）[⑤]、西壁南龛龛楣双茎桃形忍冬纹样，在北魏基础上继续发展，颈部、尾部束茎，腹部半忍冬，基本单元位于双“C”形外框内。

---

① 前引书，《中国石窟·敦煌莫高窟2》，图42。

② 前引书，《敦煌石窟全集1莫高窟第266～275窟考古报告》，第613页图版143。

③ 笔者据《中国石窟·敦煌莫高窟1》图23绘制。

④ 笔者据《中国石窟·敦煌莫高窟1》图23绘制。

⑤ 前引书，《中国石窟·敦煌莫高窟1》，图117。

图表 12　河西走廊双茎桃形植物忍冬纹样之头部离心形基本单元形态示例

1. 敦煌莫高窟北凉第 272 窟窟顶

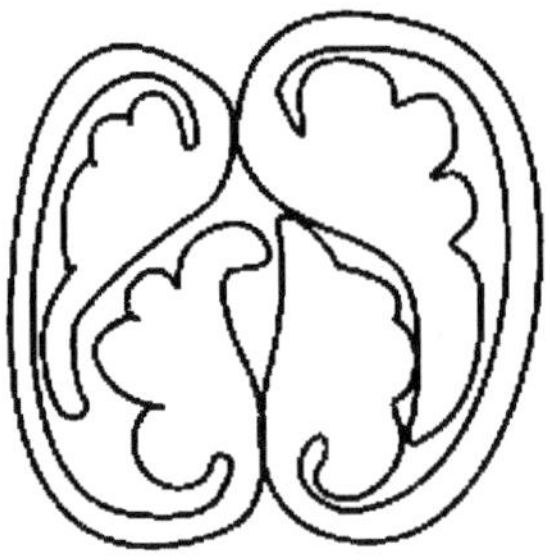

2. 敦煌莫高窟北魏第 259 窟北壁龛楣之一线描

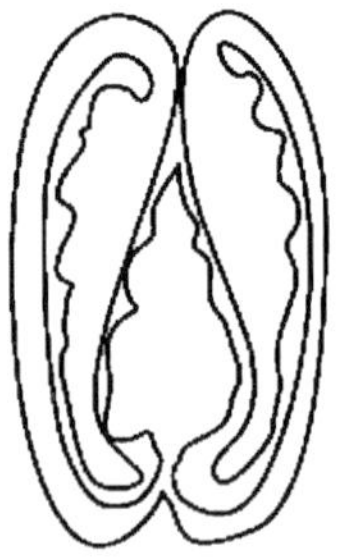

3. 敦煌莫高窟北魏第 259 窟北壁龛楣之二线描

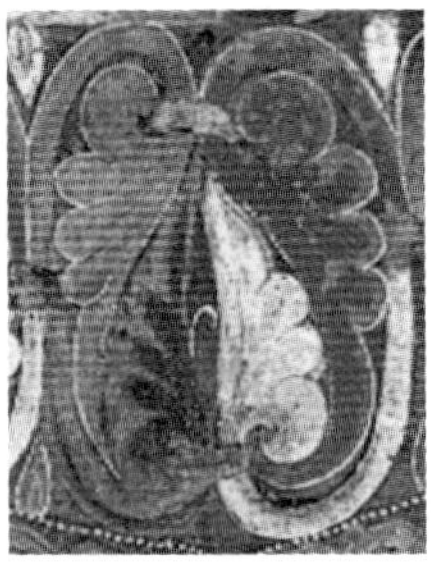

4. 敦煌莫高窟西魏第 285 窟西壁北龛龛楣

图表 13　河西走廊双茎桃形植物忍冬纹样之头部离心形基本单元排列组合示例

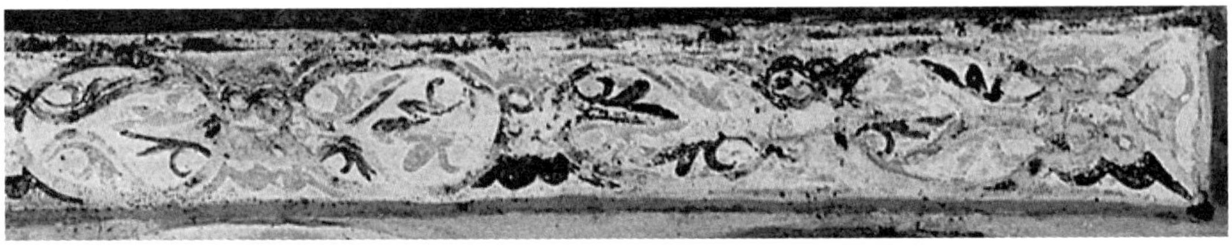

1. 敦煌莫高窟北凉第 272 窟窟顶

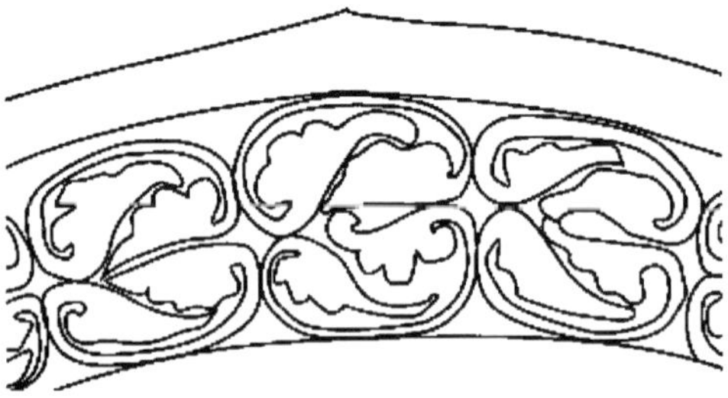

2. 敦煌莫高窟北魏第 259 窟北壁龛楣之一线描

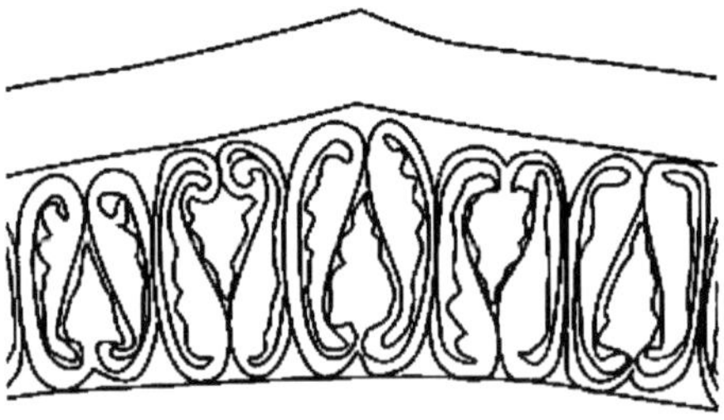

3. 敦煌莫高窟北魏第 259 窟北壁龛楣之二线描

4. 敦煌莫高窟西魏第 285 窟西壁北龛龛楣

5. 敦煌莫高窟西魏第 285 窟西壁南龛龛楣

河西走廊头部离心形双茎桃形植物忍冬纹样，基本单元排列方式包括同向、楔入式、同向 + 异向三种。

同向排列者，见于莫高窟北凉第 272 窟窟顶边饰（图表 13-1）[①]、北魏第 259 窟北壁龛楣之一

① 前引书，《敦煌石窟全集 1 莫高窟第 266 ~ 275 窟考古报告》，第 613 页图版 143。

（图表 13-2）[1]，基本单元头尾相邻。前者基本单元之间以两个“8”字纹连接，不见于他处。后者基本单元之间相贴。莫高窟北魏第 259 窟北壁龛楣之二（图表 13-3）[2]、西魏第 285 窟西壁北龛龛楣（图表 13-4、13-5）[3]、南龛龛楣，垂直方向的基本单元水平排布、腹部相邻，本文名之为楔入式，此种排列方式不见于他处，前者基本单元之间相贴，后二者基本单元之间束连。

河西走廊头部离心形和头部向心形双茎桃形植物忍冬纹样，在排列组合方式上无重合之处。头部离心形双茎桃形植物忍冬纹样，出现时间早，消失时间亦早。其基本单元位于椭圆形或双“C”形外框内，以及垂直方向基本单元横向排列、相邻基本单元以“8”字纹间隔，均构成该地特殊的表现形式。头部向心形基本单元颈部交茎、腹部半忍冬，基本单元相互套连，是河西走廊特征性表现。基本单元颈部开口式、束茎式，以及腹部全忍冬式，可能在南北方影响下产生。

三　双茎桃形云气忍冬纹样

双茎桃形云气忍冬纹样，在双茎桃形植物忍冬纹样中加入云气元素，一方面，双“S”形骨架被云气包裹，另一方面，头部、腹部植物忍冬叶片或与云气结合，或被云气取代[4]。现存最早实例为国家博物馆藏东汉永寿二年（156 年）环首铜刀（图 6），刀身错金纹样骨架为双“S”形，腹部和头部为云气纹，尚不见植物忍冬纹的痕迹，仅可称作双茎桃形云气纹样。根据刀体铭文记载，刀主人为汉桓帝，造于洛阳西北的濯龙宫，错金环首铜刀为皇帝专用。该刀身纹样系这一时期的孤例，亦未能作为一个传统延续下来。南北朝隋代，在双茎桃形植物忍冬纹样基础上，融合汉代以来流行的云气纹，使得植物叶片变成云气形态，双茎桃形云气忍冬纹样获得实质性发展。

相对于双茎桃形植物忍冬纹样在南朝广泛流行的情况，双茎桃形云气忍冬纹样主要流行于北朝范围，集中分布在洛阳周围、邺城地区，零星分布在西安、南京、河西走廊（图 7）。主要用于佛教石窟、单体造像，以及墓葬石棺、石椁的装饰。实例数量有限，故将南北方、河西走廊统一论述。

（一）头部向心形

头部向心形双茎桃形云气忍冬纹样，按照颈部开口方式，可以分为开口式、闭口式、束茎式、交茎式四种（图表 14、15）。

---

① 笔者据《中国石窟·敦煌莫高窟 1》图 23 绘制。

② 笔者据《中国石窟·敦煌莫高窟 1》图 23 绘制。

③ 前引书，《中国石窟·敦煌莫高窟 1》图 117、图 116。

④ 日本学者酒井敦子将忍冬、莲花等植物与云气混合表现的纹样称为植物云气纹样。特别地将忍冬与云气结合者称为忍冬云气纹，即云气化忍冬，表现为两种形式。其一用类似波状云气纹的曲线表现忍冬纹，其二作为云气纹要素的瘤节与忍冬叶混淆。忍冬纹与云气纹的结合，归因于东晋南朝注重气质精神和崇尚瘦韧、飘逸风格的审美观念，使忍冬纹具有了流动感，加强了云气纹故有的动态。[日] 酒井敦子著、李静杰译：《南北朝时期的植物云气纹样》，《敦煌研究》2003 年第 2 期，第 20 ~ 28 页。

图6　东汉永寿二年（156年）铜错金环首刀局部（笔者摄）

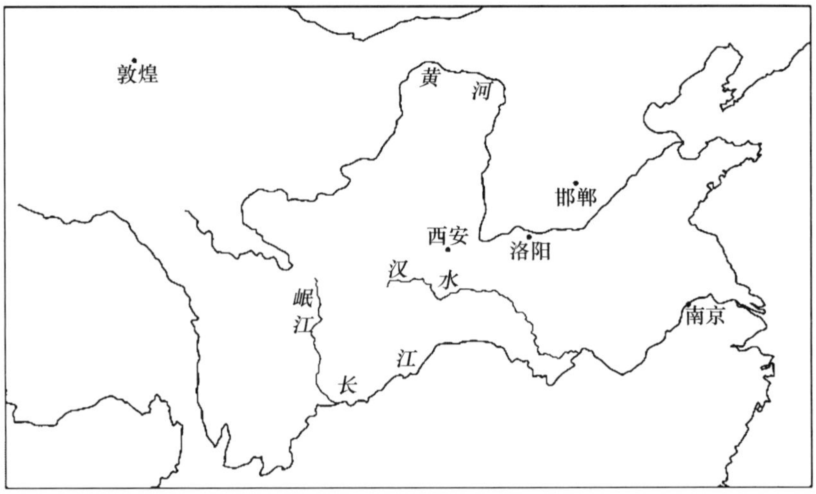

图7　南北朝隋代双茎桃形云气忍冬纹样分布图（笔者绘）

图表14　双茎桃形云气忍冬纹样之头部向心形基本单元形态示例

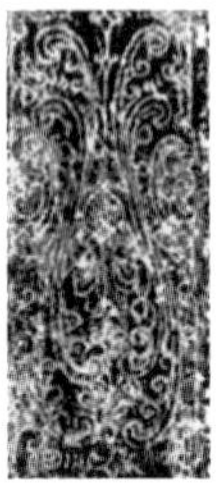 1. 洛阳东关下园基建出土北魏晚期石碑座正面拓片	 2. 邯郸北响堂山北齐北洞中心柱基坛列龛柱	 3. 邯郸北响堂山北齐中洞前廊次间多棱龛柱	 4. 邯郸北响堂山北齐北洞塔形龛列龛柱
 5. 洛阳出土北魏晚期升仙石棺拓片	 6. 邯郸北响堂山北齐中洞中心柱基坛列龛柱	 7. 邯郸北响堂山北齐中洞中心柱正壁基坛列龛柱	 8. 邯郸北响堂山北齐中洞中心柱基坛列龛柱
 9. 西安梁家庄隋大业四年（608年）李静训墓出土石椁（笔者摄）	 10. 西安梁家庄隋大业四年（608年）李静训墓出土石椁（笔者摄）	 11. 南京西善桥油坊村南朝墓出土墓砖拓片	 12. 敦煌莫高窟北魏第260窟平棋线描

图表 15　双茎桃形云气忍冬纹样之头部向心形基本单元排列组合示例

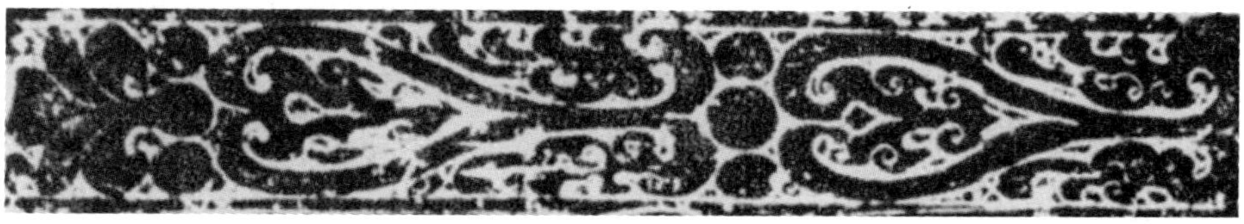

1. 洛阳出土北魏晚期升仙石棺拓片

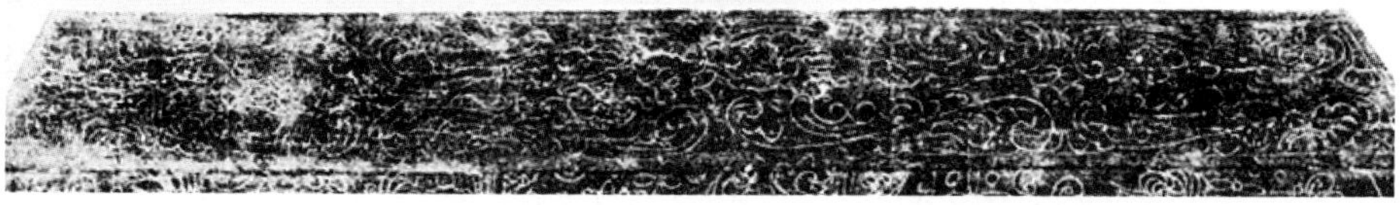

2. 洛阳东关下园基建出土北魏晚期石碑座背面拓片

3. 邯郸北响堂山北齐中洞中心柱基坛列龛柱

4. 邯郸北响堂山北齐北洞塔形列龛柱（李静杰摄）

5. 西安梁家庄隋大业四年（608 年）李静训墓出土石椁（笔者摄）

6. 南京西善桥油坊村南朝墓出土墓砖拓片

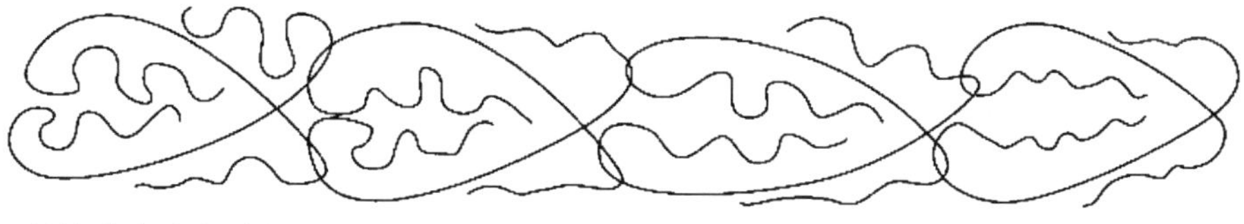

7. 敦煌莫高窟北魏第 260 窟平棋线描（笔者据《中国石窟·敦煌莫高窟 1》图 58 绘制）

1. 颈部开口式

颈部开口式，较早实例见于洛阳东关下园基建出土北魏晚期线刻碑座①，碑座呈盝形，正面以博山炉为中心左右对称配置狮子、神王，二侧面各刻画四尊神王，背面刻画四位供养人及其侍者。

①《洛阳出土一件线刻碑座》，《考古与文物》1986 年第 4 期，第 108 页，封 2、3。

双茎桃形云气忍冬纹样刻画于碑座四面上缘，双“S”形骨架仍在，但已被云气包裹。四面表现稍有不同，其中正面表现最为精美（图表14-1）[①]，基本单元腹部为二左右相对半忍冬，拱卫中央全忍冬，头部为同根所生、上下排列的二半忍冬，本文称之为二分式半忍冬。头部、腹部植物忍冬叶片已经完全云气化了。碑座上缘繁缛的双茎桃形云气忍冬纹样，连同碑座四面人物飘舞的衣袂、漫天飞扬的宝花，营造出热烈的佛国气氛。

邯郸北响堂山北齐北洞中心柱基坛诸多列龛柱（图表14-2）[②]，均刻画形态相近的双茎桃形云气忍冬纹样。基本单元腹部左右对称配置同根所生、前后相叠之二分式半忍冬，头部亦为二分式半忍冬，忍冬均云气化。北响堂山北洞二分式半忍冬叶形态，与洛阳碑座表现十分相近，明显在后者类似表现影响下产生。东魏北齐时期，高氏集团自洛阳迁都至邺城，人口和技艺流动随之而来，两地之间纹样的传承关系不言而喻。

北响堂山北齐中洞前廊次间多棱龛柱（图表14-3）[③]，相邻二棱形成的区间内表现“S”形云气忍冬纹样，相邻二区间组合构成双茎桃形云气忍冬纹样。虽然基本单元自中轴线一分为二、各处一区，但二区共同构成完整基本单元，此种设计适合棱柱造型，明显有意为之。北响堂山北齐北洞塔形龛列龛柱（图表14-4）[④]，以平面龛柱模仿立体塔柱造型，每一龛柱被中轴线一分为二，左右二区组合构成双茎桃形云气忍冬纹样，形成三线夹二区的特殊表现形式。

对于基本单元中轴线的强调，见于双茎桃形植物忍冬纹样，较早实例如邓县墓出土墓砖、安陆黄金山b2号墓出土墓砖、襄阳清水沟1号墓出土墓砖之三，以点或断续的线来暗示中轴线的存在。襄阳市博物馆藏南朝墓砖，明确以连贯直线表示中轴线。汉水流域此种表现，影响到成都周围，如新津普兴乡墓出土2例墓砖，均以连贯直线表示中轴线。北响堂山中洞、北洞双茎桃形云气忍冬纹样，在吸收南朝造型因素基础上，结合棱柱造型特征，形成成熟的三线夹二区的特殊表现形式。

2. 颈部闭口式

颈部闭口式，较早实例见于洛阳出土北魏晚期线刻升仙石棺，石棺左右梆分别刻画男子乘龙、女子驾虎飞升场面，二者前有仙人导引，后有仙人护行。人物前进方向边带刻画双茎桃形云气忍冬纹样（图表14-5）[⑤]，腹部全忍冬、头部半忍冬叶片已经云气化，而双茎仍保留双茎桃形植物忍冬纹样的原貌，可视为由双茎桃形植物忍冬纹样向双茎桃形云气忍冬纹样的过渡形态。该实例基本单元双茎在颈部闭合、拉长，与洛阳同时期流行的双茎桃形植物忍冬纹样颈部闭口式颈部形态一致，如洛阳北魏永熙二年墓志、洛阳龙门莲花洞南壁第41龛北魏晚期佛像背光，应受到当地双茎桃形植物忍冬纹样影响。

---

① 前引文，《洛阳出土一件线刻碑座》，封2：1。

② 陈传席主编：《中国佛教美术全集·雕塑卷　响堂山石窟　下》，天津人民美术出版社，2014年，第188页图145。

③ 前引书，《中国佛教美术全集·雕塑卷　响堂山石窟　下》，第79页。

④ 前引书，《中国佛教美术全集·雕塑卷　响堂山石窟　下》，第208页。

⑤ 开封市博物馆藏。黄明兰编著：《洛阳北魏世俗石刻线画集》，北京：人民美术出版社，1987年，第27页图32。

北响堂山北齐中洞中心柱基坛诸列龛柱①，颈部均闭合、拉长，与洛阳升仙石棺表现一致。头部为云气化二分式半忍冬，与洛阳出土北魏晚期线刻碑座一致。腹部物象分为全忍冬、云气半忍冬+全忍冬两种。腹部全忍冬式，见于北响堂山北齐中洞中心柱正壁基坛列龛柱（图表 14-6）②，叶片饱满，多为七叶，少量为五叶，与龙门石窟双茎桃形植物忍冬纹样腹部全忍冬式表现一致。

腹部半忍冬+全忍冬式，见于北响堂山北齐中洞中心柱左右侧壁、后壁基坛列龛柱（图表 14-7、14-8）③，左右二半忍冬已化为云气形态，顶端互相靠拢，甚至合二为一，包围着中间仍为植物形态的全忍冬，全忍冬以五叶为主，少量为三叶。响堂山左右结构半忍冬+全忍冬式表现，与南朝双茎桃形植物忍冬纹样腹部半忍冬+全忍冬式相近，如襄阳贾家冲南朝墓出土墓砖之二、襄阳清水沟南朝 1 号墓出土墓砖之一、襄阳柿庄南朝 15 号墓出土墓砖，基本单元腹部二左右半忍冬搭配中间全忍冬。以上可见，北响堂山石窟颈部闭口式双茎桃形云气忍冬纹样，可能受到南北朝文化的双重影响。

3. 颈部束茎式

颈部束茎式，仅见于西安梁家庄隋大业四年（608 年）李静训墓出土石椁，石椁仿殿堂形式，面阔三间，以四根方柱区隔，方柱上刻画双茎桃形忍冬纹样（图 8）④。基本单元颈部及尾部均以二道箍状物扎束，腹部包括半忍冬式、半忍冬+全忍冬式两种。

图 8　西安梁家庄隋大业四年（608 年）李静训墓出土石椁局部（笔者摄）

腹部半忍冬式，表现于二外侧方柱，腹部二半忍冬左右相对，上部刻画云气纹（图表 14-9）。腹部半忍冬+全忍冬式，表现于二内侧方柱，腹部二左右对称半忍冬顶端向下共同生出全忍冬，其上刻画云气纹（图表 14-10）。上下结构的半忍冬+全忍冬式，不见于南北方双茎桃形植物忍冬纹样，而与莫高窟北周第 428 窟平棋表现类似。该墓出土实例，基本单元头部、腹部细叶忍冬变为外缘锯齿状的阔叶卷草，阔叶卷草纹应在云气忍冬的基础上，横向延展、纵向收缩演化而来。

麟游新城区隋仁寿宫（即唐九成宫）3 号遗址出土唐永徽五年（654 年）万年宫铭碑侧⑤，刻画双茎桃形云气忍冬纹样，颈部束口、尾部开口，头部、腹部均为二分式云气忍冬，明显受到北朝隋代同类纹样影响。基本单元腹部兽面，以及腹部倒置二分式云气半忍冬等元素，表明双茎桃形

① 前引书，《中国佛教美术全集·雕塑卷　响堂山石窟　下》，第 93 ~ 102 页。

② 前引书，《中国佛教美术全集·雕塑卷　响堂山石窟　下》，第 93 页图 64。

③ 前引书，《中国佛教美术全集·雕塑卷　响堂山石窟　下》，第 94 页图 65、第 99 页图 72。

④ 西安碑林博物馆藏。

⑤ 中国社会科学院考古研究所编著：《隋仁寿宫·唐九成宫考古发掘报告》，北京：科学出版社，2008 年，图 71。

忍冬纹样在唐代展现出新的发展面貌。

4. 颈部交茎式

颈部交茎式，见于南京西善桥油坊村南朝墓出土墓砖（图表 14-11）[①]、莫高窟北魏第 260 窟平棋（图表 14-12）[②]。油坊村实例基本单元除颈部交叉外，其余部位表现均与前述洛阳出土北魏晚期石棺一致。莫高窟北魏第 260 窟实例，基本单元表现与油坊村实例一致，二者应存在联系。莫高窟北凉第 272 窟窟顶，表现“S”形云气纹，推测为莫高窟北魏第 260 窟双茎桃形云气忍冬纹样的前身。交茎的形式，由来于敦煌双茎桃形植物忍冬纹样。

双茎桃形云气忍冬纹样基本单元排列方式，包括同向、相对、同向 + 异向三种。其中洛阳实例采用同向（图表 15-1）[③]、同向 + 异向（图表 15-2）[④] 排列，基本单元之间或无间隔物，或以三点为间隔物。邯郸实例采用同向（图表 15-3）[⑤]、相对（图表 15-4）排列，基本单元之间均为套连。值得注意的是，北响堂山北洞塔形列龛柱，以束莲为界，上柱为同向套连，下柱为相对套连。全窟塔形列龛柱均作此种搭配，应经过统一规划，上下柱基本单元排列方式有别，应是避免雷同所致。西安实例采用同向、相对 + 相背（图表 15-5）排列，基本单元之间或以三点为间隔物，或以莲花为间隔物。南京、敦煌实例同向排列，基本单元之间均为套连，与河西走廊双茎桃形植物忍冬纹样表现传统一致。

（二）头部离心形

仅见于西安梁家庄隋大业四年（608 年）李静训墓出土石椁前窗两侧，双茎桃形云气忍冬纹样位于底部，之上承托莲花，再之上放置供养物（图 8）。颈部、尾部均开口，腹部为上下结构的半忍冬 + 全忍冬。双茎桃形忍冬纹样融入其他纹样之中，一方面失去了独立性，另一方面从融合中获得新生。

以上可见，双茎桃形云气忍冬纹样脱胎于双茎桃形植物忍冬纹样，兼受南北方文化影响，在邺城获得大发展。

四　双茎桃形忍冬纹样西方来源与东传路径

考虑到双茎桃形忍冬纹样独特的设计意涵，以及在南北方、河西走廊分别以成熟形态、再发展形态出现，且此前没有明确发展踪迹可寻的情况，基本排除汉文化自发产生的可能，其创意应来自域外。向西追溯，不难发现其与南欧（希腊、意大利）古希腊（约公元前 800 ~ 前 146 年）、罗马共和国时期（公元前 509 ~ 前 27 年）纹样的渊源。

---

① 罗宗真：《南京西善桥油坊村南朝大墓的发掘》，《考古》1963 年第 6 期，第 291 ~ 300 页，第 298 页图 18。

② 笔者据《中国石窟·敦煌莫高窟 1》图 58 绘制。

③ 前引书，《洛阳北魏世俗石刻线画集》，第 27 页图 32。

④ 前引文，《洛阳出土一件线刻碑座》，封 3：1。

⑤ 前引书，《中国佛教美术全集·雕塑卷　响堂山石窟　下》，第 93 页图 64。

（一）双茎桃形忍冬纹样西方来源

公元前 530 ~ 前 330 年，大约相当于古希腊红像样式时期（the red-figure style），在希腊和意大利中南部地区，流行一种以中央扇形棕榈叶与两侧“S”形卷须饰相结合的纹样，西方学界笼统称之为棕榈饰（palmette）①，本文一并称为双茎桃形忍冬纹样。这种纹样施用于陶瓶、壁画、建筑、雕塑装饰，其中陶瓶装饰遗存最为丰富，为本文讨论重点，其他类遗存作为必要补充。按照基本单元构成元素，分为基本型、复合型两种。

1. 基本型

一扇形棕榈饰、二首尾端均附涡卷的“S”形卷须，是古希腊此种纹样所有实例基本单元的标准配置，本文称作基本型（图表 16）。大多制作于希腊阿提卡（Attica）地区，流行于公元前 530 ~ 前 440 年，表现于陶瓶颈部、颈肩结合部、腹部上缘或下缘（图 9）②。头部向心形实例，如意大利武尔奇（Vclci）出土希腊阿提卡制作陶瓶（图表 16-1）③、维尔茨堡马丁·瓦格纳博物馆藏希腊阿提卡制作陶瓶④、纽约大都会博物馆藏陶瓶（图表 16-2）⑤、波士顿艺术博物馆藏希腊阿提卡制作陶瓶（图表 16-3）⑥，纹样基本单元头部叶片自涡卷外缘朝腹部方向生长。头部离心形实例，如意大利奥尔维耶托（Orvieto）出土希腊阿提卡制作陶瓶（图表 16-4）⑦、波士顿艺术博物馆藏希腊阿提卡制作陶瓶（图表 16-5）⑧、大都会博物馆藏希腊阿提卡制作陶瓶（图表 16-6）⑨、意大利萨尔泰亚诺（Sarteano）出土陶瓶⑩，

图 9　希腊雅典出土公元前 500 ~ 前 490 年陶瓶（笔者摄）

---

① 一般来说，西方纹饰 palmette 翻译为棕榈叶，acanthus 翻译为莨苕叶。前者窄叶，裂片至叶心，叶缘圆滑，后者宽叶，裂片至中央叶脉，叶缘锯齿状。二者形态相近，易被混淆。二种纹饰示意图，参见［意］法切那、［意］菲利真齐编著，魏正中、王妹婧等译：《犍陀罗石刻术语分类汇编》，上海古籍出版社，2014 年，第 94 页。

② 约公元前 500 ~ 前 490 年，巴黎罗浮宫藏，编号：G202。

③ 一者约公元前 460 ~ 前 450 年，伦敦大英博物馆藏，编号：1842, 0517.3。另一者约公元前 450 年，伦敦大英博物馆藏，编号：1843, 1103.93。

④ Nikolaus Himmelmann. *Reading Greek Art*. Princeton University Press, 1998, p. 123, fig. 43.

⑤ 约公元前 450 年，纽约大都会博物馆藏，编号：07.286.84。Joan R. Mertens. *How to Read Greek Vases*. New York, The Metropolitan Museum of Art; New Haven and London, Yale University Press, 2010, p. 125, fig.25.

⑥ 一者约公元前 460 年，波士顿艺术博物馆藏，编号：33.56。Mark D. Stansbury-O'Donnell. *A History of Greek Art*. West Sussex, Wiley Blackwell, 2015, p. 232, fig. 9.18. 另一者约公元前 460 ~ 前 450 年，波士顿艺术博物馆藏，编号：1972.850。

⑦ 约公元前 530 ~ 前 520 年，佛罗伦萨国家考古博物馆藏。

⑧ 约公元前 470 ~ 前 460 年，波士顿艺术博物馆藏，编号：59.178。

⑨ 约公元前 460 ~ 前 450 年，纽约大都会博物馆藏，编号：25.28。前引书，*How to Read Greek Vases*, p. 121, No. 24.

⑩ *Treasures from Tuscany— The Etruscan Legacy*. National Museums of Scotland Publishing, 2004, p. 127, fig. 218.

图表 16　古希腊罗马双茎桃形植物忍冬纹样之基本型基本单元形态示例

 1. 意大利武尔奇出土陶瓶颈部（李静杰摄）	 2. 希腊阿提卡制作陶瓶口沿下部	 3. 希腊阿提卡制作陶瓶口沿下部
 4. 意大利奥尔维耶托出土陶瓶口沿（笔者摄）	 5. 希腊阿提卡制作陶瓶口沿下部	 6. 希腊阿提卡制作陶瓶腹部
 7. 罗马法尔内西纳别墅出土壁画奏乐图装饰	 8. 罗马多莫斯 E10 号房间出土壁画（笔者摄）	 9. 罗马大理石雕像铠甲饰片（笔者摄）

纹样基本单元头部叶片自涡卷内缘背离腹部方向生长。

罗马帝国纪元前后实例，如罗马法尔内西纳别墅（Villa della Farnesina）出土公元前 1 世纪末壁画奏乐图边饰（图表 16-7）[1]、罗马多莫斯 E10 号房间（the Domus Room E10）出土 2 世纪末壁画（图表 16-8）[2]、罗马大理石雕像铠甲饰片（图表 16-9）[3]，延续了古希腊和罗马共和国时期传统，相对于古希腊实例，呈现抽象化、程式化倾向。

古希腊基本型头部向心形、离心形两种形式，分别对应中国头部向心形、离心形双茎桃形植物忍

① ［日］水田徹编集：《世界美術大全集·西洋編 4 ギリシア·クラシックとヘレニズム》，东京：小学馆，1995 年，第 173 页图 138。

② 罗马国家博物馆藏。

③ 罗马国家博物馆藏，编号：121999A。

冬纹样，与中国南北方之颈部开口、腹部全忍冬、尾部开口者渊源关系最为明显。河西走廊此种纹样以颈部交茎、腹部半忍冬为本质特征，与古希腊同类纹样关系变得疏远。罗马帝国时期实例与中国同类纹样存在一定差别。颈部开口、腹部全忍冬、尾部开口的南北方头部向心形双茎桃形植物忍冬纹样，见于安康、淅川、武汉南朝墓出土墓砖，此种类型的南北方头部离心形双茎桃形植物忍冬纹样，见于安康、南京南朝墓出土墓砖，且从纪年实例看，安康实例比南京实例早二十余年。由此可见，古希腊罗马此种纹样首先传入汉水流域，自汉水流域传至南京周围、洛阳周围、成都周围的可能性极大。

2. 复合型

在基本型基础上，附加卷须、棕榈，便构成复合型（图表 17）。流行于公元前 470 ~ 前 330 年，多表现于陶瓶颈部、把手下部。借助附加的卷须，基本单元可向四方自由扩展，具有较强的空间适应性。此种繁复纹样，因其展现出的自由精神，以及背后蕴藏的无限生命力，受到古希腊

图表 17　古希腊罗马双茎桃形植物忍冬纹样之复合型基本单元形态示例

 1. 意大利卡普阿出土陶瓶颈部	 2. 希腊阿提卡制作陶瓶颈部	 3. 希腊阿提卡制作陶瓶颈部
 4. 希腊阿提卡出土陶瓶肩部（李静杰摄）	 5. 希腊埃雷特里亚出土陶瓶肩部（李静杰摄）	 6. 希腊雅典出土陶瓶把手下部（笔者摄）
 7. 意大利武尔奇出土陶瓶把手下部（李静杰摄）	 8. 意大利武尔奇出土陶瓶把手下部（李静杰摄）	 9. 意大利奥尔维耶托出土陶瓶把手部（笔者摄）

图 10　希腊埃雷特里亚出土公元前 470 ~ 前 460 年陶瓶（笔者摄）

罗马人喜爱，被广泛应用于陶瓶装饰。

典型实例如意大利卡普阿（Capua）出土希腊阿提卡制作陶瓶（图表 17-1）[①]、耶路撒冷以色列博物馆藏希腊阿提卡制作陶瓶（图表 17-2）[②]、大都会博物馆藏希腊阿提卡制作陶瓶（图表 17-3）[③]，前二者纹样基本单元仅头部涡卷处向左右附卷须，后者头部、尾部涡卷处均向左右附卷须。希腊阿提卡出土陶瓶（图表 17-4）[④]、希腊埃雷特里亚（Eretria）出土陶瓶（图表 17-5）[⑤]，二者尾部左右附卷须，卷须再附扇形棕榈，此种类型主要流行于公元前 470 ~ 前 420 年，多施用于细颈有柄长油瓶（lekythos）折肩处（图 10）[⑥]。希腊雅典出土陶瓶（图表 17-6）[⑦]，头部左右附卷须，卷须再附扇形棕榈。意大利武尔奇出土希腊阿提卡制作二陶瓶（图表 17-7、17-8）[⑧]，左右均附卷须，一者头部再附扇形棕榈，另一者尾部再附扇形棕榈。意大利奥尔维耶托出土陶瓶（图表 17-9）[⑨]，头部附扇形棕榈，头尾部左右均附卷须，头部卷须再附卷须及扇形棕榈，整个纹饰自由而繁缛，填满把手四周空白区域，巧妙区隔了正面、背面主题图像。复合型纹样实例不见于中国，推测此种纹样未传入中国，或者传入后未能流行，概与其复杂程度有关。

考察古希腊罗马此种纹样基本单元排列方式（图表 18），同向、相对、相背、相对 + 相背、楔入式排列者，均有存在。其中，同向、相对、相背排列者，多用于复合型基本单元，相对 + 相背、楔入式排列者，多用于基本型基本单元。

同向排列者，实例如塞浦路斯出土阿马苏斯石棺（the Amathus Sarcophagus）（图表 18-1）[⑩]、希腊阿塔兰迪（Atalante）出土陶瓶（图表 18-2）[⑪]、意大利阿普利亚区（Apulia）出土陶瓶（图表 18-3）[⑫]，

① 约公元前 440 ~ 前 430 年，伦敦大英博物馆藏，编号：1873，0820.367。

② 约公元前 450 ~ 前 420 年，耶路撒冷以色列博物馆藏，编号：73.15.18。John Boardman. *Athenian Red Figure Vases: The Classical Period*. London, Thames & Hudson Ltd, 1989, p. 133.

③ 约公元前 440 年，纽约大都会博物馆藏，编号：06.1021.116。前引书，*How to Read Greek Vases*, p. 133.

④ 约公元前 460 年，雅典国家考古博物馆藏，编号：17532。

⑤ 约公元前 445 ~ 前 440 年，雅典国家考古博物馆藏，编号：1293。

⑥ 约公元前 470 ~ 前 460 年，雅典国家考古博物馆藏，编号：12779。

⑦ 约公元前 470 ~ 前 460 年，雅典国家考古博物馆藏，编号：14504。

⑧ 一者约公元前 440 年，伦敦大英博物馆藏，编号：1847.0909.7。另一者约公元前 460 ~ 前 450 年，伦敦大英博物馆藏，编号：1842, 0517.3。

⑨ 约公元前 5 世纪中叶，佛罗伦萨国家考古博物馆藏。

⑩ 公元前 475 ~ 前 450 年，纽约大都会博物馆藏，编号：74.51.2453。

⑪ 一者约公元前 375 ~ 前 350 年。Beth Cohen. *The Colors of Clay: Special Techniques in Athenian Vases*. Los Angeles, The J. Paul Getty Museum, 2006, p. 290, fig. 89.2. 另一者约公元前 375 ~ 前 350 年，柏林国家博物馆藏，编号：F2905。

⑫ 约公元前 330 ~ 前 310 年，柏林国家博物馆藏，编号：F3258。

图表 18 古希腊罗马双茎桃形植物忍冬纹样基本单元排列组合示例

<table>
<tr><td colspan="2">同向</td><td>
1. 塞浦路斯出土阿马苏斯石棺</td><td>
2. 希腊阿塔兰迪出土陶瓶背面</td><td>
3. 意大利阿普利亚区出土陶瓶把手下部（笔者摄）</td></tr>
<tr><td rowspan="3">异向</td><td>相对</td><td>
4. 意大利卢卡尼亚区出土陶瓶把手下部</td><td>
5. 意大利阿普利亚区出土陶瓶把手下部</td><td>
6. 意大利阿普利亚区出土陶瓶把手下部（笔者摄）</td></tr>
<tr><td>相背</td><td>
7. 意大利武尔奇出土陶瓶把手下部（李静杰摄）</td><td>
8. 意大利武尔奇制作陶瓶把手下部（李静杰摄）</td><td>
9. 希腊阿提卡制作陶瓶把手下部</td></tr>
<tr><td>相对
+
相背</td><td colspan="3">
10. 希腊阿提卡制作陶瓶口沿下部</td></tr>
</table>

续表

异向	相对+相背	 11. 希腊阿提卡制作陶瓶口沿下部
		 12. 希腊阿提卡制作陶瓶口沿下部
		 13. 希腊阿提卡制作陶瓶腹部
		 14. 罗马法尔内西纳别墅出土壁画奏乐图装饰

相邻二单元共用中间二涡卷作为各自头部、尾部。相对排列者，如意大利卢卡尼亚区（Lucania）出土陶瓶（图表 18-4）[①]、意大利阿普利亚区出土陶瓶（图表 18-5）[②]，相邻二单元头部相对，四涡卷中心为散点或菱形，两侧生长卷须、扇形棕榈。又如意大利阿普利亚区出土陶瓶（图表 18-6）[③]，相邻二单元共用中间二涡卷作为各自头部。相背排列者，如意大利武尔奇出土希腊阿提卡制作陶瓶（图表 18-7）[④]、意大利武尔奇出土本地制作陶瓶（图表 18-8）[⑤]，相邻二单元尾部相对，四涡卷中心为

① 约公元前 5 世纪晚期。Marit R. Jentoft-Nilsen and A. D. Trendall. *Corpus Vasorum Antiquorum*. Fascicule 4 (U.S.A. Fascicule 27). Malibu, The J. Paul Getty Museum, 1991, Fascicule 4, plate 210.

② 约公元前 330 年。前引书，*Corpus Vasorum Antiquorum*, Fascicule 4, plate 187.

③ 约公元前 340 年，柏林国家博物馆藏，编号：1984.39。

④ 约公元前 440 年，伦敦大英博物馆藏，编号：1847, 0909.7。

⑤ 约公元前 400 ~ 前 360 年，伦敦大英博物馆藏，编号：1978, 0414.6。

菱形，两侧填充叶片或扇形棕榈。又如希腊阿提卡制作陶瓶（图表 18-9）[①]，相邻二单元共用中间二涡卷作为各自尾部。

同向、相对、相背排列者，在中国同类纹样中皆有发现，但与古希腊罗马纹样差别较大。一者，古希腊罗马此种纹样以基本单元为中心，向四面扩展，填补主体图像间空白，无固定边界，中国此种纹样基本单元中规中矩，不向四面扩展，局限于长条形区域内。二者，古希腊罗马此种纹样以基本单元为中心，外加多个卷须、多个扇形棕榈组合而成，中国此种纹样多数仅由基本单元或基本单元搭配莲花、圆钱等构成。古希腊罗马同向、相对、相背排列者，与中国同类纹样在布局、构成方面，均存在较大差别，中国可能仅选择性地借鉴了古希腊罗马基本单元的排列方式。

相对 + 相背排列者，实例集中在公元前 460 ~ 前 450 年，头部向心者，如波士顿艺术博物馆藏希腊阿提卡制作陶瓶（图表 18-10）[②]、大都会博物馆藏希腊阿提卡制作陶瓶（图表 18-11）[③]。头部离心者，如波士顿艺术博物馆藏希腊阿提卡制作陶瓶（图表 18-12）[④]、大都会博物馆藏希腊阿提卡制作陶瓶（图表 18-13）[⑤]。各实例相邻基本单元四涡卷中央为圆点，两侧为似圆点的填充物，有的实例直接表现为三个圆点。此种排列方式延续至罗马帝国时代，如前述罗马法尔内西纳别墅出土壁画奏乐图边饰（图表 18-14）[⑥]，基本单元亦相对 + 相背排列。在中国同类纹样中，同时具备基本单元相对 + 相背排列、相邻单元以三点组合的实例，见于应城、襄阳、武汉南朝、隋代墓出土墓砖，再次表明汉水流域很可能是古希腊罗马此种纹样进入中国的落脚点。

楔入式排列者，典型实例如意大利阿普利亚区出土陶瓶（图 11）[⑦]，基本单元横向并列，相邻单元共用相邻“S”形骨架，形成正反相继的效果。前述莫高窟西魏第 285 窟楔入式排列者，与古希腊纹样意匠相同，但相邻单元不共用相邻骨架，存在一定差别，二者之间的关系有待将来发现更多材料加以说明。

图 11　意大利阿普利亚区出土公元前 350 ~ 前 325 年陶瓶（笔者摄）

以上可见，中国南北方双茎桃形忍冬纹样，基本单元形态和排列组合方式，均可在古希腊找到原型，二者之间的渊源关系不

① 约公元前 410 ~ 前 370 年。前引书，*Athenian Red Figure Vases: The Classical Period*，fig. 340.

② 一者约公元前 460 ~ 前 450 年，波士顿艺术博物馆藏，编号：1972.850。另一者约公元前 460 年，波士顿艺术博物馆藏，编号：33.56。前引书，*A History of Greek Art*, p. 232, fig. 9.18.

③ 一者约公元前 460 ~ 前 450 年，纽约大都会博物馆藏，编号：07.286.86。另一者约公元前 450 年，纽约大都会博物馆藏，编号：07.286.84。前引书，*How to Read Greek Vases*, p. 125, No. 25.

④ 约公元前 470 ~ 前 460 年，波士顿艺术博物馆藏，编号：59.178。前引书，《世界美術大全集·西洋編 4 ギリシア·クラシックとヘレニズム》，第 48 页图 25。

⑤ 约公元前 460 ~ 前 450 年，纽约大都会博物馆藏，编号：25.28。前引书，*How to Read Greek Vases*, p. 121, No. 24.

⑥ 前引书，《世界美術大全集·西洋編 4 ギリシア·クラシックとヘレニズム》，第 173 页图 138。

⑦ 约公元前 350 ~ 前 325 年，巴黎罗浮宫藏，编号：ED134。

图 12 阿富汗巴米扬 D 窟窟顶 5 ~ 7 世纪壁画局部（笔者摄）

容否认。河西走廊双茎桃形忍冬纹样，相对古希腊纹样存在一定差别，可视为古希腊祖型的发展形态。希腊、意大利流行于公元前 5 ~ 前 4 世纪的纹样，渡万里、越千年来到中国，在南北朝时期获得又一发展契机①。

（二）双茎桃形忍冬纹样东传路径

在狭义西域境内②，已知 5 例双茎桃形忍冬纹样，自西向东分布在巴楚、拜城、鄯善三地（图 2；图表 19）。

实例一，巴楚托库孜萨来佛寺遗址 B 殿出土泥塑装饰带（图表 19-1）③，基本单元头部离心、颈部束茎、腹部半忍冬，相对 + 相背排列，相对者颈部在结节处合一，相背者尾部相离。该实例头部忍冬呈“U”形卷曲、颈部结节作斜上面观，近似阿富汗巴米扬 D 窟窟顶 5 ~ 7 世纪壁画双茎桃形忍冬纹样表现（图 12）④，二者年代相去不远，之间的渊源关系不容忽视。

实例二，拜城克孜尔第 58 窟装饰带（图表 19-2）⑤，基本单元头部离心、颈部开口、腹部半忍冬，位于纺锤形外框内，同向排列，相邻外框间表现四花瓣状物。

实例三，克孜尔第 227 窟装饰带（图表 19-3）⑥，基本单元头部向心、腹部半忍冬，相对 + 相背排列，相背排列者位于纺锤形外框内。

实例四，克孜尔第 195 窟装饰带（图表 19-4）⑦，基本单元头部向心、颈部束茎、腹部半忍冬、尾部束茎。双茎自颈部继续向两侧生长，包裹腹部，似位于椭圆形外框内。基本单元同向排列，相邻单元头尾部扎束。

实例五，吐鲁番吐峪沟第 41 窟藻井边饰（图表 19-5）⑧，基本单元头部离心、颈部束茎、腹部半忍冬，位于纺锤形外框内，相邻外框间表现四片忍冬叶，同向排列。该实例基本单元位于外框之内的表

① 关于中西同类实例之间时代差的问题，李静杰等根据现存明确的出土地（中国）与原产地（地中海）之间有较大时空差的实例，认为中国较晚时间使用西方较早时间器物是一种常见现象。李静杰、相宛升：《枣形腹、石榴形腹细颈瓶与梨形腹束颈瓶的谱系》，《故宫博物院院刊》2017 年第 1 期，第 6 ~ 26 页。

② 狭义西域依《汉书·地理志》，指玉门关、阳关以西，葱岭以东，天山以南，昆仑山以北地区。

③ 约 6、7 世纪。Louis Hambis ed. *Toumchouq (Planches), Mission Paul Pelliot I*. Paris, 1961, pl. LXIX, fig. 171.

④ 巴黎集美亚洲艺术博物馆藏，编号：MG17976。该实例头部向心、颈部束茎、腹部全忍冬、尾部开口，与南北方实例存在相似之处，然其叶片肥厚，尤其头部叶片“U”形弯曲、颈部结节斜上面观表现，考虑到其所处年代和地域，似与西域实例关系更为密切。

⑤ ［日］水野清一、长广敏雄：《雲岡石窟》第 4 卷本文，京都大学人文科学研究所，1952 年，第 10 页图 12-c。

⑥ 前引书，《雲岡石窟》第 4 卷本文，第 10 页图 12-b。

⑦ 约 6、7 世纪。张爱红、史晓明：《克孜尔壁画装饰图案》，成都：四川美术出版社，1996 年，第 44 页。

⑧ 周龙勤主编：《中国新疆壁画艺术 6 柏孜克里克石窟》，乌鲁木齐：新疆美术摄影出版社，2009 年，第 25 页图 21。

图表 19　西域双茎桃形植物忍冬纹样示例

1. 巴楚托库孜萨来佛寺遗址 B 殿出土 6、7 世纪泥塑边饰

2. 拜城克孜尔第 58 窟边饰线描

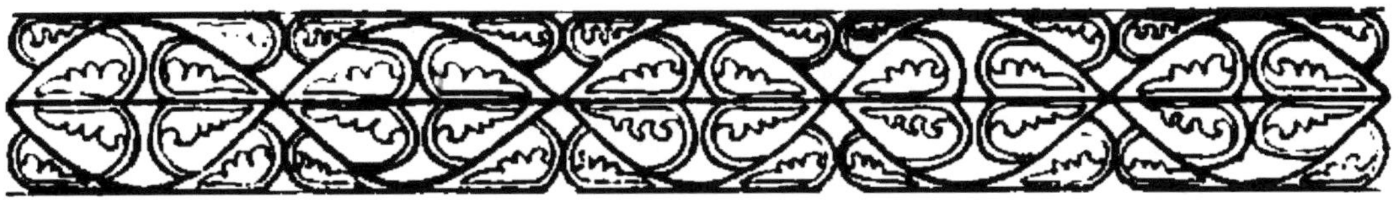

3. 拜城克孜尔第 227 窟边饰线描

4. 拜城克孜尔第 195 窟边饰线描

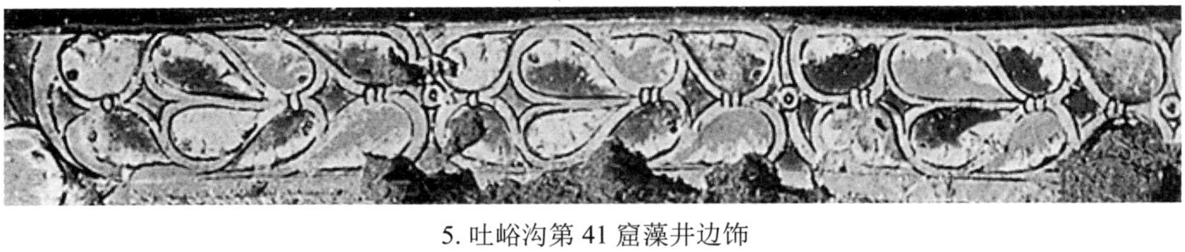

5. 吐峪沟第 41 窟藻井边饰

现，与上述克孜尔三实例一脉相承，纺锤形外框之间表现四片忍冬叶的表现，尤其关联实例二和实例三。前述河西走廊头部离心形双茎桃形忍冬纹样，基本单元均位于椭圆形或双“C”形外框内，特别是莫高窟第 272 窟实例，相邻外框间以“8”字纹间隔，可能为西域相关实例中四片忍冬叶的抽象表现形式。克孜尔、吐峪沟、莫高窟三地实例形态的延续性，似可构建起河西走廊双茎桃形忍冬纹样的东传路径。

以上 5 个西域实例，年代大约在 5 ~ 7 世纪，与河西走廊同类纹样出现时间接近。腹部均为半忍冬，恰构成河西走廊双茎桃形忍冬纹样的本质特征之一，南北方腹部半忍冬式或受其影响。值得注意的是，阿富汗贝格拉姆窖藏出土 1 世纪象牙饰板（图 13；彩图十）①，一般认为是中印度输入品，塔门右立柱上缘（以物像自身为基准），表现双茎桃形忍冬纹样，头部向心、腹部半忍冬，忍冬叶片的表现与上述实例，尤其克孜尔实例十分相近。由于实例有限，尚难以说明纪元前后中印度、西北印度双茎桃形忍冬纹样的发展状况，但该象牙饰板上的纹样至少说明，腹部半忍冬式曾经在该地存在过。至于腹部半忍冬形式产生于何地，因实例不足，尚难以定论。

图 13-1 阿富汗贝格拉姆窖藏出土 1 世纪象牙饰板（笔者摄）

图 13-2 阿富汗贝格拉姆窖藏出土 1 世纪象牙饰板局部（笔者摄）

古希腊罗马双茎桃形忍冬纹样传播至西域，已经发生较大变化。河西走廊双茎桃形忍冬纹样与西域纹样之间的有机关联，暗示其经由西域传入的可能。巴楚、拜城、高昌三地都位于塔克拉玛干沙漠北缘，西通中亚、西亚，东连河西走廊，辅以阿富汗出土二实例，推测河西走廊双茎桃形忍冬纹样由陆路经西域传入的可能性较大。

南北方双茎桃形忍冬纹样与西域、河西走廊同类纹样之间差异较大，而与古希腊罗马的祖型更为接近，表明其另有传播路径。文献记述东晋南朝时期，多位高僧经由海路自印度抵达中国②，表明当时中外文化交流过程中，印度、东南亚与中国东南沿海之间海上交通比较活跃。就古希腊罗马纹样与汉水流域纹样较高的相似性，推测此种纹样自海路经东南沿海传入的可能性较大。

① 阿富汗国家博物馆藏，编号：04.1.113。

② 如［东晋］法显：《高僧法显传》（《大正藏》第 51 册）记述，法显归国时，从东印度摩梨帝国（今加尔各答）出发，先乘大船抵师子国（今斯里兰卡），复乘大船至耶婆提（今印度尼西亚），再乘大船奔向广州，然所乘船因偏离航向，结果抵达青岛崂山。

五 小 结

综上所述，本文分双茎桃形植物忍冬纹样、双茎桃形云气忍冬纹样，对南北朝隋代双茎桃形忍冬纹样进行了系统分析。双茎桃形植物忍冬纹样流行于南北朝前期后段至隋代，形成南北方、河西走廊两个发展区域，呈现不同发展面貌。

南北方双茎桃形植物忍冬纹样，以汉水流域为发展中心，向东波及南京周围，向西影响成都周围，向北波及洛阳周围。汉水流域实例数量最多、种类最丰富，其他地区诸纹样类型均可在此地找到对应表现。基本单元颈部开口、腹部全忍冬，同向排列，基本单元之间以三点为间隔物，为南北方图像共有特征。

南北方双茎桃形植物忍冬纹样在6世纪初至6世纪40年代获得蓬勃发展，最早纪年实例出土于安康张家坎南梁天监五年（506年）墓，该墓同时出现7例形态各异的双茎桃形植物忍冬纹样，数量之多、种类之丰富，鲜有及者，其中头部向心、颈部开口、腹部全忍冬式实例，密切关联古希腊、罗马同类纹样，其他类型实例或为汉地创造。

洛阳龙门石窟北魏晚期菩萨头像（图14；彩图四）①，宝冠正面表现一双茎桃形纹样，头部忍冬叶片朝左右两侧生长，颈部束茎，腹部为上面观五瓣莲花，虽然头部表现有别于典型双茎桃形忍冬纹样头部忍冬叶片朝腹部方向生长，但整体造型明显受到双茎桃形忍冬纹样影响。山西稷山出土西魏大统六年（540年）巨始光等造像碑，碑阳主体造像为一佛二弟子二菩萨二力士，造像四周表现缠枝纹饰

图14　洛阳龙门石窟北魏晚期菩萨头像（笔者摄）

图15　山西稷山西魏大统六年（540年）巨始光等造像碑碑阳局部

① 巴黎集美亚洲艺术博物馆藏，编号：MA2533。

带（图15）[①]。左右侧饰带为双茎桃形忍冬纹样变体，本文称之为双茎双桃形忍冬纹样，其基本单元颈部细长，双桃形腹部上下相对，上腹部表现左右相对二半忍冬，下腹部上缘倒置二半忍冬，中央表现莲花化生。该实例在以往双茎桃形忍冬纹样基础上，变单桃形腹部为双桃形腹部，并融入莲花化生图像，新颖别致。

南北方双茎桃形忍冬纹样在发展过程中，腹部物象有所丰富，基本单元组合方式有所创新，但大致沿袭既有的纹样形态，总体呈现高度程式化发展状态。究其原因，南北方墓葬实例占据多数，而墓葬实例又以画像砖为主体，以模印方式制作的画像砖，在粉本传承的过程中，可最大限度地保存图像本来风貌，是以南北方双茎桃形植物忍冬纹样在南北朝隋代百年发展中，虽有本土化发展创新，但始终保有古希腊罗马祖型的异域情调。

河西走廊双茎桃形植物忍冬纹样，以敦煌为发展中心，基本单元头部向心、颈部交茎、腹部半忍冬，同向排列，基本单元之间套连，为该地图像基本特征。头部离心形双茎桃形植物忍冬纹样出现较早，与西域同类纹样关系密切。头部向心形双茎桃形植物忍冬纹样，颈部交茎、腹部半忍冬式率先出现，发展过程中又出现颈部束茎式、颈部开口式，可能受到汉文化地区的影响。

北魏晚期，洛阳周围借鉴双茎桃形植物忍冬纹样形态，结合传统云气纹，创造出双茎桃形云气忍冬纹样，其后流行于南北朝后期至隋代，邺城地区成为发展中心，广泛应用于响堂山中洞、北洞列龛柱装饰。双茎桃形云气忍冬纹样叶片形态被唐代阔叶卷草纹继承。

双茎桃形忍冬纹样，在南欧古希腊和罗马共和国时期出现并流行，罗马帝国时期延续发展。希腊、意大利出现头部向心形、离心形图像，基本单元颈部、尾部均开口且附涡卷，腹部均为全忍冬，排列方式包括同向、相对、相背、相对+相背、楔入式，组合方式包括棱形、点、叶片、扇形棕榈等。南北朝时期，南欧图像传入中国。中国双茎桃形忍冬纹样，基本单元头部、尾部涡卷退化为弯曲的叶片，颈部、尾部开口方式更加多样，腹部物象愈发丰富，排列组合方式趋向多元，发展了古希腊罗马同类图像，继而结合本土云气纹，创造出双茎桃形云气忍冬纹样，开启了大唐茂盛卷草纹的先声。

附记：本文受到清华大学辅导员海外研修计划支持。导师李静杰教授为本文提供宝贵资料，给予悉心指导，谨致谢忱。

① 前引书，《北朝佛教石刻拓片百品》，第104页图42。

大足北山佛湾石窟妆绘遗存的初步认识

邓启兵

内容摘要： 大足北山佛湾石窟至今保存着丰富的妆绘遗迹，长期未能得到足够的重视。文章在实地调查的基础上，结合石窟中保存的妆绘铭文，对北山佛湾石窟造像的妆绘历程、妆绘方式、妆绘相关活动以及妆绘选择等多个方面略作分析，认为妆绘遗存对北山佛湾石窟的保护起着积极的作用，对于今天全社会大力开展石窟保护、造像修复等诸多方面具有重要的借鉴和参考价值。

关键词： 北山佛湾　妆绘遗存　初步认识　文物保护

Preliminary Study on Painting Remains of Beishan Fowan Rock Carvings at Dazu

Deng Qibing

Abstract: Up to now, there still remain rich traces of painting of Beishan Fowan Rock Carvings at Dazu, Chongqing. However, it has drawn little attention for a long time. On the basis of field investigation and research of inscriptions about painting, this article makes a brief analysis of painting remains from history, method, relevant activities and object selection. It thus considers that painting remains play a positive role in the protection of Beishan Fowan Rock Carvings, and have great referential values for fully carrying out cave temple protection and restoration in the whole society.

Key words: Beishan Fowan, painting remains, preliminary study, cultural heritage protection

北山佛湾石窟位于大足城区北面 1 公里的北山之巅，开凿于晚唐，经前后蜀，鼎盛于两宋，余绪延至明清、民国，距今约 1100 多年，是一座大型的佛教石窟。造像龛窟由南至北连绵 500 米，大致分南、北两区，共编 290 号[①]。

作者：邓启兵，重庆市，402360，大足石刻研究院。

① 本文采用 1954 年四川省文物管理委员会与大足县文物保管所共同对北山佛湾造像编定的龛窟号，与 1985 年《大足石刻内容总录》编号一致。

妆绘佛像，历来是广大僧侣、民间信众获取功德福报的重要方式之一；“修桥补路，建寺装像，斋僧布施，此为人天福果”①。自北山佛湾石窟营建以来，伴随石窟的开凿历程，当地官吏、士绅、僧尼、信徒等自发或有组织地开展了对造像贴金、彩画、描绘等妆绘活动②，以此庄严佛身，建无量功德。这些妆绘，至今仍然保存，对于造像过去、现在以至将来的保护，修补都起着积极而重要的作用。为此，笔者通过实地考察，并结合石窟中保存的镌妆、妆绘铭文，对北山佛湾造像的妆绘遗存略作初浅分析、认识，请专家指正。

一 遗存概况

在北山佛湾石窟 290 个编号龛窟中，至今仍有 186 个窟龛保存有可以辨识的较为明显的妆绘遗存（图 1；彩图十一）。这些遗迹，历经千年，有的保存较好，颜色鲜艳，光彩照人；有的残蚀剥落，淡化褪色，氧化变色。

图 1 北山佛湾第 9 号千手观音龛 晚唐

一般而言，龛窟顶部、壁面妆绘涂层较为单一，仅通体施绘灰白色涂层；部分龛窟在灰白色涂层之上另施绘红色涂层。造像妆绘较为复杂，多见两层以上的涂层。底层通体作灰白色，外层根据造像不同部位，分别选择施绘红色、绿色、蓝色、黑色等颜料。最后，于涂层颜料之上，造像局部贴金。造像头戴的花冠、面部、颈部、胸部、手部则是贴金选择的主要部位。涂层颜料，主要呈现灰白色、红色、蓝色、黑色、绿色、黄色、褐色等七种色种。其中，灰白色、红色、蓝色是遗存最丰富的三种颜料，黑色、绿色、黄色、褐色等颜料遗存较少。

根据辨识，结合妆绘遗迹保存现状，大致将 186 个编号龛窟的妆绘遗迹分为较好、一般、较差三种类别。其中，遗迹保存较好的有 32 个龛窟，涂层颜料多达 4 ~ 6 种；一般的有 87 个龛窟，涂层颜料有 2 ~ 3 种；较差的有 67 个龛窟，可辨识的涂层颜料较少，仅 1 种或 2 种。

较好的龛窟 32 个：第 3、5、9、10、21、51、52、53、120 ~ 123、130、133、135、136、146 ~ 149、155、180、208 ~ 211、245、247、249、273、279、281 号等龛窟。

一般的龛窟 87 个：第 4、11 ~ 16、18、19、22 ~ 30、35 ~ 40、46、48、56 ~ 58、83、84、105 ~ 107、110 ~ 113、117 ~ 119、126、128、129、134、151 ~ 153、157 ~ 159、161、162、164、166、

① 《卍续藏经》第 22 册，NO.434，《佛说阿弥陀佛经直解正行》，第 930 页。

② 本文所指妆绘，是指造像完成后，人为增加于造像表层的颜料涂层、贴金等。

168、169、176、177、186、187、190 ~ 194、198、207、212、213、217、218、234、235、250、253、259、260、268、271、274 ~ 276、285、286、288、289 号等龛窟。

较差的龛窟 67 个：第 17、31 ~ 34、45、55、62、64 ~ 66、69、73 ~ 76、79、81、82、85、87 ~ 89、94、101、131、132、139、141、154、165、170 ~ 174、178、181、190-1、201、205、206、214 ~ 216、219 ~ 222、224 ~ 233、229-1、251、252、261、269、278、282、284 号等龛窟。

此外，在上述龛窟中，另有 6 个龛窟造像局部保存金箔，分别是：第 9 号龛主尊千手观音像花冠、面部、胸部、手部贴金，第 10 号龛主尊释迦牟尼像面部、袈裟以及左右菩萨像花冠贴金，第 122 号龛主尊诃利帝母像面部、颈部贴金（图 2；彩图七），第 149 号窟正壁如意轮观音像花冠、颈部、胸部贴金，第 155 号窟主尊孔雀明王像花冠、披巾、法器贴金，第 245 号龛主尊阿弥陀佛面部、胸部贴金。此 6 个龛窟造像的妆绘遗迹亦是保存较好之例。

图 2　北山佛湾第 122 号诃利帝母龛　南宋

二　遗 存 认 识

在北山佛湾石窟造像妆绘遗存明显的 186 个龛窟中，有 20 个龛窟保存着 25 条妆绘相关的铭文。为便于分析，现将其相关信息摘录列入表 1。

表 1

序号	龛窟编号	龛窟规模（高 × 宽 × 深 cm）	造像题材	镌造年代	妆绘年代	镌妆铭文 *
1	58	163 × 168 × 58	观音、地藏	唐乾宁三年（896 年）	唐乾宁三年（896 年）	〔乾〕宁三年九月廿三日节度左押衙检校左〔散骑常〕侍兼 /〔御〕史大夫上柱国赵师恪奉为故外姑何氏妆饰 /
2	105	180 × 95 × 96	毗卢遮那佛	南宋	民国十三年（1924 年）	彩化佛像 /……民国十三年五月十八日吉立 /①
3	106	205 × 164 × 155	华严三圣	南宋	民国十三年（1924 年）	彩化佛像 /……民国十三年五月十八日吉立 /

① 北山佛湾第 115 号龛为“彩化佛像碑”，碑文：“彩化佛像 / 帝王宫 / 三清殿 / 西佛宫 / 七贤洞 / 道佛宫 / 金仙殿 / 观音堂 / 承首人 杨淮清三元八角（功德主名及捐资额，略）/ 民国拾叁年五月十八日吉立 /”。此则碑文 1999 年《大足石刻铭文录》未录。初步推测：帝王宫为第 105 号，三清殿为第 110 号，西佛宫为第 106 号，七贤洞为第 107 号，道佛宫为第 112 号，金仙殿为第 111 号，观音堂为第 113 号。

续表

序号	龛窟编号	龛窟规模（高 × 宽 × 深 cm）	造像题材	镌造年代	妆绘年代	镌妆铭文 *
4	107	203 × 181 × 137	药师七佛变	南宋	民国十三年（1924 年）	彩化佛像 /……民国十三年五月十八日吉立 /
5	110	194 × 182 × 167	药师净土变	南宋	①南宋 ②民国十三年（1924 年）	①昌州在郭正东街居住奉善 / 弟子张辉刘氏夫妇膝下男 / 张师明妇昝氏次女道保娘 / 阖家同命工开岩镌造妆銮 / 药师琉璃光如来菩萨药叉 / 神将共一龛永为历世瞻仰 / ②彩化佛像 /……民国十三年五月十八日吉立 /
6	111	180 × 140 × 73	残像	南宋	民国十三年（1924 年）	彩化佛像 /……民国十三年五月十八日吉立 /
7	112	198 × 186 × 182	双身佛	南宋	民国十三年（1924 年）	彩化佛像 /……民国十三年五月十八日吉立 /
8	113	132 × 91 × 71	水月观音	南宋	民国十三年（1924 年）	彩化佛像 /……民国十三年五月十八日吉立 /
9	136	379 × 412 × 679	转轮经藏	南宋绍兴十二年至绍兴十六年（1142 ~ 1146 年）	①南宋 ②南宋绍兴十二年（1142 年） ③南宋绍兴十三年（1143 年） ④南宋绍兴十六年（1146 年）	①南山乡居住奉善陈吉 /……共发丹诚捐舍净财銮 / 彩本师释迦牟尼佛 / ②左朝散大夫权发遣昌州军州事 / 张莘民谨发诚心就院镌造 / 观音菩萨一尊永为瞻奉 / 今者彩刻同就修设 /……壬戌绍兴十二年仲冬二十九日题 / ③□□□□郭外居住奉善□□□ /……□□□□镌刻妆彩 / 大势至菩萨迦叶阿难〔共三尊〕□□ /……舜日惟明今者镌妆工毕时以癸亥 / 绍兴十三年正月二十五日伏僧庆 / 赞谨题△△颍川镌匠胥安（滤）/ ④在城奉佛弟子王升同政 / 何氏伏为在堂父王山母亲 / 周氏谨舍净财镌妆 / 大圣数珠手观音菩萨一尊 /……以丙寅绍 / 兴十六年季冬十二日表庆讫 /
10	149	340 × 321 × 340	如意轮菩萨	北宋建炎二年（1128 年）	南宋建炎二年（1128 年）	奉直大夫知军州事任宗易同恭人 / 杜氏发心镌造妆銮 / 如意轮圣观自在菩萨一龛永为一 / 方瞻仰祈乞 /（滤）干戈永息建炎二年四月 /
11	155	347 × 286 × 621	孔雀明王	北宋靖康元年（1126 年）	清道光二十三年（1843 年）	棠城信士徐荣德合宅人等 / 发心△叩许 / 孔雀明王佛洞中诸神金身焕彩蒙 / 神护祐即日彩焕金身酬恩了愿 / 乞保人眷身安吉祥如意 / 道光二十三年〔正月〕十八日徐〔荣德〕□ /

续表

序号	龛窟编号	龛窟规模（高×宽×深cm）	造像题材	镌造年代	妆绘年代	镌妆铭文*
12	168	335×228×735	五百罗汉	北宋宣和三年至宣和四年（1121～1122年）	①北宋宣和四年（1122年）②北宋宣和四年（1122年）③南宋建炎四年（1130年）	①大宋昌/州大足/……四娘子阖/家等并/发心镌/造妆銮/中尊罗/汉共一/十九位/以宣和/四年六/月□十/八□□/……供养记/ ②□□存日发心妆此五色云下相对罗汉共拾陆身以宣和四年中（漶）/ ③昌州克/宁荣□/挥十将文志夫/妇一家/等先发/心认妆/罗汉计五位乞/祈安乐/保佑自/身生日/命僧庆/题建炎/四年二/月二十/二日记/ ④（漶）/昌州在城/……□□发心/粧銮（漶）/身□祈□/家□清吉/ ⑤寄居/昌州/……妆此/罗汉/十位/
13	176	275×196×212	弥勒下生经变	北宋靖康元年（1126年）	北宋靖康元年（1128年）	在城左厢□正街居住清信何□/……患眼目不安□□□妆銮弥勒下/生经堵并仙乐顶盖乞眼目校可/□后已□初心今者镌□同庆□/
14	180	380×372×320	十三观音变	北宋政和六年至宣和四年（1116～1122年）	①北宋政和六年（1116年）②北宋宣和二年（1120年）③北宋宣和四年（1122年）	①县门前仕人弟邓惟明/造画普见壹身供养乞/愿壹家安乐政和六年/□壹月内弟子邓惟明/ ②□（漶）德（漶）/身□□镌（漶）/妆彩同就/贺恩水□/庚子三月/ ③当州在城奉佛弟子/等□为同（漶）/发心就画（漶）菩萨一尊（漶）/表庆讫宣和四年/
15	247	97×52×23	观音菩萨	晚唐	北宋咸平六年（1003年）	□佛子张文信□□发为男天保/就院画妆救苦观音菩萨/□□以咸平六年十月廿八日修/□表庆讫/
16	249	67×61×18	观音、地藏	晚唐	北宋至道年间（995～997年）	女弟子李氏九娘子奉为亡夫主王廷/略三周年妆此△地藏观音二卄卄用/伸追广生界至道□□年四月二十一日斋供/表赞讫/
17	253	195×150×96	观音、地藏	前后蜀	北宋咸平四年（1001年）	□□弟子都知兵马使……妆绘此龛功/德云咸平四年二月八日修水陆斋表/庆谨记/
18	279	178×244×62	药师经变、经幢、地藏	后蜀广政十八年（955年）	①后蜀广政十八年（955年）②北宋咸平二年（999年）	①弟子通引官行首王承秀……发心诵念药师经一卷并舍钱妆此龛劭氏同发心造上件□□今已成就伏冀福寿长远灾障不侵〔眷属〕□□公私清吉以广政十八年二月廿四日修斋表/ ②妆銮尊胜幢/一所/右女弟子董氏为/女解氏造以咸平/二年三月三十日修/斋表赞讫/
19	281	191×235×61	药师经变、经幢、地藏	后蜀广政十七年（954年）	北宋景德二年（1005年）	弟子胡承进为阖家妆此/功德以景德二年二月八日/表赞讫△△永为供养/
20	286	160×138×35	杨枝观音	北宋大观三年（1110年）	北宋大观三年（1110年）	……遂发心就此□/□〔镌〕造观音□/龛以大观三〔年〕/正月彩绘毕□/斋〔修〕庆赞讫□/月十八日记/

* 本表铭文摘录于《大足石刻铭文录》第一编“尖山子、圣水寺、北山石窟”。详情参见重庆大足石刻艺术博物馆编：《大足石刻铭文录》，重庆：重庆出版社，1999年。

据上表信息，笔者试从妆绘历程、妆绘方式、妆绘相关活动以及妆绘选择等方面对其略作分析和认识。

1. 妆绘历程

北山佛湾石窟造像的妆绘活动，历经晚唐、后蜀、北宋、南宋、清代、民国等6个时期；始于晚唐乾宁三年（896年），终于民国十三年（1924年），历1028年，与北山佛湾石窟的开凿历程大致相同。

在25次妆绘记录中，晚唐、后蜀、清代、民国等时期仅1次，北宋时期12次，南宋时期9次。由此可知，北山佛湾造像初次妆绘时段集中于两宋时期，约占妆绘次数的84%；其余时段次数相对较少，仅占16%。初次妆绘时段的相对集中，亦与北山佛湾开岩造像鼎盛于两宋时期的史实相一致①。

因此，我们认为，北山佛湾石窟的营建史，同时也是一部石窟造像的妆绘史。

2. 妆绘方式

北山佛湾石窟造像的妆绘方式有“妆饰”“妆銮”“彩化”“认妆”“造画”“就画”“画妆”“銮彩”“妆彩”“彩绘”等10种，形式较为丰富。根据妆绘次第的不同，分为初次妆绘和后世重妆两种情形。

（1）初次妆绘

根据造像妆绘与镌造的时段，分镌妆同步和晚于镌造两种方式。

一是镌妆同步。造像与妆绘系同一功德主所为，有着统一的构思和制作，一次性完成。如第136号窟，南宋绍兴十二年（1142年），张莘民镌妆窟内正壁左侧观音像一身，“左朝散大夫权发遣昌州军州事张莘民，谨发诚心就院镌造观音菩萨一尊，今者彩刻同就”②。第149号窟，南宋建炎二年（1128年），任宗易夫妇镌妆全窟造像（图3；彩图六），“奉直大夫知军州事任宗易同恭人杜氏，发心镌造妆銮如意轮圣观自在菩萨一龛，永为一方瞻仰，祈乞干戈永息，建炎二年四月”③（图4）。

二是晚于镌造。造像与妆绘来自于不同的功德主，分别于不同时段完成。如第168号窟，李世明、何仪兴等镌造于北宋宣和年间（1119～1125年）；其后，南宋建炎四年（1130年），文志夫妇妆绘窟内左壁五身罗汉像，“昌州克宁荣□挥十将文志夫妇一家，发心认妆罗汉，计五位……建炎四年二月二十二日记”④；镌妆相隔5～9年。第155号窟，造像镌造于北宋靖康元年（1126年）（图5；彩图八）；其后，清道光二十三年（1843年），徐荣德全家妆绘窟内造像，“棠城信士徐荣德合宅人等，发心叩许，孔雀明王佛洞中诸神金身焕彩，蒙神护祐，即日彩焕金身，酬恩了愿，乞保人眷身安，吉祥如意，道光二十三年（正月）十八日徐（荣德）□”⑤；镌妆相隔约717年（图6）。

（2）后世重妆

北山佛湾造像还存在后世再次重妆的情况。如第110号龛，张辉刘氏夫妇第一次妆绘于南宋

① 黎方银、王熙祥：《大足北山佛湾石窟的分期》，《文物》1988年第8期，第31～45页。

② 重庆大足石刻艺术博物馆编：《大足石刻铭文录》，重庆：重庆出版社，1999年，第31页。

③ 前引书，《大足石刻铭文录》，第27页。

④ 前引书，《大足石刻铭文录》，第74页。

⑤ 前引书，《大足石刻铭文录》，第75页。

图 3　北山佛湾第 149 号如意轮菩萨窟　南宋

图 4　北山佛湾第 149 窟镌妆铭文

图 5　北山佛湾第 155 号孔雀明王窟　北宋

图 6　北山佛湾第 155 号孔雀明王窟清代妆绘铭文

年间（1127 ~ 1279 年），“昌州在郭正东街居住，奉善弟子张辉刘氏夫妇……命工开岩，镌造妆銮药师琉璃光如来菩萨药叉神将共一龛”①。第二次，杨淮清等于民国十三年（1924 年）彩化佛像②，妆绘此龛（图 7）。前后两次相隔约 800 年。

① 前引书，《大足石刻铭文录》，第 34 页。

② 前引“彩化佛像碑”。

3. 妆绘相关活动

铭文显示，北山佛湾造像在镌刻完成之期，功德主常常会同时举行“修斋”“命僧看经”“斋供”等相关佛事活动，以资纪念、发愿，期盼神灵呵护，获得福报。如第 240 号龛，比丘尼惠志镌造欢喜王菩萨像后，举行“设斋”仪式，“敬造欢喜王菩萨一身……奉报十方施主，乾宁三年五月十六日设斋表庆迄，永为供养”[①]。第 136 号窟，张莘民在镌刻完成后，举行了“圆通妙斋”“施献寿幡”等仪式，“镌造观音菩萨一尊，永为瞻仰，今者彩刻同就，修设圆通妙斋，施献寿幡，以伸庆赞”[②]（图 8）。

图 7　北山佛湾第 115 号龛“彩化佛像碑”

北山佛湾造像妆绘完成后也是如此，伴随举行相关的佛事活动。如第 249 号龛，女弟子李氏九娘子，妆绘地藏观音像后，举行了“斋供”仪式，“奉为亡夫主王廷 / 略三周年妆此△地藏观音二卄卄用 / 伸追广生界至道□□年四月二十一日斋供 / 表赞讫 /”[③]。第 253 号龛，佛弟子都知兵马使，在妆绘造像后，同时举行了“水陆斋”仪式，“妆绘此龛功 / 德云咸平四年二月八日修水陆斋表 / 庆谨记 /”[④]（图 9）。

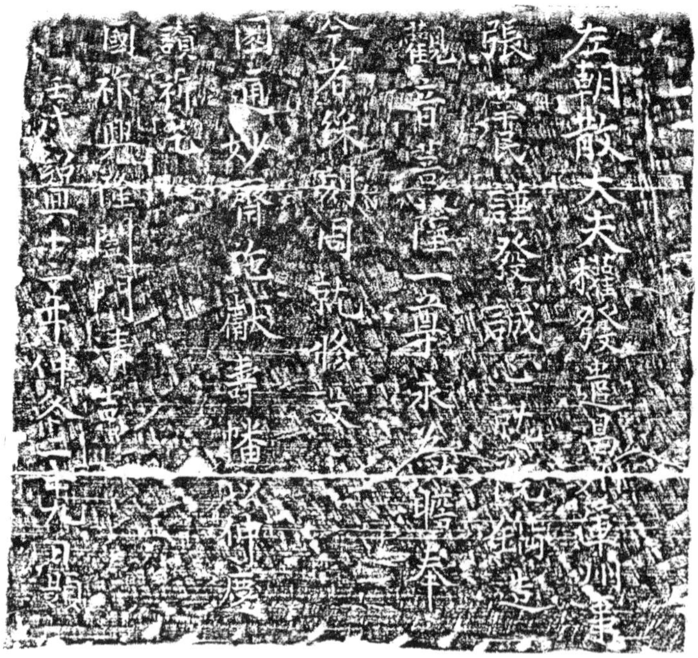

图 8　北山佛湾第 136 号窟正壁左侧观音像镌妆铭文

图 9　北山佛湾第 253 号龛妆绘铭文

① 前引书，《大足石刻铭文录》，第 12 页。
② 前引书，《大足石刻铭文录》，第 31 页。
③ 前引书，《大足石刻铭文录》，第 72 页。
④ 前引书，《大足石刻铭文录》，第 73 页。

由此看出，信众镌刻造像与妆绘造像都能获取功德，且获取的福报利益是一致的。诚如《地藏菩萨本愿经》云：

> 若未来世，有善男子、善女人，闻是菩萨名字，或赞叹，或瞻礼，或称名，或供养，乃至彩画、刻镂、塑漆形像，是人当得百返生于三十三天，永不堕恶道[①]。

这也许就是北山佛湾造像保存如此众多妆绘遗迹的重要原因。

4. 妆绘选择

上表所涉20个龛窟，镌造于晚唐、前后蜀、北宋、南宋等四个时期，其造像题材较为丰富。其中，晚唐3龛，题材有“观音、地藏”和“观音菩萨”2种；前后蜀3龛，题材有“药师经变、经幢、地藏”和“观音、地藏”2种；北宋6龛窟，题材有“如意轮菩萨”“孔雀明王”“五百罗汉”“弥勒下生经变”“十三观音变”“杨枝观音”；南宋8龛，题材有“毗卢遮那佛”“华严三圣”“药师七佛变”“药师净土变”“双身佛”“水月观音”“转轮经藏”等7种以及1龛无法辨识的残像。这些造像题材，皆是北山佛湾晚唐至南宋时期较为盛行的造像题材[②]，一直受到信众的偏好和选择。

此外，值得注意的是，信众在选择妆绘对象时，不仅对造像题材有所选择，而且对于龛窟规模的大小以及所处崖壁位置仍有所考虑。一般会主动选择位处崖壁底层，龛制规模较大，主尊造像体量亦大的龛窟。在此20个编号龛窟中，第136号、第149号、第155号、第168号、第180号等5个编号俱为北山佛湾大型深窟，其高、宽、深皆在300厘米以上，且占据崖壁显著位置，紧邻地坪；其余龛像亦是较大规模，布置于壁面下层（图10）。

图10 北山佛湾第146～164号龛外立面

① 《大正藏》第13册，NO.412，《地藏菩萨本愿经》，第778页。

② 前引文，《大足北山佛湾石窟的分期》。

选择的这些深窟大龛，不仅遮风避雨，而且局部微环境相对稳定，造像大多保存完整；其妆绘颜料丰富，涂层遗存较多，颜色艳丽。如第136号窟（图11）、第149号窟（图12）等造像，保存完整度皆在85%以上，雕刻与妆绘和谐统一、相得益彰，使得造像形神兼备，宛如新刻。

图11　北山佛湾第136号窟右壁数珠手观音像　南宋

图12　北山佛湾第149号窟右壁造像　南宋

三　结　语

北山佛湾造像的妆绘活动，始于造像之初，伴随石窟的开凿，不断重妆丰富，使得造像妙相庄严，历久弥新，俨然就是保护造像的第一道防护墙。妆绘涂层颜料以无机颜料为主①，有灰白色、红色、蓝色、绿色、黑色、黄色、褐色等七种色，色彩斑斓。然而，随着历史的进程，这些妆绘遗存，终将也会风蚀，残损，剥落，直至消亡。

今天，在全社会“保护第一”“修旧如旧”的文物保护意识不断加强的大背景下，文物保护的观念和理念不断发展，文物保护的手段和方式不断丰富，文物保护的技术和能力不断提高，调查、研究和分析石窟造像妆绘的历史遗存，对于当前文物保护，特别是在石窟保护中，于妆绘涂层的工艺，彩绘颜料的运用，造型艺术的塑造等诸多方便，都将提供重要的指导和有价值的参考，意义较为重大。

摄影：郑文武
拓片：唐长清
翻译：姚淇琳

① 大足石刻涂层彩绘颜料，以无机颜料为主，极少为无机颜料。杨涛、赵岗：《大足石刻彩绘颜料检测分析报告》（待刊）。

试论安岳大足地区与杭州地区罗汉造像的异同*

陈晶鑫

内容摘要： 自唐代玄奘译出《大阿罗汉难提蜜多罗所说法住记》后，罗汉信仰在古代中国普遍推开。大中年间以后，寺院罗汉画开始兴盛起来。从晚唐到五代，善罗汉像的名家辈出。这一时期，罗汉像特别是十六罗汉开始成为绘画、雕塑以及石窟造像领域十分流行的题材，巴蜀的安岳大足地区以及江南的杭州地区是这一题材的两个主要的石窟造像中心。两地的罗汉造像，虽然题材典出同源，但在实际造像风格、布局上却有着极大的差异。本文试通过石窟材料与文献材料相结合的方式，浅析两地罗汉造像的异同。

关键词： 安岳大足　杭州　罗汉造像　异同

Discussion on the Similarities and Differences between the Arhat Statues in Anyue-Dazu and Hangzhou

Chen Jingxin

Abstract: Since Xuan zang translated *Fa Zhu Ji (A Memoir of the Propagatings of Buddhism, Lectured by the Great Arhat Nandimitra)*, Arhat belief was widespread in China. After the Tang Dazhong era, the Arhat paintings began to flourish in the monastery. From the Late Tang period to the Five Dynasties, there were many famous painters who were good at painting Arhats. During this period, Arhat, especially sixteen Arhats, became a popular subject in painting, sculpture and cave temple. The Anyue-Dazu region and the Hangzhou region were two centers of cave temple statue construction of the subject. The Arhat statues of the two places, although the subject matter is cognate, have great differences in the style and layout of the actual performance. This paper attempts to analyze the similarities and differences between the Arhat statues in two regions through the combination of the cave materials and the literature materials.

Key words: Anyue-Dazu, Hangzhou, Arhat statues, the similarities and differences

---

作者：陈晶鑫，浙江省杭州市，310058，浙江大学文化遗产研究院。

* 基金项目：2015 年度国家社会科学基金重大项目“中印石窟寺研究”（15ZDB058）。

一 罗汉与罗汉图像

罗汉，是“阿罗汉”的简称，梵文（Arhat）的音译，亦译“阿罗诃”。南宋法云所编《翻译名义集》中述曰：“阿罗诃，秦云应供。大论云：应受一切天地众生供养。亦翻杀贼，又翻不生。观经疏云：天竺三名相近。阿罗诃翻应供，阿罗汉翻无生，阿卢汉翻杀贼。”① “应供”，意谓应受一切天地众生的供养；“杀贼”，意谓杀尽一切烦恼之贼；“不生”（或“无生”），意谓永远进入涅槃，不再生死轮回。据称是尽断三界见、修二惑所达到的果位，已至修学的顶端。从狭义上来说，这是小乘佛教修行的最高果位；从广义上来说，此果位通于大、小二乘，可泛指大、小乘佛教中的最高果位。

现存最早有关罗汉的经典有两部，分别是刘宋沙门释慧简译《请宾头卢法》和刘宋天竺三藏求那跋陀罗译《宾头卢突罗阇为优陀延王说法经》，均记载了宾头卢的相关事迹和供养方法。如前者：“宾头卢颇罗堕誓阿罗汉，宾头卢者字也，颇罗堕誓者姓也。其人为树提长者现神足故，佛摈之不听涅槃，敕令为末法四部众作福田……受大会请时，或在上坐，或在中坐，或在下坐，现作随处僧形，人求其异终不可得，去后见坐处华不萎乃知之矣。”② 后者：“时辅相之子，名宾头卢突罗阇，姿容丰美，世所希有。聪明智慧，博闻广识。仁慈泛爱，志存济苦。劝化国民，尽修十善。信乐三宝，出家学道。得具足果，游行教化。还拘舍弥城，欲度亲党……尊者言。大王。我今为王略说譬喻。”③ 这两部经典都以种种譬喻对优陀延王说解脱因缘。同时，这两部经典也显示了宾头卢作为一位得道高僧向神圣化发展的迹象。特别是《请宾头卢法》中提到了他“现作随处僧形”，这为后世罗汉造像提供了依据。事实上，早在西晋竺法护译《弥勒下生经》时就已出现有关四声闻，也就是后世所谓的“四罗汉”的记载：“尔时世尊告迦叶曰：‘吾今年已衰耗，向八十余，然今如来有四大声闻，堪任游化，智慧无尽，众德具足，云何为四？所谓大迦叶比丘、屠钵叹比丘、宾头卢比丘、罗云比丘。汝等四大声闻，要不般涅槃，须吾法没尽，然后乃当般涅槃。大迦叶，亦不应般涅槃，要须弥勒出现世间。所以然者，弥勒所化弟子，尽是释迦文弟子，由我遗化得尽有漏。’……此名为最初之会，九十六亿人皆得阿罗汉。……弥勒佛第二会时，有九十四亿人，皆是阿罗汉。亦复是我遗教弟子，行四事供养之所致也。又弥勒第三之会，九十二亿人，皆是阿罗汉，亦复是我遗教弟子。”④ 此经提到四比丘不入涅槃，永护正法，以待弥勒出现世间。随着时间的推移，四罗汉向十六罗汉发展，北凉三藏法师道泰等译《入大乘论》卷上提到：“尊者宾头卢，尊者罗睺罗，如是等十六人诸大声闻，散在诸渚，于余经中亦说有九十九亿大阿罗汉，皆于佛前取

① 参见［南宋］法云著：《翻译名义集》卷第一，《大正新修大藏经》第 54 册，东京：大正一切经刊行会印刷所，1924 ~ 1934 年（下文简作《大正藏》），第 1056 页。

② 参见［刘宋］释慧简译：《请宾头卢法》，《大正藏》第 32 册，第 784 页。

③ 参见［刘宋］求那跋陀罗译：《宾头卢突罗阇为优陀延王说法经》，《大正藏》第 32 册，第 784 ~ 787 页。

④ 参见［西晋］竺法护译：《佛说弥勒下生经》，《大正藏》第 14 册，第 422 页。

筹护法住寿于世界。”[①] 此经中提到了阿罗汉“护法住寿”的特点，也即后世罗汉护法、长生特点的写照。及至玄奘译《大阿罗汉难提蜜多罗所说法住记》即《法住记》，十六罗汉方名传天下：“佛薄伽梵般涅槃时，以无上法付嘱十六大阿罗汉并眷属等，令其护持使不灭没。及敕其身与诸施主作真福田，令彼施者得大果报。时诸大众闻是语已少解忧悲，复重请言。所说十六大阿罗汉，我辈不知其名何等，庆友答言：‘第一尊者名宾度罗跋啰惰阇、第二尊者名迦诺迦伐蹉、第三尊者名迦诺迦跋厘堕阇、第四尊者名苏频陀、第五尊者名诺距罗、第六尊者名跋陀罗、第七尊者名迦理迦、第八尊者名伐阇罗弗多罗、第九尊者名戍博迦、第十尊者名半托迦、第十一尊者名啰怙罗、第十二尊者名那伽犀那、第十三尊者名因揭陀、第十四尊者名伐那婆斯、第十五尊者名阿氏多、第十六尊者名注荼半托迦。如是十六大阿罗汉。’一切皆具三明六通八解脱等无量功德，离三界染诵持三藏博通外典，承佛敕故，以神通力延自寿量。乃至世尊正法应住常随护持，及与施主作真福田，令彼施者得大果报。”[②] 十六罗汉受佛嘱托，不入涅槃，护法不灭，与诸施主作真福田，供养罗汉即可获得福田，或许正是罗汉信仰由之兴盛的原因。有学者认为十六阿罗汉受到推崇，是因为其在佛教中有着调和大小乘之争与增益佛教徒信望等作用[③]。佛教经典中有十六罗汉之记载，而无十八罗汉之说。十六罗汉之外，再新加入两位罗汉，便是十八罗汉，只是这新加入的两位罗汉具体是谁，众说纷纭。周叔迦认为：“十八罗汉传说的兴起，并没有什么经典的根据，只是由于画家们在十六罗汉之外加绘了两人而成为的习惯，于是引起后人的种种推测和考定。最初传说的十八罗汉中第十七既是《法住记》作者庆友尊者，第十八便应《法住记》的译者玄奘法师。但是后人以未能推定为玄奘而推定为宾头卢，以至重复，结果造成众说不一，难以考定。由此，十八罗汉的传说因而普遍。”[④] 民间，特别是在清代乾隆年间之后，多加降龙伏虎二罗汉以成十八之数。[⑤]

---

① 参见［北凉］道泰等译：《入大乘论》，《大正藏》第 32 册，第 40 页。

② 参见［唐］玄奘译：《大阿罗汉难提蜜多罗所说法住记》，《大正藏》第 49 册，第 13 页。

③ 参见罗香林：《晚唐贯休绘十六罗汉应真像石刻述证》，“盖谓此十六为不入涅槃，而长在世护法不灭者，缘小乘教，本以自身解脱为主，阿罗汉者为一急欲入涅槃之志愿人也，入涅槃为阿罗汉之归宿。至大乘教，则以各菩萨以自身解脱为小，以他人解脱为大，故主张一切有情，皆成佛智，用诸佛道，以成就众生。故阿罗汉为离世者，而菩萨为在世者。小乘之阿罗汉增多，佛法必灭。大乘之菩萨数众，则佛法可存。处此大小乘教义相背之际，乃有在世护法不入涅槃分住各洲之十六阿罗汉说产生。盖即调和大小二乘，使佛徒确信佛法为可不灭也。”收入张曼涛编：《佛教艺术论集》，北京：北京图书馆出版社，2005 年，第 315 页。

④ 参见周叔迦：《佛教基本知识》，北京：中华书局，1991 年，第 134 页。周文中所指将第十七尊罗汉认作庆友，将第十八尊罗汉认作宾头卢（玄奘）的源头为苏轼的《自海南归过清远峡宝林寺敬赞禅月所画十八大阿罗汉》，参见苏轼著：《苏东坡全集》（下），北京：中国书店出版社，1991 年，第 308 页。此外，南宋志磐所撰《佛祖统纪》卷三十三“供罗汉”中将迦叶及军徒认作第十七、十八罗汉，亦为一说，参见［南宋］志磐撰、释道法校注：《佛祖统纪》卷三十三，上海：上海古籍出版社，2012 年，第 721 ~ 742 页。

⑤ 乾隆曾在乾清宫藏《宋李公麟画十八罗汉》上题书：“世俗传十八罗汉，虽以苏轼之精通禅悦，亦未能深考博究。尝咨之章嘉国师，知西域止有十六应真，又别有降龙、伏虎二尊，亦得称罗汉。”参见《秘殿珠林三编》乾清宫藏《宋李公麟画十八罗汉》高宗纯皇帝御题行书，收入故宫博物院编：《故宫珍本丛刊·秘殿珠林及续编三编》第二册，海口：海南出版社，2001 年，第 316 页。自此后十八罗汉为十六罗汉加降龙、伏虎罗汉的配置被以官方形式确定下来。

随着罗汉信仰的日益兴盛，罗汉图像也逐渐成为当时画师的主要作品之一。清代学者所著《佩文斋书画谱》及《诸家藏画薄》中均载有东晋戴逵画的五天罗汉像，前代学者著作中不记，恐为讹传。《宣和画谱》中记载："张僧繇，吴人也。……今御府所藏十有六：……佛十弟子图一、十六罗汉像一。"[①] 成书于唐大中年间（847 ~ 860 年）的美术论著《寺塔记》和《历代名画记》[②]，两书对京洛寺观壁画有详细的描述，但没有关于罗汉画的只言片语的记载，由此可知，寺院罗汉画应是在大中年间以后开始兴盛起来的。

从晚唐到五代，善罗汉像的名家辈出，如王道求、赵德齐、高道兴、范琼、陈皓、贯休、王齐翰[③]、卢楞伽、赵德玄、张玄、李升[④]等。这其中需要注意的是贯休、王齐翰与张玄。《宣和画谱》中记述道："僧贯休，姓姜字德隐，婺州兰溪人。……后入两川，颇为伪蜀王衍待遇，因赐紫衣，号禅月大师……虽曰能画，而画亦不多。间为本教像，唯罗汉最著。伪蜀主取其本纳之宫中，设香灯崇奉者逾月，乃付翰苑大学士欧阳炯作歌以称之。然罗汉状貌古野，殊不类世间所传。丰颐戚额，深目大鼻；或巨颡槁项，黝然若夷獠异类，见者莫不骇瞩。自谓得之梦中，疑其托是以神之，殆立意绝俗耳。而终能用此传世。太平兴国初，太宗诏求古画，伪蜀方归朝，乃获《罗汉》。"[⑤] 贯休所处时代"世之画罗汉者，多取奇怪，至贯休则脱略世间骨相，奇怪益甚"[⑥]。这种"悉是梵相，形骨古怪"[⑦] 的罗汉画风格即后世所说的野逸派的"禅月样"[⑧]。除了西蜀宫廷多有收藏外，贯休所绘罗汉亦流行于江南地区[⑨]。

---

① 参见［北宋］官修，俞剑华校注：《宣和画谱》卷一，香港：文丰出版社，1977 年（下文简作《宣和画谱》），第 22 页。

② 参见 a.［唐］段成式：《寺塔记》，《酉阳杂俎》，北京：中华书局，1991 年。b.［唐］张彦远著，俞剑华校注：《历代名画记》，上海：上海人民美术出版社，1964 年。

③ 以上诸画家传记参见［宋］郭若虚著，黄苗子点校：《图画见闻志》，北京：人民美术出版社，1963 年（下文简作《图画见闻志》）。

④ 以上诸画家传记参见［宋］黄休复：《益州名画录》，北京：中华书局，1991 年（下文简作《益州名画录》）。

⑤ 参见《宣和画谱》卷三·僧贯休条，第 82 页。

⑥ 参见《宣和画谱》卷三·张元条，第 82 页。

⑦ 参见《图画见闻志》卷二·禅月大师贯休条，第 55 页。

⑧ 参见阮荣春：《唐宋时期的罗汉信仰和罗汉艺术》，《湖南工业大学学报（社会科学版）》2012 年第 1 期，第 48 页。

⑨《图画见闻志》中记载"尝睹所画水墨罗汉……其真本在豫章西山云堂院供养"，"豫章西山"即今天的江西南昌西山，参见《图画见闻志》卷二·禅月大师贯休条，第 55 页。另据清代厉鹗所著《东城杂记》卷下·长明寺条·贯休十六罗汉始末："城东长明寺向藏有唐高僧贯休画罗汉十六，其罗汉题款云：信州怀玉山十六罗汉，广明初于登高和安送十身，乾宁初孟冬廿三日，于江陵再续前十本，相去已十六年。时景昭禅人自北来见，请当年将归怀玉。西岳僧贯休作。"可知，在唐僖宗广明初，年近半百的贯休还住锡在家乡婺州（今浙江金华）兰溪县登高里的和安寺，并为信州怀玉山（今属江西上饶玉山县）的寺庙创作《十六罗汉图》。一开始只画了十尊，直到乾宁初，他才在湖北江陵补画了剩下的六尊，续足十六罗汉之数，之后由景昭禅师带回怀玉山。由此可知，在贯休入川前，他的画作亦流行于江南各地。引文参见厉鹗著：《东城杂记》卷上，上海：商务印书馆，民国二十五年（1936 年），第 24 页。

与贯休同时期的四川，另一位画家“画罗汉名播天下”[①]，他就是张玄。《益州名画录》中对张玄记载如下：“张玄者，简州金水石城山人也。攻画人物，尤善罗汉。当王氏偏霸武成年，声迹喧然，时呼玄为‘张罗汉’。荆湖、淮、浙，令人入蜀，纵价收市，将归本道。前辈画佛像罗汉，相传曹样、吴样二本。曹起曹弗兴，吴起吴栋。曹画衣纹稠叠，吴画衣纹简略。其曹画，今昭觉寺孙位战胜天王是也；其吴画，今大圣慈寺卢楞伽行道高僧是也。玄画罗汉，吴样矣。今大圣慈寺灌顶院罗汉一堂十六躯，见存。”[②]张玄继承吴样，“所画得其世态之相”[③]与贯休“奇怪益甚”的“禅月样”多有不同，“故天下知有金水张玄罗汉也”[④]。

又“王齐翰，金陵人，事江南伪主李煜为翰林待诏。画道释人物多思致，好作山林、丘壑，隐岩、幽卜，无一点朝市风埃气。开宝末，煜衔璧请命。步卒李贵者，入佛寺中得齐翰画《罗汉》十六轴，为商贾刘元嗣高价售之，载入京师，质于僧寺。后元嗣偿其所贷，愿赎以归，而僧以过期拒之。元嗣讼于官府，时太宗尹京，督索其画，一见大加赏叹，遂留画厚赐而释之。阅十六日太宗即位，后名《应运罗汉》”[⑤]。这里关于太宗与王齐翰罗汉像的奇闻，反映出王氏罗汉像于当时的重要影响。“应运罗汉”的出现，当进一步推动了罗汉信仰以及罗汉图像的发展。王氏的画风“多思致……无一点朝市风埃气”，这也应与贯休的“禅月样”有所不同。以上史料表明在五代至宋时期，无论四川还是江南，罗汉图像都流行多种样式。

二 安岳大足地区的罗汉造像

安岳大足地区罗汉造像自五代始，一直持续到宋代，都有雕凿。

安岳地区的罗汉像主要集中在圆觉洞、庵堂寺、云峰寺、石锣沟及大般若洞五处，且各具特点。

圆觉洞第33、39、40、63、69号等五龛均为十六罗汉题材[⑥]。五龛皆为平面长方形佛殿龛，敞口，龛口为外方内方双层。龛内造像布局及排列组合基本一致，正壁居中起一高台，高台表面多刻有题记或经文，其中第69号龛（图1）有武成二年（909年）开龛题记，为目前纪年最早的十六罗汉像，其余四龛开凿时间当相去不远。高台之上雕出一佛二弟子二菩萨，高台主尊两侧延至两侧壁分两层、每侧每层各雕出四身罗汉像，共十六身罗汉。其中40、63号龛内为阿弥陀、观音、大势至菩萨与十六罗汉组合[⑦]，33、39、69号龛内为释迦、文殊、普贤与十六罗汉组合。第40号龛

① 参见《图画见闻志》卷二·张玄条，第51页。

② 参见《益州名画录》，第28页。

③ 参见《宣和画谱》卷三·张元条，第82页。

④ 参见《宣和画谱》卷三·张元条，第82页。

⑤ 参见《宣和画谱》卷四·王齐翰条，第89页。

⑥ 相关龛像内容参见王剑平、雷玉华、傅成金：《四川安岳圆觉洞造像的初步研究》，《成都考古研究（二）》，北京：科学出版社，2013年，第320～356页。

⑦ 第40号龛主尊两侧菩萨分别有“势至”和“观音”题记，参见前引书，《四川安岳圆觉洞造像的初步研究》，第336页。

图 1　安岳圆觉洞第 69 号龛立面图①

（图 2）各罗汉像身侧竖刻题记，基本为“第几尊者”或“第几尊者 + 弟子某造”的格式；通过这些题记可知十六罗汉在龛内的排列顺序为自上而下，自左而右，即上层从左侧壁开始至正壁再至右

图 2　安岳圆觉洞第 40 号龛

① 图见前引书，《四川安岳圆觉洞造像的初步研究》，第 344 页，图二三。

侧壁为第一尊者至第八尊者，下层同顺序为第九尊者至第十六尊者。整体造像布局较为紧凑，尤其是罗汉像之间间距较小。罗汉像多为结跏趺坐于台座之上，少量为游戏坐，手势多有禅定、合十、抚膝、当胸或持物等，身后有头光，服饰多为外披汉式袈裟、内着交领衣。整体动作幅度较小，不超出身形范围，显得中规中矩。罗汉像台座上，一般会凿出复杂的山峦、人物、净瓶、动物等内容。五龛中，同一位次的尊者造像形象不尽相同，各有特点。其中较为特殊的是第33、40号龛的第六尊者座前雕出龙（图3），第33号龛的第十四尊者、第39、40号龛的第十五尊者身侧雕卧兽（似虎）（图4）。

图3 安岳圆觉洞第33号龛第六尊者

图4 安岳圆觉洞第40号龛第十五尊者

庵堂寺第22号龛（图5），也为十六罗汉龛，虽经后世妆銮，但基本造像布局并未改变[①]。龛内平面为横长条形，龛口下部设两阶台阶，上层造十四身伎乐和供养像，下层刻二舞伎相对起舞。龛内正壁正中为释迦坐于仰覆莲座上，十六罗汉在释迦两侧一字排开，坐于束腰方座上。罗汉像

① 相关龛像内容参见成都市文物考古研究所、安岳县文物局：《四川安岳县庵堂寺摩崖造像调查简报》，《成都考古发现（2007）》，北京：科学出版社，2010年，第608～617页。

图 5　安岳庵堂寺第 22 号龛（局部）

上方基本都有竖行题记，题记格式均为“第几尊者 + 名号 + 居址 + 弟子某供养”①，这些供养人很多在庵堂寺其他纪年龛的供养人中出现过，可知庵堂寺龛像开凿时间当较为集中，均为五代。依据题记可知，释迦右侧为第一尊者，依次至右侧壁为第二至八尊者，释迦左侧为第九尊者，依次到左侧壁为第十至十六尊者，布局及排列顺序与圆觉洞诸窟全然不同。龛内整体造像布局紧凑，各像之间间距不大。罗汉像虽有妆銮，原形态仍可辨识，各像均为结跏趺坐于台座之上，手势多有禅定、合十、抚膝、当胸或持物等，身后有头光，袈裟样式多样，汉式、通肩、袒右、交领、钩纽式均有体现。整体动作幅度较小，不超出身形范围，亦显得中规中矩。

云峰寺第 9、17 号等二龛均为十六罗汉题材②。两龛皆为横长方形龛、敞口。第 9 号龛内无主尊，

---

① 本龛除第 7、8、16 尊罗汉题记风化不可识外，其余题记如下：a. 第一尊者宾度罗随阇住西瞿陀尼洲弟子节主提突将董师求妻黄氏造永为供养；b. 第二尊者迦诺迦伐偌蹉住此方迦湿弥罗国弟子王师立□氏六娘共造永为供养；c. 第三尊者迦诺迦跋厘堕在东胜州弟子主提突将王居礼妻袁氏田氏□永为供养；d. 第四尊者名曰苏频陀比俱卢洲弟子何江满弟子赵师全赵忠怀等同造永为供养；e. 第五尊者名曰诺距罗住在南赡部州弟子王居德（？）文行全杨公义刘公展勾文立同造永为供养；f. 第六尊者跋陀罗住耽没罗州弟子任彦镇（？）任（？）忠信任忠虔马志法马志□同造永为供养；g. 第九尊者戍博迦弟子节度副使前昌州押司□范可度妻□氏供养；h. 第十尊者半托迦弟子赵□何公顺陈同□白守真赵师亮赵元礼同心敬造永为供养镌造；i. 第十一尊者罗护（？）佩法弟子杨……张赏妻冯氏造永为供养；j. 第十二尊者那伽犀那住半度波山中真南店女弟子李氏八娘并男冯彦徊敬造永为供养；k. 第十三尊者因揭陀住广胁山中弟子陈道龙妻李氏五娘永彰供养；l. 第十四尊者伐那婆斯佩法弟子文道贞马氏孙承宗同造永为供养；m. 第十五尊者……山中。参见前引书，《四川安岳县庵堂寺摩崖造像调查简报》，第 608 ~ 617 页。

② 相关龛像内容参见董华峰、张亮：《唐宋巴蜀地区十六罗汉造像的初步研究》，《2014 年大足学国际学术研讨会论文集》，重庆：重庆出版集团 · 重庆出版社，2014 年，第 123 页。

正壁雕上下并列两层罗汉像，每层八身，共十六身。造像布局较为松散，罗汉像之间间距较大。像均坐于山岩形台座之上，双手或施印或持法器，动作略夸张，幅度较大，山岩形台座之上浮雕出简单的净瓶、人物、动物等形象。第 17 号龛内正壁雕上下两层造像，两层中央均雕出佛像，上层为一坐佛，下层为一主尊二胁侍，两层佛像左右各雕四身罗汉，共十六身。整体造像布局较为紧凑，尤其是罗汉像之间间距较小。罗汉像均结跏趺坐于山岩台座上，双手或施印或持法器，山岩形台座上浮雕出相对复杂的净瓶、人物、动物等形象。整体动作幅度较小，不超出身形范围，较为中规中矩。

石锣沟第 1、14 号等二龛均为十六罗汉题材①。两龛皆为横长方形龛、敞口。龛内造像布局及排列组合基本一致，正壁居中起一高台，高台表面刻有开龛题记，其中第 14 号龛有广政二年（939 年）开龛题记，相信第 1 号龛年代相去不远。高台上雕出一佛二弟子二菩萨（第 1 号龛）或一佛二弟子（第 14 号龛），高台主尊两侧分两层、每层各雕出四身罗汉像，共十六身罗汉。两龛各罗汉像身侧竖刻题记，第 1 号龛题记大多湮灭不清，剩余题记可辨格式为“居址 + 第几尊者 + 弟子供养”，而第 14 号龛基本为“敬造居址 + 第几大罗汉尊者 + 弟子某供养”的格式②；通过这些题记可知十六罗汉在龛内的排列顺序为佛右侧上排自内而外为第一至四尊者，佛右侧下排自右而左为第五至八尊者，佛左侧下排自内至外为第九至十二尊者，佛左侧上排自左至右为第十三至十六尊者。整体造像布局较为紧凑，尤其是罗汉像之间间距较小。罗汉像多为结跏趺坐于山岩形台座之上，少量为游戏坐，手势多有禅定、合十、抚膝、当胸或持物等，身后有头光。整体动作幅度不大，不超出身形范围，显得中规中矩，山岩形台座上浮雕出相对复杂的净瓶、人物、动物等形象。龛之两侧壁浮雕山峦、龙虎等形象。

石羊大般若洞内有十八罗汉题材。大般若洞为椭圆形窟，敞口。大般若洞内造像风格与开凿于南宋“庆元四年（1198 年）”的圆觉洞第 9 号窟③极为相近，相信年代应该相去不远，即为庆元年间（1195 ~ 1200 年）。窟内正壁正中起一束腰方台，其上雕出结跏趺坐于束腰方座之上的释迦

① 相关龛像内容参见前引文，《唐宋巴蜀地区十六罗汉造像的初步研究》，第 123 ~ 124 页。

② 题记具体情况为：佛右侧上排自内而外第一身，题记：“敬造西瞿陀尼洲中第 / 一大阿罗汉尊者弟 / 子乌从□供□”；第二身题记：“敬造北方迦湿弥罗 / 国中第二大阿罗 / 汉尊者弟子何师 / 立供养”；第三身题记：“敬造东胜身洲中第 / 三大阿罗汉尊者 / 弟子唐师□供养”；第四身题记：“敬造北俱灵洲中第 / 四大阿罗汉尊者 / 弟子孙文朗供养”。佛右侧下排自右而左（第一身）题记：“……洲中第五大阿 /……弟……/……供养”；第二身题记：“敬……中第六 /……罗……/……/ □供养”；第三身题记：“敬……中第七 / 大阿罗……/ 供养”；第四身题记：“……第八 / 大……/ □供养。”佛左侧下排自内至外第一身题记：“敬……山中第 / 九大……尊女 / 弟子……供养”；第二身题记：“敬造三十三天第十大 / 阿罗汉尊者女弟 / 子氏供养”；第三身题记：“敬造毕□飏瞿洲 / 中第十一大阿罗汉 / 尊者女弟子文氏 / 供养”；第四身题记：“敬造半度□波山第十 / 二大阿罗汉尊者 / 女弟子贾氏供养”。佛左侧上排自左至右第一身题记：“敬……/……/ □者……/……”；第二身题记：“敬造可□山 / 第十四大阿罗 / 汉尊者弟子 / 胡亮□□养”；第三身题记：“敬造鹫峰山中 / 第十五大阿罗 / 汉尊者弟子 / 王从礼供养”；第四身题记：“敬造持轴山中第 / 十六大阿罗汉尊 / 者弟子李□ / □供养。”参见前引文，《唐宋巴蜀地区十六罗汉造像的初步研究》，第 124 页。

③ 参见李崇峰：《安岳圆觉洞窟群调查记》，《2005 年重庆大足石刻国际学术研讨会论文集》，北京：文物出版社，2005 年，第 565 ~ 577 页。

佛，头有螺髻，身披褒衣博带式袈裟，体态丰满，双目微张。佛左右雕刻孔子、老君。正壁的顶部左右角刻文殊、普贤侧坐云端，佛前阿难、韦陀侍立左右。后壁下有一小圆龛，内雕水月观音，洞的左右壁，分别镌刻有三层造像。上层侍立十大弟子，中层侍立二十四诸天，下层方台两侧各雕出一通壁低台，台上各雕出九身罗汉，共十八身罗汉。整体造像布局较为宽松，不过罗汉像之间较为紧凑。罗汉像或结跏趺坐或半跏趺坐或游戏坐或倚坐于低台上，手势多有禅定、合十、抚膝、当胸或持物等，服饰多为汉式或交领袈裟。大部分造像动作幅度不大，不超出身形范围，亦有数身造像动作略夸张，幅度较大，扬手跷脚，甚至据台对弈，形象各异，栩栩如生（图6）。

图6　安岳大般若洞右壁罗汉局部

大足地区拥有罗汉题材的窟龛主要是潼南千佛寺第3号龛、大足佛耳岩第22号龛、大足北山佛湾第36、220号龛、大足妙高山第3号窟、大足玉滩第1号龛、大足三存岩第1号龛。

潼南千佛寺第3号龛内为十六罗汉题材①（图7）。龛平面横长方形、敞口。龛内造像布局及排列组合与安岳圆觉洞各罗汉龛较为相近，正壁居中起一高台，高台表面刻有题记，高台上雕出一佛二弟子二菩萨，高台主尊两侧分两层、每层各雕出四身罗汉像，共十六身罗汉。罗汉均坐于山岩台座上，台座上有规整的方形题记，题记格式为“第几尊者＋令狐璋夫妇发心造”；通过这些题记可知十六罗汉在龛内的排列顺序为佛左侧上排自内至外为第一至四尊者，佛右侧上排自左至右为第五至八尊者，佛右侧下排自左至右为第九至十二尊者，佛左侧下排自内至外为第十三至十六尊者。整体造像布局较为紧凑，尤其是罗汉像之间间距较小。罗汉像多为结跏趺坐于台座之上，偶有游戏坐，手势多有禅定、合十、抚膝、当胸或持物等，服饰多为汉式或交领袈裟，山岩形台座上浮雕出较为简单的净瓶、人物、动物等形象。造像动作幅度不大，不超出身形范围，较为中

① 参见重庆市文化遗产研究院：《重庆潼南县千佛寺摩崖造像清理简报》，《考古》2013年第12期，第36～57页。本文图七亦引自该文。

图 7 大足潼南千佛寺第 3 号龛

规中矩。龛之两侧壁浮雕出龙虎等形象。

大足佛耳岩第 22 号龛内为十六罗汉题材[①]。龛平面横长方形、敞口。龛内造像布局及排列组合与安岳圆觉洞各罗汉龛较为相近，正壁居中起一高台，高台上雕出一佛二弟子二菩萨，高台主尊两侧分两层、每层各雕出四身罗汉像，共十六身罗汉。罗汉多为结跏趺坐于山岩台座上，偶有游戏坐，手势多有禅定、合十、抚膝、当胸或持物等，山岩形台座上浮雕出较为简单的净瓶、人物、动物等形象。造像动作幅度不大，不超出身形范围，较为中规中矩。龛之两侧壁浮雕出龙虎等形象。

大足北山佛湾第 36（图 8）、220 号等二龛内均为十六罗汉题材[②]。龛平面横长方形、敞口。龛内造像布局及排列组合与安岳庵堂寺第 22 号罗汉龛较为相近，龛内正壁正中雕一坐佛，佛两侧的壁面上各雕八身罗汉一字排开，共十六身。龛内整体造像布局紧凑，各像之间间距不大。各像均为结跏趺坐于台座之上，手势多有禅定、合十、抚膝、当胸或持物等，身后有头光，袈裟样式多为汉式及交领，台座上浮雕出较为简单的净瓶、人物、动物等形象。整体动作幅度较小，不超出身形范围，亦显得中规中矩。

① 参见刘长久等：《大足石刻内容总录》，成都：四川省社会科学院出版社，1985 年，第 178 页。

② 参见前引书，《大足石刻内容总录》，第 15、90 ~ 91 页。

图8 大足北山佛湾第36号龛[1]

大足妙高山第3号窟内为十六罗汉题材（图9）[2]。窟平面横长方形、敞口。窟内正壁正中雕出主尊毗卢遮那佛和文殊、普贤二菩萨。窟左右壁内侧雕娑罗树，外侧雕菩提树，其间雕须弥山，装饰繁复。两侧壁前各雕八身罗汉一字排开，共十六身。窟内整体造像布局紧凑，各像之间间距不大。各像多为结跏趺坐于山岩台座上，偶有倚坐、游戏坐，手势多有合十、抚膝、当胸或持物等，袈裟样式多为汉式及交领，台座上浮雕出较为复杂的净瓶、人物、动物等形象。整体动作幅度较小，不超出身形范围，亦显得中规中矩。

大足玉滩第1号龛为十六罗汉题材[3]。龛平面横长方形、敞口。龛内造像布局及排列组合与妙高山第3号窟较为相近，龛内正壁正中雕出主尊地藏菩萨，左右两壁上方原各雕出八身罗汉像，

图9 大足妙高山第3号窟左壁十八罗汉局部[4]

① 图见郭相颖编：《大足石刻研究与欣赏》，重庆出版社，2013年，第149页图版。

② 参见前引书，《大足石刻内容总录》，第341～344页。

③ 参见前引书，《大足石刻内容总录》，第365～366页。

④ 参见胡文和：《安岳大足佛雕》，《佛教美术全集9》，北京：文物出版社，2008年，146页，图65-1。

共十六身。现左壁已坍塌，仅存右壁八身罗汉像，罗汉造像布局紧凑，整体动作幅度较小，不超出身形范围。现存罗汉像中有一身左侧下部雕出一动物，或为虎。

大足三存岩第1号龛为十六罗汉题材①。龛平面横长方形、敞口。龛内正壁正中雕出主尊西方三圣，龛左右壁分两层刻出十六罗汉，造像布局与安岳圆觉洞各罗汉龛略有相似之处。

三　杭州地区的罗汉造像

杭州地区的罗汉造像主要集中于西湖周边，如烟霞洞、石屋洞、飞来峰、南观音洞等处，时代也多为五代至宋。

烟霞洞内主要有十六罗汉题材②。这是一个利用天然岩洞加工而成的洞窟，洞内造像基本都是因就石势雕凿而成。根据《两浙金石志》卷四载："吴越吴延爽造石罗汉记 / □□都指挥使银青光禄大□右仆射□海县开国男食 / □吴延爽舍三十千造此罗汉□。/ 右刻在西湖烟霞洞内石罗汉侧文三行正书径五分。《咸淳临安志》载'晋开运元年……吴越王钱氏……访于烟霞洞，有六罗汉，遂别刻一十二尊'……吴延爽乃延福诸弟，《十国春秋》称文穆恭懿夫人兄弟。"由此可知烟霞洞罗汉像大致开凿于后晋开运年间（944～946年）③。烟霞洞因历史原因，现存原凿罗汉造像十一尊，后期新塑罗汉造像四尊。根据前人记载和保存现状，可知烟霞洞内原凿罗汉布局为东壁十身，由外向内为正坐禅定罗汉、心中现佛罗汉（图10）、仰首罗汉（补塑）、降龙罗汉（图11）、执如意罗汉、手指佛罗汉、思想罗汉（图12）、侧面罗汉（图13）、抱膝罗汉、冥想罗汉（图14），西壁六身，由外向内依次为玩狮罗汉（补塑）、执麈尾罗汉（现已不存）、执秋叶罗汉（补塑）、伏虎罗汉（图15）、持念珠罗汉（补塑）、执经卷罗汉，共十六身④。洞内整体造像布局松散，不拘成规，各像之间间距大小不一，远近高低，因崖就势，错落有致。各像或坐或立于简单台座之上，结跏

① 参见李小强：《唐宋时期巴蜀地区罗汉信仰简述》，《2014敦煌石窟研究国际学术研讨会论文集（上）》，北京：文物出版社，第499～500页。

② 参见史岩：《杭州南山区雕刻史迹初步调查》，《文物参考资料》1956年第1期，第18～22页。关于这个题材，特别是罗汉数目问题，大部分学者如阎文儒、周叔迦等均认同史岩的十六罗汉观点，参见a. 阎文儒：《中国石窟艺术总论》，桂林：广西师范大学出版社，2003年，第354页。b. 周叔迦：《佛教基本知识》，北京：中华书局，1991年，第132页。也有学者质疑，如俞剑华、罗尗子、于希宁等认为是十八罗汉而不是十六罗汉，参见俞剑华、罗尗子、于希宁：《杭州五代宋元石刻造像复勘后的一点意见》，《文物参考资料》1956年第12期，第28～30页。根据笔者查阅史料文献及实地调查，倾向于认为这是十六罗汉题材。

③ 参见［清］阮元：《两浙金石志》，清光绪十六年浙江书局刻本，杭州：浙江古籍出版社影印本，2012年，第201页；同时《咸淳临安志》所载内容原文为，"晋开运元年，有僧弥洪结庵洞口，遇一神人指此山后有圣迹，何不显之？洪寻至山后，见一洞，内有石刻罗汉六尊。洪既卒，吴越王钱氏梦僧告曰：'吾有兄弟一十八人，今方有六，王可聚之。'梦觉，访于烟霞洞，有六罗汉，遂别刻一十二尊，以符所梦。"参见［南宋］潜说友撰：《咸淳临安志》卷二十九，《宋元方志丛刊》第四册，北京：中华书局，1990年，第3632页。此处所记十八尊罗汉或为宋人以讹传讹。

④ 本文中有关烟霞洞罗汉造像命名沿用史岩《杭州南山区雕刻史迹初步调查》一文中的命名，参见史岩：《杭州南山区雕刻史迹初步调查》，《文物参考资料》1956年第1期，第18～22页。

图10　杭州烟霞洞心中现佛罗汉

图11　杭州烟霞洞降龙罗汉

图12　杭州烟霞洞思想罗汉

图13　杭州烟霞洞侧面罗汉

图 14 杭州烟霞洞冥想罗汉

图 15 杭州烟霞洞伏虎罗汉

趺坐式有六身，其余多为游戏坐，手势多样，多有执物、姿势繁多，袈裟样式多为交领或袒右。整体动作幅度较大，部分超出身形范围，出现较多侧面或侧身造型，形态几无雷同、面相多有梵相，神态栩栩如生。

石屋洞内主要为罗汉群像。这是一个利用大型天然岩洞加工而成的洞窟，洞内里壁正中开一大龛，大龛之左上方再开两龛，围绕此三龛的左右上下和洞顶各处岩壁间直至洞外，满刻成列的小型罗汉像。由于人为破坏严重，小罗汉像原貌大多不存，考之于文献记载所存之造像题记，可知小罗汉像群的开凿年代集中于五代后晋开运元年至北宋开宝七年（974 年），开凿人群多为一般民众。像群数目规格没有定制，不拘于常规[①]。

飞来峰内的罗汉造像主要集中于青林洞与玉乳洞以及冷泉溪南岸。在青林洞内外有北宋风格的小罗汉造像共 7 龛 95 身，还有十八罗汉造像二铺，玉乳洞内有开凿于天圣四年（1026 年）的十八罗汉造像一铺。冷泉溪南岸开凿有唯一的一龛南宋造像，题材为布袋弥勒与十八罗汉。

青林洞南口外侧有两龛身高不超过 30 厘米的小罗汉像，分别是第 7、8 号龛[②]。第 7 号龛上部位置已被第 5 龛所打破，现存十一身罗汉（图 16）。造像布局松散，不拘成规，各像之间间距大小

① 参见前引文，《杭州南山区雕刻史迹初步调查》，第 13 ~ 14 页。

② 本文中飞来峰各龛编号及相关内容参见高念华主编、杭州市历史博物馆、杭州市文物保护管理所、杭州市文物考古所合编：《飞来峰造像》，北京：文物出版社，2002 年。

图 16　杭州飞来峰青林洞第 7 号龛

不一，远近高低，因崖就势，错落有致。各像皆中年男相，光头净发，多结跏趺坐，偶有抱膝游戏坐，手势多样，或禅定或合十或持物等，着通肩袈裟，大部分造像动作幅度不大，不超出身形范围，亦有数身造像动作略夸张，幅度较大。有一身罗汉面前有卧虎。第 8 号龛内现存三身罗汉，龛内布局紧凑，各像之间间距较小，各像皆中年男相，光头净发，多结跏趺坐，有一游戏坐，手势多样，或合十或当胸或托腮等，着通肩袈裟，造像动作幅度不大，不超出身形范围。

青林洞内有 2 龛十八罗汉像和 5 龛身高不超过 30 厘米的小罗汉像。第 9 号龛为十八罗汉题材。龛平面横长条形、敞口。十八身高 30 厘米左右的罗汉像一字横排开。龛内整体造像布局相对紧凑，各像之间间距不大。各像基本都为结跏趺坐，偶有游戏坐，手势多有禅定、合十、抚膝、

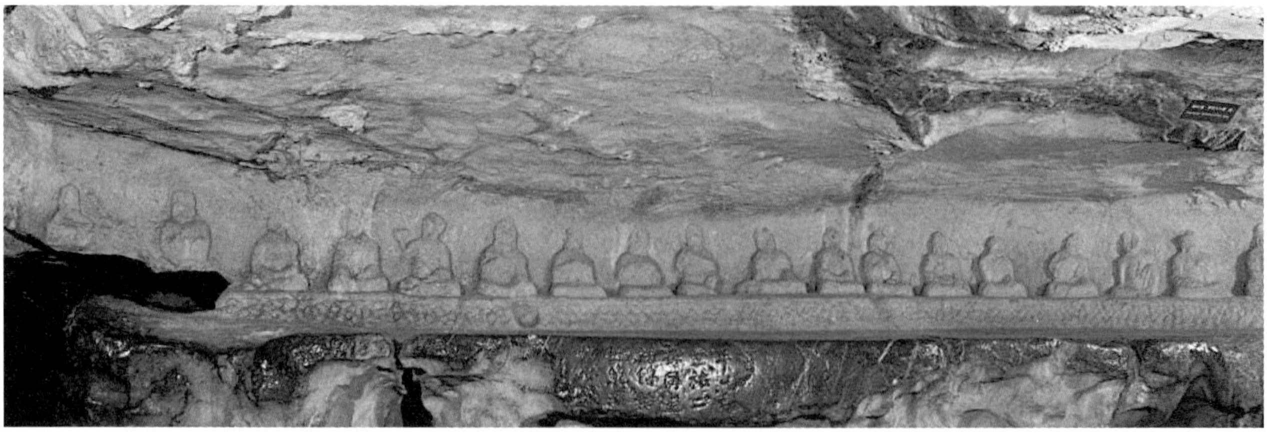

图 17　杭州飞来峰青林洞第 9 号龛

当胸或持物等，多着通肩袈裟，偶有袒右袈裟，造像动作幅度不大，不超出身形范围（图 17）。第 13 号龛龛内有圆雕罗汉造像一身，高 28 厘米，身躯端直，着通肩袈裟，结跏趺坐，双手相拱平置膝上。第 14 号龛龛内雕出 5 列共 57 身高不超过 30 厘米的小罗汉像，本龛内造像旁多有开龛题记，年代集中于北宋咸平三至六年（1000 ~ 1003 年），开凿人群多为一般民众。造像布局相对松散，各像之间间距大小不一，高低错落，各列罗汉数目不尽相同，大小也不统一。各像基本都为结跏趺坐，偶有游戏坐，手势多有禅定、合十、抚膝、当胸或持物等，多着通肩袈裟，偶有袒右或交领，造像动作幅度不大，不超出身形范围。有一身罗汉面前有卧虎（图 18）。第 17 号龛为十八罗汉题材。龛平面横长条形、敞口。龛内分上下两层各雕出身高不超过 50 厘米的罗汉九身，共十八身。上层造像布局相对紧凑，各像之间间距不大，下层造像布局相对松散，各像之间间距大小不一，高低错落。各像基本都为结跏趺坐，偶有游戏坐，手势多有禅定、抚膝、当胸、上举或持物等，多着通肩袈裟，偶有袒右，大部分造像动作幅度不大，不超出身形范围，亦有数身造像动作略夸张。有一身罗汉身前雕有飞龙。第 18 号龛龛内雕出罗汉一身，高 23 厘米，身躯端直，着通肩袈裟，结跏趺坐，双手合十，动作幅度不大。第 20 龛内雕出 2 列共 7 身高 30 厘米左右的小罗汉像，本龛内造像旁多有开龛题记，年代集中于北宋咸平三至四年（1000 ~ 1001 年），开凿人群多为一般民众。造像布局相对松散，各像之间间距大小不一，高低错落，各列罗汉数目不尽相同，大小也不统一。各像基本都为结跏趺坐，偶有游戏坐，手势多有禅定、抚膝、当胸、上举或持物等，多着通肩袈裟，造像动作幅度不大，不超出身形范围。第 21 龛雕出 2 列共 11 身高 24 厘米左右的小罗汉像，造像布局相对松散，各像之间间距大小不一，高低错落，各列罗汉数目不尽相同。各像基本都为结跏趺坐，偶有游戏坐，手势多有禅定、当胸、上举或持物等，多着通肩袈裟，造像动作幅度不大，不超出身形范围。

图 18　杭州飞来峰青林洞第 14 号龛局部

玉乳洞内第 24 龛为十八罗汉题材。玉乳洞是一个天然洞窟，从玉乳洞南口通道两侧，经过洞的中部，一直到北口通道东侧壁面上，沿壁依次雕出置于方龛内身高 120 厘米左右的罗汉像 18 身。整体造像布局相对松散，各像之间间距大小不一，高低略有参差。各像基本均为结跏趺坐式，偶有游戏坐，手势多有禅定、当胸、上举或持物等，袈裟样式多为交领或袒右，偶有汉式。整体动作幅度不大，偶有超出身形范围，出现较多侧面或侧身造型，形态几无雷同、神态较为呆板严肃。个别罗汉像身侧有小僧或供养人立像，另外还有凤凰浮雕 2 身，雷公浮雕 1 身（图 19 ~ 22）。

冷泉溪南岸第 68 号龛为十八罗汉题材。根据岩石的自然形状，雕成一个中间高两侧略低的半圆形

图 19 杭州飞来峰玉乳洞内景

图 20 杭州飞来峰玉乳洞第一尊罗汉

图 21 杭州飞来峰玉乳洞第五尊罗汉

图 22 杭州飞来峰玉乳洞第十至十一尊罗汉

图 23 杭州飞来峰冷泉溪南岸第 68 号龛布袋弥勒

佛龛。正壁中央雕出主尊布袋弥勒，主尊两侧依岩壁走向各由内向外雕出九身罗汉，共十八身。整体造像布局相对松散，各像之间间距大小不一，高低错落有致。各罗汉像或坐或立于简单平台之上，坐者多为结跏趺坐式，偶有游戏坐，手势多样，多有上举或当胸执物，偶有合十或禅定，袈裟样式多样，多为钩纽与袒右，亦有交领和袒右。整体动作幅度较大，大部分超出身形范围，罗汉像基本面向主尊，出现较多侧面或侧身造型，形态几无雷同，或仰首或侧头，面容恬淡，神态栩栩如生（图 23 ~ 25）。

南观音洞内主要有十八罗汉题材。这也是一个利用天然岩洞加工而成的洞窟，洞内造像基本都是因就石势雕凿而成，“高度不到半公尺……左右两壁的下端为十八罗汉，配置形式和烟霞洞的

图 24　杭州飞来峰冷泉溪南岸第 68 号龛左侧壁九罗汉

图 25　杭州飞来峰冷泉溪南岸第 68 号龛右侧壁九罗汉

十六尊大体相仿佛，姿态也很自然。……在罗汉像侧，还可发现造像铭的题记数则，所见有南宋开禧元年（1205 年）、嘉定元年（1208 年）和明代弘治七年（1494 年）等年号。”[①] 由此可知，南观音洞罗汉像大致开凿于南宋开禧、嘉定年间（1205～1208 年）。洞内整体造像布局松散，不拘成规，造像形态多样。

四 两地罗汉造像之异同

从前文可以得出，安岳大足地区的罗汉造像有以下几个特点：

（1）安岳大足地区的罗汉像多以十六罗汉题材为主，偶有十八罗汉题材。

（2）从时代上来看，安岳大足地区的十六罗汉题材多集中于五代至宋初，偶有晚至南宋的，而十八罗汉题材只在南宋时出现[②]。

（3）从造像整体布局上来看，安岳大足地区的罗汉像一般都是整体造像布局紧凑，各像之间间距不大。从造像雕刻特征上来看，安岳大足地区的罗汉像几乎都为正面像，且面相正常，基本为汉人特征，整体动作幅度较小，不超出身形范围，显得中规中矩。

（4）从造像铺式布局上来看，安岳大足地区的罗汉像主要有两种布局方式，一种为主尊两侧分上下两层布置罗汉像，一种为主尊两侧一字排开布置罗汉像。十六罗汉题材的龛两种布局均有，十八罗汉题材的龛仅为后一种布局。

（5）从开龛题记上来看，安岳大足地区的罗汉像一般多为普通信众合资开凿，较少为个人独立开凿。

杭州地区的罗汉造像有以下几个特点：

（1）杭州地区的罗汉像多以十八罗汉或不定额罗汉为主，十六罗汉较少。

（2）从时代上来看，杭州地区的十六罗汉题材仅出现于五代，而十八罗汉题材也仅出现于两宋，而不定额罗汉题材自五代一直延续到宋代。

（3）从造像整体布局上来看，杭州地区的罗汉像一般都是因崖就势，整体造像布局相对松散，各像之间间距大小不一，高低错落有致。偶有十八罗汉题材布局相对紧凑。从造像雕刻特征上来看，杭州地区的罗汉像出现较多侧面或侧身造型，且多有梵相，形态几无雷同，神态栩栩如生，整体动作幅度较大，大部分超出身形范围；十八罗汉题材偶有都是正面像，基本为汉人特征的，整体动作幅度较小，不超出身形范围，显得中规中矩。

---

① 参见前引文，《杭州南山区雕刻史迹初步调查》，第 12 页。

② 除了已有开龛题记的龛可以直接确定时代外，通过造像布局、雕刻风格等比对可以大致得出安岳圆觉洞第 33、39、40、63、69 号龛，安岳云峰寺第 9、17 号龛，石锣沟第 1、14 号龛，庵堂寺第 22 号龛、潼南千佛寺第 3 号龛，大足佛耳岩第 22 号龛，大足北山第 36、220 号龛，大足三存岩第 1 号龛等的开凿时代应在五代至宋初。安岳大般若洞、大足玉滩第 1 号龛、妙高山第 3 号龛等的开凿年代应在南宋时期。具体年代判定可参见前引文，《唐宋巴蜀地区十六罗汉造像的初步研究》，第 127～129 页。

（4）从造像铺式布局上来看，杭州地区的罗汉像一般没有主尊，主要有三种布局方式，一种就是因崖就势，沿山体参差排列，这种是杭州地区罗汉像的主要布局方式；另一种为多层多列分布，这种主要是不定额罗汉像的布局方式，偶有十八罗汉题材也使用这种方式；最后一种为一列一字排开，仅有一例十八罗汉题材使用这种方式。

（5）从开龛题记上来看，杭州地区的罗汉像既有皇室达官贵人独立开凿，也有一般普通民众合资开凿。

综上可以看出，安岳大足地区与杭州地区罗汉造像有如下异同：

（1）两地罗汉造像均是自五代时兴起，这一时期，两地均流行十六罗汉题材，不同的是，杭州地区还流行不定额罗汉造像的开凿。进入宋代，安岳大足地区依然流行十六罗汉题材，直至南宋，十六罗汉题材仍是主流，十八罗汉题材在这一地区兴起较晚，直至南宋方才出现。同一时期，杭州地区已经开始盛行十八罗汉题材并持续到南宋，同时，不定额罗汉题材也很流行，而十六罗汉题材不见。

（2）两地罗汉造像整体布局上均出现了整体造像布局紧凑，各像之间间距不大的造像龛。从造像雕刻特征上来看，两地也都出现以正面像为主，基本为汉人特征，整体动作幅度较小，不超出身形范围，显得中规中矩的造像龛。不同的是，杭州地区更多为整体造像布局相对松散，各像之间间距大小不一，高低错落有致的龛像；且这些龛像较多侧面或侧身造型，多有梵相，形态几无雷同，神态栩栩如生，整体动作幅度较大，大部分超出身形范围。

（3）两地罗汉造像均出现上下两层分列造像或一列一字排开布置造像的龛，但杭州地区的罗汉像龛内一般无主尊，且布局多因崖就势，沿山体参差排列。

（4）两地罗汉造像均主要为一般普通信众合资雕凿，不同的是杭州地区还有皇室达官贵人独立开凿的罗汉题材龛像。

（5）两地罗汉造像中，无论十六罗汉题材还是十八罗汉题材均大量出现了龙虎的形象，且持续时间均较长，不过一般浮雕出龙虎的罗汉像姿势和执物都各不相同，可见这时两地的龙虎都没有与某一身特定的罗汉相对应。

出现以上异同的原因一方面可能与两地罗汉信仰的传布不同有关，另一方面更可能是与两地开龛造像所持有的粉本不同有关。如本文开始时所说，在以杭州为代表的江南地区，罗汉画很可能既流行贯休的“禅月样”，也流行不同于“禅月样”的以王齐翰为代表的罗汉样式，所以在杭州地区，罗汉造像无论是造像布局还是造像风格特征上都存在这两种样式。而在巴蜀地区，主要流行的罗汉画样式应该只是张玄的“吴样张罗汉”样式，贯休晚年虽然入蜀，但是很可能他的罗汉画只流行于高层显贵之中，而没有流传到民间，因此，他的“古怪梵相”并没有体现到这一时期的巴蜀石窟中去。

罗汉造像是五代宋时期巴蜀及江南地区重要的造像题材之一，对于这些造像的研究将有助于我们理解罗汉信仰在这些地区流布的实际情况。

宝顶山小佛湾诸事考

方　珂

内容摘要： 大足的宝顶山大佛湾造像在建造时期几无留下任何记载，仅在小佛湾有两块宋碑，其价值当不言而喻。本文依据这两块碑文，并结合其他材料与实地勘察，提出了个人对于大、小佛湾修建年代、先后关系以宗教流派的看法。

关键词： 宝顶山　小佛湾　蓝本　绍定　禅宗　华严宗

Research of Xiaofowan on Baodingshan Mountain

Fang Ke

Abstract: There were few records kept of the period when Dafowan of Baoding Mountain was carved. There are only two stone tablets of Southern Song Dynasty kept in Xiaofowan, whose value is very important. According to the inscription of the two tablets, combining other material and field investigation, this paper proposes the personal views about the building time, precedence relationship and religious schools of Dafowan and Xiaofowan's sculptures.

Key words: Baodingshan Mountain, Xiaofowan, blueprint, Shaoding period, Zen school, Huayan School

关于宝顶山小佛湾的修建，现今多数观点认为乃是大佛湾的蓝本①，当是修建于大佛湾的建造年代之前，即南宋淳熙年间。笔者实地勘察并以逻辑思维存真去伪判读宝顶山相关碑文之后，认为此说不足为信，作文以阐之。

作者：方珂，重庆市，402360，大足石刻研究院。

① 此说据自1945年杨家骆等人“乙酉考察团”中吴显齐所撰《大足石刻考察团日记》，其文中载，“本团拨开了时间的尘土，解答宝顶区石刻之谜：断定赵氏先后在圣寿寺里建一大宝楼阁，后来又开凿了大佛湾南岩群像，和北岩的广大宝楼阁”，其说中的“圣寿寺里建一大宝楼阁”，即是指现今所称小佛湾，因其文中所述“塔后是大宝楼阁，纯用石砌，现存残址。阁中有毗卢庵，庵和阁都有精美的浮雕造像，多残毁”。

一　小佛湾之修建年代考

小佛湾中有重大意义的碑铭乃是原存于七佛龛中下壁的“席存著赵智凤事实碑”，今已漶，《大足石刻铭文录》中载录自乾隆《大足县志》卷 9《隐逸·仙释》中的残文如下：

“趙本尊，名智鳳，紹興庚辰年生於米糧之沙溪。五歲入山，持念經咒，十有六年，西往彌牟，複回山修建本尊殿，傳授柳本尊法旨，遂名其山曰寶鼎。舍耳煉頂報親，散施符法救民。嘗垂戒曰：‘熱鐵輪裏翻筋斗，猛火爐中看倒懸。’嘉熙年間承直郎昌州軍事判官席存著為之銘。”①

赵智凤出生的绍兴庚辰年乃绍兴三十年，即 1160 年。嘉熙年号乃是 1237 ~ 1240 年，相隔不远，从“席存著为之铭”此句来看，极可能是赵智凤的墓志铭，且亦是宝顶山所存碑文中年代最早，最为可信的资料。依碑文可以推断，赵智凤至早也只能在 21 岁时（即淳熙八年，1181 年）回山，并且文中明载是“修建本尊殿”，并未提及“修凿佛像”，更未有“圣寿”的字样。本尊殿应即是今日之小佛湾，其毗卢庵中有柳本尊修炼行迹图（是否柳本尊其人笔者存疑，暂从旧说）。2017 年 5 月，笔者和同事米德昉至小佛湾勘察，在米德昉的观察和提醒下，我们注意到小佛湾中有些许造像并未雕刻完成，乃是毛坯制品或半成品（图 1、2），和大佛湾未完工之事如出一辙，这证明并非先修建完小佛湾而再建大佛湾，所谓“蓝本”之说很难立足，至少结束时期应是一致的。

图 1　小佛湾中所存的毛坯石刻

① 重庆大足石刻艺术博物馆、重庆市社会科学院大足石刻研究所编：《大足石刻铭文录》，重庆：重庆出版社，1999 年，第 211 页。为便于读者查阅，特引用《大足石刻铭文录》中内容，而不是更原始但较难查阅到的乾隆《大足县志》，特此说明。

图 2　小佛湾中未雕刻完的作品（其袈裟下摆仅有线刻，而未雕刻）

另外，值得一提的是，在此铭文中明确记载为“命其山为宝鼎”，结合其“热铁轮里翻筋斗，猛火炉中看倒悬”之言来看，“宝鼎”乃是其愿将此山作为修炼道场而名，并非后人所俗称的“宝顶”①。

小佛湾中另一有历史价值的碑文，乃是毗卢庵外后壁中心的“释迦舍利宝塔禁中应现之图碑”，录文如下：

“释迦 / 舍利寶塔 / 禁中 / 應現 / 之圖 /（碑名）

上祝皇王隆睿算△須彌壽量俞崇高 /（碑左）

国安民泰息干戈△雨順風調豐稼穡 /（碑右）②

釋迦如來涅至辛卯紹定 /（塔左）

四年得二千乙百八十二年 /（塔右）

嘉定八年十一月有 / 旨宣舍利寶塔入 / 禁庭安奉 / 燦錦堂焚香致敬 / 中殿洎左右嬪禦侍臣見碧琉璃珠現於塔內鐸旁 / 時大時小複於第二相輪現水晶珠是夜迎歸 / 椒殿 / 主上 / 中殿 / 東宮同見大珠現於塔面作真珠色祥光晃耀丕休 / 哉甚盛舉也恭惟 / 皇帝陛下以不世出之資懋隆 / 天寵 / 仰紹統極成著於中 / 德洽於外凡羽毛鱗介草木叢林莫不獻奇效瑞況 / 寶塔之鎮茲山綿亙千祀 / 一念咸通與佛冥契非臣愚昧可以讚揚與林下衲 / 子仰觀盛美第摭其實謹刊諸堅瑎昭示萬古云 / 爾時嘉定十年四

① 其山并无定名，北宋及以前的地理志中均无载，南宋的《方舆胜览》中亦无载，仅仅南宋地志《舆地纪胜》卷 261《昌州·景物下》载有“宝峯山在大足县东三十里，有龛岩，道者赵智凤修行之所”，这表明“宝顶”并非一直沿用的名字。

② 此中的“国”字，原碑上所刻即为此俗字，按原貌录入。

图 3　毗卢庵后壁圣寿碑
（即“释迦舍利宝塔禁中应现之图”碑）

月一日慶元府阿育王山廣利禪/寺住持傳法臣僧道權謹書/”。①

此碑文中有三个纪年，一为“嘉定八年”，乃是宋宁宗宣舍利宝塔入禁中之时间；二为“嘉定十年”，乃是阿育王山广利禅寺住持道权所撰碑文的时间；三为“绍定四年”，即此碑上石时间。从碑体结构看（该碑乃分为四块，拼凑而成。绍定年号在碑体中部，嘉定年号在碑体下部；图 3），碑体是在碑文上石后，分割安装上去的（绍定年号的“定”字被分隔线截开，定是先刻完碑文再被分割的）。这里引发一个问题，若是赵智凤当初设计并建造毗卢庵的时候，就规划有此碑，为何不直接在石上开方刻碑（抑或刻好整碑一次安装上去）？而且碑下方未见有碑槽之痕迹。笔者以为，合理的解释，就是当初修建毗卢庵时未设计安装此碑（或先有他碑，后被此碑代替），绍定四年（1231 年）刻完此碑后，发现很难一次安装上现在的位置，只有截为片段方才可行。此即为小佛湾中毗卢庵所基本完成之年代。

我们再可以注意到“释迦舍利宝塔禁中应现之图碑”所刻文字中有如下四句：

上祝皇王隆睿算△須彌壽量俞崇高/（碑左）
国安民泰息干戈△雨順風調豐稼穡/（碑右）
釋迦如來涅至辛卯紹定/（塔左）
四年得二千乙百八十二年/（塔右）

其中碑左右之文是为皇家祝寿和为民间祈祷，而塔左右之文乃是记载释迦涅槃至今的时间，两者似乎风马牛不相及。考察“上祝皇王隆睿算”之句，查阅《宋史》，绍定四年之时，出生于开禧元年（1205 年）的宋理宗才 26 岁，岂有为其“祝寿”之理？祝寿之词必出于道权在嘉定十年所书。而诞生于乾道四年（1168 年）的宋宁宗，嘉定十年时为 49 岁，岁近知天命之年，为其“祝寿”是情理所通的，况且其子 8 人，先后而亡②，对于寿命与政权的忧虑是必然的，所以广利禅寺的僧人或有为其祈福延寿之举；而关于“国安民泰息干戈”之句，则《宋史》中记载有“（嘉定十年五月）癸卯，赵方请下诏伐金，遂传檄招谕中原官吏军民。……（十一月）癸亥，金凤翔副统

① 前引书，《大足石刻铭文录》，第 192 页。

② 据《宋史》卷 37 至卷 40《宁宗本纪》记载，其先后所薨子为：埈、坦、增、垌、圻、墌、坰、坻。

军完颜赟以步骑万人犯四川”[①]，宋金爆发第二次大规模战争，“息干戈”之句也就不难理解了，但绍定四年未有大规模战争记载，仅有八月蒙古军攻仙人关事。

所以，笔者认为，为皇帝祝寿之碑文是广利禅寺僧人道权所写，且正是因此，所以后来明人的资料中出现了“圣寿本尊殿”以及“圣寿寺”的说法[②]；而塔左右所记释迦涅槃至绍定四年的时间，乃是绍定四年时在道权所书原文内容上所增刻，似是暗示赵智凤离世的时间。不然，岂会有一面为皇帝祝寿，一面谈涅槃的如此古怪说法。

在现今的圣寿寺内有弘治十七年（1504 年）的明人曹琼所撰的“恩荣圣寿寺记”，虽明人所述之细节已不可信，但其中文“（赵智凤）清苦七十余年”[③]这种简单难讹之言当不为谬言，这为我们订立小佛湾修建的下限时间提供辅助线索。南宋席存著为赵智凤所作铭时间在嘉熙年间，赵智凤从出生的绍兴三十年（1160 年）至嘉熙最后一年——嘉熙四年（1240 年），时间段不超过 80 年，正好在“七十余年”的范围内。

综合以上碑文线索，以笔者之思见，赵智凤当生于绍兴三十年（1160 年），淳熙八年（1181 年）云游之后，受到了唐末成都地区兴盛的柳氏教派影响，回山建立“本尊殿”，即今小佛湾，包括有柳本尊修炼图在内的毗卢庵，在修建本尊殿的同时，也开凿大佛湾石像，以此作为修行并传教之所。在绍定四年（1231 年）时，其已 71 岁，进入古稀之年，乃以毗卢庵作为弟子传承之所，并刻“释迦舍利宝塔禁中应现之图碑”，最后在毗卢庵（非小佛湾）完工后不久去世，正对应嘉熙年间席存著为之作志铭。但小佛湾和大佛湾并未全部完工，留下今日后人所见之宝顶山造像。

二　小佛湾是否为大佛湾“蓝本”

认为小佛湾是大佛湾“蓝本”之观念，亦乃出自杨家骆等人的乙酉考察团，后来研究者一直沿用至今[④]。

笔者有几点看法如下：

首先，前文席存著的碑铭中明载是“修建本尊殿”，并未提及“修凿佛像”，若有计划而为之，岂会一句不提？

其次，大佛湾中有两块明代的刘畋人所立“重开宝顶石碑记”，一为洪熙元年（1425 年）所立，一为宣德元年（1426 年）所立，其记载大致同，其中有文：“（赵智凤）西往弥牟，云游三

---

① 《宋史》卷 40《宁宗本纪四》。

② 宋代对寺院赐额只有过“寿圣”敕号，而无“圣寿”。且《唐柳本尊传碑》中明文写“（熙宁）元年□月□敕赐寿圣院为额”，若依明人碑文中称乃是宋神宗熙宁年间赐号柳本尊为“圣寿本尊”，而得“圣寿寺”之名，岂不相抵牾？且熙宁年号离柳本尊离世已 150 年以上，皇帝岂会赐号？洪熙元年和宣德元年的《重开宝顶石碑记》中，分别称为“圣寿院”和“圣寿寺”，说明其本身并无定号。

③ 前引书，《大足石刻铭文录》，第 218 ~ 219 页。

④ 近年来也有研究者认为小佛湾与大佛湾并不存在蓝本的关系，2016 年大足石刻第 7 届年会上黎方银的发言稿《关于宝顶山小佛湾石窟几个问题的探讨》就提出过这种观点。

昼。既还，命工首建圣寿本尊殿，因名其山曰宝顶”[①]，从其“宝顶”这种记载来看，已多虚幻流言，可信度大降，说明明人已不了解其来历[②]。但是，其建“本尊殿”之说与宋人席存著相合，旁证了本尊殿乃赵智凤所建，但并未提及以此为“蓝本”凿建大佛湾之事，只是言“依凡山之前岩后洞琢诸佛像”，这何有什么以“蓝本”为规划的痕迹？修建小佛湾的同时，当也在开凿大佛湾。而且，从方位空间上看，小佛湾与大佛湾也无任何相似之处。

其三，笔者曾现场仔细观察，现今所说的小佛湾第 3 号龛——“大方便佛报恩经变”和“报父母恩重经变”龛位于毗卢庵之下，左壁为“大方便佛报恩经变”和“报父母恩重经变”内容，与大佛湾 17 号与 15 号龛内容对应，右壁刻地狱变，与大佛湾 20 号龛内容对应。再看上方的 4 号龛——毗卢庵，其外壁左右两侧最下刻护法神与明王像，内容对应大佛湾 2 和 22 号龛，内壁左右两侧刻柳本尊修炼图，对应大佛湾 21 号龛。笔者个人之见，认为这上下两层——即 3 号龛和 4 号龛其实是一体的，都是毗卢庵。因柳本尊无父母[③]，不提倡孝道，而赵智凤是孝子（席存著碑中言其“舍耳炼顶报亲”），乃在其教基础上加入了孝道思想，所以出现了略显古怪的组合。以毗卢庵（包括两层）的表现内容看来，大佛湾中仅仅北崖 14 ~ 21 号龛表现与其对应（2 号和 22 号龛的护法神与明王像只是代表一种守卫，与表达思想无关），其他内容与毗卢庵所表现的核心思想无涉。大佛湾南崖的千手观音、华严三圣、牧牛图、圆觉洞等内容均与小佛湾很难扯上关系，可能只是表示其兼收并蓄的“十方诸佛露家风”而已。说小佛湾是大佛湾之蓝本，笔者个人觉得显得太生硬，其实小佛湾与大佛湾应该都是表现其教派思想的传习场所而已，没有谁为谁的基础一说。

最后一点也最明显，前文中提到，小佛湾与大佛湾一样有未完工的作品，蓝本之说不击自破。

突破此“蓝本”之说，或许可以重新拓展视野。

三　从小佛湾碑文看赵氏系佛教何宗

前文已录小佛湾中“释迦舍利宝塔禁中应现之图碑”碑文，碑文落款为“嘉定十年四月一日庆元府阿育王山广利禅 / 寺住持传法臣僧道权谨书 /”，其具体信息不可不察。

僧道权，佛史无记。按，“阿育王山”在浙东路庆元府鄞县，《明史·地理志五》中载，“鄞倚。……东南有阿育王山”[④]，《舆地纪胜》卷 11《两浙东路·庆元府·古迹》下载：“释迦如来真身舍利塔 按寺碑云，东晋义熙初，以塔之出现肇创兹寺，梁武帝赐名阿育王。皇朝《内苑》云：‘钱镠曰：“释迦真身舍利塔见于鄞县，即阿育王所造八万四千塔之一也……”太平兴国初，俶献其地，太宗命取塔禁中，度开宝寺西北阙地造浮图十一级，下作天宫，以安舍利’……”嘉定十

---

① 前引书，《大足石刻铭文录》，第 211 ~ 214 页。

② 明人曹学佺的《蜀中广记》中云，“宝顶寺者，唐柳本尊仿吴道子笔意，环岩数里，凿浮屠像”，宝顶山造像显然不是唐朝之风物，此附会之说更证明在明代的时候，时人已经不清楚宝顶山造像的建造来历了。

③ 《唐柳本尊传》碑中载，“州城北有柳生瘿，久之，乃出婴儿”，前引书，《大足石刻铭文录》，第 207 页。

④ 《明史》卷 44《地理志五》。

年是宋宁宗掌朝时期，绍定四年为理宗时期，正史与佛史中笔者均未查到有宁宗和理宗“宣舍利宝塔入禁庭安奉”之记载（在赵汝愚所编《宋朝诸臣奏议》卷84《儒学门·释老》中倒是记载有仁宗朝曾迎舍利入宫供奉，臣僚所上奏议中有“嫔嫱炼臂、削发者甚众，喧传满街，无不惊骇”之语，此次行为遭到韩琦、蔡襄、余靖、钱彦远等大臣上疏反对）。明人田汝成的《西湖游览志馀·方外玄踪》中载：“杭州内外及湖山之间，唐已前为三百六十寺。及钱氏立国，宋朝南渡，增为四百八十。海内都会未有加于此者也。为僧之派有三，曰禅，曰教，曰律。今之讲寺，即宋之教寺也。嘉定间，品第江南诸寺，以余杭径山寺、钱塘灵隐寺、净慈寺、宁波天童寺、育王寺为禅院五山。钱唐中天竺寺、湖州道场寺、温州江心寺、金华双林寺、宁波雪窦寺、台州国清寺、福州雪峰寺、建康灵谷寺、苏州万寿寺、虎丘寺为禅院十刹。以钱唐上天竺寺、下天竺寺、温州能仁寺、宁波白莲寺为教院五山（实际只有四山——笔者注）。钱唐集庆寺、演福寺、普福寺、湖州慈感寺、宁波宝陀寺、绍兴湖心寺、苏州大善寺、北寺、松江延庆寺、建康瓦棺寺为教院十刹。杭州律院则昭庆寺、六通寺、法相寺、菩提寺、内外灵芝寺，不在五山十刹之列。”① 以此文观来，则阿育王山有真身舍利塔，阿育王寺（即广利禅寺）在嘉定间被品第为中国“禅院五山”之一。这块碑更暗示了赵智凤教派其实继自禅宗，在小佛湾毗卢庵内的左壁上刻有“六代祖师传密印”，笔者揣摩，“六代祖师”乃指禅宗六祖，并非多数研究者认为的柳、赵一派六位传人，其实牵强之说，不然为何赵智凤未留一字提及自己对于柳派的传承？至于此碑为何会立于小佛湾，据《宋史》卷88的《地理志四》中记，“绍熙五年，（明州）以宁宗潜邸，升为（庆元）府”，笔者认为，应是大足当地僧人（是否赵智凤等，不能确定）将“宁宗潜邸”所在地的佛家宝物复刻于大足。结合碑中“上祝皇王隆睿算△须弥寿量俞崇高/国安民泰息干戈△雨顺风调丰稼穑/”之句来看，当为僧人祈望官方庇佑并对信徒造成心理暗示有关，这与大佛湾内17号龛中复刻自“庐山西林乾明寺”的“三圣御制佛牙赞碑”功效是相同的。如果确为赵智凤等人所刻，则可能希望通过“御制”“禁中”等词汇表明自己受到皇家政权的承认，来提高自己在世俗中的地位；通过禅宗山林的碑文，来显示自己所继的法理正统。另，《禅宗无门关》一书的前言中说，杭州禅师慧开曾在绍定二年（1229年）为理宗祝寿，说明在绍定年间禅宗僧人或有过“为圣皇祝寿”之事，赵氏或跟风作此②。

大佛湾内17号龛中复制的《三圣御制佛牙赞碑》，其碑文记载“旧刻在庐山西林乾明寺”，乾明寺即西林寺，乃晋僧慧永所建，后在太平兴国年间为宋太宗赐额“太平兴国乾明寺”。乾明寺为何流派，以往研究者少有提及。据民国吴宗慈编《庐山志》卷2《山川胜迹·西林寺》中引《陆游游记》记载：“（西林寺）绍兴间方为禅居，正殿释迦像著宝冠，他处未见，僧云唐塑也。”③ 大足宝

① ［明］田汝成辑撰：《西湖游览志馀》卷14《方外玄踪》，上海：上海古籍出版社，1980年。

② 原文如下：“绍定二年正月初五日，恭遇天基圣节。臣僧慧开，预于元年十二月初五日，印行拈提佛祖机缘四十八则。祝延今上皇帝圣躬万岁万岁万万岁。皇帝陛下，恭愿圣明齐日月，叡算等乾坤。八方歌有道之君，四海乐无为之化。”《大正新修大藏经》第48册No. 2005《无门关》，CBETA电子佛典，2010年。但此说极为可疑，绍定二年宋理宗才24岁，即使祝寿当也不是为理宗。僧人之说多荒谬难信，姑备一资料以俟读者鉴别。

③ 吴宗慈编：《庐山志》卷2《山川胜迹·西林寺》，《中国佛寺史志丛刊》第2辑第19册，台北：明文书局，1980年。

顶山当是建于绍兴年后的，既然复刻西林禅寺的碑文，称其为密宗实在太过牵强。况且陆游游记中言“释迦像著宝冠”，与大足及周边安岳地区石刻中的诸多戴宝冠的佛像吻合，西林寺无记载为密宗僧人驻锡过，说明这种形象可能并非密宗独有。

当年由于杨家骆带领“乙酉考察团”来大足，匆匆下了“大足石刻主要是密教内容”的论断，之后一直沿用至今。现在更多研究者认为宝顶山造像中华严宗内容更多，开始逐渐推翻从前论断。笔者并非佛教考古出身，对此未敢置喙。但无论后人如何论定，当事人自身所述才是其本意。宝顶山中赵智凤时代的碑铭仅有“释迦舍利宝塔禁中应现之图碑”与复刻的“三圣御制佛牙赞碑”，其既然暗示继自禅宗山林，后人自不当强加自己观点於古人。

小佛湾现存有明隆庆五年（1571 年）“临济正宗记碑”，节录碑文如下：

“临济正宗记（额）

敕赐圣寿寺传灯记 /

【我朝扫胡元以】开天取渝【土于明氏棠城乃渝州】之属邑也……惟宝顶【称】/【诸山之甲考其开创始于】/【唐宣宗】大中九年【奉朝敕赐三道所以表佛迹之奇】/……唐宋开山历代祖师讳虽传灯有人而讳派失实粤稽】上古【传灯释迦首传迦叶次授阿难及二十八祖达摩初入东土一花五叶至六祖三十三祖方立】五家宗派【本寺乃临济派脉自始祖元亮系陕西平凉人氏洪武初年居此传灯无尽教海注洋第恐世远讳讹宗派拂紊谨将前代祖图后续发派暨各祖宗谱勒诸石焉则】兹石之【传于派者】/……

临济下二十一代祖僧会司僧会【元亮晓山铭海月舟监昭然】/ 妙△元极

……

大明隆庆五年岁在辛未【冬十二月之吉当代住持悟朝立】/”①。

此段文字中，我们可以读到“虽传灯有人而讳派失实”，说明由于赵氏未留下明显证据，明代僧人已不清楚其流派。然后提及禅宗六祖以及立字以为派系依据，临济宗乃禅宗分支，无须多言②。既然小佛湾宋代碑文和明代圣寿寺僧所立碑文都自认为禅宗，后人完全无必要将密宗加于其身。

也许更可以注意一下的是，在小佛湾的“毗卢庵”题名下，题有“虚空法界徧包含 / 只是毗卢

① 前引书，《大足石刻铭文录》，第 217 页。碑文今已漶失，【 】内字乃《大足石刻铭文录》据道光《大足县志》补入。

② 僧元亮，《补续高僧传》中卷 25 有载其生平：“元亮，字晓山，河南信阳萧氏子。诞夕室有光如昼，甫长，茹素诵佛，不为俗营。父携之宦游棠，遂家焉。棠宝林寺僧至福，道高一时，师礼而祝发，福示以禅要，有省。且指参古渝幽谷禅师，才入室，契如针芥，尘劳迸于一见，疑滞销于片言。洪武壬子，归棠建宝顶，大弘道化。时方选名德高流，有司以师闻，被诏住报恩，迁大慈，宸章屡降，有‘幽兰久隐棠林下，不觉微香泄九天’之句。师力求退院，久之乃赐还山。初蜀藩，请师入内庭说法，赠以金襕衣锡钵诸物，并上所锡赉。师受之存，为十方招提，始终不御也。尝有示徒颂曰：‘瓮里何曾走却鳖。虾跳元来不出斗。出世若无坚固心。六道轮回空自走’。庚辰十月十三日，忽索浴更衣危坐，时天净无云，日轮亭午。但闻轰雷三阵，圆光现于空际，其数如之。遂化去，荼毗，舍利如注。”《卍新纂续藏经》第 77 册《补续高僧传》卷 25，台北：新文丰出版社，1975 年。

一座庵/”，“虚空”与“法界”“徧包含”三个字或许不难理解，以往或许研究者也未多加注意；毗卢庵内的左右壁上题有“六代祖师传密印△十方诸佛露家风”，“十方诸佛”或也不尽是密教吧。《大方广佛华严经》卷4中有言：“是时，文殊师利菩萨承佛神力，观察大众，叹曰：‘快哉！今菩萨会为未曾有。诸佛子！当知佛刹不可思议，佛住、佛国、佛法、佛刹清净、佛说法、佛出世、佛刹起、诸佛阿耨多罗三藐三菩提皆不可思议。何以故？十方诸佛说法，知彼心行，随化众生，与虚空、法界等。何以故？此娑婆世界中，诸四天下教化一切种种身、种种名、处所、形色、长短、寿命、诸得、诸入、诸根生处、业报，如是种种，不同众生，所见亦异。何以故？诸佛子！此四天下佛号不同，或称悉达，或称满月，或称师子吼，或称释迦牟尼，或称神仙，或称卢舍那，或称瞿昙，或称大沙门，或称最胜，或称能度。如是等称佛名号，其数一万’。”① 赵氏一派这些自述的文字，研究者或当加以注意推敲。

在小佛湾的考察中，笔者和同事注意到，其后壁类似千佛壁中所刻形象，有佛像手持笛、箫等乐器者（图4），有佛持兵器者（图5），有佛旁有龙、虎者，还有佛像作罗汉状者（图6），笔者浅陋，以前在他处未曾见过如此造像，颇为不解。后查阅佛典，发现在《大方广佛华严经》卷26中言，“善男子！如是菩萨十种受生藏，一切菩萨无不从生。若诸菩萨为欲成就广大菩提，修习增长圆满此法，则能积集种种功德，于一庄严中出一切庄严，普遍庄严一切佛刹；示现变化种种威仪，普遍调伏诸众生界，尽未来劫无有休息。诸佛法海种种因缘，种种境界，展转流通相续不断，

图4 小佛湾后壁持各种乐器的佛像

① 《大正新修大藏经》第09册，CBETA电子佛典，2010年。

图 5 小佛湾后壁持兵器之佛像

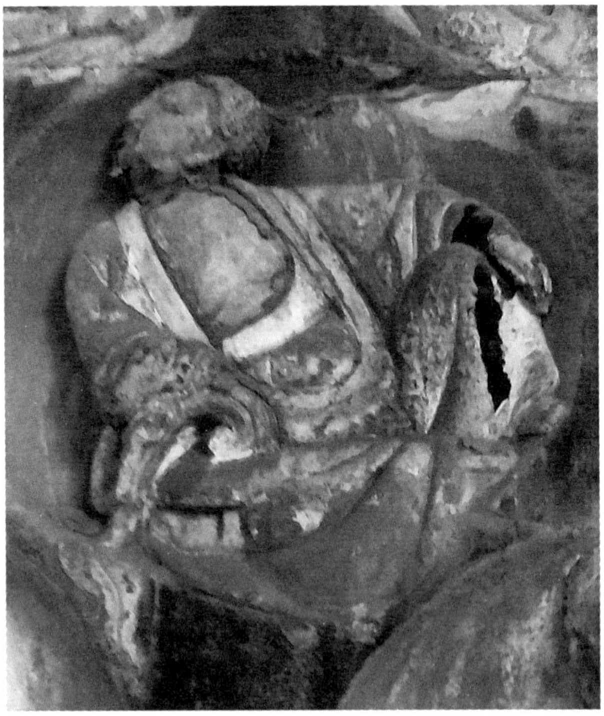
图 6 小佛湾后壁作罗汉状之佛像

现前觉悟无不周遍；现不思议佛自在力，普遍充满虚空法界；于诸众生心行海中，为摄取故而转法轮。普于十方一切世界诸如来所，亲近不舍，无量法云普遍现前，以清净音演诸法海；住一切处，所行无碍，以一切法妙光明网，庄严种种菩提道场；随诸众生心之乐欲，开演无边种种法藏，显示种种诸佛境界，随应开悟一切世间”①，其中“示现变化种种威仪，普遍调伏诸众生界，以清净音演诸法海”之说，小佛湾的后壁上所刻各种佛像当正是表现此中内容。依此看来，赵氏传法的内容中还有不少依自华严宗的内容。

笔者以为不能以某一正统宗派定义赵氏传承，其本人都只是“云游”，并无任何师派传承，自身也未明确记载源流。

四 总 结

综上所述，笔者认为，小佛湾乃是赵智凤最初回山所建的“本尊殿”，亦是其弟子传习之所。因其所立碑文中有为皇帝祝寿的内容，所以被后人称为“圣寿本尊殿”，并非赐额。其所源流，虽然有些许密宗和诸多华严宗内容，但自认为乃继钵禅宗。修建小佛湾的同时，也开凿了大佛湾，以此作为修行。在赵智凤 71 岁的时候，於碑文中刻“释迦涅槃……绍定四年”的字样，意味自己即将不久于人世（或已离世），所以后来有席存著在嘉熙年间为之作铭。因赵智凤离世，仅毗卢庵

① 《大正新修大藏经》第 10 册，CBETA 电子佛典，2010 年。

完工，大佛湾和小佛湾均未完工，与兵燹无关①。

附记：本文的观察点与资料应用，曾得到大足石刻研究院黎方银院长和研究中心米德昉主任的提醒与商榷，未敢掠人而专美于己，在此说明并表示感谢。但本文中皆为个人观点，与他人无涉，愿求赐教。

① 蒙古军队曾在端平二年（1235年）攻蜀，然自甘入蜀攻破成都后即弃走，《续通鉴》卷168中载："(十月)丙午，蒙古库端兵破宕昌，残阶州，攻文州。……略定龙州，遂与库端合兵，进破成都。会闻皇子库春薨，库端旋弃成都而去"。嘉熙三年（1239年），蒙古军再次攻蜀，《宋史纪事本末》卷93《蒙古连兵》中载："(嘉熙三年)，蒙古遂取汉、邛、简、眉、蓬州、遂宁、重庆、顺庆府，寻引还"，线路分别从南、北绕过了潼川府大部分地区，以此来看，蒙古军在嘉熙年间未入昌州。《宋史》卷450《忠义五·赵卯发传》中载："赵卯发，字汉卿，昌州人。淳祐十年，以上舍登第，为遂宁府司户、潼川签判、宣城宰。素以节行称"，即淳祐十年（1250年）昌州人都还可以参加科举，应未罹受兵燹；且《宋史》卷449《忠义四·许彪孙传》中载："景定二年，刘整叛，召彪孙草降文，以潼川一道为献"，则潼川府在景定二年（1261年）还基本应为完整。宝顶山建造止于兵燹之说亦无证据。

陕北明代石窟天井图案考察

李　静

内容摘要： 陕北明代洞窟保存着一批丰富多彩，且系统性较强的天井图案，这种情况在同时期中国独一无二。陕北明代石窟天井藻井、平棊，在当地宋金石窟天井的基础上发展而来，又在其上浮雕八卦符号、动植物及人物等图案，使其内容变得更加丰富精美。本文以四次实地调查为第一手资料，采用考古类型学方法，首先将陕北明代石窟天井布局分为圆形（或八角形）藻井＋地纹、方格平棊＋地纹、圆形（或八角形）藻井＋方格平棊＋地纹组合三种形式，然后逐一分析天井藻井与平棊细部图案及地纹因素，试图厘清陕北明代石窟天井图案的发展脉络和规律，为深入了解这一时期中国建筑天井布置和装饰提供借鉴。

关键词： 陕北　明代石窟　天井图案　藻井　平棊

Investigation of Grotto Ceiling Patterns of Ming Dynasty in North Shaanxi Province

Li Jing

Abstract: Numerous colorful and systematic ceiling patterns of Ming dynasty were kept in the grottos of North Shaanxi province, which was unique in the same historic period. The caisson and squared ceiling of grotto ceilings of Ming dynasty in North Shaanxi province was developed on the basis of local grotto ceilings of Song and Jin dynasties. Symbols of Eight Trigram, animals and plants and human beings were raised on it, which made its content more colorful and exquisite. Based on the first hand data collected from four times of field investigation and adopting the archaeological typology method, the layout of grotto ceilings of Ming dynasty were classified into three types such as circle/octagon caisson + background lines, squared ceiling + background lines and circle/octagon caisson + squared ceiling + background lines; fine patterns of ceiling caisson and squared ceiling and elements

作者：李静，江西省南昌市，330013，江西科技师范大学美术学院。

of background lines were analyzed one by one, trying to make clear the development path and rules of grotto ceiling patterns of Ming dynasty in North Shaanxi province and providing reference for further understanding of ceiling layout and decoration of Chinese architect during Ming dynasty.

Key words: North Shaanxi, grotto in Ming dynasty, ceiling pattern, caisson, squared ceiling

陕北明代石窟比较集中地分布在榆林市所属的府谷、神木、榆阳区、佳县、米脂、子洲、清涧，以及延安市所属的安塞、志丹、宝塔区、甘泉、富县等市县，大体处在明长城以南以东的沿线地方。诸多陕北明代洞窟保存着丰富多彩的天井图案，而且具有较强系统性，这种情况在同时期中国独一无二。可以借助陕北明代石窟天井图案，了解当时中国建筑天井的发展面貌。

陕北地区属于石灰岩地质结构，适合于采用浮雕形式制作石窟天井物像，已而这一地区保留了数量较多的石窟天井图案。陕北明代石窟天井，绝大多数作平面浮雕表现，个别为穹隆顶结构或施彩绘。在天井中间或中间偏后，一般正对主尊的位置，浮雕圆形或八角形藻井，或平棊，周围部分线刻规则或不规则地纹，个别者另浮雕图案。藻井与平棊作为天井的主体图案，内容丰富且精美，地纹用来辅助装饰天井又能填充空白。本文利用实地调查所得天井保存较好的44例明代洞窟进行分析，天井过于残破或其图案无法辨识的洞窟不在考察之列。

目前，学界有关陕北明代石窟的调查十分有限，披露资料少之又少，天井图案更没有引起足够重视。本文基于四次比较系统的实地调查资料[①]，采用考古类型学与美术史图像学结合的方法进行分类排比，先将相关天井图案资料按照布局整体分类，再对藻井与平棊细部内容逐项分析，从而阐明陕北明代石窟天井图案的内涵和基本特征，并揭示其发展变化的总体规律。

一 天井图案布局

（一）天井图案布局的类型

基于天井图案布局形式的差异，可分为圆形（或八角形）藻井＋地纹、方格平棊＋地纹、圆形（或八角形）藻井＋方格平棊＋地纹组合三种，前者数量多于后两者（表1）。

1. 圆形（或八角形）藻井＋地纹天井

圆形（或八角形）藻井＋地纹天井，即天井中心藻井轮廓作圆形或八角形，占据窟顶中间或中间偏后大部分壁面，藻井和外围绝大多数线刻规则或不规则地纹，个别或装饰其他图案。多出现在中小型洞窟，也见于大型洞窟。该天井布局洞窟有22例，占总数一半。

基于藻井形状差异，可细分为圆形藻井＋地纹天井和八角形藻井＋地纹天井两种，其中，圆

① 笔者一行于2006年、2007年、2012年、2014年四次调查陕北石窟，参加调查的有清华大学李静杰老师及研究生谷东方、范丽娜、陈红帅、廖苾雅、林志镐、齐庆媛、黄文智、王芳、杨筱、孙明利和笔者，还有台北艺术大学林保尧老师及其助手李冠畿、陈怡安、徐逸泓、蔡秉彰，以及首都博物馆研究员邢鹏。

形藻井＋地纹天井布局居多，是陕北明代石窟天井布局的主要流行形式，有18例，按由北而南的次序，洞窟实例有府谷千佛洞明代第2窟和第3窟（图1、2）、神木永兴寺明代第7窟（图3）、神木二郎山明代地藏洞（图4）、榆林红石峡明成化二十三年（1487年）第9窟（观音堂）、榆林红石峡明成化二十三年（1487年）第25窟（慈仁殿）（图5）、榆林红石峡明成化二十三年（1487

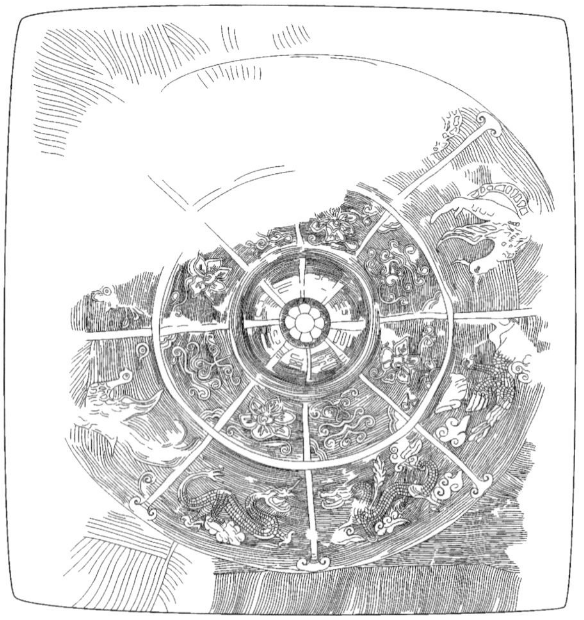

图1　府谷千佛洞明代第2窟天井图案线描图（笔者绘）

图2　府谷千佛洞明代第3窟天井图案线描图（笔者绘）

图3　神木永兴寺明代第7窟天井图案（陈怡安摄）

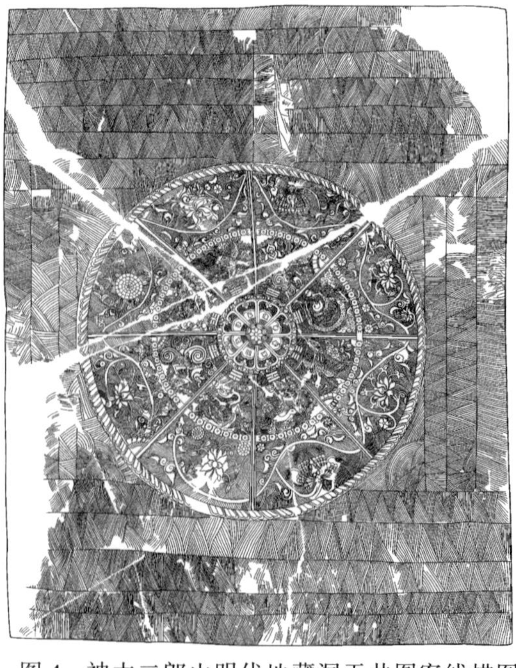

图4　神木二郎山明代地藏洞天井图案线描图（笔者绘）

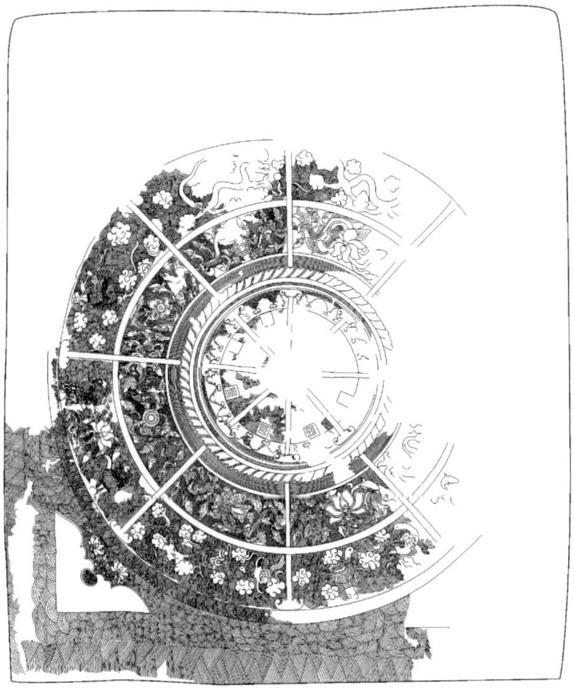

图 5　榆林红石峡明成化二十三年（1487 年）第 25 窟（慈仁殿）天井图案线描图（笔者绘）

图 6　榆林红石峡明成化二十三年（1487 年）第 26 窟（观音洞）天井图案线描图（笔者绘）

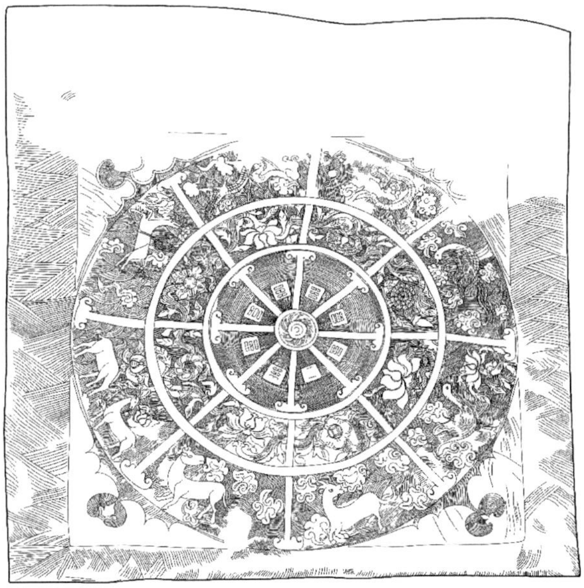

图 7　榆林红石峡明代第 20 窟天井图案线描图（笔者绘）

图 8　榆林万佛洞明代第 2 窟左窟天井图形藻井图案线描图（谷东方绘）

年）第 26 窟（观音洞）（图 6）、榆林红石峡明代第 20 窟（图 7），榆林万佛洞明代第 2 窟左窟（图 8）、佳县龙岩寺明代石窟、佳县上李家坬明代石窟（图 9）[①]、佳县暖泉沟明代石窟、米脂万佛洞明代北 1 窟（图 10）、子洲龙泉寺明代第 4 窟（图 11）和第 5 窟、安塞樊庄万佛洞明代第 3 窟（图 12）、

① 王富春：《中国·古代佳县石窟艺术》，西安：陕西旅游出版社，2009 年，第 217 页。

图 9　佳县上李家坬明代石窟天井图案

图 10　米脂万佛洞明代北 1 窟天井圆形藻井图案线描图（笔者绘）

图 11　子洲龙泉寺明代第 4 窟天井图案线描图（笔者绘）

图 12　安塞樊庄万佛洞明代第 3 窟天井图案线描图（笔者绘）

安塞剑华寺明代第 4 窟、志丹顺宁明代石窟（图 13）。八角形藻井＋地纹天井布局洞窟数量有限，共 4 例，洞窟实例有神木高家堡万佛洞明代第 2 窟（图 14）、佳县兴隆寺明代前期毗卢洞前廊（图 15）、延安清凉山明代第 3 窟（图 16）和富县石泓寺明嘉靖二十二年（1543 年）第 6 窟（图 17）。其中佳县兴隆寺明代前期毗卢洞属于前廊后室洞窟，即有前、后两个天井，在已知陕北明代石窟中仅此一例，前廊天井为八角形藻井。

2．方格平棊＋地纹天井

方格平棊＋地纹天井，即在天井中间，或中间偏前（或偏后）位置浮雕方格平棊，方格与外围绝大多数线刻规则或不规则地纹，个别浮雕三角形四隅。多出现在中小型洞窟。该天井布局共有 10 例，

图 13　志丹顺宁明代石窟天井图案（林保尧摄）

图 14　神木高家堡万佛洞明代第 2 窟天井八角形藻井图案线描图（谷东方绘）

图 15　佳县兴隆寺明代前期毗卢洞前廊天井图案线描图（笔者绘）

图 16　延安清凉山明代第 3 窟天井图案线描图（谷东方绘）

占总数五分之一以上，洞窟实例有榆林万佛洞明代第 2 窟右窟（图 18）、榆林红石峡明代前期第 7 窟（观音阁）（图 19）、佳县化云寺明嘉靖三十七年（1558 年）第 3 窟（图 20）、佳县龙泉寺明代第 3 窟（图 21）、米脂万佛洞明代南 1 窟和南 2 窟（图 22）、米脂五龙洞明代石窟（图 23）、清涧盘石岔明代石佛洞（图 24）、志丹孙家沟明代第 4 窟（图 25）和甘肃合水葫芦河边明代石窟（图 26）。其中，榆林万佛洞明代第 2 窟右窟，因石窟建造的原因，方格平棊形状不规则，其余均作规则方形或长方形。

3．圆形（或八角形）藻井＋方格平棊＋地纹天井

圆形（或八角形）藻井＋方格平棊＋地纹天井，即圆形（或八角形）藻井＋地纹与方格平棊＋

图 17　富县石泓寺明嘉靖二十二年（1543 年）第 6 窟天井图案线描图（笔者绘）

地纹两种天井布局的组合形式。多出现在超大型或大型洞窟。该天井布局共有 12 例，占总数的四分之一以上，洞窟实例有神木东山明万历二十年（1592 年）万佛洞（图 27）、神木永兴寺明代第 5 窟（图 28）、神木东山明天启元年（1621 年）三清洞（图 29）、榆林红石峡明万历四十年（1612 年）第 27 窟（沉心殿）（图 30）、榆林红石峡明代第 30 窟（图 31）、佳县兴隆寺明代前期毗卢洞后室（图 32）、米脂万佛洞明嘉靖年间（1522 ~ 1566 年）石窟（图 33）、子洲龙泉寺明代第 1 窟（图 34）、子洲龙泉寺明代第 3 窟（图 35）、志丹石坬庄明代石窟（图 36）、甘泉老君寺明代第 4 窟（图 37）和富县石泓寺明代第 9 窟（图 38）。除佳县兴隆寺明代前期毗卢洞后室天井为彩绘外，余者概为浮雕表现。仅神木东山明天启元年（1621 年）三清洞和富县石泓寺明代第 9 窟为八角形藻井＋方格平棊＋地纹天井布局，其余概为圆形藻井＋方格平棊＋地纹天井布局。

陕北明代石窟天井无论圆形（或八角形）藻井＋地纹、方格平棊＋地纹天井，还是圆形（或八角形）藻井＋方格平棊＋地纹天井，都是当地宋金石窟八角形（或圆形）藻井＋地纹天井与八角形（或圆形）藻井＋平棊天井布局形式的延续或重新组合，藻井亦是在宋金石窟天井圆形和八角形藻井结构的基础上，浮雕各种动植物图案改造而来，使其内容变得更加丰富。如延安清凉山明代第 3 窟天井穹隆顶八角形藻井，明显模仿地面土木结构殿堂鬬八藻井形制①，尤其外围高浮雕仿木斗拱的表现形式，直接仿照土木建筑斗拱雕刻，同样亦是陕北宋金石窟天井鬬八藻井在明代

① 《营造法式》卷八："造鬬八藻井之制，共高五尺三寸。其下曰方井，方八尺，高一尺六寸。其中曰八角井，径六尺四寸，高二尺二寸。其上曰鬬八，径四尺二寸，高一尺五寸。于顶心之下施垂莲，或彫华云卷，背内安明镜。其名件广厚，皆以每尺之径积而为法。"梁思成：《〈营造法式〉注释》，北京：三联书店，2013 年，第 242 页。

图 18　榆林万佛洞明代第 2 窟右窟天井图案线描图（谷东方绘）

图 19　榆林红石峡明代前期第 7 窟（观音阁）天井图案线描图（笔者绘）

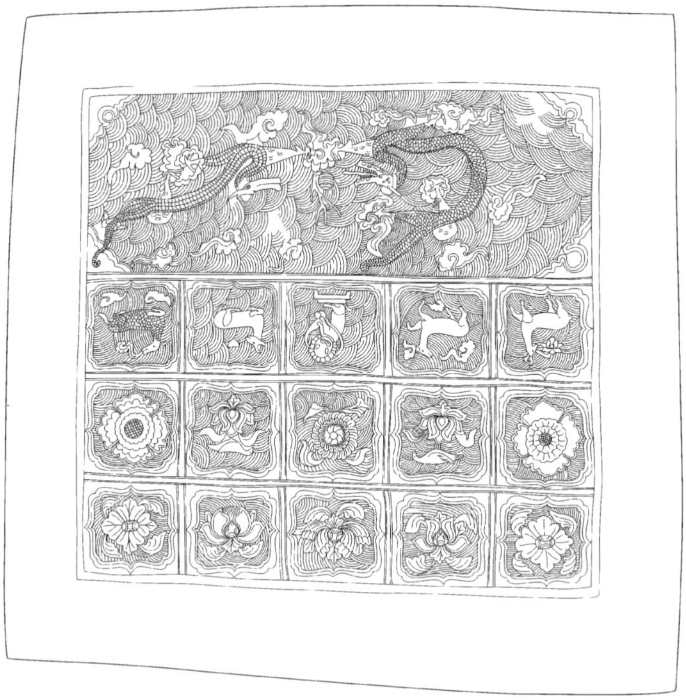

图20 佳县化云寺明嘉靖三十七年（1558年）第3窟天井图案线描图（笔者绘）

图21 佳县龙泉寺明代第3窟天井图案（陈怡安摄）

图 22　米脂万佛洞明代南 2 窟天井方格平棊图案线描图（笔者绘）

图 23　米脂五龙洞明代石窟天井方格平棊图案线描图（笔者绘）

图 24　清涧盘石岔明代石佛洞天井图案线描图（笔者绘）

图 25　志丹孙家沟明代第 4 窟天井图案线描图（黄文智绘）

图 26　合水葫芦河边明代石窟天井图案（李静杰摄）

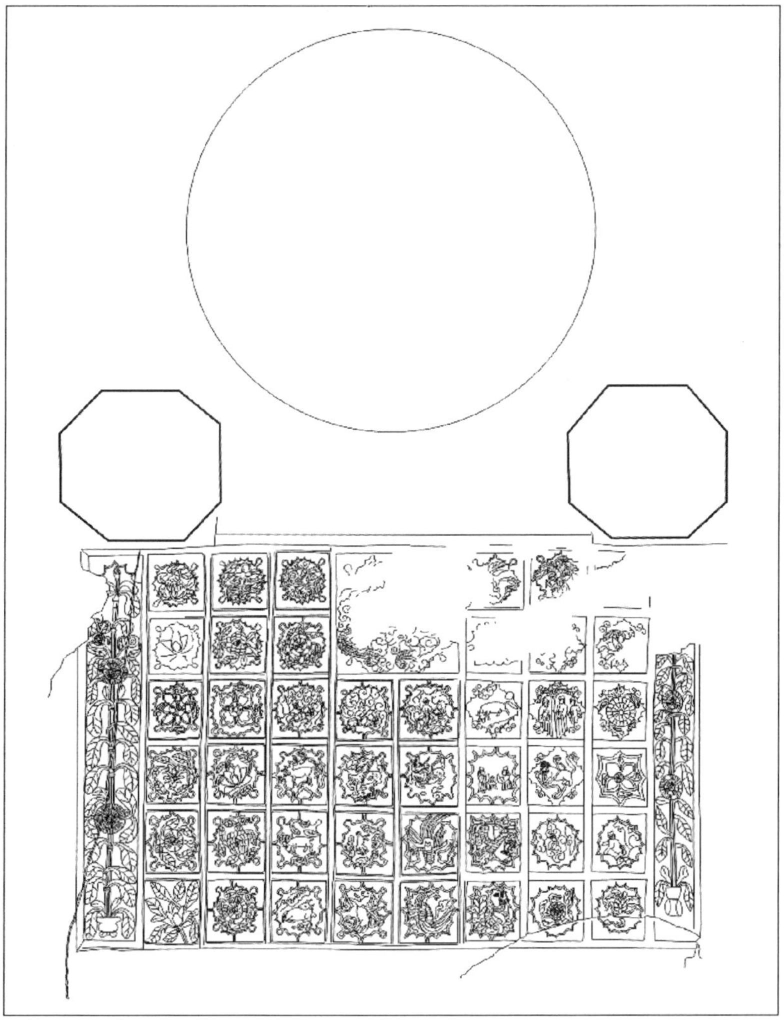

图 27　神木东山明万历二十年（1592 年）万佛洞天井图案线描图（黄文智绘）

图 28　神木永兴寺明代第 5 窟天井图案（陈怡安摄）

的延续与发展。

（二）天井图案布局的地方差异与时代特征

1．天井图案布局的地方差异

陕北明代石窟因每个洞窟所处的地方不同，天井图案雕刻的细部内容与风格存在着较强的地方性差异。基于天井图案雕刻的精细程度与风格不同，可分为细致具象与粗糙抽象两类。两类天井图案可分别从布局形式、细部表现、地纹表现三个方面阐述。

（1）细致具象类天井图案

细致具象的天井图案，最具代表的洞窟主要集中在神木县、榆阳区、佳县、米脂县、富县等地，洞窟实例有神木东山明万历二十年（1592 年）万佛洞、神木二郎山明代地藏洞、神木高家堡万佛洞明代第 2 窟、神木永兴寺明代第 5 窟和第 7 窟、榆林红石峡明成化二十三年（1487 年）第 9 窟（观音堂）、榆林红石峡明代第 20 窟、榆林红石峡明成化二十三年（1487 年）第 25 窟（慈仁

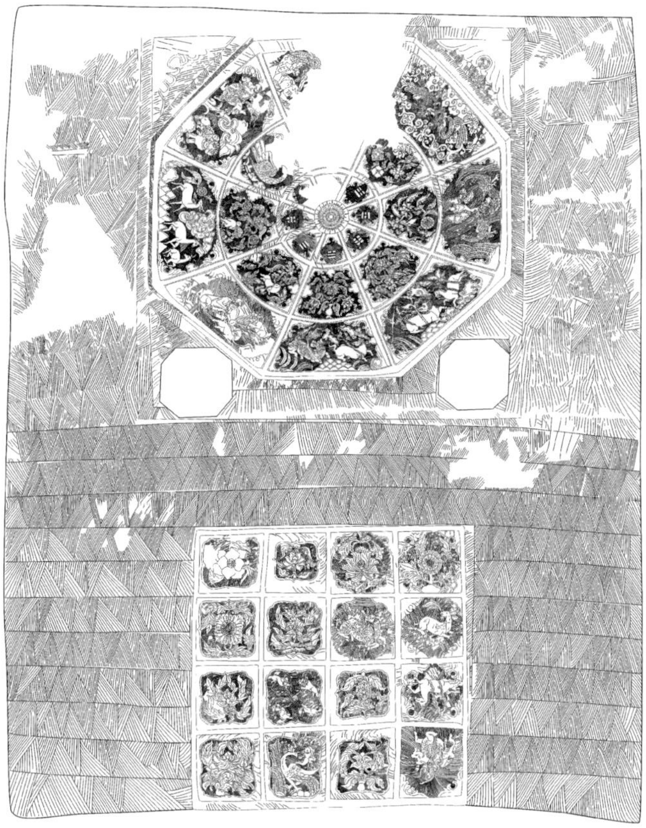

图 29　神木东山明天启元年（1621 年）三清洞天井图案线描图（笔者绘）

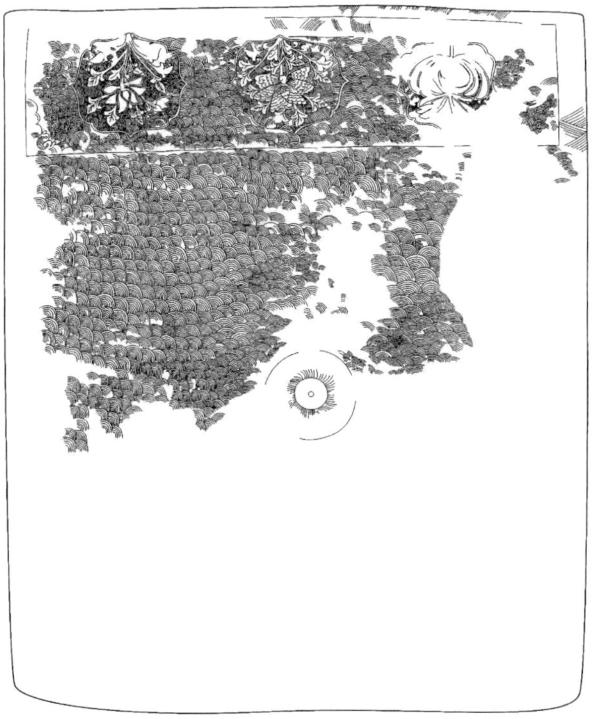

图 30　榆林红石峡明万历四十年（1612 年）第 27 窟（沉心殿）天井图案线描图（笔者绘）

图 31　榆林红石峡明代第 30 窟天井图案线描图（笔者绘）

图 32　佳县兴隆寺明代前期毗卢洞后室天井图案线描图（笔者绘）

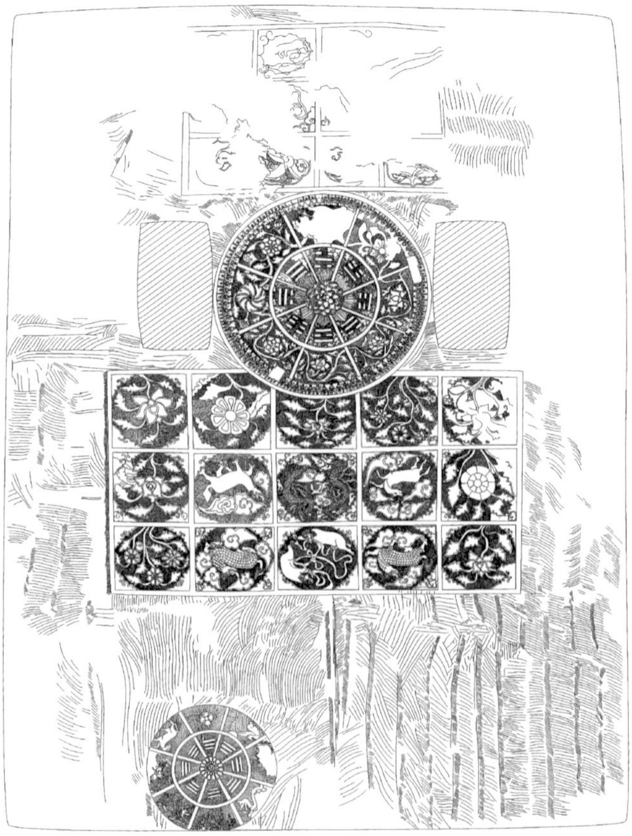

图 33　米脂万佛洞明嘉靖年间（1522 ~ 1566 年）石窟天井图案线描图（笔者绘）

图 34　子洲龙泉寺明代第 1 窟天井图案线描图（谷东方绘）

图 35　子洲龙泉寺明代第 3 窟天井图案线描图（黄文智绘）

图 36　志丹石坬庄明代石窟天井图案线描图（谷东方绘）

图 37　甘泉老君寺明代第 4 窟天井图案线描图（笔者绘）

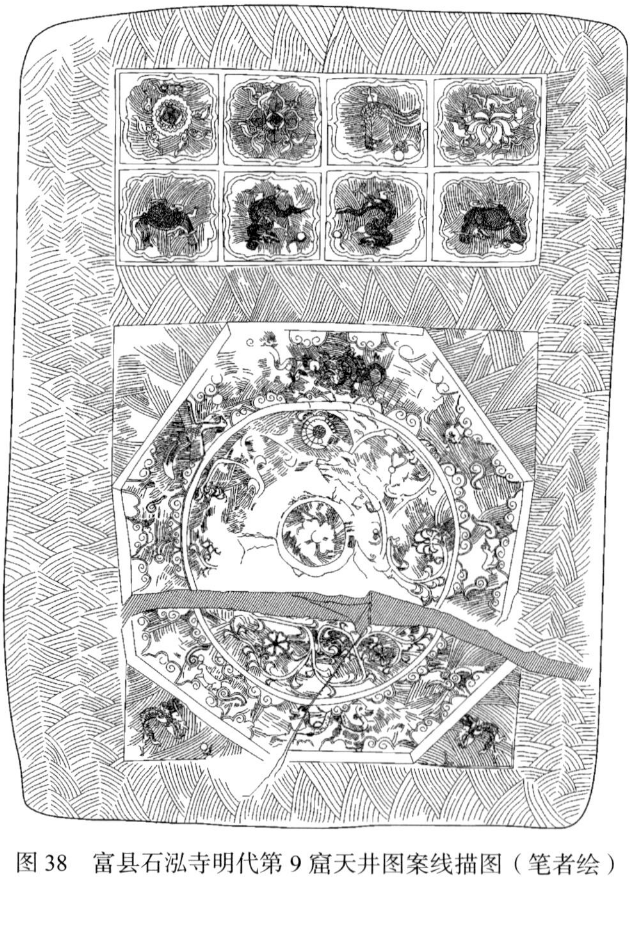

图 38　富县石泓寺明代第 9 窟天井图案线描图（笔者绘）

殿)、榆林红石峡明成化二十三年(1487年)第26窟(观音洞)、榆林红石峡明代第30窟(以上5窟下文简称“榆林红石峡五窟”)、佳县兴隆寺明代前期毗卢洞前廊和后室、米脂万佛洞明嘉靖年间(1522～1566年)石窟、富县石泓寺明嘉靖二十二年(1543年)第6窟和富县石泓寺明代第9窟(以上2窟下文简称“富县石泓寺两窟”)等。其中，榆林红石峡五窟与富县石泓寺两窟最具地方特色。

榆林红石峡五窟天井图案布局，除其中第30窟为圆形藻井+方格平棊+地纹组合外，其余均为圆形藻井+地纹天井布局。在藻井图案布局形式方面，榆林红石峡五窟均在天井中间位置浮雕圆形藻井，各窟藻井都表现三层同心圆装饰带，以莲花或圆形为中心，周围浮雕八条等分式放射条带，将每层圆形分割成八个扇形区域，从内向外每层分别表现八卦符号、植物图案、动物图案。圆形藻井周围四隅均浮雕花形底边等腰直角三角形，藻井图案之下与外围部分均线刻较为规则的地纹，整个藻井雕刻工整细致。

在图案细部表现方面，榆林红石峡五窟圆形藻井图案细部表现也十分相似。第二层均表现缠枝花卉植物图案，分别有侧面观和正面观的莲花、牡丹花、菊花。第三层均表现动物图案，分别有二龙戏珠、凤、麒麟、马、鹿等。

榆林红石峡五窟天井图案均以浮雕形式表现，刻画形象生动，细致入微。以保存最为完好的明成化二十三年(1487年)第26窟(观音洞)为例，藻井中心为圆形，之上浮雕上面观大莲花，莲心为空心圆，空心圆周围浮雕一圈垂直于圆心的小花瓣，在此之上又浮雕一圈逆时针方向倾斜式覆瓣莲花，动感十足。第一层，八条等分放射条带浮雕成具象的仿木圆柱形状，顶端仿木驼峰两侧外翻呈卷曲式，条带之间扇形区域内，或偏上或偏下浮雕小圆(或方)形，之上刻画八卦符号。第一层边缘再雕刻一圈逆时针方向倾斜式覆瓣莲花。第二层浮雕植物图案，具体表现为一枝藤蔓逆时针方向蔓延整层装饰带，各扇形区域以侧面观莲花为开端缠绕藤蔓展开，依次刻画侧面观牡丹花、上面观牡丹花、上面观菊花、侧面观莲花、上面观莲花、侧面观莲花和上面观牡丹花八个花卉纹。第三层浮雕动物图案，具体表现为以圆形藻井纵向中轴线为中心左右对称式排列，从后向前分别有二龙戏珠、丹凤朝阳、禽鸟、马，对称的每对动物形态几乎一致，在陕北明代石窟天井中仅此一例。每个扇形区域以动物为中心，周围大多浮雕祥云纹，个别浮雕其他装饰。位于藻井后部中间的二龙戏珠纹刻画尤其细致，二龙身雕刻在扇形中心区域，二龙头两两相对，嘴巴张开，身体呈波状，上面刻满鳞纹似蟒蛇，前、后各两腿呈八字形雕刻，身体周围环绕长长的飘带，周围雕刻朵朵祥云纹，二龙所戏的宝珠雕刻在藻井纵向中心轴等分放射条带上，设计巧妙。再次是左右对称的丹凤朝阳纹，凤鸟均呈侧面观，双脚直立，身体朝向龙纹方向，作回首状，面向太阳，腹部雕刻鳞状与条状羽毛，尾部有三根呈波状的长羽毛，每个羽毛刻画细致，周围雕刻五朵祥云纹。

在地纹表现方面，榆林红石峡五窟天井圆形藻井图案之下与外围部分，均线刻比较规则的鳞状与直线三角形地纹，用于填充空白并装饰天井。鳞状地纹一般表现在藻井图案之下和靠近藻井周围，其余部分线刻直线三角形地纹。

再如，富县石泓寺明嘉靖二十二年(1543年)第6窟和明代第9窟藻井图案，也具有鲜明的地方特色。在藻井布局形式方面，陕北明代石窟藻井图案布局绝大多数雕刻八条等分式放射条带，通向圆形（或八角形）边缘，圈内每层分割成八个扇形区域。而富县石泓寺两窟八角形藻井并未雕刻八条等分式放射条带。在图案排列顺序与细部表现方面，两窟八角形藻井中心均浮雕上面观莲花，第一层整圈均浮雕一枝缠枝花卉纹，分别呈逆时针与顺时针方向蔓延生长，茎蔓卷曲处分枝，一枝回卷，另一枝反向卷曲延伸，回卷各枝端均雕刻花卉纹，枝蔓上生出的卷曲叶片或大或小，自然优美。第二层均浮雕动物图案，其中，第6窟藻井第二层从残存痕迹来看应浮雕八条龙纹，现仅存四条完整者。第9窟第二层动物图案内容丰富，有二龙戏珠、凤、山羊等，装饰带上下边缘还雕刻许多像山或像祥云似的景物，将整层装饰带中每个动物联系在一起，构思巧妙。

（2）粗糙抽象类天井图案

粗糙抽象的天井图案，最具代表的洞窟主要集中在府谷县、子洲县、甘泉县等地。洞窟实例有府谷千佛洞明代第2窟和第3窟（以下简称“府谷千佛洞两窟”）、子洲龙泉寺明代第4窟和第5窟、甘泉老君寺明代第4窟等。其中，府谷千佛洞两窟天井雕刻抽象，最具地方特色。

在藻井布局形式方面，府谷千佛洞两窟天井中间位置均浮雕圆形藻井，圆形藻井均表现三层同心圆装饰带，以圆形为中心，周围浮雕八条等分式放射条带，从内向外每层分别表现八卦符号、植物图案、动物图案。藻井图案之下与外围部分均线刻较为规则的地纹。其藻井布局和图案内容，虽与细致具象类洞窟相比没有本质区别，但在雕刻手法上比较粗糙、概括。

在图案细部表现方面，府谷千佛洞两窟几乎一致，第二层均表现折枝花卉图案，花卉纹以长曲线形式表现，线条宽窄不均，线条弯曲度很不流畅，因雕刻过于概括抽象，花卉很难具体辨认。第三层均表现动物图案，有二龙戏珠、凤鸟等纹样，二龙作腾飞状，身上鳞片刻画不够整齐，头尾雕刻简陋，动作不太协调。凤鸟亦作飞翔状，双翼一前一后张开，尾部三根长羽毛或长或短，身上羽毛雕刻或大或小，较为凌乱，姿态僵硬呆板，雕刻比较粗糙。

在地纹表现方面，府谷千佛洞两窟天井圆形藻井图案之下与外围部分线刻长弧线地纹、直线地纹。长弧线地纹一般表现在藻井扇形区域内，弧线条刻画僵滞，线与线之间的间距也不均匀。外围部分线刻或垂直或倾斜于圆形藻井的直线地纹，规律性不强。

由此可见，榆林红石峡五窟、富县石泓寺两窟与府谷千佛洞两窟三地天井图案，无论从藻井布局设置、主体图案细部表现，还是地纹表现，同一地方石窟天井图案雕刻的风格与精细程度都十分近似，说明不同地方活动着各自的工匠班底，分别形成自身的雕刻风貌，这种情况自然与石窟施主经济实力关联。

2．天井图案布局的时代特征

在陕北明代石窟中具有明确纪年的洞窟，按时代顺序主要有神木东山明万历二十年（1592年）万佛洞、神木东山明天启元年（1621年）三清洞、榆林红石峡明成化二十三年（1487年）第9窟（观音堂）、榆林红石峡明成化二十三年（1487年）第25窟（慈仁殿）、榆林红石峡明成化二十三年（1487年）第26窟（观音洞）、榆林红石峡明万历四十年（1612年）第27窟（沉心殿）、佳县化云寺明嘉靖三十七年（1558年）第3窟、米脂万佛洞明嘉靖年间（1522 ~ 1566年）石窟，以及富县石泓寺明嘉靖二十二年（1543年）第6窟。其中，除榆林红石峡明成化二十三年（1487年）第9窟、第25窟和第26窟天井布局为圆形藻井＋地纹组合，佳县化云寺明嘉靖三十七年

（1558 年）第 3 窟为方格平棊＋地纹组合，余者概为圆形藻井＋方格平棊＋地纹组合。富县石泓寺明嘉靖二十二年（1543 年）第 6 窟与佳县化云寺明嘉靖三十七年（1558 年）第 3 窟为中小型洞窟，余者均属于超大型或大型洞窟[①]。

陕北明代天井完整并有明确纪年的洞窟数量不多，就有限的实例来看，15 世纪末叶，天井布局基本以圆形藻井＋地纹组合形式为主，布局突出大的圆形藻井，尽管此时少量实例中出现方格平棊，也只作为点缀。到 16 世纪以后，天井中圆形藻井面积逐渐减小，增加了横长方形方格平棊，且面积逐渐加大，天井布局出现了平棊与藻井前后相对等大排列的新布局形式。具体表现在 16 世纪初叶，天井出现了以小圆形藻井和横长方形密切交汇在一起的组合形式，典型实例为米脂万佛洞明嘉靖年间（1522 ~ 1566 年）石窟，此窟天井为两个圆形藻井＋两个方格平棊＋地纹组合形式，在陕北明代石窟天井中仅此一例。这两个藻井与平棊是有主次关系的，圆形藻井中主要的一个与方格平棊雕刻在天井中间位置，藻井与横长方形平棊部分交叠在一起，形成紧密相连的一个整体。次要的藻井雕刻在天井前端。到 16 世纪中叶、末叶，天井中的藻井与平棊渐渐分离，二者面积趋向大小相等，形成一种前后均衡对等组合形式，主次关系明显减弱。如神木东山明万历二十年（1592 年）万佛洞，天井中圆形藻井与横长方形平棊分离，横长方形平棊面积略大于圆形藻井，藻井与平棊形成相对均衡的组合形式。17 世纪初叶，藻井与平棊在天井中所占的面积大小几乎相等，平棊由原来的横长方形变成了规范的方形，与圆形藻井形成前后相对独立、对等的组合形式。典型实例为神木东山明天启元年（1621 年）三清洞，藻井与平棊在天井中各占据着前后近一半壁面，各自相对独立。

就以上有纪年陕北明代洞窟实例，可以看出其天井布局的大概发展情况，但因实例过少，且有纪年洞窟实例之间的时间连续性较差，不能形成一个完整、连贯的链条，难以确切说明这种变化构成陕北明代石窟天井布局的普遍规律，因此这一问题还需要进一步论证。

二　天井主体图案

（一）藻井与平棊图案排列形式

1. 圆形（或八角形）藻井图案排列形式

圆形（或八角形）藻井，绝大多数以莲花为中心，周围雕刻两圈或三、四圈同心圆装饰带，并雕刻八条等分式放射条带，通向圆形（或八角形）边缘，圈内每层分割成八个扇形区域，由内向外浮雕八卦符号、植物图案、动物图案，个别再浮雕人物，或动植物组合图案。多出现在中小型洞窟，也见于超大型洞窟。圆形藻井洞窟实例数量居多（表 1）。如前所述，富县石泓寺明嘉靖二十二年（1543 年）第 6 窟，以及富县石泓寺明代第 9 窟八角形藻井外围未雕刻八条等分放射条

---

① 关于陕北明代石窟的类型与规格，参见谷东方《陕北明代石窟形制和图像类型分析》，《石窟寺研究（第 7 辑）》，北京：科学出版社，2017 年，第 212～251 页。

带，即两层装饰带未进行区域分割，属于特殊情况。根据圆形（或八角形）藻井细部图案由内到外排列顺序不同，可以分为莲花＋八卦（或无）＋植物（或动物）＋动物（或植物），以及莲花＋八卦（或无）＋动植物（或动物、人物）＋动植物（或无）图案组合两种，以前者居多（表2）。

（1）莲花＋八卦（或无）＋植物（或动物）＋动物（或植物）图案组合

这种图案组合，即圆形（或八角形）藻井图案绝大多数以莲花为中心，外围大多浮雕三圈同心圆装饰带，个别浮雕两圈，图案由内向外从第一圈到第三圈分别浮雕八卦（或无）、植物（或动物）、动物（或植物）图案。基于主体图案排列顺序的细微差异，又可细分为莲花＋八卦（或无）＋植物＋动物，以及莲花＋八卦＋动物＋植物图案组合两种，前者居多。

① 莲花＋八卦（或无）＋植物＋动物图案组合

这种组合为圆形藻井主体图案的主要组合形式，实例共18例，其中15例表现八卦。富县石泓寺明代第9窟，八卦与莲花都雕刻在中心位置，比较特殊。藻井中心外围表现两层装饰带的洞窟8例，余者均表现三层装饰带。藻井中心未表现莲花的洞窟1例，榆林红石峡明代第30窟藻井中心表现圆形，圆形可能象征莲花，或是未雕刻完成的半成品效果，或是风化所致。甘泉老君寺明代第4窟藻井两层装饰带表现也较为特殊，中心表现上面观双层覆瓣大莲花，外围雕刻八条等分放射线，通向第一层同心圆形边缘，八个扇形区域浮雕八卦符号，第二层与第一层装饰带之间线刻一圈规则的直线三角地纹，第二层装饰带未分割八个扇形区域，其中浮雕较为纤细工整的卷草植物纹。神木永兴寺明代第7窟天井已被后世彩绘，藻井布局表现为莲花＋八卦＋植物图案排列组合，但从原初浮雕痕迹来看，藻井中心莲花外围应为两圈同心圆，莲花周围八卦应为后世彩绘。除以上特殊实例外，余者藻井图案布局均表现莲花＋八卦＋植物＋动物图案组合。

另外，榆林红石峡明成化二十三年（1487年）第9窟（观音堂）、榆林红石峡明代第20窟、榆林红石峡明成化二十三年（1487年）第25窟（慈仁殿）、榆林红石峡明成化二十三年（1487年）第26窟（观音洞）和安塞樊庄万佛洞明代第3窟五例，藻井中心外围由内向外均雕刻三圈同心圆，均表现为莲花＋八卦＋植物＋动物图案排列组合，圆形藻井周围均雕刻四个花形底边等腰直角三角形，三角形底边花形呈对称向心式，其中，榆林红石峡明成化二十三年（1487年）第25窟（慈仁殿）三角形花边中间位置雕刻两株对称式莲花，细致生动。

藻井图案布局中未雕刻八卦符号的石窟，仅见于佳县暖泉沟明代石窟、志丹顺宁明代石窟与富县石泓寺明嘉靖二十二年（1543年）第6窟，表现为莲花＋植物＋动物图案组合。

② 莲花＋八卦（或无）＋动物＋植物图案组合

这种组合实例有限。佳县兴隆寺明代前期毗卢洞后室与安塞剑华寺明代第4窟，藻井中心外围均雕刻两圈同心圆，表现为莲花＋八卦＋动物图案组合。佳县兴隆寺明代前期毗卢洞前廊和延安清凉山明代第3窟，两者天井均为穹隆顶结构，两者八角形藻井中心莲花周围均浮雕四圈装饰带，并浮雕八条等分放射状条带，前三圈浮雕相同顺序的图案，只有第四圈有所不同。前者第四圈一层浮雕植物花卉与动物图案，后者第四圈一层浮雕场景人物图案。

（2）莲花＋八卦（或无）＋动植物（或动物、人物）＋动植物（或无）图案组合

这种组合，即圆形（或八角形）藻井图案绝大多数以莲花为中心，外围大多浮雕两圈同心圆

装饰带，个别浮雕三圈，图案由内向外分别浮雕八卦、动植物或人物图案，个别无八卦符号。基于主体图案排列顺序的细微差异，又可细分为莲花＋八卦＋动植物（或动物、人物）＋动植物（或无），以及莲花＋动植物＋动植物图案组合两类。

① 莲花＋八卦＋动植物（或动物、人物）＋动植物（或无）图案组合

这种组合数量不多，其中，神木东山明天启元年（1621 年）三清洞属于超大型洞窟，藻井雕刻两圈同心圆图案，表现为莲花＋八卦＋动物、人物＋动植物组合。神木高家堡万佛洞明代第 2 窟八角形藻井雕刻三圈同心圆，第二圈以植物为主，还雕刻三只鸟雀，第三圈以动物为主，也雕刻了植物，主体图案表现为莲花＋八卦＋动植物＋动植物图案组合。子洲龙泉寺明代第 4 窟藻井莲花与八卦均雕刻在中心位置，因此中心莲花外围共雕刻两圈同心圆。米脂万佛洞明代北 1 窟藻井亦雕刻两圈同心圆，图案亦表现为莲花＋八卦＋动植物排列组合。

② 莲花＋动植物＋动植物图案组合

这种组合，典型洞窟实例有子洲龙泉寺明代第 3 窟和第 5 窟，两者藻井中心莲花外围均雕刻两圈同心圆，每层均间隔雕刻动物与植物图案。应为莲花＋八卦＋植物（或动物）＋动物（或植物）图案组合的一种简化形式。

（3）特殊图案组合

特殊图案组合，即圆形（或八角形）藻井图案布局打破以莲花为中心，周围雕刻一圈或两圈装饰带，图案不按一般化规律排列，仅见于榆林红石峡明万历四十年（1612 年）第 27 窟（沅心殿）、榆林万佛洞明代第 2 窟左窟和子洲龙泉寺明代第 1 窟。前者藻井风化严重，从残存痕迹看，中心圆形外仅雕刻一圈装饰带，装饰带中只刻画弧线地纹。

后两者天井圆形藻井中心均雕刻阴阳鱼，与周围八卦符号构成组合，榆林万佛洞明代第 2 窟左窟藻井中心阴阳鱼与第一层装饰带中八卦符号构成组合，第二圈装饰带扇形区域浮雕缠枝植物花卉纹，藻井边缘再浮雕数片覆式莲瓣。子洲龙泉寺明代第 1 窟藻井中心为阴阳鱼、八卦符号组合，外围浮雕一个正方形与另一个四十五度倾斜正方形相互交错，形成具八个三角又具等分八边高低错落的几何形，具有极强立体感，此类几何形也见于志丹顺宁明代石窟藻井周围（图 13）。

2．方格平棊图案排列形式

方格平棊，即在天井中间，或中间偏前，或中间偏后位置浮雕方格平棊，方格与外围大多线刻规则或不规则地纹，个别浮雕三角形四隅，多出现在中小型洞窟。基于方格平棊组织形式不同，可分为普通方格平棊与特殊方格平棊两种（表 3）。

（1）普通方格平棊

普通方格平棊，即诸方格大小几乎一致，多以横三排纵三或四或五列，抑或横四排纵三列或四列等，组成九、十二、十五、十六方格或更多，个别也表现单个或横三格。基于方格图案所形成的布局差异，可分为轴心左右对称式和二龙戏珠中心环绕式布局两种。

① 轴心左右对称式布局

轴心左右对称式布局，即平棊以中心格或中轴线或中间纵列或圆形藻井为中心轴，左右两侧格或纵列呈对称形式排列，各格浮雕植物或动物或动植物图案，这种布局是陕北明代石窟天井方

格平棊的主要流行形式。神木永兴寺明代第 5 窟、榆林红石峡明万历四十年（1612 年）第 27 窟（沉心殿）、榆林红石峡明代前期第 7 窟（观音阁）、榆林红石峡明代第 30 窟与甘泉老君寺明代第 4 窟，方格平棊均以中心格为轴心呈左右对称式布局。其中，后四者方格平棊均为横一排共三格，格内浮雕植物图案。神木永兴寺明代第 5 窟方格平棊横两排共十六格，后横排方格大于前横排方格，后排七格与前横排九格组成十六格，各格浮雕植物图案。

神木东山明天启元年（1621 年）三清洞与富县石泓寺明代第 9 窟，方格平棊以中轴线为轴心呈左右对称式布局，前者方格表现横四排纵四列共十六格，后者方格表现横两排纵四列共八格，格内均浮雕动、植物图案。佳县兴隆寺明代前期毗卢洞后室、子洲龙泉寺明代第 1 窟和第 3 窟、志丹石坬庄明代石窟，方格平棊以圆形藻井为轴心左右对称排列。佳县兴隆寺明代前期毗卢洞后室藻井周围彩绘方格平棊，前后各横一排，左右各一列，以圆形藻井为中心，前后或左右对称布局，除此窟天井彩绘表现外，其余均为浮雕表现。子洲龙泉寺明代第 1 窟和第 3 窟天井布局非常相似，圆形藻井的左右两侧各雕刻方格平棊，均为一列两格，第 1 窟方格内分别浮雕鹿、兔、燕动物图案，第 2 窟方格内分别浮雕龙、鹤与植物纹，因方格刻工粗糙，左侧一纵列方格没有明显划分，按排列格局来看，应与右侧对称。志丹石坬庄明代石窟藻井前、左、右三侧浮雕方格平棊，每侧各表现两排，因一半已风化具体格数不详。佳县龙泉寺明代第 3 窟与米脂万佛洞明代南 1 窟，方格平棊均以中间纵列为轴心左右对称，前者方格平棊横四排纵三列共十二格，中间纵列从后向前浮雕火焰宝珠、侧面观莲花、上面观牡丹与侧面观牡丹图案，左右两纵列均雕刻动物图案，从后向前有二龙、鹿、麒麟、牛以及鸽子。后者方格平棊横三排纵三列共九格，中间纵列浮雕动植物图案，左右两侧纵列浮雕植物图案。

志丹孙家沟明代第 4 窟方格平棊比较特殊，天井中间仅表现一个方格，格内雕刻一株上面观菊花纹，周围还雕刻花形底边等腰直角三角形四隅，刻工较为粗糙，在陕北明代石窟天井方格平棊中仅此一例。

② 二龙戏珠中心环绕式布局

二龙戏珠中心环绕式布局，即平棊以二龙戏珠为中心，周围环绕植物或动植物纹。代表洞窟有米脂万佛洞明嘉靖年间（1522 ～ 1566 年）石窟、米脂万佛洞明代南 2 窟和清涧盘石岔明代石佛洞，前者平棊表现横三排纵五列共十五格，后两者平棊均为横三排纵三列共九格。前两者均在二龙戏珠中心格周围环绕动植物纹，米脂万佛洞明嘉靖年间（1522 ～ 1566 年）石窟，平棊前横两排二龙戏珠周围五格浮雕狮子、麒麟、马等动物图案，前横两排左右两侧四格与后横排五格均浮雕侧面观或上面观的莲花、牡丹、菊花纹样。米脂万佛洞明代南 2 窟前横三格浮雕狮子、麒麟和马纹，其余浮雕莲花、牡丹花、菊花等植物纹。另外九方格左右两侧纵向各加刻窄长形条格，格内浮雕植物纹。清涧盘石岔明代石佛洞平棊方格以二龙戏珠为中心格，周围环绕浮雕莲花、牡丹花、石榴花等植物图案，前排左右两格浮雕圆形凸面，应为没有雕刻完成的半成品。

（2）特殊方格平棊

特殊方格平棊，即平棊中间横排或后横排或后排中间作大长方格，抑或大方格＋诸小方格组合布局。典型实例有榆林万佛洞明代第 2 窟右窟、佳县化云寺明嘉靖三十七年（1558 年）第 3 窟、米脂五龙洞明代石窟和合水葫芦河边明代石窟。基于平棊主体图案差异，可分为二龙戏珠领衔式和中心莲花领衔式布局两种。

① 二龙戏珠领衔式布局

二龙戏珠领衔式布局，即平綦中间横排或后横排大长方格（或方格）内，表现二龙戏珠作为领衔纹样，其余数小方格浮雕植物纹或动植物纹，个别浮雕场景人物。代表洞窟有榆林万佛洞明代第2窟右窟、佳县化云寺明嘉靖三十七年（1558年）第3窟、合水葫芦河边明代石窟，以及神木东山明万历二十年（1592年）万佛洞，其中前三者二龙戏珠均雕刻于平綦的大长方格内，而后者雕刻于大方格内。

榆林万佛洞明代第2窟右窟平綦中间横排大长方格浮雕二龙戏珠纹，前侧雕刻横两排纵四列八格，后侧雕刻横二排纵三列六格，小方格大多浮雕侧面观莲花，仅后排浮雕上面观牡丹花和菊花图案。佳县化云寺明嘉靖三十七年（1558年）第3窟和合水葫芦河边明代石窟平綦后横排大长方格内均浮雕二龙戏珠纹，大长方格均靠近后壁位置，正下方对应主尊佛像。其中佳县化云寺明嘉靖三十七年（1558年）第3窟平綦后横排大长方格二龙戏珠＋前横三排纵五列十五小方格组成十六格，由后而前第二横排小方格分别浮雕麒麟、狮子、马、鹿等动物图案，第三、四横排小方格分别浮雕牡丹花、菊花及侧面观莲花＋鸽子等图案。合水葫芦河边明代石窟平綦后横排一大长方格＋两横排纵三列共七格，前两横排小方格相间雕刻动物和植物图案，分别有上面观牡丹花、菊花、狮子、牛和凤鸟图案。方格外围四隅雕刻三角形底边卷曲纹，叠涩三角区域之间雕刻瓶花纹。

神木东山明万历二十年（1592年）万佛洞平綦后两排中间大方格浮雕二龙戏珠纹，大方格占四个小方格面积，周围小方格四十四格，诸小方格内浮雕植物、动物、人物、人物骑马等图案。

② 中心莲花环绕式布局

中心莲花环绕式布局，仅见于米脂五龙洞明代石窟，即在平綦中间位置浮雕大莲花，其余诸小方格或长方格浮雕植物与动物图案，以莲花为中心环绕式组合排列。平綦中间纵列所占面积大小为左右两侧纵列的两倍，中间纵列中央大方格内浮雕上面观大莲花，大方格前后为大长方格，两侧左右纵列为小方格，中间前后两长格与左右两列八格分别浮雕莲花、牡丹花、飞禽、马等动植物图案。

就方格平綦天井布局而言，无论普通、特殊方格平綦，基本结构没有本质区别。中大型洞窟多表现等分式小方格布局的普通平綦，小型洞窟多表现一大方格与诸小方格布局的特殊平綦，方格之内或方格外围绝大多数线刻规则或不规则地纹。陕北明代石窟天井平綦方格＋地纹天井布局形式，亦是当地宋金石窟天井八角形（或圆形）藻井＋平綦天井的一种简化形式，平綦方格内浮雕各种装饰图案，则是宋代土木结构殿堂天井平綦“贴络华文”装饰的一种延续，但因时代变迁与当地文化的融入，明代石窟平綦装饰图案更加趋向世俗化、民间化。

（二）藻井与平綦细部图案

藻井与平綦作为天井图案的主体部分，内容丰富且精美。圆形（或八角形）藻井以莲花为中心，周围雕刻二圈或三、四圈同心圆装饰带，每圈由内向外分别浮雕八卦符号、植物图案、动物或动植物组合图案，个别浮雕人物图案。平綦方格图案除未雕刻八卦符号外，其余与藻井细部图案内容大体一致，仅在布局形式上有所差异。基于两者细部图案种类差异，可分为八卦符号、动物图案、植物图案和人物图案四类，而八卦符号仅雕刻于藻井中。

1．八卦符号

八卦[①]，即《周易》所述八卦符号，分别是乾☰、兑☱、离☲、震☳、巽☴、坎☵、艮☶、坤☷。八卦符号是陕北明代石窟天井中主要流行且最具特色的图案形式。通常雕刻在藻井中心莲花周围，多以浮雕形式表现，个别施彩绘（表2）。因藻井布局八条等分放射条带雕刻位置差异，八卦符号排列具体位置也有所不同，可分为中轴线左右对称式和中心点环绕式两种（表5）。

基于保存完好洞窟八卦符号排列次序可知，离、坎一般分居前、后两端，也就是说离卦朝向窟门方向，坎卦朝向后壁方向。根据后天八卦解释离卦代表正南，坎卦代表正北[②]。陕北明代石窟多依山势开凿，窟门方向不一，而八卦符号配置比较统一，这应是以窟门所在方向为南方或假想南方的结果，与陕北宋金石窟情况一致[③]。由此看来，离、坎二卦有明确的方位指向。

乾、坤居左右侧不定（以洞窟自身方向为基准确定左右方位）[④]，其余诸卦也没有明确排列规律，这种情况说明陕北明代石窟天井八卦符号雕刻比较随意。值得注意的是，已知三例洞窟的八卦符号中各有2个符号重复出现，府谷千佛洞明代第3窟重复艮☶、榆林红石峡明成化二十三年（1847年）第26窟重复坤☷、子洲龙泉寺明代第4窟重复坎☵，这种情况应该是匠人雕刻失误所致。

因八卦符号亦象征节气，根据节气春耕秋收，人们亦用此以祈求“风调雨顺”“除凶避灾”[⑤]和“求天得子”[⑥]，表达了人们对美好生活的追求与向往。

---

① 八卦传说伏羲所造，它是中国古代论述万物变化的图形。用“一”代表阳，用“- -”代表阴，用三个这样的符号，组成八种排列形式，称为八卦。每一卦形代表一定的事物。乾→天，坤→地，坎→水，离→火，震→雷，艮→山，巽→风，兑→泽。八卦互相搭配又得六十四卦，以推测自然和社会的变化及人事现象，具有朴素的辩证法思想。其中乾、坤阴阳两卦最重要，是自然界和人类社会一切现象的最初根源。《易经》认为世上万物都是由阴阳两大因素相互作用而产生的。古人常用八卦、太极图作为除凶避灾的吉祥图案。

② 八卦类别有三种，传说记述先天八卦出自伏羲，后天八卦出自文王，中天八卦出自卫元嵩。后天八卦图又称文王八卦图，以震卦为起始点，位列正东。按顺时针方向，依次为东南巽卦、正南离卦、西南坤卦、正西兑卦、西北乾卦、正北坎卦、东北艮卦。

③ 李静杰：《唐宋时期三佛图像类型分析》，《故宫学刊》第4辑，北京：紫禁城出版社，2008年，第308～341页。

④ 在先天八卦图中，坤、震、离、兑居左，坤为母，乾、巽、坎、艮居右，乾为父。先天八卦讲相对关系，即把八卦代表的天、地、风、雷，山、泽、水、火八类物象分为四组，以说明它的阴阳对峙关系。《周易说卦传》中将乾、坤两卦相对，称为天、地定位；震、巽两卦相对，称为雷、风相薄；艮、兑两卦相对，称为山、泽通气；坎、离两卦相对，称为水、火不相射。

⑤ 如象征节气，则震为春分，巽为立夏，离为夏至，坤为立秋，兑为秋分，乾为立冬，坎为冬至，艮为立春。

⑥ 《周易说卦传》曰：“乾、天也，故称乎父。坤、地也，故称乎母。震一索而得男，故谓之长男。巽一索而得女，故谓之长女。坎再索而得男，故谓之中男。离再索而得女，故谓之中女。艮三索而得男，故谓之少男。兑三索而得女，故谓之少女”。

2．动物图案

（1）龙纹

龙纹，是陕北明代石窟天井中常见的动物图案，通常雕刻在圆形或八角形藻井装饰带或方格平棊中，个别表现在靠近天井前壁位置，绝大多数以浮雕形式表现，个别者施彩绘。表现龙纹的洞窟共有 33 例，其中仅佳县兴隆寺明代前期毗卢洞后室一例为彩绘（表 4）。古人认为龙是最高的神瑞，具有至高无上的地位，称为百兽之尊[①]。在封建社会中龙纹一直代表神威和力量，是帝王的象征，实际应用中通常亦代表一种权威或势力。因此，龙纹通常雕刻于天井圆形（或八角形）藻井或方格平棊靠近中心，或其他重要的位置，龙纹正下方对应主尊，或在主尊前上方，雕刻位置也体现了龙纹的重要性。

基于龙纹组合形式差异，可分为双龙纹和单龙纹，以前者居多。

① 双龙纹。因其细部表现差异，又有二龙戏珠和双龙对舞之别。二龙戏珠通常浮雕于天井圆形（或八角形）藻井靠近后壁位置，或平棊方格中间或中间偏后。其中神木高家堡万佛洞明代第 2 窟、榆林红石峡明成化二十三年（1487 年）第 25 窟、榆林红石峡明成化二十三年（1487 年）第 26 窟、榆林红石峡明代第 20 窟和安塞樊庄万佛洞明代第 3 窟，天井圆形藻井靠近后壁两个扇形区域均浮雕二龙戏珠，二龙两两相对，龙身均作侧面观表现，龙首抬起，身体呈横向 S 字形，周围环绕飘带和祥云，龙足两前两后作奔腾姿势，动作洒脱流畅，二龙中间雕刻一颗火焰宝珠。榆林红石峡明成化二十三年（1487 年）第 26 窟（图 39），以及安塞樊庄万佛洞明代第 3 窟（图 40）第三圈装饰带靠近后壁扇形区域均雕刻二龙戏珠，二龙中间的火焰宝珠雕刻在放射条带上，构思巧妙。米脂万佛洞明代北 1 窟和子洲龙泉寺明代第 4 窟天井藻井中亦表现二龙戏珠，雕刻于三个扇形区域，中间浮雕火焰宝珠，左右两侧扇形区域浮雕飞舞的龙纹（图 10、11）。

在平棊方格内也经常表现二龙戏珠纹，清涧盘石岔明代石佛洞平棊中间方格浮雕两条龙戏耍一颗火焰宝珠（图 24），双龙雕刻于方格内，为了适应方格形制将双龙上下对角排列，上为降龙，下为升龙。佳县龙泉寺明代第 3 窟平棊方格为横四排纵三列共十二格，后横排中间浮雕火焰宝珠，左右两格浮雕龙与祥云纹。再如，榆林万佛洞明代第 2 窟右窟、佳县化云寺明嘉靖三十七年（1558 年）第 3 窟与合水葫芦河边明代石窟，三窟平棊方格属于一大长方格＋数小方格特殊平棊布局，二龙戏珠纹均雕刻在大长方格内，两龙基本呈左右对称式，龙首或正或转，身尾弯（或卷）曲，张牙舞爪，极具动感。

双龙对舞纹，以神木东山明万历二十年（1592 年）万佛洞、神木东山明天启元年（1621 年）三清洞（图 41）和神木永兴寺明代第 5 窟（图 42）为代表。龙纹雕刻于扇形区域或方格内，双龙或头部两两相对，或两两相反转头，或左顾右盼，身尾弯（或卷）曲，张牙舞爪，呈舞动感。

② 单龙纹。以神木永兴寺明代第 5 窟、佳县兴隆寺明代前期毗卢洞前廊、安塞剑华寺明代第 4 窟和志丹顺宁明代石窟为代表。单龙纹通常浮雕于天井圆形或八角形扇形区域内，无明显配置规律。姿态多变，或上冲或下俯或卷曲。其中神木永兴寺明代第 5 窟天井圆形藻井中龙纹比较特殊

① 班昆编：《中国传统图案大观（一）》，北京：人民美术出版社，2002 年，第 2 页。

图 39　榆林红石峡明成化二十三年（1487 年）第 26 窟天井藻井后部浮雕二龙戏珠纹线描图（笔者绘）

图 40　安塞樊庄万佛洞明代第 3 窟天井藻井后部浮雕二龙戏珠纹线描图（笔者绘）

图 41　神木东山明天启元年（1621 年）三清洞天井藻井浮雕二龙对舞纹线描图（笔者绘）

（图 43），龙身横跨两个扇形区域，头部略圆，呈上冲之势，下颚较长，特别是上颚端肌肉发达，高高突起，张牙舞爪，动感十足。龙的各个部位雕刻细致入微，其重要性显而易见。人们把龙奉为吉祥神物，赋予智慧、长寿、威严与权贵的内在寓意，加以信仰、礼奉。陕北明代石窟天井中大量使用龙纹图案，无外乎借用传统神话内容宣扬佛教的神圣、庄严。

图 42　神木永兴寺明代第 5 窟天井藻井浮雕二龙对舞纹（陈怡安摄）

图 43　神木永兴寺明代第 5 窟天井藻井浮雕单龙纹（陈怡安摄）

（2）凤纹

凤纹或凤鸟纹，亦是陕北明代石窟天井中常见的动物图案，通常雕刻于圆形（或八角形）藻井装饰带或平棊方格内，实例较多。绝大多数以浮雕形式表现，仅佳县兴隆寺明代前期毗卢洞后室一例为彩绘（图 44）。因凤是仅次于龙的吉祥神物，又是百鸟之王，皇后的代名词，以其特殊的地位，在陕北明代石窟天井中通常雕刻于龙纹的左右，用以体现其瑞鸟的意味。基于凤纹姿态不同，可以分为飞翔式凤纹与站立式凤纹两种形式，以前者居多。

图 44 佳县兴隆寺明代前期毗卢洞后室天井平棊方格彩绘凤纹线描图（笔者绘）

① 飞翔式凤纹，以展翅飞翔的姿态表现，头部或正或转，颈部羽毛或长或短，尾部或弯或直，双翅展开或向前或向上作飞翔状。其中，安塞樊庄万佛洞明代第 3 窟天井飞翔式凤纹雕刻最为精美细致（图 12），形象的凤头转向身体方向，颈部长长的羽毛错落有致，身体与展开的双翼上雕刻精致的羽毛，凤尾细长呈波浪状弯曲，将凤的灵动与优美表现得淋漓尽致。

② 站立式凤纹，站立式凤纹，以双脚站立的姿势表现，头部转向身体方向，抑或面朝太阳，尾部或自然垂下，或向上翘起。画面组成具有吉祥寓意的“丹凤朝阳”构图，比喻贤才赶上好时机，也是传统图案中象征吉祥的常见题材，寓有完美、吉祥、前途光明的含义。榆林红石峡明成化二十三年（1487 年）第 25 窟（慈仁殿）（图 45）、榆林红石峡明成化二十三年（1487 年）第 26 窟（观音洞）（图 46）和榆林红石峡明代第 20 窟（图 47）中的凤纹雕刻最为精美细致，凤鸟颈、腹部的羽毛或大或小均匀排列，尾部三根长长的波状羽毛，雕刻细致入微。

（3）麒麟纹

麒麟纹[①]，亦是陕北明代石窟天井中常见的动物图案，通常浮雕于圆形（或八角形）装饰带或平棊方格内。因麒麟是中国“四灵”麟、凤、龟、龙之一，通常雕刻在龙纹或凤纹相邻的位置。基于麒麟纹细部图案差异，可分为麒麟纹与火麒麟纹两种形式，以前者居多。

图 45 榆林红石峡明成化二十三年（1487 年）第 25 窟（慈仁殿）天井藻井浮雕丹凤朝阳纹线描图（笔者绘）

① 麒麟，古代传说中的动物。一般作鹿状，独角，全身有鳞甲，尾像牛。

图 46　榆林红石峡明成化二十三年（1487 年）第 26 窟（观音洞）天井藻井浮雕丹凤朝阳纹线描图（笔者绘）

图 47　榆林红石峡明代第 20 窟天井藻井浮雕丹凤朝阳纹线描图（笔者绘）

麒麟纹，实例主要以榆林红石峡明成化二十三年（1487 年）第 9 窟（观音堂）、米脂万佛洞嘉靖年间（1522 ~ 1566 年）石窟、神木东山明万历二十年（1592 年）万佛洞、榆林红石峡明代第 30 窟、佳县兴隆寺明代前期毗卢殿前廊、米脂万佛洞明代南 2 窟和富县石泓寺明代第 9 窟为代表。麒麟多昂首转身，个别作仰天长啸状。目瞋口张，颈短而阔，鬃毛向上或直或弯。兽身厚实，其上鳞纹排列有序，极富装饰韵味。四肢或略弯呈奔跑状，或卧地呈俯卧状，动感极强。

火麒麟纹，兽身多以缠绕火焰纹，或麒麟面向前方雕刻日月纹表现。主要以神木东山明天启元年（1621 年）三清洞、佳县上李家坬明代石窟和安塞樊庄万佛洞明代第 3 窟为代表。前者天井八角形藻井第三圈装饰带有三个扇形区域各浮雕一火麒麟，其中两只麒麟昂首转身，腹部缠绕两条长长的火焰，作跪膝伏地状（图 48、49），另一只麒麟昂首向前，腹部亦缠绕两条长长的火焰，作向前奔跑状（图 50）。佳县上李家坬明代石窟和安塞樊庄万佛洞明代第 3 窟天井麒麟面向前方雕

图 48　神木东山明天启元年（1621 年）三清洞天井藻井浮雕火麒麟之一线描图（笔者绘）

图 49　神木东山明天启元年（1621 年）三清洞天井藻井浮雕火麒麟之二线描图（笔者绘）

图 50　神木东山明天启元年（1621 年）三清洞天井藻井浮雕火麒麟之三线描图（笔者绘）

刻月亮纹（图 51、52），组成“麒麟生辉”的吉祥寓意。麒麟和龙凤一样，都是古人为了某些精神寄托，出于对美好生活的向往而创作出来的祥瑞。麒麟文化又是中国的传统民俗文化的一种，传说中，麒麟性温良①，为仁兽，是吉祥的象征，能为人带来子嗣②。如麒麟送子，就是中国旧时生育

图 51　佳县上李家坬明代石窟天井藻井浮雕麒麟望月纹
（引自王富春《中国·古代佳县石窟艺术》第 219 页）

图 52　安塞樊庄万佛洞明代第 3 窟天井藻井浮雕麒麟望月纹线描图（笔者绘）

① “不覆生虫，不折生草”，头上有角，角上有肉，“设武备而不用”，因此被认为是“仁兽”，是圣王之“嘉瑞”。

② 相传孔子将生之夕，有麒麟吐玉书于其家，上写“水精之子孙，衰周而素王”，意谓他有帝王之德而未居其位。此虽伪说，实为“麒麟送子”之本源，见载于东汉王充《论衡·定贤》及晋王嘉《拾遗记》。民间有“麒麟儿”或“麟儿”之美称。

民俗，曾在汉朝武帝时将麒麟与才贤之士连在一起，使麒麟象征有贤才的子孙，因此亦成为能赠子嗣的送子神灵，具有送子贤才的吉祥寓意。

（4）狮子纹

狮子纹，亦是陕北明代石窟天井中常见的动物图案，通常浮雕于圆形（或八角形）藻井装饰带或平棊方格内（表4）。狮子身躯强健，双目圆睁，鬃毛竖直，宽嘴高鼻，多以嘴咬绣球丝带，作争抢或舞动状。狮子作为百兽之王，其威武凶猛的体态令人敬畏，继而崇拜。人们希望用狮子威猛的气势降魔驱邪，护法镇宅。狮子在佛教中作为智慧的化身，具有护法的功能。基于狮子纹组合形式的差异，又可分为双（或三、四）狮纹与单狮纹，以前者居多。

① 双（或三、四）狮纹

双狮纹，实例主要以神木高家堡万佛洞明代第2窟、佳县兴隆寺明代前期毗卢洞前廊、米脂万佛洞明嘉靖年间（1522～1566年）石窟和米脂万佛洞明代南2窟为代表。双狮或一上一下呈中心环绕式，作争抢舞动绣球状。或双狮各后肢坐地，前肢扶绣球状，左右对称表现。

三、四狮纹，仅见于神木东山明天启元年（1621年）三清洞（图53、54）。该窟天井分别表现三个和四个狮子纹，圆形藻井扇形内雕刻三狮，方格内四狮雕刻于四角，中间均为绣球，三、四狮均嘴咬绣球丝带，作激烈争抢状。

图53 神木东山明天启元年（1621年）三清洞天井藻井浮雕三狮纹线描图（笔者绘）

② 单狮纹

单狮纹，实例主要以佳县化云寺明嘉靖三十七年（1558年）第3窟、神木东山明万历二十年（1592年）万佛洞和合水葫芦河边明代石窟为代表。狮子或昂首阔步作仰天长啸状，或呈奔跑姿势嘴咬飘带作舞动状，或呈站姿前足握飘带作玩耍状（图55），生动有趣。

陕北明代石窟天井中动物图案除上述常见的龙、凤、麒麟与狮子纹外，还雕刻马、鹿、牛、

图 54 神木东山明天启元年（1621 年）三清洞天井平棊方格浮雕四狮纹线描图（笔者绘）

图 55 佳县化云寺明嘉靖三十七年（1558 年）第 3 窟天井平棊方格浮雕单狮纹线描图（笔者绘）

鸟、兔、鸽、狗、猴等动物纹，这些形态各异的动物图案雕刻在天井藻井与平棊中，不仅具有装饰作用，同时运用各种动物的特殊含义，隐含着吉祥寓意，同时宣扬了佛教的神圣与庄严。

3．植物图案

（1）莲花纹

莲花纹，是陕北明代石窟天井中最常见的植物图案，通常浮雕于圆形（或八角形）藻井中心或装饰带或平棊方格内。陕北明代石窟天井中均有莲花纹表现，基于莲花形态差异，可分为上面观莲花（图 56）、侧面观莲花（图 57）和变形莲花纹（图 58）。上面观莲花通常雕刻在天井圆形或八角形藻井中心位置，用以体现莲花与佛教的密切关系。侧面观莲花和变形莲花纹通常表现在藻井扇形区域与平棊方格中，用来装饰并庄严天井。

莲花是我国传统植物花卉纹样①，自佛教传入我国，便以莲花作为佛教标志，代表“净土”，象征“纯洁”，寓意“吉祥”。莲花因此在佛教艺术中成了主要装饰题材。以莲花所居，指称佛国，赋予莲花以神圣的意义。南北朝以来，随着佛教广泛传播，莲花纹饰极为盛行，以后成为常用的寓意纯净和吉祥图案。

（2）牡丹纹

牡丹纹，是陕北明代石窟天井中常见的植物图案，通常浮雕于圆形（或八角形）藻井装饰带或平棊方格内。基于牡丹形态差异，可分为上面观牡丹纹和侧面观牡丹纹。

上面观牡丹纹往往以多瓣大花表现，花瓣宽大，或花瓣边缘呈细碎曲波状，花形饱满富丽

① 《尔雅》中有“荷，芙渠……其实莲”的记载，古名芙渠或芙蓉，现称荷花，盛开时花朵较大，结果时可观赏，可食用，叶圆、形突，上古时期已经用作饰纹。

图 56　榆林红石峡明成化二十三年（1487 年）第 26 窟（观音洞）天井藻井浮雕莲花纹线描图（笔者绘）

图 57　榆林红石峡明成化二十三年（1487 年）第 26 窟（观音洞）天井藻井浮雕莲花纹线描图（笔者绘）

图 58　神木二郎山明代地藏洞天井藻井浮雕变形莲花纹线描图（笔者绘）

（图 59）。侧面观牡丹纹花瓣以心形花瓣为中心，左右两侧花瓣宽大平展，边缘呈曲波状，层次稠密，错落有致（图 60、61）。牡丹作为我国名贵特产花卉，在传统的吉祥纹样中，有着富贵与繁荣的吉祥寓意。

（3）菊花纹

菊花纹，是陕北明代石窟天井中常见的植物图案，通常浮雕于圆形（或八角形）藻井装饰带或平棊方格内。仅佳县兴隆寺明代前期毗卢洞后室天井菊花纹以彩绘表现。

菊花纹多以上面观形式表现，花瓣较小，或直或弯，大小近似，或疏或密，围绕花心整齐排列，花蕊大而厚，作旋涡状或网格状（图 62）。古人将菊花喻为“隐逸者”，因在西风凌霜、百花凋零之时，依然

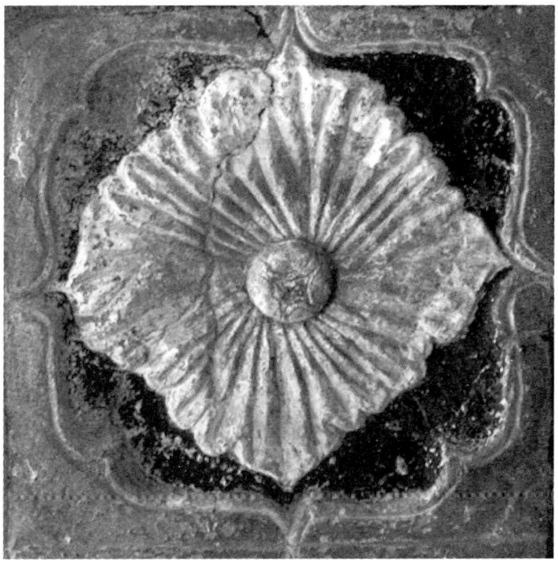

图 59　合水葫芦河边明代石窟天井平棊方格浮雕牡丹纹（李静杰摄）

图 60　神木二郎山明代地藏洞天井藻井浮雕牡丹纹线描图（笔者绘）

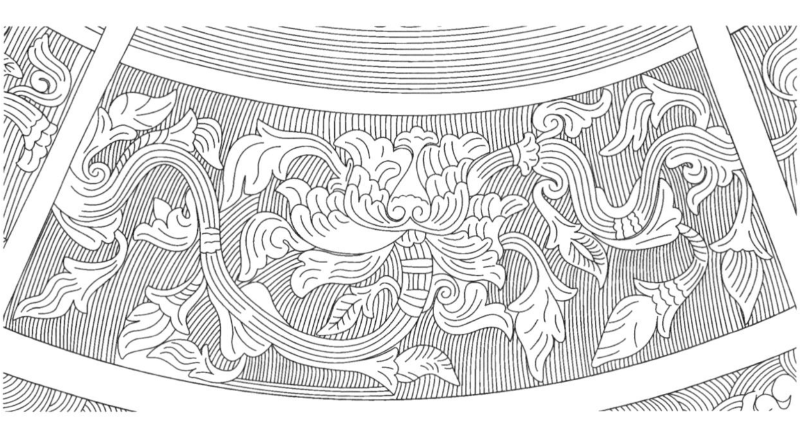

图 61　榆林红石峡明成化二十三年（1487 年）第 25 窟（慈仁殿）天井藻井浮雕牡丹纹线描图（笔者绘）

图 62　榆林红石峡明成化二十三年（1487 年）第 26 窟（观音洞）天井藻井浮雕菊花纹线描图（笔者绘）

坚强地独自开放，赋予了菊花吉祥、长寿的寓意，又用以表现人不屈不挠的气节。

陕北明代石窟天井中植物图案除了上述常见的莲花、牡丹花、菊花外，还有石榴花、葫芦形花和缠枝花等纹样。天井圆形（或八角形）藻井或平棊方格内雕刻种类不同的植物花卉纹，一者起到装饰美化作用，二者是借用这些花卉纹的不同内涵，隐喻人们对美好生活的憧憬。

4．人物图案

图 63　神木东山明万历二十年（1592 年）万佛洞天井平棊方格浮雕场景人物之一（陈怡安摄）

人物图案，是陕北明代天井中最具特色的图案，仅见于神木东山明万历二十年（1592 年）万佛洞、神木东山明天启元年（1621 年）三清洞和延安清凉山明代第 3 窟。基于人物组成形式不同，可分为单独人物、人物＋动物和场景人物三种。

神木东山明万历二十年（1592 年）万佛洞天井平棊中有六格表现人物场景图案，具体有前第二横排一格表现祥云环绕一人物场景，前第三横排一格表现两个文人见面寒暄场景（图 63），前第四横排中间有四格浮雕人物，其中有连续三格均表现武官骑马场景，人物右手持宝剑，左手拉缰绳，马作奔跑状（图 64），还有一格表现三个文人树下议事场景（图 65），三人面树而立，人物面部表情刻画僵硬、单一，服饰亦雕刻粗糙。

神木东山明天启元年（1621 年）三清洞天井八角形藻井有两个扇形区域雕刻场景人物，第二圈装饰带一扇形区域浮雕人物童子与花卉场景，童子右手举起，左手下垂手握枝叶，右脚踩枝

图 64 神木东山明万历二十年（1592 年）万佛洞天井平棊方格浮雕场景人物之二（陈怡安摄）

叶，左脚踏地，身体大小与花卉接近，身边围绕牡丹纹与菊花纹（图 66）。第三圈装饰带一扇形区域浮雕人物、狮子与麒麟场景，人物面向前方，一腿直立一腿抬起欲骑向呈站立转身的狮子，后边麒麟身绕熊熊火焰纹，呈向前奔跑状（图 50）。人狮组合与麒麟中间雕刻一大株植物图案，巧妙地将画面一分为二，均衡自然。延安清凉山明代第 3 窟天井八角形藻井第五圈浮雕场景人物，风化严重，其中保存清晰者有三组。一组表现人物列队出行场面：城门建筑旁雕刻六人（风化者除外），一人骑马，其前有四人、后有一人均手持仪仗，呈向前行走状（图 67）。一组表现人物打坐场面：三人在亭阁旁闭目盘膝而坐，横向整齐排列（图 68）。还有一组表现亭阁与人物场面：四人手持物品，面朝亭阁相反方向，呈站立或行走状。

图 65 神木东山明万历二十年（1592 年）万佛洞天井平棊方格浮雕场景人物之三（陈怡安摄）

图 66 神木东山明天启元年（1621 年）三清洞天井藻井浮雕童子与花卉线描图（笔者绘）

图 67　延安清凉山明代第 3 窟天井藻井浮雕场景人物之一（李静杰摄）

图 68　延安清凉山明代第 3 窟天井藻井浮雕场景人物之二（李静杰摄）

三　天井地纹

陕北明代石窟天井地纹，与宋金石窟相比数量及表现形式明显减少，处于更为次要地位。主要刻画在天井主体图案之下或周围部分，起到一定装饰作用，个别具有一定寓意。地纹一概采用线刻方式表现，基于地纹的表现形式不同，大体可以分为直线纹、弧线纹、直线三角纹、鳞状纹四种。

（一）直线纹

直线纹，系陕北明代石窟天井常见地纹，通常刻画在主体图案之下或周围，或规则或不规则平行排列，主要用来衬托主体图案，具有一定装饰作用。以甘泉老君寺明代第 4 窟和清涧盘石岔明代石佛洞为例，前者天井直线纹垂直或平行于圆形藻井，刻画较为规则的长直线纹，紧凑密集（图 37）。后者平棊周围部分刻画纵向排列规则的直线纹，方格内图案周围亦刻画直线纹，规律性不强（图 24）。

（二）弧线纹

弧线纹，系陕北明代石窟天井常见地纹，通常刻画在扇形区域图案之下，个别也表现在藻井边缘，因刻画的位置不同长短不一。表现较为规则弧线地纹的典型洞窟，以神木二郎山明代地藏洞、榆林红石峡明成化二十三年（1487 年）第 25 窟（慈仁殿）、榆林红石峡明成化二十三年（1487 年）第 26 窟（观音洞）和榆林红石峡明代第 20 窟为例，四窟藻井八卦符号扇形区域内均刻画弧线纹，刻工细致齐整（图 4 ~ 7）。表现较为不规则弧线地纹的典型洞窟，以府谷千佛洞明代第 2 窟和第 3 窟为例，两窟藻井图案之下与周围均刻画弧线纹，刻工略显粗糙（图 1、2）。

（三）直线三角纹

直线三角纹，系陕北明代石窟天井常见地纹，通常刻画在主体图案之下或周围，直线条从短至长平行渐次排列，组成三角形外轮廓，或规则或不规则重复，或呈折线重复排列，主要用来衬托主体图案，具有一定装饰作用。

表现规则重复排列直线三角纹的典型洞窟，以神木东山明天启元年（1621 年）三清洞和神木二郎山明代地藏洞为例。前者天井前半部分即方格平棊周围线刻十一条横排排列的直线三角纹（图 29），刻工较为细致。后者天井圆形藻井周围线刻直线三角纹，藻井至前、后壁区间线刻数条横排排列的直线三角纹，至左、右壁区间线刻数条竖排排列的直线三角纹（图 4），构图呈对称排列，整体统一。表现不规则重复排列直线三角纹的典型洞窟，以富县石泓寺明嘉靖二十二年（1543 年）第 6 窟为例。八角形藻井周围刻画疏朗的不规则直线三角纹，以藻井为中心向外环绕，靠近四壁区域线条变得更加稀疏。

（四）鳞状纹

鳞状纹，系陕北明代石窟天井比较常见地纹，因其形似鱼鳞故称鳞状纹，用来寓意水的波浪，通常刻画在主体图案之下或周围，个别天井整个壁面凿刻。

表现规则且密集鳞状纹的典型洞窟，以榆林红石峡明万历四十年（1612年）第27窟（沉心殿）为例，天井线刻密集且十分规则的鳞状地纹（图30），从所存清晰地纹来看，天井中后部鳞状纹之波峰略倾斜向后方，鳞纹成片整齐叠加，细致精美。还有，榆林红石峡明成化二十三年（1487年）第26窟（观音洞）、榆林红石峡明万历四十年（1612年）第27窟（沉心殿）和榆林红石峡明代第30窟，鳞状纹亦表现紧凑密集，或刻画在藻井扇形区域内，或藻井周围。表现不规则鳞状纹的典型洞窟，以佳县化云寺明嘉靖三十七年（1558年）第3窟和安塞樊庄万佛洞明代第3窟为例，前者鳞状纹刻画在方格平棊内，鳞状纹或大或小，表现随意，统一中有变化（图20）。后者藻井周围间隔刻画不规则鳞状地纹与直线三角纹，或密或疏，自如随意（图12）。

四 总　　结

陕北明代石窟天井图案布局形式，可分为圆形（或八角形）藻井＋地纹、方格平棊＋地纹、圆形（或八角形）藻井＋方格平棊＋地纹组合三种。其中圆形藻井、方格平棊获得大发展，而八角形藻井已退居非主流地位。

藻井与平棊主体图案占据着天井的绝大壁面，是陕北明代石窟最大特色。内容主要有龙、凤、麒麟、狮子、鸟、鹿、马、牛、羊、兔、鸽、蛇、狗、猴等动物图案，莲花、牡丹花、菊花、石榴花、葫芦形花、缠枝花等植物图案，以及人物图案，将整个石窟天井装饰的富丽华美。同时，借用动植物图案的内在吉祥寓意，来表达人们对未来的美好愿望，从而赋予石窟天井丰富的深层内涵，同时也反映了佛教的神圣和庄严。

明代石窟天井地纹在窟顶中所占的比重明显减弱，围绕主体图案或在其下，线刻直线纹、弧线纹、直线三角纹以及鳞状纹为主的地纹，与宋金石窟天井地纹相比已明显减少，退居更为次要地位。

表1　陕北明代石窟天井布局类型与洞窟实例

<table>
<tr><th colspan="2">天井布局</th><th>洞窟实例</th><th>数量</th></tr>
<tr><td rowspan="9">圆形（或八角形）藻井＋地纹天井</td><td rowspan="9">圆形藻井＋地纹</td><td>府谷千佛洞明代第2窟、府谷千佛洞明代第3窟</td><td rowspan="9">18例</td></tr>
<tr><td>神木永兴寺明代第7窟</td></tr>
<tr><td>神木二郎山明代地藏洞</td></tr>
<tr><td>榆林红石峡明成化二十三年（1487年）第9窟、榆林红石峡明成化二十三年（1487年）第25窟、榆林红石峡明成化二十三年（1487年）第26窟、榆林红石峡明代第20窟</td></tr>
<tr><td>榆林万佛洞明代第2窟左窟</td></tr>
<tr><td>佳县龙岩寺明代石窟</td></tr>
<tr><td>佳县上李家坬明代石窟</td></tr>
<tr><td>佳县暖泉沟明代石窟</td></tr>
<tr><td>米脂万佛洞明代北1窟</td></tr>
</table>

续表

天井布局		洞窟实例	数量
圆形（或八角形）藻井+地纹天井	圆形藻井+地纹	子洲龙泉寺明代第 4 窟、子洲龙泉寺明代第 5 窟	18 例
		安塞樊庄万佛洞明代第 3 窟	
		安塞剑华寺明代第 4 窟	
		志丹顺宁明代石窟	
	八角形藻井+地纹	神木高家堡万佛洞明代第 2 窟	4 例
		佳县兴隆寺明代前期毗卢洞前廊	
		延安清凉山明代第 3 窟	
		富县石泓寺明嘉靖二十二年（1543 年）第 6 窟	
方格平棊+地纹天井		榆林万佛洞明代第 2 窟右窟、榆林红石峡明代前期第 7 窟	10 例
		佳县化云寺明嘉靖三十七年（1558 年）第 3 窟、佳县龙泉寺明代第 3 窟	
		米脂万佛洞明代南 1 窟和南 2 窟、米脂五龙洞明代石窟	
		清涧盘石岔明代石佛洞	
		志丹孙家沟明代第 4 窟	
		合水葫芦河边明代石窟	
圆形（或八角形）藻井+方格平棊+地纹天井	圆形藻井+方格平棊+地纹	神木东山明万历二十年（1592 年）万佛洞、神木永兴寺明代第 5 窟	10 例
		榆林红石峡明万历四十年（1612 年）第 27 窟、榆林红石峡明代第 30 窟	
		佳县兴隆寺明代前期毗卢洞后室	
		米脂万佛洞明嘉靖年间（1522～1566 年）石窟	
		子洲龙泉寺明代第 1 窟、子洲龙泉寺明代第 3 窟	
		志丹石坬庄明代石窟	
		甘泉老君寺明代第 4 窟	
	八角形藻井+方格平棊+地纹	神木东山明天启元年（1621 年）三清洞	2 例
		富县石泓寺明代第 9 窟	

表 2　天井藻井因素排列情况与洞窟实例

洞窟实例 / 藻井因素排列情况			藻井装饰带				
莲花＋八卦（或无）＋植物（或动物）＋动物（或植物）组合			中心	第一层	第二层	第三层	第四层
莲花＋八卦（或无）＋植物＋动物	莲花＋八卦＋植物＋动物	府谷千佛洞明代第 2 窟	莲花	八卦	折枝植物	动物	
		府谷千佛洞明代第 3 窟	莲花	八卦	折枝植物	动物	
		神木永兴寺明代第 7 窟	莲花	后绘八卦	折枝植物	后世所绘	
		榆林红石峡明成化二十三年（1487 年）第 9 窟	风化	八卦	缠枝植物	动物	

续表

洞窟实例 藻井因素排列情况			藻井装饰带				
莲花 + 八卦（或无）+ 植物（或动物）+ 动物（或植物）组合			中心	第一层	第二层	第三层	第四层
莲花 + 八卦（或无）+ 植物 + 动物	莲花 + 八卦 + 植物 + 动物	榆林红石峡明成化二十三年（1487 年）第 25 窟	分化	八卦	缠枝植物	动物	
		榆林红石峡明成化二十三年（1487 年）第 26 窟	莲花	八卦	缠枝植物	动物	
		榆林红石峡明代第 20 窟	莲花	八卦	缠枝植物	动物	
		榆林红石峡明代第 30 窟	圆形	八卦	缠枝植物	动物	
		佳县上李家坬明代石窟	莲花	八卦	缠枝植物	动物	
		佳县龙岩寺明代石窟	风化	风化	植物（风化）	动物（风化）	
		米脂万佛洞明嘉靖年间（1522 ~ 1566 年）石窟	莲花	八卦	缠枝植物		
		安塞樊庄万佛洞明代第 3 窟	莲花	八卦	折枝植物	动物	
		志丹石坬庄明代石窟	风化	八卦	缠枝植物		
		甘泉老君寺明代第 4 窟	莲花	八卦	卷草植物		
		富县石泓寺明代第 9 窟	莲花 八卦	缠枝植物	动物		
	莲花 + 植物 + 动物	佳县暖泉沟明代石窟	莲花	折枝植物	动物		
		志丹顺宁明代石窟	莲花	折枝植物	动物		
		富县石泓寺明嘉靖二十二年（1543 年）第 6 窟	莲花	缠枝植物	动物		
莲花 + 八卦（或无）+ 动物 + 植物		神木二郎山明代地藏洞	莲花	八卦	动物	缠枝植物	
		神木永兴寺明代第 5 窟	莲花	无	动物	缠枝植物	后世所绘
		佳县兴隆寺明代前期毗卢洞前廊	莲花	八卦	动物	缠枝植物	动植物
		佳县兴隆寺明代前期毗卢洞后室	莲花	八卦	动物		
		安塞剑华寺明代第 4 窟	风化	八卦	动物		
		延安清凉山明代第 3 窟	莲花	八卦	动物	折枝植物	场景人物
莲花 + 八卦（或无）+ 动植物（或动物、人物）+ 动植物（或无）组合							
莲花 + 八卦 + 动植物（或动物、人物）+ 动植物（或无）		神木东山明天启元年（1621 年）三清洞	莲花	八卦	动植物、人物	动植物	
		神木高家堡万佛洞明代第 2 窟	莲花	八卦	动植物	动植物	
		米脂万佛洞明代北 1 窟	莲花	八卦	动植物		
		子洲龙泉寺明代第 4 窟	莲花、八卦	动植物	动植物		
莲花 + 动植物 + 动植物		子洲龙泉寺明代第 3 窟	莲花	动植物	动植物		
		子洲龙泉寺明代第 5 窟	莲花	动植物	动植物		
特殊因素组合							
		榆林红石峡明万历四十年（1612 年）第 27 窟	圆形	风化			
		榆林万佛洞明代第 2 窟左窟	阴阳鱼	八卦	缠枝植物		
		子洲龙泉寺明代第 1 窟	阴阳鱼	八卦	几何形		

表3 天井方格平棊排列情况与洞窟实例

<table>
<tr><th>类型</th><th>排列情况</th><th>对称点或所在位置</th><th>排列格数</th><th>洞窟实例</th><th>所属天井布局</th></tr>
<tr><td rowspan="14">普通方格平棊</td><td rowspan="11">轴心左右对称式</td><td rowspan="4">以中心格为轴心左右对称</td><td rowspan="3">横一排共三格</td><td>榆林红石峡明万历四十年（1612年）第27窟</td><td rowspan="10">藻井+平棊+地纹</td></tr>
<tr><td>榆林红石峡明代第30窟</td></tr>
<tr><td>甘泉老君寺明代第4窟</td></tr>
<tr><td>横两排共十六格</td><td>神木永兴寺明代第5窟</td></tr>
<tr><td rowspan="2">以中轴线为轴心左右对称</td><td>横四排纵四列共十六格</td><td>神木东山明天启元年（1621年）三清洞</td></tr>
<tr><td>横两排纵四列共八格</td><td>富县石泓寺明代第9窟</td></tr>
<tr><td rowspan="4">以圆形藻井为中心左右对称</td><td>藻井周围各一排</td><td>佳县兴隆寺明代前期毗卢洞后室</td></tr>
<tr><td rowspan="2">藻井左右各纵一列两格共四格</td><td>子洲龙泉寺明代第1窟</td></tr>
<tr><td>子洲龙泉寺明代第3窟</td></tr>
<tr><td>藻井前、左、右三侧各两排</td><td>志丹石坬庄明代石窟</td></tr>
<tr><td>以中心格为中心左右对称</td><td>横一排共三格</td><td>榆林红石峡明代前期第7窟</td><td rowspan="10">平棊+地纹</td></tr>
<tr><td rowspan="2">以中间纵列为轴心左右对称</td><td>横四排纵三列共十二格</td><td>佳县龙泉寺明代第3窟</td></tr>
<tr><td>横三排纵三列共九格</td><td>米脂万佛洞明代南1窟</td></tr>
<tr><td>特殊</td><td>共一格</td><td>志丹孙家沟明代第4窟</td></tr>
<tr><td rowspan="3">二龙戏珠中心环绕式</td><td rowspan="3">以二龙戏珠为中心周围环绕动植物</td><td>横三排纵五列共十五格</td><td>米脂万佛洞明嘉靖年间（1522～1566年）石窟</td></tr>
<tr><td>中间横三排纵三列共九格+左右两侧各一长条格</td><td>米脂万佛洞明代南2窟</td></tr>
<tr><td>横三排纵三列共九格</td><td>清涧盘石岔明代石佛洞</td></tr>
<tr><td rowspan="5">特殊方格平棊</td><td rowspan="4">二龙戏珠领衔式</td><td>占平棊中间大长方格</td><td>后横两排纵三列+中间大长方格+前横两排纵四列共十五格</td><td>榆林万佛洞明代第2窟右窟</td></tr>
<tr><td rowspan="2">占后横排大长方格</td><td>后排大长方格+前横三排纵五列共十六格</td><td>佳县化云寺明嘉靖三十七年（1558年）第3窟</td></tr>
<tr><td>后排大长方格+前横两排纵三列共七格</td><td>合水葫芦河边明代石窟</td></tr>
<tr><td>占后两横排中间</td><td>左右两侧长条格+后横两排中间大方格+左右后横两排各纵三列+前横四排纵八列共四十五格</td><td>神木东山明万历二十年（1592年）万佛洞</td><td>藻井+平棊+地纹</td></tr>
<tr><td>中心莲花领衔式</td><td>占中间纵列中间大方格</td><td>四方格+中间一大方格与前后两长方格+四方格共十一格</td><td>米脂五龙洞明代石窟</td><td>平棊+地纹</td></tr>
</table>

表 4　陕北明代石窟天井布局类型、洞窟实例与藻井动物、人物因素

天井布局		洞窟实例	龙	凤	麒麟	狮子	立鸟	鹿	马	牛	羊	兔	鸽	飞鸟	蛇	人物	其他
圆形（或八角形）藻井＋地纹天井	圆形藻井＋地纹	府谷千佛洞明代第 2 窟	■	■													
		府谷千佛洞明代第 3 窟	■	■													
		神木二郎山明代地藏洞	■	■													
		榆林红石峡明成化二十三年（1487 年）第 9 窟			■		■										■
		榆林红石峡明成化二十三年（1487 年）第 25 窟	■	■			■										
		榆林红石峡明成化二十三年（1487 年）第 26 窟	■	■			■		■								■
		榆林红石峡明代第 20 窟	■	■			■	■	■	■							
		佳县上李家坬明代石窟	■	■	■			■	■								
		佳县暖泉沟明代石窟		■				■	■								
		米脂万佛洞明代北 1 窟	■				■		■								
		子洲龙泉寺明代第 4 窟	■							■		■		■			
		子洲龙泉寺明代第 5 窟	■				■					■					■
		安塞樊庄万佛洞明代第 3 窟	■	■	■		■	■							■		
		安塞剑华寺明代第 4 窟	■	■													
		志丹顺宁明代石窟	■	■					■	■		■					
	八角形藻井＋地纹	神木高家堡万佛洞明代第 2 窟	■			■	■	■	■			■		■			■
		佳县兴隆寺明代前期毗卢洞前廊	■	■	■	■			■								■
		延安清凉山明代第 3 窟	■	■												■	
		富县石泓寺明嘉靖二十二年（1543 年）第 6 窟	■														
方格平棊＋地纹天井		榆林万佛洞明代第 2 窟右窟	■														
		佳县化云寺明嘉靖三十七年（1558 年）第 3 窟	■			■		■	■	■			■				
		佳县龙泉寺明代第 3 窟	■		■		■	■		■			■				
		米脂万佛洞明代南 1 窟												■			
		米脂万佛洞明代南 2 窟	■		■	■			■								
		米脂五龙洞明代石窟							■					■			
		清涧盘石岔明代石佛洞	■														
		合水葫芦河边明代石窟	■			■	■			■							

续表

天井布局		洞窟实例	龙	凤	麒麟	狮子	立鸟	鹿	马	牛	羊	兔	鸽	飞鸟	蛇	人物	其他
圆形（或八角形）藻井＋平棊＋地纹天井	圆形藻井＋平棊＋地纹	神木东山明万历二十年（1592年）万佛洞	■		■	■	■	■	■	■		■				■	■
		神木永兴寺明代第5窟	■	■													
		榆林红石峡明代第30窟	■	■	■		■			■							
		佳县兴隆寺明代前期毗卢洞后室	■	■						■		■					
		米脂万佛洞明嘉靖年间（1522～1566年）石窟	■		■	■			■	■							■
		子洲龙泉寺明代第1窟						■				■		■			
		子洲龙泉寺明代第3窟	■				■					■		■			■
		志丹石坬庄明代石窟	■					■	■		■			■			■
		甘泉老君寺明代第4窟	■														
	八角形藻井＋平棊＋地纹	神木东山明天启元年（1621年）三清洞	■	■	■	■		■	■			■				■	■
		富县石泓寺明代第9窟	■	■	■						■						

表5　天井藻井八卦符号排列位置与洞窟实例

八卦位置一示意图

中轴线左右对称式

八卦位置二示意图

中心点环绕式

实例 ╲ 八卦位置一	前左	前右	右前	右后	后右	后左	左后	左前
府谷千佛洞明代第3窟	离☲	艮☶	震☳	艮☶	坎☵	乾☰	兑☱	坤☷
神木二郎山明代地藏洞	离☲	巽☴	震☳	艮☶	坎☵	乾☰	兑☱	坤☷
神木高家堡万佛洞明代第2窟	离☲	坤☷	兑☱	乾☰	坎☵	艮☶	震☳	巽☴
榆林红石峡明成化二十三年（1487年）第26窟	巽☴	离☲	坤☷	兑☱	乾☰	坤☷	艮☶	震☳
子洲龙泉寺明代第4窟	坎☵	乾☰	兑☱	坤☷	坎☵	巽☴	震☳	艮☶
安塞樊庄万佛洞明代第3窟	离☲	巽☴	震☳	艮☶	坎☵	乾☰	兑☱	坤☷

续表

实例 \ 八卦位置二	前	前右	右	右后	后	后左	左	左前
榆林万佛洞明代第 2 窟左窟	离☲	艮☶	震☳	巽☴	坎☵	乾☰	兑☱	坤☷
米脂万佛洞嘉靖年间（1522 ~ 1566 年）石窟	离☲	坤☷	兑☱	乾☰	坎☵	艮☶	震☳	巽☴
米脂万佛洞明代北 1 窟	兑☱	坤☷	离☲	巽☴	震☳	艮☶	坎☵	乾☰
子洲龙泉寺明代第 1 窟	坎☵	乾☰	兑☱	坤☷	离☲	巽☴	震☳	艮☶
甘泉老君寺明代第 4 窟	坤☷	离☲	兑☱	震☳	艮☶	坎☵	乾☰	巽☴

龙门石窟薄层石灰岩风化状态演化趋势地质特征研究

李建厚

内容摘要： 薄层石灰岩主要分布在龙门石窟景区的南部，岩体中开凿的窟龛有500余个，大型洞窟主要有皇甫公窟、火烧洞、路洞、擂鼓台三洞等。本文主要从岩石的地层结构、物质组成、物理化学特性和形成机理等方面，对其风化状态演化趋势的地质特征进行了初步研究。认为在多种自然营力作用下，岩石的风化状态一直处于渐进式发展演化中。宏观上构造框架控制岩体风化格局，地表强风化带是岩体长期遭受缓慢渗水侵蚀的主要根源。微观上岩石表面出现片状开裂酥解和微裂缝现象，是物理风化趋势加剧演化的重要信息。悬崖壁面上不同地段的岩石，演化状况存在较大差异。窟龛围岩风化特征尤其明显，演化趋势对石刻文物保护的影响根深蒂固。同时，提出了延缓风化趋势发展的粗浅策略。

关键词： 构造框架　强风化带　微裂缝　演化趋势

Study on Geological Character of Thin-layer Limestone Weathering State Evolution Trend of Longmen Grottoes

Li Jianhou

Abstract: The thin layers of limestone are mainly distributed in the south of Longmen grottoes. There are more than five hundred niches with this limestone, mainly include Huangfugongku Cave, three Leigutai Caves, Huoshaodong Cave, Ludong Cave, etc. From the geological structure, material composition, physical and chemical character, formation mechanism, this paper mainly has studied the geological characteristics of the evolution trend. The author believes under the role of a variety of natural forcing, the evolution of weathering has been in a gradual development. On the macro level, the tectonic framework controls pattern of weathering, and the strongly weathered zone is main source of water seepage erosion. On the micro level, the lamellar cracking phenomenon crisp solution and the

---

作者：李建厚，河南省洛阳市，471023，龙门石窟研究院。

micro cracks of continuous cross development, is the physical weathering state evolution of important information. There is multiaspect differences of weathering trend evolution with the rock in different zone. The weathering characteristic of the rock around caves and niches is especially obvious, which has a huge impact on carved stone relics. According to current situation of weathering, the paper proposes simple method which can slow down the weathering trend development evolution.

Key words: tectonic framework, strongly weathered zone, microfracture, evolution trend

一 薄层石灰岩概况

龙门石窟景区自然环境优异，水系发育，四季分明，冬夏两季温差变化大。薄层石灰岩主要是指景区内出露的古生界寒武系徐庄组和张夏组中下段的碳酸盐岩地层，地质年龄约 5.5 亿年[①]，该套地层主要分布于奉先寺南部和擂鼓台三洞附近的悬崖陡坡地段，雕刻在该组地层中的窟龛有 500 余个，约占窟龛总数的 20%。

1. 地质特征

（1）薄层石灰岩由薄层泥质灰岩和薄层鲕粒灰岩组成，以韵律状交替互层出露，每层厚度不等，一般为 0.2 ~ 2.5 厘米，地层总厚度约 150 米，出露表面积约占景区石灰岩的五分之一。整套地层在空间的存在状况就像一个横剖面，从下到上有无数个层面缓倾斜平铺压固黏结在一起，看似非常坚固（图 1），实际上每个岩层的岩性都存在差异。地层中的构造节理、卸荷节理和层面节理非常发育，相互交切。地层产状相对比较稳定，走向北偏东，倾向北偏西，倾角 22° ~ 26°，属

图 1 龙门石窟西山奉先寺以南区域

① 潘别桐、黄克忠：《文物保护与环境地质》，武汉：中国地质大学出版社，1992 年。

单斜地层。单一岩层界面十分清晰，表面凸凹不平，但厚度变化不大，在局部层面上可见到波痕、泥裂和填充等地质特征。

（2）多种自然营力的长期风化侵蚀，使岩体顶部和南部坡面区域逐渐积聚了较厚的第4纪土层，生长着茂盛的植被，形成了一个厚度不均的强风化带包裹层，是大气降水的富集储存地段。风化带底线起伏多变，一般风化深度3～15米，面积达数千平方米。乔木、灌木杂草丛生，根系发达，延伸较远。

（3）单一岩层沉积分异作用不明显，岩石中密集杂乱地分布着泥质、硅质和铁质等砾屑，风化残留形状有竹叶状、条带状、枕状和浑圆状，粒度在0.8×1.2～1.0×3.0厘米之间，砾屑水平间距2～6厘米，垂直间距0.4～0.8厘米（图2）。岩石具有沉积岩特有的致密块状构造和泥砾结构。薄层鲕粒灰岩中一般含有边缘清晰的花斑状泥砾和深色铁锰结核鲕粒，具有微晶或泥晶结构。鲕粒的粒度0.9～1.2毫米，含量约55%～65%。

图2　岩层风化残留形状差异

（4）岩石物理化学风化比较严重，表面完整性较差，壁面空鼓劈理和风化微裂缝等表生构造十分发育。薄层泥质灰岩的风化物以固态碎屑物为主，以不规则的细小层状、片状、颗粒状和团块状等不均匀脱落。薄层鲕粒灰岩因含有较高的钙镁质易溶化学成分，局部被溶蚀后，在层理面上残留许多形状各异，大小不等，边沿粗糙的不连续小溶洞、溶槽或溶坑，最终也都以松散的固态碎屑物脱落。

2．岩石成分特征

据岩矿化学分析，岩石的矿物成分主要是富含钙镁质和黏土质的方解石、石英、长石、高龄石和蒙脱石等陆源风化物。化学成分主要以氧化钙（CaO）、氧化镁（MgO）、二氧化硅（SiO_2）、三氧化二铝（Al_2O_3）、氧化铁（FeO）、氧化钾（K_2O）、氧化钠（Na_2O）、氧化钛（TiO_2）等为主。碳酸钙镁含量25%～50%，黏土质含量大于50%。岩石断面为浅灰色，风化后有泥状物出现，风化面颜色较浅，一般颜色为泥灰色，局部呈现浅黄色和浅红色。

3．岩石力学特征

根据中国地质大学（武汉）工程学院力学实验室分析结果，未风化岩石的抗压强度值110～130兆帕，风化后的抗压强度值40～60兆帕，强度损失率高达60%～70%。平均抗拉强度4.3～5.6兆帕，温度应力系数0.2～0.25兆帕·度，景区年均温差27℃，因此，岩石年均温差应力为5.0～6.75兆帕，略大于平均抗拉强度①。整体来说，岩层较薄，质地性脆，在外力作用下容易碎裂，物理化学性能较差。

4．岩石形成机理

薄层石灰岩的产状、结构构造和物质组成等地质特征，揭示了岩石的形成过程中，经历了多期多阶段重复性地质构造运动及其复杂的演化历史，记载了古气候、古环境和古地理条件的变迁历程。形成机理是在浅水湖泊相对稳定的水体环境中，来自陆源的黏土质风化物，经生物化学分解后，逐渐积聚形成浅灰色花斑状泥砾、深色鲕粒和微晶基质，交替互层匀质沉积，再经过长期复杂的基底式或空隙式胶结压固作用，逐渐形成岩石，期间主要经历了风化物搬运、侵蚀分解、沉积胶结、压固成岩和表生风化等多个周期性轮回的缓慢地质作用过程。

二　风化状态演化趋势地质特征

岩石的地层结构、物质组成、物理化学特性、形成机理和自然环境状况，从根本上决定了岩石风化状态的演化机理和发展趋势。由于岩石出露于悬崖陡壁，长期遭受烈日暴晒，风吹雨淋等多种自然营力的风化侵蚀，表生构造非常发育。岩石表面出现的微裂缝开裂、层状剥离、酥解、粉化、溶蚀、脱落等风化特征将全面展现出来，并将遵循自然规律进一步发展演化。

（1）宏观上，地质构造形成了风化趋势的演化框架，构造节理和卸荷节理主要控制岩石垂直方向的风化深度和范围，层面节理主要控制岩石水平方向的风化强度。

岩石风化趋势演化的方向和路径一般遵循从上到下、由表及里的自然顺序。岩体中发育的多条构造节理和卸荷节理规模大、延伸远，近乎垂直切割层面节理，在一定深度范围内，形成完全开放的自然空间，具有良好的通透性（图3），是多种自然营力频繁交叉作用并持续演化加剧的主要场所，是物理风化、化学风化和生物风化综合作用的主要通道。形成了大气降水的习惯性入渗扩散网络，控制着水的入渗量和渗滤方向。水渗滤到哪里，风化就演化到哪里。据分析，随着构造框架中物质成分的溶蚀、淋虑、渗透、迁移和沉积，构造裂缝宽度逐渐变化，局部岩体的稳定性被破坏。构造框架在宏观上控制着岩体风化的深度和强度，控制着多种风化类型交替演化的格局以及越演越烈的发展趋势。

（2）微观上，岩石表面出现的超薄片状开裂酥解现象，是风化趋势加剧演化的重要特征。

轻微风化的岩石层面上尽管发育有波痕、泥裂、充填和微晶等构造现象，岩石中包含着角砾

① 方云：《龙门石窟保护修复工程地质调查研究报告》，2002年。

图 3　龙门石窟极南洞附近岩体风化状况

状、竹叶状和条带状等泥质颗粒沉积物，但看起来非常自然完整。遭受严重风化的岩石表面往往出现许多细小的超薄片状开裂现象，非常脆弱，极易脱落，风化过程与岩石形成的逆过程极其相似。这说明岩石中超薄沉积层之间的原始胶结物正在逐渐流失，彼此的牢固胶结状态被彻底破坏。

（3）岩体顶部和南部坡面强风化带是多种风化营力集中活动区域，是导致岩石长期缓慢渗水的主要根源。

由于岩体坡面舒缓，坡度仅 20° ~ 40°，斜长 60 ~ 150 米，层面节理密集发育，从上到下呈阶梯状逐层错落，以一定角度向岩体内部倾斜。因此，地表强风化带富集储存的大气降水，将导致岩石长期缓慢渗漏水，使风化状况加剧演化[①]。另外植物根系及其生命活动中产生的有机酸对岩石的风化作用持续而强烈，同时伴随着潮湿环境生长繁衍的地衣、苔藓等微生物使岩石表面大面积变色结壳和酥解粉化。

（4）岩层水平面和横断面上微裂缝的持续交叉发育，是岩石物理风化状态向岩体内部演化的重要信息。

岩石长期遭受物理风化后，岩层表面会出现微裂缝密集发育现象，其宽度一般为 0.01 ~ 0.1 毫

① 郭宏、黄槐武：《文物保护中的“水害”问题》，《文物保护与考古科学》2002 年第 1 期，第 56 ~ 62 页。

米。发育趋势总是首先沿着结构力最薄弱的水平层理方向呈“X”形开裂，随着物理风化加剧，逐步在岩层横断面上发育演化，把岩层分割成不规则的细小块状体，形成不均匀碎裂状况。经研究得知，岩层表面微裂缝的发育程度主要取决于内部结构、物质成分和岩石厚度等物理化学特性[①]（图4）。由于薄层石灰岩内部结构比较单一，泥质成分含量高达50%以上，抗拉张、抗剪切性能较差。因此，微裂缝的持续交叉发育，充分证明距离地表几十厘米，甚至数米范围内的岩石内部结构正在遭受比较严重的物理风化。

图4　龙门石窟南门附近岩层微裂缝发育

（5）薄层泥质灰岩和鲕状灰岩在空间上彼此依存，风化趋势交替演化加剧。

由于薄层泥质灰岩和鲕粒灰岩以韵律状交替互层沉积出露，单一岩层的岩性存在一定差异，主要指岩石中矿物化学组分的膨缩系数和抗溶蚀性能等物理化学参数不同，这直接导致两者的风化机理和演化速度出现较大差异。经观察发现，薄层泥质灰岩和鲕粒灰岩逐渐呈现剥离或完全分离状态，彼此失去支撑依托，演化趋势交替加剧。

（6）悬崖壁面上不同地段的岩石，其风化趋势演化状况存在较大差异，窟龛围岩风化特征尤其显著。

岩石风化面凹凸不平，参差不齐，棱角浑圆，看上去风化状况没有明显差别，但是仔细观察后发现，不同地段的岩石风化状况存在较大差异，具有以下地质特征：①上部比下部风化严重；②高凸部位比低凹部位风化严重；③迎风面比背风面风化严重；④向阳面比背阴面风化严重；⑤窟龛围岩风化趋势加剧。

由于岩体中窟龛开凿非常密集，窟龛型制、规格、方位、间距等存在较大的不均一性，据观

① 谷德振：《岩体工程地质力学基础》，北京：科技出版社，1979年。

图 5　龙门石窟南门附近窟龛

察一般纵深从几十公分到数米，在这个深度范围内，岩体层理面与窟龛斜交，窟龛围岩地质应力分布非常不均匀，多种构造裂缝相互贯穿切割，岩体通透度较高，因此，所有窟龛完全处于强风化带中，形成多种自然营力的惯性集中释放区域。大气降水在窟龛围岩中构成快速渗滤网络，并且渗滤路径正在逐步集中向窟龛逼近。同时季节风在窟龛中形成自然回旋气流。窟龛围岩地质应力一直在持续渐进变化中，风化趋势加剧，表现特征主要有龛壁坍塌脱落，部分窟檐破损缺失（图 5），窟龛渗漏水状况持续加剧，壁面上的黏土物质成分日渐增多，乳白色凝结物逐渐增厚，墨绿色苔藓面积日益增大①。

三　延缓风化趋势的策略

岩石风化状态永远处于渐进式发展中，是当今最活跃的地质构造现象之一。延缓或防护岩石风化，是一项长期而复杂的科学难题。20 世纪 70 ~ 90 年代，龙门石窟曾连续进行了一系列的抢险加固和综合治理工程，对即将崩塌的危石进行了加固修复保护。近几年，龙门石窟又对周边区域环境进行了大规模整治。如拆除所有水泥厂和石灰窑，关闭采石场和污染企业，实行景区封闭性交通管制措施，使环境质量得到良好改善。

薄层石灰岩承载着众多窟龛石刻文物，岩石风化状态的演化趋势对文物保护工作有着直接而深刻的影响，延缓风化趋势的策略主要侧重以下几方面工作：①从实际出发，科学制定景区发展规划，统筹兼顾旅游开发和环境保护战略，合理利用景区资源，进一步加大周边区域环境治理力

① 宋照亮、彭渤：《关于岩石风化过程中化学组分迁移的定量研究方法》，《大地构造与成矿学》2002 年第 3 期，第 300 ~ 305 页。

度。②加快新型防风化无机材料研发，不断进行阶段性实验总结。③详细勘察并加固治理岩体顶部和南部坡面强风化带，灌浆封堵多种构造裂缝，阻断大气降水入渗通道。④砌石加固危岩体，灌浆锚固壁面空鼓劈理，填充封护岩缝，逐渐降低岩体的通透性。黏结加固薄层泥质灰岩脱落的小岩块，填充鲕粒灰岩被溶蚀后遗留的小溶洞、溶槽或溶坑，维护好两者之间的原始依存状态。⑤不断修补窟龛围岩，逐步改变大气降水的习惯性渗滤路径，在窟龛周围浅孔灌浆新型无机材料，形成比较封闭的保护圈（带）。

龙门石窟凝结水危害与定量测试试验研究*

杨刚亮　方　云　李随森　陈建平　马朝龙　李心坚

内容摘要：凝结水现象是普遍存在的，很久以前即被人们发现。但在文化遗产保护中，近二十年来凝结水的影响才引起重视。2005年开始，龙门石窟与中国地质大学（武汉）合作进行龙门石窟凝结水病害调查与防治对策试验研究，主要包括重要洞窟凝结水现象连续观测与记录、2006年夏季洞窟内凝结水定量测试实验，2007年夏季凝结水定量测试补充试验、潜溪寺洞窟岩壁温度和窟内气温、湿度的连续监测等，取得了大量数据与试验成果。

项目设计、改进了一套仪器装置，能够定量测定凝结水发生时间、凝结量、洞窟岩壁和大气温度、湿度等因素。在对凝结水形成机理和时空分布特征的调查研究上，主要对龙门石窟重点洞窟凝结水现象进行了为期两年的跟踪观测与调查。在定量试验方面，先在室内进行模拟试验，然后到洞窟进行现场试验。通过岩壁温度与露点的比较来判断凝结水发生的可能性、发生的时间等。现场试验和理论分析表明：

（1）龙门石窟凝结水现象非常普遍、突出，危害严重。

（2）龙门石窟凝结水发生具有季节性，集中于每年的5月到9月，其他时间很少。

（3）龙门石窟凝结水的分布具有空间地域的特点，其动态演变主要依赖于天气状态的实时变化。形成机制上，主要是水汽在低温的石灰岩表面冷却后附着，而在岩石内部则很少产生。

（4）在凝结水防治对策上，根据降低岩石表层与窟内大气的温差以及降低窟内湿度的基本原理，得出抽湿与通风相结合的办法，同时在局部辅助使用干燥剂等方法。

试验测定出影响凝结水形成的岩壁温度和窟内大气温度湿度等重要因素以及它们之间的关联性、影响程度，可以用来指导凝结水防治基础试验和工作；整个凝结水试验的结果则为将来进行长期治理建立了科学依据。

关键词：龙门石窟　凝结水　饱和水汽压公式　定量测试

作者：杨刚亮、李随森、陈建平、马朝龙、李心坚，河南省洛阳市，471023，龙门石窟研究院；

方云，湖北省武汉市，430000，中国地质大学（武汉）。

*　本项目为联合国教科文组织援助龙门石窟保护修复工程下设子项目。本文是在笔者硕士论文基础上修改而成，有删节。

Study on Disease Investigation and Quantitative Testing of Condensation Water at Longmen Grottoes

Yang Gangliang Fang Yun Li Suisen Chen Jianping Ma Chaolong Li Xinjian

Abstract: Condensation phenomena exists generally, which was found by people thousands years ago. But in conservation of relics, condensation has been not paid attention until last twenty years before. From 2005, we have done much cooperative work on mechanism of condensation harming to grottoes and quantitative testing on condensation mainly such as observation and record of condensation in caves, cave-site quantitative testing condensation in summer 2006, supplement quantitative testing condensation in summer 2007, continuous monitoring temperature of rocks and inner air and humidity of inner air, etc. As last, we got mass of data and obvious results.

An effective equipment was designed and improved, which could quantitatively test factors such as time, amount, temperature, humidity. In terms of investigation on forming mechanism and temporal and spatial distribution characteristics, we mainly researched the condensation phenomenon in key caves at Longmen Grottoes by follow-up two year's obervation and investigation. About quantitative testing, we installed the equipment and carried out model test first, then we tested on cave-site. Through the comparison between the dew-point temperature and the temperature of rock surface, we determined whether the condensation water does form or not, when it forms. Site test and theory analysis revealed the results as follows:

(1) Condensation water in Longmen Grottoes is common, outstanding and serious.

(2) The seasonality of condensation water is obvious. Most of it occurs from May to September every year and rarely in else months.

(3) The condensation water in Longmen Grottoes has spatial and regional features. Its dynamic evolution mainly relies on the weather's momentarily changing. About forming mechanism, moisture cools and adheres to the surface of hypothermal limestone after meeting each other while it seldom does in the internal rock.

(4) On the control of condensation water in Longmen Grottoes, according to the basic principle of reducing the temperature difference between the rock surface and atmospheres in the cave or by reducing the humidity in the cave, we make out the measurements through pumping moisture and ventilation. And we use dry material on the partial surface in the caves.

Through this experimental program, we measured the important factors such as temperature and humidity and analysis the association and influencing degree between them. So we could guide the later test and control work of condensation water. With the outcome of the experiment of condensation water, we could establish scientific basis for long-term treatment.

Key words: Longmen Grottoes, condensation water, saturated water barometric formula, quantitative testing

一 引 言

在龙门石窟1500多年历史中，由于地质、地理条件及自然营力作用，岩体及雕刻品裂隙不断发育，这些裂隙相互交错，使山体产生不同形状的分离体，严重威胁着石窟的安全。不少石窟存在程度不同的渗漏水现象，绝大部分露天雕刻品处于加剧风化之中；岩体溶蚀、石灰岩结垢覆盖雕刻品、杂草树木对洞窟造像的破坏等问题也十分普遍。同时，龙门石窟还遭受了严重的人为破坏。这些自然因素与人为破坏，使龙门石窟存在诸多病害，其中，围岩崩塌、洞窟渗漏、雕刻品风化是龙门石窟最为普遍、危害最为严重的三大病害。

龙门石窟自开凿的设计、施工起，历代都采取了各种各样的保护措施。远在北魏开窟时，窟形设计多用穹隆顶来增加稳定性；唐代奉先寺卢舍那像龛上修建人字形排水沟，以分流坡面径流；分布在山体壁面一些小型洞窟的防水石板雨罩等，遗迹犹存。宋代为保护大卢舍那像龛，建造有十三间宫殿式保护房；以后历代都有对龙门石窟维修的遗迹①。中华人民共和国成立后，设置了龙门石窟保护管理机构，使其得到了较好的保护和维修。曾于20世纪70～80年代进行过“抢险加固工程”，20世纪80年代中期至90年代初进行了“综合治理工程”，实施了岩体及洞窟加固、修建窟檐、山顶围墙、台阶栈道、防水设施、洞窟漏水治理试验等工程，洞窟渗漏状况得到改善，游览道路通达各主要洞窟，龙门石窟的面貌和周边环境为之改观②。90年代以来开展了雕刻品表面黑色油烟渍清除、洞窟渗漏防治、雕刻品防风化试验、洞窟病害监测与调查等研究项目，较大地促进了龙门石窟保护研究的发展和提高。

然而，龙门石窟仍存在亟待解决的问题。环境污染、露天雕刻风化、洞窟渗漏水的治理等，目前仍是无法解决的难题。作为龙门石窟申报世界遗产成功后的第一个大型国际援助项目——“联合国教科文组织援助龙门石窟保护修复工程”（2001年11月签字），对龙门石窟的病害治理和重大疑难问题进行了有益的探索和尝试。目前，该项目已顺利结束③。项目实施过程中，中日双方专家和现场工作人员一致认为，龙门石窟不少洞窟内存在普遍的凝结水现象，应引起足够的重视；它所带来的危害与防治，应纳入“UNESCO龙门石窟保护修复工程”的研究计划与内容中来。2005年2月在北京召开的UNESCO援助中国文化遗产保护工程的三方会议上，明确提出把龙门石窟凝结水研究与防治项目列入第二阶段的实施计划中。经多方磋商，凝结水病害调查与防治对

---

① 刘景龙：《龙门石窟保护》，北京：中国科学技术出版社，1993年，第23～27页。

② 李振刚：《龙门石窟保护研究50年》，《中原文物》2004年增刊，第1～4页。

③《UNESCO龙门石窟保护修复工程年度报告书》，内部资料。

策研究项目由中国地质大学（武汉）岩土文物勘察保护中心与龙门石窟研究院保护中心共同承担完成。

二　龙门石窟的自然环境

1．位置与交通

龙门石窟位于古都洛阳市区南5千米处的伊河两岸的陡立崖壁上。地理位置为东经112°28′，北纬34°36′。从市区有直达龙门石窟的快速通道，交通便利。

2．地形、地貌

石窟区处于伏牛山、嵩山山前地带，属构造剥蚀低山丘陵地貌，龙门山和伊河河谷是区内的主要地貌单元。伊河中流，东西两山相望，称为西山和东山。东山最高海拔为303米，西山最高海拔为262米。伊河是区内最低侵蚀基准面。现代河床呈“U”形，高程145～150米。西山石窟区地形陡峻，地形坡度一般40°～70°，局部在70°以上。西山的南段形成高大的陡壁，崖壁的最大高差达50米，北段陡壁高差约20米。

其中，本试验项目重点研究的洞窟——潜溪寺，位于西山石窟北段，窟底高程为156.73米，其上部为坡度约40°的大斜坡，直至山顶。

3．地质构造与地层岩性

石窟区位于龙门山—香山断块内，该断块四周被宜阳断裂、草店断裂、部庄断裂和龙门桥断裂所切割。自新生代中更新世以来，该断块一直处于整体抬升，遭受剥蚀和侵蚀的卸荷作用阶段，伊水纵贯其间，形成深切峡谷，龙门石窟即开凿于峡谷两岸寒武系灰岩、白云岩形成的崖壁上。

石窟区地质构造整体为一倾向NNW的单斜构造，岩层倾向340°～10°，倾角20°～30°，岩层内无褶皱发育，主要构造形迹为断层和裂隙等。

地层岩性上，龙门石窟区出露的地层主要为寒武系、奥陶系、石炭系、二叠系和第四系。其中，石窟和雕刻品大都开凿在上寒武统中、上部的厚层、巨厚层细晶、微晶白云岩和中寒武统的鲕状灰岩和条带状灰岩中。

其中，重点研究洞窟潜溪寺位于固山组巨厚层白云岩中，层面裂隙不发育，岩体完整性好，坚硬致密。

4．气候与水文地质条件

（1）气候

龙门石窟所在地区属暖温带大陆性季风气候，冬季寒冷少雨雪，春季干旱风大，夏季炎热多雨，秋季多晴。据洛阳气象站多年气象资料，多年平均降雨量约580毫米，最大年降雨量1063.2毫米，多集中在6、7、8、9四个月，占全年降水量64%。

多年平均气温14.7℃，冬季1月最冷，平均气温0.4℃，夏季7月最热，平均气温27.4℃，平均温差27℃。多年平均蒸发量1829.7毫米，年最大蒸发量1988.6毫米，最小蒸发量1296.7毫米，多年平均相对湿度64.5%。

最大冻土深度 0.21 米，年平均冻结历时 73 天。每年春夏秋季盛行南风，冬季盛行北风，最大风速 19 米 / 秒。

（2）水文地质条件

大气降水除部分沿地表排泄以外，通过第四系覆盖层或直接垂直入渗，进入岩体内形成包气带水。岩体内的各种裂隙相互交切，与溶洞一起构成了区内的渗水连通网络。渗水在该网络中，沿层面裂隙由南向北渗流，沿构造裂隙由东西两侧向伊河排泄基准面渗流，补给地下水。洞窟渗漏的水源是大气降水在山体形成的暂时性渗水，也就是包气带水。

石窟区西山立壁脚下共出露较大的泉水 10 眼。这些泉水具有如下特征：①泉水出露地层为中、上寒武系碳酸盐岩地层，该地层是本区良好的岩溶含水层。②泉水多具有局部承压性质。③泉水温度为 24 ~ 25℃，高于当地平均气温（14.7℃），且比较稳定。④泉水流量较稳定，受季节影响小。⑤泉水出露高程为 150 ~ 152.5 米，高出伊河水 2 ~ 3 米（图 1）。

图 1　龙门西山禹王池

三　凝结水研究现状与趋势

1. 国内外研究现状

凝结水现象很早就引起了人们的注意和重视。人们通过观察与发现，在生产实践中积累了丰富的利用凝结水的经验和知识，例如干旱半干旱地区利用温差来获取凝结水作为生产生活用水；湿润气候区为防止侵蚀与霉变而阻止凝结水的发生等。

通过在中国期刊网、万方数据库等文献查询，目前国内外有关凝结水方面的研究，主要涉及工业生产上对凝结水的利用与防治、西北地区农业生产生活上利用凝结水技术、凝结水精处理研究、凝结水回收器具研究等。

伴随着交叉学科的兴起与世界文化遗产保护事业的发展，凝结水现象对文物建筑和古迹遗址的影响和评价研究也逐步凸现出来并走上科学道路，尤其在防结露涂料研究方面更富有成果。

在中国湿度网（www.chinashidu.com.cn）和中国温湿度网（www.wsd17.com），介绍有关温度湿度检测仪器和技术方面的文章，但当笔者对“文物保护凝结水”或者“结露”等关键字进行检索时，很少有显示关于凝结水对文物保护影响方面的报道与相关研究论文。可见，凝结水在文物保护领域的研究还十分欠缺，有待于深入研究。

在互联网对“condensation”或“cooling water”进行搜索发现，国外对凝结水方面的研究，基本涉及环境科学、工业冶炼技术、地理学等方面的研究，但其研究文献和论文数量并不可观。

在《The Formation of Dew》①一文中，对露和凝结水的形成进行了详细的分析和论证。作者 D. Beysens 运用物理学和数学的方法对露滴的成长、形成模式、控制因素等进行了深入分析，认为温度和湿度是露滴微生长过程中的主控因子。他还建议对电场效应影响露的形成进行专项研究。

然而，当搜索 condensation /conservation /heritage 时，结果显示，可咨询的信息量很少。可见，在文化遗产保护领域，世界范围内对其研究也十分有限。其研究主要集中于大气湿度的基础理论研究、采集仪器研发、饱和水汽压理论以及测量仪器的研究等②，几乎没有关注凝结水防治在古建筑和文化遗产保护中的意义。由此可见，目前国内外对凝结水在文化遗产领域的有关研究才仅仅起步，关注的学者数量少，研究的论文成果少且应用性不高，不能适应历史文化遗产保护事业的发展趋势。

我国三大石窟保护管理单位在这方面的研究成果也乏善可陈。在石窟寺文物保护工作中，对防治雨水、洞窟渗水和毛细水已有较为成熟的办法，但对洞窟凝结水的形成机制和防治措施还认知甚少，原因是目前尚无合适的测量装置来准确测定岩石表面凝结水量，阻碍了凝结水对岩石风化过程影响的定量化认识，以及由此带来的危害机理分析的缺陷，致使相应的研究工作得不到应有的重视。敦煌研究院在这方面的研究限于凝结水对纸质文物、壁画、泥塑等非石质文物的影响方面，研究成果亦不多。龙门石窟保护迫切繁重，对凝结水的研究还处于筹划阶段，针对凝结水的发生机理、分布规律、危害分析及防治对策方面都没有做过专题研究和应用，相关的工作还没有正式进行。

这里重点介绍云冈石窟在凝结水防治方面的试验和研究。云冈石窟研究院黄继忠等近年来对凝结水现象进行过试验研究和有益探索。2005 年 7 月底在大同召开的云冈国际学术研讨会上得知云冈石窟已正式开始对凝结水危害砂岩石雕进行监测、分析与防治研究，并到洞窟现场参观和了解了监测仪器与设备系统。他们与中国地质大学（北京）合作，通过近两年的现场观察与分析，根据不同形制的洞窟，实施了以下研究项目：一，建立洞窟内环境监测控制体系：①在洞窟内建立室内环境监测系统，监测洞窟气温、相对湿度、岩石内部温度、气流速度等环境数据。②选择不同形制的洞窟，在内部建立岩石表面温度、岩石内部温度、气温、相对湿度的监测系统，观测洞窟各个部位不同高度的四个凝结水形成要素，找出凝结水形成的临界点。③用电脑处理观测数据，与除湿仪器系统相连接，建立洞窟自动环境控制系统，对洞窟不同部位的凝结水形成要素进行连续型监测。二，现场物理除湿试验：在 5 号窟、9 号窟设置了一套自动环境监测系统，每个系统由 8 组探测器组成，测量洞窟内主要部位的气温、湿度、气流速度和岩石内部温度；同时在 9 窟内用除湿机进行物理除湿试验，测定除湿机工作期间对凝结水形成环境的影响，最终确定防止洞窟岩石风化的较佳环境指标，进行洞窟环境自动化管理③。通过这些措施，云冈石窟研究院在

① D. Beysens. *The formation of dew*. *Atmospheric Research*, 1995 (39), pp. 215 ~ 237。

② *Atmosphere, climate, environment information programme*. (www.ace.mmu.nc.uk)

③ 曹文炳等：《云冈石窟砂岩凝结水形成机制与防治对策研究》，《2005 云冈国际学术研讨会论文集保护卷》，2006 年，第 184 ~ 191 页。

凝结水对砂岩质石窟危害研究已实现定量监测、定性分析研究和科学防治于一体，研究水平在国内处于领先地位。他们合作发表了研究成果《凝结水在砂岩表面形成机制的试验研究》。该论文主要观点如下：我国有许多列入世界文化遗产的石窟艺术宝库，如云冈石窟、龙门石窟等，近几十年来环境污染日趋严重，风化作用正在使这些艺术瑰宝失去原有风采。在风化作用中水是最活跃的因子，虽然在文物保护中对洞窟渗水和毛细上升水的防治技术日臻成熟，但对凝结水在风化作用中的影响却认知很少，原因是目前尚无合适的测量手段来准确测量形成在岩石表面的凝结水量。他们采用自己新研制的岩石表面凝结水测量装置，对云冈石窟砂岩表面凝结水量进行测量，两次测量结果表明，凝结水量分别达 70.3 和 91.2g/m^2，该量对岩石风化产生的影响不容忽视。在洞窟内岩石内部温度低于岩石表面温度，这意味着凝结水不仅可以在砂岩表面上形成，而且水汽可以通过与外界相通的孔隙网络在一定深度的岩石内部凝结形成，前者仅能引起岩石表面风化，而后者引起风化深度却要大得多，更具破坏性①。

然而，对于凝结水危害石灰岩石窟造像方面的研究，目前还无人问津。基于此，本工作通过对龙门石窟凝结水现象的长期监测和现场试验，结合国内外相关研究成果，把工业上对凝结水的防治技术利用到石窟保护中，提出合理的防范措施，以期达到良好效果。

2．龙门石窟凝结水试验研究进程

本研究项目自 2005 年 2 月在北京召开的 UNESCO 援助中国文化遗产保护项目三方会议上确定龙门石窟凝结水防治研究子项目开始，到 2007 年 9 月结束凝结水病害调查与现场试验工作，2006 年 10 月至 2007 年 10 月进行监测和试验数据整理与分析、编写试验报告和整理论文等，总共历时近三年。具体工作计划安排见表 1。

表 1　凝结水研究计划安排

时间	工作内容	备注
2005.2	UNESCO 援助中国文化遗产保护项目三方会议上，确定开展龙门石窟凝结水防治研究子项目	北京
2005.4	查找文献；编写开题报告；开题	在中国地质大学（武汉）进行
2005.5 ~ 2005.10	对凝结水病害进行现场观测、记录和拍照；绘制病害分布图；测量分布高度、面积等	主要在潜溪寺、宾阳三洞、万佛洞、双窑等洞窟进行
2006.5 ~ 2006.7	继续进行现场观测记录病害，拍照、绘图；研制凝结水定量测试装置	重点在潜溪寺进行现场调查
2006.8	现场定量试验和室内率定分析	在潜溪寺进行；在实验室内开展
2006.9 ~ 2007.10	继续进行现场调查；继续对洞内温湿度、岩壁温度进行连续测定	在潜溪寺进行
2006.9 ~ 2006.11	试验数据整理分析；查阅文献资料	在洛阳龙门进行
2007.7 ~ 2007.9	凝结水现场补充试验	在潜溪寺进行
2006.11 ~ 2007.10	编写报告，整理报告	在洛阳龙门进行
2008.7 ~ 2008.10	现场补充试验，修改研究报告	在洛阳龙门进行

① 前引文，《云冈石窟砂岩凝结水形成机制与防治对策研究》。

本研究项目具体由中国地质大学（武汉）岩土文物勘察保护中心和龙门石窟研究院石窟保护中心共同承担完成。中国地质大学（武汉）岩土文物勘察保护中心承担凝结水定量测试仪器的研制、现场测试试验的数据处理和分析及最终报告的编写；龙门石窟保护中心主要负责洞窟现场的凝结水病害调查、记录和初步分析，建立凝结水数据档案，配合现场定量测试试验的顺利完成等。

四 龙门石窟凝结水形成机理与分布特征

1．凝结水发生的基本条件

凝结水的发生主要依赖于大气温度、湿度、饱和水汽压、凝结核等要素的状况及其动态变化。湿度是表示空气中水蒸气含量的物理量，常用绝对湿度、相对湿度、露点等表示。设定的湿度可认为是湿空气所含水蒸气的重量，即水蒸气重量和干燥空气重量之比。所谓绝对湿度就是单位体积空气中所含的水蒸气的质量，也即空气中的水蒸气的密度。一般用 $1m^3$ 的空气中所含的水蒸气的克数表示。相对湿度是表示空气中实际所含水蒸气的分压和同温度下的饱和水蒸气的分压的百分比。通常，用 RH% 表示相对湿度。露点就是当湿空气在水蒸气分压力不变的情况下冷却至饱和的温度。因为含有水分的空气只能容纳一定量的水分。如果通过压力或冷却使体积缩小，就没有足够的空气来容纳所有的水分，因此多余的水分冷却析出成为凝结水。离开冷却器的空气通常是完全饱和的，分离器内的凝结水就显示了这一点，此时空气温度有任何的降低，就会产生凝结水。

当没有更多的水汽能容纳在空气中时，就产生了空气的饱和，任何加压或降温均会导致凝结水的析出。

2．龙门石窟洞窟凝结水形成的客观条件与机理

（1）龙门石窟环境与气候特征

龙门石窟位于洛阳市南 5 千米处的伊河两岸的陡立崖壁上。基本地貌为两山夹一谷，谷地呈南北走向；东西两山相望，最高海拔分别为 263 米和 303 米。气候类型为温带大陆性季风气候；年降水量为 580 毫米左右，60% 以上的降水集中于每年的 6 ~ 9 月。按照湿润程度的地带性划分，龙门石窟所在地区属于半湿润半干旱地带，每年春冬两季干燥多风沙，洞窟内部雕刻品表面多沉积灰尘、颗粒物等；东西两山之间有伊河穿过，由于人工橡胶坝的拦截，形成了蔚为可观的人工湖面，面积达 100 余万平方米，这为水汽的产生创造了客观条件。

龙门石窟中粗糙不平的岩壁风化层、岩石表面附着的灰尘颗粒物以及大气中的悬浮尘埃颗粒物质提供了水汽凝结所需要的凝结核。

（2）洞窟形制的影响

龙门石窟洞窟多为穹隆顶、马蹄形平面，重点洞窟的进深、高度、宽度等尺寸比较大，在洞窟深处的岩壁上，由于通风差、黑暗潮湿等因素，容易成为水汽凝结的场所。另外，有些洞窟如潜溪寺、药方洞等修造有大型窟檐，阻挡了阳光的射入和气流的沟通，这些条件都为凝结水的产生创造了基础。

上述条件为洞窟中水汽的凝结提供了条件。而在中国北方干旱半干旱的气象条件下更有利于凝结水的发生和形成。

（3）形成机理

由于龙门石窟空气中的粉尘以及石窟壁上风化层的微粒提供了大量的凝结核，当空气中的湿度达到一定量时，就为凝结水的产生提供了必要条件。当岩壁温度低于露点温度时，空气中湿热的水蒸气遇到温度较低的岩壁，就会在岩壁上产生凝结水，对石窟区的雕像产生破坏。

上述表明：过大湿度的存在是凝结水形成的内因，而洞窟内外的温差变化、通风状况等是凝结水形成的外因。

3．龙门石窟凝结水的时空分布特征

石窟寺由于其洞窟形制的特征，水汽在适宜的大气条件下，容易在洞窟内壁或洞窟外背阳处或通风不畅处，凝聚于文物表面，并产生横向渗透作用；凝结水一旦形成，往往具有覆盖面积大、保存时间长、危害严重等特征。

图 2　凝结水线

（1）空间分布规律与凝聚状态

现场观测调查表明，凝结水主要分布在洞窟内四壁的下部和地面上（这与内部空气流通不畅、湿度较大关系密切）。在露天的窟外雕刻或岩石上没有发现凝结水的存在。凝结水形成时，在洞窟三壁的下部挂满水珠，并附有一层水膜。凝结水的分布范围有一定的高度，并在洞壁上形成一条湿线（图 2）。随着洞窟进深的增大，洞窟三壁面的湿线明显升高，洞窟尽头西壁的湿线高度最大。现场观察与量测结果发现，洞窟内湿线的最大高度一般不超过 2 米。

最突出的一个特点是，由前室→中室→后室，凝结水浸润程度依次变大；在主尊两侧的深凹处，凝结水聚集最为丰富（图 3、4）。

凝结水在壁面的悬挂附着状态通常呈水珠状散布状态。水珠直径最大可达 4 ~ 6 毫米（豆粒状，图 5）。凝结水在局部地方呈面状潮痕状态。壁面附着尘土部位吸附凝结水呈黏结块状。宾阳中洞和南洞主尊两侧的下部小龛表面滋生的大量苔藓霉菌微生物，与该处凝结水的聚集应有密切的关系。

（2）时间分布特点

在时间分布上，凝结水发生的集中时间为 5 ~ 10 月。5 月以前不明显，7 月、8 月最突出，6 月和 9 月其次，10 月以后基本消失。这反映了气候的根本性影响——在干燥寒冷的冬春两季基本没有凝结水现象，而在湿润闷热的夏秋两季，凝结水现象明显。

通常，在有雾天气、阴天和降雨前的湿度较大，凝结水现象比较突出。此时，主佛身上，经常蒙上一层湿气甚至有水珠密布。随着降雨的开始到结束，由于温度降低，凝结水逐渐减少，至晴天慢慢消失，基本可持续 2 ~ 3 天。大风的天气，很少发现有凝结水。闷热的天气，雕刻品则会

图 3　凝结水现状

图 4　凝结水现状

图 5　凝结水珠

图 6-1　发生阶段

大量“出汗”。

（3）时空动态变化

在时空分布的动态变化上，凝结水持续保存时间随天气状况不等，一般在降雨前 5 个小时内达到高峰（气温骤降）。雨后天晴，随温度升高窟内水分逐渐蒸发，可持续存在 1 ~ 2 天（由图 6 可见凝结水动态变化）。三壁面凝结水分布区的上部随着水珠颗粒的增大逐渐呈线状流下，中下部将一直保持过饱和浸润状态。另一方面，地面在产生凝结水的同时接收三个壁面凝结水的流下和汇入，在地脚线附近的坑凹里形成一定深度的

图 6-2　高峰阶段

图 6-3　消退阶段

积水。

4．龙门石窟与云冈石窟凝结水现象的对比分析

云冈石窟属于砂岩质地，不可溶解；龙门石窟则属于碳酸盐岩，可溶。二者的岩性不同，其力学强度、孔隙度等岩石工程性能和指标存在较大差异，由此带来其抗风化能力的强弱不同。凝结水在夏季时普遍存在，但两地的气候条件存在较大差异。云冈石窟位于山西大同，属于我国温带大陆性气候的最东缘，年降水量约 300 毫米左右，夏季时大气湿度超过 70% 的天数比较少，所以凝结水持续时间比较短，危害机理主要表现在溶解胶结物质，造成雕刻品的空洞和疏松，降低了岩石整体强度，更易风化；同时由于云冈石窟砂岩属于微孔隙、低渗透性的岩石，凝结水不单可以在砂岩表面形成，还可以通过孔隙进入内部形成，从而溶解胶结物，造成破坏。而龙门石窟位于河南洛阳，属于温带大陆性季风气候，年降水量维持在 600 毫米以上，最近这两年都超过了 700 毫米，夏季大气湿度超过 70% 甚至超过 80% 的天数相对较多，所以总体上凝结水形成的时间持续较长，危害更加严重。加之龙门石窟岩石的可溶性，决定了凝结水对龙门石窟的危害不单体现在溶解胶结物质，更加溶蚀雕刻品及围岩的石质，带来雕刻品的模糊不清和局部形状改变，产生诸如起翘、析盐、片状风化等病害，极大降低了雕刻品的艺术和美学价值。

两大石窟出现的凝结水时间比较接近，都是集中在夏季最闷热的时候（7、8 月份）。出现的位置集中在洞窟内部深处的不易通风、阴暗处。两大石窟都把凝结水病害作为石窟寺病害中一种类型来分析和治理，这反映了当今石窟寺保护中对病害类型的研究和防治上的进步和发展。

五　龙门石窟凝结水的现场观测记录与数据分析

根据多年现场调查经验，选择潜溪寺作为凝结水病害观测与试验的主要洞窟，同时对宾阳三洞、万佛洞、双窑等洞窟进行了连续观测和记录。通过对风向、洞窟内外气温、湿度，凝结水分布部位、面积、在三壁的湿线高度变化，凝结水分布区的病害状况等进行现场调查和分析，建立科学的监测档案资料。

在观测方法和手段上，主要采用温湿度传感器、现场观察记录、绘制凝结水分布统计图、示意图、拍照等；同时使用测量工具如钢尺、卷尺、地质罗盘等；本工作中引用的潜溪寺内部分数据来自于 UNESCO 龙门石窟保护修复工程监测系统，该数据采集工作由龙门石窟研究院保护中心马朝龙同志完成。

1．观测时间安排

（1）2005 年 5 ~ 10 月，重点以潜溪寺、宾阳三洞、万佛洞等洞窟的现场调查和凝结水状况记录、拍照等工作为主。

（2）2006 年 6 月 28 日 ~ 8 月 30 日以洞窟内部现场定量测试试验为主，结合洞窟现场凝结水病害状况的记录描述、拍照等工作。

（3）2006 年 9 月 ~ 2007 年 7 月主要是继续利用温湿度传感器对潜溪寺洞内的定点岩壁温度和大气温湿度进行连续监测、采集数据，同时记录该洞内的凝结水现象。

图 7　自动记录温湿度测定仪

（4）2007 年 7 月 16 日 ~ 2007 年 9 月，使用无油泵进行现场定量测试补充试验，对比分析两年夏季的数据，同时记录洞内的凝结水分布和发生现象。

2．监测数据的提取与整理

在潜溪寺内南壁西侧下部放置温湿度传感器，连续监测洞窟内的温湿度变化状况。该传感器共有三个探头，可以连续自动记录墙壁温度、气温、空气湿度三项指标（图 7）。设定该传感器编号为 4。设置自动记录时间间隔为 2 分钟。基本上，一组电池可以连续使用 20 ~ 30 天，然后需要充电后使用。传感器一次可以连续最大记录天数为 20 天左右，因此需要定期下载传感器中的存储数据并清零，重新开始记录。

试验使用的温湿度传感器采用群特科技股份有限公司生产的 CENTER313，该仪表为四位数液晶显示，三组显示值。测量范围：RH0% ~ 100%；T-20℃ ~ 60℃，精度 0.1。内置有记忆体装置，可以连续自动记忆 16000 笔数据。重约 320 克，携带方便[①]。每次试验结束后，用电脑采集和保存温湿度传感器记忆的数据，运用 Excel 表格和其他分析图件，建立基本数据资料信息库，为下一步的现场定量试验分析奠定基础。

在洞窟现场的凝结水病害观测和记录方面，重点记录潜溪寺洞窟，同时兼顾其他重要洞窟，遵循每天至少一次现场观测和调查记录的原则。作者在龙门石窟工作，有条件每天进入洞窟现场观察和记录。现场观察和记录的一般步骤是：①整体与局部结合进行多角度拍照；②对洞窟各个壁面的凝结水现象进行基本测量与描述，包括丰富程度、分布区域、分布高度、凝聚状态、流动状况等要素；③特别注意地面有无积水，其来源的推论。针对现场的观测工作，作者根据日常记录，专门整理了一个文件，名称为龙门石窟洞窟凝结水观测记录档案。

3．洞窟现场监测数据的初步分析

通过 2005 年 6 个月（5 ~ 10 月）以及 2006 年、2007 年夏秋季节的连续观测与比较研究，发现龙门石窟的凝结水病害严重，普遍存在，并且具有一些比较明显的特征和规律。

（1）监测数据所显示的凝结水形成特点

通过对监测数据的分析比较发现，在夏秋季节洞窟内岩石表面的温度与窟外气温之间存在较大的温差，温差可达到 10℃以上。窟内岩石表面与窟内大气之间的温差可达 1 ~ 5℃（图 8）。窟内岩壁的温度低于气温，形成低温区，从而使过饱和的水汽层冷凝，造成水汽在窟壁产生凝结。冬春季节窟内外温差较小，即使湿度较大也不会产生凝结水。因此，洞窟内外的温差是形成凝结水的主控外因。

① 群特科技股份有限公司生产的 CENTER313 使用说明书。

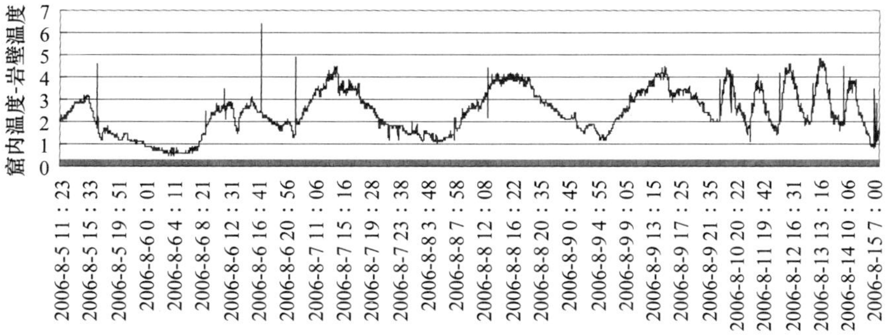

图 8　2006 年 8 月 5 日 ~ 8 月 15 日窟内温度与岩壁温度差值曲线图

在较大的湿度下，洞窟内存在过饱和水汽是凝结水形成的控制内因和必要条件。夏季时潜溪寺窟内湿度很大。凝结水丰富的 7 ~ 9 月，洞窟湿度都在 85% 以上，有时甚至达到过饱和。我们对 2005 年 6 月的数据进行分析并制成图件，如图 9、10（只取其中的部分图件）。图 9 为 6 月 16 ~ 20 日潜溪寺窟内、窟外温度对比图，图 10 为 6 月 16 ~ 20 日潜溪寺窟内、窟外湿度对比图。可以很清楚地看出，洞窟内的温度和湿度变幅都要小于窟外，窟外的气温绝大多数时间比窟内高（冬

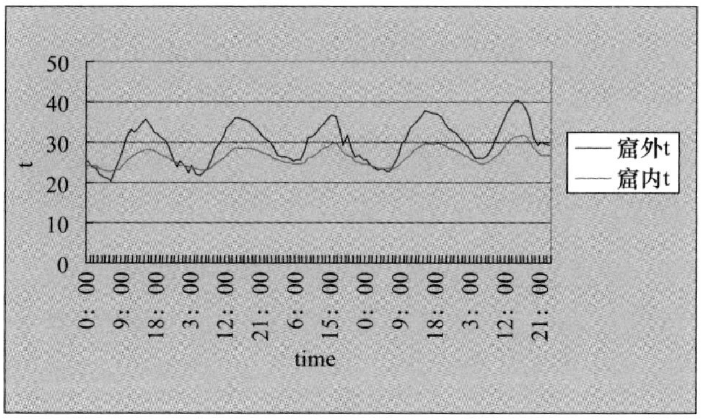

图 9　窟内外温度对比

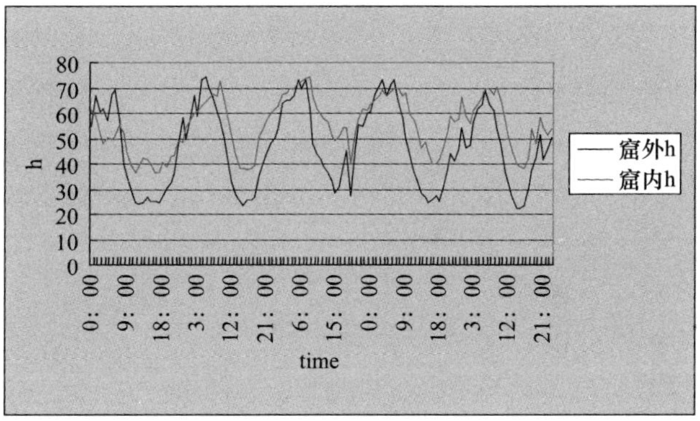

图 10　窟内外湿度对比

季相反），而窟外的湿度绝大多数时间则比窟内低。

这些条件都为凝结水的发生创造了有利条件。

根据潜溪寺监测仪器纪录的数据，我们对比分析露点温度与岩壁温度后发现，2006 年 9 月下旬 ~ 2007 年 4 月底这段时间内，露点温度基本上都比岩壁温度低，也就是说基本不具备产生凝结水的条件，现场观察也没有发现凝结水存在，这表明二者是相符的。从 2007 年 5 月开始，到 2007 年 9 月初结束的这段时间内，陆续出现凝结水，尤其在 7、8 月份成为凝结水发生的高潮期。

以 2007 年 5 月的露点温度与岩壁温度对比图（图 11）为例，大部分时间都没有出现凝结水，但在 5 月 20 日下午、23 日全天、30 日下午、31 日全天露点温度高于岩壁温度（即具备凝结水产生的条件），表明满足了出现凝结书的条件，而实际观察结果和现场记录与这一理论分析是一致的。

下面重点对潜溪寺洞窟下部和上部凝结水形成与变化特点进行对比分析。

（2）潜溪寺下部凝结水的变化规律

在潜溪寺南壁弟子与菩萨之间距离地面 120 厘米的凝结水富集的岩壁处安装岩壁温度传感器，

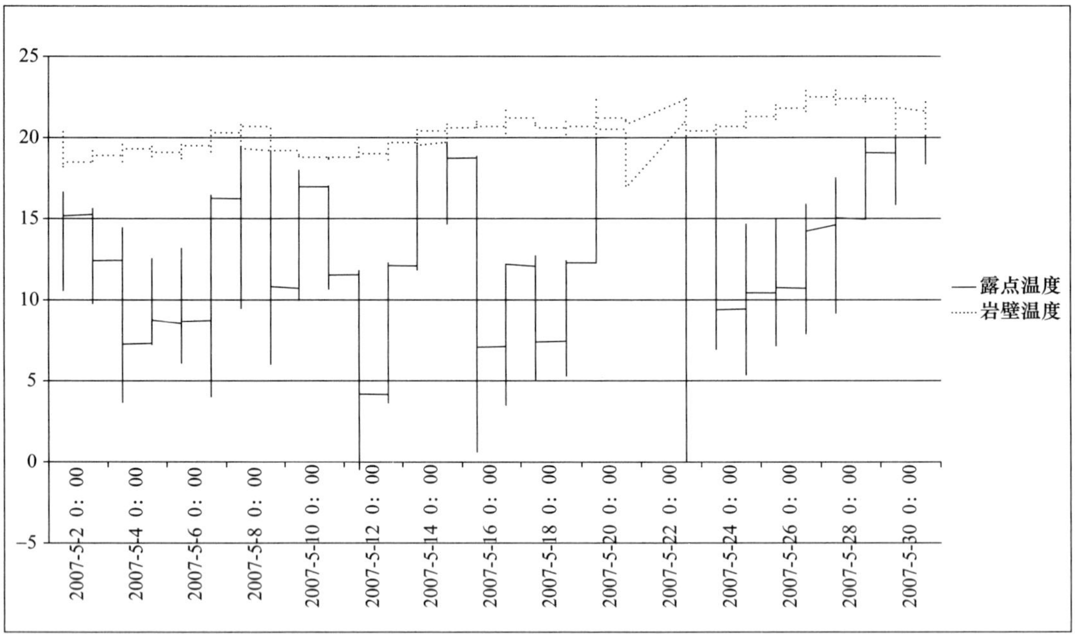

图11　2007年5月潜溪寺露点温度与岩壁温度对比图

并在洞窟中安装温湿度传感器。自动采集监测点的岩壁温度、窟内气温与湿度。

当空气中水汽含量一定、气压一定时，只要空气温度冷却至空气饱和时的温度，水汽就开始凝结，这个温度称为露点温度[①]。因此，可以根据岩壁温度是否低于露点温度来判定水汽是否凝结；而露点温度可以根据饱和水汽压公式计算得出。

通过在岩壁安装传感器采集数据，而得到的露点温度可以比较准确的判断凝结水开始凝结的时间。露点温度可通过一组简化的饱和水汽压公式计算。

首先计算洞窟内的饱和水汽压：

$$e=[1.0007+P\times3.46\times10^{-6}]\times6.1121\times\exp\left[\frac{17.502\times t}{240.9+t}\right]$$

式中：e 为饱和水汽压（mbar）；P 为综合压力（mbar）；t 为温度（℃）。

再根据饱和水汽压和相对湿度计算水汽分压：

$$e_w=e\times E$$

式中：e_w 为水汽分压（mbar）；E 为相对湿度（%）。

则露点温度 t_d：

$$t_d=\frac{243.12\ln(e_w/611.12)}{17.62-\ln(e_w/611.12)}$$

根据采集的数据，运用上述三个公式可以计算出岩壁的露点温度。然后用露点温度与岩壁温

① 周淑贞：《气象与气候学》，北京：高等教育出版社，1985年，第58～60页。

度进行比较。当岩壁温度低于露点温度时，壁面上产生凝结水，反之则不产生凝结水。

图 12 为 2006 年 8 月 4 日 ~ 8 月 15 日潜溪寺洞窟下部露点温度与岩壁温度随时间变化曲线。8 月 4 日下午 13:22 ~ 18:27，岩壁温度接近露点温度，基本不产生凝结水。8 月 4 日 18:27 以后，岩壁温度明显低于露点温度，岩壁上开始产生凝结水，说明这段时间是凝结水逐渐生成的阶段。之后大部分时间段岩壁温度低于露点温度，温差有高有低，这一时段为凝结水保持阶段。最后至 8 月 14 日，岩壁温度又从低于露点温度趋于接近露点温度，凝结水逐渐消失。现场观测的结果是：8 月 4 日 13:00 到 8 月 5 日 8:00，窟内未出现凝结水。8 月 5 日 11:00，观测发现窟内已经开始出现凝结水，水线在离地面 1.1 米处。8 月 5 日 13:50，水线高度升高了一点，但范围扩大了很多。到 8 月 5 日下午 17:00，水线已上升到了 3.4 米的位置。8 月 5 日是凝结水逐渐生成的一天。从 8 月 6 日到 8 月 14 日，窟内一直有凝结水，只是凝结水的面积有升有降，基本和理论计算的结果一致。从 8 月 14 日到 8 月 15 日，洞壁上凝结水逐渐消失。观察的现象与理论计算结果一致。这说

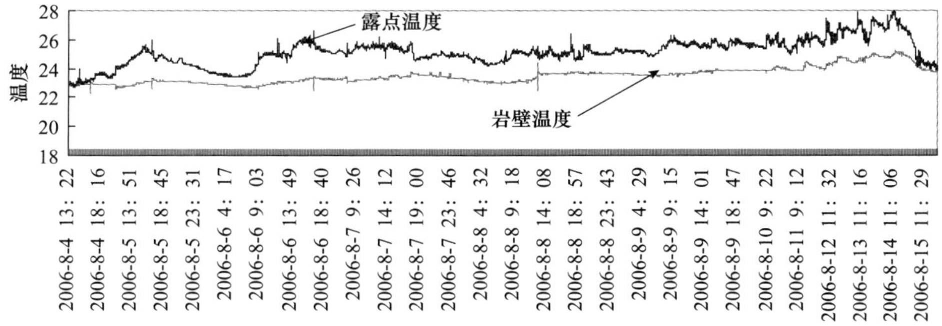

图 12　2006 年 8 月 4 日 ~ 8 月 15 日露点温度与岩壁温度比较图

明用露点温度判断凝结水发生情况是可信的。

（3）潜溪寺窟顶的凝结水现象

对潜溪寺窟顶的凝结水也进行分析。通过对 2005 年 6 月的窟内顶部岩石温度和窟内气温的对比，我们发现，整个六月份，窟内气温都高于窟内顶部岩石温度（图 13）。通过岩石温度与露点之间的比较，我们可以看出，在 6 月、9 月，岩石温度低于露点温度的日期很少。而当时的现场调查记录是，仅在下部发现部分凝结水现象。而在 7 月、8 月，可以发现不少日期，岩石温度都低于露

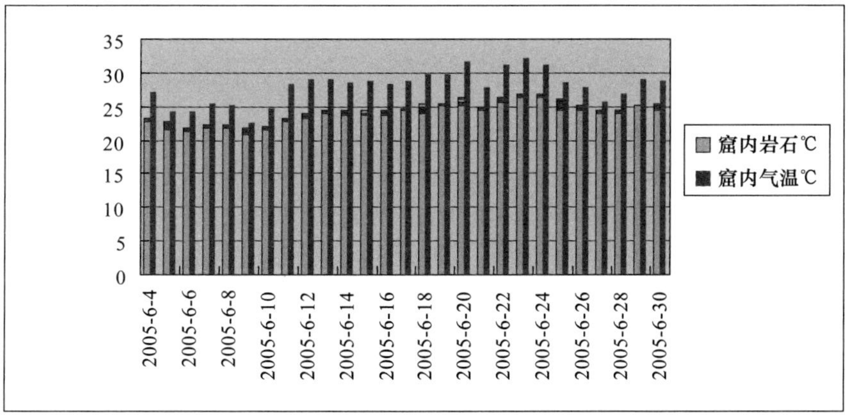

图 13　2005 年 6 月潜溪寺窟顶岩石温度与窟内气温对比

点温度，充分可以证明凝结水的发生。

另外，取凝结水比较集中的2005年7月和8月采集的数据进行分析，该数据来源于UNESCO龙门石窟保护修复工程项目。图14为7月和8月的露点温度（大部分在下部的曲线）和岩壁温度（大部分在上部的曲线）随时间变化曲线。由图可知，潜溪寺窟顶也有凝结水产生，但产生的频率和强度均低于凝结水富集的洞窟下部。

由图14可知，在7～8月期间，仅7月23日～25日、7月27日～8月1日两个时段岩壁温度低于露点温度。凝结水产生的时间很少，程度较弱。实际观察的结果也表明窟顶很少出现凝结水。

再取2006年7月1～25日潜溪寺窟顶监测数据进行分析。根据窟顶的岩壁温度和大气温湿度，得出图15。

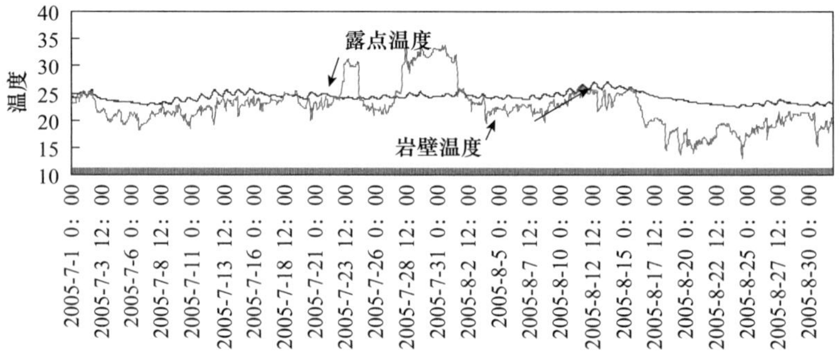

图14 潜溪寺窟顶2005年7、8月份岩壁温度与露点温度

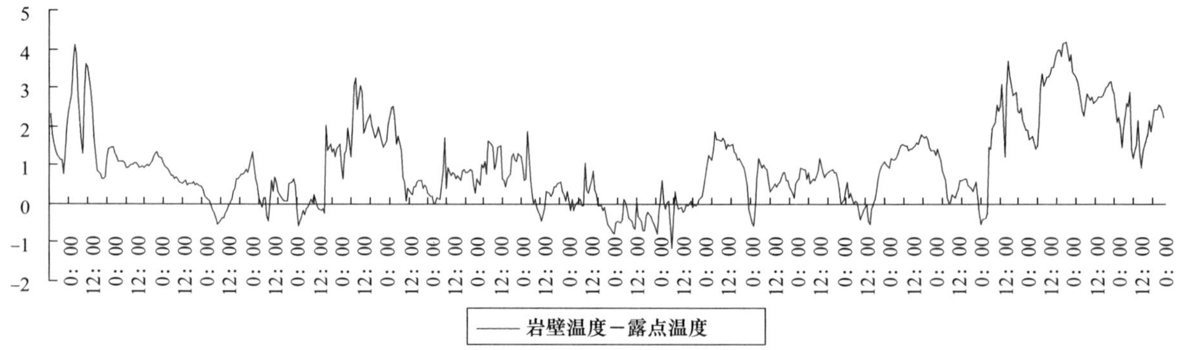

图15 2006年7月潜溪寺窟顶岩壁温度和露点温度对比图

可以看出，绝大多数时间，窟顶的岩壁温度都高于露点温度，也就是说，产生凝结水的时间很少。而同期对于潜溪寺下部凝结水的现场观察记录则存在比较多的凝结水。这形成了鲜明的对比。是否能够反映一个问题：由于洞窟比较高，造像稀少，通风较好，水汽不容易在高处凝结？还需用更多试验来解答。

（4）其他洞窟的凝结水现象与分析

在重点对潜溪寺洞窟的凝结水现象进行观测和试验的同时，我们对其他洞窟也进行了连续观测，以建立不同洞窟之间的横向比较。主要对宾阳三洞、万佛洞、双窑、路洞等洞窟进行了比较性的观测。结果表明，这些洞窟也存在程度不等的凝结水病害。

具体说来，由于宾阳洞位置靠近北边，洞窟进深大，内外气温变幅高，为凝结水的产生创造了客观条件。其岩性属于致密的白云岩，岩石孔隙率小[①]，凝结水很难渗透进去，往往附着在岩石和佛像的表面，并逐渐聚集、汇流，最后流到地面上，形成积水。宾阳三洞总体而言，其凝结水病害程度不等，南洞最严重，北洞次之，中洞轻微（见三洞凝结水照片对比图 16，2005 年 8 月 11 日 10:20 左右）。初步分析其原因是南北二洞不如中洞通风条件好，南洞接受日光照射的条件不如北、中洞。由于宾阳三洞位置接近潜溪寺，洞窟规模接近，两者的凝结水病害发生的时间、部位也存在许多共同点。通常，在凝结水丰富的时间，宾阳南洞的地面上往往存在较大面积的积水。

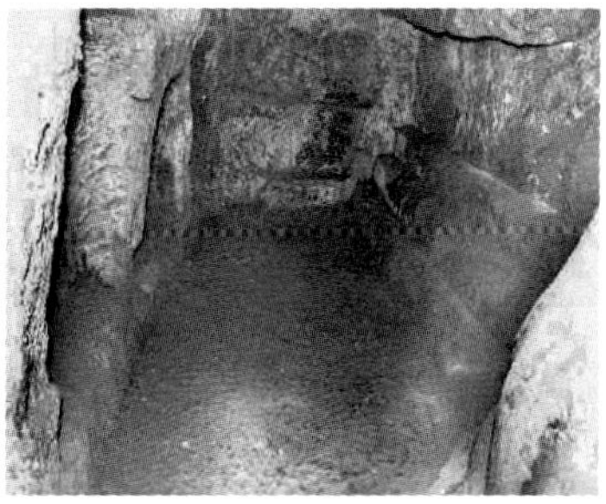

图 16-1　宾阳南洞

图 16-2　宾阳中洞

图 16-3　宾阳北洞

经仔细观察和分析，此积水应为凝结水汇集而成，其他特点与潜溪寺非常接近。

万佛洞位于西山中段，海拔 156 ~ 162 米，属于残余鲕粒灰岩，洞窟高 533 厘米，宽 496 厘米，进深 343 厘米。在现场调查中发现，此洞西墙壁主尊两侧下部的雕刻表面存在一定的凝结水分布。总体发生时间短，频率低，分布面积小。双窑位于万佛洞下，规模中等，洞窟显得较深；同样在主尊头部南北两侧发现了凝结水的存在，但面积比较小，且凝结水量很少。

位于西山南段的路洞，规模中小，洞窟敞开度好，很少发现凝结水的存在。同样，在位于南段的皇甫公窟里，只有在特别闷热的天气才能发现凝结水。这可能与此段洞窟岩石属于强风化类型、孔隙度比较大、凝结水渗透到内部而很难在表面附着等因素有关。

六　凝结水定量测试试验研究

1. 试验仪器与试验步骤

2006 年 7 月底，中国地质大学（武汉）与龙门石窟研究院保护中心合作开始进行凝结水项目的现场工作。持续时间为一个月，其中半个月左右在室内进行率定分析，半个月在潜溪寺洞窟内部进行现场定量测试。试验进展顺利，试验结果符合预期目标。

（1）试验装置与原理

龙门石窟凝结水定量测定装置如图 17 所示，主要包括密封容器、干燥管、流量计、真空泵、温湿度仪和塑料管路、三通阀等，其中，干燥管 2 个，温湿度仪 3 个，三通阀 3 个。其基本原理

① 潘别桐、黄克忠：《文物保护与环境地质》，武汉：中国地质大学出版社，1992 年，第 174 ~ 179 页。

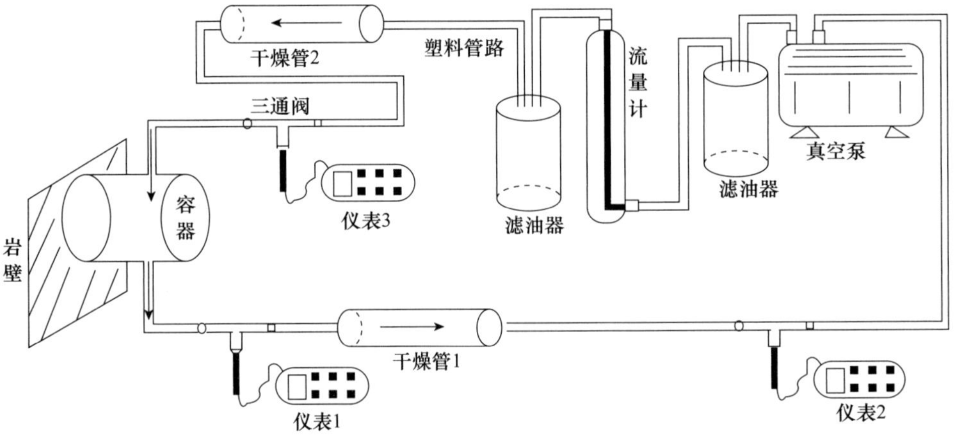

图17　龙门石窟凝结水定量测试仪器示意图

是，在密封条件下，让干燥气流通过测定位置，再将带出的湿气流经过干燥剂干燥之后重新进入测定位置，如此反复，直至进出气口的相对湿度与开动气流循环系统（图17）之前进出气口的相对湿度一致时，就可以认为本次试验完成。将吸湿之后的干燥剂称重，并将此称重结果减去干燥剂未吸湿前的重量就得到凝结水量。具体说来，用一容器把岩壁上测试区封闭，通过闭合的管路系统，使水汽在干燥管中吸收，前后干燥剂重量之差，即为某段时间内该测试区的凝结水量。三个温湿度传感器仪表分别实时测定管路中不同位置的温度、湿度值，其中1、2号湿度差可反映容器进出口的水汽含量高低。流量计可显示真空泵的鼓风速度。3号仪表则显示气流通过干燥管后的湿度值。当最后发现1、2号湿度差稳定在5%以内，且3号仪表湿度读数趋于稳定时，此时岩壁上的水分基本已经蒸发完毕，可以关机结束试验。

将数字相对湿度仪（附带测温功能）、空气流量计、空气循环泵及干燥剂瓶用管路和阀门连接，构成一个完整的密闭测量系统。在此对不同仪器及阀门的作用进行说明：空气泵使整个循环系统的气流按顺时针方向流动；分流阀门使循环系统中的气流以稳定的速率流动；1号相对湿度仪测定流入测定位置的空气湿度；2号相对湿度仪测定流出测定位置的空气湿度；干燥剂瓶对流出测定位置的湿空气进行干燥；3号相对湿度仪测定干燥后的空气湿度。将3号相对湿度仪的测定结果与2号相对湿度仪的测定结果对比可判断干燥剂的干燥能力，而与1号相对湿度仪的测定结果进行对比，可计算整个循环系统的误差。

此装置中的密封容器的密封性非常重要，是整个试验成败的关键。一个是密封容器的固定问题，一个是密封容器与洞窟岩壁的密封性问题。我们利用下面设计的固定装置（图18）将圆柱体密封容器固定在凹凸不平的洞窟石壁上可避免对洞窟石壁造成物理创伤。使用此装置须有支撑杆顶住固定装置的支撑面，且固定装置的支撑足是与圆柱体底面的圆环相接触的。密封容器是底半径为10厘米，高为35厘米的圆柱体容器；在圆柱体底面，柱体外侧有一圈5厘米宽的圆环，其目的是为了配合固定装置，使圆柱体容器能够被密封在观测位置上。现场密封效果见图19。

此定量测试装置由中国地质大学（武汉）方云教授和胡学军老师研制、改装而成。塑料管路全部采用德国进口材料，接口处采用三通阀和压力式扣丝。现场检漏表明，该装置具有极好的气密性和易操作性。三个温湿度传感器仪表采用群特科技股份有限公司生产的CENTER 313，液晶

图 18　固定装置示意图

图 19　密封效果照片

显示，方便读数和存储数据。容器采用有机玻璃制作。本装置最大的改进是对气密性的加强，在所有接口处都采用最先进的扣丝闭合，并用生胶带加强，严防漏气。

由于试验装置中的真空泵在工作时需要加润滑油进行降温，造成在试验时油气挥发进入塑料管路中，并由此带来误差。室内试验以校正误差为主，主要进行在不同时间内对真空进行抽气试验时的油气挥发量和水油共存时抽气试验的油气挥发量，以此确定现场试验时的误差来源和定量计算，此过程称为率定试验。率定试验进行了三组，分为 3 小时、5 小时和 7 小时。分别进行了两次试验，结果基本一致。真空泵工作时平均每小时油气挥发量约为 1.4 克。水油共存时此值偏高。同时，在率定试验中，对 1、2、3 号传感器的读数进行对比分析，选择 1、2 号湿度差在 3.1%、2.0%、1.8%、1.6% 时关机。依照此湿度差，可以对现场试验时关机时间进行对比控制。试验中对真空泵、滤油器进行了不断的改进，使得测定结果更加接近实际。

（2）试验步骤和基本操作

制定严格的试验步骤和操作规程，对于试验的严格执行和顺利完成，具有至关重要的作用。我们通过多次反复试验，比较分析后不断改进试验步骤，最终编制了一个详细的试验步骤操作规程，作为本次试验的根本性指导程序。详见附录。

2．率定试验与分析

（1）率定试验的必要性

任何试验都不可避免地存在误差，真空泵的油挥发量是个重要的误差源。密闭管路中的大气在充分抽干试验中，会带动油的挥发，这必然带来干燥剂的增重偏大。因此，需要根据多次试验进行油挥发量的测试，计算出它的挥发量与时间的关系，即率定标准。另外，干燥剂的吸湿能力对试验的结果影响较大，所以选择品牌过硬、能够多次使用的干燥剂。

（2）率定试验

试验在室内进行。我们首先编制了凝结水定量测试试验记录表格，用以标记每次试验的有关时间、读数等基本数据，见附表。试验方法同现场试验一样；试验目的是找到油挥发量与抽气时间之间的对应序列标准，以校正现场试验中的无效试验结果部分，降低整体试验的误差，保证试验的客观性和有效性。率定试验分为抽空试验和抽水试验。抽空试验是针对密封容器中的空气进行抽气循环，最后仪表数据显示稳定后，可以确定油挥发量与时间的一个对应序列标准。抽水试验是针对密封容器中的定量水进行抽气循环，最后仪表数据显示稳定后，可以确定水、油共存时试验中的油挥发量与时间之间的对应序列标准。两种试验方法可以保证该试验的对比性和有效性，在降低试验误差方面有明显的分析效果。试验分为不同时间段来进行，有3小时、5小时、7小时等不同抽气时间，目的是增加试验的多样性，进行对比分析，从而降低试验误差。

本次率定试验共进行了15天左右，除去无效试验，共有13次左右的试验结果比较理想。部分试验结果见下表2。

表2　率定试验数据

时间（h）	油气和水（g）	水（g）	油气1（g）	时间（h）	油气和水（g）	水（g）	油气3（g）
2	7.0052	3.0982	3.907	2	5.9219	2.656	3.2659
3.5	11.0991	4.5377	6.5614	3.5	8.8193	4.6315	4.1878
5.5	15.9411	5.9347	10.0064	5.5	12.5758	5.2726	7.3032
2	5.3612	2.7906	2.5706				
3.5	10.2055	4.5763	5.6292				
5.5	15.2579	5.2799	9.978				

根据该表格显示，率定试验的结果总体上比较理想。无论抽空试验还是抽水试验，试验结果都显示出明显的线性关系。经过分析，发现试验结果的率定参数不是完美的线性关系，但其斜率都非常接近。最后通过插值分析，得出最后的率定曲线，作为本试验的最终率定参数曲线。见

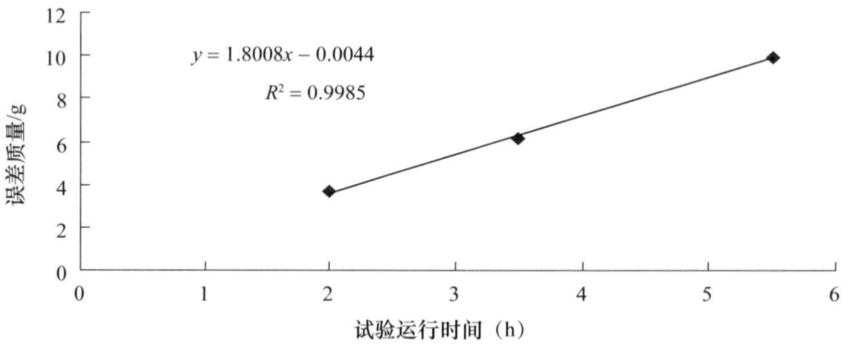

图20　误差标定曲线

图20。

3．现场定量测试试验

现场试验是在室内率定试验的基础上结合洞窟凝结水实际情况来进行的。试验时间安排在2006年8月，此期洞窟凝结水显现比较突出。根据以往的经验和实地考察，我们选择了潜溪寺作为试验洞窟。

潜溪寺是西山北端的大型洞窟（图21），时代为唐，属于穹隆顶洞窟，分为前后室。前室敞开，于20世纪80年代末修造有木构仿唐式窟檐，南北两壁面雕刻有小窟龛若干，西壁雕凿有力

图 21　龙门石窟潜溪寺洞窟

士两尊，分立于洞门南北两侧；后室雕刻有七尊大规模立像。该洞高 995 厘米，进深 715 厘米，宽 986 厘米[①]。根据现场观测发现，该洞窟每年夏季存在有明显且严重的凝结水现象，该洞窟可以作为龙门石窟凝结水试验的代表洞窟。

（1）试验区的确定

首先要确定一块试验区作为现场操作单元。选择了潜溪寺南壁下部的一个直径为 20 厘米的圆形区作为试验区，位于普贤菩萨和阿南弟子之间的墙壁上，无雕刻、靠下方、距离地面 120 厘米，前面有足够的空间来方便开展试验和操作仪器等。

（2）试验方法和不同试验时段的安排

试验方法同前面已作介绍的试验原理接近，安装好测试仪器。首先要对试验区进行抽干，确定试验区表面干燥的基准时间点，以保证该时间点开始的以下操作有核算时间的标准作为参考。所以首次抽干试验的数据是无效的，不作为试验数据的一部分，目的是建立试验基准时间参考点。

确定试验基准时间点后，把试验分为不同时段进行。在预定时间取下密封罩，让试验区暴露在空气中，使水汽凝结。到预定时段结束，重新扣上密封罩，进行凝结水量的测量，记录凝结时间和凝结水量，便可得到该预定时段的凝结水量。主要划分为三个时段：8:00 ~ 13:00；13:00 ~ 18:00；18:00 ~ 次日 8:00。每个时段进行的试验不少于 3 次，以加强试验结果的比较和有效性。具体试验时间、时段、内容见表 3，本试验是在 2006 年 8 月进行的。

以 2006 年 8 月 9 日试验为例，凝结水时间为 9:10 ~ 15:30，共 6 小时 20 分钟，凝结水覆盖面

① 刘景龙、杨超杰：《龙门石窟总录（第一卷）》，中国大百科出版社，2001 年，第 37 ~ 39 页。

积为150.138m²，抽湿区域的面积为0.0314m²，凝结水重量为28.37g，可以计算出当天这个时间整个潜溪寺凝结水重量为135.65kg。这个数字是非常惊人的，反映了潜溪寺凝结水现象的严重性。

表3 凝结水定量测试试验数据

凝结水的凝结时间	凝结时间历时（h）	干燥剂增重（g）	①②传感器湿度差	备注
8/7 8:00-8/7 13:00	5	11.8752	3.50%	新硅胶
8/14 8:00-8/14 13:00	5	14.4051	6.00%	新硅胶
8/8 13:00-8/8 18:00	5	14.0328	3.30%	新硅胶
8/11 13:00-8/11 18:00	5	16.4561	3.40%	新硅胶
8/1213:00-8/12 18:00	5	17.8024	4.20%	二次硅胶
8/7 18:00-8/8 8:00	14	10.5223	2.90%	新硅胶
8/14 18:00-8/15 8:00	14	6.5799	3.20%	二次硅胶

再以2007年8月8日试验为例，凝结水时间为13:00～19:00，共6个小时，凝结水覆盖面积为58.19m²，抽湿区域的面积为0.0314m²，凝结水量为14.567g，可以计算出当天这个时间整个潜溪寺凝结水量为26.995kg。而这并非凝结水很严重的时候。根据测试结果可知，一天内上午与下午的凝结水量及凝结速率相近，下午稍大，晚上较小，这与晚上气温低，岩壁与空气的温差小有关。

（3）凝结水面积的变化

凝结水的变化会随着窟内湿度、气温的波动而变化，是个动态的变化过程。从发生、发展、壮大到逐渐减小直至消失，凝结水在窟内岩壁上的附着面积是逐渐变化的。以2006年7月底到8月底

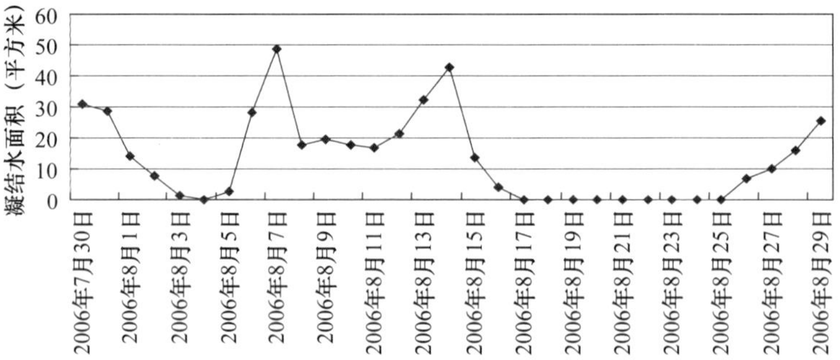

图22 2006年8月潜溪寺凝结水面积变化图

潜溪寺凝结水现场试验为基础，我们计算出这一个月凝结水附着面积的动态变化曲线，如图22。

可以看出，凝结水附着面积基本存在波谷、波峰的周期变化，这与大气运动的规律基本相符[①]。波谷、波峰的周期变化长短，随着天气的变化而演变。2006年8月1日至8月15日，龙门石窟天气状况是阴晴、闷热、降雨交替变换，造成凝结水面积出现两个波谷和两个波峰的间歇性变化；而从8月15日到月底，由于天气大多晴好、不闷热，洞窟内的凝结水面积明显减小甚至消失。这充分反映了凝结水的发生和发展趋势与窟内的大气湿度和气温有着非常密切的关系。

根据2007年7月～8月补充试验数据，我们制作了潜溪寺凝结水面积变化图（图23）。显然，

① 白爱娟、刘晓东：《从气候标准的改变分析西北地区的气候变化》，《干旱区研究》2005年，第24卷第4期，第458～464页。

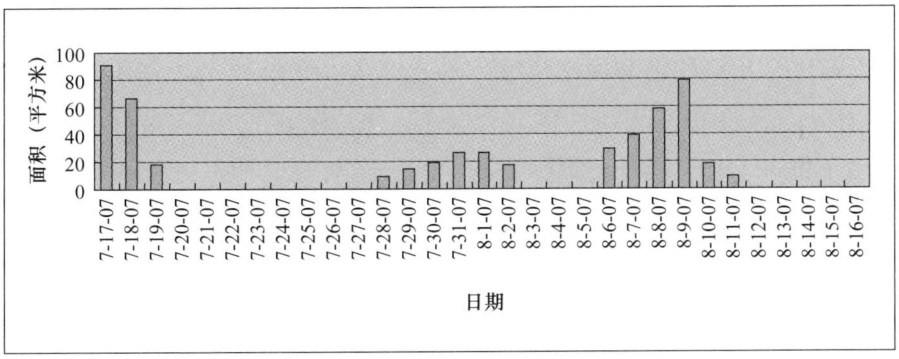

图 23　凝结水面积变化图

凝结水覆盖的面积是相当巨大的，有时达到 90 多平方米，几乎覆盖了洞窟的中下部。可见凝结水现象是普遍而且严重的。

我们可以从直观的图片来看凝结水覆盖的范围。图 24 是 2006 年 8 月 1 日潜溪寺凝结水分布范围图，通过计算后得出凝结水覆盖面积为 $14.317m^2$。那么当凝结水面积达到 90 多平方米时，几乎就覆盖了所有的 7 尊立像身体的绝大部分，凝结水量可达 41.75kg。这也可以反映潜溪寺的凝结

20060801　9:00凝结水面积：$14.317m^2$

图 24　2006 年 8 月 1 日潜溪寺凝结水分布范围图

水现象是比较严重的。

七　龙门石窟凝结水危害的综合分析与防治对策

1．凝结水受控因子分析

（1）温湿度对凝结水的影响

通过对监测数据的分析比较，可以初步确定，天气日变化造成的岩石表面温度与大气温度之

间存在一定的温差，这是凝结水形成的主控因素。岩石表面和内部的温度都低于气温，容易在岩石近表面处形成低温区，从而使饱和的水汽层冷凝，造成水汽凝结①。窟内岩石表面温度要低于窟内气温3～8℃；有时，温差可达到10℃以上。这样，水汽就首先在温度最低的岩石表面凝结②。

在一定的湿度下饱和水汽的存在是凝结水形成的控制内因。夏季时潜溪寺窟内湿度较大。对潜溪寺温湿度监测数据进行分析，可以发现，凝结水丰富的日子，湿度都在90%以上，有时甚至达到饱和。年平均湿度在70%左右。每天温度最低时湿度最大。在早上6:00～9:00之间，壁面凝结水分布最为丰富。2005年9月22日～10月4日，龙门地区连续降小到中雨，有时为高强度降雨，在洞窟内很少发现凝结水，危害性水源变成洞窟渗漏水。洞窟裂隙渗水客观上又增加了洞窟内部的湿度。这说明湿度的存在是凝结水发生的内因，而雕刻品表面温差变化、通风状况等是凝结水形成的外因③。

（2）窟檐、通风对凝结水的影响

潜溪寺等洞窟最深处的壁面的湿线高度最大，反映了凝结水的形成与内部空气流通不畅关系密切。即使在湿度小于70%、温差变化不大的情况下，在洞窟深处、雕像表面的拐弯和背风处，仍然常见到有凝结水存在。这说明洞窟内部的气流流动速度缓慢，不利于蒸发过程的进行。蒸发和凝结是可逆过程，此过程的控制因子取决于外部条件的量化平衡体系④。当洞窟开敞、通风良好的时候，蒸发作用强烈，水汽凝结就变得十分困难；相反，无风的天气、窟檐遮蔽，蒸发过程微弱，则凝结作用增强，造成大量凝结水附着于雕刻品上⑤。潜溪寺建有木构窟檐，虽然调节了窟内温度变幅，但加大了湿度，减缓了窟内外空气交换，使得水汽更容易在内部岩壁上凝结。

打破蒸发和凝结的这种动态平衡，改善洞窟的通风条件，可以使洞窟环境朝有利于雕刻品保护的方向控制与发展。

（3）岩性、风化壳表层特征对凝结水的影响

龙门石窟赋存岩体属于碳酸盐岩，从北到南，岩性依次为白云岩、鲕粒灰岩、去膏化微晶夹泥质条带灰岩⑥。调查中发现，南段强风化区的洞窟内部很少发现凝结水存在；而在中北段石窟则比较常见。能否说明不同岩性洞窟、不同风化程度的表层对凝结水的形成与吸收带来一定

① A. Steyer, D. Guenoun, D. Beysens, and C. M. Knobler. Two-dimensional ordering during droplet growth on a liquid surface. *Phys. Rev. B.*, 1990 (42), pp. 1086～1089.

② J.-L. Viovy, D. Beysens, and C. M. Knobler. Scaling description for the growth of condensation patterns on surfaces. *Phys. Rev. A*, 1988 (37), pp. 965～970.

③ 方云、孙兵、杨刚亮等:《龙门石窟保护修复工程补充地质调查报告》，中国地质大学（武汉）文化遗产和岩土文物保护工程中心，2004年。

④ H. Zhao, and D. Beysens. From droplet growth to film growth on a heterogeneous surface: condensation associated with a wettability gradient. *Laugmuir*, 1995 (11), pp.627～634.

⑤ A. Steyer, P. Guenoun, D. Beysens, D. Fritter, and C. M. Knobler. Growth of droplets on a one dimensional surface: experiments and simulation. *Europhys. Lett.*, 1990 (12), pp. 211～215.

⑥ 黄克忠:《岩土文物建筑的保护》，北京：中国建筑工业出版社出版，1998年，第70～91页。

的差异性？这一点没有得到实证。但可以推断，由于南段岩石风化程度高，裂隙密布，孔隙率高[①]，即使有凝结水存在，也由于渗透作用进入岩石内部而很难附着在岩石表面。

（4）凝结核带来的影响

调查中初步发现，壁面粗糙的地方附着的灰尘较多，成为水汽凝结的首选场所。洞窟内大气中包含的微尘颗粒物质带来水汽的丰富集中，在合适的条件下就会凝结，附着悬挂于壁面上。但对不同粗糙度的表面是否存在凝结上的差异，凝结核在凝结水危害石窟的机理中起到什么作用，目前尚无定量与定性研究[②]。在这一点上，据说云冈石窟曾进行过一些研究。其研究结果表明，在砂岩上，不会因为表面粗糙度的不同而造成凝结水量的不同。

（5）石窟区人工水面对凝结水的影响

龙门石窟曾经于1992年、1999年和2011年三次在龙门桥北面的伊河上修造橡皮坝，拦截河水，形成100余万平方米的人工湖面[③]（图25）。这在一定程度上改变了区域小气候环境，增大了

图25　人工湖改变了区域小气候

① 丁梧秀、蔡丽朋、陈建平等：《洛阳龙门石窟围岩风化层结构特性研究》，《洛阳大学学报》2003年第4期，第79～82页。

② T. M. Rogers, K. R. Elder, and R. C. Desai. Droplet growth and coarsening during heterogeneous vapour condensation. *Phys. Rev. A.*, 1988 (38), pp. 5303～5309.

③ 《龙门石窟申报世界遗产文本》，中华人民共和国国家文物局，2000年。

石窟区的湿度，加剧了洞窟凝结水病害①。

2．凝结水对龙门石窟的危害分析

（1）凝结水的危害过程

由以上论述可知，龙门石窟每年 5 月至 8 月是凝结水发生的集中时期，在洞窟的四壁上经常挂满了露珠，并附有一层水膜。这些露珠和水膜与岩石接触的过程，就是水对碳酸盐岩石雕的溶蚀过程，也是岩石内部与表层之间元素迁移和表层化学风化的过程②。

由于龙门石窟参观区内游客数量众多（每年 200 万左右），造成洞窟内 CO_2 的含量会超过外界，这使水珠中溶有足够量的侵蚀性 CO_2。所谓侵蚀性 CO_2，可作如下解释：水中溶解的 CO_2 越多，水对碳酸盐岩的溶蚀能力也就越强。在饱和的溶液中，溶解的 $CaCO_3$ 克分子数除了需要有相同克分子数的 CO_2 与之结合，形成重碳酸钙外，还需要另一部分附加的 CO_2 来平衡。前者称为结合 CO_2，后者称为平衡 CO_2。在高饱和溶液中，随着 $CaCO_3$ 浓度的增高，平衡 CO_2 的需要量亦逐渐增大。如果溶液是未饱和的，那么除了溶液中溶解的 $CaCO_3$ 所需要的结合 CO_2 和平衡 CO_2 外，还需要一部分多余的 CO_2，使溶液具有再溶解 $CaCO_3$ 的能力，这部分多余的 CO_2 就是侵蚀性的 $CO_2$③。

图 26　苔藓和霉菌生长

足量侵蚀性 CO_2 在露珠和水膜中的存在，可增加露珠和水膜对碳酸盐岩的溶解能力，从而使这些凝结水中溶有一定的碳酸盐成分。正是由于这些溶有碳酸盐的水珠在伴随溅落和流淌而相继出现的蒸发过程中，失去了水分子，将碳酸盐的痕迹留在了石刻、石雕以及洞窟表面，才对其造成玷污性损害；而且容易导致潮解酥软，甚至发生冲刷现象。

此外，充足的水分条件会加剧洞窟岩石裂隙发育，同时能促进微生物风化作用。洞窟内岩石表面的充足水分条件，为微生物风化作用提供了必不可少的介质环境。微生物风化作用因此显得异常活跃，这是导致石窟文物破坏的另一个重要原因。每年 5 ~ 9 月，洞窟内部潮湿的地方容易滋生苔藓、菌类等微生物（图 26），分泌的有机酸不断腐蚀岩石；只有在冬季时变得干燥，可以看到微生物附着的地方的岩石出现起层、粉化、脱落等病害现象。

一般说来，从岩壁或洞顶下落的水滴或水流，都有

① 刘景龙：《龙门石窟保护》，北京：中国科学技术出版社，1993 年，第 201 ~ 202 页。

② A. Steyer, P. Guenoun, and D. Beysens. *Spontaneous jumps of droplets. Phys. Rev. Lett,* 1992b, pp. 64 ~ 66.

③ 高全洲、沈承德：《河流碳通量与陆地侵蚀研究》，《地球科学进展》1998 年第 4 期，第 369 ~ 375 页。

一个简单的汇集过程，而不是无序随机地进行滴落。小水珠沿着岩石表面“纹理”走向聚成较大水滴。当大水滴的自身重量超过它与岩石表面的亲和力时，它就会在重力场的作用下流淌或溅落。流淌既是个沉淀析出的过程，也是个溶解的过程，途中既有水滴的溶入，也有水分的蒸发。因此，它们在岩壁上以结晶形式所保留下来的运动轨迹，就明显地表现为不规则地片状或条状白色沉淀痕迹。

从洞顶滴落下来的水滴，也常常会出现对准某个既定目标进行连续重复击溅的现象，形成所谓的“定位溅蚀效应”①。这个过程既包括机械的侵蚀作用，又包括化学的溶蚀作用。

综上所述，无论是水滴的流淌，还是击溅，都近似地体现了一种大面积的分散溶蚀和小面积的集中沉淀的趋势。所谓分散溶蚀，指水对碳酸盐岩的溶蚀，是由那些分散在整个岩层表面的水膜和水珠来实现的②。而沉淀作用则较为集中地发生在一些特定的部位上。分散溶蚀和集中沉淀现象大大强化了对局部“画面”或雕刻品的破坏效果。

（2）凝结水带来的病害类型与分析

凝结水带来的病害类型主要有鳞片状起翘、剥离、粉化、斑点、盐分结晶、层状片状脱落、微生物滋生等。

在流动和蒸发过程中，凝结水与洞壁岩体相互作用，在洞壁上以结晶形式保留其运动的轨迹，使洞壁留下明显的不规则片状或条状白色沉淀，对石窟造成污染，影响石刻的外观风貌（图 27）。

图 27　凝结水痕

凝结水富集部位滋生大量微生物，加剧了石雕风化，影响了外观和艺术价值。

水分在窟壁的反复凝聚和蒸发，造成洞窟岩体表面的干湿变化，降低了洞窟岩体表层的强度，加剧了岩体风化和剥落。凝结水还会加剧裂隙的扩张发育，形成裂隙密集带，进一步增大凝结水附着的表面积。

无论是物理侵蚀还是化学侵蚀过程，石雕表面都会聚集沉淀的颗粒物，形成表层污染与粉化等病害。

从病害类型的分布上来看，微生物滋生的地方一般集中在洞内岩壁的下部，多呈绿色或黑色，颜色随季节而变化，冬季湿度小，微生物一般呈灰黄色；盐分结晶多集中于岩壁的中下部；鳞片状起翘、剥离、粉化等病害多分布于岩石软弱带、雕刻轮廓的拐弯处等；以上诸病害都具有持续

① 傅涛、倪九派：《坡耕地土壤侵蚀研究进展》，《水土保持学报》2001 年第 15 卷第 3 期，第 123 ~ 128 页。

② 于鸿鲁：《分散性黏土的特性及处理》，《中国水利》1992 年第 5 期，第 38 页。

发展和深化的趋势。

3．凝结水防治对策分析

从凝结水发生的必要条件来考虑，可以通过降低岩壁附近湿度、减小岩壁与空气的温差来实现。湿度和温差是凝结水发生的两个必要条件，缺一不可。要降低温差实际上很难达到，只有从通过降低洞窟内的湿度这一思路出发。只要降低了窟内大气的湿度，即使存在岩壁与大气之间的温差，凝结水也很难形成。当然，从凝结核因素来考虑，还可以通过清扫窟内岩壁和雕刻品表面的积尘来降低凝结水附着的可能性。

据此，我们提出改善区域大环境状况与局部小环境控制相结合的防治对策，同时在文物表面特征区采用防结露涂料（憎水剂）遏制凝结水的发生。

（1）宏观上——通风，使用通风设备增进洞窟内外的大气流通，降低和缓和洞窟内部的湿气集中程度；通过环境改善来降低凝结核含量。

（2）洞窟局部——除尘、涂抹防水剂。主要针对中下部岩壁尤其是雕刻品的表面进行除尘，涂抹防水剂虽然有效，但使用时要慎重，在没有取得充分的成功试验前禁止使用防水油膏或其他憎水材料。

（3）抽湿——这与通风的思路相近。洞窟内使用除湿机来直接吸收和汇集洞窟内部大气中的湿气。采用定期和不定期两种办法。可通过试验和计算，得出洞窟内部的露点温度与临界湿度，从而实现电脑自动化控制除湿机来即时除湿。

八　结论与建议

通过本试验研究项目的开展，得出以下主要结论：

（1）龙门石窟凝结水的发生具有明显的季节性。夏秋季节是凝结水发生的高峰期，而在冬春季节不明显或几乎没有。

（2）龙门石窟凝结水的分布具有一定的空间特征。凝结水主要集中于洞窟最深处的岩壁下部、窟内雕刻品的背风部位、洞窟地面等，重点研究洞窟潜溪寺的窟顶凝结水产生的频率和强度均低于凝结水富集的洞窟下部。

（3）影响龙门石窟凝结水形成的要素主要包括洞窟内外的温湿度变化、洞窟内部的通风条件、岩石孔隙率大小等。过大湿度的存在是凝结水形成的内因，而洞窟内外的温差变化、通风状况等是凝结水形成的外因。

龙门石窟凝结水病害的直接影响因素有洞口修建的窟檐、通风性能、岩性、凝结核以及石窟区的人工水面。过大的湿度及洞窟内外的温差变化、通风状况等是凝结水形成的主要因素。

（4）定量测定试验表明，潜溪寺凝结水覆盖面积大、持续时间长（几乎整个夏季），凝结水重量从几十千克到一百多千克，反映了潜溪寺等洞窟内凝结水现象的严重性。

（5）通过对凝结水形成机理和危害的分析，得出要解决龙门石窟的凝结水病害问题的思路办法，可以从两方面来着手：一是降低洞窟内的湿度；二是加速洞窟内空气与外界空气的交换流通。

在龙门石窟凝结水防治方法和手段上，可以采取集中抽湿和通风相结合，同时辅助使用其他干燥媒介和手段。

本研究项目作为“UNESCO 龙门石窟保护修复工程”下设的一个子项目，得到了中日双方专家的悉心指导和广泛关注。在项目进程中，专家组多次组织研讨会帮助项目研究人员取得更为合理、科学的研究成果。日本的津田丰先生专门就凝结水问题撰写报告，与中方专家、工作人员进行交流，使我们非常感动于他们的专业学识和科研精神。虽然存在一些观点之争，但共同目的是把工作做好，把研究项目做成精品工程。中国地质大学的方云教授与日方专家进行了友好而深入的探讨。这些现场汇报会和研讨会，使我们受益匪浅，也使得该研究项目得以更好地开展下去。

本次研究作为一次尝试性的科学研究，像其他研究一样，还存在一些方法论、试验过程、试验效果、数据分析等方面的不足之处，最后的结论难免会有所偏差。比如，在现场试验中，由于仪器和操作上的原因，我们只在洞窟下部进行了定量试验，没有对高处的岩石表面进行试验研究，只是从连续观测和数据分析上推断其特征，必然会存在一定的误差甚至失误。当然，作为一个科学研究和试验，只有进行再三甚至多次试验和分析，继续进行相关问题的深入研究，才能取得更为圆满的成果。在这里，提出以下几点建议：

（1）运用相关技术和手段，建立龙门石窟石灰岩表面凝结水形成模型。它应该可以直观反映水汽从凝结到附着在岩石表面的过程，应该有科学的分析数据反映其凝结要素和条件。

（2）关于窟区人工水面对石窟的影响。可以考虑对窟区人工水面实行一定时间的控制性放水，并在前后一到两个月内进行洞窟内外湿度监测，从量化上得出一个客观的评价分析结果。

（3）凝结水成分分析与侵蚀性评价。

（4）建议进行潜溪寺洞窟内抽湿试验研究。

（5）建议调查研究洞窟大小规模与凝结水产生之间的联系。

（6）建议对洞窟最佳保存环境进行探索研究。

致　谢：本研究项目从编写报告提纲、现场调查，到室内试验、整理资料，都得到了方云教授的悉心指导和帮助；论文初稿完成后也是方老师认真审阅并提出修改建议，深表感谢！

项目进展期间，UNESCO 项目官员杜晓帆博士，项目中方专家黄克忠、曲永新先生，日方专家冈田健、津田丰先生也给予了热情帮助，在此表示衷心的感谢！

现场试验时，中国地质大学的胡学军老师和曾亦键博士协助项目开展，使得试验进展顺利；中国地质大学的朱华、方芳、阎波、卓慰欢、夏国军、张爱花等同学都参与项目研究，提出了很好的建议和帮助，朱华、方芳、阎波等在现场试验和数据处理分析方面做了大量工作，感谢他们的辛苦努力和帮助！

龙门石窟李随森副研究员在百忙之中对本项目关心备至，大力支持并经常询问进展情况。在试验研究与报告编写中，得到了石窟保护中心陈建平、马朝龙、李心坚等同仁的支持和帮助！北京大学文博学院的周双林老师和云冈石窟研究院的闫宏彬同志对项目研究提供了无私帮助。在此一并致谢！

最后要感谢我的妻子，她的支持和鼓励，使我有充足的时间来开展研究工作和整理论文报告。

附　录

龙门石窟凝结水测量试验步骤

第一步：试验准备

选择常有凝结水出现的洞窟（如：潜溪寺）内壁上无雕刻处30厘米见方作为试验区。要求该试验区尽量平整光滑，前面有足够空间以便操作仪器。

准备好仪器装置。

第二步：将密封罩扣上试验区

将密封罩扣在试验区上并固定，打上玻璃胶将密封罩与岩壁间缝隙封闭，然后按照下图连接仪器装置，其中，干燥管用有机玻璃短管代替。

扣密封罩前将罩内壁擦干，以防影响试验精度。打玻璃胶前先将要打胶的地方的水吸干，使玻璃胶更容易与岩壁粘接。

第三步：称干燥剂重量

分两次称取干燥剂重量并记录数据，分别装入两个干燥管（标明编号），尽量装满。

第四步：平衡循环系统内空气同时对仪器检漏

等20分钟玻璃胶凝固后开动真空泵，用泡沫对管路进行检漏（主要检查密封罩与岩壁是否密闭及管路中刚连接的接头处），检漏的同时观察管路上的三个温湿度仪，待它们的读数稳定后，关闭真空泵，将干燥管代替有机玻璃短管接入管路（注意：这个步骤最好不超过一分钟）。

第五步：设置观测仪器记录参数

设置温湿度仪记录数据的时间间隔（一般取10秒），手动记录三个传感器的初始读数；按下REC键开始自动记录数据，然后开动真空泵开始试验。

第六步：判断试验能否继续进行

开机后，观察三号传感器的湿度读数，当其读数一两分钟内迅速降到5%以下，其他两个传感器的湿度读数也迅速下降；如果三号传感器的湿度降到最低值后再以0.1%的速度缓慢上升，说明试验可以继续进行；反之，停机检查系统故障。

第七步：跟踪观察记录

每小时观察并记录三个温湿度仪的读数，同时观察测试区和干燥剂颜色的变化程度。

第八步：判断试验终止

当一号与二号温湿仪的湿度读数差达到3.3%以下且稳定时可停机。可结合测试区和干燥剂的颜色变化来辅助判断。

第九步：停机

确定可停机后，手动纪录三个传感器的读数，按下REC键取消自动记录，并立刻关闭真空泵。取下干燥管，称重并记录。

再根据试验的计划来决定揭下密封罩的具体时间。

第十步：试验测量结果校正

计算干燥剂前后重量差值，根据文中率定曲线来校正试验结果。

附表　龙门石窟凝结水定量测试试验记录

试验地点	时间				结束时传感器读数						干燥剂（g）		
	日期	开始	结束	历时	1号RH%	1号℃	2号RH%	2号℃	3号RH%	3号℃	初值	末值	差值
1													
2													
3													
4													
5													
6													

乐山大佛保护现状及其综合保护规划

杨天宇　刘于源

内容摘要：乐山大佛作为我国四个世界双重遗产之一，开凿距今已有1300年历史，自20世纪以来已历经过多次大规模的修缮。然而在大佛的综合保护上仍面临诸多问题，恰逢岷江航电工程乐山大佛下游截水堤坝施工在即，利用这一难得的机遇，开展乐山大佛综合保护机不可失。

关键词：乐山大佛　世界遗产　岷江航电　综合保护

The Conservation Status and Comprehensive Protection Plan of Leshan Giant Buddha

Yang Tianyu　Liu Yuyuan

Abstract: Leshan Giant Buddha, as one of the four World Cultural and Natural Heritages, has a history of over 1300 years. It has already experienced several large-scale repair since the last century. However, there are still a lot of problems about the comprehensive protection of Leshan Giant Buddha. The downstream interception engineering of Leshan Giant Buddha of the Minjiang Navigation-power project is going to work, which is a rare opportunity to carry out the comprehensive protection of Leshan Giant Buddha.

Key words: Leshan Giant Buddha, Word Heritage, the Minjiang Navigation-Power project, comprehensive protection

一　引　言

乐山大佛位于四川省乐山市东南凌云山，地处青衣江、岷江、大渡河三江汇流处。据历史记载，大佛开凿于唐代开元元年（713年），竣工于唐德宗贞元十九年（803年），凿造在凌云山九峰

作者：杨天宇、刘于源，四川省乐山市，614000，乐山大佛景区管委会。

之一的栖鸾峰陡崖上，其依山而坐，距今已有 1300 多年的历史。

随着大佛左手侧麻洞天洞危岩体加固方案近日获得国家文物局批复及岷江航电工程的即将启动，开展乐山大佛包括岸坡保护、佛体左手侧麻洞天洞危岩体加固等在内的综合保护正逢其时。

本文拟从乐山大佛保护面临的问题分析入手，探讨提出综合保护措施，期望对乐山大佛的保护和旅游资源的保护性开发起到一定的作用。

二 乐山大佛地质与环境概况

1．地形地貌

凌云山总体走向北偏西 35°，九峰相连，海拔为 354 ~ 435 米，相对高差 30 ~ 60 米；大佛地处岷江和大渡河交汇处，两侧岸坡陡峭，坡高一般 40 ~ 60 米，坡角 60° ~ 90°，为河流侵蚀岸。

2．地层

大佛佛体开凿于白垩系上统夹关组下部紫红色、砖红色的厚层、巨厚层块状细粒与中细粒长石石英砂岩互层岩体中，下伏侏罗系上统蓬莱镇组砂、页岩。

3．地质构造

大佛所在区域受构造运动影响弱，地层产状稳定，为近水平的单斜岩层，岩层产状为 N50 ~ 80°W ∠ 2° ~ 5°。

4．气象

雨量丰沛，多年平均降雨量达 1368mm，丰水年份达 1949mm，日最大降雨量 248.2mm，全年降雨天数 228 天，夜间降雨量占全年降雨量的 73.7%；主导风向为北和北西，频率为 20%，平均风速 1.3m/s，最大风速 29m/s；年平均气温 17.2°C，极端最高气温与地面温度差可大 23.2°C。

5．大气污染

20 世纪 80 年代属煤烟型污染，主要污染物为 SO_2、尘埃和氮氧化物，综合污染指数为 1.39 ~ 1.91，属污染至严重污染，降雨属酸雨范围①。随着域内工矿企业的搬迁、停产，区内污染已大大降低。

6．水文

地表径流与大佛直接相关的回水面积为 $0.0229km^2$，百年一遇最大径流为 $1.11m^3/s$，五十年一遇最大径流为 $0.67m^3/s$。

7．地震

乐山附近历史上经历过 4.5 ~ 7.5 度地震，城区房屋、城恒倒塌；也经历过汶川“5·12”和庐山

① a．周骏一、李晓等：《模拟酸雨对乐山大佛基岩影响及其防治对策》，《地质灾害与环境保护》2005 年第 16 卷第 1 期，第 79 ~ 84 页。b．周骏一：《乐山大佛基岩酸雨影响评价及防治对策》，《乐山师范学院学报》2004 年第 19 卷第 2 期，第 107 ~ 110 页。

“4·20”地震，乐山大佛及经加固的载酒亭危岩体安然无恙。乐山城区地震设防烈度为 7 度。

三　乐山大佛综合保护面临的问题

1．两侧岸坡岩体风化严重

历经 1300 多年的风雨侵蚀，佛体两侧岸坡岩体表面风化越来越严重（图 1），两侧崖壁上的佛龛造像已被风蚀得面目全非，大象碑等石刻造像因风蚀已变得模糊不清（图 2）。

图 1　佛龛风化照

图 2　大象碑风化照

2．九曲栈道不堪重负

自 1996 年大佛与峨眉山景区一道进入世界自然与文化双重遗产名录，原本就信众众多的大山大佛更成为游人如织的旅游胜地，旅游黄金周及春节更甚，使开凿于大佛右手侧的九曲栈道不堪重负（图 3），更兼栈道上方佛龛上部岩体风化剥壳块体掉落对游人安全造成极大的威胁（图 4），2016 年全国重点文物石刻与石窟寺险情评估中，将九曲栈道列为“重大险情”，需开展专项勘察研究。

3．胸腹部开裂残损区域急需抢救性保护

乐山大佛发髻、胸腹部，尤其是颈部、胸部等位置存在较为严重的破损问题。这些破损部位一般垂直崖壁表面，具有较大的势能，脱离山体后将向下坠落、滚动，危及下方文物本体的安全，并对游人的安全造成威胁，因而亟须进行抢救性保护（图 5）。

4．由平行于岸坡的卸荷裂隙形成的危岩体加固仍未完成

根据铁道部铁道科学研究院西南研究所 1989 年完成的乐山大佛景区工程地质勘查报告对景区内危岩体分期分批进行加固处理建议，截至目前，仅完成龟背石危岩体锚固工程和载酒亭危岩体的加固工程，大佛左手侧麻洞天洞危岩体加固方案近日已获国家文物局批复待施工设计完成后实施，大佛右手侧由贯穿至载酒亭北端卸荷裂隙形成的危岩体甚至连加固立项都未进行，原有栈道

图3　节假日九曲栈道游人照

图4　九曲栈道裂隙照

及上山道路靠山侧崖壁上的危岩体亦未得到处理。

5．大佛胸部处于地表水下渗和上层滞水的渗出地段，水害威胁严重

大佛胸部处于地表水下渗和上层滞水的渗出地段（图6），历史上曾于头、肩、胸部后面设置三层排水廊道，但该层岩层仍处于渗润状态，既造成佛体砂岩溶蚀，又使佛体表面附加层溶蚀、酥碱、起翘、剥落，形成花脸、黑鼻、渗水，植物繁茂、疮痕满身。

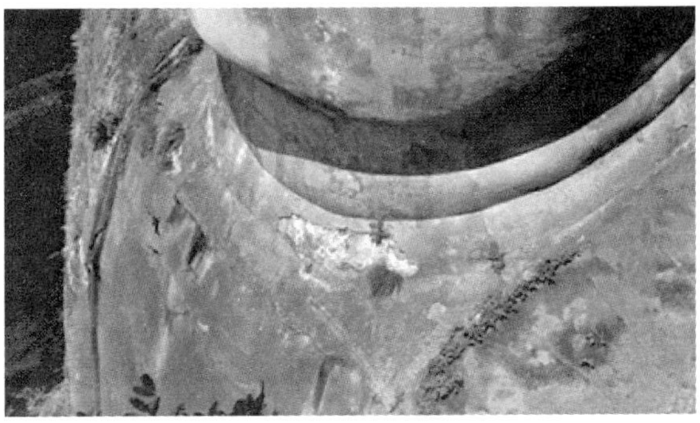

图5　胸部残损开裂照

图6　乐山大佛带状渗水分布图

6．水下岸坡淘蚀未得到处理

自20世纪80年代起，就有潜水员水下探摸作业来完成大佛前平台下及大佛两侧水下岸坡淘蚀洞分布图。截止目前，水下岸坡淘蚀并未得到处理。

岷江航电工程特别是大佛下游截水堤坝的施工，尽管可大大缓解大佛前平台下及大佛两侧水下岸坡的淘蚀，但既已存在的水下岸坡淘蚀，加上岸坡卸荷裂隙的作用，仍然是对岸坡稳定的极大威胁。

四 乐山大佛综合保护规划

1．综合保护规划提出的依据

（1）大佛左手侧麻洞天洞危岩体加固工程方案已获国家文物局批复。

（2）大佛右手侧由贯穿至载酒亭北端卸荷裂隙所形成的沿河岸坡危岩体加固工程尚未立项。

（3）原有栈道及上山道路靠山侧崖壁上的危岩体未得到处理。

（4）大佛前平台下及大佛两侧水下岸坡淘蚀未得到处理。

（5）九曲栈道不堪重负且安全隐患迭出，在2016年全国重点文物石刻与石窟寺险情评估中，将九曲栈道列为“重大险情”。

（6）岷江航电工程特别是大佛下游截水堤坝工程即将开工。

（7）佛龛及石刻造像表面防风化材料研究至今未获突破性进展。

2．综合保护规划

（1）尽快完成大佛左手侧麻洞天洞危岩体加固工程设计施工，确保麻洞天洞危岩体的稳定和其表面附着佛龛造像的安全；目前该项目已完成招投标工作，计划在危岩本体及周边打入86根锚杆加固。

（2）启动由贯穿至载酒亭北端卸荷裂隙形成的沿河岸坡危岩体加固工程立项、勘察、设计和施工，确保危岩体稳定及其表面附着佛龛和石刻造像（包括九曲栈道所在崖面佛龛造像）的安全。

（3）结合岷江航电工程，开展大佛前平台下及大佛两侧水下岸坡淘蚀治理工程勘察、设计、施工，消除岸坡稳定隐患。

（4）结合大佛前平台下及大佛两侧水下岸坡淘蚀治理工程施工，打通北门环境改造工程南端至佛脚平台至麻浩崖墓博物馆的通道。

（5）尽快完成原有上、下山道路靠山侧危岩体处理，以及景区南大门的改造，形成由北门环境改造工程南端至佛脚平台至麻浩博物馆上山至凌云山上游览道路下山至北门或东门的环形游览线路，为停用并将九曲栈道作为文物的一部分保存供观赏提供条件。

（6）封闭九曲栈道上、下进出口，停止使用九曲栈道作为游客进入佛脚平台的通道，将九曲栈道作为文物的一部分保存供游客观赏。

（7）以传统捶灰材料改性和无机地聚物为主要筛选方向，通过实验室和现场试验优选胸腹部的抢险加固材料，在工程实施后开展持续监测及效果跟踪评估，为今后开展的乐山大佛修复材料研究提供数据支撑。

五 结 语

（1）岷江航电工程乐山大佛下游截水堤坝施工在即，利用这一难得的机遇，开展乐山大佛综合保护机不可失。

（2）妥善处理大佛本体的抢救性加固工作，为今后研发新材料提供数据支撑。

（3）通过大佛两侧岸坡危岩体加固治理、原有上下山道路靠山侧危岩体处理，结合佛脚平台前及佛脚平台上下游水下岸坡淘蚀治理打通山上山下环形游览线路，停用并将九曲栈道作为文物的一部分保存供观赏，必将为乐山大佛保护和游人游览景区提供良好的环境条件。

须弥山石窟文物现状调查及保护初探

代学明

内容摘要： 须弥山石窟作为丝绸之路东段北道上重要的文物遗存，具有极高的历史文物价值，但在长期的自然营力和人为因素的影响下，岩体坍塌、风化、水害及人为破坏十分严重，进而危及洞窟和雕像的安全。本文对石窟各种病害进行调查分析，并在此基础上介绍了病害治理工程的设计思路。

关键词： 须弥山石窟　病害　分析　保护

A Research on the Investigation and Protection of the Situation of Xumishan Grottoes

Dai Xueming

Abstract: As the important Cultural relics on the north road of the east part of Silk Road, Xumishan Grottoes has very high historical and cultural value. Under the influence of long natural and human factor, the rock collapse, weathering, water damage and man-made sabotage is very serious, which has endangered the safe of the caves and sculptures. On the base of the investigation and analysis of all kinds of disease, this paper introduces the thought of the disease controlling project.

Key words: Xumishan Grottoes, disease, analysis, protection

须弥山是宁夏回族自治区境内最大的石窟群，也是我国开凿较早的石窟之一，具有独特而重要的价值。

须弥山石窟始创于北魏晚期，西魏、北周、隋、唐四代的连续营建，石窟艺术历时1500余年，是西北地区历时最悠久的宗教建筑之一。它的修建和存在是固原古代社会繁荣发达的象征，是丝绸之路的珍贵文化遗存和中外经济文化交流融合创新发展的明证。它与固原地区保存和出土的各类北朝隋唐文物，共同展现了古代固原繁荣昌盛的发展水平和各族人民开发建设家园的智慧，

作者：代学明，宁夏回族自治区固原市，756000，须弥山文物管理所。

是中华民族的宝贵财富[①]。

一 石窟现状

须弥山石窟现存窟龛162座，分布在长约2千米的八座山峰的东南崖面上，计有大佛楼、子孙宫、圆光寺、相国寺、桃花洞、松树洼、三个窑、黑石沟八区；唐宋时敕赐为“景云寺”，元明时又曾敕封更名为“圆光寺”；按形制可分为：有中心柱和无中心柱方形庙窟及大像龛窟三种。至今还保存有各代造像雕刻品、彩绘壁画、石刻题记的洞窟70余座；保存较为完好的造像350余躯，汉藏文刻记、题记55则、碑刻3方、残碑11块，尤以北周和隋唐开凿的大型庙窟的石雕造像最为精美，在全国石窟造像中占有独特的地位，是研究我国石窟艺术、民族宗教历史不可多得的宝贵实物资料，具有重要的历史、艺术、科学价值。

近千年来，在长期自然营力作用的影响下，须弥山石窟岩体产生了严重的环境地质病害。部分石窟裸露崖面，风化日益严重。构造裂隙、卸荷裂隙及风化裂隙交错切割，将石窟区的岩体切割成块状，形成危岩体，严重威胁造像及游客的安全（图1）。部分石窟窟檐损毁或无窟檐，雨水直接冲刷造像或沿石壁流入窟内，加速石窟的风化。针对须弥山石窟的现状，需要采取科学的保护措施，来阻止病害的进一步发展。

图1 人行道上滑塌的危岩体（2016年1月拍摄）

1. 石窟区地质条件

须弥山石窟岩体属于第三纪沉积岩，崖面林立，或断或续，绵绵起伏。自南经北形成一道红砂岩石山岭，属丹霞地貌特征。岩岭以西，青山峻岭，山大谷深。以东，形成渐缓的沙丘坡地，四周隆起而中部低平，沙丘与低洼连成一片。介于须弥山前部的地带，因长年受寺口子河水自西而东的冲刷，南北两山之间形成很宽的断裂峡道，由于地壳运动致使岩层挤压隆起，发生褶皱，断层裂变，呈现出背斜或向斜状态。石窟分布分散，整个石窟呈扇形开凿在自南向北、迂回曲折的八座山峰东南崖面上，具有丹霞地貌特征。海拔为1700～1750米（图2）。

① 韩有成、代学明：《须弥山石窟申遗文本》，北京：国家文物局，2007年。

图2 石窟区地形地貌

2．地层岩性与岩土特征

通过本次勘察，须弥山石窟区出露的地层主要有第四系全新统冲积层（Q_4^{al}）及第三系始新统砂岩（E_2s）。

（1）第四系全新统冲积层（Q_4^{al}）

该层主要分布于石窟区山间沟谷中，成土母质主要来自页岩风化物、红色砂岩风化物，以及第三级红土和次生黄土。呈黄褐色，湿，结构松散－稍密，主要由粉砂土、卵石组成，粉砂土矿物成分主要由石英、长石等颗粒组成；卵石局部地段分布，多与砂土混杂，含量一般小于30%，均匀性极差，分选性差，卵砾石成分以石英岩等为主。

（2）第三系始新统砂岩（E_2s）

砂岩分布于山坡上，呈似红色、橙黄色，中、粗粒砂状结构，厚层状构造，主要由黏土质矿物和铁质、碳酸盐所胶结，其含量占5%～10%，它与碎屑矿物构成薄膜式胶结和溶蚀式胶结，碎屑矿物的主要成分是石英，约占70%～80%，其余是斜长石、燧石、白云母、方解石、磁铁矿等。岩石整体性强，圆润易于雕刻磨琢加工，但结构疏松，遇水浸泡淋湿极易潮解风化剥落，耐琢磨性差。砂岩风化后呈紫红色。该层为石窟造像的主体。

岩石薄片鉴定结果表明，石窟区砂岩为接触式胶结不等粒长石砂岩，镜下观察：岩石具砂状结构，颗粒支撑，接触式胶结。由碎屑85%～90%、填隙物4%～6%、孔隙5%～10%组成。

碎屑：成分为石英和少量石英岩、硅质岩岩屑60%～65%，长石30%～35%，岩屑5%。多呈次圆状－圆状，粒径0.08～1.80毫米，为不等粒砂。石英，颗粒较干净，部分具波状消光，少量石英可见次生加大边；石英岩岩屑主要由微－细晶石英组成，硅质岩岩屑主要由隐－微晶石英组成。长石，主要为斜长石，其次为钾长石，普遍具绢云母化、泥化和铁染，部分颗粒较模糊。岩屑，主要为黏土岩、碳酸岩岩屑等，黏土岩主要由黏土质组成，含部分细小长石、石英；碳酸岩岩屑主要由白云石、方解石等组成。

填隙物：主要为黏土质、碳酸盐，少量硅质、铁质等。黏土质呈显微鳞片状集合体，碳酸岩呈微细粒状、填隙状，主要分布碎屑间接触处，部分黏土质绕碎屑分布，部分碳酸盐分布孔隙中；硅质多以次生加大边存在，部分呈不规则状沿孔隙生长；铁质呈浸染状，分布碎屑接触面（图 3）。

图 3　岩矿鉴定照片（+）×70

此外，岩石孔隙大小不一，孔径大部分为 0.02 ~ 0.80 毫米，孔隙分布不均匀。

由扫描电镜分析结果可知（表 1），石刻岩体结构松散，粒状矿物主要为石英和长石。片状矿物主要为黏土。孔隙大小一般为 0.02 ~ 0.8 毫米，孔隙率约 10%。

表 1　扫描电镜分析成果

样品名称：砂岩等			
样品	照片号	放大倍数	分析内容
原岩样品	01	×60	块状结构
	02	×60	块状结构
	03	×60	孔隙度
	04	×60	孔隙度
	05	×300	石英
	06	×150	接触式胶结
	07	×300	填隙物
	08	×150	填隙物
	09	×300	黏土岩碎屑
	010	×150	碳酸岩岩屑
	011	×300	碳酸岩岩屑
	012	×150	填隙物

注：该样品主要由石英和长石组成。结构松散，粒状矿物主要为长石及石英，岩体结构松散，粒状矿物主要为石英和长石。片状矿物主要为黏土。孔隙大小一般为 0.02 ~ 0.8 毫米，孔隙率约 10%。

砂砾岩（原岩样品）-1

砂砾岩（原岩样品）-2

砂砾岩（原岩样品）-3

砂砾岩（原岩样品）-4

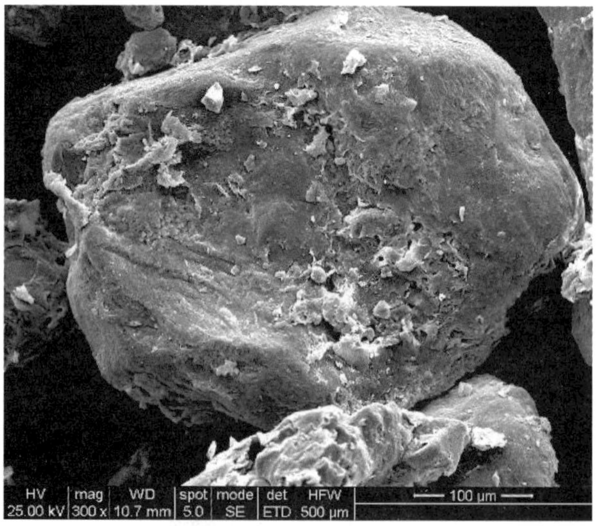

砂砾岩（原岩样品）-5

砂砾岩（原岩样品）-6

砂砾岩（原岩样品）-7

砂砾岩（原岩样品）-8

砂砾岩（原岩样品）-9

砂砾岩（原岩样品）-10

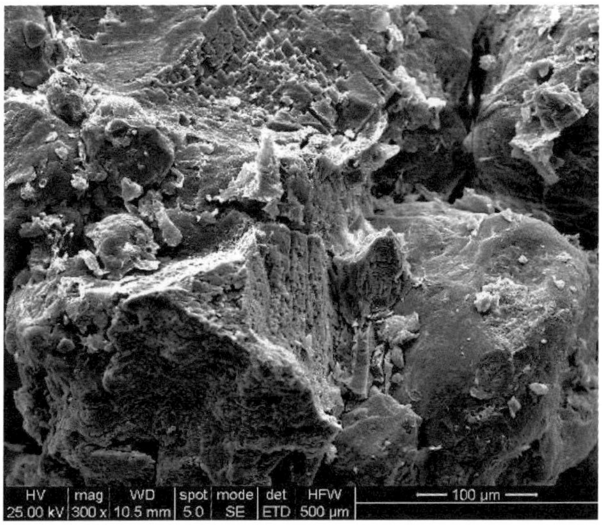

砂砾岩（原岩样品）-11

砂砾岩（原岩样品）-12

勘察过程中采取原岩样品和风化样品，在实验室进行了X射线衍射物相分析，结果见表2。

表2　X射线衍射物相分析成果

样品	岩性	石英	长石	方解石	云母	白云石
原岩样品	砂岩	67.8%	28%	0.7%	1.7%	1.8%
风化样品	砂岩	71.3%	21.9%	0%	2.9%	3.9%

由表中数据可知，岩石风化前后主要矿物成分没有明显变化，因此风化主要是由于岩石填隙物流失导致的。

石窟区砂岩物理力学指标见表3。

表3　岩石物理力学试验成果

岩性	天然密度（g/cm^3）	饱和密度（g/cm^3）	天然含水率（%）	干单轴抗压强度（MPa）	饱和单轴抗压强度（MPa）	软化系数	弹性模量（GPa）	泊松比	内聚力c（MPa）	摩擦角（°）
砂岩	2.10	—	1.40	8	—	—	0.43	0.21	0.05	22.1

由表可知，石刻砂岩的干单轴抗压强度为8MPa，遇水崩解，无法测试饱和单轴抗压强度，属于极软岩。

因此，石刻区岩体孔隙率大，结构松散，强度低，遇水极易崩解，抗风化能力差。在自然营力的长期作用下，极易形成风化裂隙，在风化裂隙和卸荷裂隙的相互切割下，形成危岩体①。

3．地质构造

石窟区内岩体完整性好，未发现断裂构造，主要以裂隙为主。

石窟区卸荷裂隙和风化裂隙，比较发育。由于崖壁岩体临空，山体向临空方向产生位移变形，拉裂岩体，形成了许多与崖壁平行的卸荷裂隙。卸荷裂隙具有延伸长，张开度大的特点。开凿龛窟，在龛窟顶板、侧壁和后壁，由于岩体应力释放，卸荷拉裂，也会造成龛窟顶板、壁面、棱边的开裂变形，甚至垮塌。如果卸荷裂隙发育在造像上，会对造像造成严重破坏。卸荷裂隙也是诱发渗水病害的主要渗流通道。

风化裂隙有两种类型：①在成岩裂隙、构造裂隙、卸荷裂隙上进一步扩展，具有继承性；②在表生作用下，在岩体表层形成不规则网状微裂隙网络。第一类风化裂隙，使各类裂隙的性能进一步恶化。第二类风化裂隙，如果发育在石刻造像上，危害性极大。

石窟区内构造裂隙、卸荷裂隙和风化裂隙互相交切，将区内岩体切割成块状。这些块体在重力作用下，易产生向临空方向的崩塌。同时构造裂隙、层面裂隙和风化卸荷裂隙相互交切，构成了区内的渗水裂隙网络系统，成为地下水的主要的渗流通道和储存空间。

① 以上勘察和实验分析数据均由中国电建集团北京勘测设计研究院有限公司提供。

4．水文地质条件

水既直接造成石质文物的风化，又加剧环境污染对石雕的影响。因而，水成为须弥山石窟病害中最根本的问题。威胁石窟安全的水主要有四种：窟顶渗水、空气凝结水、冲刷窟前的雨水和地下上升的毛细水①。须弥山石窟分布区所在的山顶为地表分水岭的脊。区内主要接受大气降水补给，汇水面积小。石刻区的补给径流排泄条件为，大气降水除了以面流的形式顺地表排出外，部分大气降水经残坡积层垂直入渗，以山脊为地下水的分水岭，向四周产生径流，以缓坡地带及沟谷作为排泄区，以井泉的方式排泄。石刻岩体孤立突出于周围地表，高于当地的地下水位，因此地下水对石刻岩体基本不存在直接影响，除降水直接影响部位外，整个石窟岩体比较干燥。

二　石窟区主要病害类型及成因分析

1．危岩体

（1）危岩体分布位置及规模

石窟区内的危岩体主要分布于斜坡陡崖带上，大部分分布在石窟附近，经过调查，共有17处，其中大佛楼区2处，子孙宫区3处，相国寺区12处。危岩体以中小型为主，其中3处为危岩带。

（2）危岩体结构特征

石窟区内危岩体主要是受构造裂隙、卸荷裂隙和风化裂隙切割形成，危岩体呈薄片状和块状，这些危岩体在重力作用下，易产生向临空方向的崩塌。

（3）危岩体成因分析

危岩体的存在是长期地质作用的结果，必须有高、陡斜坡作为载体，危岩主要分布于高陡坡上，其形成主要与岩性、地形地貌、构造、水文等内在因素和气象等外部因素有关。

① 岩性

石窟区岩体孔隙率大，结构松散，强度低，遇水极易崩解，抗风化能力差。在自然营力的长期作用下，极易风化凹槽，导致岩体卸荷，产生卸荷裂隙，最终形成危岩体。

② 陡崖天然地形条件

危岩的存在必须有高、陡斜坡作为载体，大佛寺陡崖天然坡度多在75°以上，地形上类似悬崖陡壁。大量工程实践证明陡峻的斜坡是形成崩塌落石的必要条件，而且一般坡越陡越高，越易形成崩塌落石，同时崩塌落石的规模和强度也越大。故石窟区的陡崖地形为危岩体崩塌的形成提供了天然地形条件。

③ 风化作用

风化作用加速了危岩体裂隙的扩展，裂面强度降低，形成岩穴、岩槽，不断剥蚀，促进危岩体的失稳。

---

① 黄继忠、袁道先：《水与盐对云冈石窟石雕的影响初探》，《文物世界》2004年第5期，第61～66页。

④ 水的作用

石窟区岩体节理裂隙宽大，陡崖带顶部缓坡地带，排水措施不完善，为降雨入渗提供有利条件；降雨的入渗降低了岩体的强度，弱化危岩体与母岩之间的黏结力，加快了裂隙的发展，同时瞬间的静水压力（水劈）对危岩体的稳定性影响极大。

⑤ 昼夜温差的影响

盛夏昼夜温差大，虽无降雨等其他因素的影响，但因温度的变化而使岩体膨胀、收缩，造成岩体裂隙进一步贯通而发生崩塌。

⑥ 危岩体失稳方式

窟区内岩体发育多组构造裂隙、卸荷裂隙、风化裂隙，这些裂隙和构造面相互作用，将石窟区岩体切割成块状，形成危岩体（图 4）。部分裂隙直接发育至石窟内，贯穿地下水通道，直接对石窟造成一定的危害（图 5）。

图 4　危岩体

图 5　窟内构造裂隙

危岩体失稳方式受多方面因素的影响。根据对石窟区内危岩总体形态、发育规模、基底和底界层特征及空间分布特征的分析，区内危岩的失稳破坏方式可归纳为坠落式、倾倒式和滑塌式三种基本类型。

（1）坠落式：受裂隙切割和下部岩腔影响，高悬于陡岩上端和岩腔顶部的危岩体，随卸荷裂隙不断加深加宽，一旦裂隙发育切割整个危岩体，使其脱离母体，危岩在重力作用下从母体突然脱离失稳产生崩塌。

（2）倾倒式：风化和裂隙的切割使危岩体局部悬空，危岩体底界临空条件好，在变形破坏时，危岩体的顶部首先脱离母体，然后沿基座支点转动，从而发生倾倒式破坏。

（3）滑塌式：危岩体附着于母岩上，以一定角度的裂隙（卸荷裂隙）面接触，在危岩体自重和地表水渗入裂隙等因素的作用下，裂隙面锁固部位被贯通，危岩体沿母岩（或基座）发生剪切滑移破坏，此种破坏方式往往有渐变特征，破坏后果受危岩临空条件影响，临空高度越大，后果越严重。

2．风化作用

石窟区风化作用主要表现为物理风化和化学风化的作用。

（1）物理风化作用

物理风化是指地表和靠近地表的岩石因气温、大气、水等因素的变化在原地发生机械破坏而不改变化学成分、不形成新矿物的作用，这种作用又称机械风化作用。石窟区的物理风化作用方式主要有温差风化（岩石的热胀冷缩）、冰冻风化、盐类的结晶与潮解、层裂（卸载）。

物理风化主要导致窟区岩体的崩解、坠落、剥落等（图6）。同时，由于石窟基本上坐北朝南，大部分被阳光直射，昼夜温差变化引起矿物颗粒涨缩、干湿变化诱发矿物吸水、失水变化等作用，使得岩体表面岩石发生微裂隙或表层鼓起，造成石窟表层岩体呈颗粒状鳞状剥蚀等风化破坏。

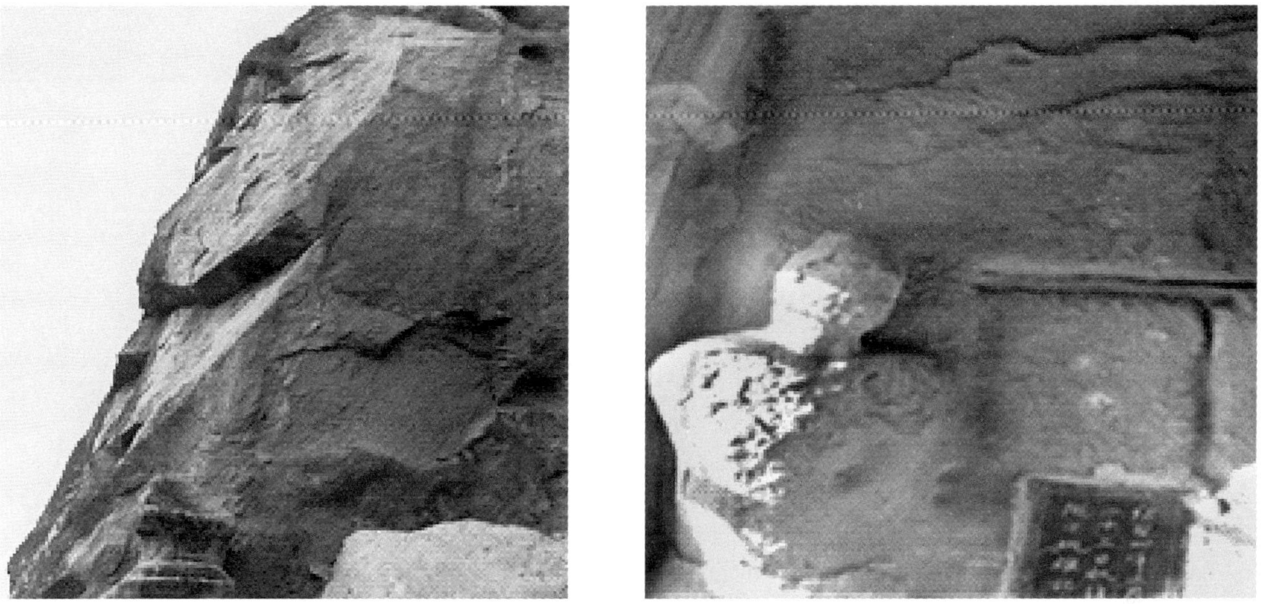

图6　物理风化照片

（2）化学风化作用

岩石受地表水、氧及二氧化碳等的作用而发生化学成分变化，并产生新矿物的作用。化学风化作用使岩石的矿物成分发生变化，转变为地表稳定的新矿物。这是与物理风化作用的区别。化学风化作用的主要影响因素是氧和水溶液。主要的作用方式包括氧化作用、溶解作用、水化作用、水解作用、碳酸化作用等。

石窟区的化学风化作用主要为溶解作用和氧化作用。根据岩石镜下观察，石窟区的岩石岩屑主要为黏土岩、碳酸岩岩屑，胶结物主要为黏土质、碳酸盐，具有不稳定的水理性质，具有遇水易溶蚀，易崩解的性质，因此，岩石在大气降雨、空气冷凝水和毛细水的作用下，胶结物溶蚀并使长石类矿物分解破坏或形成含水化合物较多的高岭石、水云母类黏土矿物，使岩石变得酥松，从而形成粉状风化、酥碱剥离等病害，风化严重的部位常常风化成不规则的穴状（图7）。同时，大气和水中的游离氧与岩石中的矿物易发生氧化作用，是石窟表面的彩色壁画氧化破坏，致使脱色、颜色暗淡（图8）。

图 7　溶解作用

图 8　氧化作用

3．水害

（1）水害的分布及危害

通过现场查勘，石窟区内存在多处水害，目前石窟受雨水的影响主要有以下 5 种情况：

① 石窟造像处于石窟石室内部，避免了雨水等地表水的影响；

② 暴露在外的石窟造像具有天然窟檐，但由于未做防勾水处理，受勾水影响；

③ 暴露在外的石窟造像原有窟檐损毁，导致石窟造像直接受雨水冲刷；

④ 暴露在外的石窟只修筑了“人”字形排水槽或没有经过任何防雨处理；

⑤ 部分石窟人工修筑了混凝土窟檐。

根据以上情况，对存在地表水病害的石窟进行了调查分析统计，具体见表 4。

表 4　石窟地表水病害调查统计表

序号	窟号	石窟尺寸	病害情况	照片
1	1 窟	宽 4.4 米，高 5.6 米，进深 3.7 米，上部岩石厚 0.5 米	原有窟檐毁坏，勾水影响造像	
2	2 窟	宽 1.2 米，高 2.0 米	受雨水冲刷，风化严重	

续表

序号	窟号	石窟尺寸	病害情况	照片
3	33 窟	左侧窟宽 0.7 米，高 1.6 米。中部窟宽 1 米，高 1.6 米	新建窟檐勾水，影响外观	
8	60 窟	窟口宽 1.6 米，高 2.2 米，顶部距离岩体顶 0.85 米，窟口两侧距离山体各 1.1 米	原窟檐毁坏，雨水直接冲刷石窟岩壁，加剧风化	
11	91 窟	宽 2.4 米，高 2 米	雨水直接冲刷石窟外岩壁，造成风化掉块	

（2）水害的成因

石窟区的石窟除个别具有“人”字形排水槽（图 9），其他石窟没有排水设施或者原有的窟檐损毁（图 10），在雨季大气降雨直接冲刷洞窟崖壁岩体和造像，对石窟造成破坏。

石窟载体砂岩本身为中、粗粒砂状结构，结构疏松，遇水浸泡淋湿极易潮解风化剥落，当大气降水与岩体接触时，就造成岩体软化，加速岩体的风化速度，同时雨在水运动过程中，将岩体

图 9 “人”字形排水槽

图 10 窟檐损毁

的可溶性硫酸盐带到石窟表面，随着温度和湿度的变化而膨胀或收缩，对石窟造成破坏。

4．其他病害

（1）不当保护措施造成的病害。在对须弥山石窟的保护过程中，由于受当时现实技术条件所限，部分保护措施在当时环境中被认为是非常先进的保护措施，但随着时间的推移逐渐暴露出不足和问题，又造成新的破坏。如大佛楼顶部的钢筋混凝土顶盖，当时只考虑为了保护佛像不受风蚀、雨淋之病害而建造，但从现在的保护来看，该顶盖因过于沉重而对大佛楼崖体两面造成了破坏，因沉降而使崖体受到损坏；另，2002年在实施须弥山石窟防风化化学保护措施中，将化学材料直接喷涂于距离佛像很近的岩石上，而十年后该处岩石却呈大于5厘米块状脱落，从而又威胁到佛像。

（2）表面沉积

各种性质外来物质的沉积，如灰尘、肥土、鸟粪等。其厚度不等，一般与其下层的物质附着性不强。表面沉积一般发生在洞窟的地面和雕像表面较为水平的表面上，下层洞窟由于人的活动表面沉积物多为灰尘，上层洞窟由于人迹罕至成为鸟类的活动休憩的场所，沉积物以鸟粪居多，主要是鸽子的粪便。由于粪便中含有大量的有机酸，会不断地腐蚀石雕表面，且鸟类在石雕上留下抓痕，破坏了石雕的艺术形象。

（3）文字污染

须弥山所有洞窟都已经用铁栅栏保护，但是在人手可至的壁面上，随意触摸现象时有发生，也有题字划痕，严重污损了窟内壁面。

三　石窟保护措施

石窟由于各种病害遭到了严重的破坏，我们需要对它进行保护。采取各种措施，尽量消除对石窟保护的负面影响，使石窟保护与旅游开发的达到和谐、完美的有机结合。针对须弥山石窟目前出现的问题，笔者提出如下几方面的保护措施，根据造像区的主要病害类型，采取不同的加固方案：危岩体治理，采用锚固、支顶、灌浆封闭、挂网、清理等治理措施对各类型危岩体进行加固；水害治理，修建挡水檐、引水线，降低地表水和雨水对造像的影响。

1．危岩体清除

石窟原来的加固方法是利用传统的牵拉锚固方式。近年来，新研制出了一种高模数硅酸钾（PS）与粉煤灰（F）混合的裂隙灌浆材料。PS加固泥质胶结的砂砾岩，不仅起到了胶结加固作用，而且仍然具有较好的透水性，这样可以很好地防止加固层因不透水而产生剥离。PS-F灌浆材料具有强度适宜耐高温、耐冻蚀、耐酸碱、抗崩塌、无污染等优点，是砂砾岩体裂隙的理想灌浆材料[①]。这一材料现已成功地运用到甘肃榆林窟、龙门石窟的加固工程中，对未来须弥山石窟的加固将会是一个好的借鉴。

支顶：为增强危岩的稳定性，同时防止继续风化掏蚀，对危岩底部的风化凹腔进行砌体嵌补、

① 郭青林、王旭东、范宇权、李最雄：《砂砾岩石窟灌浆材料PS-F机制研究》，《岩石力学与工程学报》2009年增2。

支顶，支撑不可过量且砌体表面要保持与周边岩体的自然顺接。砌筑后用水泥砂浆、岩粉等材料进行表面作旧，保持崖面的整体平顺和与周边环境的协调。

拦石墙：因17号危岩带岩体破碎，坡面清理危岩后仍有部分危岩体可能在自然、暴雨等情况下发生坠落，因此需在沟底人行通道旁边设置拦石墙，防止滚石对人员造成伤害。

2．防风化保护

精美玲珑的石窟雕像，岩石微结构破坏是风化破坏的第一步，防风化破坏就要从防微结构破坏开始做起，这是防治大面积表层风化破坏的关键问题，应先从研究石雕的风化形态着手，进行风化成因分类，然后据气象要素、水害及潮湿环境的长期观测与记录，按石雕风化的深度系统取样，并进行岩石物理力学性质试验、岩石氧化物的化学分析及各种先进分析技术对材料进行观测分析等工作，找出石雕风化的主要病因后，进行相对应防风化保护试验，并要求材料无色、透明、不反光、不酥碱、化学稳定性好、渗透能力强，具有抗风化能力，有一定固结强度等。另外从根本上防治风化还需对石窟周围的环境进行综合治理。

3．水害治理

水对石窟的破坏既普遍又严重。通过对水的病害作用的分析，我们认为水的治理应该从这三个方面入手：窟顶防渗、凝结水的治理以及防治窟前雨水冲刷①。为防止雨水面流对造像的直接冲刷，根据各窟的情况，采取对应的雨水防治措施。主要包括：

（1）具有穹隆顶或覆斗顶的石窟，由于门洞上部岩体两面临空，并且厚度较薄，不具备设置锚固的条件，通过设置引水线，将雨水导走。

（2）平顶石窟或其他具备设置锚固结构的石窟，通过设置仿石轻质混凝土挡水檐，达到更好的防雨效果。

（3）结合石窟区历史保护窟檐的结构形式，考虑原有岩体强度低，窟檐耐久性要求，采用陶粒轻质混凝土材料修建挡水檐，挡水檐与山体连接自然过渡，外形保持与周边岩体协调。

（4）部分无法修建挡水檐的石窟，需要新建排水系统，为避免在洞窟上剔凿排水槽加速岩体风化，设计用砂浆做引水线，将崖面水导走。

总之，经过长期的努力，须弥山石窟的保护管理工作尽管取得了一定的成绩，但还存在许多不尽如人意的地方。新时期、新形势为我们提出新任务、新要求。一是在加强人力保护和工程措施保护石窟的同时，积极稳妥引进新材料和新技术，加强技术保护的力度，不断提高须弥山石窟文物保护工作的科技含量。二是作为国家重点文物保护单位和国家级风景名胜区，地方政府应立足有关法律法规和须弥山石窟风景区的实际，加强立法和规划，尽快研究制定《须弥山石窟文物保护条例》和《须弥山石窟规划》，统筹须弥山石窟的保护、管理和利用工作，还应该加强文物法律法规宣传力度，不断提高对文化遗产的认识，增强保护文物的自觉性，营造一个全社会共同保护文物的良好氛围。三是实施人才战略，建立一支高素质的文物保护专业队伍，大力开展石窟保护科学研究，努力提高石窟保护的质量和水平，是搞好文物保护工作的当务之急。

---

① 吴宝燕、张爱国、朱丽君：《云冈石窟水害及其治理措施》，《地下水》2008年第3期，第116～118页。

内蒙古阿尔寨石窟地质环境及病害调查与保护

杜青松

内容摘要： 阿尔寨石窟是内蒙古自治区境内目前发现的规模最大的、内容最丰富的石窟寺建筑群。在自然灾害及人为因素的影响下，现存的石窟几乎均有不同程度的病害存在，主要病害包括边坡岩体和洞窟围岩失稳、风沙掩埋和侵蚀、表面粉化剥落、泛盐、表层片状剥落、裂隙与空鼓、表面污染与变色、彩绘石质表面颜料病害等。地学调查与研究则是做好遗产保护工作的基础，本文运用地学的观点，系统地研究阿尔寨石窟石质文化遗产的地学条件，掌握石窟寺的健康状况和病害情况，以便及时采取有效措施排除安全隐患，还进一步探讨了石窟文化遗产的保护。不仅为科学保护阿尔寨石窟提供基础资料，同时也是对砂岩型石窟寺病害调查工作方法的一种积极有益的探索。

关键词： 阿尔寨石窟　地质环境　病害调查　保护　内蒙古自治区

Investigation and Protection of Geological Environment and Diseases of Aerzhai Grottoes in Inner Mongolia

Du Qingsong

Abstract: Aerzhai Grottoes are the largest cave temple complex with the most abundant content, found in the Inner Mongolia Autonomous Region. Under the influence of natural disasters and human factors, there are almost all kinds of diseases in the existing grottoes, mainly including slope rock, unstable rock around caves, sand burial and erosion, surface powder spalling, pan-salt, surface flake peeling, fissure and hollowing, surface contamination and discoloration, painted stone surface pigment disease. Geological survey and research is the basis for the work of heritage conservation. With the view of geology, the author systematically surveys basic geological conditions of stone cultural heritage, masters the cave temple health and disease situation of Aerzhai grottoes, in order to take timely and

作者：杜青松，北京市，100083，中国地质大学地球科学与资源学院。

effective measures to eliminate security risks, and further discuss the protection of stone cultural heritage. It provides not only basic information for the scientific protection of the Aerzhai caves, but also a positive and useful method for the sandstone cave temple disease investigation.

Key words: Aerzhai Grottoes, geological environment, disease investigation, protection, Inner Mongolia Autonomous Region

阿尔寨石窟是中国长城以北草原地区时代跨度最悠久的佛教石窟遗迹，也是我国规模较大的西夏至蒙元时期的石窟寺①，俗称“百眼窑”，又称“众窟寺”，因山体周围分布众多石窟而得名。它是一处具有草原文化、蒙古族文化、以密宗为主的佛教文化鲜明特色（特别是喇嘛教文化）的荟萃之地，又是一代天骄成吉思汗晚年军事活动的重要地区②。据学者考证③，阿尔寨石窟寺始凿于北魏中期，以西夏、蒙元时期最盛，延续到明末清初，距今已有1600多年的历史，因其石窟规模宏大、壁画精美而被誉称为“草原敦煌”。阿尔寨石窟寺处于我国西北石窟文化区（甘宁黄河以东区的最东端）。甘宁黄河以东区的石窟都是十六国及北魏时期开凿的，都有比较丰富的藏传佛教壁画内容，多数都有反映西夏及元代供养人生活的图景④。阿尔寨石窟寺保存有大量珍贵壁画和回鹘蒙古文榜题，引起了国内外学者的高度重视。它不仅是一处重要而罕见的宗教艺术宝库，同时更是研究蒙古历史、文化和生活习俗等难得的珍贵形象史料，具有很高的无可代替的历史、宗教、科学、文化和艺术价值，是举世无双的草原文化瑰宝。

一　阿尔寨石窟地质概况

（一）地理位置

鄂托克旗位于内蒙古自治区鄂尔多斯市西部，地处东经106°41′～108°54′，北纬38°18′～40°11′之间。东邻杭锦旗，西连宁夏陶乐县（现已撤销）并隔黄河与石嘴山市和阿拉善盟相望，南接乌审旗和鄂托克前旗，西北接乌海市，是鄂尔多斯高原的重要组成部分。阿尔寨石窟寺位于鄂托克旗阿尔巴斯苏木境内（现划归棋盘井镇）（图1），苏亥图嘎查呼都格村东2km，南距鄂托克旗政府乌兰镇130km，西距乌海市50km（以上均为直线距离）。地处阿尔巴斯山中，西鄂尔多斯国家级自然保护区内，西、东和北、南面分别被乌兰布和沙漠、库布齐沙漠、毛乌素沙地包围。地理坐标为北纬39°40′～39°52′，东经107°05′～107°25′。

---

① 陈月香：《内蒙古阿尔寨石窟31窟壁画研究》，内蒙古师范大学硕士学位论文，2011年。

② 仁钦道尔吉：《阿尔寨石窟传说及其名称、废弃年代考》，《内蒙古社会科学（汉文版）》2004年第2期，第18～20页。

③ 王大方、巴图吉日嘎拉、张文芳：《百眼窑石窟的营建年代及壁画主要内容初论——兼述成吉思汗在百眼窑地区活动》，《内蒙古文物考古文集（第一辑）》，北京：中国大百科全书出版社，1994年。

④ 杨道尔吉：《阿尔寨石窟文化的瑰宝》，《鄂尔多斯学研究成果丛书　历史类》，2012年，第119～127页。

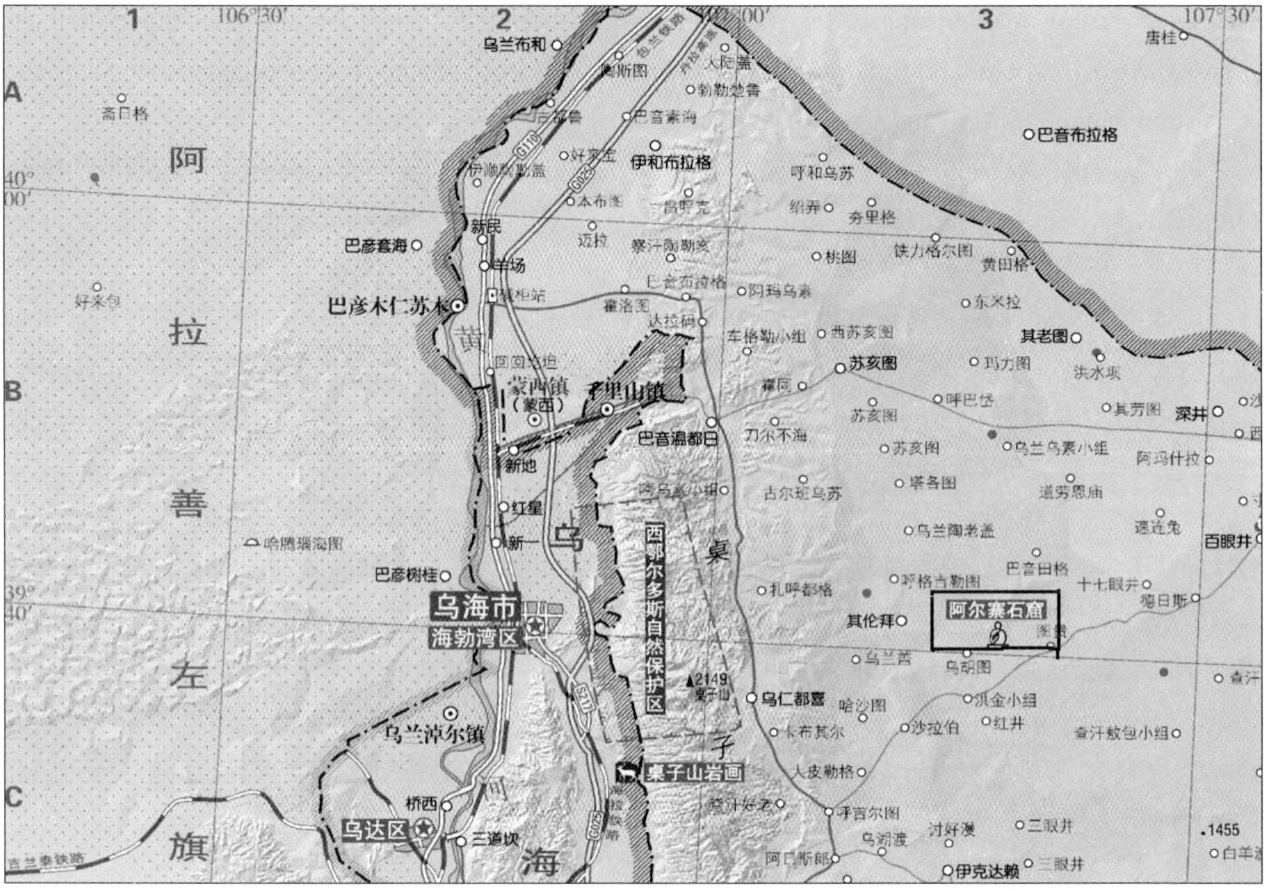

图 1　阿尔寨石窟地理位置示意图

（二）地貌特征

阿尔寨石窟寺位于鄂尔多斯高原西北部的阿尔巴斯山脉，主峰乌仁都西山（又名“桌子山”）位于阿尔寨石窟西南部，海拔约 2150m，也是鄂尔多斯高原第一高峰。总体来说，该地区属构造剥蚀低缓丘陵地貌，高度在 1416 ~ 1460m。阿尔寨石窟寺所在的苏默图阿尔寨山是一座孤立突起的红色砂岩山岗（图 2），阿尔寨在蒙古语中取“隆起的”“平地突起的”之意。整座山体呈桌形，顶部较为平坦，四周为陡峭岩壁。平面形制不太规整，东西长约 400m，南北宽约 70 ~ 200m，山顶海拔高度 1460m，与周围的高差约 40m。石窟开凿在海拔 1448 ~ 1458m 的砂砾岩陡壁上，红色砂岩陡壁底部的泥岩夹层中。靠西端向北延伸出一条长约 70m 的窄长山嘴。

研究区属干旱的中温带高原大陆性亚干旱气候区，阳光辐射强烈，气候干燥，降雨量稀少，暴雨集中，蒸发强烈，昼夜温差变化甚大，最大季节冻土深度 1.71m。常年多风，冬春季多刮西北风，夏秋季多刮东南风，平均风速 3.1m/s，最大风速可达 24m/s。该地区大部分地段覆有风积砂层，还有一些固定半固定的草丛沙丘，植被覆盖率较低，属于典型的荒漠草原和荒原化荒漠群落及其过渡带。外缘可见固定 ~ 半固定沙地，局部为粉土、粉质黏土，下伏白垩系下统红砂岩、泥岩。风积砂土受当地风向和地形限制，主要分布在平顶山西北端窄长山嘴的两侧。

图 2　阿尔寨石窟寺地形地貌图（左：航拍；右：远景）（洋光摄）

（三）区域地质概况

1．地层

根据《内蒙古自治区岩石地层》[①]划分标准，阿尔寨石窟所在地区主要地层为白垩系下统志丹群（K_1zh^3）（图 3），是一套从冲积扇到河流相、三角洲相直至湖泊相多相型空间递变的陆相地层[②]，形成过程中水成沉积与风成沉积并存，风成沉积可贯穿于志丹群各组沉积中[③]。其上部由一套杂色（棕、紫红色为主）含砾砂岩、粉砂岩、泥岩互层组成，层理发育；其下部由一套棕黄、棕红色砾岩组成，砾岩成分较为复杂，层理发育。另外，该区域第四系全新统广泛分布，主要由风积层（Q_4^{eol}）、冲洪积层（Q_4^{al+pl}）、残坡积层（Q_4^{dl+el}）组成。

2．构造

根据“内蒙古大地构造分区”[④]，研究区位于东胜—靖边单斜（$I_1^{2\text{-}2}$）构造单元的中南部[⑤]。阿尔寨石窟寺所在地构造形态为一微向东北倾斜的单斜构造，地层连续，岩层产状平缓，倾角很小，局部有宽缓的波状起伏。断裂构造在地表少见，但岩体构造裂隙发育。区内主要发育有近乎直立的裂隙两组，倾角接近 90°，一组走向近南北，另一组走向近东西。构造裂隙间距较大，密度一般为 0.1 ~ 0.2m/ 条，张开度为 1 ~ 5cm，裂隙延伸较长。研究区尚未发现岩浆岩活动和侵入体存在，未见变质作用。

① 内蒙古自治区地质矿产局编：《内蒙古自治区岩石地层》，武汉：中国地质大学出版社，1996 年，第 269 ~ 272 页。

② 吴仁贵、余达淦、周万蓬等：《鄂尔多斯盆地北部早白垩世地层特征及对比》，《地层学杂志》2005 年第 29 卷第 1 期，第 50 ~ 54 页。

③ 李思田：《含能源盆地沉积体系——中国内陆和近海主要沉积体系类型的典型分析》，武汉：中国地质大学出版社，1996 年，第 138 ~ 147 页。

④ 邵积东：《内蒙古大地构造分区及其特征》，《内蒙古地质》1998 年第 2 期，第 1 ~ 23 页。

⑤ 内蒙古自治区矿业开发有限责任公司：《内蒙古自治区东胜煤田深部区伊克乌素煤炭预查报告》，2008 年。

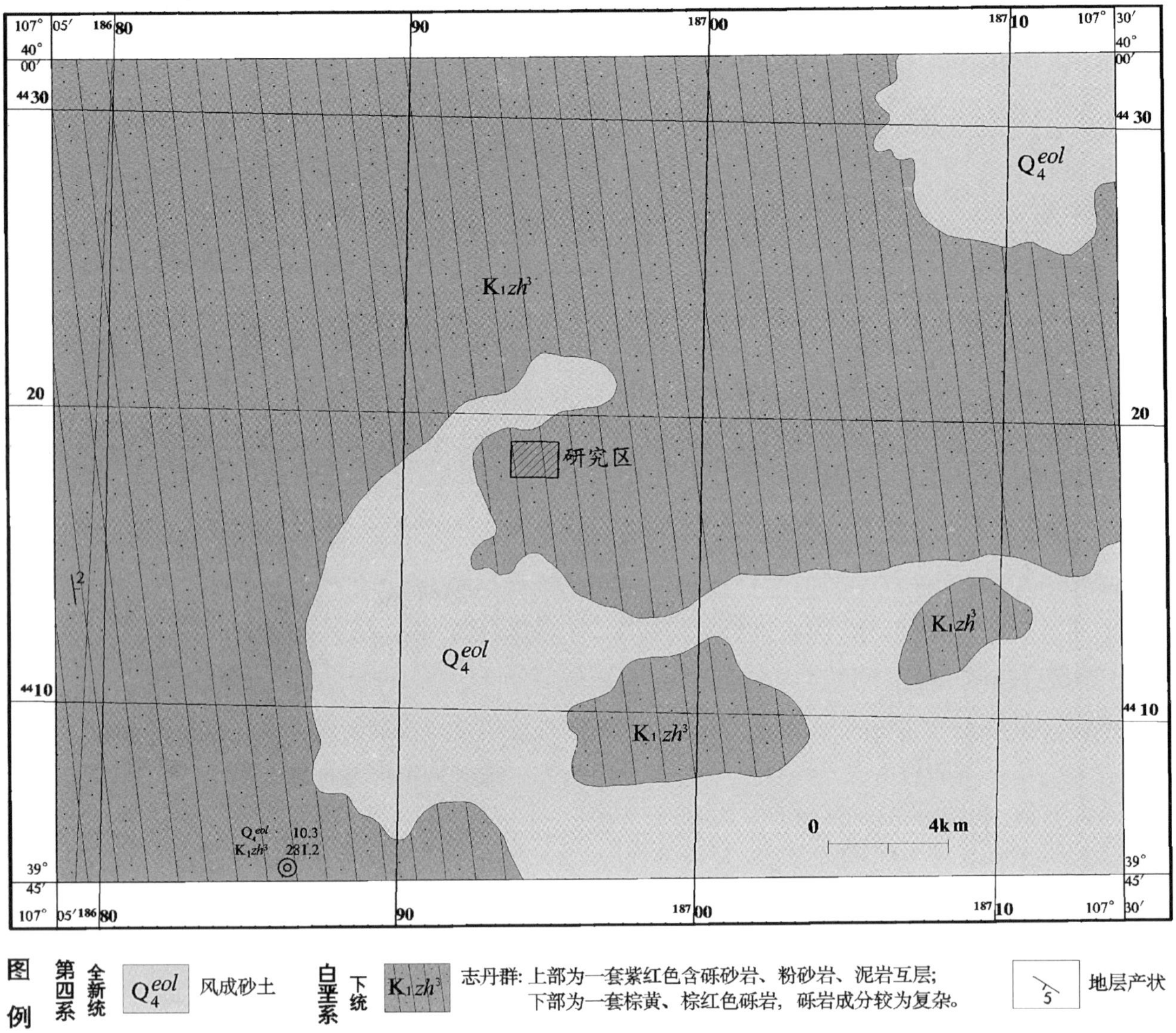

图 3 阿尔寨石窟区域地质图

（四）水文地质特征

1．水文地质概况

研究区总体地形西部高，东部低，地形较为平缓，多为低矮山丘，地面植被稀少，具有侵蚀性高原荒漠—半荒漠丘陵地貌特征。本区具典型的干燥半沙漠的大陆性气候，年平均降水量 195.8mm，蒸发量为降水量 10 多倍，降水集中在 7 ~ 9 月，且排泄畅通渗透到地下仅极少部分。所处水文地质单元为桌子山背斜东翼单斜储水构造单元。区内没有水库、湖泊等地表水体，地表水系不太发育，沟谷平缓。在苏默图阿尔寨山东南发育有乌兰乌素河流过，属间歇性河流，每年 7 ~ 8 月雨季时有河水流淌，在暴雨过后可形成短暂的地表径流，持续时间不长即干涸，其余季节多为干枯河流。河床平坦，无常年地表径流，为宽缓的季节性沟谷，河床宽 15 ~ 45m，河岸高度为 0.7 ~ 1.3m[①]。

① 李少兵、索秀芬：《阿尔寨石窟》，《内蒙古文物考古》2010 年第 2 期，第 101 ~ 113 页。

2．含、隔水层水文地质特征

石窟位于当地地下水侵蚀基准面以上，下部隔水层的隔水性能较好，因此构不成主要充水因素。按照（GB12719—1991）《矿区水文地质工程地质勘探规范》，研究区水文地质类型划分属于第一—第二类第一型，即以裂隙—孔隙充水含水层为主的水文地质条件简单型。以大气降雨方式补给为主，补给源贫乏。

3．断层的导水性及其对石窟的影响

研究区西侧主要断层有千里山逆断层，位于桌子山背斜东侧，为一压扭性逆断层，倾向西，倾角大于50°。根据邻区煤矿钻孔对逆断层的抽水试验成果：涌水量Q=0.109L/s，单位涌水量q=0.00471L/s·m，证明该逆断层的富水性与导水性较弱，对研究区充水影响较小。

（五）工程地质条件

阿尔寨石窟寺地区岩性主要为白垩系层状陆源碎屑岩类，局部为第四系所覆盖。地层主要岩性特征与力学性质分述如下：

白垩系下统志丹群（K_1zh^3）：①砂岩（K_1）：棕红色—棕红色夹紫红色，全风化—弱风化，细粒—中粒砂状结构，薄—中厚层构造，本岩组以中粒、细粒砂岩为主，次为粗粒砂岩，局部为砾状砂岩、夹薄层泥岩。岩石物质成分主要由碎屑、杂基、胶结物三部分组成，碎屑中矿物成分主要为石英、长石。胶结物成分主要为方解石、铁质。原生结构面一般为块状结构，具斜层理、槽状及交错层理。岩层产状近于水平，倾角一般为3°～10°。单层厚度大于100m，全风化层厚度一般为0.5～13.2m，强风化层厚度1.6～30.5m；基本承载力：全风化σ_0＝200kPa、强风化σ_0＝350kPa、弱风化σ_0＝450kPa。裂隙、节理、构造结构面不甚发育，富水性差。该类岩石属脆硬性，在外力作用下易碎裂、崩塌。砂岩的抗压强度24.2～35.9MPa。一般软化系数0.57，单轴极限抗压强度41.22～83.14，平均48.32MPa。RQD值45%～96%，平均62.07%。完整性系数为0.21，属于完整性很差的岩体。岩土施工工程分级属岩石质量中等、岩体中等完整的Ⅲ级岩石—Ⅳ级软石。属于中硬类—坚硬岩类。②粉砂岩（K_1）：颜色一般为红色，层理较发育，一般呈薄层—中厚层状，疏松易碎。抗压强度11.7～30.5MPa，一般为24.6 MPa。属于软弱—半坚硬岩类。③泥岩（K_1）：紫红色夹灰白色，强风化；薄层构造，泥质胶结，水平纹理发育，一般呈薄层状，个别呈页理状；节理、裂隙发育，岩层产状近于水平，倾角一般为3°～10°，岩土施工工程分级Ⅳ级软石。厚度0～4.2m，局部存在。抗压强度为16.4～22.3MPa，抗拉强度为0.82MPa。σ_0＝300kPa。属于软弱—半坚硬岩类。

第四系：①风积层（Q_4^{eol}）：a. 细砂：浅黄色—褐黄色，稍密—中密，稍湿—饱和，局部夹薄层粉土，层厚0.0～14.4m；分布在全线大部地段表层；Ⅱ级普通土；基本承载力σ_0＝100～120kPa。b. 粉砂：浅黄色—褐黄色，稍密—中密，稍湿—饱和，层厚0.0～8.3m；主要分布在地表表层；Ⅱ级普通土；基本承载力σ_0＝90～110kPa。②冲洪积层（Q_4^{al+pl}）：a. 细砂：浅黄色—褐黄色，稍密—中密，稍湿—饱和，局部夹薄层粉土，层厚0.0～12.8m；主要分布在冲沟段表层；Ⅰ级松土；基本承载力σ_0＝100～120kPa。b. 粉砂：浅黄色—褐黄色，中密，稍湿—饱和，层厚0.0～9.3m；主要分布在冲沟地段；Ⅰ级松土；基本承载力 σ_0＝100～140kPa。③残坡积层（Q_4^{dl+pl}）：a. 粉土：褐黄色，稍密，稍湿—潮湿，层厚0.0～4.5m；主要分布在表面；Ⅱ级普通土；基本承载力 σ_0＝120kPa。b. 粉质黏土：褐黄色夹黄褐色，硬塑，含姜石，层厚0.0～24.5m；主要分布在低山段表层及低山缓坡段上部；Ⅱ级普通土；基本承载力 σ_0＝160kPa。c. 细砂：褐黄色，中密，饱和，层厚0.0～3.4m；主要分布在山脚下或底层；Ⅰ级松土；基本承载力 σ_0＝160kPa。

受喜马拉雅构造运动影响，本区白垩系岩石地层层间错动而形成的层间剪切带和沿软弱夹层与相邻硬层的界面常出现泥化夹层（软弱夹层），夹层原来的结构遭到破坏，裂隙明显增多，透水性增强，在长期雨水和风化作用下，层间剪切带逐渐被泥化，使其强度大大降低。岩体具各向异性，强度变化大，岩体层理节理及裂隙发育，遇水崩解和膨胀、高吸水性、透水性与难蒸发性、低黏结性、具有软硬相间、交互成层的多元层状结构，倾角较缓、褶皱舒缓，密度小而贯通长度大，边坡岩体破碎、透水性强等特征。

总体来讲，区内地形、地貌条件较为简单。地层产状平缓，地质构造简单，岩体以厚层状岩石为主；岩石力学强度较低，多为软弱—半坚硬岩石。按照（GB12719-1991）《矿区水文地质工程地质勘探规范》将该区工程地质类型确定为第三类，即层状岩类，工程地质条件为中等—简单型。

二　阿尔寨石窟保存现状

阿尔寨石窟是一座集寺庙、宫殿、石窟、石刻造像、壁画、雕塑、浮雕、回鹘蒙古文、梵文、藏文榜题等为一体气势恢宏的佛教石窟建筑群，也是一座集礼佛与祭祀双重功能的石窟寺。其价值主要体现在以下三个方面：一是历史价值，阿尔寨石窟反映了与社会、历史紧密联系的佛教文化，保留了重要的历史痕迹，其中的成吉思汗家族祭祀图、中国画风格的山川、河流以及战争场景都与当时的历史紧密相连，保护好遗址对研究内蒙古地区乃至中国历史至关重要；二是科学价值和文化价值，壁画和回鹘蒙古文榜题等对了解少数民族边疆地区的文化交流以及与中原文化的关系具有积极意义；三是艺术价值，阿尔寨石窟被称为“佛教艺术宝库”“壁画和岩刻的展台”。2003年3月2日，经特殊批准，国务院增补阿尔寨石窟为第五批全国重点文物保护单位。

（一）石窟

石窟坐北向南，山体四周为陡峭的崖壁，其上凿出石窟及佛塔。正窟位于面南的崖壁上，西部为僧房，东、北部山崖以凿刻的浮雕式佛塔为主。据记载，该石窟寺原有石窟108座，分上、中、下三层，现有石窟65座。其中较完整的43座、塌陷或被风沙掩埋大部的18座，开凿半途停工的4座。洞窟间距大多较小，唯北壁与东壁石窟（56窟至57窟），间距较大，其间有53m的岩壁未凿石窟。阿尔寨石窟的普遍特点是近似正方形，均为单间式，多数窟面壁中央凿有1m^2、10cm深的椭圆形佛龛，石窟面壁和左右墙壁底部留有长条台阶。石窟可分大、中、小三种。

大型窟1座（第19窟），壁画已脱落完毕。据观测，石窟为长方形，面积约30m^2，位于南壁中部，门朝向南，门外有凿刻洞痕和台阶，估计曾在外部建有窟檐。该洞窟为南壁之主窟，其余洞窟则分布在它的两侧。根据门外可见的雕凿痕迹来推断，窟檐和门框可能为木建筑结构。门外有台阶，可直达山下，并可向左右两方通往其他洞窟，但均遭破坏。

中型洞窟的数量较多，面积约为 $20m^2$，高 2.5 ~ 3m，方形。其前壁正中凿拱形门或长方形门，后壁正中凿出主佛龛，主龛两侧分布上下两排佛龛，左右两侧壁也对称地凿出排龛。窟顶正中雕出方形莲花藻井，面积约 $0.5m^2$，为典型的西方风格。有的藻井为叠涩方形。在第 10 窟和第 28 窟中央，雕凿出方形窟柱（中心柱），方形中心柱后部的石壁上，是主佛龛，具有中国北魏时期石窟的典型建筑风格。中型石窟大多绘有壁画，绘画的时代为西夏、元、明。阿尔寨石窟经过不同历史时期的修缮或扩建，如 15 号窟门上侧开凿窟檐时刻掉了原有塔雕的一半[①]。

小型石窟面积约 $10m^2$，高 1.5 ~ 2m，从洞口至主室进深 4 ~ 5m，呈前后室状，洞内无佛龛，壁画较多，多分布于山之东西两侧。除密宗佛教内容外，有回鹘蒙古文和藏文榜题，及多幅元代和明代的壁画。有的石窟内凿有壁龛、须弥座，以及供养佛像、僧炕等。整个石窟内绘有以藏传佛教（密宗）为主要内容的壁画近千幅，壁画周围还有藏文题记和回鹘蒙文榜题。石窟中还发现拓有回鹘蒙文六字真言文字砖多块。

（二）壁画、榜题

阿尔寨石窟的壁画独树一帜，有些作品堪与敦煌、云岗等石窟媲美，被称为“草原敦煌”。历史悠久、文化内涵丰富的壁画内容为研究蒙古族佛教历史和古代绘画艺术提供了重要的实物资料。壁画泥质分粗细两层，粗层居里，细层居表。粗泥中含有麦秸、沙子、黄土和杂质，细泥中含棉花、黄土、细沙和杂质。其绘制方法主要是先用掺加麦秸的黏土将洞窟壁面抹平，在画壁细泥之外施掺有淡胶水的白垩土一层，外刷矾水，再施以彩绘，落稿作画。

据统计，目前石窟留存壁画 1000 多幅，总面积超过 $2000m^2$。壁画多为彩色，所使用的颜料为天然矿物质颜料，主要有红、绿、黑、蓝、白、黄六色，以石绿色为主。不同于敦煌壁画强烈的色彩表现，阿尔寨石窟壁画具有重墨轻色的艺术特点。早期的壁画采用中国绘画中典型的“散点透视手法”进行线描勾勒细腻渲染，将工笔重彩与意笔山水完美结合，酣畅淋漓，突出主题的表达，展现出一种工写结合的壁画艺术风格。藏传佛教进入后，壁画技艺开始单线平涂，表现手法上更加注重色彩在两维空间上的表达，给人以深刻的艺术享受。这样在吸收运用上，以中原文人画技法为主，西域绘画技艺为辅，推陈出新，展现出草原人民非凡的包容性和历史创造精神。

阿尔寨石窟的开凿和壁画绘制年代及其沿革，初步可以分为北魏时期、西夏时期、蒙元时期、明朝时期四个阶段。北魏时期，开凿的石窟以第 10 窟和第 28 窟为代表，石窟平面呈方形，于窟中央雕出方形塔柱，后壁开凿佛龛；西夏时期，壁画出现藻井装饰及图案等特征；蒙元时期，壁画出现了萨迦派的图案和世俗人物祭祀、礼佛的场面，及用竹笔书写的回鹘文、梵文及藏文榜题，这一时期的壁画风格具有强烈的蒙古草原民族特色；明朝时期，阿尔寨石窟再度兴旺，所绘壁画

① 丹森、布仁巴图、巴图吉日嘎拉：《阿尔寨石窟佛教文化遗址概述》,《内蒙古社会科学（汉文版）》1991 年第 3 期，第 87 ~ 91 页。

画面宏大，富有装饰性，壁画中出现了格鲁派祖师宗喀巴大师的形象。其中壁画上的回鹘蒙古文榜题时间最早者，比敦煌莫高窟还要古老①。

壁画题材内容以反映佛教方面的内容为主，可分为两个阶段，第一阶段以显宗题材为主；第二阶段以密宗题材为盛。阿尔寨石窟是历史上密宗各大派别的集中地，石窟中黑教、红教、花教、白教和黄教的壁画内容，构成了藏传佛教在内蒙古地区流传的历史画卷，如《男女双修图像》，说明西夏晚期密宗已经通过西夏传入内蒙古西部地区②。在宗教内容中，保存有密宗早期的本教画以及萨迦派、宁玛派、格鲁派代表之作③。

阿尔寨石窟壁画构图独特，一般将画面横展，分为三至四层，最顶部为垂帐纹装饰，其下为一周单列神佛菩萨、护法金刚、天王佛母像，再下绘一周佛本生故事、经变故事、供养人造像类、宗教历史、传记、史实、传说故事等。也有通壁画一尊或数尊神佛造像的构图，如十一面观音、千手千眼观音等。在元代壁画中，以方形网络将壁画分成若千方格，每格之间留一宽栏，上面整齐地书写着早期古回鹘蒙古文榜题，也有回鹘蒙古文“红”“绿”“蓝”等字，是为画师上色彩前标注的颜色记号字，是目前世界上发现回鹘蒙古文榜题最多的一处遗址。这些壁画和榜题不仅再现了藏传佛教在内蒙古地区传播的历史画卷，表明阿尔寨石窟曾是密宗各大流派的汇聚地，也是研究北魏经西夏、蒙元乃至明代藏传佛教各主要派别的宗教仪规、信仰内容及其在内蒙古地区的发生、发展史的极其宝贵的实证，是古人留下的宝贵非物质文化遗产。

阿尔寨石窟保存状况较差，石窟中佛像、塑像均已不存，只采集到部分泥塑残件。大部分壁画、榜题漫涣或剥落，但以第28窟与31窟中的藏传佛教壁画、第32窟中的回鹘蒙古文榜题为代表的遗存（图4），仍然保留了诸多有价值的历史信息④。最为珍贵的是“蒙古帝王丧葬图”（第28号窟内南壁入口右方，长120cm，宽50cm，元代）、“各族僧俗礼佛图”（第28号窟内主龛左侧）（图5）、“成吉思汗与夫人及四子受祭图”（第31号窟内左侧壁画，元代）（图6）、供养菩萨像（第31号窟内右侧壁画、西夏）等⑤。其中的“各族僧众礼佛图”描绘世俗人物供养、祭祀、舞蹈、礼佛的壁画，保存大量反映当时社会生活的场景，是最早将蒙古、藏、党项、汉等各族人物同绘于一图，是中世纪草原地区各族人民友好相处的历史写照⑥。

---

① 康·格桑益希：《内蒙古阿尔寨石窟八思巴壁画探秘》，《西藏研究》2005年第2期，第78～84页。

② 汤晓芳：《阿尔寨石窟的开凿与藏传佛教艺术传入的年代探析》，《鄂尔多斯学研究成果丛书　历史类》，2012年，第128～134页。

③ 杨毅劼：《试探讨阿尔寨石窟壁画与成吉思汗祭祀之关系》，《社科纵横：新理论版》2010年第4期，第293～294页。

④ 李雨濛：《内蒙古阿尔寨石窟第28、31窟壁画观察》，《北方民族考古（第1辑）》，北京：科学出版社，2014年。

⑤ 巴图吉日嘎拉：《百眼窑石窟的营建年代及壁画主要内容初论》，《鄂尔多斯晚报》2010年7月16日（B04）。

⑥ 巴图吉日嘎拉、苏雅拉：《阿尔寨石窟——鄂尔多斯文化明珠》，《鄂尔多斯学研究成果丛书　历史类》，2012年，第110～118页。

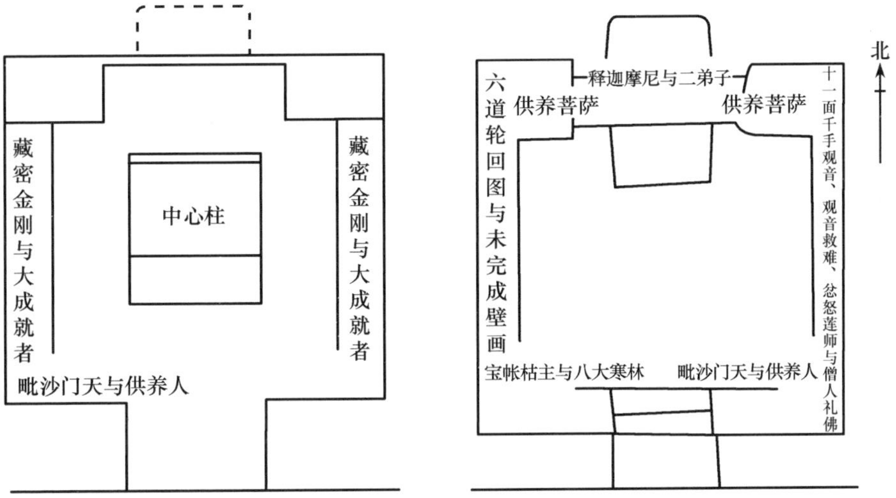

图 4 阿尔寨石窟第 28 窟（左）、31 窟（右）重点壁画分布示意图

图 5 各族僧俗礼佛图（28 窟）

（三）浮雕石塔

在石窟间的峭壁上，以高浮雕的手法凿出石塔 26 座，高 1.5 ~ 1.8m。早期佛塔与宁夏发现的西夏时期的此类塔风格和造型相同，中期和晚期的浮雕石塔为元代至明代所雕。阿尔寨石窟有 25 座佛塔造型属于中国现存佛塔五大类型之一的覆钵（式）佛塔（又名“喇嘛塔”）（图 7），酷似北京妙应寺白塔及额济纳旗黑城遗址中的塔型。样式大致可分为两类，一为密檐式佛塔；一为舍利式佛塔，甚至包括盛放高僧骨灰的覆钵式浮雕和塔瓶洞结合的佛塔。在其中 1 座塔的腹部，凿刻有密宗早期派别黑教的驱魔标志，为首次发现，是判别其为西夏时期的断代标志之一。在浮雕石塔中，仅有 1 座为方形楼阁式佛塔（图 8），塔身 13 层，高 1.6m，造型与北宋、西夏时期的楼阁式塔相同。

图 6　成吉思汗与夫人及四子受祭图（31 窟）

图 7　阿尔寨石窟覆钵式佛塔

图 8　阿尔寨石窟楼阁式佛塔

（四）佛教建筑遗址

据考证[①]，成吉思汗晚年南征西夏时，曾在阿尔寨地区活动过。灭西夏之后，阿尔寨石窟即为蒙古人祀佛之地，又为祭礼成吉思汗之所。因此，在山顶修建了规模宏大的藏传佛教寺庙，用于佛事和祭祀。阿尔寨石窟东南侧的10号石窟为成吉思汗养伤时的住所。该石窟门口树有代表成吉思汗战无不胜的威猛神勇的苏力德神矛，门西侧壁上有一座西夏风格的佛塔浮雕[②]。阿尔寨山顶平坦之处发现有6座大型庙宇建筑遗址，其始建年代约为元朝，有火焚迹象，被焚毁的间可能在明末察哈尔林丹汗称雄时期。建筑残存基址高约1m，均采用长方形巨石条和模印有回鹘蒙文经咒的大砖砌墙。庙宇基址由三部分组成，依次排列，呈正南北方向，面积约$1200m^2$。在地表采集到的遗物有黄色和绿色的琉璃瓦、灰陶兽头瓦当、砖石及各色瓷片，其中青花瓷为明末万历年至崇祯时期所制造。根据庙宇遗址上采集的建筑构件和明代青花瓷片分析，此处庙宇的规格较高。还发现半块模印回鹘式蒙古文的青砖，这在国内外尚属罕见。另外，在阿尔寨石窟东南角有一座敖包，桌形山岗南坡有两个由灰色砖铺就的蒙古包遗址。其西2km处有1座塔基，出土大量小型泥塑佛塔。经对石窟附近地域考古发掘，还出土了部分铜质兵器和六件祭祀法器。

三　石窟寺病害调查及防治

石窟寺病害从成因上分析主要分为：岩体地质病害、文物本体病害、生物病害、人类活动引起的病害四大类。石窟寺地质病害按自然原因和非自然原因可分为原发性病害和诱发性病害。发生原发性病害的地质体由于其物质组成、岩土结构、产出状态而“先天不足”，在自然状态下已表现出种种病态来，如滑坡（包括古滑坡和新滑坡）等。而诱发性病害则是由于工程建设对地形、地质体的直接或间接作用引起的工程地质病害，它的发生、发展既有地质条件自身方面的原因，也有工程对其的诱发原因。石窟寺病害研究内容主要包括砂砾岩石窟地质病害及风化机理研究、砂砾岩防风化的化学加固研究、岩体裂隙灌浆及加固工程、固沙研究等。

阿尔寨石窟属地质病害和人为破坏较为严重的遗址，由于年代久远、地理位置偏僻、人烟稀少，保护经费匮乏，管理难度大以及对阿尔寨石窟价值认识不足，保护工作欠缺，阿尔寨石窟保存状态十分严峻，石窟建筑及壁画面临垮塌毁灭消失的危险。在长期风蚀雨侵等自然环境影响及人为扰动下，危及游人安全和文物保护。虽然专家学者曾对石窟进行过考察、调查工作，但缺乏深入、全面、系统的考古、研究，其价值需要进一步的工作做出评估。在病害种类和防治对策等方面不乏研究成果，但其研究深度和广度也显不足。在围绕保护、修复和合理开发方面，尤其缺乏包括周边环境治理、本体保护、文物修复和合理开发为一体的研究成果和科学规划。因而全面

① a.蒙古宫廷史官、常峰瑞译：《蒙古秘史》，北京：中央编译出版社，2011年。b.赵晓星、朱生云：《宁夏、内蒙古境内的西夏石窟调查——西夏石窟考古与艺术研究之一》，《敦煌研究》2016年第5期，第42～51页。

② 潘照东：《成吉思汗与阿尔寨石窟》，《首届鄂尔多斯文化学术研讨论文集》，2006年，第128～138页。

有效的保护工作，显得尤为重要。阿尔寨石窟寺的病害主要包括边坡岩体、洞窟围岩失稳、风沙掩埋和侵蚀、表面粉化剥落、泛盐、表层片状剥落、裂隙与空鼓、表面污染与变色、彩绘石质表面颜料病害等。

（一）边坡岩体、洞窟围岩失稳及防治

1. 边坡岩体、洞窟围岩失稳

阿尔寨石窟所处地区为鄂尔多斯断陷盆地，广泛分布着陆生红色碎屑岩地层，红色砂砾岩为开凿石窟提供了条件的同时，作为疏松的支撑结构也存在潜在病害。阿尔寨石窟地层以白垩系下统（K_1）的砂岩、泥岩为主，岩层成岩作用差，多数为泥质胶结，个别为钙质胶结。易软化崩解，细砂边坡稳定性差、黏土具弱膨胀性。砂岩局部夹薄层泥岩，为全风化～强风化，岩体呈松散结构～角砾碎石状松散结构。裂隙～孔隙充水使得砂岩夹泥岩地层受水浸泡后，易软化、泥化、变形、膨胀，造成承载力下降。边坡坡脚是风化最强烈的部位，因此，红砂岩边坡的破坏一方面是结构面引起的失稳破坏，另一方面是边坡面的风化剥落。红砂岩边坡的破坏形式主要有：风化剥落、溜坍、崩落、楔体破坏和顺层滑坡等。由于红砂岩易风化崩解，边坡风化剥落破坏的主要环境因素是夏季高温的暴晒与突发性降雨的冷却。红砂岩顺层滑坡的控制因素是软弱夹层在层间剪切作用下形成的泥化带，切层滑坡的控制因素是构造结构面。受差异风化作用影响，陡壁四周沿泥岩夹层形成一条进深0.3～1.5m的风化凹槽。石窟区分为上、中、下三层，从陡壁以下倾角20°～30°的斜坡向四周延伸。崩塌堆积物主要分布在平顶山四周的斜坡上。

该区域裂隙较为发育，在砂岩内部主要发育有三组：一组层面裂隙，两组构造裂隙。开凿石窟削山为壁，破坏了原来山体的整体结构，使洞窟前立壁失去了支撑力，产生了卸荷作用，平行崖壁的卸荷裂隙形成陡而深的张裂隙，裂隙宽集中在8～26cm，最大隙宽超过40cm。在原始构造裂隙的基础上又产生了剪切崖边裂隙，致使许多洞窟裂隙纵横交错，悬石累累，险象丛生。在调查中发现因裂隙切割，洞窟崖体掉块的石窟有：2号、3号、5号、7号、8号、16号、17号、20号、28号、33号、35号、37号、40号、46号、47号、50号、54号、57号、59号、60号～64号等，其中2号、37号、47号、50号、54号、57号、60号、63号、64号石窟因裂隙切割，现在已经完全坍塌，仅残存石窟底部基座[①]。本区冬季气候严寒，夏季炎热，昼夜温差较大，边坡冬季冻胀、春季融化，在反复的冻融循环物理化学风化强烈作用下，易发生溜塌。加之，石窟开挖过于紧密，因此而削弱了崖体对周围岩体的支撑力，在重力作用、地震作用、流水侵蚀和强风蚀作用为主的外力下，曾发生也还可能发生不同规模的剥落和崩塌。山脚下，到处可见从山体上脱落的岩石（图9）。据记载[②]，阿尔寨石窟寺原有石窟108座，现有石窟65座。其中，塌陷或被风沙掩埋大部的18座（包括大型窟第19窟，已塌）。

---

① 方云：《内蒙阿尔寨石窟环境地质病害成因及防治对策研究》，武汉：中国地质大学文化遗产与岩土文物保护技术研究中心，2006年。

② 鄂托克旗志编纂委员会：《鄂托克旗地方志》，呼和浩特：内蒙古人民出版社，1993年。

图 9 边坡岩体、洞窟围岩失稳（洋光摄）

2．边坡岩体、洞窟围岩失稳防治对策

由于这里的石质、地质情况特殊，保护工作难度较大，做一个高水平的整体规划，进行科学保护势在必行。解决石窟裂缝、渗水以及周围文物环境的保护，通过查资料、勘探、考古发掘对这遗址进行评估、论证。首先裂隙的发育是造成石窟不稳定的自然因素之一，平时由于雨水冲刷崖壁，裂隙纵横交错，有些地方崖壁非常破碎，危岩普遍存在。窟顶的危岩体严重威胁着文物本体和游客的安全，窟内发育的裂隙、风化及掉块严重影响着文物本体的保存。治理工程主要以危岩体加固为主，采用锚固、支顶、注浆、排水相结合的综合治理措施确保洞窟及文物的安全[①]。针对石窟的险情，自 1978 年起鄂托克旗公布阿尔寨石窟为文物保护单位，一直进行着对石窟的加固保护工作。阿尔寨石窟于 20 世纪 80 年代公布于世后，不断有专家、学者前来考察。我国著名考古学家宿白先生在为《中国大百科全书·考古学》所撰写的《中国石窟考古》中，将“阿尔寨石窟”列入词条加以介绍。目前，在保护材料和工程技术方面取得了一定的成果，如应用高分子材料黏结和传统锚杆支护、混凝土浇筑支护技术进行“石窟危岩裂隙灌浆加固”和“残断落石归安粘接”等工作。还采取牵拉铆固、外包嵌水泥砂浆荒料石、内浇注砼框架支护加固，也用环氧树脂对裂隙进行灌浆黏接的传统方式加固。通过因地制宜地选择加固措施，争取最大限度地保持石窟的原貌。依据“尽可能利用传统技术与材料、必须遵守不改变文物原状”的原则，砂砾岩石窟裂隙灌浆材料 PS-F 浆液和易性好、流动性大、水稳定性、耐酸碱性和抗冻融性，其最大特点是可以通过 PS 的浓度和固化剂的用量控制 PS-F 的强度，使其达到与所灌岩体相同的力学强度，并且 PS-F 浆液基本无收缩变形，符合理想灌浆材料的基本要求。采用木质锚杆和 PS-F、PS-C 等黏结材料，可以满足石窟开裂墙体的锚固加固。安西榆林窟裂隙灌浆与崖面防风化加固取得了成功[②]，开创了干旱环境下砂砾石窟裂隙灌浆和崖面防风化加固的先河，为类似石窟的加固积累了经验。

① 孔德刚、王逢睿、肖碧：《张掖马蹄北寺石窟病害成因分析及治理》，《岩石力学与工程的创新和实践：第十一次全国岩石力学与工程学术大会论文集》，2010 年。

② 王旭东：《中国西北干旱环境下石窟与土建筑遗址保护加固研究》，兰州大学博士学位论文，2002 年。

（二）风沙掩埋和侵蚀及防治

1. 风沙掩埋和侵蚀

阿尔寨地区大部分地段植被覆盖率较低，局部植被覆盖率不足30%，沙害现象存在，石窟部分开挖地段基岩裸露，岩体破碎，风化严重，表现在积沙危害和强烈风蚀与剥蚀，沙漠化已对石窟造成严重危害或威胁，风积和风蚀两种地貌形态较为发育。受限于地形条件和主导风向等的影响，风沙流动易引起沙埋石窟，而且被风沙掩埋的石窟主要集中在山体北侧（图10）。如38号、42～45号、49号、51～55号石窟等。风沙的危害其次表现为风蚀，崖体所在地层主要为泥岩、砂岩互层，在外力作用下会形成差异风化现象。砂砾岩体大部分为泥质胶结，岩体的胶结物多为遇水易崩解的泥质，一些胶结泥质中又含有遇水极易膨胀的蒙脱石等黏土矿物。而且孔隙率大、松散、力学强度很低，直接影响了岩层的强度及稳定性[①]。在石窟外的岩体上，风化的情况十分严重，整个阿尔寨石窟寺布满大大小小因风化等原因而形成的空洞。小的空洞能伸入一根手指，山体北侧上部空洞多为鸟巢，大的则可以容纳一名儿童。

图10 风沙掩埋和侵蚀（事成摄）

2. 风沙掩埋和侵蚀防治对策

岩石的风化是伴随石窟的存在而发展的，针对石窟周边地区植被被破坏，沙漠化比较严重的现象，必须采取有效草原生态建设，对控制区内的全部牧民进行迁移，控制区内全面禁牧。引进环境整治工程项目，恢复草原自然风貌，进一步展示草原文化独特魅力。采用地质、物探、化探、槽探、钻探方法对石窟的地质构造、裂隙发育情况进行勘测，可以通过核地球物理散射方法探测石窟风化层和岩石含水量。利用PS材料加固砂砾岩，既不会破坏石窟围岩的结构又提高遗址耐蚀性的特性，加固剂与土中碱土金属易溶盐、碳酸盐岩、黏土矿物、骨架颗粒等组分进行了复杂的物理、化学作用，改善了岩石中黏土矿物的晶间距和骨架颗粒间的胶结状态。从而加强了骨架颗

① 赵海英、李最雄、韩文峰等：《PS材料加固西北干旱区土遗址试验研究》，《湖南科技大学学报（自然科学版）》，2008年第23卷第1期，第45～49页。

粒的连结强度，并使岩石的结构基本保持不变[①]。宏观上改善了石窟的水稳定性、增强了工程力学性能，使其抗冻性、抗老化能力、抗风蚀能力、抗崩解性提高，有利于遗址保存，为西北地区石窟寺保护工程的开展提供理论依据。

（三）渗水及防治

1. 渗水

造成阿尔寨石窟风化的直接原因除了风力作用就是水力作用，包括地下毛细水、空气凝结水、雨水直接冲刷等破坏形式。石窟所在的岩体纵横交错贯通的裂隙发育，首先严重地影响了石窟岩体的稳定性；其次容易造成窟内渗漏，加剧石窟壁画的破坏作用，渗水潮湿是造成壁画风化落砂的最主要原因。鄂托克旗年平均降水量 313.3mm，年平均相对湿度 53% ~ 56%。在每年的 7 ~ 9 月份雨水季节，无洞不漏水。随着时间的推延，雨水由远近不同距离向洞窟的各种裂隙扩散，并在洞窟壁面的出漏点流出[②]，渗流时间有的几个小时乃至数月不止。裂隙渗水严重的洞窟主要有 3 号、4 号、13 ~ 15 号、22 号、25 号、28 号、56 号等。开室造像时的前室、窟檐、排水沟等保护设施因毁损失去作用，有的石刻在岩壁上本就没有防护设施，长期受雨水淋蚀。由于雨水对崖面进行冲刷侵蚀渗入，增加了边坡岩体中不利于结构面稳定的因素。随着雨水中 Cl^-、SO_4^{2-} 等离子以及大气中的有害气体 CO_2、H_2S 等气体的增加，加剧腐蚀裂隙两侧的岩体和裂隙的发育。从而造成了崖体裂隙漏水、崖壁渗水、危岩、窟内壁画潮湿酥碱。石窟寺的石质主要是砂岩，砂岩石质特性是其风化迅速的根本原因，这种岩石的胶结物主要为泥质，且其中蒙脱石含量较大，容易吸水。加上大部分窟龛裸露在外，没有窟檐，经受风吹雨淋日晒，石质反复膨胀收缩，致使岩石酥松风化严重，裂隙的渗漏问题更加快石窟的风化。另外，水流到壁画上，长年累月钙铁质沉积物等越积越厚，覆盖了壁画，使石窟艺术价值受到损害。在雨水汇集区，由于崖壁长年潮湿，在潮湿地带出现堆积物，内常有苔藓、霉菌等各种病害生长，加剧了石窟壁画的病变，崖壁上出现无机盐析出，造成崖面酥碱，窟顶岩石大面积风化剥落并掉块。

2. 渗水防治对策

针对石窟顶部地质状况进行水文地质测绘、水文地质工程地质钻探，地球物理勘探及模拟试验，编写详细的岩土工程勘察报告，详细论述洞窟渗水机制。找出石窟渗水的重点区域范围，首先清除窟顶蓄水效果好的松碎地表层，在岩体表面施加防渗层进行覆盖，进行防水试验工程。各个石窟存在贯通节理的概率是相当高的，因此为了防止降水从石窟顶部裂隙中直接入渗对雕像造成损害，建议封堵顶部可见较大的裂隙，在顶部设置防渗墙，尽量减少雨水从基岩裂隙入渗[③]。应用差热分析、X 射线、红外光谱、偏光显微镜、化学分析等手段对岩石的物理力学性质和化学组

① 崔惠萍：《北石窟寺岩体渗漏现状分析研究》，《丝绸之路》2012 年第 12 期，第 58 ~ 59 页。

② 许飞：《云冈石窟砂岩裂隙发育特征及其对水分聚散的影响》，中国地质大学（北京）硕士学位论文，2013 年。

③ 国家文物局：《WW/T0002-2007 石质文物病害分类与图示》，北京：文物出版社，2008 年。

成及结构进行测试分析。为防止雨水对石雕的直接冲刷，修建保护性窟檐、雨棚、围墙、台阶、栈道、排水沟等防水设施。复原门窗和加设窟檐既能够使文物免受太阳直接照射，又可以使洞窟内的温度、湿度保持相对稳定而非急剧变化，而且还可以减少水与岩石的直接接触，隔离粉尘污染，阻止酸雨的直接侵蚀，从而大大减缓石雕的风化速度。对于那些因特殊环境和条件不易找到源头的裂隙水采用化学灌浆堵止法。在洞窟内部对于渗水形成的裂缝进行注浆堵漏，对一些渗水的裂缝进行引导，减少在洞窟上的停留时间。大气降水形成的暂时性地表径流及大气降水的入渗补给是该区域的主要水源。同时还要清除洞窟立壁顶部的植被，预防雨水渗入。降水渗至石窟基岩后，沿复杂裂隙网络最终渗入石窟。而在雨水沿砂岩裂隙下渗过程中，无规则出现的泥岩夹层或透镜体会改变其渗流方向，使原本向下渗流的水改为沿泥岩层面水平渗流，并可能在石窟内出露，可在不影响壁画的前提下，在无壁画的壁面钻孔将水导出岩体之外。降低窟前地面、疏导排水、防止雨水倒灌及毛细水上升也是保护石窟的一项重要措施。还应在石窟内架设摄像拍照等设备，常年性测定石窟内漏水量、温度和湿度，建立气象和环境监测站对石窟的环境条件、污染情况进行观测，开展气压、蒸发、降水、日照时数、地温、风向和风速的观测，数据自动采集仪器对这些相关数据进行处理，对石窟区大气进行采样分析，内容包括 SO_2、NO_2、TSP 等项目，并将其结果纳入鄂尔多斯市环保局监测范围内。这些监测工作为石窟今后的防风化和防水工作积累了宝贵的基础资料。

（四）表层风化问题及防治

1．表层风化问题

石质文物由于外界自然因素的破坏作用而导致表面病害。与砂岩有关的基本病害形态主要有：表面粉化剥落、泛盐、表层片状剥落、鳞片状起翘与剥落（图 11）、孔洞状风化。分类如下：①表面粉化剥落指由于周期性温度湿度变化、冻融作用及水盐活动等原因导致的石质文物表面的酥粉剥落现象。多发生于质地较为疏松的沉积岩类文物表面。②表层片状剥落指由于外力扰动、水盐破坏、温度周期变化等原因导致石质文物表层片状、板块状剥落的现象。这类病害多发生在岩石纹理较为发达、夹杂较多的沉积岩质地石质文物的表层，且多伴随有表面空鼓起翘现象。③鳞片状起翘与剥落指由于保存环境温差变化较大、易发生融冻现象或曾发生过烟火焚烧的石质文物表面产生的起翘与剥落现象。如 4 号、9 号、10 号、15 号、58 号石窟等。④孔洞状风化指石质文物表面溶解风化、软质夹杂溶解脱落，而在石质文物上形成孔洞的风化现象[①]。⑤表面泛盐指由于毛细水与可溶盐活动，反复遭遇水害或潮湿环境，使得可溶盐在石刻、壁画表面、裂缝富集析出的现象（图 12）。这类病害在石材质地较为疏松的砂岩文物表面较为常见，该类病害与毛细水活动密切相关。砂岩中存在的微裂缝和毛细孔为水、碱、盐等物质的渗入和析出并形成泛盐、泛碱提供了通道。根据岩土中水的物理力学性质可将地下水分为：气态水、结合水、毛细水、重力水、

① 卢玉和、孟田华、杨成全等：《云冈石窟风化物的太赫兹光谱研究》，《山西大同大学学报（自然科学版）》2010 年第 26 卷第 1 期，第 26 ~ 28 页。

图 11　表面粉化剥落、泛盐、表层片状剥落

图 12　表面泛盐（事成摄）

固态水以及结晶水和结构水。

对于砂岩体来说：①毛细水上升的快慢及高度决定于砂砾石颗粒的大小。颗粒愈细，毛细水上升高度越大。②泛碱现象与大气温度、湿度有关，更多发生在冬末、初春和秋末、冬初季节。原因是在这些季节里，由于气温回升或是雨水的减少，空气中的水蒸气的百分含量远远低于空气饱和时水蒸气的百分含量，湿气从地下迁移到墙身，再由墙身蒸发到附近潮湿的空气中，最后湿气扩散补充到干燥的空气中，在这个过程中，水中携带的盐分最终在墙身上结晶析出。③温度的差异也可以引起地下水分的迁移。向阳一侧相对少有泛碱现象，温度相对较高，水分多在墙身内蒸发，由毛细水表面张力引起的负压基本不存在，很难形成毛细现象。相反，背阴处石窟则有不

同程度的泛碱现象发生。④该区地下潜水的自由水面距地面颇近，土壤的机械组成、孔隙率适宜毛细水的上升，由于毛细水表面张力作用，毛细水沿着土壤和岩体中的空隙上升，使砂岩体具有较高的含水率，甚至接近饱和，随着水分的蒸发，墙身上部的毛细水中的盐分的浓度逐渐高于下部的浓度，形成了渗透压力差，这样更利于毛细水的上升，加上温度、湿度等其他因素的影响，毛细水这时上升的高度要高于在同样孔隙率的其他纯净介质中上升的高度，毛细水在上升的过程中，冲刷砂岩体中的可溶盐，在长时间内，盐分不断在上部聚集，由溶液盐浓度形成的压力差逐渐增大，给水分的上升提供了更加便利的条件，这样就形成了一个恶性循环，盐分逐渐结晶析出，由于 $Na_2SO_4+10H_2O=Na_2SO_4\cdot 10H_2O$，$Na_2SO_4\cdot 10H_2O$ 晶体体积是 Na_2SO_4 晶体的 2 ~ 4 倍，晶体的结晶、膨胀应力的积累，壁画逐渐遭到破坏。⑤另外，雨水和地下水的影响广泛、持续，由于水的蒸发在局部产生蒸气压力，蒸气压力作用于墙身，经过干湿、冷热的交替，应力不断积累，墙体表面不断松胀。墙体内的盐分溶于水中，潮湿的墙身不断地从周围吸收水气，溶蚀墙身而逐渐风化破坏，最终导致结晶和蒸气压的应力积累现象。

2．表层风化防治对策

利用 THz-TDS 技术研究壁画风化物的 THz 光谱特性，能够区分鉴别出不同石窟风化物[①]。利用超声波（US）检测技术研究了石窟各窟外壁测区的超声波波速，进而获得对应的风化等级，可以从理论角度对石质文物的风化和损坏程度做分析预测。使用 X 射线衍射仪和扫描电子显微镜对窟壁的风化物进一步研究，辅助解析差异风化原因[②]。将可控制光照进石窟实现控温的光学材料与能隔绝雨雪的保护性窟檐相结合，以解决石窟表面风化问题[③]。

表层风化问题病害与岩体类型及化学成分、墙身及饰面材料及其孔隙、表面水、地下水位及水质、大气温度及湿度、光照、通风情况等有关。可用的治理方案大致上有“防、堵、放”等思路：①“防”是指通过降低岩体含水量、降低矿化度、减小岩石的孔隙率等途径来从根本上防止泛碱的发生。注浆法其原理是把利用液压、气压或电化学的方法，通过注浆管把浆液均匀的注入土层中，浆液以充填，渗透和挤密等方式，进入土颗粒之间的空隙中，将原来较为松散的土体胶结成一个整体，形成强度高，防渗透和化学稳定性好的固结体。这样通过切断毛细水的渗透路径来根治泛碱，浆体之所以能起到切断毛细水渗透路径的作用，主要取决于浆体的粘塑性特征，浆体刚注入后还有较大的流动性，注浆结束后，浆体的塑性强度逐渐增强，这样充实了土壤中的孔隙切断了毛细水上升的渗透路径，但施工工艺上要更加严格控制注浆压力和注浆量，注浆压力过大会严重破坏土粒的原有结构，进而影响承载力，造成结构的安全问题。壁画注浆所用的加固材料为四氯乙烯、可溶性尼龙酒精、氨水、甲苯、二甲苯、聚甲基丙烯甲乙酯、丙烯酸乳液等。石

---

① 孟田华、杨成全、卢玉和等：《SEM 和 X-Ray 对云冈石窟石雕风化物的分析》，《山西大同大学学报（自然科学版）》2014 年第 30 卷第 4 期，第 17 ~ 21 页。

② 杨成全、孟田华、石少坚等：《云冈石窟内外石雕风化差异的光谱研究》，《内蒙古大学学报（自然版）》2013 年第 6 期，第 572 ~ 577 页。

③ 和玲、梁国正：《偏氟聚物加固保护土质文物的研究》，《敦煌研究》2002 年第 6 期，第 92 ~ 98 页。

质类所用的加固材料为有机类和无机类材料。普遍认可的有机类材料是丙烯酸树脂类、有机硅树脂类等[①]。目前，石质文物表面防护材料中，效果较好、应用较多的是有机硅系列材料[②]。有机硅仍然是研究的主要对象，是一类具有长效功能的表面防护剂。最常用的表面防护材料是聚硅氧烷和烷氧基硅烷类材料，还有其与丙烯酸树脂的混合材料[③]。②“堵”即切断水分向墙身渗透的通道。墙身注浆法在墙身用注浆材料注浆，原理和操作过程同上，切断毛细水的渗透路径，此法也是利用了注入浆体的粘塑性特征，对墙身有一定的破坏性，使用时要注意控制好各种施工参数，保证结构的安全问题。③“放”即排出石窟墙壁内的水分，定向地释放水蒸气和毛细水，避免盐分在墙身内结晶对墙身造成损害。

（五）裂隙与空鼓及防治

1．裂隙与空鼓

阿尔寨石窟红砂岩壁画大部分为北魏至明代作品，现存面积超过 $2000m^2$，规模宏大，题材丰富，造型众多且准确，笔法精细，线条流畅，神态生动，在现存石窟寺壁画中属上乘之作，价值极高。但是由于长期的自然侵害和人为原因，壁画保存状况较差，存在较严重的裂隙、空鼓、起甲（颜料层翘起）、酥碱、颜料层脱落等病害现象，许多壁画和榜题脱落，现只剩下模糊不清的残画和文字，亟待抢救。

（1）裂隙：石质文物裂隙分为三大类型：一类是浅表性风化裂隙；一类是指深入石质文物内部的机械性裂隙，但不包括伴随有明显唯一的断裂；另一类是石质文物本身存在的原生性构造裂隙。阿尔寨石窟裂隙较为发育（图 13），在砂岩内部主要发育有三组：一组浅表性层面裂隙，两组构造裂隙。

图 13　阿尔寨石窟壁画病害——裂隙与空鼓（28 窟男女双身修炼图）

① 郭宏、黄槐武：《文物保护中的“水害”问题》，《文物保护与考古科学》2002 年第 14 卷第 1 期，第 56 ~ 62 页。

② 周环：《潮湿环境土遗址的加固保护研究》，浙江大学博士学位论文，2008 年。

③ 国家文物局：《WW/T0001-2007 古代壁画病害与图示》，北京：文物出版社，2008 年。

①机械裂隙（应力裂隙）指因外力扰动、受力不均、地基沉降、石材自身构造等引起的石质文物开裂现象，一般这类裂隙多深入岩石内部，严重时会威胁到石刻的整体稳定，裂隙交切、贯穿会导致石质文物整体断裂与局部脱落。②浅表性裂隙（风化裂隙）指由于自然风化、溶蚀现象导致的沿石材纹理发育，除薄弱夹杂带附近呈条带状分布且较深外，一般比较细小，延伸进入石刻内部较浅，多呈里小外大的“V”字形裂隙。③构造裂隙（原生裂隙）指岩石自身带有的构造性裂隙，其特点是裂隙闭合、裂隙面平整、多成组出现。28号窟崖体病变裂隙度较大，最小的为200cm×2cm，最大的为300cm×6cm，均较深。而南壁门东侧的裂缝长度分别为143cm和296cm，东壁裂隙长度分别为460cm和270cm。

（2）空鼓是指壁画地仗层局部脱落支撑体，但脱离部分的周边仍与支撑体连接的现象[①]。根据中国文物保护行业标准WW/T 0012-2008《石质文物保护修复档案记录规范》，调查发现：石窟壁画支撑体为厚层状细粒岩与中粗粒岩互层或与薄层砾岩互层，抗压抗拉强度不一。研究表明[②]，砂岩类石窟岩石内部具有层状结构和大量片状膨胀性黏土矿物或石膏，在雨水的作用下使其表面溶蚀，为水进入砂岩内部提供了条件。黏土矿物及石膏较多的部位遇水后发生急剧膨胀，产生较大的膨胀压力，由于岩层的联结强度较低，在膨胀压力的作用下极易出现空鼓（图14）。

图14　阿尔寨石窟壁画病害——空鼓

① 李宏松：《砂岩类文物岩石材料劣化空鼓病害特征及形成机理研究》，《文物保护与考古科学》2012年第1期，第12～15页。

② 樊再轩、史迪文·瑞克比、丽莎·席克德等：《敦煌莫高窟第85窟空鼓壁画灌浆加固材料筛选实验》，《敦煌研究》2007年第5期，第16～21页。

2．裂隙与空鼓防治对策

为了充分保持文物的原状，坚持“保护为主，抢救第一”的文物工作方针，遵循“最小干预、不妨碍后人再处理”的原则，须开展前期调查研究，对壁画进行特殊的、全方位的“体检”。按照《中国文物古迹保护准则》的要求，壁画保护方案主要包含以下几项基本内容：壁画的价值（包括历史、社会及科学价值），壁画的现状、受损情况、制作材料的分析、依存环境数据的分析、修复材料筛选等。在实验室内和现场须对壁画的制作材料、病害机理等进行大量的分析和实验，最后从中选出比较合适的修复材料及工艺，而后再编制修复方案。修复方案包括修复实验、环境调查、现状调查、材料分析，完成基础资料收集，放置小环境温湿度监测探头、小区域壁画修复实验、壁画制作材料及历史修复材料无损分析、多光谱摄影调查等工作。对现存壁画进行整壁、分幅高精度的拍摄。拍摄的照片将作为底图，绘制壁画病害分布图，为制定修复方案提供基础资料。便携式的无损检测设备可以通过无损扫描电子显微镜（SEM）、红外线和紫外线照相机，以及便携式X射线荧光衍射仪，不仅可以不需采样就分辨出颜料的大致情况，还能研究作画工艺、壁画的确切年代。

对于壁画空鼓病害分布广并且严重的石窟，尤其是地仗层出现脱落的，需要进行灌浆处理，有效加固治理的关键是筛选出与之相适宜的灌浆材料。①灌浆材料筛选原则及方法：针对泥质壁画空鼓的具体特征，在对灌浆材料进行筛选时遵循了容重小、透气性好、收缩率小、强度适中、流动性好和最大兼容的原则。在配制灌浆材料前用蒸馏水将材料反复漂洗进行脱盐（Cl^-含量小于万分之一），然后用土样筛将灌浆材料的颗粒进行控制。②灌浆材料性能测试与评价：干燥时间、析水性、透气性、线性收缩率、含水率、比重、抗折强度、单轴抗压强度、黏结力、抗剪切力。③吸水脱盐材料实验：空鼓壁画灌浆后，盐分在水分的作用下向外运移，在地仗和颜料层表面聚积结晶，对壁画造成危害，所以选择适合的脱盐吸水材料并在灌浆过程中对壁画进行吸水脱盐处理是非常必要的。④空鼓壁画现场模拟灌浆及脱盐试验，不管是何种病害，修复材料、清洗材料以及黏结剂都要严格按要求选用[①]。修复壁画的顺序往往是从上往下，每位工作人员负责一块区域，部分工作需要两人及以上配合来完成。

依壁画病害的严重程度分步实施，具体有七个步骤：先利用空鼓部位的裂隙或在无颜料层部位，钻一个直径大约0.3cm的小孔，把注浆管插入壁画与载体的空隙中；再用脱脂棉对可能出现漏浆的裂隙或注浆口进行封护，以防在灌浆过程中出现漏浆污染壁画；然后，用防护支板对灌浆部位进行临时支护，防止灌浆过程中壁画出现变形脱落；接下来将已配制好的灌浆材料沿注浆管压入壁画空鼓部位；再用带可控支顶丝杆将空鼓变形的病害部位恢复到原位。以上五个步骤完成后，要等待其干燥，干燥过程中利用更换吸水纸垫达到多次脱盐目的；干燥后，取下支顶架，使用与原地仗层材质相同的材料修复注浆口。这样，才算完成了对空鼓的修复。最后还要进行详细的记录，包括工作区域、工作内容、使用材料、工艺、操作条件、现状描述、工作小结、存在问

① 苗静：《正定隆兴寺摩尼殿明代壁画开始修复》，《燕赵晚报》2013年11月28日。

题、保护修复照片等[①]。壁画灌浆技术的各个环节是相互联系、密不可分的[②]。修复时间和修复难度一般根据壁画的病害类型、面积及严重程度来确定。在壁画灌浆过程中，除掌握灌浆材料的性能、工艺外，还要了解壁画所处的环境特征及其对灌浆效果的影响。选择恰当的位置开注浆孔或锚固孔，严格控制水灰比及灌浆量，重视灌浆期间的壁画支顶防护功能，掌握补色的标准与合适的“度”，真正体现“不改变文物原状”的文物修复理念与原则是做好壁画保护修复的关键。

（六）表面污染与变色及防治

1. 表面污染与变色

依据国家标准 WW/T0002-2007《石质文物病害分类与图示》对污染物病害进行命名调查分类，从而实现对石质文物表面有害污物的清洗研究。调查结果表明，窟内至少存在表面污染与变色、表面层风化、表面生物病害、修补残留及水斑等5大类污染物病害，具体包括粉尘污染、烟熏结壳、黄斑、涂鸦刻画、触摸油脂等12小类。主要污染物病害的成因和危害性为进一步开展清洗和保护研究提供了基础科学数据。

表面污染与变色指石质文物表面由于灰尘、污染物和风化产物的沉积而导致的石质文物表面污染和变色现象（图15）。这类病害常见的表现形式有以下几种：①大气及粉尘污染指露天存放的石刻表面通常蒙蔽有大量灰尘及风化产物。②人为污染指人为涂鸦、书写及烟熏等造成的石质文物污染现象。表面涂层多受人为和自然因素作用而出现划痕、覆盖、涂写、烟熏、泥渍等。由保护引起的变色与污染（如采用铁箍、铁质扒钉等加固断裂部位而引起的石质文物表面变色和不正当涂刷引起的表面变色）也归入该类病害。“……林丹汗甲龙年登基，他是传教法王，但突然被恶魔缠心，欲到西藏破教，途中抢走博硕克图济农夫人和宫帐圣物，那时破坏了寺庙和阿日珠窟……”[③]。这里说的“阿日珠窟”，就是阿尔寨石窟。天聪六年（1632年），明末察哈尔林丹汗在出逃之际，火焚寺庙石窟。此处壁画烟熏火烤现象严重，如1号窟。

通过对石窟寺有害生物调查发现，在石窟周边和洞窟中存在对壁画、围岩、石刻等有害的生物有昆虫纲、鸟纲和哺乳纲啮齿目。洞窟内的壁画不同程度地受到这些生物的侵害。其中昆虫类的种群密度较大，主要为鳞翅目、膜翅目。昆虫的分布与石窟周边的气候特征、环境条件、植被类型等密切相关。这些生物对石窟壁画的损坏主要表现：在壁画表面活动时的机械损伤、尿液和粪便排泄物等造成的画面污染、筑巢和打洞等。如鸟类、昆虫成虫不仅飞行时对起甲、酥碱严重的壁画造成巨大的损坏，而且其排泄物与壁画地仗、颜料发生化学反应，也会导致壁画起甲、颜料层脱落[④]。壁

---

① 汪万福、马赞峰、李最雄等：《空鼓病害壁画灌浆加固技术研究》，《文物保护与考古科学》2006年第18卷第1期，第52～59页。

② 罗布桑丹津：《概述古代诸汗所建立政道之著作黄金史》，清光绪十一年蒙文手抄本。

③ 汪万福、马赞峰、蔺创业等：《昆虫对石窟壁画的危害与防治研究》，《敦煌研究》2002年第4期，第84～91页。

④ 汪万福、蔺创业、张国彬等：《甘肃境内石窟寺中壁画有害生物调查及防治对策》，《敦煌研究》2009年第6期，第30～35页。

图 15 阿尔寨石窟壁画病害——表面污染与变色（洋光摄）

画中霉菌等微生物容易导致颜料变色（如黄杆菌使壁画中红色颜料容易变色），引起壁画颜料胶结材料老化。对污染物种类（包括内源性和外源性）和污染程度还需要做进一步调查。

2．表面污染与变色防治对策

壁画的保护与石窟内的环境如温度、湿度等关系密切。地区经济发展、矿山等企业开发因素使当地自然环境发生了很大变化，石窟本身成为旅游热点，也使石窟内的病害类型、特征、面积、危害程度等都发生了变化，尤其是各种污染物病害对石窟的破坏作用明显加重。空气中的水汽与 CO_2 作用产生碳酸，对壁画有一定的腐蚀作用。遵循在“最小干预”的原则下最大限度地保护好石窟，对于机械损伤的修复，包括游人刻画及划痕，痕迹较浅的原则上不进行干预。若划痕较深导致地仗伤害较严重，则需进行修补。保护方案的确定必须要在充分的前期研究和现场实验的基础上制定，要经过科学严格的保护程序，包括详细的现状调查与评估、病害机理分析、修复材料及工艺筛选、现场实验等环节，确保所使用的材料及工艺可行，在坚持不改变文物原状的基础上，通过工程实施解决壁画稳定性问题。尽可能利用与壁画相同材质的材料，并辅之以必要的添加材料和胶黏剂，以增强其兼容性。修复材料也需要经过多次试验才能确定。修复之前，必须先做出一个跟壁画材质一模一样的实验样块，再模拟文物保存环境对试块进行老化处理，然后，使用拟定的修复材料进行不同病害的修复加固实验，最后再根据实验结果，从中选出一种最适合的修复材料。壁画修复工序繁杂，加固、除尘、拼接、边缘修复、制作支撑体等需多个步骤，每一道工序都丝毫马虎不得。

治理壁画有害生物应按照“预防为主，防治结合”的原则进行。一是对已经进入洞窟的有害生物，尽可能采取人工的方法进行清除；二是引进各种型号、剂型的驱鼠器、驱鸟器、驱虫剂，对进入洞窟的鼠类、鸟类、蜜蜂、家蝇和蚊子及其他有害生物进行驱逐，减轻危害；三是在保证旅游和壁画安全的前提下，施用一些化学药品毒杀有害生物，达到治理的目的。在今后的研究工作中，在筛选不同种类有害生物的致病微生物，研制有害生物的驱避剂，开展超声波防治有害生物新技术等方面取得突破，这将为有害生物防治工作奠定科学基础①。壁画表面有浮尘层、鸟虫粪便和抓痕的，需用中性水与一定浓度的有机溶剂配比而成。

壁画材料自身的老化、保存环境、游人参观、动物扰动等因素对壁画造成的影响有些是肉眼无法直接观察到的。所以需要通过持续不断的监测、环境控制等预防性保护手段，将这种影响降到最低。拍摄高精度照片用来绘制病害分布图，也作为修复的参考评估手段。还可利用三维激光扫描技术获取、生成彩塑高精度三维全息信息②，将其应用于展览展示、文化交流、学术研究、文物监测等方面。洞窟的计算机虚拟漫游技术既可以减少游客在洞窟的滞留时间，减轻洞窟开放和文物保护压力，又有助于提高游客承载量，帮助游客更好的欣赏艺术，达到文物保护与利用的双赢。

（七）彩绘石质表面颜料病害及防治

1．彩绘石质表面颜料病害

岩性是决定石窟艺术表现形式的重要因素。不同的岩性因组成物质的差异，粒度粗细，胶结程度各有不同，带来了不同的石窟艺术形式。阿尔寨石窟寺以壁画为特色，但彩绘石质文物由于彩绘层胶结物老化及自然风化等原因而容易导致彩绘层脱落、酥粉现象（图 16）。

阿尔寨石窟壁画彩绘表面主要存在如下问题：①颜料脱落是彩绘石刻彩绘层颜料胶结物老化，导致彩画颜料脱落缺失。②颜料酥粉是彩绘石刻表面颜料层胶结物老化，水分迁移使洞窟围岩及地仗层中的盐分发生表聚造成壁画地仗层的酥碱粉化，因结构改变而膨胀鼓起甚至脱落。底色层

① 井哲帆、汪万福、王坤等：《三维激光扫描技术在文物保护中的应用》，《石窟寺研究（第 7 辑）》，北京：科学出版社，第 407 ~ 416 页。

② 周国信：《中国西北地区古代壁画彩塑中的含铅白色颜料》，《文物保护与考古科学》2012 年第 1 期，第 95 页。

图 16　彩绘石质表面颜料脱落酥粉（左：31 窟毗沙门天王图；右：二十一度母图）

介于地仗层和颜料层之间，主要为白色[①]，为混合有大量的镁、硅、钙和铝元素，成分复杂，可能为滑石、高岭土、石膏或方解石的混合物。颜料层根据化学物分类法，可分为三类：无机颜料、有机颜料和非颜料物质三种类型。经对壁画颜料的 X 射线衍射分析，颜料和非颜料多由矿物质组成。有些矿物颜料易变色，光和湿度对土红、朱砂和铅丹变色的影响较大，如红色颜料铅丹、朱砂等已变为棕黑色及黑色[②]，湿度是影响铅丹变色的主要因素。受物理风化（温度、湿度和光照）、化学风化（溶蚀作用）和胶结材料老化等影响，颜料层易酥碱、粉化等。

2．彩绘石质表面颜料病害防治对策

壁画修复和保护是个综合性很强的工程，成员需要具有佛教、雕塑、美术、摄影、测量、土木工程、环境、化学、文物保护等多学科背景。应在文物图像采集与保存、文物历史复原、洞窟虚拟模拟、壁画图案创作等方面积累技术和经验。

中国古代壁画的制作材料包括颜料和胶结材料等，如壁画颜料绿色为人造氯铜矿，白色为碳酸钙，蓝色为石青等。壁画地仗材料、修复加固材料对壁画颜料、颜色也有一定影响。基于所有天然的胶结材料都含有氨基酸这一特点，使用色谱方法可以分析出天然胶结材料中所含的氨基酸的含量，使用人工神经网络对不同胶结材料中所含的氨基酸含量进行分类[③]。高效液相色谱分析法可以鉴定壁画颜料中的胶结材料，反相高效液相色谱测定壁画胶结材料中氨基酸。壁画修复工作不是一劳永逸的，只是解决了目前存在的主要问题。

修复工作中为避免盲目性，可引入视频显微镜、色彩射谱法、近红外线、紫外线反射复制法、便携式 X 荧光光谱分析、GC-MS、SEM-EDS、扫描电镜分析、高效液相色谱分析技术、偏光显微

① 孙延忠、王志良：《广西花山岩画颜料脱落和褪色原因分析》，《文物保护与考古科学》2011 年第 23 卷第 2 期，第 13 ~ 17 页。

② 苏伯民：《中国古代壁画颜料和胶结材料的分析研究》，兰州大学博士学位论文，2002 年。

③ 奇·斯钦：《阿尔寨石窟部分壁画的绘制年代与个性化特点》，《前沿》2010 年第 23 期，第 183 ~ 186 页。

镜和颜料剖面技术等分析技术手段，以提高修复工作的准确度和科学性[①]。这对壁画颜料、胶结材料的成分和变色情况、来源以及病害原因进行分析，对壁画的制作工艺和材料以及沥粉堆金等复杂技术开展研究，对壁画保护和研究古代早期壁画的制作材料及壁画修复有重要意义。

对于有的壁画下层部位，酥碱比较严重，重修又出现脱落的，根据相关要求，壁画修复要保持原状，使其不再恶化。当时的工匠有相当高超的绘画水平，壁画缺失的内容无从知道。因此对于已被侵蚀的部分，不会进行补绘。通过拍摄、录像、临摹等方法保留下来一些原始资料。利用数字技术真实录入、易于传播和无损复制等特点，将是永久性完整保存珍贵文物信息的最佳手段。

四 结　语

阿尔寨石窟是草原文化瑰宝和佛教艺术宝库，是鄂托克旗著名的文化品牌，同时也是民族的、世界的，其中包含丰富的独特内涵，需要全人类共同去保护和丰富。地学调查为石窟遗产保护工程提供依据，石窟寺保护工程的本质是对文物古迹进行修缮及对其相关环境进行整治的技术措施，并指出文物古迹保护工程应包括日常保养、防护加固、现状修整、重点修复等四类工程。首先从环境监测和地质病害进行基础调查研究。实现对遗产地气象、微环境、本体、载体、游客承载量等的监测及形成机理研究。其次，围绕地质工程与遗产保护、研究、保护加固材料及加固工艺方法研究、变形监测及稳定性研究等主题展开。第三，建立石窟保护的地质调查要点和评价标准，形成石窟保护工程地质学研究的框架体系。第四，探索建设世界遗产监测预警平台，依托于监测预警运行体系，及早发现和辨别壁画、塑像本体及其赋存环境的细微变化。为风险评估预警和尽早实施应对控制给出重要依据，为开展洞窟壁画病害与洞窟内外环境因素影响的关系提供可能和必要的条件。第五，规划确定保护区范围、建设控制地带以及对石窟遗址采取各种保护措施。制订石窟寺总体保护规划，划定保护范围，然后根据保护规划，从环境治理、文物保护与利用以及研究等多方面着手，有步骤地对石窟进行抢救保护。包括严格规范参观旅游活动，控制参观者数量，加固石窟的岩体，以及对石窟遗址进行科学的考古发掘活动等。文物古迹的不可再生性，决定了对它干预的任何一个错误，都是不可挽回的。前一步工作失误，必然给后面的工作造成影响，甚至危害全部保护工作。因此必须分步骤、按程序进行工作，使前一步正确的工作结果成为后一步工作的基础。文化遗产保护是重中之重，希望尽快做好石窟保护规划的制定和批准，纳入到城乡建设规划中去。通过资源整合积极“申遗”，立足“互联网+”，提高久藏深闺却又举世罕见的宗教文化瑰宝“阿尔寨石窟”的知名度。借鉴国际上文化遗传保护的先进理念，并结合自身的特点，切实保护好草原丝绸之路上最为辉煌的文化遗产之一的“阿尔寨石窟寺”。

---

① 乌日嘎朝鲁、奇・苏雅：《阿尔寨文化产业化发展思路》，《第二届阿尔寨文化论坛文集》，2013年。

征稿启事

Contributions Wanted

《石窟寺研究》是我国在石窟寺考古、寺院遗址考古、佛教艺术及石窟保护科技领域的第一本全国性专业刊物，由中国古迹遗址保护协会石窟专业委员会和龙门石窟研究院合办，以以书代刊的形式出版，每年发行一辑。我们本着“百花齐放、百家争鸣”方针，以刊发研究石窟寺领域的最新学术成果为己任，为全国石窟单位、相关科研院所和高等院校、国内外专家学者的全面沟通与交流搭建良好平台，以期推动石窟寺学术研究工作，促进全国石窟文物保护事业的繁荣和发展。

现特向广大专家学者和学界精英征求佳作，望不吝赐稿。

为保证编辑工作的顺利进行，将有关事项作如下说明。

一　稿件范围

石窟寺考古、寺院遗址考古、佛教艺术和石窟文物保护与科学技术。

二　来稿要求和注意事项

1．来稿务必论点明确，文字精练，数据可靠。

2．文章须包括（按顺序）：题目、作者姓名、作者单位及邮政编码、中文摘要、关键词（3～8个）、英文信息（题目、作者姓名、摘要和关键词）、正文、注释。

3．中、英文摘要须用第三人称撰写，英文摘要应和中文摘要对应，并符合英语语法规范。

4．正文排版请使用宋体、小四号字、单倍行距的格式；碑刻铭文及古献引文请使用仿宋、小四号字、单倍行距的格式，碑刻铭文及古献引文与前后段落之间请使用2倍行距。各个段落首行缩进2字符。

5．分层标题应简短明确，题末不用标点符号。

6．文章中提及帝王年号须加公元纪年，公元前的纪年使用（公元前xx年），公元后的纪年使用（xx年）。例如：甘露二年（公元前52年）、上元二年（675年）。

7．文章图示、插图请插入正文中，并附说明文字。来稿时请提供原始图片，以便于出版的需要。另外，应提供图片出处，如涉及版权问题，请附上版权所有者授权使用的文件。

8．文章注释请使用脚注来标注，使用“[小写阿拉伯数字]”表示。注释的格式如下：

① 期刊：注号、作者、篇名、刊名、出版年、卷次或期次、页码。

② 著作：注号、作者、书名、出版单位、出版年、页码。

③ 收录在论文集或著作中的文章：注号、作者、篇名、书名、卷次、出版单位、出版年、页码。

④ 外文文献所列项目及次序与中文文献相同，英文书名、杂志名请采用斜体。

例如：

［1］刘建华：《河北曲阳八会寺隋代刻经龛》，《文物》1995 年第 5 期，第 77 ~ 86 页。

［2］陈垣：《中国佛教史籍概论》，北京：中华书局，1962 年，第 106 页。

［3］宿白：《平城实力的集聚和“云冈模式”的形成与发展》，《中国石窟寺研究》，文物出版社，1996 年，第 143 页。

［4］Garma C.C Chang, *The Buddhist Teaching of Hwa Yen Buddhism*, Pennsylvania State Press, 1974, P.43.

三　截稿日期

当年 7 月底。有意向投稿的作者请于当年 5 月底前将论文摘要及作者简介发给我们。投稿需通过 Email 提交电子文本。

四　寄赠书籍

《石窟寺研究》一经出版，即向作者寄赠书籍。文章单个作者的每人 2 本，多个作者的每人 1 本。

五　特别约定

《石窟寺研究》编辑部对来稿有权做技术性和文字性修改。

为适应我国信息化建设，扩大本刊及作者知识信息交流渠道，本刊已被《中国学术期刊网络出版总库》及 CNKI 系列数据库收录，其作者文章著作权使用费与本刊稿酬一次性给付。免费提供作者文章引用统计分析资料。如作者不同意文章被收录，请在来稿时向本刊声明，本刊将做适当处理。

如有不尽事宜，请随时与我们联系，并热诚欢迎您的建议和批评。

联系人：高俊苹　张元红

地址：河南省洛阳市龙门石窟研究院　邮编：471023

电话：0379-65980216

Email：sksyjbjb@126.com

《石窟寺研究》编辑部

彩　　图

彩图一　龙门石窟宾阳南洞正壁　唐　贞观年间（张亚光摄）

彩图二　龙门石窟药方洞正壁主佛　北齐（张亚光摄）

彩图三　龙门石窟擂鼓台区石窟窟前建筑遗址全景

彩图四　龙门石窟北魏晚期菩萨头像
（李秋红摄）

彩图五　1900 年代河北赵州发现的范氏造金铜组合像　隋
（美国波士顿艺术博物馆藏）

彩图六　大足北山佛湾第 149 号如意轮菩萨窟 149 龛　南宋

彩图七　大足北山佛湾第 122 号诃梨帝母龛
南宋

彩图八　大足北山佛湾第 155 号孔雀明王窟
北宋

彩图九　西安碑林藏北魏和平二年造像背面（李静杰提供）

彩图十　阿富汗贝格拉姆窖藏出土 1 世纪象牙饰板（李秋红摄）

彩图十一　大足北山佛湾第 9 号千手观音龛　晚唐